BÖHLAU-STUDIENBÜCHER
GRUNDLAGEN DES STUDIUMS
GESCHICHTE

W0065129

EGON BOSHOF
KURT DÜWELL
HANS KLOFT

GRUNDLAGEN DES STUDIUMS DER GESCHICHTE

EINE EINFÜHRUNG

5., durchgesehene Auflage

1997
BÖHLAU VERLAG KÖLN WEIMAR WIEN

Die Deutsche Bibliothek – CIP-Einheitsaufnahme

Boshof, Egon:
Grundlagen des Studiums der Geschichte : eine Einführung /
Egon Boshof ; Kurt Düwell ; Hans Kloft. – 5., durchges. Aufl. –
Köln ; Weimar ; Wien : Böhlau, 1997
(Böhlau-Studien-Bücher)
ISBN 3-412-15296-X
NE: Düwell, Kurt:; Kloft, Hans:

Satz: Greiner & Reichel, Köln
Druck und Bindung: Druckerei Runge GmbH, Cloppenburg

Printed in Germany
ISBN 3-412-15296-X

VORWORT ZUR VIERTEN AUFLAGE

Seit dem Erscheinen der ersten Auflage dieser Einführung im Jahre 1973 sind gut zwanzig Jahre vergangen. Das Buch war gemeinsam von drei damals relativ jungen Historikern konzipiert worden, die ihre tagtäglichen Erfahrungen aus dem akademischen Unterricht zusammenfassen und weitergeben wollten, nicht zuletzt deshalb, weil es an praktischen und handlichen Einführungen in das Fach als Ganzes durchaus mangelte. Unsere Absicht war, einen an ausgewählten Grundproblemen und Quellen, an Grundwissenschaften und Teildisziplinen orientierten Überblick zu geben und die Geschichtswissenschaft in ihrer Breite und ihrer Vielfalt zu Wort kommen zu lassen. Dieses Konzept hat sich im großen und ganzen bewährt, wofür nicht zuletzt drei Auflagen (1973, 1979, 1984) und ein unvermindertes Interesse an unserer Einführung sprechen.

Vieles hat sich inzwischen allerdings weiterentwickelt und gewandelt. Geschichte ist noch mehr zu einem Massenfach geworden, als es dies ohnehin schon war. Studienanfänger mit ganz unterschiedlichen Voraussetzungen und meist diffusen Erwartungen entscheiden sich für ein Fach, das seine Absolventen immer weniger in Lohn und Brot setzen kann. Der gewachsenen Orientierungslosigkeit versuchen z.T. vorzügliche Einführungen und Handreichungen für bestimmte Teilbereiche abzuhelfen, so daß insgesamt eine breite Palette didaktischer Präsentationen von Geschichte bereitstehen, wie es sie vorher nie gegeben hat.

In diesem Kontext behält die vorliegende Einführung ihr unverwechselbares Profil, das sich sehr wohl ergänzen und aktualisieren läßt, welches aber im Hinblick auf die Anforderungen eines wissenschaftlichen Studiums unvermindert zeitgemäß ist. Nach wie vor gehören Grundkenntnisse der Theorie und der Methodik für die Großepochen Altertum, Mittelalter und Neuzeit zum notwendigen Handwerkszeug. Mit Quellen muß man umgehen, das Rüstzeug der Grund- und Hilfswissenschaften anwenden können, wenn man wissenschaftlich weiterkommen will. Teildisziplinen und neuere Forschungsansätze eröffnen spezialisierte und z.T. unkonventionelle Zugänge zum Fach. Es ist nötig, deren Funktion, Reichweite und Begrenzungen einigermaßen zu kennen und abschätzen zu können. Insofern versteht sich die vorliegende Einführung gleichermaßen als Anleitung zum historischen Arbeiten wie zum historischen Denken, das seine Gegenstände immer neu ventiliert. Die Fähigkeit, gezielt Fragen zu stellen, dürfen und sollen sich die Studierenden über den notwendigen Erwerb von Grundkenntnissen hinaus nicht nehmen lassen.

Unsere Einführung ist als Arbeitsbuch gedacht, das Grundwissen vermittelt und auf Problemfelder aufmerksam macht, die eigenständig erschlossen und vertieft werden können. Die Literaturhinweise sind deshalb kein schmückendes Beiwerk, sondern notwendiges Hilfsmittel zur selbständigen Aneignung und Weiterführung dessen, was zum Teil nur angedeutet werden konnte. Dabei hat jeder der drei Autoren für seinen Teil eine bestimmte Auswahl getroffen und bestimmte Schwergewichte gesetzt, die notwendigerweise eine individuelle Handschrift tragen, somit in der einen oder anderen Hinsicht ergänzungs- und verbesserungswürdig sind. Anregungen und Kritik nehmen die Autoren deshalb dankbar auf, so wie wir es auch in der Vergangenheit gehalten haben. Dem Verlag und seinen Mitarbeitern sind wir für die zügige Drucklegung zu Dank verpflichtet.

Bremen, Passau, Trier
im Februar 1994   Die Verfasser

INHALT

EINLEITUNG
von Hans Kloft

ALTE GESCHICHTE
von Hans Kloft

MITTELALTERLICHE GESCHICHTE
von Egon Boshof

Abbidlungsnachweis

EINLEITUNG

Vorbemerkung

Seit längerer Zeit hat Geschichte in vielen Bereichen Konjunktur. Große und überregionale Ausstellungen präsentieren unter bestimmten Gesichtspunkten Kultur und Geschichte des Altertums, des Mittelalters, der Neuzeit. Sie bringen tausende Menschen dazu, sich mit Traditionen auseinanderzusetzen, die ihnen zum großen Teil fremd sind. Historische Romane und populäre Sachbücher finden Leser in großer Zahl. Aufwendige Filme entführen den Zuschauer in das lärmende Rom der Kaiserzeit, in die monastische Welt des Mittelalters, in das unruhige Paris der Revolutionszeit.

Daß die Gesellschaft bereit ist, sich auf diesem Wege auf Vergangenheiten einzulassen, verdient Aufmerksamkeit und Respekt der Geschichtswissenschaft, auch wenn man einschränken muß, daß Geschichte als Faktor der Unterhaltungsindustrie durchaus bedenkliche und gefährliche Seiten besitzt. Andererseits läßt sich bei näherem Hinsehen nicht in Abrede stellen, daß der „Verlust der Geschichte" (A. Heuß) in der heutigen Gesellschaft weit fortgeschritten ist. Fähigkeit und Bereitschaft, die Vergangenheit als Vermittlungsinstanz von Traditionen gelten zu lassen, haben erkennbar abgenommen. Geschichte als kollektive Erinnerung (Heuß) taugt zwar noch für öffentliche Gedenkfeiern jedweder Art, aber eine nachhaltige Betroffenheit will sich darüberhinaus nicht recht einstellen.

Historiker sprechen angesichts dieses diffusen Erscheinungsbildes gerne von einer „neuen Unübersichtlichkeit". Sie scheint auf den ersten Blick mit dem normalen Geschichtsstudium wenig zu tun zu haben, aber sie ist ein gesellschaftliches und wissenschaftliches Problem zugleich, das sich aus der Frage: „Was ist Geschichte" und „Wozu dient Geschichte" konkret herleitet. Das zielt auf eine Standort- und Funktionsbestimmung von Geschichte, auf welche Anfänger durchaus ein Recht haben. Aber die Fragen lassen sich nicht ein für allemal beantworten. Was Geschichte ist und möglicherweise sein soll, erfahren die Studierenden nicht zuletzt in ihrer täglichen Arbeit, in ihrer inhaltlichen Auseinandersetzung mit Stoff und Methoden, die ihr Studium mit ausmachen. Anders gesagt: Erst die kritische Konfrontation eines wie immer gearteten Vorverständnisses von Geschichte mit der praktischen Tätigkeit schafft allmählich ein halbwegs stimmiges Bild von Geschichte, deren Erkenntnismöglichkeiten und Zielsetzungen. Theorie und Methodik der Geschichte haben nicht den Charakter eines fertigen Instrumentariums, sondern sie entwickeln sich unter Mithilfe der Beteiligten weiter. Wir sprechen vom *Prozeß* der Erkenntnis und der Theorie, in dem wir stehen und den wir mit gestalten. Definitionen, die ihrem Wortverständnis nach Ein- und zugleich Ausgrenzungen sind (lat. *definire* = abgrenzen, feststellen, festsetzen) können und sollen daher das Terrain nur vorläufig abstecken.

Definitionen

Geschichte meint in unserer Umgangssprache das Geschehene, die Gesamtheit des Vergangenen, zugleich aber auch die Verarbeitung, die Darstellung, die Erzählung des Geschehenen durch den Menschen. Die reale, materiale, objektgebundene Schicht erfährt ihre Formung in der Darstellung: Wir sprechen von der formalen, durch ein menschliches Subjekt gestalteten Geschichte, die formale bzw. subjektive Schicht. Die „Geschichte der schönen Melusine" gehört diesem formalen Begriff ebenso an wie die „Geschichte der Kreuzzüge", wobei man in diesem Falle gern einen dritten Aspekt ins Spiel bringt: Geschichte als eine bestimmte Wissensform, als Erkenntnis, die unter überprüfbaren und nachvollziehbaren Verfahrensweisen gewonnen wurde. Sie konstituiert die „Geschichte als Wissenschaft" (Th. Schieder).

Der Gegenstands-, Erfahrungs- und Wissenschaftscharakter von Geschichte: Was läßt sich über sie im einzelnen ausmachen und wie hängen sie zusammen? Darüber haben Menschen nachgedacht und darauf Antworten gegeben, solange es Geschichtsschreibung gibt. In Anlehnung an ihre griechischen Lehrmeister haben die Römer als Gegenstandsbereich die *res gestae* namhaft gemacht, nicht schlechthin die Geschehnisse, sondern die großen Taten von bedeutenden Menschen, vor allem von Politikern und Feldherren. Sie sind der persönlichen Erkundung, der Erzählung, *historia*, (griechisch: *historein* – forschen und darüber berichten) würdig, nicht allein, weil sie groß waren, sondern weil sie den Blick schärfen für künftige Handlungen, für Nutzen und Schaden, für ethisch Vorbildliches und Verwerfliches (lat.: *virtutes-vitia*). Die Fragwürdigkeit einer solchen Historie als Lehrmeisterin (*magistra vitae*) für die Zukunft resultiert nicht allein aus der moralischen Absicht und den abgeleiteten Handlungskategorien, sondern auch aus der Enge des Gegenstandsbereiches. Er umfaßt ja nach unserer Definition den gesamten Bereich des Geschehenen, so weit es auf den Menschen Bezug hat.

Das bedarf der Erläuterung: zum einen *geschieht* etwas im Rahmen von Zeit und Raum. Geschichte ist damit notwendig an die Faktoren Raum und Zeit gekoppelt, in welche das Vergangene eingebunden bleibt. Anders gesagt, der Gegenstandsbereich von Geschichte steht nicht mehr zur Disposition, er läßt sich nicht ungeschehen machen, verändern oder korrigieren, was Reinhard Wittram in eine beunruhigende Metapher kleidet: „Historiker hausen in Totenstädten".

Aber Geschichte ist damit nur scheinbar abgeschlossen, im Gegenteil, sie ist zum anderen eine *dynamische Kategorie*. Einmal wachsen ihr durch die Zeit stets neue Bereiche hinzu. Auch räumlich und sachlich hat sie sich, wie ein Rückblick auf die Geschichtsforschung der letzten hundert Jahre zeigt, mächtig ausgedehnt. Neue Gebiete wie Afrika, Australien, Südamerika, die Länder der Dritten Welt werden historisch aufgeschlossen; neue Gegenstände treten durch neue Fragen und Interessen ans Licht: Über Haupt- und Staatsaktionen hinaus wirtschaftliche und soziale Tatbestände, kulturelle und religiöse Faktoren, Arten des Zusammenlebens, Gefühle, Bewußtseinsstrukturen, die im einzelnen schwer empirisch zu fassen sind, aber menschliches Handeln nachdrücklich bestimmt haben und es nach wie vor leiten. Diesen universalen und auf den ganzen Menschen bezogenen Gegenstandsbereich von Geschichte meint K.G. Faber, wenn er in Anlehnung an eine berühmte Formulierung Jacob Burckhardts[1] (1818–1897) vielmehr erklärt, „die den Historiker interessierende Geschichte umfaßt menschliches Tun und Leiden in der Vergangenheit". Leiden meint in diesem Zusammenhang über die konkrete körperlich/seelische Verletzung hinaus alles, was der Mensch an äußeren Prägungen und Einflüssen erfahren hat, die nicht seinem direkten Zugriff und unmittelbarem Handeln unterliegen: Naturgegebenheiten wie Klima, Vegetation, Landschaft ebenso wie die großen Potenzen Wirtschaft, Gesellschaft und Religion, die in vielfältiger Weise menschliches Erleiden verursacht und die Mehrzahl der Menschen zum Objekt gemacht haben.

Dieser universelle Gegenstandsbereich der Geschichte hat den Charakter einer regulativen Idee, d.h. er bleibt verpflichtend, auch wenn der Historiker ihn nicht einlösen kann. Historisches Interesse richtet sich auf bestimmte Felder und geht von bestimmten Fragestellungen aus, einmal deshalb, weil die Totalität der Geschichte nicht auf den Begriff und nicht zur Anschauung gebracht werden kann; zum anderen, weil das Hervorholen, die Vergegenwärtigung von Geschichte sich konkreten Fragestellungen und Absichten verdankt. „Geschichte ist das, was ein Zeitalter an einem anderen interessant findet", hat der polnische Philosoph L. Kolakowski (geb. 1927) pointiert gesagt und damit dem Ausschnitt und dem Gegenwartsbezug entschieden das Wort geredet. Beide Aspekte haben große historische Forschungen immer schon geprägt: Theodor Mommsens Römische Geschichte (I–III, zuerst erschienen 1854–1856), Ernst Kantorowicz' Biographie über den mittelalterlichen Kaiser Friedrich II (I–II, 1927 und 1931), Theodor Schieders Studie *Das Deutsche Kaiserreich von 1871 als Nationalstaat*, 1961, 1992[2]) sind Beispiele dafür, wie bedeutende Historiker bei ihrem Bemühen, Geschichte zu vergegenwärtigen, auswählen und sich von aktuellen Fragestellungen und Absichten leiten lassen. Von daher betrachtet ist geschichtliche Vergegenwärtigung immer schon aus dem Zusammenhang gerissen und geprägt durch eine subjektive Aneignung; wobei subjektiv nicht allein auf die Bedingungen des einzelnen Individuum zielt, sondern auf Zeitumstände, Begrenzungen durch Milieu, Zeit, Religion und Bildung, welche die Aneignung von Geschichte mit bedingen. Geschichte als Spannungsfeld zwischen Objekt und Subjekt: Diese Antinomie ist unaufhebbar, so unterschiedlich und scheinbar geglückt die konkreten Lösungsversuche, wie die Beispiele oben darlegen, auch ausfallen. Und vielleicht ist es gerade diese Spannung, der wir nicht weiter auf den Grund gehen können, dieses

---

[1] J. Burckhardt: „Unser Ausgangspunkt ist der vom einzig bleibenden und für uns möglichen Zentrum, vom duldenden, strebenden und handelnden Menschen, wie er ist, immer war und sein wird." (Weltgeschichtliche Betrachtungen, Stuttgart 1955, 5f.).

nicht endgültig Zugewiesene und zur Verfügung Stehende, welche Geschichte le-
bendig und fruchtbar macht. Davon zeugen nicht zuletzt die Definitionen, die
Wesen und Sinn von Geschichte auf den Begriff zu bringen versuchen. J.
Huizinga, der große niederländische Kulturhistoriker (1872–1945), definierte
Geschichte als „geistige Form, in der sich eine Kultur über ihre Vergangenheit
Rechenschaft gibt". Hier geht es also um eine subjektive Verarbeitung, ja mehr
noch, um eine geistige Form und Stilisierung der Vergangenheit, die nicht Aufgabe der Geschichtswissenschaft allein sein kann. Der zweite Halbsatz bietet eine
zusätzliche Präzisierung, die in einer Sinngebung der Geschichte gipfelt. Sie wird
als Aufgabe der jeweiligen Kultur als ganzer, nicht dem einzelnen Forscher allein
zugewiesen. Sie ist eine umfassende und übergreifende Größe (S. 102 f.) Im Wort
„Rechenschaft geben" sind kritische Sichtung und Wahrung des Traditionsbe-
standes zusammengebunden. Der Rückgriff auf unsere eigene deutsche Geschichte wäre ohne Rechenschaft kaum angemessen zu leisten, wenn wir etwa an
die totalitären Strukturen, an den Widerstand, die Kämpfe um demokratische
Institutionen denken. Nun ist die Bindung der Geschichte an die einzelne Kultur
bzw. den eigenen Kulturkreis sicherlich problematisch und zu eng. Versteht man
sie als die gesamte Menschheitskultur, wie es Huizinga später verdeutlicht hat,
dann hat seine Definition ihren guten und angemessenen Sinn. Sie rückt so nahe
an die Begriffsbestimmung von J.G. Droysen (1808–1884) heran, der in seiner
Historik lapidar erklärt: „Die Geschichte ist das Wissen der Menschheit von sich,
ihre Selbstgewißheit" (Systematik § 86), ein Satz, universell ausgelegt und aus der
Philosophie Hegels erwachsen, aber durchaus erklärungs- und ergänzungsbe-
dürftiger als die auf den ersten Blick so eingängige Definition Huizingas.
   Wie läßt sich nun ein solches Wissen herstellen, wie schafft man eine „geistige
Form" der Vergangenheit? Hierauf antwortet der Historiker W. Bauer (1877 bis
1953) mit einer Begriffsbestimmung von Geschichte als Wissenschaft:

> „Geschichte ist die Wissenschaft, die die Erscheinungen des Lebens zu beschreiben
> und nachfühlend zu erklären versucht, soweit es sich um Veränderungen handelt, die
> das Verhältnis des Menschen zu den verschiedenen gesellschaftlichen Gesamtheiten
> mit sich bringt, indem sie diese vom Standpunkt ihrer Wirkung auf die Folgezeit oder
> mit Rücksicht auf die typischen Eigenschaften auswählt und ihr Hauptaugenmerk
> auf solche Veränderungen richtet, die in Zeit und Raum unwiederholbar sind."

Das Bemühen, möglichst umfassend zu definieren, was Geschichte als Wissenschaft ist und wie sie vorgeht, hat hier Pate gestanden. Gegenstände der Geschichtswissenschaft sind demnach „die Erscheinungen des Lebens", wo durch
das Geschehene, soweit es den Menschen berührt, präzisiert und zugleich eingeengt wird. Denn nicht jede Erscheinung des Lebens wird thematisiert, sondern
speziell die Veränderungen in den gesellschaftlichen Verhältnissen, denen der
Mensch unterliegt. Als Wege, Methoden (vgl. S. 6ff.), um dies hervorzubringen,
werden benannt: die Kausalität (Wirkung auf die Folgezeit), die Typenbildung,
d.h. die Verallgemeinerung und zugleich die Individualität,also das Herausstellen
dessen, was sich innerhalb des historischen Prozesses eben nicht wiederholt,

mithin einzigartig ist. Die Geschichtswissenschaft erzielt diese Ergebnisse, indem sie „zu beschreiben und nachfühlend zu erklären sucht", die Umschreibung des sonst üblichen *Verstehens*, ein Begriff und eine Leitlinie, die für die Geschichtswissenschaft des 19. Jahrhunderts fundamental waren.

Ohne Zweifel hat W. Bauer mit dieser Definition wesentliche Kriterien genannt, die bis auf unsere Tage für die Geschichtswissenschaft maßgebend gewesen sind. Dies betrifft die besondere Betonung der Veränderungen[2] ebenso wie das Aufsuchen typischer Verhaltensweisen, die als solche in einem auffälligen Spannungsverhältnis zum Einmaligen und Individuellen stehen, die es zu beschreiben und zu verstehen gilt. Die Lehre vom Verstehen, Hermeneutik genannt, hat als Grundlage der Geschichte durch die moderne Kommunikationswissenschaft wichtige Ergänzungen und erneute Aktualität erfahren. Daß wir Menschen und ihre Botschaften, die aus anderen Zeiten und Räumen stammen, verstehen können, daß ihr Code für uns entschlüsselbar ist, bleibt naturgemäß Voraussetzung für jegliches historisches Erkennen.[3] Aber es ist sehr die Frage, ob diese Begriffsbestimmung heute noch ausreicht. Sind es wirklich in erster Linie die Veränderungen und nicht auch die länger bleibenden Strukturen, denen sich die Geschichtswissenschaft zuzuwenden hat? Hält das Individuelle, das Unwiederholbare zu recht den Primat in der Geschichtsbetrachtung? Gehört über das nachfühlende Erklären hinaus nicht auch kritische Analyse, die Wertung und das Urteil zur Geschichte? Besitzt Geschichte nicht auch wesentliche Reservate außerhalb der Wissenschaft, die damit nur eine Wissensform unter anderen ist?

So betrachtet führt das Nach-Denken von Definitionen zu grundsätzlichen Problemen unseres Faches, dessen Einschätzung sich verändert und Nuancierungen unterliegt, die nicht zuletzt durch unsere Studienerfahrung und Lebenspraxis mit bestimmt werden. Kaum noch eine Rolle spielen im Zusammenhang der begrifflichen Bestimmungen generelle Aussagen über den Gegenstandsbereich, welche über die anthropologische Dimension hinausgehen. G.F.W. Hegel konnte die Weltgeschichte noch als fortschreitenden Prozeß begreifen, der den Geist zu immer größerem Wissen über sich selbst und zum höchsten Grad der Freiheit führt. Der historische Materialismus, der maßgeblich über den deutschen Philosophen Karl Marx (1818–1883) sein theoretisches Rüstzeug von Hegel bezog, sah in der Geschichte eine gesetzmäßige Abfolge von ökonomisch bestimmten Gesellschaftsformationen, die auf der Grundlage der steigenden Entwicklung der Produktivkräfte schließlich in eine klassenlose und freiheitliche Gesellschaft einmünden sollte. Derartige Erklärungsversuche, was denn der Geschichtprozeß eigent-

---

[2] R. Schaeffler: „Geschichte ist die Abfolge von Veränderungen menschlicher Lebensverhältnisse, sofern sie für uns durch Interpretation von Zeugnissen rekonstruierbar wird." (Geschichtsphilosophie 6).

[3] Dieser banale Satz ist in der Praxis alles andere als selbstverständlich. Können Männer die Geschichte von Frauen angemessen begreifen und beschreiben? Versteht der europäisch geschulte Historiker die Erlebniswelt indischer Parias? Ist uns heute die mittelalterliche Mystik wirklich zugänglich?

lich sei und worin sein Entwicklungspotential in der Hauptsache liege, halten einer empirischen Nachprüfung nicht stand. Sie haben sich als Illusion erwiesen,
ineins damit der Anspruch, aus dem bisherigen Verlauf objektive Gesetzmäßigkeiten zu entwickeln und auf eine künftige Entwicklung, gar auf ein Ende der
Geschichte (*Fukyama*) schließen zu können. Von einem „kecken Antizipieren eines Weltplanes", das von irrigen Prämissen ausgehe, sprach bereits J. Burckhardt, und der einflußreiche Wissenschaftstheoretiker K.R. Popper hat nachdrücklich darauf hingewiesen, daß es aus dem Bereich der Geschichte wissenschaftliche Prognosen in die Zukunft hinein nicht geben *könne.* So werden wir
uns mit dem bescheiden müssen, was man „menschliches Tun und Leiden in der
Vergangenheit" genannt hat, ein immenses und zugleich höchst anziehendes
Feld, wie es der französische Historiker Marc Bloch (1886–1944) eindrucksvoll
formuliert hat:

> „Gegenstand der Geschichte ist wesentlich der Mensch. Sagen wir besser: die Men-
> schen. Denn der Singular neigt zur Abstraktion; der Plural hingegen ist die gramma-
> tikalische Form der Relativität und entspricht eher einer Wissenschaft, die es mit Un-
> terschiedlichem zu tun hat. Hinter den Landschaftsbildern, den Werkzeugen und Ma-
> schinen, hinter den trockensten Büchern und hinter scheinbar total verselbständigten
> Institutionen sucht die Geschichte stets die Menschen zu erfassen. Wem das nicht ge-
> lingt, ist bestenfalls ein Handlanger der Wissenschaft. Der gute Historiker gleicht
> dem Menschenfresser der Legende. Wo er menschliches Fleisch wittert, weiß er seine
> Beute nicht weit."[4]

Die Witterung des Historikers, die Bloch hier in einem kühnen Bild einfordert,
umschreibt nichts anderes als eine grundsätzliche Sensibilität für alles und jedes,
was menschliche Spuren trägt.

Methoden und Methodologie

Methoden (abgeleitet vom griechischen *methodeuein* – nachgehen, verfolgen)
nennen wir in der Geschichte die geregelten und nachprüfbaren Verfahrensweisen, die aus Bruchstücken, rudimentärem Wissen und unreflektiertem für Wahr
Halten eine wissenschaftlich abgesicherte Erkenntnis der Vergangenheit zu schaffen vermögen. Geschichte ist eine Wissenschaft, insofern sie sich dieser Methoden bedient. Deren Gesamtheit, nämlich d i e h i s t o r i s c h e M e t h o d e impliziert eine eigenständige Wissensform, welche dem Anspruch nach die Geschichte
als eine Geisteswissenschaft von den Arbeits- und Erkenntnisweisen der Naturwissenschaften unterscheidet.
   Nun hat die Geschichtsschreibung seit ihren Anfängen stets bestimmte Regelungen und Verfahrensweisen befolgt. Der Vater der Geschichte, Herodot (vgl.
S. 32) schreibt Geschichte aufgrund seiner eigenen Anschauung der Länder, über
die er berichtet und wendet bereits eine gewisse Form der *oral history (*vgl. S. 15)

---

[4] M. Bloch, Apologie der Geschichte oder Der Beruf des Historikers. Stuttgart 1974, 43.

an. Aber erst im ausgehenden 18. und dann besonders im 19. Jahrhundert sind derartige Ansätze gebündelt und wissenschaftlich begründet worden, welche die Bezeichnung historische Hermeneutik verdienen. Diese systematisierte Lehre des geschichtlichen Verstehens ist vor allem mit dem Namen Droysens (vgl. S. 4) verknüpft, der im Rahmen seiner „Enzyclopädie und Methodologie der Geschichte", kurz „Historik" genannt, einen arbeitstechnischen Dreischritt begründet und populär gemacht hat: Die Abfolge von Heuristik, Kritik und Interpretation, mit deren Hilfe aus Quellen und Überlieferungen Geschichte wird.

Die Heuristik, die „Findekunst", enthält zwei Momente. Sie hilft zum einen, unsere Neugier, unser historisches Fragen präzise und treffsicher zu machen. Wenn wir beispielsweise nach der Rolle der Frau im alten Griechenland, der Bedeutung der Zünfte in der spätmittelalterlichen Stadt, den nationalen Erhebungen während des 19. Jahrhunderts fragen, dann wird die Ausgangsposition im Verlaufe der Beschäftigung anhand der Quellen und zusätzlicher Einsichten genauer und einer Operationalisierung zugänglicher. Die historische Frage erhält schärfere Konturen. Zum anderen schafft die Heuristik Vergewisserung hinsichtlich der Materialien, der Quellen, die für die Bearbeitung der Frage herangezogen werden können. Bleiben wir bei dem Beispiel der Frau im Alten Griechenland, dann treten im Verlauf der Beschäftigung neben die herkömmlichen Quellen wie Epos, Drama, Geschichtsschreibung die Inschriften und archäologischen Befunde hinzu, vergleichende Hinsichten, möglicherweise zusätzliche Theorien aus dem Bereich der Ethnologie und der Sozialpsychologie. Heuristik ist damit eine Methode des Findens und der Quellen, die den ersten Schritt wissenschaftlich geregelten Vorgehens bilden.

Damit aus Frageansätzen halbwegs verläßliche und überprüfbare Resultate werden, müssen die Materialien einer Quellenkritik unterworfen werden. Sie ist, wie man treffend gesagt hat, das „Nadelöhr zur historischen Objektivität" (J. Rüsen) und faßt eine Menge unterschiedlicher Verfahrensschritte zusammen. Wie sind die Quellen zustandegekommen, welchen Weg haben sie genommen und welche Entstellungen haben sie dabei erfahren? In welchem Umfange sind Zeit-, Milieu- und Gattungsgebundenheit des jeweiligen Autors in Rechnung zu stellen? Welchen Quellenwert haben beispielsweise Bismarcks „Gedanken und Erinnerungen" oder Güterverzeichnisse aus dem Spätmittelalter, die Grundbesitz eines Klosters für sehr viel frühere Zeiten dokumentieren und legitimieren wollen? Wie verläßlich ist die Kulturschilderung Ägyptens aus der Feder Herodots? Derartige Untersuchungen waren und sind das tägliche Brot des Historikers, der Sachkenntnis, Einfühlungsvermögen und Augenmaß miteinander verbinden muß, um zu einem verläßlichen Quellenbestand zu gelangen. Quellenkritik umschreibt somit eine Erfahrung und eine Haltung, die wir auch im täglichen Leben beobachten. Mündliche Aussagen, Zeitungsnotizen, Fernsehnachrichten, Dokumentarfilme: Wir tun gut daran, diese Informationen nicht einfach für wahr zu halten, sondern sie kritisch zu prüfen und zu verwerten.

Dieses „gereinigte" Material zu verwenden und zu verknüpfen nennen wir mit Droysen die Interpretation, eine nachschöpfende, ja durchaus schöpferische

und anspruchsvolle Leistung des jeweiligen Historikers. Sie schafft aus einzelnen
Bausteinen ein verstehbares Ganzes: die Geschichte der griechischen Kolonisation in archaischer Zeit, der Ausbau der Landesherrschaft im Mittelalter, die landwirtschaftliche Entwicklung im 19. Jahrhundert. Die Themenbereiche mögen
groß oder klein, räumlich nah oder fern, materialreich oder quellenarm sein: immer enthält die Verknüpfung zu einem verstehbaren Ganzen ein subjektives Moment. Es bleibt die Interpretation eines bestimmten Zeitgenossen, der aufgrund
seines Einfühlungsvermögens und seiner Voraussetzungen aus mehr oder weniger unvollständigen Bruchstücken ein Gebäude errichtet. Der Begriff der Komposition, der in diesem Zusammenhang zuweilen verwandt wird, trifft durchaus
etwas Richtiges. Bausteine bedeuten in diesem Zusammenhang nicht allein das
Material, sondern auch Sprache und Erzählformen (H. White) des Berichterstatters, der dem Geschehenen vermittels der vorherrschenden Denk- und Sprach-
muster seinen Stempel aufdrückt.

Trotz dieser prinzipiellen Beschränkung ist das Ergebnis kein Akt der Willkür,
da Quellenmaterial, Verfahrensschritte und Verknüpfungsmodalität offenliegen
und nachprüfbar sind. Der Wille, der historischen Wahrheit so nahe wie möglich
zu kommen, das Ethos der Objektivität, wie es durch Leopold von Ranke sei-
nerzeit formuliert worden war,[5] bleibt dabei eine leitende Idee, hinter die man
nicht zurückfallen kann. Jenseits aller weiteren theoretischen Spekulationen zum
Verhältnis von historischem Objekt und erkennendem Subjekt, die hier unterblei-
ben müssen, ist es sinnvoll, den Blick auf große gelungene historische Interpretationen unserer Zunft zu werfen, die das Spannungsverhältnis, das Zeitbedingte
und Bleibende dem Anfänger weit besser vor Augen führen können. Th. Mommsens Römische Geschichte gilt nach wie vor nicht deshalb als große historiographische Leistung, weil wichtige politische Ideale (die konstitutionelle Monarchie,
der Nationalstaat) seiner Interpretation die Richtung gaben, sondern weil er in
umfassender Weise Quellen und Teilbereiche erschlossen und verknüpft hat. Das
Gleiche ließe sich für die Papstgeschichte von Joh. Haller, für Fr. Schnabels Geschichte des 19. Jahrhunderts oder die neue Darstellung der Arbeiterbewegung
durch G.A. Ritter und K. Tenfelde zeigen.[6] Objektivität in der Sache und Sub-
jektivität des Historikers werden als Problem plastischer, wenn wir sie in den
konkreten Fällen aufsuchen.

Mit diesem Arbeitsverfahren, wie es Droysen systematisiert hat, sind die historischen Methoden nicht erschöpfend beschrieben. Konkrete Wege, wie man aus

---

[5] L. von Ranke (1795–1886): Aufgabe des Historiker sei es nicht, „die Vergangenheit zu
richten", sondern lediglich „zu zeigen, wie es eigentlich gewesen"; an anderer Stelle: „Ich
wünschte, mein Selbst gleichsam auszulöschen und nur die Dinge reden, die mächtigen
Kräfte erscheinen zu lassen". Th. Nipperdey, Kann Geschichte objektiv sein? GWU 30,
1979, 329ff.
[6] Joh. Haller, Das Papsttum, Idee und Wirklichkeit, I–V, Stuttgart 1950–1953²;
Fr. Schnabel, Deutsche Geschichte im 19. Jahrhundert, I–IV, München 1929–37; G.A.
Ritter, K. Tenfelde, Arbeiter im deutschen Kaiserreich von 1871 – 1914, Bonn 1992.

den Quellen Geschichte gewinnen kann, haben die Grund- bzw. Hilfswissenschaften entwickelt. Die Informationen, welche die Münzen, Inschriften, Urkunden, Akten, Zeitungen und Filme bieten, bedürfen der je eigenen historischen Erschließung. In diesem Zusammenhang hat in jüngerer Zeit die sog. q u a n t i - t a t i v e M e t h o d e große Bedeutung erfahren und neue Anwendungsfelder erschlossen. Die Verarbeitung eines großen Daten- und Zahlenmaterials (etwa im Bereich der historischen Demographie, der Schichten- und Mobilitätsforschung, der Analyse langfristiger Wirtschaftsprozesse) paßt sich zum einen in die herkömmliche historische Arbeitsweise durchaus ein, wie sie Droysen beschrieben hat; zum anderen geht sie aber auch bewußt von hypothetischen Grundannahmen und Theorien aus, die durch eine große Zahl von Quellendaten falsifiziert, verifiziert bzw. korrigiert werden können und sollen. „Historische Prozesse und Strukturen werden auf der Basis von Wahrscheinlichkeitsannahmen auf ihre Regelhaftigkeit überprüft" (H. Best), ein Verfahren, daß sich besonders in der neueren historischen Sozialforschung bewährt hat.

Hier ist nun durchaus ein Begriff von Methode angesprochen, der über die Systematisierung einzelner Verfahrensweisen hinausreicht. Historische Methode in übergeordnetem Sinne meint auch und im besonderen die *Gesamtheit der Verfahrensschritte*, das spezifische Methodensystem, das die Geschichtswissenschaft in besonderer Weise auszeichnet und in wichtigen Elementen von W. Bauer (vgl. S. 4) auf den Begriff gebracht wurde: Während die Naturwissenschaften Welt und Natur in Gesetzmäßigkeiten einzufangen versuchen, die aufgrund von Experimenten gewonnen und in allgemein gültigen Sätzen formuliert werden, geht es in der Geschichtswissenschaft um die Erfassung des Einmaligen, Unwiederholbaren, dessen Ursachen, Verlauf und Folgen zeitlich möglichst genau fixiert werden. Individualität, Kausalität, genetische Betrachtungsweise, Verstehen und zeitliche Verankerung sind die Kriterien der historischen Methode, die der Philosoph W. Windelband (1848–1915) *idiographisch* (das Einzelne beschreibend) im Gegensatz zur *nomothetischen* (Gesetze aufstellenden) Erkenntnisweise der Naturwissenschaften genannt hat. Man kann sich diesem Verfahren etwa am Beispiel der „legalen" Machtergreifung durch die Nationalsozialisten im Jahre 1933 klarmachen, eine Analyse, die dieses Ereignis mit seinen vielfältigen Ursachen, Einzelaktionen und Folgen als einen in dieser Form unwiederholbaren Vorgang innerhalb der deutschen und europäischen Geschichte beschreibt.

Ein derartiges Verstehen und Beschreiben, das sich des gesamten zur Verfügung stehenden methodischen Instrumentariums bedient, bedeutet hier wie auch in anderen Fällen eine große und anerkennenswerte Leistung, hinter die man methodisch nicht zurückgehen kann. Ein zeitgenössischer Wissenschaftstheoretiker (H. Lübbe) vertritt denn auch mit Nachdruck die These, daß gerade in der idiographischen Verfahrensweise die genuine Aufgabe der Geschichtswissenschaft im Unterschied zu den nomothetischen Sozialwissenschaften liege.[7] Aber der Ge-

---

[7] H. Lübbe, Was heißt: Das kann man nur historisch erklären?, in: Schieder, Gräubig, Theorieprobleme 148ff.

gensatz läßt sich heute weniger denn je durchführen, er beschrieb streng genommen schon nicht mehr die gesamte Praxis der historischen Forschung um die
Jahrhundertwende. Das impliziert eine Ergänzung und Erweiterung der historischen Methode, die nicht nur deshalb notwendig geworden ist, weil die Geschichte zu den Nachbarwissenschaften hin offener geworden ist (vgl. S. 16f.), sondern
weil sich die historische Methode als nicht ausreichend erwiesen hat, neuen Bedürfnissen und Herausforderungen zu genügen.

An dieser Stelle können wir an die Frag-Würdigkeit der Definition W. Bauers
(vgl. S. 4) anknüpfen. Das Einmalige der Französischen Revolution oder der nationalsozialistischen Machtergreifung, so wichtig dieser Aspekt ist, schließt die
Erforschung von deren typischen und allgemeinen Zügen nicht aus, ja bedingt
diese sogar als Folie und als Muster. Das Individuelle und das Allgemeine historischer Vorgänge stellen sich dar als Ergebnisse je unterschiedlicher Forschungsstrategien und eröffnen beide legitime und je andere Anwendungen. Daß man
aus der Entstehung staatlicher Herrschaft, dem Verlauf von sozialen Revolutionen, dem Zerfall von Großreichen zwar nicht Gesetzmäßigkeiten, wohl aber
Mechanismen bzw. typische Verlaufsformen zu gewinnen sucht, erscheint dem
Historiker heute nicht nur möglich, sondern sogar geboten. Historische Phänomene und Prozesse gilt es nicht allein zu verstehen, sondern zu analysieren und
zu erklären. Damit wird der immanente Verstehenshorizont überschritten, indem
Theorien, Modelle gleichsam „von außen" an das Material herangetragen werden und zudem ein Beurteilungsmaßstab Anwendung findet, der nicht aus dem
historischen Zusammenhang selbst stammt. Diese vorgängige Modell- bzw.
Theoriebildung ist nicht auf die quantifizierende Methode und die moderne
historische Sozialforschung beschränkt. So hat man beispielsweise den Hexenglauben und die Hexenverfolgung am Beginn der Neuzeit mit einem kommunikationstheoretischen Modell zu analysieren versucht (R. Walz), das wichtige
Erkenntnisse hinsichtlich dörflicher Kultur und Mentalität erbracht hat.

Beide Phänomene, Modellbildung und Werturteil, sind nicht unproblematisch
und signalisieren die Spannung zwischen dem erkenntnisleitenden Interesse des
Subjekts und dem Material, den historischen Tatsachen, die oft genug zu Kontroversen geführt hat und die immer wieder zeigt, wie sehr das methodische und
moralische Rüstzeug des Historikers Schwankungen und Erweiterungen unterliegt.

Den Sachverhalt mögen einige Beispiele illustrieren: Wir wenden uns zunächst
der sog. idealtypischen Arbeitsweise zu, die mit der Person von Max Weber
(1864–1920) untrennbar verbunden ist, einer der großen Leitfiguren und Anreger
für die Religions-, Geschichts- und Sozialwissenschaften besonders nach dem
Zweiten Weltkrieg. Nach Weber ist der Idealtypus nicht einfach die Summe aller
„realen" typischen Eigenschaften eines Phänomens in Vergangenheit und Gegenwart, sondern eine gedankliche Steigerung, „eine Form anschaulicher Abstraktion", die vorgefundene Faktoren zu einem widerspruchsfreien „idealen"
Konstrukt weiterentwickelt. So läßt sich z.B. ein Idealtypus „Adelsherrschaft"
aufstellen, dessen reale Bestandteile aus dem antiken, dem europäisch-mittelal-

terlichen und japanischen Kulturkreis stammen mögen, die dann aber zu einem stimmigen Entwurf „gesteigert" werden, indem man etwa die mehr oder minder ausgeprägte Exklusivität zu einem konsequenten Ausschluß unterer Schichten (etwa in der Heiratspolitik) steigert und den so geschaffenen Befund in ein Gesamtbild, den „Idealtyp", einfügt. Was dabei herauskommt, ist ein gedankliches Regulativ, eine Art „Meßlatte", die es erlaubt, konkrete Überstimmungen und Abweichungen auszumachen. Ohne Zweifel kommt einem solchen Entwurf eine Ordnungs- und Orientierungsfunktion zu, die man angesichts der verwirrenden Vielfalt der realen Welt kaum überschätzen kann.

Weber selbst hat diese idealtypische Analyse im Hinblick auf die Stadt, auf Herrschafts- und Wirtschaftsformen in eindringlicher Weise vorgeführt, und bedeutende historische Leistungen jüngerer Zeit wären ohne die Hilfe der Weberschen Kategorien nicht zustande gekommen. Die unübersehbare Problematik einer derartigen Konstruktion liegt aber in der Spannung zwischen dem empirischen Grundgehalt und der gedanklichen Steigerung, in der Gefahr, daß sich der Idealtyp in seiner geistigen „Verschärfung" zu weit von der geschichtlichen Realität entfernt. Der Vorwurf ist oft und zu Recht gegen Weber erhoben worden. Die Stadt in der Antike als Konsumenten-, im Mittelalter als Produzentenstadt: gegen diese idealtypische Vereinfachung haben sich Mediävisten und Althistoriker mit einleuchtenden Gründen zur Wehr gesetzt.

Aber unbeschadet dieser notwendigen Auseinandersetzung in der Sache bleibt die Notwendigkeit einer Modell- bzw. Typenbildung für die Geschichtswissenschaft bestehen. Th. Schieder hat in diesem Zusammenhang eine Auffächerung in Struktur-, Verlaufs- und Gestalttypus vorgeschlagen. Die Analyse von Systemen innerhalb der Geschichtswissenschaft, die nicht nur in der Neuen Geschichte mit Erfolg praktiziert wurde, kommt ohne Modellbildung und Anleihen bei der Systemtheorie nicht aus. Historische Kommunikationsforschung greift notwendigerweise auf allgemeine Raster und fachfremde Begriffe (z.B. Code, Input, Output, Feedback, Sender, Medium, Empfänger) zurück, die sich mit der herkömmlichen historischen Methode auf den ersten Blick nur schwer verbinden lassen. Das gleiche gilt für die zunächst von der französische Schule der *Annale*s vorangetriebene Mentalitätsgeschichte, die mentale Strukturen (Einstellung, Verhaltensweisen) als wirksame soziokulturelle Muster mit erheblicher Langzeitwirkung versteht und derartige Mentalitäten durch Einzelanalyse (eine Person, ein Dorf, ein historisches Ereignis) wie durch Analyse von kollektiven Einstellungen aufzudecken versucht. Der Rückgriff auf Kategorien der Sozialpsychologie, der Volkskunde, der Geographie und Klimatologie, oft zuweilen mehr unbewußt als explizit vorgenommen, ermöglicht in vielen Fällen erst das „Verstehen" der herkömmlichen Quellen. Aber es konnte gar nicht ausbleiben, daß diese Anleihen als methodisch bedenklich, unzureichend und empirisch ungesichert eingestuft wurden, die zudem die Gefahr bergen, daß die historische Forschung langfristig auf einem Neben- und Abstellgleis landen könne.

In all diesen Fällen, die historische Hermeneutik eingeschlossen, geht es nicht allein um Probleme der Theorie und Methodik, sondern auch um wertgebundene

Entscheidungen, was denn die Geschichte an Orientierungs- und Handlungs-anleitung leisten könne und solle. Der sog. Historikerstreit gegen Ende der 80er Jahre, der die planmäßige Judenvernichtung durch den Nationalsozialismus zum Gegenstand hatte, läßt sich dafür als ein aufschlußreiches Beispiel anführen. Ist der Holocaust einzigartig, darf man ihn mit anderen Massenvernichtungen in der Geschichte vergleichen? Was bedeutet Historisierung einer planmäßigen Ausrot-tung von Juden und Historisierung des Nationalsozialismus insgesamt, was folgt aus deren historischer „Einbettung"? In dieser außerordentlich emotional ge-führten Kontroverse ging es vorderhand um historische Weltanschauungen, um historisch-politische Ethik, um ein wertgeladenes Verhalten zur Vergangenheit und zur Gegenwart. Aber es ging dabei auch um Grundfragen der historischen Methode, um Verstehen, Erklären und Werten, um Einzigartigkeit und Vergleich-barkeit. Es geht nicht zuletzt um die angemessene Erschließung von Quellen, um das Aufdecken von mentalen Strukturen und um langfristige soziale wie öko-nomische Prozesse, um die Analyse der politischen und militärischen Entschei-dungen in ihrer gesamten Tragweite. Der Nationalsozialismus ist damit nur ein Modellfall historischer Forschung und Methodik überhaupt. Wir tun gut daran, alle methodischen Ansätze anzuwenden, soweit es die Überlieferung zuläßt. Das gilt für das Altertum, das Mittelalter, für die Geschichte insgesamt.

Differenzierungen

Der Wechsel vom Allgemeinen zum Besonderen ist nicht allein für die Ge-schichtswissenschaft maßgebend. So wichtig in der Methodik und der Betrach-tungsweise der Bezug auf das Ganze erscheint, so notwendig ist andererseits die Auffächerung, die Zerlegung der Totalität in kleine Teileinheiten. Wir sprechen von Differenzierungen der Universalgeschichte, welche die ungeheure räumliche und zeitliche Ausdehnung des Geschehens, die Quellen und nicht zuletzt die un-terschiedlichen Interessen zwingend erfordern.

Quellen haben für die Geschichtswissenschaft eine fundamentale Bedeutung, ähnlich den Zahlen in der Mathematik und dem menschlichen Körper in der Me-dizin. Quellen sind für uns alle historischen Materialien, mit deren Hilfe Er-kenntnisse über die Vergangenheit gewonnen werden können. Dies kann vielerlei sein: Eine frühgeschichtliche Wallanlage, eine römische Inschrift, eine mittelalter-liche Königsurkunde, ein städtischer Erlaß aus der frühen Neuzeit, ein Reisebe-richt, eine Rundfunkrede Hindenburgs oder eine Wochenschau aus dem Zweiten Weltkrieg. Sie alle geben *irgendwie* Kunde von der Zeit, in der sie entstanden sind. In einem globalen Sinne bedeutet Quellenkunde – sie wird in den folgenden Kapiteln ausführlich thematisiert – das Verfahren, dieses unbefriedigende „ir-gendwie" in verläßliches Wissen zu überführen.

Ein erster Schritt dazu bildet die Aufteilung der gewaltigen Quellenmasse nach der *Überlieferungssubstanz*. Danach ergeben sich als Quellengruppen die Texte bzw. schriftlichen Quellen (z.B. Papyrustexte, Pergamenturkunden, Ratsprotokolle, Lebensberichte in Buchform) und Sachgüter bzw. gegenständliche Quellen (Werkzeuge, Hausrat, Bau- und Siedlungsreste, Industrieanlagen). Als dritte Gruppe hat man davon die sog. „Tatsachen" (P. Kirn) abgehoben, worunter man z.b. Institutionen (etwa Formen der Eheschließung) und Vereinigungen (z.B. Schützenbruderschaften, studentische Verbindungen), ganz allgemein sprachliche und kulturelle Formen versteht, soweit sie sich als *survival*[8] in eine andere Zeit hinübergerettet haben.

Eine andere Einteilung sondiert den gesamten Quellenbestand nach den Kategorien *Überrest* und *Tradition*. Überrest bezeichnet nach E. Bernheim (1850 bis 1942) „alles, was *unmittelbar* von den Gegebenheiten übrig geblieben und vorhanden ist", Tradition dagegen „alles, was uns *mittelbar* von den Begebenheiten überliefert ist, hindurchgegangen und wiedergegeben durch menschliche Auffassung".

Die Aufteilung hat funktionalen Sinn. Quellenkritik und Auswertung verlangen jeweils ein anderes Vorgeben. Bei den Traditionsquellen, nennen wir als Beispiel die Autobiographie, wird man davon ausgehen können, daß bestimmte Tatsachen hervorgehoben, andere bagatellisiert, ausgelassen und umgebogen wurden. Bei den Überresten, nehmen wir einen inschriftlich erhaltenen Arbeitsvertrag aus der römischen Kaiserzeit oder eine mittelalterliche Waren- und Preisliste, besteht diese Gefahr in weit geringerem Maße. Beide großräumigen Gliederungsversuche, wie auch die Aufteilung in absichtliche und unabsichtliche Überlieferung oder in Primär- und Sekundärquellen, sind ergänzungsbedürftig und müssen für die praktische Arbeit konkretisiert werden.

Diese praktische Arbeit erfolgt im Rahmen der historischen Grund- bzw. Hilfswissenschaften, die sich in aller Regel auf die antike, mittelalterliche oder neuzeitliche Überlieferung spezialisieren. Diese epochenspezifische Beschäftigung hat ihren guten Sinn, denn die Rückkoppelung an den historischen Zusammenhang und den gesamten Quellenbestand ist für die richtige Erschließung unabdingbar. Antike griechische Inschriften müssen in den historischen Rahmen gestellt werden: Sie erfordern die Einbindung in die jeweiligen Stadt- und Landeskunde wie die Vernetzung mit den literarischen Texten, den Münzen und archäologischen Zeugnissen. Das gleiche gilt etwa für die mittelalterlichen Urkunden oder die neuzeitliche Publizistik.

Damit ist bereits angedeutet, daß die herkömmliche Periodisierung in alte, mittelalterliche und neuere Geschichte zu einem Gutteil an praktischen Arbeitszusammenhängen, darüber hinaus aber auch an traditionellen Schematisierungen und Wertungen hängt, die heutzutage durchaus nicht mehr allgemein akzeptiert werden. Dabei ist die Notwendigkeit von Periodisierungen, d.h. von begrifflichen Zäsuren innerhalb des dauernden Flusses des Geschehens durchaus einsehbar: Derartige Markierungen fördern das historische Verstehen, indem sie

---

[8] Unter Survival versteht man die Reste untergegangener Kultur- und Gesellschaftsformen, die in ihrer neuen Umgebung vielfach unverstanden weiterexistieren. Der in der Ethnologie gebräuchliche Begriff ist als eigenständige Quellengattung in der Geschichtswissenschaft umstritten.

Zusammenhängendes bündeln, unter einen Hauptnenner bringen und ineins damit auch Trennungslinien aufstellen. Das Zeitalter des Perikles, die Epoche der Salier und Staufer, das Zeitalter der Restauration, die Epoche des Nationalsozialismus: solche Einteilungen lassen sich mit Sachargumenten begründen, sich andererseits auch sinnvoll in Frage stellen. Denn jede Diskontinuität ruht auch auf Strukturen, die weiterlaufen und wirksam bleiben. Innerhalb der Wirtschaft und Gesellschaft des 5. Jh.v. Chr. hebt sich die Zeit des Perikles (etwa 460–430 v. Chr.) allenfalls quantitativ ab; ebenso bedeutet das Jahr 1848 als Endpunkt der Restaurationszeit etwa für die ökonomische Entwicklung im 19. Jahrhundert keinen wirklichen Einschnitt.

Die Problematik tritt verschärft bei der Abfolge von sog. Großepochen auf. Die populäre Dreiteilung Altertum – Mittelalter – Neuzeit entstammt europäisch-humanistischem Geschichtsdenken und ist vor allem durch die *Historia tripartita* des Hallenser Professors Christoph Cellarius (1638–1707) verbreitet worden, eine globale Einteilung der Geschichte, die über den Schul- und Universitätsbetrieb hinaus bis heute weithin maßgebend geblieben ist. Das Schema ist theoretisch wie praktisch vielfach ergänzt und verfeinert worden, wobei die Forderung des Mediävisten H. Aubin (1885–1969), daß „ein breiter Streifen allmählicher Veränderungen" notwendig sei, um Großepochen voneinander abzuheben, allgemeine Anerkennung gefunden hat. Nicht einzelne herausragende Ereignisse der Religionsgeschichte (etwa die konstantinische Wende 313 n. Chr., Luthers Thesenanschlag 1517), der politischen Geschichte (etwa das Ende des weströmischen Reiches 476 n. Chr.), der Technik-, Wirtschafts- und Sozialgeschichte markieren Grenzen, sondern eine Umstrukturierung in vielen Bereichen. Gemessen an diesem Postulat läßt sich an der traditionellen Abfolge von Antike, Mittelalter und Neuzeit, an ihren Grenzen und Grenzübergängen mit Gewinn festhalten. Aber sie schließt andere Gliederungen nicht aus. Die außereuropäische Geschichte, etwa die Geschichte Afrikas, wird andere Kriterien in den Vordergrund stellen (so die Abfolge Stammesordnungen – europäisch dominierte Kolonialzeit – Nationalstaaten). Die Technikgeschichte mag sich an der Organisationsform von Arbeit orientieren und eine Epoche der Handarbeit, der Maschinenarbeit und der automatischen Produktion unterscheiden. Alle derartigen Versuche sind legitime, interessensgebundene, gleichwohl notwendige Konstrukte, die der Orientierung dienen. Sie haben für das historischen Erkennen vorläufigen und subsidiären Charakter: Es hilft und gibt Sicherheit, sich innerhalb fester und traditioneller Grenzen zu bewegen. Aber es ist zuweilen notwendig, Grenzen zu überwinden, um neue Ufer zu erreichen.

Der Eindruck vom festen Terrain einerseits und neuen Ufern andererseits gilt ebenfalls für die verschiedenen Teil- und Sonderdisziplinen der Geschichtswissenschaft. Ihr Fortschritt, ihre Entwicklung wird nicht zuletzt durch Spezialisierung erkauft, die gewollte und notwendige Verengung des Gesichtskreises auf ein bestimmtes Feld der Geschichte: auf Politik, Wirtschaft, Gesellschaft, Religion, Kultur, Technik, Medizin und Recht, allesamt wichtige Teilgebiete, denen einerseits bestimmte Quellengruppen zugrundeliegen und die andererseits auf spezifische Methoden und Erkenntnismöglichkeiten zurückgreifen, die z.T. aus den benachbarten Wissenschaften stammen. Wer über gesellschaftliche Gruppen des Mittelalters arbeitet, tut gut daran, sich mit den Methoden der Soziologie vertraut zu machen. Wer sich über wirtschaftliche Probleme der Antike verbreiten will, wird mit Nutzen das begriffliche Instrumentarium verwenden, das die Nationalökonomie in Vergangenheit und Gegenwart erarbeitet hat. Ebenfalls benutzen die Religions- und Rechtswissenschaft je eigene Verfahren und Modelle, die für historische Analysen mit Gewinn herangezogen werden können.

Solche Spezialisierungen und Grenzüberschreitungen sind wichtig und notwendig. Sie haben in der Geschichte manches neu und anders sehen gelehrt. Unverkennbar stehen sie in einer gewissen Spannung. Vielfach haben sich solche Teilgebiete von der allgemeinen Geschichte abgekoppelt, äußerlich daran ablesbar, daß etwa die Rechtsgeschichte innerhalb der Jurisprudenz, die Baugeschichte innerhalb der Architektur, die Medizingeschichte innerhalb der medizinischen Fakultät angesiedelt sind. Eine solche Verortung hat ohne Zweifel ihr Gutes, denn Wirtschaft, Medizin und Recht besitzen historische Dimensionen, die dem jeweiligen Fach den nötigen Längsschnitt und auch eine gewisse Relativierung vermitteln. Aber die Spezialisierung zerreißt mit einer gewissen Notwendigkeit den ursprünglichen Zusammenhang. Wirtschaft, Technik, staatliche und gesellschaftliche Verfassung, religiöse und kulturelle Strukturen existierten trotz relativer Eigendynamik nicht unabhängig voneinander. Sie waren verflochten und bedingten sich in vielfacher Weise. Diese Gemengelage, die Interdependenzen charakteristisch für die jeweiligen Zeiten und Räume sichtbar zu machen, bedeutet Herausforderung und verpflichtendes Ziel, die über die Spezialdisziplin hinaus für die Geschichtswissenschaft generell gelten.

Die Notwendigkeit, ausgesonderte Bereiche wieder an die allgemeine Geschichte zurückzukoppeln, betrifft nun auch junge und dynamische Forschungsrichtungen wie etwa die Frauen-, die Alltags- und die Mentalitätsgeschichte, die historische Anthropologie insgesamt, die vielfach als ein Sammelbecken und als neue Integrationswissenschaft gesehen wird. Es geht dabei nicht allein um die Erschließung neuer, bisher zuwenig bestellter Felder, sondern um die Erarbeitung neuer Perspektiven, damit Geschichte von unten, aus der Sicht der Betroffenen, wie man heute gerne sagt, sichtbar wird. Die teilweise Deformation der Geschichte dadurch, daß es in erster Linie Männer mit spezifischen Voreingenommenheiten und Interessen waren, die über die Vergangenheit und die eigene Gegenwart berichteten – dies erfordert in der Tat eine quellenkritische und interpretatorische Umdeutung auf vielen Gebieten. Den Alltag gilt es in den „kleinen Welten" aufzusuchen, in den Fabriken, Dörfern, Familien, Einzelschicksalen, um „die Gesichter in der Menge zu indentifizieren" (R. Samuel). Diesem Ziel dienen auch die Erzählungen der Zeugen aus dem jeweiligen „sozialen Milieu" (R. Lepsius), die über ihre Arbeitsverhältnisse, ihren tagtäglichen Erfahrungen mit Politik und Kultur erzählen.[9] Die Erforschung des Alltags zielt über die Aufdeckung von

---

[9] Zur Methodik der *oral history* vgl. Vorländer, Oral History.

konkreten historischen Lebensbedingungen und Einzelschicksalen hinaus in besonderer Weise auf eine vertiefte Identität durch Geschichte in einer vielfach
anonym gewordenen Massengesellschaft. Wie Dörfer im katholischen Rheinland
die Zeit des Nationalsozialismus erlebt und verarbeitet, oder unter welchen
Wohn- und Lebensbedingungen ostelbische Tagelöhner und bäuerliches Gesinde
im 19. Jahrhundert existiert haben, dies ist ein bedeutsames Erfahrungspotential,
das Bausteine für eine historische Anthropologie zu liefern vermag. An solchen
Geschichten kann man sich orientieren. Offensichtlich gibt es auf diesem Feld
ein großes gesellschaftliches Bedürfnis, wie Stadtteilforschung und lokale Ge-
schichtswerkstätten beweisen.

Freilich: Erweiterung und Verengung von Geschichte liegen dabei eng beisam-
men. Wer sich mit Eifer auf Einzelschicksale und kleine Welten wirft, dem kommen historische Strukturen und Systeme leicht abhanden, für den rücken Wirtschaft, Gesellschaft und Politik an den Rand des Geschehens und werden in ihrer
Geschichtlichkeit nicht mehr recht wahrgenommen. Auch hier gilt also die Forderung, Mikro- und Makrohistorie in ein ausgewogenes, „dialektisches" Verhältnis zu bringen, Frauengeschichte gegenüber allgemeiner Gesellschaftsgeschichte
nicht zu isolieren, menschliches Verhalten und mentale Strukturen in den soziöko-
nomischen Horizont der Zeit einzubinden, persönliche Betroffenheit und Erzählen nicht gegen kritische Analyse auszuspielen.

Lernfähigkeit speist sich beim einzelnen Menschen wie bei wissenschaftlichen
Großsystemen aus der reflektierten Bewahrung des Überkommenen und aus der
Bereitschaft, neuen Anregungen zu folgen und andere Fragestellungen als die
eigenen zuzulassen. In diesem Sinne lernt die Historie dauernd von ihren Nach-
barn. Mit der Politischen Wissenschaft teilt sie sich das Feld der sog. Zeitgeschichte (vgl. S. 212), mit ihr verwendet sie ein Großteil ihrer Begriffe und
ihres Instrumentariums. Herrschaft, Demokratie, Nationalstaat, Verfassung und
Verwaltung lassen sich nach genetischen Gesichtspunkten (unter welchen Bedingungen ist die neuzeitliche Demokratie entstanden?) und nach systematischen,
handlungsorientierten Kategorien behandeln: Wie funktionieren politische
Größen, wie lassen sie sich gegebenenfalls beeinflussen und verändern? Derartige
Fragen geben in erster Linie an die Politische Wissenschaft.

Die Soziologie, insofern sie sich als „Wissenschaft von den Bedingungen
des menschlichen Zusammenlebens" (Wössner) versteht, kommt ohne die historische Dimension ihres Gegenstandes nicht aus, wie umgekehrt die Geschichte
bei ihrer Beschreibung und Analyse vergangener Gesellschaften den reichen
Erfahrungsschatz nutzt, den die Soziologie bereitstellt: Klasse, Stand, Herr-
schaftsträger, Elite, Bürgertum, sozialer Wandel, Öffentlichkeit, Modernität, mit
diesen und ähnlichen Begriffen verbinden sich in der Soziologie auch bestimmte
Theorien und Strategien, die dem Historiker bei seiner Arbeit hilfreich sind. Der
Vorwurf einer theorielosen Geschichte und einer geschichtslosen Soziologie (H.P.
Dreitzel) trifft auf Teilbereiche beider Wissenschaften nach wie vor zu, der
Gegensatz ist auch nicht gänzlich aufhebbar. Aber das Bewußtsein, daß beide
Betrachtungsweisen prinzipiell aufeinander angewiesen sind, ist zumindest in

Deutschland seit den frühen Klassikern Max Weber, Georg Simmel (1858–1918) und Ferdinand Tönnies (1855–1936) nicht verlorengegangen. Nicht ganz so nachhaltig wirkt das historische Erbe in den Wirtschaftswissenschaften der heutigen Zeit nach, obwohl die Genese einer modernen Volkswirtschaftslehre ohne die Zusammenschau von Ökonomie und Geschichte nicht möglich gewesen wäre. Adam Smith (1723–1790), Friedrich List (1789–1846), Gustav Schmoller (1838–1917), Werner Sombart (1863–1941) oder Josef Alois Schumpeter (1883–1950) haben zum Teil im Rückgriff auf ökonomische Strukturen der Vergangenheit wirtschaftliche Zusammenhänge entdeckt und Theorien entwickelt, die ihre Faszination und ein nicht zu leugnendes Erklärungspotential bis auf den heutigen Tag bewahrt haben. Wie Arbeit organisiert ist, welche Voraussetzungen und Elemente der westliche Kapitalismus besitzt, welchen Einfluß Verkehrsmöglichkeiten auf Produktion und Konsumption besitzen, das interessiert den Ökonomen wie den Historiker gleichermaßen. Dabei ist das praktische Problem: wie muß eine Wirtschaft beschaffen sein, damit sie die Aufgaben der Bedarfdeckung lösen kann, nicht das Thema des Historikers, wohl aber das des Nationalökonomen, ein Zwang zur Entwicklung von Handlungsstrategien, der diesem den historischen Rückblick vielfach verstellt.

Geschichte als eine spezifische Wissensform profitiert von den übrigen Wissenschaften. Das gilt für die Philosophie, die Sprach- und Rechtswissenschaften, zu denen es schon seit langem eingespielte Verbindungen gibt; es trifft auch auf die neueren wissenschaftliche Disziplinen zu, die teilweise bereits genannt wurden: Ethnologie und Anthropologie, Psychologie, allgemeine Linguistik und Kommunikationswissenschaft. Ohne ein fortwährendes Geben und Nehmen, das freilich der methodischen Kontrolle bedarf, wird der Wissenschaftsprozeß als ganzer langfristig erstarren und damit auch die Geschichte verarmen. Lernfähigkeit und Akzeptanz sind wissenschaftliche und gesellschaftliche Vorgänge, die voneinander abhängen und das Bild einer Wissenschaft in der Öffentlichkeit wesentlich mitbestimmen.

Funktion und Vermittlung

Die Fragen, was mir, dem einzelnen, Geschichte bedeutet und wozu sie in der heutigen Gesellschaft taugt, sind zwei Seiten einer Medaille, die durchaus unterschiedliche Konturen aufweisen. Neugier, Entdeckerfreude, ästhetisches Vergnügen können sich mit der Bereitschaft paaren, mich zu bilden, zu lernen, aus der Geschichte heraus Lehren für Gegenwart und Zukunft zu ziehen. Damit hat man in naiver Weise Erfahrungen und Erwartungen angesprochen, welche die Beschäftigung mit Geschichte immer schon als mehr oder weniger ausformulierte Theoreme begleitet haben. Geschichte dient der Lebensbewältigung (vgl. S.2), sie ist der zeitliche Rahmen für die mühselige Wanderung des Gottesvolkes und der Kirche auf ihr letztes Ziel hin, sie offenbart Entwicklungen und Strukturen, die mir meinen jetzigen Standpunkt verdeutlichen und den Weg aufzeigen, den die

Gesellschaft, meine individuelle Person eingeschlossen, nehmen wird. Antikes, mittelalterliches und neuzeitliches Geschichtsverständnis, denen andere an die Seite gestellt werden könnten, hat die historische Forschung als zeitbedingte und unzureichende Antworten erwiesen, aber sie wirken in abgeschwächter Form als Erklärungsmuster weiter, und dies durchaus mit einer gewissen Notwendigkeit. Denn die Frage: wozu Geschichte? läßt sich möglicherweise im Hinblick auf meine Person und die gesellschaftlichen Verhältnisse einigermaßen befriedigend beantworten, aber sie besitzt eben auch eine langfristige Perspektive, die aus spezifischen Weltanschauungen resultiert, welche strittig sind und bleiben.

Vom Rechenschaft Geben sprach J. Huizinga: Geschichte als kollektive Verpflichtung einer Kultur, die Verantwortung für ihre Vergangenheit im Bewahren wie in der Kritik und in der Distanzierung zeigt (vgl. S. 4). Wie man im deutschen und europäischen Rahmen damit umgehen kann, zeigen die säkularen Gedenkfeiern, die zunehmend diese Doppelfunktion thematisieren: Die Gestalt Bismarcks, das Jahr 1848/49, die Französische Revolution, Friedrich der Große und Preußen, die Reformation in Deutschland und Europa, die Entdeckung Amerikas. Die öffentliche Vergegenwärtigung ist nicht nur imstande zu zeigen, in welchem Maße unsere Gegenwart von Entscheidungen der Vergangenheit geprägt ist und wie lange und erfolgreich historische Strukturen und Mentalitäten sich durchhalten. Der historische Rückgriff legt auch die Bedingungen menschlichen Handelns an einem konkreten historischen Punkt offen, rückt Schwierigkeiten, objektive Begrenzungen und subjektives Versagen in den Blick. Damit dient die Geschichte nicht nur dem unmittelbaren Verständnis der Gegenwart, vermittelt nicht allein Einsichten und Orientierungen bei aktuellen Problemen, für die wir politische Einigungsbewegungen, Nationalitätenkonflikte, Emanzipationsprozesse oder andere Beispiele einsetzen können. Geschichte als Ganze vermag im Sinne einer historischen Anthropologie nicht mehr und nicht weniger als ein umfängliches Spektrum menschlicher Möglichkeiten und Realisierungen zu vermitteln, gleichsam ein Reservoir menschlicher Leistungen und menschlichen Versagens, das über den politischen Bereich hinaus soziale, ökonomische und kulturelle Strukturen gleichermaßen umfaßt. Langfristige anthropologische Grundmuster und aktuelles Orientierungs- bzw. Handlungsbedürfnis brauchen sich dabei nicht auszuschließen. „Wenn von der Pflicht die Geschichtswissenschaft zur *politischen Pädagogik* (Th. Mommsen) die Rede ist, dann ist dies vor allem im dem Sinne zu verstehen, daß die Historie der Gegenwart ein durch die Kontrolle wissenschaftlicher Verfahren hindurchgegangenes Wissen über das Handeln von Menschen in der Vergangenheit zur Verfügung stellt" (Faber 218). Freilich, ob und wie denn dieses Wissen genutzt wird, das steht nicht mehr in der Disposition des Historikers und einer Geschichtswissenschaft, deren gesellschaftlich Funktion eben nicht in der Handlungsanleitung besteht, die aber den Boden bereiten kann, aus dem heraus sich Entscheidungen treffen lassen und Verhaltensweisen begründbar sind. Die politische Kultur eines Landes, die vom öffentlichen Diskurs lebt, kann ohne den historischen Rückgriff nicht wirklich gedeihen.

Zwei Aspekte sind es, die bei der Frage nach dem unmittelbaren Nutzen der Geschichte für die Gegenwart bisher im Vordergrund standen: Geschichte als kritisches Potential bestehender Institutionen und Legitimationen, als Aufklärung, die sich gegen Uninformiertheit, falsches Bewußtsein und Interesselosigkeit wendet und damit den Weg für eine Emanzipation, für eine bewußte Gestaltung politischer und sozialer Strukturen freimachen kann. Politische Geschichtswissenschaft in emanzipatorischer Absicht, so lautete der Titel einer informativen und vielgelesenen Einführung, in der diese Absicht programmatisch auf den Begriff gebracht war (Groh 1973). Daß Geschichte in dem Bemühen zu zeigen, wie es eigentlich gewesen (vgl. S. 8) auch eine aufklärende Seite besitzt, zeigt der Umgang mit Geschichte in den ehemals totalitären Staaten, für die heute historische Aufklärung ein Gebot politischer Wahrhaftigkeit bedeutet. In Auseinandersetzung und in Konkurrenz mit diesem ideologiekritischen Ansatz betont eine andere Zweckbestimmung die Identität und Identitätsbildung durch Geschichte. Politische Strukturen und Überzeugungen vermittels Geschichte in Frage zu stellen, dies sei zu wenig. Geschichte habe auch die Aufgabe, durch Annahme von Traditionen zu stabilisieren, den einzelnen, Gemeinschaften und Staaten. Das Judentum und der Staat Israel können zeigen, was Geschichte (und Religion) als identitätsstiftende Faktoren zu leisten vermögen. Dabei erweist sich Identität durchaus als ein komplexes Gebilde mit vielen widersprüchlichen Seiten; und der Blick auf andere nationale und religiös motivierte Gemeinschaften unterstreicht die nüchterne Erkenntnis, daß der Rückgriff auf die Geschichte, Identitätsbildung durch Historie, ambivalent ist und durchaus etwas Verheerendes und Inhumanes an sich haben kann. Wir brauchen nicht weit zu gehen und zurückzugreifen, um für diesen Tatbestand anschauliche Belege beizubringen. Derartige bedenklichen Bewußtseinsstrukturen waren und sind vorhanden, wie dünn und wie entstellt Geschichte darin auch immer vorkommen mag, trübe Befindlichkeiten, die gleichsam eine doppelte Therapie erfordern: Kritik auf der einen und Stabilisierung auf der anderen Seite. Es ist keine Frage, daß hier die Geschichtswissenschaft in besonderem Maße aufgerufen ist, Akzente zu setzen und Inhalte zu vermitteln, je nach dem Adressatenkreis, den man vor sich hat, und der historischen Situation, in der man sich befindet. Was vor zwanzig Jahren in der Bundesrepublik Erfolg versprach, kann hier und jetzt ins Leere gehen und sich ins Gegenteil verkehren.

Therapie durch Geschichte: Das Bild darf nicht überinterpretiert und mißverstanden werden. Die Geschichtswissenschaft als solche vermag mitnichten die Rolle des Arztes am Krankenbett der Gesellschaft bzw. ihrer Gruppen übernehmen, um dem Patienten nach einer Fachdiagnose die entsprechenden Heilmittel zu verabreichen. Was in einer konkreten Situation zu tun oder zu lassen ist, welche Haltungen und Werte es zu bewahren und zu entwickeln gilt, diese Entscheidungen können nicht aus der wissenschaftlichen Beschäftigung mit Geschichte heraus getroffen und begründet werden. „Geschichte als Wissenschaft sagt nicht mehr den Sinn, sie stiftet ihn nicht, sie entdeckt ihn auch nicht, sie schafft keine Tugend und sie bringt die Welt nicht in Ordnung, so sehr sie vom Sinn, Tugend und Ordnung und den Bedingungen ihrer Möglichkeit handelt". Dieses vielleicht zu düstere Fazit eines bedeutenden zeitgenössischen Historikers (Th. Nipperdey) läßt immerhin erkennen, worin die Unverzichtbarkeit, die Relevanz von Geschichte liegt: Sie handelt von den Bedingungen politischer Entscheidungen, sie informiert über Ursachen und Folgen, sie klärt über Voraussetzungen von wertvollem Verhalten auf, sie öffnet die Augen für Langzeitwirkungen, für das Auseinandertreten von beabsichtigten und schließlich erreichten Zielen. Sie läßt erkennen, wieviele und welche historischen Kräfte am Werke waren, die für das Handeln von Gemeinschaften, sozialen Gruppen und Individuen heute bestimmend sind. Sie verweist auf gewachsene Strukturen und historische Wurzeln und vermag zu zeigen, was in den beschleunigten Modernisierungsprozessen der Gegenwart verloren zu gehen droht. All dies zusammengenommen bedeutet ein gewaltiges Erfahrungspotential, das sich nutzen läßt, wenn man es denn will.

Die gesellschaftliche Bedeutung erschöpft keineswegs die gesamte Relevanz von Geschichte. Indem sie sich der Vergangenheit und den fernliegenden Kulturen zuwendet, macht sie das Fremde begreiflich und fördert das Verständnis für das Unbekannte. Diese Entdeckungsreisen vermögen den Intellekt und das Urteil zu schärfen und Toleranz vorzubereiten. Daß man den Anderen oder das Andere gelten läßt, setzt nicht zuletzt Kenntnis und Einfühlungsvermögen voraus, Eigenschaften, ohne die ein Historiker nicht existieren kann. Und nicht zuletzt besitzt die Beschäftigung mit Geschichte auch einen ästhetischen Reiz und verschafft ein intellektuelles Vergnügen, wie es jeder echten Bildung eigen ist. Ihr Material, insbesondere das archäologische, weist eine große Formenvielfalt auf und erschließt sich dem Begreifen auf eine erste Weise durch das Sehen oder durch den verständigen Gebrauch der Augen und der übrigen Sinne, mag es sich um eine griechische Vase, einen mittelalterlichen Kodex oder eine Fabrikanlage aus der Zeit der frühen Industrialisierung handeln. In dieser sinnlichen Dimension liegt ein wichtiger Bildungswert von Geschichte beschlossen, für die Erkennen und Verstehen nicht allein intellektuelle Vorgänge sind. Sie erfordern vielmehr den ganzen Menschen.

Die Frage, was denn Geschichte und Geschichtswissenschaft von ihren Voraussetzungen und Bedingungen her leisten, läßt sich nicht lösen von derjenigen, wie denn diese Leistungen vermittelt werden können und sollen. Der Geschichtsdidaktik, welche die Vermittlung und Rezeption von Geschichte thematisiert, eröffnen sich damit zwei große Felder; zum einen die Schule: in welchem Umfang, in welcher Auswahl, mit welchem Ziel sollen Kinder und Jugendliche mit Geschichte konfrontiert werden? Derartige Überlegungen konkretisieren sich in Studienmaterialen, Lehrplänen und Geschichtsbüchern, die eben nicht nur zeigen und anleiten, wie der historische Stoff den spezifischen Fähigkeiten und der Adressaten entsprechend aufbereitet und weitergegeben werden soll, sondern die auch von einem bestimmten bildungspolitischen Konzept getragen werden. Lehrpläne für Geschichte an Schulen sehen in Bayern anders aus als in Bremen und in Niedersachsen. Es ist keine Frage, daß eine angemessene Auseinandersetzung mit dem Fach auch solche Problemfelder mit einschließt, denn sie orientieren sich nicht zuletzt an Diskussionen und Ergebnissen der Geschichtswissenschaft selbst. Dies gilt in gewissem Sinne auch für die außerschulische Vermittlung von Geschichte, das zweite bedeutende Gebiet von Geschichtsrezeption. Museen, Bibliotheken, Ausstellungen, Bücher, Presse, Film und Fernsehen vermitteln Geschichte unter je eigenen Bedingungen und Absichten. Nicht nur Erwachsene, sondern auch Kinder und Jugendliche erhalten von hier stärkste Impulse, so daß die Analyse, wie und mit welchem Ziele solche Bücher, Filme und Ausstellungen gemacht werden, nicht allein die Erwachsenen und die Erwachsenenbildung betrifft. Geschichte lebt, Gott sei Dank, nicht nur im akademischen und schulischen Raum, sondern erreicht die Gesellschaft auch auf vielfach unprofessionellen Wegen und lagert sich dort in einer Weise ab, die noch weitgehend unerforscht ist. Das mehr handlungsorientierte Profil der Schuldidaktik und das eher analytische Profil einer gesellschaftlichen Rezeptionsforschung von Geschichte sind zwei wichtige und legitime Zweige innerhalb eines auf Zukunft angelegten Geschichtsstudiums.

Wie sich nun das Studium konkret aufbaut, dies richtet sich nach den persönlichen Voraussetzungen und Zielvorstellungen, nicht zuletzt nach den universitären Rahmenbedingungen, die im einzelnen unterschiedlich sind und in aller Regel gedruckt in den historischen Instituten vorliegen. Geschichte als Ganzes ist ein anspruchsvolles und vielseitiges Unternehmen. Diejenigen, die das Studium aufnehmen wollen, tun gut daran, sich zu prüfen, ob sie die entsprechenden Voraussetzungen mitbringen. Sprachkenntnisse gehören dazu, ein historisches und ein waches politisches Interesse, die Bereitschaft und Fähigkeit, sich auf theoretische und methodische Probleme (auch quantitative) einzulassen, im Hinblick auf den späteren Beruf eine Sensibilität für die didaktische Dimension von Geschichte. Geschichte umsetzen, Gelesenes und Gelerntes zusammenfassen zu können und dabei die konkreten Adressaten nicht aus dem Auge zu verlieren – dieser aktuellen Herausforderung müssen sich die Hochschullehrer und die Studierenden, die Lehrer, Journalisten und Museumsleute immer wieder neu stellen. Derartige Fähigkeiten lassen sich bis zu einem gewissen Grade auf der Universität erwerben und entwickeln, aber ohne eine entsprechende Grunddisposition führt das Studium leicht in die Irre und wird zur Quälerei. Was sich dabei im Verlauf des Studiums herausbilden muß, ist nicht zuletzt eine gewisse Arbeitshaltung, die kontinuierliches Lesen, Besuch der Fachbibliotheken, Interesse für neue Publikationen und historische Ausstellungen einschließt. Das Studium erschöpft sich nicht im Besuch der Vorlesungen, der Vor- und Nachbereitungen der Übungen und Seminare, sondern lebt wesentlich von der Eigeninitiative, die zumindestens im Augenblick noch Raum für eigene Interessen und individuelle Studiengestaltung läßt. Diese kontinuierliche Lernbereitschaft ist streng genommen für alle unentbehrlich: für Studierende und Hochschullehrer, für künftige Lehrer und Absolventen, die in die Archive, Museen, zu Zeitungen und Verlagen gehen. Den Arbeitsmarkt vermag eine gute Ausbildung nicht zu beeinflussen, aber sie verschafft die Möglichkeit und bietet die Gewähr, mit den Angeboten zurechtzukommen und die zukünftige Tätigkeit angemessen auszufüllen.

Literatur:

Einführungen und Allgemeines: W. BAUER, Einführung in das Studium der Geschichte, Tübingen 1928 (ND 1961); E.H. CARR, Was ist Geschichte, Stuttgart 1963; H.I. MARROU, Über die historische Erkenntnis, Freiburg–München 1973; D. GROH, Kritische Geschichtswissenschaft in emanzipatorischer Absicht, Stuttgart 1973; M. BLOCH, Apologie der Geschichte oder der Beruf des Historikers, Stuttgart 1974; J. LEUSCHNER, Geschichte in Vergangenheit und Gegenwart, eine Einführung, Stuttgart 1980; R. VAN DÜLMEN, Hrsg., Fischerlexikon Geschichte, Frankfurt 1990; V. SELLIN, Einführung in die Geschichtswissenschaft, Göttingen 1995; J. HUIZINGA, Über eine Definition des Begriffes Geschichte (1929), in: Geschichte und Kultur, Gesammelte Aufsätze, Stuttgart 1954, 1ff.; A. HEUSS, Verlust der Geschichte, Göttingen 1959; R.W. WITTRAM, Das Interesse an der Geschichte, Göttingen 1968³; J. KOCKA, Hrsg., Max Weber, der Historiker, Göttingen 1986; W. HENNIS, Max Webers Fragestellung, Tübingen 1987; G. SPITZLBERGER, C.D. KERNIG, Sowjetsystem u. demokratische Gesellschaft IV, 1971, 1135ff. s.v. Periodisierung; H. KUNISCH, Hrsg., Spätzeit, Berlin 1990 (zur Periodisierung); R. VIERHAUS, Hrsg., Frühe Neuzeit – Frühe Moderne, Göttingen 1992 (zur Periodisierung); E. SCHULIN, Geschichtswissenschaft in unserem Jahrhundert, HZ 245, 1987, 1ff.; W. SCHULZE, Deutsche Geschichtswissenschaft nach 1945, München 1989; Der Historikerstreit, München 1991⁸.

Theorie und Methodik: H. BERDING, Bibliographie zur Geschichtstheorie, Göttingen 1977; E. BERNHEIM, Lehrbuch der historischen Methode und der Geschichtsphilosophie, Leipzig 1908⁶ (ND 1960); J.G. DROYSEN, Historik, Vorlesungen über Enzyclopädie und Methodologie der Geschichte, München 1993⁹; K.G. FABER, Theorie der Geschichtswissenschaft, München 1982⁵; Th. HAUSSMANN, Erklären und Verstehen, zur Theorie und Pragmatik der Geschichtswissenschaft, Frankfurt 1991; A. WITTKAU, Historismus. Zur Geschichte des Begriffs und des Problems, Göttingen 1994²; H.W. HEDINGER, Einführung in die Theorie der Geschichtswissenschaft, Darmstadt 1994²; G.G. IGGERS, Neue Geschichtswissenschaft, Vom Historismus zur Historischen Sozialwissenschaft, München 1978. DERS., Geschichtswissenschaft im 20.Jahrhundert, Göttingen 1996²; R. KOSELLECK, Vergangene Zukunft. Zur Semantik geschichtlicher Zeiten, Frankfurt 1984³; Ch. MEIER, J. RÜSEN, Hrsg., Historische Methode, München 1988; Th. NIPPERDEY, Nachdenken über die deutsche Geschichte, München 1991²; J. MERAN, Theorie in der Geschichtswissenschaft, Göttingen 1985; K.R. POPPER, Das Elend des Historizismus, Tübingen 1974⁴; D. ROTHERMUND, Geschichte als Prozess und als Aussage, München 1993; W. KÜTTLER, J. RÜSEN, E. SCHULIN, Hrsg., Geschichtsdiskurs, Frankfurt 1993ff; J. RÜSEN, Grundzüge einer Historik I–III, Göttingen 1983–89; Ch. SAMARAN, Hrsg., L'Histoire et ses méthodes, Paris 1961; Th. SCHIEDER, Geschichte als Wissenschaft, München–Wien 1968²; Th. SCHIEDER, H. GRÄUBIG, Hrsg., Theorieprobleme der Geschichtswissenschaft, Darmstadt 1977; H. WHITE, Auch Klio dichtet oder Die Fiktion des Faktischen. Studien zur Tropologie des historischen Diskurses, Stuttgart 1986. M. PETER, H.J. SCHRÖDER, Einführung in das Studium der Zeitgeschichte, Paderborn 1993; L. BEUTIN, H. KELLENBENZ, Wirtschaftsgeschichte, Köln–Wien 1973; R. WALTER, Einführung in die Wirtschafts- und Sozialgeschichte, Paderborn 1994; J. KOCKA, Sozialgeschichte, Göttingen 1986²; DERS., Sozialgeschichte im internationalen Vergleich, Darmstadt 1988; W. SCHIEDER, Sozialgeschichte zwischen Soziologie und Geschichte, GG 13, 1987, 244ff. (zur Person und zum Lebenswerk von W. Conze); W. SCHULZE, Hrsg., Sozialgeschichte, Alltagsgeschichte, Mikro-Historie, Göttingen 1994; R. FLOUD, Einführung in quantitative Methoden für Historiker, Stuttgart 1980; H.K. JARAUSCH, G. ARMINGER, M. THALLER, Quantitative Methoden in der Geschichtswissenschaft, Darmstadt 1985; H. BEST, Historische Sozialforschung als Erweiterung der Soziologie, in: G. BOTZ u.a. (Hrsg.); Quantität und Qualität, Frankfurt/M.–New York

1988; U. SCHMIDT, Vom Rand zur Mitte. Aspekte einer feministischen Perspektive in der Geschichtswissenschaft, Dortmund 1995; K. HAUSEN, Hrsg., Frauen suchen ihre Geschichte, München 1983; H.U. WEHLER, Hrsg., Frauenleben, GG 11,4, 1985; G. BOCK, K. HAUSEN, H. WUNDER, Frauengeschichte – Geschlechtsgeschichte, Frankfurt 1992; B.S. ANDERSON, J.P. ZINSSER, Eine eigene Geschichte, Frauen in Europa, München 1992/93; U. FREVERT, Geschichte als Geschlechtergeschichte? Saeculum 43, 1992, 108ff.; D.A. SPAETH, A Guide to Software for Historians, Glasgow 1991; H. SÜSSMUTH, Hrsg., Historische Anthropologie, Göttingen 1984; L. NIETHAMMER, Hrsg., Lebenserfahrung und kollektives Gedächtsnis, Die Praxis der „Oral History", Frankfurt 1980; A. LÜDTKE, Hrsg., Alltagsgeschichte, Frankfurt 1989; H. VORLÄNDER, Hrsg., Oral History, Göttingen 1990; J. LE GOFF, R. CHARTIER, J. REVEL, Die Rückeroberung des historischen Denkens, Grundlagen der neuen Geschichtswissenschaft. Frankfurt 1994; P. BURKE, Offene Geschichte, Die Schule der „Annales", Berlin 1991; M. ERBE, Zur neueren französischen Sozialgeschichtsforschung, Die Gruppe um die „Annales", Darmstadt 1994²; U. RAULFF, Hrsg., Mentalitätengeschichte, Zur historischen Rekonstruktion geistiger Prozesse, Berlin 1989; P. DINZELBACHER, Hrsg., Europäische Mentalitätsgeschichte, Stuttgart 1993; R. WALZ, Hexenglaube und magische Kommunikation im Dorf, Paderborn 1993; Zeitschrift: R. VAN DÜLMEN u.a., Historische Anthropologie, Kultur-Gesellschaft-Alltag, Köln–Wien 1993ff.
    Geschichte und Nachbarwissenschaften: K. VON BEYME u.a., Politikwissenschaft, eine Grundlegung I–III, Stuttgart 1987; T. BERG-SCHLOSSER, Th. STAMM, Einführung in die Politikwissenschaft, München 1992⁵; W. SCHULZE, Soziologie und Geschichtswissenschaft, München 1974; H.U. WEHLER, Hrsg., Geschichte und Soziologie, Königstein 1984; D. RULOFF, Geschichtsforschung und Sozialwissenschaft, München 1984; H. ESSER, Soziologie, Frankfurt 1993; H.C. RECKTENWALD, Hrsg., Geschichte der Politischen Ökonomie, Stuttgart 1971; H.U. WEHLER, Hrsg., Geschichte und Ökonomie, Königstein 1985²; A. BÜRGIN, Zur Soziogenese der Politischen Ökonomie, Marburg 1993; B. SCHEFOLD, Wirtschaftsstile, Frankfurt/M. 1994ff.; R. BURKART, Kommunikationswissenschaft, Köln–Wien 1983; J. RITTER, K. GRÜNDER, Hrsg., Historisches Wörterbuch der Philosophie, Basel 1971ff.; A.C. DANTON, Analytische Philosophie der Geschichte, Frankfurt 1974; R. SCHAEFFLER, Einführung in die Geschichtsphilosophie, Darmstadt 1991⁴; D. GRIMM, Rechtswissenschaften und Nachbarwissenschaften II, München 1976; W. FIKENTSCHER, Methoden des Rechts in vergleichender Darstellung, Tübingen 1975–77; U. WESEL, Rechtsgeschichte, München 1993; H.U. WEHLER Geschichte und Psychoanalyse, Köln 1971; P. GAY, Freud for Historians, Oxford 1986, dt. Tübingen 1994.
    Didaktik: K. PELLENS u.a., Hrsg., Geschichtskultur – Geschichtsdidaktik: Internationale Bibliographie, Paderborn 1984; J. ROHLFES, Geschichte und ihre Didaktik, Göttingen 1986; U.A.J. BECHER, K. BERGMANN, Hrsg., Geschichte – Nutzen oder Nachteil für das Leben, Düsseldorf 1986; K. BERGMANN, A. KUHN, u.a., Handbuch der Geschichtsdidaktik, Düsseldorf 1985³; J. RÜSEN, Historisches Lernen, Grundlagen und Paradigmen, Köln–Wien 1994; J. HUHN, Geschichtsdidaktik, eine Einführung, Köln–Wien 1994.
    Zeitschriften: Geschichte in Wissenschaft und Unterricht (GWU), Stuttgart 1950ff.; Geschichte lernen, Seelze–Stuttgart 1987ff.; Praxis Geschichte, Braunschweig 1987ff.

ALTE GESCHICHTE

I. Das Altertum, Raum und Zeit

Das Altertum als eigenständige Größe neben dem Mittelalter und der Neuzeit hat nicht zu allen Zeiten die gleichen räumlichen und zeitlichen Abgrenzungen besessen. Noch bis weit in das 19. Jh. hinein stand der Begriff Altertum stellvertretend für den Bereich der griechisch-römischen Antike, räumlich gesprochen für den Mittelmeerraum und die unmittelbar angrenzenden Länder. Das Einzugsgebiet des alexandrischen Großreiches, das im Osten bis zum Indus reichte, und des späteren Imperium Romanum, das im Süden Nordafrika, im Norden die britischen Inseln, im Westen Spanien und im Osten Kleinasien umfaßte, gab den am weitesten gesteckten geographischen Hintergrund ab. Der Schwerpunkt lag ganz eindeutig im Umkreis des Mittelmeeres, die übrigen Gebiete wurden nur allmählich mit berücksichtigt. Die universalgeschichtliche Geschichtsbetrachtung, die in dem Berliner Althistoriker Eduard Meyer (1855–1930) nicht ihren ersten, wohl aber ihren fundiertesten Fürsprecher im 19. Jahrhundert fand, hat den Begriff des klassischen Altertums relativiert. Das Land zwischen Euphrat und Tigris, Ägypten und das Hochland des Iran schoben sich als wichtige Schauplätze neben die traditionellen Größen Griechenland und Rom. So umfaßt heute das Untersuchungsfeld der Alten Geschichte den europäischen und vorderasiatischen Raum.

Alte Geschichte ist damit kein Strukturbegriff in dem Sinne, daß die frühen japanischen, chinesischen oder amerikanischen Kulturen von ihr ebenfalls bearbeitet würden. Auch die frühen germanischen und slawischen Zustände treten in der Regel nur dann in das Rampenlicht, wenn es Begegnungen und Konflikte mit den sog. Hochkulturen Griechenlands oder Roms (Germaneneinfälle) gegeben hat.

Diese Beschränkung hat verschiedene Gründe, zunächst einen wissenschaftsgeschichtlichen. Entwickelt hat sich die Alte Geschichte aus der klassischen Altertumswissenschaft, der griechisch-römische Rahmen war damit vorgegeben. Er wurde in dem Maße erweitert, als man im Zuge der großartigen archäologischen Entdeckungen im Vorderen Orient erkannte, daß der griechisch-römischen Welt bedeutende Hochkulturen vorangingen, die auf die scheinbar so autonome klassische Antike vielfältige Wirkungen ausgeübt haben. Der Weg zu einer eigenständigen Wertung des Alten Orients war von hier aus nicht schwer, wohl aber zu einer Einbeziehung der übrigen Kulturräume. Denn hierfür mußte erst einmal ein universaler Gesichtspunkt gefunden werden, der die verschiedenen Gebilde untereinander in Beziehung setzte. Das alte China, Japan und Amerika blieb außerhalb der Betrachtung. Methodische Überlegungen traten hinzu. Die philologisch-kritische Methode, die schriftliche Zeugnisse auf ihren Aussagewert hin prüft, galt und gilt auch heute noch als der Hauptschlüssel für die Interpretation historischer Tatbestände im Bereich der Alten Geschichte. Damit treten etwa die schriftlosen Kulturen der frühen Germanen und Slawen aus dem primären Gesichtskreis heraus, und die chinesische, japanische und indische Frühgeschichte überläßt man konsequenterweise dem sprachlich versierten Fachmann: chinesische und indische Geschichte in ihren frühen Epochen schreiben der Sinologe und Indologe, nicht der Althistoriker, der die griechische und lateinische Sprache beherrscht und sich im günstigen Fall ein wenig auf Keilschrift und Hieroglyphen versteht. Aber meistens lebt er hier aus zweiter Hand.

Die Schriftlichkeit als wichtiges Kriterium für die althistorischen Forschung führt ganz von selbst auf die zeitliche Eingrenzung. Der Schnitt zwischen Vorgeschichte (bzw. Früh-, Urgeschichte oder Prähistorie, die Bezeichnungen werden vielfach synonym verwandt) und dem Altertum wird durch das Aufkommen der Schrift markiert. Kurz vor 3000 v. Chr. finden sich die ersten Keilschriftzeichen bei den Sumerern, in das frühe 3. Jahrtausend führen die ägyptischen Hieroglyphen. Setzt man das Ende des Altertums und den Beginn des Mittelalters zwischen das 4. und 6. Jahrhundert (vgl. S. 111f.), so kommt man auf einen Zeitraum von 3500–4000 Jahren, den die Alte Geschichte zum Gegenstand hat. Die Existenz der Schrift ist dabei nicht nur eine methodische Grenzscheide, welche die ausschließlich archäologische Arbeitsweise der Prähistorie von der philologisch-kritischen der Althistorie abhebt. Sie signalisiert einen bedeutsamen sachlichen Unterschied, „eine neue Stufe menschlichen Bewußtseins" (J. Vogt), und ist ihrer Funktion nach „ein Mittel der Herrschaftsstabilisierung, ein Instrument der äußeren politischen Ordnung" (A. Heuß), mit der die Phase der altorientalischen Hochkulturen recht eigentlich beginnt. Dabei will diese Abgrenzung mit dem nötigen Vorbehalt betrachtet werden: natürlich gibt es in vielen Bereichen Überlappungen zwischen der Prä- und Althistorie, von der Methode wie auch vom Gegenstand her. So greifen bei der Aufhellung historischer Zustände im alten Vorderasien, etwa der Urukkultur in Babylonien ca. 3200–3000 v. Chr., oder bei der Klärung der Besiedlungsstruktur Italiens im 1. Jahrtausend v. Chr. beide Wissenschaftszweige ineinander. Aber trotz aller Verfeinerung der Methodik in der Prähistorie scheint eine bestimmte Barriere unüberschreitbar; Einsichten in individuelles Geschehen und Handlungsabläufe von einzelnen Personen oder Gruppen geben die archäologischen Quellen nicht her. Hier helfen nur schriftliche Zeugnisse weiter.

Überblickt man nun dieses zeitliche und räumlich eingegrenzte Gebiet Altertum, so erscheint kaum möglich, diesem Gebilde zwischen Vorgeschichte und Mittelalter den Charakter einer einheitlichen Epoche zuzuerkennen. Das Altertum umfaßt eine Vielzahl einzelner Größen. Neben den bekannten Hochkulturen sind in ihm ebenso die sog. R a n d k u l t u r e n beheimatet, die wie der Name sagt, am Rande Persiens, Griechenlands, Roms existierten, von dort Anregungen verschiedenster Art empfingen und Impulse abgaben. Sie wiesen oft nur lose Beziehungen untereinander auf und besaßen ganz unterschiedliche gesellschaftliche und politische Entwicklungsstadien, Kelten, Germanen, Illyrier, Thraker, Araber, um nur einige zu nennen. Für diese vielfältigen Kulturstufen und politischen Ordnungen eine gemeinsame Formel anzugeben, wäre vermessen. Es scheint auch fraglich, ob es innerhalb des überkommenen geschichtlichen Denkhorizontes je eine Sehweise geben wird, welche die disparaten Teile zu einem verstehbaren Ganzen zusammenfügt. Lösungsvorschläge, die vom Standpunkt der Kulturmorphologie (K. Breysig, O. Spengler, A.J. Toynbee) oder der vergleichenden Soziologie aus (A. Weber, A. Rüstow) gemacht wurden, überzeugten den Fachhistoriker in der Regel nicht. Ihm schien die historische Wirklichkeit oft gewaltsam in ein vorgefaßtes Schema gepreßt. Auch die marxistische Deutung des Altertums als Zeitalter der Sklavenhalter ist in gewisser Weise obsolet geworden. Sie bringt die vielfältigen Gesellschaftsformen und unterschiedlichen ökonomischen Grundstrukturen auf einen zu groben und unzutreffenden Nenner. Trotzdem sind derartige Generalisierungen als Entwürfe wichtig, ja nötig. Man mag dabei auf den Weber'schen Begriff des *Idealtypus* zurückgreifen, wie dies A. Heuß gelegentlich versucht hat; man mag eine sog. *archaische Gesellschaft* postulieren oder von einer halbwegs durchgängigen *Stadtkultur* und ihrer Ökonomie ausgehen, die mit zu den Hauptcharakteristika der Alten Welt zählen: Der Schlüssel paßt, aber er erschließt nicht alle Räume. Es bleibt abzuwarten, welchen Platz in einer Weltgeschichte, die naturgemäß die Beschränkung auf Europa aufgeben muß, das traditionelle Altertum einnimmt.

Nun hat es in der Antike selbst Einheitstendenzen der verschiedensten Art gegeben. Die *hellenistisch-römische Kultur* hat als universaler Faktor den Landschaften von Kleinasien bis hin nach Spanien ihren Stempel aufgedrückt hat. Der Anspruch des Imperium Romanum, den gesamten bewohnten Erdkreis (*orbis terrarum*) zu umfassen, eine latente Expansionsideologie, darf man als eine politische Einheitsbestrebung deuten. Und die Konzeption der e i n e n Menschheit, wie sie im griechischen Denken, vor allem in der Stoa, entwickelt wurde, ist ein großartiger philosophischer Entwurf, der den Menschen vom Tier einerseits, von den Göttern andererseits abhebt, und ihm als einem einheitlichen Wesen eine unverwechselbare Rolle im Gesamtkosmos zuweist. Der kulturelle, der politische und der philosophische Einheitsgedanke hat aus den verschiedensten Gründen die Realität nicht umformen können. Aber die Versuche, die großen Unterschiede politischer und gesellschaftlicher Art einzuebnen und eine wie immer geartete Einheit zu schaffen, bleiben bedeutende Zeugnisse antiken Selbstverständnisses.

Die Sache führt zurück auf jenen Bereich des Altertums, der auch heute noch im Zentrum der historischen Betrachtung liegt: die griechische und römische Welt, die sich über ein Jahrtausend hinweg zu überragenden Hochkulturen ausgeformt hat. Anders als bei einem klassizistischen Verständnis der Antike, das in naiver Weise auf Vorbilder für die eigene Zeit aus war, sucht man heute vor allem die M o d e l l h a f t i g k e i t bestimmter historischer Phänomene herauszustellen, die griechische und römische Geschichte zu begreifen als ein System von verschiedenen Zuordnungen (z.B. innerhalb der Potenzen Staat – Gesellschaft – Kultur), deren Zusammenwirken historische Einsichten von hoher Relevanz vermitteln. Ähnliches gilt auch für die Verhältnisse im Alten Orient, man denke an das Königtum, die Priesterschaft, die Götterverehrung, die Tempelwirtschaft, die als historische Potenzen über ihre ursprüngliche Verortung hinaus gewirkt haben. Die ungemeine Plastizität derartiger historischer Grundfaktoren ist der eigentliche Grund dafür, daß ein vernünftig betriebenes Geschichtsstudium auf Kenntnisse antiker Zustände nicht verzichten kann. Zudem haben einzelne antike Phänomene eine gro ße Nachwirkung besessen und Europa als ideelle Größe mit konstituiert: Die Polis und das Politische, Status und Mentalität des Bürgers; eine supranationale Herrschaftsorganisation, die im Imperium Romanum ihren Bezugs- und Legitimationsgrund finden konnte; antike Mythologie, Philosophie und Kunst, die für die eigene Zeit fruchtbar gemacht wurden.

Der Althistoriker erschließt sein Material nicht allein, vielmehr versichert er sich der Mithilfe verschiedener Grund- und Nachbarwissenschaften. Der Alte Orient ist Arbeitsgebiet der Hethitologie, Assyrologie und Iranistik, für das Land am Nil ist die Ägyptologie zuständig. Auch die Prähistorie trägt zur Aufhellung vieler Probleme in der Alten Geschichte bei (z.B. in der Siedlungsarchäologie). Die Byzantinistik als „Wissenschaft von der Geschichte und sämtlichen Lebensäußerungen des byzantinischen Reiches und des byzantinischen Reichsvolkes" (H.G. Beck) überlappt sich in der Zeit der Spätantike mit der Alten Geschichte. Die frühbyzantinische Epoche von Konstantin d. Gr. bis Heraklios (323–641 n. Chr.) gehört beiden Wissenschaftszweigen an. Viele Gemeinsamkeiten besitzen naturgemäß Alte Geschichte und klassische Philologie, die allein schon durch das gleiche zugrunde liegende Material gegeben sind, die Texte, die jede der beiden Wissenschaften nach ihren speziellen Gesichtspunkten auswertet. Eine saubere Quellenkritik ist ohne Hilfe der Philologie gar nicht denkbar. Die antike Rechtsgeschichte und die Religionswissenschaft behandeln wichtige Teilaspekte antiken Lebens, sie haben bei aller Spezialisierung den Konnex mit der Alten Geschichte nie verloren. Archäologie, Epigraphik, Papyrologie und Numismatik haben sich als Sonderwissenschaften um bestimmte Quellengattungen gebildet (vgl. S. 29ff.). Nicht zuletzt tragen zur Erschließung des Altertums auch die Rezeptions- und Wissenschaftsgeschichte bei, welche das Weiterleben der Antike und die Stationen ihrer wissenschaftlichen Erforschung thematisieren. Hier wird deutlich, daß unsere Aneignung des Altertums einen wissenschaftlichen und zugleich gesellschaftlichen Prozeß darstellt, an dem wir alle teilhaben.

Literatur:

Zur Grenze zwischen Urgeschichte und Alter Geschichte: J. VOGT, Geschichte und Vorgeschichte (1949) in: Orbis, Freiburg 1960, 327ff.; J. HAWKES, L. WOOLLEY, Prehistory and the Beginnings of Civilisation (History of Mankind I), New York 1963; CAH I³ 1970f. – Vorgeschichte: H. MÜLLER-KARPE, Einführung in die Vorgeschichte, München 1975; E. SANGMEISTER, Methoden der Urgeschichtswissenschaft, Saec. 18, 1967, 199ff. – Zur Schrift: M. COHEN, La grande invention de l'écriture et son évolution I–III, Paris 1959; J. FRIEDRICH, Geschichte der Schrift, Heidelberg 1966; W. EKSCHMITT, Das Gedächtnis der Völker, Berlin 1968 (Lit.) – Zu den antiken Randkulturen: W.D. VON BARLOEWEN (Hrsg.), Abriß der Geschichte antiker Randkulturen, München 1961. – Das Altertum im Geschichtsverlauf: J. VOGT, Geschichte des Altertums und Universalgeschichte (1957) in: Orbis 362ff.; M. CLAUSS, Einführung in die Alte Geschichte München 1993 – Universalgeschichtliche Aspekte bei A.J. TOYNBEE, A Study of History, 10 Bde., London 1933–1954; O. ANDERLE, Das universal-historische System A.J. Toynbees, Frankfurt/Wien 1955; E. SCHULIN (Hrsg.), Universalgeschichte, Köln 1974 – Zum Einheitsgedanken der Antike H.C. BALDRY, The Unity of Mankind in Greek Thought, Cambridge 1965; H. BECK, Hrsg., Germanenprobleme in heutiger Sicht, Berlin 1986; E. HORNUNG, Einführung in die Ägyptologie, Darmstadt 1993⁴; W. VON SODEN, Einführung in die Altorientalistik, Darmstadt 1992²; P. WIRTH, Grundzüge der byzantinischen Geschichte, Darmstadt 1989 – Zur Rezeptionsgeschichte (Beispiele): W. SCHULLER (Hrsg.), Antike in der Moderne, Konstanz 1985; A. BUCK, Die Rezeption der Antike, Wiesbaden 1981; DERS., Studien zu Humanismus und Renaissance, Wiesbaden 1991; R. WIEGELS, W. WOESLER, Hrsg., Arminius und die Varusschlacht. Geschichte – Mythos – Literatur, Paderborn 1995 – Zur Wissenschaftsgeschichte (Beispiele): K. CHRIST, Römische Geschichte und deutsche Geschichtswissenschaft, München 1982; W.M. CALDER III, A. DEMANDT (Hrsg.), Eduard Meyer, Leben und Leistung eines Universalhistorikers, Leiden 1990; W. NIPPEL, Hrsg. Über das Studium der Alten Geschichte, München 1993; A. HEUSS, Theodor Mommsen und das 19. Jahrhundert (Vorwort J. Bleicken), Stuttgart 1996.

II. Quellenkunde und Grundwissenschaften der Alten Geschichte

Der Begriff ‚Quellen' in der Alten Geschichte umfaßt, regional betrachtet, die gesamte Hinterlassenschaft des Alten Orients, Ägyptens und des griechisch-römischen Einflußbereiches. Der Anfänger sieht sich im allgemeinen mit den Quellen der griechisch-römischen Welt konfrontiert. Sie lassen sich grob in folgender Weise untergliedern:

– literarische Quellen
– epigraphische Quellen
– papyrologische Quellen
– numismatische Quellen
– archäologische Quellen

Diese Einteilung ist in vielen Punkten ergänzungsbedürftig. Sie ist von der Arbeitsweise her bedingt und entspricht der Wissenschaftspraxis an den Universitäten. Einzelne Grundwissenschaften haben die genannten Quellenarten unter ihre Obhut genommen. Die literarischen werden von der klassischen Philologie behandelt, die Epigraphik, Papyrologie und Numismatik haben sich um die folgenden Quellengattungen gebildet, die Archäologie schließlich nimmt sich der materiellen Überreste an. Diese Gliederung ist sinnvoll, nicht nur aufgrund der notwendigen Arbeitseinteilung; denn auch der Blickwinkel, unter dem ein Stück Literatur, eine Münze, eine Statue betrachtet wird, braucht durchaus nicht nur historisch zu sein. Wortgebrauch und Satzformen bei Tacitus interessieren den Philologen, Anordnung und Ausführung der Buchstaben auf einem Stein wecken das Interesse des Epigraphikers, mit dem Beschreibstoff, dem Papyrusfetzen oder

der Papyrusrolle beschäftigt sich der Papyrologe. Dem Historiker ist dabei immer bewußt, daß die Gegenstände der Grundwissenschaften insgesamt für ihn lediglich das Rohmaterial abgeben, welches er sichten und befragen muß. Für ihn besitzt die Einteilung in verschiedene Wissenschaftszweige vornehmlich funktionale Wert. Er weiß zudem, daß sich eine säuberliche Klassifizierung in einzelne Wissenschaftskästchen schon deshalb nicht erreichen läßt, weil sich die Arbeitsgebiete zum Teil überlappen, etwa zwischen Archäologie und Numismatik, zwischen klassischer Philologie und Papyrologie.

In der Alten Geschichte ist man darauf angewiesen, über den Rahmen der schriftlichen Quellen, genauer über die durch mittelalterliche Codices vermittelte antike Literatur hinaus, andere Quellengattungen für die Rekonstruktion der Vergangenheit aufzubieten. Schriftliche Äußerungen sind im Vergleich mit dem Mittelalter und der Neuzeit verhältnismäßig selten. Dies ist zunächst einmal ein Nachteil, viele wichtige Ereignisse und Entwicklungen lassen sich dadurch nur schemenhaft fassen. Aber gleichzeitig liegt darin ein methodisches Plus: der Quellenbegriff wird damit in der Praxis notwendigerweise breit, die sprachlichen Aussagen werden durch Münzen und Monumente ergänzt und relativiert, unbestreitbar ein Gewinn an historischer Erkenntnismöglichkeit. Diese Feststellung läßt sich erst dann voll werten, wenn man bedenkt, in welchem Umfang die historische Wirklichkeit durch das Medium der Sprache Einbußen erlitten hat und umgebogen worden ist, eine Deformierung, auf die gerade die moderne Sprachphilosophie und Ideologieforschung mit Nachdruck hinweist.

Die traditionelle Schematisierung der Quellen (S. 12f.) ist für die historische Forschung in vielen Dingen unzureichend. In Anlehnung an die begriflichen Unterscheidungen von Bernheim (vgl. S. 13) hat man versucht, die gesamte schriftliche und materielle Hinterlassenschaft in Primär- und Sekundärmaterial zu ordnen (vgl. H. Bengtson). Danach sind Primärquellen unmittelbar, zeitgenössisch, nicht gefiltert durch den Blickwinkel des antiken Betrachters. In diese Sparte würden etwa Urkunden, Gesetzesaufzeichnungen, Verwaltungsakte fallen. Sekundär nennt man dementsprechend die Überlieferung, die auf anderem Quellenmaterial fußt und die durch den Autor umgeformt ist. In diese Gruppe gehören etwa die Geschichtsschreibung, das Epos, die Biographie, die Fachschriftstellerei.

Was leistet diese Aufteilung? Wir formulieren zunächst sehr vorläufig: Primärmaterial hat ein größeres Maß an Glaubwürdigkeit. Die sog. *lex de Imperio Vespasiani* (ILS 244), eine Art „Ermächtigungsgesetz" für den Kaiser Vespasian im Jahr 69 n. Chr., das auf einer großen Bronzetafel erhalten ist, enthält einen Katalog von Befugnissen in der Weise, wie er vom Senat dem neuen Kaiser in dieser Situation zugestanden werden mußte. Auf der anderen Seite bestehen berechtigte Zweifel, ob etwa die Reden, die sich in den Geschichtswerken eines Thukydides, Sallust oder Tacitus finden, wirklich in dieser Form gehalten worden sind, ob die römische Frühzeit, wie sie Livius schildert, so verlaufen ist. Die Güte und Verläßlichkeit des Primärmaterials liegt bei diesem Gegensatz auf der Hand. Aber dies läßt sich nicht verallgemeinern. Zunächst einmal: nach der Definition oben ist eine reinliche Scheidung in Primär- und Sekundärquellen vielfach schwer bzw. gar nicht möglich. Volksbeschlüsse, Verträge, das Aktenmaterial sind zum großen Teil in den Werken der antiken Autoren verarbeitet und durch sie bekannt. Damit beginnt das Dilemma. Hat der Autor den Beschluß vollständig überliefert, hat er etwas hinzugetan, ist der Zeitansatz richtig, läßt sich nach dem Wortlaut überhaupt von einem Beschluß sprechen? Weiter: Wie sind nach dem Schema die Briefe Ciceros und des jüngeren Plinius, wie die großen Reden des Isokrates und Demosthenes einzuordnen? Sie sind zeitgenössisch und unmittelbar, aber wiederum geformt durch eine auf Wirkung bedachte Persönlichkeit. Wenn Isokrates in seinem berühmten Panegyrikos, Demosthenes in seinen Reden gegen den Makedonenkönig Philipp die Perserkriege als Beispiel erfolgreicher Selbstbehauptung ihren Mitbürgern vor Augen stellen, so sind die Aussagen im Hinblick auf die Ereignisse von 490–478 v. Chr. unzweifelhaft sekundärer Natur. Sie haben im Verlaufe der Jahre eine Gestalt angenommen, in der entscheidende historische Züge fehlen, einige andere wieder überbetont sind. Andererseits darf man die gleichen Aussagen als wertvolles Primärmaterial ansehen, wenn man es als ideologisches Instrument betrachtet, das der aktuellen Tagespolitik dient. Die Münzen werfen im Grunde das gleiche Problem auf. Sie sind unmittelbare und zeitgenössische Quellen, aber in ihren Aufschriften alles andere als objektives Primärmaterial. Der Wert der Umschriften, der sog. *Legenden* (z.b. ABUNDANTIA, CONCORDIA, FELICITAS PULICA, FIDES EXERCITUUM, VICTORIA AUGUSTI) besteht in der propagandistischen Äußerung, weniger in der Dokumentation eines historischen Faktums (vgl. S. 63).

Fassen wir zusammen: Die beliebte Schematisierung Primär- Sekundärmaterial ist nicht mehr als eine brauchbare Arbeitshypothese. Die Einteilung dient dem Zweck, die historische Zuverlässigkeit des Materials vorläufig abzuschätzen, sie macht darüber hinaus deutlich, welche spezielle Quellenbehandlung nötig ist. Insgesamt hat für die Alte Geschichte die Feststellung des Neuhistorikers R. Wittram unverminderte Gültigkeit, die Überlieferung sei ein zerrissener Teppich (HZ 185, 1958, 59). Man muß hinzufügen: An vielen Stellen weist er sogar bedauerliche Löcher auf, nennen wir als Beispiele die archaischen Epochen Griechenlands und Roms, bestimmte Regionen und Bereiche des Hellenismus, insgesamt die Zeit der Spätantike. Mit Hilfe der z.T. kümmerlichen Flicken ein stimmiges Ganzes erahnbar zu machen, darin besteht die Aufgabe und Kunst des Historikers.

Literatur:

Eine neuere, methodisch fundierte Quellenkunde für die gesamte Alte Geschichte existiert nicht. Materialreich H. BENGTSON, Einführung in die Alte Geschichte, München 1975[6]; Neueres in meiner Wirtschaft der griechisch-römischen Welt (vgl. S. 101) 34ff.; M. CRAWFORD Hrsg., Sources for Ancient History, Cambridge 1985[2]; I. WEILER, Griechische Geschichte, Einführung, Quellenkunde, Bibliographie, Darmstadt 1988[2]; K. CHRIST, Römische Geschichte. Einführung, Quellenkunde, Bibliographie, Darmstadt 1994[5]; reichhaltige Quellenangaben und bibliographische Hinweise ebenfalls in der französischen Reihe *Nouvelle Clio*, L'Histoire et ses Problèmes (vgl. S. 329); Methodisches bei W. SCHULLER, Einführung in die Geschichte des Altertums, Stuttgart 1994; D. VOLLMER, M. MERL u.a.,

Alte Geschichte in Studium und Unterricht, Stuttgart 1994 – Quellennachweise zum Alten Orient im Handbuch der Orientalistik (HdO), hrsg. von B. SPULER, Leiden–Köln 1952ff.; W. RÖLLIG, Hrsg., Altorientalische Literaturen, Wiesbaden 1978; zu Israel: M. NOTH, Geschichte Israels, Göttingen 1986[10]; E. SELLIN, G. FOHRER, Einleitung in das Alte Testament, Heidelberg 1979[12]; vgl. weiter die Hinweise in den einschlägigen Einführungen (vgl. S. 29). Zur Spätantike die Quellenangaben bei DEMANDT (vgl. S. 93); Umfassend angelegt „Der neue Pauly", Enzyklopädie der Antike, hrsg. von H. Cancic u.a., Stuttgart 1996ff.

1. Die Geschichtsschreibung

Die antike Geschichtsschreibung steht am Beginn der Quellenkunde. Einmal bietet sie eine Fülle von Fakten und Zuständen, die der Autor oft in mühevoller Arbeit zusammengetragen hat. Zum anderen wird der Stoff nicht ungeordnet und kunstlos präsentiert; eine historische Leitlinie und hohe künstlerische Absicht geben ihr einen besonderen literarischen Rang. So ist für den heutigen Betrachter die Geschichtsschreibung Quelle im doppelten Sinn: Als Sammelbecken wichtiger Zustände und Ereignisse und gleichzeitig als Niederschlag der leitenden historischen Ideen, ein Stück Historiographie, wie wir heute sagen. Die wissenschaftliche Reflexion über die Geschichte wie über die Geschichtsschreibung hat folgerichtig stets bei den großen antiken Historikern Herodot (ca. 484–425 v. Chr.), Thukydides (ca. 460–400 v. Chr.), Sallust (86–ca. 34 v. Chr.) und Tacitus (ca. 56–ca.115 n. Chr.) angesetzt.

Wo liegt der Anfang der antiken Geschichtsschreibung? Die Frage zu beantworten heißt zugleich die Kriterien benennen, die Geschichtsschreibung begründen. Historisches Bewußtsein, d.h. eine Vorstellung von der vergangenen und eigenen Zeit, von den Ereignissen in ihrer Abfolge und Einwirkungen, daneben eine Grundüberzeugung, welche die Fakten unter eine ordnende, oft sinngebende Idee bringt, gehören offensichtlich zu diesen Voraussetzungen. In diesem Sinne lassen sich die frühen hethitischen Annalen des Königs Mursilis II. (1350–1320 v. Chr.) über den Aufstieg und die Ausweitung des hethitischen Reiches ebenso wie die Davidgeschichte im ersten und zweiten Samuelbuch des Alten Testaments (entstanden im 10. Jahrh.v. Chr.) der Geschichtsschreibung zuordnen. Aber es fehlt ein wichtiges Element, das erst die Griechen einbrachten: Ansätze rationaler Kritik und Empirie, das Bewußtsein einer Distanz zum Gegenstand, die sich bei Hekataios von Milet (um 560/50 v. Chr.), besonders aber bei Herodot von Halikarnass zum ersten Male zeigten. Insofern hat es seine Berechtigung, daß man Herodot den Vater der Geschichtsschreibung (Cic.Leg. I 1,5) genannt hat.

Ein gewaltiger Zeitraum von über tausend Jahren umspannt zeitlich den Rahmen der antiken Historiographie, wenn man einmal als Pole Hekataios und Prokop von Caesarea (* um 500 n. Chr.) angibt, der als enger Vertrauter des byzantinischen Feldherrn Belisar selbsterlebte Zeitgeschichte schreibt. Sie vereinigt dabei viele unterschiedliche Darstellungsarten in sich: die Universalgeschichte als Versuch einer umfassenden Geschichtsdarstellung – beispielhaft genannt sei Ephoros von Kyme (4. Jahrh. v. Chr., FGrHist 70) – ebenso wie die Lokalgeschichte und Monographie (etwa die Catilinarische Verschwörung des Sallust). Sie umfaßt Werke von wissenschaftlichen und literarischen Qualitätsunterschieden, die anspruchsvolle Darstellung des Peloponnesischen Krieges durch Thukydides ebenso wie die anekdotischen Berichte der älteren römischen Annalisten des 2. vorchr. Jahrh. (Cassius Hemina, Calpurnius Piso, C. Fannius). In ihr treten schließlich die verschiedensten Absichten zutage: Belehrung für den politisch Handelnden (etwa bei Polybios von Megalopolis, ca. 200–ca. 120 v. Chr.); der Wunsch, fesselnd und kurzweilig zu unterhalten (so bei Duris von Samos, ca. 340–270 v. Chr., FGrHist 76); die Verherrlichung des Herrschers (etwa bei Velleius Paterculus, um die Zeitenwende) wie auch der Wille zu seiner politischen und moralischen Entlarvung, eine Absicht, die nicht zuletzt Tacitus in seinen späten Geschichtswerken geleitet hat.

Angesichts dieser Fülle ist es wenig sinnvoll, die Autoren einzeln vorzustellen. Auch der Versuch, gattungsmäßige Unterabteilungen zu bestimmen (Universalgeschichte, Lokalgeschichte, Monographie, Chronographie), bringt wenig historischen Gewinn. Die Aussage: Tacitus war ein annalistischer Geschichtsschreiber, d.h. ein Historiker, der seinen Stoff nach dem Jahresschema ordnet, verdeckt mehr, als sie aussagt. Wie die antike Geschichtsschreibung beschaffen, welche Elemente sie enthält und wie sie als Quelle zu verwerten ist, macht man sich am besten durch eine A n a l y s e des Werkes klar. Man zergliedert den Text in Bestandteile, die jeweils nach ihrem historischen Wert befragt werden. Zunächst bietet sich die Unterscheidung nach Stoff und Gestaltung an. Woher hat der Geschichtsschreiber sein Material, läßt sich dessen Verläßlichkeit abschätzen? Zuweilen kann der Autor aus eigener Anschauung berichten, wie etwa Thukydides und Ammianus Marcellinus (ca. 322–ca. 400 n. Chr.), zuweilen hat er Forschungsreisen unternommen und Leute befragt, wie dies Herodot für seine ethnologisch-geographischen Schilderungen getan hat. Über die persönliche Erfahrung hinaus ist er auf mündliche Berichte und die Übernahme schriftlicher Aufzeichnungen angewiesen. In wenigen Fällen verwendet er Primärmaterial (die inschriftlich erhaltenen Volksbeschlüsse, die Verträge und Urkunden, wie sie etwa in Rom das Staatsarchiv aufbewahrte); er greift lieber auf literarisch geformte Quellen zurück, die er ausschreibt, mit anderen kombiniert und teilweise nach eigenem Geschmack auffüllt. Hier setzt die Sonde des Forschers an. Diodor (spätes 1. Jh. v. Chr.), Livius (ca. 59 v.–17.n. Chr.), Dionysios von Halikarnass (um die Zeitenwende), Appian (um 100 n. Chr.), Tacitus, Eutrop und Aurelius Victor (beide 4. Jahrh. n. Chr.) hat man auf diese Weise kritisch durchleuchtet, eine permanente Aufgabe, die keineswegs abgeschlossen ist.

Ein ebenso großes Interesse beansprucht in der Forschung die Gestaltung, die Formung des Stoffes in all ihren Auswirkungen. Damit ist vielerlei angesprochen; zunächst einmal die allgemeine Auffassung der Welt und ihrer Entwicklung, die in ihrer philosophischen oder theologischen Provenienz die Fakten in eine besondere Beweiskette bringt. Herodots Einsicht, daß der Kampf zwischen Griechen und Barbaren gleichzeitig eine Entscheidung zwischen Freiheit und Knechtschaft

bedeutet, daß es so etwas wie historische Schuld und Sühne gibt, worüber die
Gottheit wacht, will bei einer Beurteilung ebenso mit veranschlagt werden wie
die rationalistische, Geschichte als Austrag machtpolitischer Gegensätze begrei-
fende Auffassung des Thukydides. Wenn Sallust in seinen Werken den Weg des
römischen Volkes als ein Abgleiten in die moralische Dekadenz begreift, Tacitus
die römische Kaiserzeit als einen kontinuierlichen Verfallsprozeß, der von den römischen Tugenden Freiheit und Tüchtigkeit (*libertas, virtus*) wegführt, so werden
auf diese Grundlinien hin nicht nur die Ereignisse ausgewählt, sondern zuweilen
auch umgedeutet. Auswahl und erkenntnisleitende Verknüpfung der Ereignisse
machen die Eigenart der antiken Geschichtsschreibung aus.

Wir beginnen zu ahnen, welche Aufgaben der Forschung zufallen. Wo und wie
lassen sich diese Beeinflussungen aufweisen? Welches sind für den Autor die handelnden Kräfte in der Geschichte? Welche historischen Phänomene werden nach
seiner Grundeinstellung überhaupt erfaßt, welche Aussagen darf man billigerwei-
se gar nicht erwarten? Hinzukommt so etwas wie die soziale Befangenheit des
Geschichtsschreibers. Die römische Geschichte ist bis auf wenige Ausnahmen
von Senatoren geschrieben worden, die in der Stadt Rom die Mitte ihres Wirkens
sahen. Welchen Grad an Objektivität kann man hinsichtlich der Ständekämpfe,
der sozialen Lage der unteren Schichten, des Ausbaus der kaiserlichen Macht erwarten? Wie werden überhaupt Lage der Menschen und Entwicklung der Geschichte außerhalb Roms gesehen, etwa in den Provinzen und in den römischen
Nachbarstaaten? Die gesamte geistige Grundstruktur eines Geschichtswerkes ans
Licht zu heben und in ihrem Einfluß zu klären, gehört zum Wesen einer sauberen
Quellenanalyse ebenso wie der Aufweis der *literarischen Mittel*, mit denen der antike Autor sein Opus aufbereitet, und welche die historischen Aussagen in ihrer
Glaubwürdigkeit nicht selten beeinträchtigen. Hierzu zählen die topischen Formulierungen (standardisierte Gemeinplätze) in der Einleitung, dem sog. Proömi-
um, und in den ethnographischen Exkursen; die Einlage kunstvoll kombinierter
Reden, überhaupt die Verwendung rhetorischer Stileigenheiten, die zusammen
mit dramatischen Stilmitteln auf Wirkung beim Hörer bzw. Leser abzielen. So erweist sich die einzelne Quelle als ein Gebilde, das gleichsam aus verschiedenen
Schichten besteht, die es voneinander abzuheben gilt, wenn man zu einem verläßlichen historischen Kern vorstoßen will.

Aber wird man mit einem solchen sezierenden Verfahren den Kunstwerken eines
Thukydides, Sallust oder Tacitus überhaupt gerecht? Unterliegt man dabei nicht
zwangsläufig der Gefahr, mit modernen wissenschaftlichen Maßstäben zu ope-
rieren, die der antiken Geschichtsschreibung so nicht angemessen sind? Bedenken
dieser Art werden besonders dort erhoben, wo das unmittelbare Verstehen und Erleben von Dichtung, das „Annehmen" der Tradition (Gadamer), als Ziel sinnvol-
ler Beschäftigung mit antiker Überlieferung gilt. Gerade die Klassische Philologie
kennt viele Beispiele, der „Wahrheit" des antiken Schriftstellers durch immanentes
Verstehen auf die Spur zu kommen und in diesem Verständnis zu verharren.

Aber das Bemühen, die Eigenart antiker Geschichtsschreibung scharf zu erfassen, kann auf Kritik, auf Konfrontation unserer Erwartung mit dem antiken Be-

fund nicht verzichten. Erst dann stellt sich heraus, daß sich die antike Geschichtsschreibung durch den Blickwinkel, die Darstellungsweise und durch ihre
Absicht von der heutigen fundamental unterscheidet. Erst dann wird die an sich
selbstverständliche Feststellung anschaulich, daß die antiken Historiographen in
ihren Theorien des Handelns, der Moral und der Politik, Kinder ihrer Zeit waren, deren Größe und Begrenztheit man kennen muß, wenn man zu einer gesicherten historischen Erkenntnis der Vergangenheit gelangen will.

Literatur:

Vorformen: R. SCHOTT, Das Geschichtsbewußtsein schriftloser Völker, Arch. für Begriffs-
gesch. 12, 1966, 166–205; R. DENTAN (Hrsg.), The Idea of History in the Ancient Near
East, New Haven 1955; A. KAMMENHUBER, Die hethitische Geschichtsschreibung,
Saec. 9, 1958, S. 136ff.; E. BRUNNER-TRAUT, Frühformen des Erkennens am Beispiel
Ägyptens, Darmstadt 1990; H. SCHULTE, Die Entstehung der Geschichtsschreibung im
alten Israel, Berlin 1972. – Übergreifend: J. LEGOFF, Geschichte und Gedächtnis, Frank-
furt/M. 1992.
  Brauchbare Ausgaben der griech. und röm. Historiker sind im LAW und Kleinen Pauly
unter dem jeweiligen Autor; daneben die wichtigen Fragmentsammlungen: F. JACOBY, Die
Fragmente der griechischen Historiker (FGrHist), Berlin–Leiden 1923ff.; H. PETER,
Historicorum Romanorum Reliquiae (HRR) I², Leipzig 1914, II. Leipzig 1906, ND Stuttg.
1967. – Allgem. Lit. im LAW und Kleinen Pauly s.v. Geschichtsschreibung; J.M. ALONSO-
NUNEZ, Hrsg., Geschichtsbild und Geschichtsdenken im Altertum, Darmstadt 1991
(Lit.); H. STRASBURGER, Die Wesensbestimmung der Geschichte durch die antike
Geschichtsschreibung, Wiesbaden 1975³; K. MEISTER, Die griechische Geschichtsschreibung, Stuttgart, Berlin, Köln 1990; O. LENDLE, Einführung in die griechische Geschichtsschreibung, Darmstadt 1992; D. FLACH, Einführung in die römische Geschichtsschreibung, Darmstadt 1985; M. VON ALBRECHT, Geschichte der römischen Literatur, München 1994, 290ff.; 654ff.; 841ff.; 1087ff., 1329ff.

2. Die Biographie

Die Biographie war in der Antike sowohl ihrem Aufbau wie ihrer Intention nach
von der Geschichtsschreibung unterschieden. Als Lebensabriß berühmter Philosophen, Dichter, Feldherrn und Staatsmänner hat sie von vornherein nur einen
eng umgrenzten Ausschnitt der historischen Wirklichkeit zum Thema, eben die
bedeutende Persönlichkeit. Sie wird zudem vom Biograph nicht in ihren Bedingtheiten und Wirkungen, d.h. nicht so sehr historisch gesehen, sondern eher statisch, als Verkörperung guter bzw. böser Verhaltensweisen. Eine äußere Beschreibung des Lebensweges und der Aufweis moralischer Qualitäten (*bios* und *ethos*)
dürfen als Hauptcharakteristika gelten.
  Besonders wichtig für den heutigen Historiker sind die Biographien der großen Politiker und Staatsmänner, wie sie Plutarch von Chaironeia (etwa 45–125
n. Chr.) in seinen Parallelbiographien bedeutender Griechen und Römer, dane-

ben Sueton (ca. 70–140 n. Chr., kaiserlicher Beamter unter Trajan und Hadrian) in seinen Lebensbeschreibungen der Kaiser (*de vita Caesarum libri*) geschaffen haben. Sie stellen ohne Zweifel die wichtigsten Vertreter der Gattung dar. Sowohl Cornelius Nepos (ca. 100–24 v. Chr.) mit den bescheidenen Resten aus seinem Werk *de viris illustribus* wie später Aurelius Victor mit seinen *Caesares* (verf. um 360 n. Chr.) und der spätantike Autor der *Historia Augusta* (einer Kaisergeschichte von Hadrian bis Numerian mit stark legendenhaften Zügen) können sich an historischer Bedeutung nicht mit ihnen messen.

Verwandt mit der Biographie ist der Panegyricus die Lob- bzw. Festrede auf den Herrscher. Auch sie enthält eine Menge biographischer Angaben, die mehr noch als bei der Biographie aufgrund der Intention (Preis des Herrschers) übertrieben und verzerrt dargestellt sind. Die Grenzen sind nicht immer klar. In welches Genus der Agricola des Tacitus (die Lebensbeschreibung seines Schwiegervaters) oder die *Vita Constantini* des Eusebius gehört, hat die philologische Forschung lange beschäftigt, Probleme, die den Historiker am Rande interessieren. Er fragt kritisch nach der Herkunft des verarbeiteten Materials und versucht, seine Glaubwürdigkeit abzuschätzen. Er arbeitet sorgsam das Ordnungsschema heraus, nach dem die Biographie und der Panegyricus aufgebaut ist. Er untersucht, wo der Autor eigene Reflexionen und Zutaten einbaut. All dies hilft ihm, das Wertvolle vom weniger Wertvollen zu scheiden. Darüber hinaus versucht er sich klar zu machen, was die Biographie samt ihren verwandten Formen zu leisten vermag und was nicht.

Ihre Bedeutung liegt zunächst in der Fülle der historischen Einzelfakten, die sie mitteilt. Ohne Sueton etwa wäre unsere Kenntnis der römischen Kaiserzeit erheblich ärmer, ohne Plutarch wüßten wir wenig über den Lebensstil und das politische Wirken der griechischen Adeligen des 5. Jahrh. v. Chr. Die Nachteile ergeben sich aus dem gewählten Blickwinkel und der Art der Durchführung. Das Interesse konzentriert sich auf den großen Einzelnen, wobei Anekdoten und nebensächliche Begebenheiten vielfach die politisch wichtigen Ereignisse zurückdrängen. Hinzukommt, daß die Persönlichkeit gleichsam losgelöst von den Bedingungen der Umwelt betrachtet wird; der Biograph ist bemüht, das Individuum in einem rasch topisch gewordenen Ordnungsschema einzufangen (Herkunft, Erziehung, Ämter, Leistungen, moralische Qualität). Diese ausgesprochen statische und individualisierende Ausrichtung läßt Gesichtspunkte wie menschliche und politische Entwicklung, Beziehung und Abhängigkeit des Einzelnen von den gesellschaftlichen und politischen Kräften wenig zur Geltung kommen. Trotzdem liefern Plutarch und Sueton wichtiges Material zur politischen und sozialen Lage ihrer Zeit, wenn auch diese Absicht nicht im Zentrum ihres Wollens steht. Vor allem aber erhellen sie den Bereich des Privatlebens und damit der Alltagsgeschichte. Nicht viel anders ist es in dieser Hinsicht mit dem Panegyricus bestellt, bei dem man zusätzlich veranschlagen muß, daß die Fakten „geschönt" sind, die dunklen Seiten werden heruntergespielt oder unterschlagen. Der Gefeierte erscheint im hellen Licht hoher sittlicher Qualitäten. Aber dieses moralische Beiwerk, wie es in den biographisch-panegyrischen Arbeiten eines Xenophon und

Isokrates, eines Plinius und Aelius Aristides häufig mitgeliefert wird, ist nicht etwa unwichtig. Für das Gesellschaftsideal der aristokratischen Welt und für die Herrschaftsideologie sind gerade diese Zusätze außerordentlich aufschlußreich. Mit diesen Hinweisen sind Biographie und Panegyricus aufs ganze gesehen nur unvollkommen erfaßt. Die Würdigung als literarische Erscheinungen wird ganz andere Gesichtspunkte in den Vordergrund stellen. Die Form der suetonischen Biographie hat im Mittelalter fortgewirkt (vgl. S. 122), die mittelalterliche panegyrische Literatur in Form der Fürstenspiegel und Staatstraktate knüpft zwar nicht an die antike Gattung an, greift aber in ihren Beispielen und sittlichen Forderungen vielfach auf antikes Gedankengut zurück.

Literatur:

Kleiner Pauly, LAW, RAC und OCD² s.v. Biographie, Plutarch und Sueton. A. DIHLE, Studien zur griechischen Biographie, Göttingen 1970²; DERS., Die Entstehung der historischen Biographie, Heidelberg 1987; R.H. BARROW, Plutarch and his times, London 1967; J. GEIGER, Cornelius Nepos and Ancient Political Biography, Wiesbaden 1985; W. STEIDLE, Sueton und die antike Biographie, München 1963²; G. LUCK, Die Form der suetonischen Biographie und die frühen Heiligenviten, in: MULLUS, Festschrift für Th. Klauser, München 1964, S. 230–241. A. WALLACE-HADRILL, Suetonius, London 1983; ferner VON ALBRECHT, Röm. Literatur (vgl. S. 35) 371ff.; 1104ff.; K. ZIEGLER, RE XVIII 3, 1949, 559–581 s.v. Panegyricos. P. HADOT, RAC VIII, 1970, 555–632 s.v. Fürstenspiegel. Methodisches zur Biographie bei H. RÖCKELEIN, Hrsg., Biographie als Geschichte, Tübingen 1993.

3. Das Epos

Unter einem Epos versteht man ein umfängliches, in Versform abgefaßtes Helden- und Festgedicht, in dem Stoffe der Sage und der Geschichte in eine künstlerische Form gebracht sind. Man hat dabei gemeinhin Volks- und Kunstepos unterschieden. Das erstgenannte ist danach auf dem Boden eines bestimmten Volkes bzw. Stammes entstanden und spiegelt in einem hohen Maße allgemeine Zustände und Verhaltensweisen seiner Gesamtheit oder seiner Oberschicht; das zweite dagegen ist „künstlich" von einer Person geschaffen, die ihre Vorlage zu einem literarischen Ganzen komponiert. Als Beispiele für das Volksepos können die *Ilias* und die *Odyssee*, für das Kunstepos etwa Lukans *Pharsalia* gelten. Dieser Gegensatz, wie er sich im 19. Jahrhundert herausgebildet hat, erweist sich mehr und mehr als eine Konstruktion. Die Art der Entstehung ist beim Volksepos wesentlich komplizierter als man gemeinhin angenommen hatte. Trotzdem besitzt diese Schematisierung einen gewissen Wert, da sie die historischen Grundlagen des vorliegenden Epos je nach dem Anteil an einer der beiden Gattungen zunächst einmal grob abschätzen hilft.

Epische Dichtung begegnet in vielen Kulturbereichen. Berühmt ist das sumeri-

sche Gilgameschepos, das die Taten dieses frühgeschichtlichen Königs von Uruk
verherrlicht (um 2600 v. Chr., das Epos selbst verfaßt im 2. Jahrtausend v. Chr.).
Große Nachwirkungen hat die hethitische Kumarbiepos besessen, das in seinen
Götterkämpfen eine frühe Weltschöpfungstheorie enthält (die erhaltenen Ton-
täfelchen stammen aus der Zeit 1400–1200 v. Chr.). Im Griechischen stehen die
Ilias und die Odyssee sowohl in ihrer literarischen Qualität wie in ihrer historischen Bedeutsamkeit obenan, Epen, die wahrscheinlich im 8. und 7. vorchristlichen Jahrhundert abgefaßt wurden. Nicht viel später hat Hesiod seine *Theogonie* und *Werke und Tage* geschrieben, wichtig für uns deshalb, weil im Gegensatz
zur homerisch-aristokratischen Welt bäuerliche Wertvorstellungen der epischen
Dichtung das Gepräge geben. Im Unterschied zu Homer und Hesiod dominiert
im Epos der hellenistischen Zeit antiquarische Gelehrsamkeit weitab von der
historischen und gesellschaftlichen Realität. Den Kern bildet in der Regel ein
Mythos, eine *Erzählung* unterschiedlichen Inhaltes, in dem fundamentale
menschliche Einsichten und Erfahrungen in nicht rationaler, eben „mythischer"
Erzählform verständlich gemacht werden. Der Mythos und seine Akteure, nennen wir als Beispiele die Helden Herakles und Theseus, sind selbst naturgemäß
gewichtige Objekte der historischen Forschung. Aber die archaischen Zustände
sind hier oft bis zur Unkenntlichkeit entstellt. Der Mythos erhält ein kunstvolles
und pretiöses Gewand, wie etwa in den *Argonautica* des Apollonios Rodios
(3. Jh. v. Chr.), die von den bunten Abenteuern griechischer Helden bei ihrem
Kampf um das Goldene Vlies berichten.

Demgegenüber zeichnen sich die römischen Epen durch ihre Nähe zur Welt
und zur Geschichte aus. Naevius (ca. 280/70–ca.200 v. Chr.) schilderte in dem
größtenteils verlorengegangenen *Bellum Poenicum* die Bewährung des römisches
Volkes in der Auseinandersetzung mit den Karthagern. Ennius (239–169 v. Chr.)
schuf eine Generation später mit seinen *Annales* d a s römische Nationalepos, eine eindrucksvolle Verherrlichung des populus Romanus in seinen großen Män-
nern. Erst die Aeneis des Vergil (70–19 v. Chr.) hat dem ennianischen Epos diesen Ruhm streitig gemacht. Die Gestalt der Aeneas galt fortan als die ideale Verkörperung römischer *virtutes*, vor allem der *pietas* und der *fortitudo*, ein sittliches
Vorbild von bedeutender Werbekraft für das von Augustus neu geordnete Imperium Romanum.

Die Epen der frühen römischen Kaiserzeit, die *Pharsalia* des Lukan (39–65
n. Chr.) und die *Punica* des Silius Italicus (entstanden nach 77 n. Chr.) haben
zwar ebenfalls wichtige historische Begebenheiten zum Thema, die Auseinandersetzung Caesar – Pompejus im ersten, und den II. Punischen Krieg im anderen
Falle. Aber ihre Schilderungen sind wirklichkeitsfern, geprägt von einer weitgehenden Distanz zum historischen Vorgang selbst, der hauptsächlich den Anlaß
für effektgeladene Schilderungen und moralische Überlegungen abgibt.

Damit ist eine wichtige Frage angeschnitten: In welchem Sinne ist das Epos
überhaupt historische Quelle? Das Problem liegt verhältnismäßig einfach, wenn
der konkrete historische Stoff episch gestaltet wurde, wie dies bei den Römern
der Fall war. Hier lassen sich Vergleiche mit anderen Quellen ziehen, aus denen

man ablesen kann, ob das Epos eine sonst nicht bekannte Überlieferung bringt, wie und warum der Autor bestimmte historische Sachverhalte übergeht oder umformt. Schwieriger verhält sich die Sache, wenn die Vorlage mythischer Art ist. Beim Mythos gelingt es nur selten, zu einem verläßlichen historischen Kern vorzustoßen, Inwieweit sich etwa hinter der Gestalt des Aeneas und seiner Ankunft in Italien Etappen der Westkolonisation griechischer Stämme verbergen, ist eine immer noch offene Frage.

Aussagekräftiger ist das Epos auf dem Gebiet der Kultur- und Mentalitätsgeschichte. An erster Stelle stehen hier die homerischen Epen. Die Zusammensetzung des griechischen Heeresaufgebotes, soziale und wirtschaftliche Tatbestände, religiöse Praktiken, nicht zuletzt das aristokratische Standesideal, das die Helden an den Tag legen, geben eminent wichtige Aufschlüsse für die archaische Epoche Griechenlands. Aber das Epos besitzt seine Bedeutung nicht allein in der Verarbeitung und im Transfer historischen Materials. Es ist als literarische Schöpfung selbst ein Denkmal seiner Zeit, das auf die Zeitgenossen gemünzt ist und von den nachfolgenden Generationen in vielfach neuer Form angeeignet wurde. Historisch ist eben auch die Wirksamkeit, die Homer und Vergil weit über Antike und Mittelalter hinaus bis in die Neuzeit ausgeübt haben.

Literatur:

Kleiner Pauly, LAW, OCD² s.v. Epos, Ausgaben und Lit. unter den genannten Autoren. – Zum Gilgameschepos: H. SCHMÖKEL, Das Gilgameschepos, Stuttgart 1966. Zum Kumarbiepos H. SCHWABL, RE Suppl. IX, 1962, 1484–1495 s.v. Theogonie. Zu Homer: J. LATACZ, Homer, der erste Dichter des Abendlandes, München, Zürich 1989; Archaeologica Homerica, Die Denkmäler und das frühgriechische Epos, hrsg. von F. MATZ und G. BUCHHOLZ, Göttingen 1967ff.; M.L. WEST, Hrsg., Hesiod Works and Days, Oxford 1978; K. ZIEGLER, Das hellenistische Epos, Leipzig 1966²; R. HÄUSSLER, Das historische Epos der Griechen und Römer bis Vergil, Heidelberg 1976; E. BURCK, Hrsg., Das römische Epos, Darmstadt 1978⁹; zur Aeneis: VON ALBRECHT, Römische Literatur (vgl. S. 35), 531ff.; zum Mythos: G.St. KIRK, Griechische Mythen, ihre Bedeutung und Funktion, Reinbek 1982; H. HUNGER, Lexikon der griechischen und römischen Mythologie, Wien 1989⁹.

4. Das Drama

Das Drama umfaßt in unserem Zusammenhang die Tragödie und die Komödie. Ihr Wert erschöpft sich keineswegs in der Frage nach der historischen Relevanz; aber man muß sich vor Augen halten, daß selbst die allgemeinen und überzeitlichen Deutungen der Welt und des Menschen in der griechischen Tragödie auf dem sehr konkreten Hintergrund der griechischen Polis entstanden sind, die ihrerseits einen wichtigen aktuellen Eindruck in den Dramen hinterlassen hat. Die Nähe zu den politischen und gesellschaftlichen Zuständen der Zeit ist unterschiedlich. Besonders die alte attische Komödie des 5. vorchr. Jahrhunderts mit ihrem Hauptvertreter Aristophanes zeichnet sich durch hohe Aktualität aus; sie nimmt bedeutende Personen (etwa Perikles, Kleon, Sokrates) und staatliche Affären gleichermaßen aufs Korn. Daneben liefert sie eine Fülle wichtiger Details aus dem Leben des griechischen Bürgers und seiner Stadt. Sie erhellt staatliche Institutionen wie etwa die Volksversammlung oder das Volksgericht, sie gibt einen Einblick in das damalige Preisgefüge und die beruflichen Tätigkeiten. Der aktuelle und zeitkritische Bezug geht mit dem geistigen Niedergang der griechischen Polis verloren, die sog. neue Komödie – ihr wichtigster Repräsentant ist Menander (ca. 342–293 v. Chr.) – stellt dagegen Menschentypen in den Mittelpunkt, die eher lockere Verbindungen zu ihrer konkreten Umwelt besitzen (der Kuppler, der Sklave, die Hetäre, der reiche, heruntergekommene Adelige).

Ähnliches gilt für die römische Spielart, die sog. *fabula palliata* des Plautus († 184 v. Chr.) und des Terenz († 159 v. Chr.). Dabei läßt gerade Plautus die römische Gesellschaft der Zeit stärker zu Wort kommen als Terenz.

Schwieriger ist die historische Bedeutsamkeit der antiken Tragödie zu umreißen. Die Mythen, welche in den meisten Fällen der dramatischen Gestaltung zugrunde liegen, geben schmale Fingerzeige auf religiöse und politische Zustände archaischer Zeit; selten bilden unmittelbare historische Ereignisse die Vorlage, wie etwa bei Phrynichos (6./5. Jh. v. Chr.) mit seiner verlorengegangenen Tragödie „Die Einnahme von Milet" oder bei Aischylos (524–456 v. Chr.) mit seinen „Persern". Hier läßt sich, ähnlich wie beim Epos, durch eingehende Interpretation und Vergleich mit anderen Quellen ein historischer Kern herausschälen. Wenn man darüberhinaus sein Augenmerk auf die poetische Gestaltung richtet, so kann man die geschichtliche Relevanz der Tragödie in drei Punkten andeutungsweise umreißen:

Sie ist ein sehr empfindlicher Seismograph für die Religiosität der Zeit. Die Götter, die in den Tragödien des Aischylos agieren, sind nicht mehr die gleichen wie die Göttergestalten in den Tragödien des Euripides (ca. 485–406 v. Chr.), der als Vertreter einer aufgeklärteren Zeit in ihnen eher unpersönliche Kräfte sieht. Die Tragödie kann daneben wertvolle Aufschlüsse über die Einschätzung der Polis und ihrer Institutionen vermitteln, so, wenn Aischylos in den *Eumeniden* dem Areopag eine geheiligte Stellung innerhalb der Polis zuweist oder in den *Hiketiden* der Abstimmung des Demos die ausschlaggebende Bedeutung zubilligt.

Die Tragödie läßt schließlich so etwas wie einen griechischen Entwurf des Menschen erkennen, sein Können, sein Selbstbewußtsein, sein Überheblichkeit, sein Scheitern und Versagen. Herrscher wie Ödipus und Kreon denen Sophokles (ca. 496–406 v. Chr.), weibliche Figuren wie Andromache oder Medea, denen Euripides literarische Gestalt verliehen haben, sind in ihren Schicksalen nicht zeitenthoben, sondern tragen, wie neuere Untersuchungen gezeigt haben (V. Ehrenberg, Chr. Meier), durchaus aktuelle Züge.

Die Beispiele mögen genügen. Die methodischen Überlegungen, die bei der Geschichtsschreibung und beim Epos angestellt wurden, gelten beim Drama in verstärktem Maße: Komödie und Tragödie sind keine Geschichtswerke, der

Dichter hat in freier Komposition mythische Vorgänge oder burleske Szenen mit wirklichen Zuständen der Polis verwoben. Die Probleme tauchen auf, wenn es darum geht, bestimmte Äußerungen der einen oder anderen Schicht zuzuweisen: wenn Perikles in der Komödie als Tyrann apostrophiert wird (so in den *Cheirones* des Kratinos, geb. ca. 484 v. Chr.), als skrupelloser Politiker, der aus inneren Schwierigkeiten heraus den Peleponnesischen Krieg begonnen hat (Aristophanes, Frieden 606ff.): Handelt es sich da um bloße Erfindung, um Übertreibung, um einen wahren Sachverhalt? Wie läßt sich in der Tragödie die Grenze ziehen zwischen der mythischen und der realen Sphäre? In beiden Fällen hilft die intensive Befragung anderer Quellen, das Ergebnis aus dem Bereich der Spekulation auf einen verläßlicheren Boden herabzuholen. Schließlich enthalten der Aufführungsort und die Aufführungspraxis des Dramas, seine Verankerung im Festkalender der Stadt, seine Aufnahme durch das Publikum wichtige historische Aspekte, die weit über die literarischen Quellen hinausreichen.

Literatur:

Ausgaben und Lit. zu den einzelnen Dichtern im Kleinen Pauly, LAW, OCD², daneben die Stichworte Komödie (Comedy) und Tragödie (Tragedy) – Fragmentsammlungen: J.M. EDMONDS, The Fragments of Attic Comedy, I–III, Leiden 1957–1961 (dazu Gnom. 34, 1962, S. 543ff.); R. KASSEL, C. AUSTIN, Poetae Comici Graeci (PCG), Berlin 1983ff.; B. SNELL u.a., Tragicorum Graecorum Fragmenta (TrGF) Göttingen 1971ff.: A. KLOTZ, Scaenicorum Romanorum Fragmenta I, München 1953; A. DAVIAULT, Hrsg., Comoedia Togata, Fragments, Paris 1981; A. LESKY, Die tragische Dichtung der Hellenen, Göttingen ³1972; V. EHRENBERG, Sophokles und Perikles, München 1956; DERS., Aristophanes und das Volk von Athen, Zürich–Stuttgart 1968; W. RÖSLER, Polis und Tragödie, Konstanz 1980; Ch. MEIER, Die politische Kunst der griechischen Tragödie, München 1988; G.A. SEECK, Hrsg., Das griechische Drama, Darmstadt 1979 (Lit.); E. LEFÉVRE, Hrsg., Das römische Drama, Darmstadt 1978 (Lit.) – Zum Bühnenwesen: A. PICKARD-CAMBRIDGE, The Dramatic Festivals of Athens, Oxford ²1968; M. BIEBER, History of the Greece and Roman Theatre, Princeton 1961²; H. KINDERMANN, Das Theaterpublikum der Antike, Salzburg 1979; F. KOLB, Agora und Theater, Volks- und Festversammlung, Berlin 1981.

5. Die Kleinpoesie

Die Möglichkeit, historische Erkenntnis zu sammeln, ist an keine besondere Quellengattung gebunden. Auch die Kleinpoesie, die Elegie, der Jambus, der Hymnus, die Satire, um wenige wichtige Gattungen anzuführen, vermögen dem Forscher wichtige geschichtliche Fingerzeige zu geben. Die frühe griechische Lyrik eines Tyrtaios (Mitte 7. Jh. v. Chr.), Solon (* um 640 v. Chr.), eines Alkaios (ca. 630–520 v. Chr.), Theognis (Mitte 6. Jh. v. Chr.) hat zum großen Teil politische Themen zum Gegenstand. Die Auflösung der griechischen Adelswelt, das

Vordrängen neuer sozialer Schichten, der Verlust der althergebrachten Werteordnung, die Bedrohung durch die Tyrannis erhalten in ihren Gedichten einen ergreifenden und leidenschaftlichen Ausdruck. Es sind weniger die großen Ereignisse, die sich in ihnen niederschlagen, als vielmehr die allmähliche Umwandlung des sozialen und moralischen Kosmos, die den Dichter auf den Plan ruft. Nicht viel anders ist es mit den römischen Beispielen bestellt. Die römische Satire mit ihren Hauptvertretern Lucilius (ca. 180–103 v. Chr.), Horaz (65–9 v. Chr.) und Juvenal (58–138 n. Chr.) ist bei allem Wandel, den die Gattung durchmacht, in erster Linie Gesellschaftskritik (mit gleitenden Übergängen ins Politische), satirisch und burlesk überdreht, so daß nur eine behutsame Interpretation den sachlichen Kern herausstellen kann. Historisch mindestens ebenso bedeutsam sind die Oden und Epoden des Horaz, der neben Vergil (70–19 v. Chr.) als der wichtigste Repräsentant des augusteischen Zeitalters gilt. Die großen Römeroden zu Beginn des 3. Buches, die Gedichte an Augustus (carm. IV 4 und 14) bilden wichtige Zeugen für die prägenden Ideen der Zeit, für das geistige Profil des Prinzipates im überkommenen römischen Wertsystem.

Die Reihe läßt sich beliebig verlängern. Ob man auf griechischer Seite Pindar (* um 520 v. Chr.) oder Theokrit (3. Jh. v. Chr.) nimmt, auf römischer den Dichter Catull (87–ca. 54 v. Chr.), die Elegiker Tibull (etwa 55–19 v. Chr.) und Ovid (43 v. Chr.–ca. 17 n. Chr.) nennt oder die Epigrammatiker Martial (ca. 40–104 n. Chr.) – sie alle sind Vertreter einer unverwechselbaren historischen Epoche, die in ihren Werken zu Wort kommt.

Hier treten die gleichen Fragen auf, die uns auch schon in den vorigen Kapiteln beschäftigt haben: In welcher Weise ist das, was man politische und gesellschaftliche Zustände der Zeit nennt, in das Dichtwerk eingeflossen? Lassen sich poetische Einkleidung und historisches Substrat überhaupt säuberlich trennen? Sind die Ansichten, die der Dichter äußert, repräsentativ für seine Zeit oder für bestimmte Gruppen? Wenn etwa Horaz den Kaiser Augustus als den höchsten Herrscher feiert, dessen Reich er mit der ganzen sonnenbeschienenen Welt identisch setzt (carm. IV 14,5 f.): Entspringt dieser Weltherrschaftsgedanke dichterischer Überhöhung, haben wir es vielleicht mit Vorstellungen gewisser Gruppen zu tun, die den Herrscher auf ein expansives Programm verpflichten wollen, oder handelt es sich gar um einen eigenen Anspruch des Princeps, dem Horaz als „Hofpoet" lediglich entspricht? Wiederum wird deutlich, daß eine saubere sprachliche Interpretation der Quelle, die genaue Kenntnis der Dichterpersönlichkeit und des Adressaten, schließlich die Einbeziehung von Parallelaussagen vonnöten sind, um zu einem gesicherten Urteil zu gelangen.

Literatur:

Ausgaben und Lit. zu den einzelnen Dichtern im Kleinen Pauly, LAW und OCD[2]. Für die Auswertung seien beispielhaft genannt: H. FRÄNKEL, Dichtung und Philosophie des frühen Griechentums, München 1962[2]; A. KÖRTE, Die hellenistische Dichtung, Stuttgart 1960[2]; H.H. SCHMITT, E. VOGT, Hrsg., Kleine Wörterbuch des Hellenismus, Wiesbaden

1989 s.v. Elegie, Epigramm, Lehrgedicht, Theokrit etc. – Zur Satire: U. KNOCHE, Die römische Satire, Göttingen 1982⁴; J.ADAMIETZ, Hrsg., Die römische Satire, Darmstadt 1986; VON ALBRECHT, Römische Literatur (S. 35) 195ff.; zu Horaz 565ff.; zu Persius und Juvenal 798ff. – Methodisches: H.D. MEYER, Die Außenpolitik des Augustus und die augusteische Dichtung, Köln–Graz 1961 dazu P.A. BRUNT, JRS 53, 1963, 170ff.

6. Die Philosophie

Von den drei großen Systemen der antiken Philosophie: Naturphilosophie, Logik und Ethik, wie sie sich bis zum 4. Jh. v. Chr. herausgebildet haben, ist die letzte für den Historiker besonders wichtig. Natürlich haben auch Naturphilosophie und Logik ihre historischen Aspekte, aber die Ethik steht ohne Zweifel aufgrund ihrer Tugend- und Gütelehre, besonders ihrer theoretischen Entwürfe des Menschen und des Staates der historisch-politischen Sphäre sehr nahe. Als bedeutsame Quellen sind in diesem Zusammenhang zu nennen Platons (ca. 429–347 v. Chr.) Dialoge *Der Staat* (*Politeia*) und *Die Gesetze* (*Nomoi*); Aristoteles (384–322 v. Chr.) mit seiner *Politik*; auf römischer Seite schließt Cicero (106–43 v. Chr.) mit seinen Schriften *Der Staat* (*De re publica*) und *Die Gesetze* (*leges*) bewußt in der Programmatik an Platon an. Das Spätwerk des Augustinus (354–430 n. Chr.) *de civitate Dei* gehört durchaus mit in die Reihe der großen ethischen Entwürfe. Augustinus deutet die Geschichte und die Welt als Antagonismus zweier Reiche, der *civitas Dei* und der *civitas terrena* und fordert damit vom Menschen eine Entscheidung über Gut und Böse im konkreten historischen Prozeß.

Die mehr oder minder idealisierten Staatsentwürfe, die stellvertretend für eine ganze Gattung von Schriften über den Staat stehen werden ergänzt durch Traktate über das Königtum, an denen sich alle Philosophenschulen beteiligt haben; auch Senecas Entwurf *de clementia* an den jungen Kaiser Nero (um 55 n. Chr.) darf man zu diesem Genos zählen. Abgesehen von diesen Schriften, die sich um die beste Verfassung des Staates bemühen, ist dasjenige, was wir als politisch-moralische Prägung des Bürgers bezeichnen wollen, in einer Vielzahl philosophischer Traktate, zuweilen auch in kurzen beiläufigen Skizzen rhetorischer und historischer Werke niedergelegt. Die platonische, aristotelische, stoische und epikureische Schule haben es als ihre Aufgabe angesehen, dem Menschen in seinem Verhältnis zur Welt und zur Gemeinschaft Hilfen an die Hand zu geben, die allesamt zum „rechten Leben" führen sollten. Auch wenn die Empfehlungen auf Distanz zur öffentlichen Betätigung hinausliefen, wie dies bei Epikur (342–270 v. Chr.) und zeitweise in der Stoa der Fall war, so gestalten sie den öffentlichen Raum nicht weniger wirksam als die konkreten Aufforderungen zum politischen Handeln.

Mannigfach sind die quellenkritischen Aufgaben, denen sich der Historiker gegenübersieht. Läßt sich bei den Staatstheorien der pragmatische vom utopischen Anteil des Denkens trennen? Inwieweit entsprechen die Ideale, auf welche die Herrscher und Bürger verpflichtet werden, allgemeinen Tendenzen der Zeit? Von den stoischen Maximen wissen wir, daß sie unter der Oberschicht des Imperium Romanum außerordentlich stark verbreitet waren. Wenn der stoische Philosoph an die Gerechtigkeit, an die Milde, an die Fürsorge appelliert: Welchen konkreten Inhalt besitzen diese Tugenden eigentlich? Auf welche Menschengruppen sollen sie sich beziehen? Wie sollen nach dieser Theorie die Menschen zusammenleben? Wie haben wir uns überhaupt den Zusammenhang zwischen den philosophischen Ideen und der Lebenswirklichkeit der Zeit vorzustellen?

Die antike Philosophie und die ihr zugrunde liegenden Quellen interessieren nicht allein im Rahmen einer engen Philosophiegeschichte. Die Philosophie bildet kein geschlossenes System, sondern sie war offen zur Religion, zum Recht, zur Sprache hin. In diesem weiten Sinne prägten philosophische Vorstellungen die Einstellungen und das Verhalten der Menschen in hohem Maße. Der legendäre Kyniker Diogenes von Sinope (4. Jh. v. Chr.) gilt noch heute als Prototyp des philosophischen Aussteigers: Sein provokatives Leben war *seine Philosophie*. Aus der stoischen Philosophie entliehen sich die Gegner eines absolutistischen Herrschertums in der römischen Kaiserzeit die geistigen Waffen. Mit anderen Worten: Politische- wie Alltags- und Mentalitätsgeschichte sind auf die antike Philosophie in besonderer Weise angewiesen.

Literatur:

Übergreifende Darstellungen W. RÖD, Hrsg., Geschichte der Philosophie, München 1984ff.; T. HONDERICH, Hrsg., The Oxford Companion to Philosophy, Oxford 1995 – Ausgaben und Lit. zu den einzelnen Autoren im Kleinen Pauly, LAW und OCD². Allgemeines im LAW s.v. Philosophie und Staatstheorie; C.F. GEYER, Einführung in die Philosophie der Antike, Darmstadt 1992³; G. MAURACH, Geschichte der römischen Philosophie, eine Einführung, Darmstadt 1989; E. ZELLER, Die Philosophie der Griechen in ihrer geschichtlichen Entwicklung, 3 Teile in 6 Bänden, Leipzig ⁴⁻⁷1920–1923 (ND Hildesheim 1963); W.K.C. GUTHRIE, History of Greek Philosophy, London 1962ff.; W. RÖD, Hrsg., Geschichte der Philosophie, I–V, München 1976ff.; F. DVORNIK, Early Christian and Byzantine Philosophy, I–II, Washington (Columbia) 1966; J. FERGUSON, Utopias in the Classical World, London 1975; P. WEBER-SCHÄFER, Einführung in die antike politische Theorie I–II, Darmstadt 1992²; M.T. GRIFFIN, Seneca, a Philosopher in Politics, Oxford 1992²; G.W. BOWERSOCK, Greek Sophists in the Roman Empire, Oxford 1969; I. HAHN, Der Philosoph und die Gesellschaft, Selbstverständnis, öffentliches Auftreten und populäre Erwartungen in der hohen Kaiserzeit, Wiesbaden 1989.

7. Die Fachschriftstellerei

Lehrbücher und Spezialschriften über bestimmte Gebiete der Zivilisation und der Wissenschaft hat es in der Antike reichlich gegeben, Ausführungen über die Medizin, über die Kriegstechnik, die Baukunst, die Musik bis hin zur Kochkunst. Mit ihnen hatte es der Historiker in der Vergangenheit weniger zu tun,

aber das Interesse hat sich hier teilweise spürbar gewandelt. Auch gibt es einige
Arten der Fachschriftstellerei, die schon immer herangezogen und befragt wurden, so vor allem das geographische Schrifttum. Es beschreibt die Oiku-
mene, die damals bewohnte Welt oder einzelne Landstriche, Skizzen, die oftmals
ethnographisch durch Auskünfte über Bewohner, Sitten und Gebräuche unter-
mauert werden. Vielfach sind die Darstellungen populär gehalten, wie etwa das
Werk des bekannten Geographen Strabon (* 64/63 v. Chr. in Amaseia, Pontos).
Aber auch an wissenschaftlichen Bemühungen in Form von kartographischen
Aufzeichnungen, landschaftlichen und klimatologischen Beobachtungen hat es
nicht gefehlt; die wenigen Fragmente, die aus der Geographie des Eratosthenes
von Kyrene (* ca. 295/280 v. Chr.) erhalten sind, geben eine Ahnung von dem hohen Stand dieser Wissenschaft. Der Nutzen für den Historiker liegt auf der
Hand: Die Besiedlungsgeschichte, die Lokalisierung von Städten und Landschaften, ist in hohem Maße auf diese Quellen angewiesen.

Siedlungsgeschichtlich bedeutsam ist auch die landwirtschaftliche
Schriftstellerei, die zudem noch wichtige Aufschlüsse über die Wirtschaftsstruktur der Zeit zu liefern vermag. Cato (234–149 v. Chr.) mit seiner Schrift *de
agricultura*, Varro (116–27 v. Chr.) mit seinen *rerum rusticarum libri*, Columella
(1. Jahrh.n. Chr.) mit seinem *Werk de re rustica*, die vielfach Anleitungen für die
Anlage und Bewirtschaftung eines Gutshofes geben, werfen, indem sie Fragen
der Größe, der Nutzfläche, der Ertragsintensivierung, des Arbeitseinsatzes an-
schneiden, Probleme auf, die weit über den ursprünglichen Rahmen der Landwirtschaft hinausreichen.

Einen besonderen Rang im Rahmen der Fachschriftstellerei nimmt das juristische Schrifttum ein. Die großen römischen Juristen haben in ihren Einführungen – beispielhaft genannt seien die Institutionen des Gaius (entstanden
um 161 n. Chr.) –, in ihren bedeutenden Kommentaren zum Amts- und Zivilrecht, wie diejenigen des Julius Paulus und Domitius Ulpianus im 2. und 3. nach-
chr. Jahrh., eine Fülle von Material ausgebreitet, das sich für die Kenntnis der
Rechts- und Verwaltungsverhältnisse in der römischen Kaiserzeit als unentbehrlich erweist. Vielfach sind die fachspezifischen Ausführungen, die als „Juristen-
recht" gleichberechtigt neben das herkömmliche Amts- und Zivilrecht traten, in
die Digesten des Kaisers Justinian eingeflossen, als Bestandteil jener großen
spätantiken Gesetzeskodifikation, die unter dem Namen *Corpus Iuris Civilis* allgemein geworden bekannt ist. Vorausgegangen war dem Justinianischen Geset-
zeswerk der sog. *Codex Theodosianus*, der die kaiserlichen Gesetze der Jahre
313–437 n. Chr. in sich vereinigte; Formal gesehen sind diese Codices Sammlungen von Gesetzen mit Rechtskraft, ihrer Herkunft nach stammen sie teilweise aus
der juristischen Spezialliteratur, teilweise aus den verschiedenen Rechtsweisungen
des römischen Princeps.

Die Arbeit mit diesem zugegebenermaßen spröden Material ist für den normal
ausgebildeten Historiker nicht leicht. Spezialisten haben Übersetzungen, Kommentare und Handbücher zur Fachschriftstellerei geschaffen, in denen Fragen
der Entstehung und der literarischen Abhängigkeit, daneben viele sachliche Pro-

bleme, erläutert und erklärt werden. So wird dem Anfänger der Zugang zur antiken Medizin, Geographie, Mathematik und Baukunst erleichtert. Die Aufarbei-
tung der juristischen Quellen ist umfangreich und mit vielen Sonderproblemen
befrachtet, die von der Romanistik behandelt werden. Der Nutzen, den der Historiker aus der Fachschriftstellerei zieht, ist verschieden groß und richtet sich je
nach der Fragestellung, die ihn leitet. Die Bedeutung des juristischen Schrifttums, von dem hier nur ein geringer Teil zur Sprache gekommen ist, läßt sich
kaum überschätzen, da es Sozial- und Staatsordnungen vielfältig thematisiert.
Besonders die Geschichte der ausgehenden römischen Kaiserzeit beruht in weiten Teilen auf dieser Quellengattung, ganz zu schweigen von der Bedeutung, die
dieses Schrifttum im Mittelalter gewann (vgl. S. 132).

Literatur:

Autoren, Quellen und Sekundärliteratur im LAW s.v. Fachschriftstellerei, ferner die Lem-
mata Architektur, Feldmesser, Geographie, Mathematik, Medizin, Landwirtschaft (agriculture) im Kleinen Pauly, LAW und OCD². M. FUHRMANN, Das systematische Lehrbuch,
ein Beitrag zur Geschichte der Wissenschaften in der Antike, Göttingen 1960; A. KRUG,
Heilkult und Heilkunst, Medizin in der Antike, München 1984; K.E. MÜLLER, Geschichte der antiken Ethnographie und ethnologischen Theoriebildung, I–II, Wiesbaden 1972 und
1980, R. MARTIN, Récherches sur les agronomes latins et leurs conceptions économiques
et sociales, Paris 1971; D. FLACH, Römische Agrargeschichte, München 1990 – L. GER-
NET, Droit et Institutions en Grèce Antique, Paris 1982; N. GAGARIN, Early Greek Law,
Berkeley 1989; A.R.W. HARRISON, The Law of Athens I–II, Oxford 1968–1971; H.F.
WOLFF, Das Recht der griechischen Papyri Ägyptens, München 1978; L. WENGER, Die
Quellen des römischen Rechts, Wien 1953; W. KUNKEL, Römische Rechtsgeschichte,
Köln–Wien 1980⁹; A. SÖLLNER, Einführung in die römische Rechtsgeschichte, München
1985³; H. HONSELL, TH. MAYER-MALY, W. SELB, Römisches Recht, Berlin Heidel-
berg u.a. 1987⁴; ferner VON ALBRECHT, Römische Literatur (vgl. S. 35), 450ff., 693ff.,
982ff.

8. Die Beredsamkeit (Publizistik)

Die Beredsamkeit in ihren mannigfachen Äußerungen hat über die gesamte griechisch-römische Welt hinweg eine Bedeutung besessen, die sie im Mittelalter und
in der Neuzeit nie mehr erreicht hat. Dies ist in erster Linie auf die politischen
und gesellschaftlichen Zustände der griechischen Polis und der römischen Republik zurückzuführen, in denen die freie, gekonnte Rede die prinzipielle Chance
hatte, Entscheidungen in die gewünschte Richtung zu lenken, in der Volksversammlung, im Rat der Alten oder bei Gerichtsverhandlungen. Die Ausbildung
einer kunstvollen Rhetorik und das Aufkommen von Rhetorenschulen waren
wichtige äußere Stützen, als mit der Kaiserzeit die öffentliche Wirksamkeit des
Redners mehr und mehr eingeengt wurde. Nur noch die Preisrede auf den Herrscher, der sog. Panegyricus (vgl. S. 36), stieß auf breitere Resonanz.

Damit sind implizit schon die drei Gattungen der antiken Rede genannt, die auch für die historische Beurteilung erste Fingerzeige geben: Das *genus delibera-tivum*, die Rede im Senat oder in den Volksversammlungen; das *genus iudiciale*, die Rede vor Gericht und das *genus demonstrativum*, die Lobrede bei verschie-densten Anlässen. Von allen dreien sind große und wichtige Exemplare auf uns gekommen; nennen wir als Beispiel für die erste Art die „Philippischen Reden" des Demosthenes (384–322 v. Chr.), und die Rede „pro Rhodiensibus", die Cato der Ältere 167 v. Chr. im Senat gehalten hat; für das *genus iudiciale* die Reden, in denen Cicero 70 v. Chr. den ehemaligen Statthalter Siziliens C. Verres angeklagt hat; für das *genus demonstrativum* mögen die berühmte Gefallenenrede des Peri-kles im Thukydideischen Geschichtswerk (II 35–46) und der Panegyricus des jüngeren Plinius auf den Kaiser Trajan im Jahre 100 n. Chr. stehen.

Die Fülle des historischen Materials, das in den Reden ausgebreitet wird, läßt sich nur kurz und schlaglichtartig beleuchten. Um eminent wichtige Probleme Athens, die erneute Aufnahme des Kampfes gegen die Perser, die Rolle des Ma-kedonenkönigs Philipp, um Politik und Rang der eigenen Vaterstadt kreisen Reden des Isokrates (436–338 v. Chr.) und des Demosthenes. Ohne die großen Reden Ciceros (106–43 v. Chr.) vor dem Senat, der Volksversammlung und den Gerichtshöfen wäre die Endphase der römischen Republik wesentlich dunkler und unerforschter. Schilderungen von Personen, Erörterungen über die römische Verfassung, Details aus dem römischen Strafverfahren, Ausführungen über finanzielle Probleme machen die großen Reden zu einer der Hauptquellen der rö-mischen Geschichte überhaupt. Darüber hinaus liegt der Wert nicht nur in der Vermittlung des rein faktischen Materials. Die Reden des Isokrates, des jüngeren Plinius und des Dion von Prusa (um 40–120 n. Chr.) sind gleichzeitig Zeugnisse der politischen Ideen ihrer Zeit, in denen etwa um die geistige Gestalt des König-tums, um seine sittliche Begründung und seine Aufgaben gerungen wird. Sie do-kumentieren eine öffentliche Redekultur in all ihren Aspekten.

Die quellenkritischen Überlegungen haben sich hauptsächlich auf drei Frage-kreise zu beziehen: Ursache und Zweck der Rede (einschließlich der Frage nach dem Adressaten); Klärung der persönlichen Implikationen, der politischen Ein-stellung und der philosophischen Bildung des Autors; Aufweis formaler Eigen-heiten, wie sie durch die Kunstgattung der Rede gegeben sind (Aufbau, Stilmittel, topische Elemente). Es leuchtet ein, daß in einer Gattung, die sich so sehr als Kunstwerk versteht, und die auf ein Publikum hin und auf Wirkung aufgebaut ist, jeder Satz und jede Reflexion des Redners auf die Goldwaage gelegt werden muß, ehe man historische Schlüsse zieht.

Literatur:

Ausgaben und Literatur zu den einzelnen Autoren im Kleinen Pauly und LAW, allgemeines im LAW s.v. Rhetorik; G. KENNEDY, The Art of Persuasion in Greece, Princeton 1963; DERS., The Art of Rhetoric in the Roman World, Princeton 1972; J. MARTIN, Antike Rhetorik, Technik und Methode, München 1974; M. FUHRMANN, Die antike Rhetorik,

München 1990³; H. HOMMEL, Griechische Rhetorik und Beredsamkeit, in: E. VOGT, Hrsg., Griechische Literatur, Wiesbaden 1988, 337ff. – Beispiele für die historische Auswertung: P. BROWN, Das Geschäft mit dem Staat, Die Überschneidung des Politischen und des Privaten im Corpus Demosthenicum, Hildesheim 1974; M. GELZER, Cicero, ein biographischer Versuch, Wiesbaden 1969; W. KIERDORF, Laudatio Funebris, Meisenheim 1980; C.P. JONES, The Roman World of Dio Chrysostom, London 1978; R. KLEIN, Die Romrede des Aelius Aristides, Darmstadt 1981.

9. Die Briefliteratur

In den Bereich der Publizistik gehört auch ein Großteil der Briefe, die je nach Autorschaft, Absicht und Themenwahl von unterschiedlicher historischer Bedeutung sind. Briefe, die von Privatleuten geschrieben und für Privatleute bestimmt sind, oft künstlerisch durchgearbeitet und von vornherein für eine Veröffentlichung vorgesehen (Cicero), erhellen Lebensbedingungen, Institutionen, politische und rechtliche Zustände der antiken Gesellschaft. Wichtiger noch sind die „amtlichen" Briefe, wie sie etwa in den hellenistischen Königsbriefen oder auf römischem Gebiet in der Korrespondenz zwischen dem Kaiser Trajan und dem Statthalter Plinius vorliegen (ca. 109–111 n. Chr.). Briefe von Herrschern an Gemeinden oder einzelne Personen, in denen ihnen bestimmte Privilegien zugestanden werden, kommen dem Erlaß gleich und haben Urkundencharakter (vgl. S. 127); Amtsbriefe wie die des jüngeren Plinius geben Auskunft über die Pflichten und Kompetenzen des kaiserzeitlichen Statthalters, für die Politik, Wirtschaft und Kultur des Römischen Reiches gleichermaßen von Wert. Eine besondere Spezies bilden die sog. Mahn- oder Sendschreiben, in denen der Adressat auf ein bestimmtes Ideal (politisches-philosophisches-religiöses) verpflichtet werden soll. Die Briefe des Apostels Paulus an die verschiedenen frühchristlichen Gemeinden geben einen anschaulichen Eindruck vom Gewicht und vom Wert dieser Zeugnisse. Sowohl für die geistige Struktur wie für die Gemeindeverfassung des frühen Christentums sind diese Schreiben grundlegend.

Auch diese Quellengattung bedarf der eingehenden Kritik und Interpretation, um zu gesicherten Erkenntnissen zu gelangen. Die Frage nach der Echtheit bzw. Unechtheit des Briefes, nach Person und Bedeutung des Autors, nach Anlaß und Absicht, die Klärung des Inhaltes und der verwandten Stilmittel sind Gesichtspunkte, nach denen eine kritische Sondierung vorgehen könnte. Schaut man auf die gewaltige Briefproduktion im hellenistischen und kaiserzeitlichen Ägypten, begreift man auch jenseits der historischen Quellenkritik sehr rasch, welch gewaltiger Schatz für das private Leben der einfachen Bevölkerung hier vorliegt.

Literatur:

Quellen und Literatur Kleiner Pauly s.v. Epistolographie, LAW s.v. Brief, RAC II 1954, 564–585 s.v. Brief. J.L. WHITE, Hrsg., Studies in Ancient Letter Writing, Chico, Calif. 1982; P. CUGUSI, Evoluzione e forme dell'epistolografia latina nella tarda republica e nei primi due secoli dell'impero, Rom 1983 – Wichtig für den Historiker: C.B. WELLES, Royal Correspondence from the Hellenistic Period, New Haven 1934; R. SHERK, Roman Documents from the Greek East, Senatus Consulta and Epistulae to the Age of Augustus, Baltimore 1969; J.H. OLIVER, Greek Constitutions of Early Roman Emperors from Inscriptions and Papyri, Philadelphia 1989; in größerem Zusammenhang F. MILLAR, The Emperor in the Roman World, London 1977, 203ff.; reiches historisches Material in den Editionen und Kommentaren von D.R. SHACKLETON-BAILEY zu Ciceros Briefen ad Atticum, ad Familiares und ad Quintum fratrem, Cambridge 1965–1980; W. JÄGER, Briefanalysen zum Zusammenhang von Realitätserfahrung und Sprache in Briefen Ciceros, Frankfurt, Bern, New York 1986 (Lit.); A.N. SHERWIN-WHITE, The Letters of Pliny, Oxford 1966; H. CONZELMANN, A. LINDEMANN, Arbeitsbuch zum Neuen Testament, Die Briefe des Paulus, Tübingen 1991[10], 213ff.; zu den Briefen auf Papyrus MONTEVECCHI (vgl. S. 55) 83f., 233, 236, 251ff.

10. Die Inschriften (Epigraphik)

Es liegt in der Eigenart der antiken literarischen Überlieferung begründet, daß sie dem Historiker auf manche Fragen keine oder eine nur höchst lückenhafte Antwort zu geben vermag. Wie sieht die Sozialstruktur einer griechischen Polis in hellenistischer Zeit aus? Wo war im Imperium Romanum das Militär stationiert und wie war es zusammengesetzt? Welche Preise mußte man in einer Stadt der römischen Kaiserzeit wie etwa Pompeji für Güter und Dienstleistungen bezahlen? Nachrichten dieser Art werden von den antiken Autoren gewöhnlich ausgespart. An ihre Stelle treten für den Forscher als zweiter großer Quellenkomplex die Inschriften, die in vielen Fällen die geschichtliche Wirklichkeit, wie sie die Literatur bietet, ergänzen, korrigieren oder gar erst neu schaffen. Diese epigraphischen Quellen (von *epigráphein* = darauf schreiben), ihrer Beschaffenheit nach ein Schrifttext auf Stein, Bronze, Holz, Ton, um die wichtigsten Materialien zu nennen, erfüllen normalerweise die Bedingungen von Primärmaterial; d.h. sie geben zeitgenössische und unmittelbare Kunde von wichtigen Ereignissen: Volksbeschlüsse, Senatsdekrete, Rechtssatzungen, Ehrungen, Freilassungen, also all das, was der antike Mensch der Nachwelt zu überliefern für wert erachtete. Die Bestimmung schließt natürlich nicht aus, daß die Inschriften mitunter eine bewußte Auswahl der Fakten aufweisen, wie etwa der große inschriftlich erhaltene Tatenbericht (*res gestae*) des Kaisers Augustus, die Königin der Inschriften, wie man zutreffend gesagt hat. Eine saubere Quellenkritik ist also ebenso unerläßlich wie bei der literarischen Überlieferung, zumal es sich in vielen Fällen (bes. den öffentlichen Inschriften) oft nur um sinngemäße oder gar auszugsweise wiedergegebene Kopien von Originalen handelt, die auf Papyri (vgl. S. 53) oder Holztafeln im städtischen Archiv aufbewahrt wurden. Wohl sind Möglichkeiten und Motive für einen entstellten und fehlerhaften Bericht anders gelagert und aufs ganze gesehen geringer als bei den literarischen Quellen.

Die historische Bedeutung der Inschriften ist an Zeit und Region gebunden, wann und wo sie gefunden wurden. Bekanntlich ist nicht der gesamte Bestand auf uns gekommen, viele Inschriften sind zerstört und verloren gegangen, ein Teil liegt noch in der Erde, so daß die Überlieferung mehr oder weniger zufällig ist. Die Inschriften setzen auf griechischem Gebiet ein in der ersten Hälfte des 8. Jahrh.v. Chr. (attische Dipylonvase IG I² 919), auf römischem um 600 v. Chr. (Fibel aus Praeneste mit linksläufiger Aufschrift ILLRP 1); sie sind gemäß der Struktur der antiken Gesellschaft vornehmlich auf die Städte beschränkt und begleiten deren Geschichte. Sie sind dort besonders willkommen, wo andere Quellen fehlen oder sehr dünn gesät sind.

Der erste Bereich, der hier zu nennen wäre, ist die politische Geschichte, besonders in ihrer verfassungsmäßigen, rechtlichen und verwaltungsmäßigen Ausprägung. Inschriftlich erhaltene Verträge zwischen griechischen Städten, Bündnisbestimmungen, offizielle Erlasse der hellenistischen Könige erfordern vom Historiker in gleicher Weise eine genaue und umfassende Interpretation wie die römischen Senatsbeschlüsse, die in der römischen Volksversammlung verabschiedeten Gesetze, die Erlasse römischer Magistrate, die Verfügungen und offiziellen Verlautbarungen der römischen Kaiser, die in Teilen auf uns gekommen sind. Er wird etwa am Bündnis Athens mit der sizilischen Stadt Segesta aus dem 5. Jh. v. Chr. (GHI I 37), das unvollständig auf einer Marmorstele erhalten ist, Inhalt und Zeitpunkt des Vertrages festzustellen versuchen, die rechtliche und formale Seite des Textes beleuchten, die politischen Auswirkungen prüfen, die sich aus dem Vertragsabschluß ergeben, um das Ergebnis dann in den größeren historischen Zusammenhang der griechischen Geschichte zu stellen.

Eine angemessene Darstellung der antiken Wirtschafts- und Sozialgeschichte wäre ohne das Inschriftenmaterial nahezu undenkbar. So ermöglichen beispielsweise die sogenannten attischen Tributlisten, die ökonomische Basis des ersten Delisch-Attischen-Seebundes im 5. Jh. v. Chr. auszumachen. Auf den Steinen sind Summen angegebenen, welche die Vertragspartner an die Göttin Athena abzuführen hatten. Daraus lassen sich Rückschlüsse ziehen auf ihre finanzielle Potenz, auf ihre Abhängigkeit, auf das innere Gefüge des attischen Imperialismus. Der große Tatenbericht des Augustus (*res gestae*) nennt genau die Höhe der Aufwendungen, welche der erste Kaiser für den *populus Romanus* getätigt hatte. Der inschriftlich erhaltene Schuldenerlaß des Kaisers Hadrian (ILS 309) gibt eine Summe von 900 Mio Sesterzen an, staatliche Steuerforderungen, die er den römischen Bürgern erließ. Hier wird allerdings schon deutlich, daß es eines ganzen Bündels von Nachrichten dieser Art bedarf, um einen wirtschaftlichen Gesamtrahmen zu gewinnen, ohne den die einzelnen Angaben nur begrenzte Aussagekraft haben. Der Historiker ist gezwungen, die zumeist isolierten Daten zusammenzufügen, um daraus auf ein ökonomisches Ganzes zu schließen.

Das gleiche Verfahren gilt es bei der Verwendung der Inschriften für die Erschließung der antiken Sozialgeschichte anzuwenden. Die Fülle der Ehren- und Grabinschriften geben Hinweise auf die Herkunft, den Stand und die Laufbahn antiker Personen; die Freilassungsinschriften halten das Ausscheiden aus dem Sklavenstand fest; die römischen Militärdiplome bestätigen die Verleihung des Bürgerrechtes und das Recht auf staatlich anerkannte und ordnungsgemäße Heirat (*civitas Romana* und *ius conubii*) an zumeist ausgediente Auxiliarsoldaten und deren Angehörige: All dies ist materielle Voraussetzung für die Erkenntnis der antiken Bevölkerungsstruktur, für den Ansatz bestimmter Klassen und Schichten, für die allgemeine Beschreibung von Laufbahnen und Karrieren (etwa der Senatoren, Ritter, Freigelassenen in der römischen Kaiserzeit), Zusammenhänge, die mühsam aus den einzelnen inschriftlichen Angaben gewonnen werden müssen.

Neben der gesellschaftlichen Stellung kann in den Inschriften auch die Glaubensvorstellungen antiker Menschen zum Ausdruck kommen. Die Verehrung der offiziellen Staatsgötter, das Bekenntnis zu den orientalischen Mysterienreligionen oder zum Christentum lassen sich oftmals aus den Weih- und Grabinschriften zuverlässig ablesen. Die Bedeutung dieser Quellengattung für die antike Religionsgeschichte wird damit evident, und dies nicht nur von der soziologischen Seite her, d.h. als mögliche Beschreibung der Personen, die sich einem bestimmten Kult verschrieben haben. Aussagen über die geographische und zeitliche Ausbreitung antiker Kulte und ihre Vermischung mit anderen Religionsgemeinschaften (Synkretismus) sind in der Regel zuverlässiger von den Inschriften her zu treffen als von der literarischen Überlieferung. Alle großen Darstellungen zur antiken Religionsgeschichte (vgl. S. 104ff.). geben einen Eindruck davon, in welch überwältigendem Maße unser Wissen auf diesem Gebiete von den Inschriften geprägt ist.

Mancher wertvolle epigraphische Neufund hat in den letzten Jahren den Horizont der Alten Geschichte beträchtlich erweitert und korrigiert. Ein paar Beispiele mögen dies verdeutlichen. Die Entzifferung der sog. Linear B Schrift (seit 1952) eröffnete einen neuen Zugang zur kretisch-mykenischen Kultur, die bis dahin nur durch archäologische Überreste greifbar war. Von den epigraphischen Neufunden profitieren sowohl die griechische wie die römische Geschichte. 1959 wurde in dem antiken griechischen Troizen eine Marmorstele, darauf eingemeißelt ein Beschluß der Bürgerschaft, gefunden. Er enthielt den Antrag des Themistokles, angesichts der drohenden Perserinvasion 480 v. Chr. die Stadt zu evakuieren (GHI I 23). Ein umfängliches römisches Zollgesetz aus Kleinasien, das 1976 ans Licht kam, läßt die stufenweise Genese und den Umfang der provinzialen Besteuerung in der Kaiserzeit erkennen. Vor kurzem entdeckte Bronzetafeln in Spanien, u.a. die sog. tabula Siarensis mit einem posthumen Ehrenbeschluß für den Tiberiussohn Drusus aus dem Jahr 23 n. Chr. (ZPE 95, 1993, 81ff.), geben der römischen Kaiserzeit genauere Konturen. Derartige Neufunde werden in Zeitschriften und speziellen Bulletins veröffentlicht, analysiert und kommentiert (vgl. unten). Die Texte zu lesen und zu verstehen, setzt gewisse Kenntnisse der epigraphischen Editionstechnik und der gebräuchliche Abkürzungen voraus[1], welche die speziellen Einführungen in aller Ausführlichkeit bieten.

In jüngerer Zeit mehren sich die Übersetzungen, die auch dem sprachlich nicht Versierten einen Zugang zu dieser wichtigen Quellengattung eröffnen. Ihr Reiz

---

[1] z.B. Buchstaben und Worte in eckigen Klammern [ ]: Ergänzungen des (verlorenen) Textes durch den Herausgeber; runde Klammern: Auflösung von Abkürzungen, z.B. pr(aetor). Griechische Zahlen (nach dem Alphabet): A = 1; B = 2; I = 10; P = 100; 'A = 1000; 'B = 2000. Römische Zahlen: I = 1; V = 5; X = 10; L = 50; C = 100; M bzw. CIƆ = 1000.

liegt nicht allein in der Herausforderung, die neuen Mitteilungen mit unseren bisherigen Kenntnissen der antiken Welt zu verbinden. Inschriften besaßen für denjenigen, der sie verfertigte oder in Auftrag gab, eine bestimmte Funktion. Sie erschlossen ein Denkmal oder eine Stiftung, sie hielten das Andenken an einen verdienten Mitbürger fest, sie konnten, wie etwa die Kritzeleien aus Pompeji, schlichtes Mitteilungsbedürfnis, Spott und Lebensfreude signalisieren. Gerade diese bisher weitgehend vernachlässigten „Botschaften" zwingen den Historiker dazu, sich mit dem Original, seiner Beschaffenheit und seiner „Verortung" immer wieder auseinanderzusetzen.

Literatur:

Einführungen: L. ROBERT, Die Epigraphik der klassischen Welt, Bonn 1970 (dt. Übers. des 1961 ersch. franz. Originals); G. KLAFFENBACH, Griechische Epigraphik, Göttingen ^{2}1966. E. MEYER, Einführung in die lateinische Epigraphik, Darmstadt 1991^3,; G. WALSER, Röm. Inschrift-Kunst, Stuttgart 1988; F. BÉRARD, D. FEISSEL, u.a., Guide del'Épigraphiste, Paris 1989^2.

Quelleneditionen: (Auswahl): J. CHADWICK, Documents in Mycenean Greek, Cambridge 1973^2; St. HILLER, O. PANAGL, Die frühgriechischen Texte aus mykenischer Zeit, Darmstadt 1986^2; Inscriptiones Graecae (IG), Berlin 1873ff. (regional geordnet, noch nicht abgeschlossen); W. DITTENBERGER, Sylloge Incriptionum Graecarum, I–IV, Leipzig 1915–1924^3 (Syll^3 bzw. SIG^3); DERS., Orientis Graeci Inscriptiones Selectae, I–II, Leipzig 1903–1905; R. MEIGGS, D. LEWIS, Selection of Greek Historical Inscriptions I (GHI I), Oxford 1987^3; M.N. TOD, A Selection of Greek Historical Inscriptions II (GHI II), Oxford 1979; Corpus Inscriptionum Latinarum (CIL), Berlin 1862ff. (regional geordnet, noch nicht abgeschlossen); Inscriptiones Italiae (Inscr.It.), Rom 1916ff.; H. DESSAU, Inscriptiones Latinae Selectae I–III (ILS), Berlin 1892–1916; A. DEGRASSI, Inscriptiones Latinae Liberae Rei Publicae (ILLRP), I–II, Florenz 1965–1972.

Übersetzungen (zumeist mit umfänglichen Quellenverzeichnissen und weiterführender Lit.): G. PFOHL, Griechische Inschriften als Zeugnisse des privaten und öffentlichen Lebens, München 1980^2; K. BRODERSEN, W. GÜNTHER, H.H. SCHMITT, Historische Griechische Inschriften in Übersetzungen, Darmstadt 1992ff.; H. FREIS, Historische Inschriften zur römischen Kaiserzeit, Darmstadt 1984; L. SCHUMACHER, Röm. Inschriften, Stuttgart 1988; Publikationen der Neufunde: Supplementum Epigraphicum Graecum (SEG), Leiden 1923ff.; und in der Année Épigraphique (AE), Paris 1889ff.; dazu die Fachzeitschriften Hesperia, Cambridge/Mass. 1932ff.; Epigraphica, Mailand 1939ff.; Zeitschrift für Papyrologie und Epigraphik, (ZPE), Bonn 1967ff.; Forschungsberichte: Bulletin épigraphique in der Zeitschrift Revue des Études Grécques; M. CLAUSS, ANRW II 1, 1974, 796ff. (zur röm. Epigraphik).

Altorientalische Inschriften (Auswahl): G.A. BARTON, The Royal Inscriptions of Sumer and Akkad, New Haven 1929; R.G. KENT, Old Persian Grammar: Text and Lexicon, New Haven ^{2}1953. G.R. DRIVER, J.C. MILES, The Babylonian Laws, I–II, Oxford 1952 u. 1955; J.B. PRITCHARD (Hrsg.), Ancient Near Eastern Texts Relation to the Old Testament, Princeton ^{2}1955; R. HAASE, Die keilschriftlichen Rechtssammlungen in deutscher Übersetzung, Wiesbaden 1963; vgl. weiter die Hinweise in den einschlägigen Einführungen S. 29.

11. Die Papyri (Papyrologie)

Nahe verwandt mit den epigraphischen sind die papyrologischen Quellen, und zwar in mehrfacher Hinsicht. Wie die Inschriften stellen sie in überwältigender Mehrzahl zeitgenössische und unmittelbare Zeugnisse dar, also Primärquellen, benannt nach dem Beschriftungsmaterial, den aus Papyrusmark gewonnenen und übereinandergelegten Streifen. Ein äußerlicher Grund also, der Schriftträger, unterscheidet die Papyri von den übrigen Quellen, und dies auch nicht konsequent, da die in Ägypten gefundenen Tonscherben, Holz- und Wachstafeln (also epigraphische Zeugnisse) von der Papyrologie mit bearbeitet werden. In Ägypten, dem Land der Papyrusstaude, haben sich dank seiner klimatischen Verhältnisse die meisten Papyri erhalten. Sie begleiten und erhellen seine Geschichte von der 5. Dynastie (um 2465–2325 v. Chr.) bis in die Zeit der Araber; literarische Texte aus dem vom Vesuv überschütteten Herculaneum, Urkunden aus dem Militärarchiv der römischen Garnison Dura-Europos am Euphrat, die berühmten Papyrusrollen aus Qumran am Toten Meer, bilden eine willkommene Ergänzung. Die Quellengattung der Papyri ist also regional beschränkt und zugleich zeitlich weit gestreut, woraus sich nicht zuletzt ihre unterschiedliche Bedeutung für den Historiker ableitet. Die Papyri bis auf die Eroberung Ägyptens durch Alexander den Großen (322 v. Chr.) betreffen in erster Linie die Verhältnisse in Ägypten; sie sind in Hieroglyphen, hieratischer oder demotischer Schrift (Zeichensysteme, die sich aus den Hieroglyphen entwickelt haben) abgefaßt und werden von der Ägyptologie bearbeitet. Sie geben z.B. Aufschlüsse über die wirtschaftliche Lage, wie der berühmte *Papyrus Harris* aus der Zeit Ramses III (ca. 1195–1164 v. Chr.) und der *Papyrus Wilbour* um 1150 v. Chr.; über die politischen Beziehungen Ägyptens zu Asien unter dem Pharao Mer en Ptah (ca. 1224–1204 v. Chr.), wie der *Papyrus Anastasi III* über die ägyptische Götterverehrung, wie das Gebet an Amon Re aus der 18. Dynastie (ca. 1550–1530 v. Chr.) auf dem *Papyrus Boulaq 17* lehrt. Sie bilden neben dem archäologischen Überresten das Hauptfundament für unsere Kenntnisse des Alten Ägypten.

Von diesem älteren Bestand heben sich die griechisch geschriebenen Papyri der Zeit nach dem Anschluß Ägyptens an die Hellenistische Welt deutlich ab (gewöhnliche Einteilung: Ptolemäische Epoche 323–30 v. Chr.; römische Epoche 30 v.–297 n. Chr.; byzantinische Epoche 297–641 n. Chr.). Vornehmlich mit dieser Gruppe arbeiten die Althistoriker, wobei verhältnismäßig wenige lateinische Exemplare hinzukommen.

Ihre eminente historische Bedeutung haben diese Dokumente, ähnlich wie die Inschriften, in den Bereichen, welche die literarische Überlieferung nicht berührt. Sie sind in ihrer Hauptmasse Urkunden (vgl. S. 127), die man im allgemeinen nach den Kategorien privat/öffentlich einteilt. Diese Unterteilung ist anfechtbar. Ein privater Ehekontrakt oder eine Verkaufsquittung, die auf Papyri erhalten sind, knüpfen in der Art und Weise ihrer Abfassung an öffentlich-rechtliche Formen an, bezeugen in dieser Hinsicht also öffentliche Zustände.

Zahlenmäßig gering sind die Papyri, die als Quelle für den staatlichen Bereich dienen. Anordnungen ptolemäischer Herrscher auf dem Wirtschaftssektor, Amnestieerlasse, Dekrete zu bestimmten Kulten geben Einblick in die innere Verfassung des ptolemäischen Ägyptens. Vergleichbar sind nach der Einverleibung Ägyptens in das Imperium Romanum (30 v. Chr.) die kaiserlichen Konstitutionen, also Rechtsanordnungen verschiedenster Art, zum großen Teil Privilegien an Städte, Volksschichten, Gruppen (Vereine und Soldaten) und Individuen. Unter ihnen ist die sogenannte Constitutio Antoniniana aus dem Jahre 212 n. Chr. (erhalten auf dem Gießener Papyrus Nr. 40 I) historisch besonders bedeutsam. Sie bildet unsere Hauptquelle für die Verleihung des römischen Bürgerrechts an die Reichsbevölkerung durch den Kaiser Caracalla. Das Edikt Oktavians, in welchem er seinen Veteranen römisches Bürgerrecht verleiht und sie von dem weiteren Militärdienst und den öffentlichen Verpflichtungen befreit (Wilkken, Chrestomathie, Nr. 462), der Erlaß des Kaisers Severus Alexander, durch den er seine Untertanen vom *aurum coronarium* (eine Art Kronsteuer) entbindet (Pap. Fay. 20), sind zwar vergleichsweise von geringerem Wert, geben aber doch wichtige Hinweise auf die politischen und sozialen Praktiken der Herrscher, die über den Rahmen Ägyptens hinausreichen.

Weit mehr ergeben die Papyri für die antike Sozial- und Wirtschaftsgeschichte, natürlich vor allem in Ägypten. Aus ihnen werden die Sozial- und Wirtschaftsstruktur in ihren kleinsten Verästelungen deutlich.

Groß ist die Zahl der Dokumente, auf denen Besteuerungen, Steuerquittungen, Abrechnungen privater oder königlicher Einkünfte festgehalten sind. Das Archiv des Zenon, das aus der Mitte des 3. vorchristl. Jahrh. stammt und in Philadelphia (dem heutigen Derb Geze) gefunden wurde, enthält die Korrespondenz, die dieser als Verwaltung und Sekretär mit seinem Herrn, dem Dioiketen Apollonius (Finanzminister des Ptolemaios Philadelphos), geführt hat. Diese Quellen sind in gleicher Weise für private wie für staatliche Geldgeschäfte aufschlußreich. Steuerlasten, Bodenpacht, Einkünfte und Ausgaben des ptolemäischen Königshofes, die Löhne und Preise werden durch diese Korrespondenz greifbar.

Nicht minder bedeutsam sind die Papyri für die Erschließung der rechtlichen Zustände in Ägypten. Unsere Kenntnis des privaten wie des öffentlichen Rechtes fußt auf diesen Zeugnissen. Schließlich spiegeln sich in den Papyri die Religion und Kultur des Landes, die auch heute noch dem Land am Nil seine große Faszination sichert. Wir greifen als illustratives Beispiel den Isiskult heraus. Der lange Isishymnus auf einem Papyrus aus Oxyrhynchos (Pap. Ox. XI, 1380, 2. Jh. n. Chr.) verzeichnet die Orte, an denen die Göttin verehrt wird, gibt durch die Epitheta, die ihr beigelegt werden, Wirksamkeit und Bedeutung für die Gläubigen an. Er reiht sich ein in vergleichbare literarische und epigraphische Texte, die als sog. Isisaretalogien die Hochpreisung auf die Göttin und den tiefen Glauben der Menschen an ihre überwältigende Kraft festhalten. In gewisser Weise vergleichbar sind die sog. *Zauberpapyri*, die magische Praktiken beschreiben, durch die man etwas bewirken will (Schadens-, Liebeszauber). Sie sind als solche wichtige Zeugnisse für den Volksglauben und für Veränderungen religiöser wie philosophischer Anschauungen in der Spätantike.

Die vielfältigen Auswertungsmöglichkeiten können leicht über die Grenzen hinwegtäuschen, die den Papyri eigen sind. Zunächst einmal dokumentieren sie die Geschichte Ägyptens, und dies regional wie zeitlich unterschiedlich. Die spätere Ptolemäerzeit und die frühe und hohe Kaiserzeit sind am besten vertreten. Hier stellt sich immer neu das Problem: Darf man die Mitteilung auf dem Papyrus ausweiten? Kann man etwa von den sozialen Verhältnissen eines kleinen Dorfes auf den Gau, auf ganz Ägypten, vielleicht sogar darüber hinaus schließen? Was ergibt sich aus dem zeitlichen Ansatz? Wenn ein Ehekontrakt aus der frühen Ptolemäerzeit überliefert ist: Treffen Gehalt und Form auch noch in der frühen römischen Kaiserzeit zu? In der Regel läßt sich eine verläßliche Antwort nur dann geben, wenn viele Nachrichten, neben den papyrologischen auch literarische, epigraphische, numismatische und archäologische Quellen, zusammenkommen. Über den „Sonderfall Ägypten" hinaus, wie er bisher vielfach von der Forschung angenommen und ausgesprochen wurde, scheint sich aber doch auch die Überzeugung durchzusetzen, daß ägyptisches Leben, das Milieu der kleinen Leute, die Landwirtschaft, die religiösen Formen, wie sie die Papyri offenbaren, bemerkenswerte Parallelen in der übrigen Welt der Antike besitzen. Dies erhöht ihren allgemeinen Rang als Quelle beträchtlich.

Schließlich ergänzen und korrigieren die Papyri die literarische Überlieferung. So haben sich Reste von Homer, Hesiod, Alkaios, Herodot auf Papyri erhalten. Ausgesprochen selten sind Funde mit zusammenhängenden Textpassagen, wie etwa die Papyri, die Komödien des Menander (342–ca. 290 v. Chr.) in umfangreichen Teilen aufbewahrt haben oder Reden des griechischen Autors Hypereides (390–322 v. Chr.). Der „Staat der Athener", eine Schrift des Aristoteles, die 1889 auf einem Papyrus des Londoner Museums entdeckt wurde, stellt schließlich eine unentbehrliche Quelle für die Erkenntnis der inneren Struktur Athens und seiner Geschichte dar.

Literatur:

Einführungen: L. MITTEIS, U. WILCKEN Grundzüge und Chrestomathie der Papyruskunde, Leipzig–Berlin 1912 (fundamental und noch nicht ersetzt); W. SCHUBART, Einführung in die Papyruskunde, Berlin 1918; O. MONTEVECCHI, La Papirologia, Turin 1973; N. LEWIS, Papyrus in Classical Antiquity, Oxford 1974; E.G. TURNER, Greek Papyri. An Introduction, Oxford 1980; H.A. RUPPRECHT, Kleine Einführung in die Papyruskunde, Darmstadt 1994; A.S. HUNT, C.C. EDGAR, Select Papyri 1–3, London 1932–1934 (Einführung, Text und englische Übersetzung); J. HENGSTL, Griechische Papyri aus Ägypten als Zeugnisse des öffentlichen und privaten Lebens, München 1978 (Texte, Übersetzungen, Einleitung, Verzeichnis der Papyrus-Editionen); W. OTTO, L. WENGER (Hrsg.), Papyri und Altertumswissenschaft, München 1934.

Quelleneditionen: In den Einführungen sind die Papyrussammlungen und weitverstreuten Editionen verzeichnet, vgl. auch H. MAEHLER, LAW, 3389ff.; beispielhaft herausgegriffen seien: The Oxyrhynchus-Papyri, hrsg. von B.P. GRENFELL, A.S. HUNT, E. LOBEL u.a., London 1989ff.; Zenon Papyri hrsg. von C.C. EDGAR u.a., Kairo 1925ff.; Revenue Laws of Ptolemy Philadelphus, hrsg. von B.P. GRENFELL, Oxford 1896 (Neudruck Amsterdam 1952 durch J. Bingen); J. BINGEN, Le Papyrus Revenue Laws, Tradition

Grecque et adaption hellénistique, Opladen 1978; Ägyptische Urkunden aus den König-lichen (später): Staatlichen Museen zu Berlin, Griechische Urkunden, Berlin 1895ff. (BGU); F. PREISIGKE, F. BILABEL, E. KIESSLING, H.A. RUPPRECHT, Sammelbuch griechi-scher Urkunden aus Ägypten (SB), Straßburg u.a. 1915ff.; M.Th. LENGER, Corpus des Ordonnances des Ptolémées, Brüssel 1980²; V.A. TSCHERIKOVER, A. FUKS, Corpus Papyrorum Judaicarum, Harvard 1957; R. CAVENAILE, Corpus Papyrorum Latinarum, Wiesbaden 1958; P.R. SWARNEY, The Ptolemaic and Roman Idios Logos, Toronto 1970; R. SCHOLL, Corpus der ptolemäischen Sklaventexte, Stuttgart 1990.

Beispiele für historische Auswertung: U. WILCKEN, Griechische Ostraka aus Ägypten und Nubien; ein Beitrag zur antiken Wirtschaftsgeschichte (1899), ND Amster-dam 1970; F. OERTEL, Die Liturgie, Leipzig 1917; C.L. PRÉAUX, L'Économie royale des Lagides, Brüssel 1939; H. BRAUNERT, Die Binnenwanderung, Bonn 1964; D.J. CRAW-FORD, Kerkeosiris, An Egyptian Village in the Ptolemaic Period, Cambridge 1971; A. ER-MAN, H. RANKE, Ägypten und ägyptisches Leben im Altertum (1923), ND Hildesheim 1981; N. LEWIS, Life in Egypt under Roman Rule, Oxford 1983; H.J. WOLFF, Das Recht der griechischen Papyri Ägyptens (HAW X 5), München 1978; M.P. NILSSON, Die Religi-on in den griechischen Zauberpapyri, Lund 1949; J. MAIER, K. SCHUBERT, Die Qum-ran-Essener, Texte der Schriftrollen und Lebensbild der Gemeinde, München–Basel 1986; R.A. PACK, Greek and Latin Literacy, Texts from Greco-Roman Egypt, Oxford 1965²; P.J. RHODES, A Commentary on the Athenaion Politeia, Oxford 1993².

12. Materielle Überreste (Archäologie)

In dem Bemühen, die geschichtliche Entwicklung des Menschen in all ihrer Viel-falt zu beleuchten, seine Verhaltensweisen und Lebensformen zu analysieren, stellen die sprachlichen Aufzeichnungen für den Historiker nur ein Medium unter anderen dar. Er ist gezwungen, die gesamte durch den Menschen geformte Hinterlassenschaft für sein Vorhaben heranzuziehen und zu befragen. Hierzu zählen die großen Werke der antiken Kunst, die Tempel, Theater und Statuen ebenso wie die Überreste eines griechischen Hauses oder eines römischen Kanals. Diese Hinterlassenschaft an Licht zu heben, zu sichten und zu erklären, ist Aufgabe der Archäologie, die als „Wissenschaft vom materiellen Erbe der an-tiken Kulturen des Mittelmeerraumes" (Niemeyer) sich in mehrere Spezialdiszi-plinen aufgespalten hat, die zunehmend bei ihren Interpretationen auf naturwis-senschaftliche Methoden (u.a. bei der Datierung) zurückgreifen. Neben der klassischen Archäologie, die sich vornehmlich mit den Formanalysen hoher grie-chischer und römischer Kunstwerke beschäftigt, haben sich die Provinzialarchäo-logie und die christliche Archäologie, als spezifische Methoden die Unterwasser-archäologie und die Luftbildarchäologie herausgebildet. Das Land der Bibel und der Vordere Orient werden jeweils von Spezialdisziplinen erforscht. Alle diese Er-gebnisse sind für den Historiker wichtig, z.T. unverzichtbar. Die Wasserleitung, die aus der Eifel ins römische Köln führte, eine frühchristliche Basilika wie St. Sabina zu Rom, die Anlage eines kaiserzeitlichen Gutshofes bei Echternach (Luxemburg), die zunächst durch Fotographien aus der Luft greifbar wurde, sind historische Quellen von hohem Rang, die geschichtlich zu erschließen allerdings besonderer Anstrengung bedarf. Denn so leicht sich die globale These vorbringen läßt: Die Archäologie besitzt für die Geschichtswissenschaft eine eminente und immer größer werdende Bedeutung, so schwierig ist es, diese Erkenntnis konkret umzusetzen und die vorliegende archäologische Quelle in den historischen Prozeß einzubeziehen. Was sagen eine Statue aus Griechenland, ein eisernes Werkzeug aus Noricum, eine römische Stadtanlage in Germanien dem Historiker? Wir versuchen eine grobe und ergänzungsbedürftige Schematisierung, wenn wir die Funktion der Archäologie für die Alte Geschichte folgendermaßen umschreiben:

– Sie dokumentiert historische Ereignisse und kulturelle Zusammenhänge.
– Sie macht antike Lebensbedingungen greifbar, indem sie die sozialen, wirtschaftlichen, religiösen und kulturellen Seiten ans Licht hebt.
– Sie verdeutlicht, wie der Mensch Räume (Häuser, Städte, Landschaften) gestaltet und geordnet hat.

Archäologische Quellen machen Geschichte in einem besonderen Maße farbig und anschaulich. Sie zeigen nachdrücklich, daß die Historie nicht darin aufgeht, eine abstrakte Reflexionswissenschaft zu sein, sondern daß sie eine genuin sinnliche Dimension besitzt. Darin liegen Chancen und Gefahren beschlossen. Die bequeme Annäherung an eine fremde Kultur wie die der Antike führt allzu oft nicht zum Erkennen historischer Strukturen und bleibt dann in einem ästhetisierenden kulturellen Ungefähr stecken. Die großen Museumsausstellungen über die Griechen in Unteritalien, die Kelten und die Etrusker, über den Kaiser Augustus und viele andere mehr dokumentieren sehr deutlich das Bemühen, den archäologischen Befund in historische Erkenntnis umzusetzen. Derartige Präsentationen sind also für Geschichtsstudenten auch von hohem didaktischen Wert.

Archäologische Befunde, angefangen vom Tempel bis hinunter zur Tonscherbe und zum kleinsten Schmuckgegenstand, sind besonders dort wichtige historische Quellen, wo die schriftliche Überlieferung ausfällt. Mit anderen Worten: die Geschichte des Vorderen Orients ist auf diese Quellengattung hauptsächlich angewiesen. Ein bestimmtes Ornament, eine besondere Vasenform können Indizien für den kulturellen Austausch zwischen verschiedenen Gebieten sein, wie dies Schachermeyr an den ägäischen Laufspiralen und ihrer Verbreitung in Ägypten gezeigt hat; ägyptische Denkmäler in Syrien, vornehmlich Sphingen (das Zeichen der königlichen Herrschaft), während der Zeit des mittleren Reiches (ca. 2040–1650 v. Chr.) deuten an, daß hier möglicherweise eine politische Abhängigkeit vorgelegen hat. Der Einfluß Etruriens auf das frühe Rom, andererseits der Siegeszug der römischen Kultur und Zivilisation in Germanien, Gallien, Spanien und Britannien, werden von den archäologischen Zeugnissen her, der Architektur, der Plastik, den Gebrauchsgegenständen verstehbar. Vielfach bleibt allerdings die zeitliche Einordnung des Materials unsicher; daneben sind Aussagen über die kulturellen Beziehungen hinaus vielfach vage und schwer beweisbar.

Der Boden wird dort sicherer, wo die archäologischen Zeugnisse eine bestimmte historische Persönlichkeit oder ein historisches Ereignis illustrieren.

Nur weniges kann hier angedeutet werden. Die vier kolossalen Sitzfiguren Ramses' I. vor dem Felsentempel in Abu Simbel (19. Dyn., ca. 1250 v. Chr.), die durch den Bau des Assuan-Staudammes öffentliches Interesse erregten, dokumentieren die politische Macht des Königs an der Südgrenze seines Reiches. Verbreitet und beliebt war im griechischen Bereich die Darstellung der Tyrannemörder Harmodios und Aristogeiton, die eine Manifestation des abgeschüttelten Tyrannenjoches und ein Symbol für die wiedergewonnene Freiheit Athens zu Ende des 6. Jh. v. Chr. wurden. Einen überaus starken Bezug zur politischen Welt besitzen die römischen Denkmäler. Die berühmte Statue des Augustus von Prima Porta, die Siegessäule des Trajan, des Antoninus Pius und des Mark Aurel, die Triumphbögen des Titus, des Septimius Severus und des Konstantin in Rom sind aus konkreten historischen Situationen heraus erwachsen. Die Taten der Herrscher, die Siege über die Feinde bis hin zu den Wohltaten gegenüber der Bevölkerung, werden für die Um- und Nachwelt aufbewahrt. Diese Zweckbestimmung reiht derartige archäologische Quellen in den Bestand der beabsichtigten Überlieferung (vgl. S. 13) ein und macht eine kritische, die übrigen Quellen hinzuziehende Interpretation erforderlich.

Dabei erhellen diese Zeugnisse nicht nur die großen politischen Ereignisse. Sie zeigen den römischen Bürger und den römischen Soldaten in seiner täglichen Umwelt. Wie war der Grieche oder der Römer bekleidet? Lassen sich dabei Unterschiede zwischen den verschiedenen Klassen feststellen? Wie wohnte die römische Oberschicht, der einfache Bürger, der Sklave? Indem die archäologische Forschung sich diesen Problemkreisen zuwendet, hilft sie, über den Rahmen einer bloß beschreibenden Kulturgeschichte hinaus soziale Sachverhalte entscheidend zu klären. Dabei ist nicht nur die private Umgebung einschlägig; die öffentlichen Gebäude, die Theater, Thermen, Gerichtshallen, die Anlagen der antiken Stadt schlechthin bilden wichtige Quellen für die antike Gesellschaft. Auch die unscheinbaren Kleinfunde fügen sich in diesen Rahmen, die Schmuck- und Gebrauchsgegenstände, die bei Ausgrabungen – nennen wir als berühmte Beispiele Pompeji und Ostia – fast regelmäßig gefunden werden. Sie machen mit dem Haushalt des Bürgers, mit der Arbeitsstätte des Handwerkes vertraut, dessen Geräte Anhaltspunkte für die Arbeitsweise und den Stand der Technik liefern. Handwerksbetriebe am Magdalenensberg in Noricum (Kärnten) und Bergwerksanlagen in Laureion (Attika) sind konkrete Beispiele für den technischen Stand der Produktion und geben Hinweise auf die Arbeitswelt wie auf die Sozialstruktur.

Die antike religiöse Welt und ihre Erforschung sind in besonderem Maße auf die archäologischen Funde angewiesen. Man denkt dabei in erster Linie an die Tempel und Götterstatuen, welche die Eigenart, aber auch die Vermischung der verschiedenen antiken Religionen sinnfällig vor Augen führen. Neben diese repräsentativen Erscheinungen treten andere Belege, Mosaikdarstellungen, Malereien in Privathäusern, die Rückschlüsse auf das religiöse Empfinden der Zeit zulassen. Auch die religiösen Versammlungsstätten selbst sind von historischem Interesse. Die vielen Mithrasheiligtümer, die man in Rom, in der Hafenstadt Ostia, in Garnisonen und Städten der römischen Provinzen gefunden hat, lassen die Verbreitung dieses antiken Kultes erahnen. Die Aufteilung und Anordnung der zumeist unterirdisch angelegten Räume helfen bei dem Bemühen, die religiösen Praktiken zu klären, wobei das Kultbild selbst, eventuell andere archäologische Funde, weitere Aufschlüsse bieten.

Der Versuch, antike Raumordnungen zu beschreiben und zu analysieren, geht notwendigerweise von archäologischen Zeugnissen aus. Das beginnt bei der einfachen Hütte, beim Haus, führt über das einzelne Viertel zur Anlage der ganzen Stadt. Wie war sie im einzelnen aufgeteilt? Kann man etwa das Verhältnis der Wohnfläche zu den öffentlichen Gebäuden und Straßen bestimmen? Sind Reste von Ummauerungen vorhanden? Wie war die Wasserversorgung, das Problem der Abwässer geregelt? Die Klärung dieser Fragen fällt in die historische Topographie, die zunehmend wichtiger wird.

Die Untersuchung der antiken Städte in ihrer inneren Struktur und ihrer Verzahnung mit dem Umland bildet dabei nur einen Problemkreis der Raumanalyse. Die Großraumbesiedlung, beispielhaft genannt seien die griechische Kolonisation des 8. bis 6. Jahrh. v. Chr. und die Anlage der römischen Kolonien vom 4. Jahrh. v. Chr. bis hin in die hohe Kaiserzeit, wird erst durch das archäologische Material in ihren Dimensionen greifbar;; auch Bau und Verlauf der antiken Straßen gehören in dieses Gebiet. Nimmt man noch das Landgut (*villa*) und die speziell militärischen Anlagen hinzu, die römischen Grenzbefestigungen (*limites*) und Legionslager, so hat man in etwa die Raumobjekte, über welche die Archäologie Entscheidendes zu sagen hat. Der Historiker ist auf diese Ergebnisse in besonderem Maße angewiesen. Untersuchungen zur Bevölkerung in der Antike können nicht absehen von den konkreten Verhältnissen, unter denen sie lebte. Grenzbefestigungen, Koloniegründungen und Straßenbau sind neben anderen Gesichtspunkten wichtige Mittel der Machtpolitik. Sie dienen dem Erwerb und der Sicherung politischen und wirtschaftlichen Einflusses. Auf welche Weise sich die Römer Italien und später die Provinzen untertan gemacht haben, wird nicht zuletzt aus diesen Zeugnissen deutlich. Romanisierung und Vermischung der überlagernden und einheimischen Kultur mit ihren vielfältigen Aspekten bleiben große und faszinierende Aufgaben einer auf alle Quellen sich stützenden Provinzialgeschichte. Wer in die Vergangenheit von Köln, Mainz, Trier oder Regensburg hinabsteigt, findet reiches Anschauungsmaterial für diesen Sachverhalt in unserer unmittelbaren Umgebung.

Der Historiker, der das Material und die Ergebnisse einer Nachbarwissenschaft in Anspruch nimmt, ist sich bewußt, daß diese nicht zum „Nulltraif" zu haben sind. Auch der Archäologe muß seine Quellen sammeln, kritisch sichten und in einem größeren Verständnishorizont einsichtig machen. Dies ist oft schwieriger, als der Außenstehende sich vorzustellen vermag; es bleiben in der Regel viele Unklarheiten und Unsicherheiten: Wann, wo und wie ist der Überrest entstanden, wozu diente er, ist der Befund typisch oder eher außergewöhnlich, wie läßt er sich in Zeit und Raum einpassen? Von derartigen Fragen sind dieDeutungen eines griechischen Keramikexportes im 6. und 5. vorchristlichen Jahrhundert nach Italien ebenso abhängig wie die Aussagen der Igeler Säule bei Trier

Abb. 1: Marktplatz von Pompeji mit angrenzenden Gebäuden

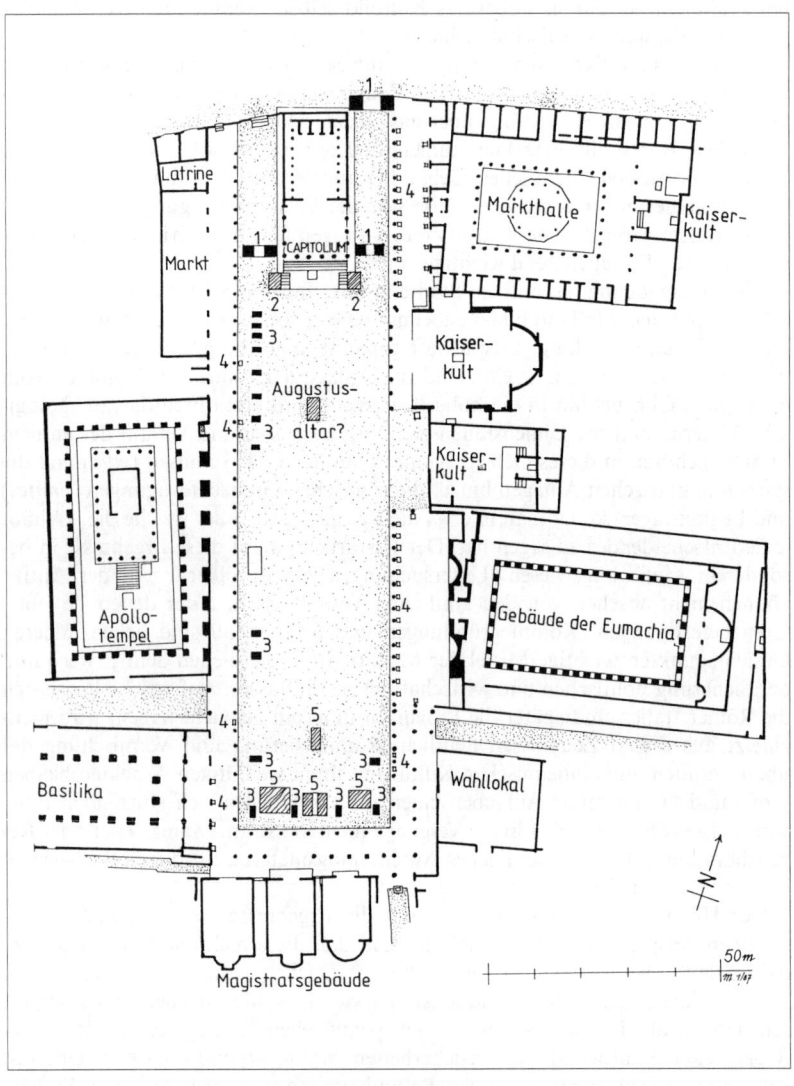

(aus: P. Zanker, Pompeji, Stadtbilder als Spiegel von Gesellschaft
und Herrschaftsform, Mainz 1987)

oder des Konstantinbogens in Rom. Und: zu einer historischen Interpretation der materiellen Hinterlassenschaft gehört, so seltsam dies klingen mag, auch eine Vorstellung von all dem, was wir nicht mehr sehen: Die einfachen Verkehrswege abseits der großen Straßen, die ländlichen Subsistenzwirtschaften auf mäßig fruchtbarem Boden, die vielen Gerätschaften aus Holz oder anderen leicht verderblichen Stoffen, die sich nicht erhalten haben. Die eindrucksvollen steinernen Überreste erinnern auch daran, daß die archäologischen Quellen einseitig und unvollständig fließen und antikes Leben nur im Ausschnitt bieten. Um diese Lebensbedingungen umfänglich zu rekonstruieren, bedarf es aller übrigen Quellen und einer kontrollierten historischen Fantasie, ohne die so manches wertvolle antike Monument, so viele Scherben und Steine stumm bleiben.

Literatur:

Allgemeines: U. HAUSMANN, Hrsg., Allgemeine Grundlagen der Archäologie, München 1969; H. G. NIEMEYER, Einführung in die Archäologie, Darmstadt 1983²; R. BIANCHI-BANDINELLI, Klassische Archäologie, eine kritische Einführung, München 1978; T. BECHERT, Einführung in die Archäologie der römischen Provinzen, Darmstadt 1994; F. VOLKMAR, Einführung in die biblische Archäologie, Darmstadt 1985; C. ANDRESEN, Einführung in die christliche Archäologie, Göttingen 1971; Zum Vorderen Orient und zu Ägypten vgl. 29.

Methodisches: B. HROUDA, Hrsg., Methoden der Archäologie, München 1979; A. PELLETIER, Hrsg. L'Archéologie et ses méthodes, Paris 1985; A.M. SNODGRASS, An Archaeology of Greece, Oxford 1992.

Anschauungsmaterial: Weltatlas der alten Kulturen, A. LEVI: Griechenland, München 1980; T. CORNELL, J. METTHEWS: Rom, München 1985²; F. VAN DER MEER, CHR. MOHRMANN, Bildatlas der frühchristlichen Welt, Gütersloh 1959; Th. KRAUS, L. VON DER MATT, Lebendiges Pompeji, Köln 1977; dazu als Beispiele die Ausstellungskataloge: Kaiser Augustus und die verlorene Republik, Berlin 1988; S. MOSCATI u.a., I Celti, Mailand 1991; Die Etrusker und Europa, Berlin 1993. Material und Lit. zur Provinzialgeschichte in Deutschland in der Reihe: Die Römer in Bayern, Baden-Württemberg, Rheinland-Pfalz, Hessen, Nordrhein-Westfalen (verschiedener Autoren), Stuttgart 1984ff.; Beispiele zur Topographie: J.TRAULOS, Bildlexikon zur Topographie des antiken Athen, Tübingen 1971; E. NASH, Pictorial Dictionary of Ancient Rome, London 1968²; R. MEIGGS, Roman Ostia, Oxford 1973²; F. KOLB, Die Stadt im Altertum, München 1984; R. OSBORNE, Classical Landscape with Figures, The Ancient Greek City and its Countryside, London 1987; dazu die einschlägigen Nachweise bei OLSHAUSEN, Historische Geographie (vgl. 74) 115ff. und KLOFT, Wirtschaft (vgl. 101), 95ff.

Lebensbedingungen (Auswahl): G. ZIMMER, Römische Berufsdarstellungen, Berlin 1982; A. RIECHE, H.J. SCHALLES, Arbeit, Handwerk und Berufe in der römischen Stadt, Köln 1987; Beispiele für die Einbindung der archäologischen Ergebnisse in einen größeren historischen Zusammenhang: L. ROBERT, A travers l'Asie mineure, Rom 1980; P. ZANKER, Augustus und die Macht der Bilder, München 1991², dazu A. WALLACE-HADRILL, JRS 79, 1989, 157ff.; nach wie vor in der Methode vorbildlich die klassischen Interpretationen von M. ROSTOVTZEFF (vgl. 101); H. VON STEUBEN, Hrsg., Becks Archäologische Bibliohek, München 1975ff.; umfängliche Nachweise im Archäologischen Anzeiger (AA), Berlin 1962ff.; K. GREENE, The Archaeology of the Roman Economy, London 1986.

13. Münzen (Numismatik)

Die Münzen der Alten Welt fallen in das Ressort der antiken Numismatik. Als „Wissenschaft vom Geldwesen des Altertums" (Göbl) greift diese über die Münzen, die aufgrund ihrer Umschrift, der sog. Legende, mit den Inschriften, aufgrund des Münzbildes mit den archäologischen Quellen verwandt ist, hinaus und analysiert auch die sog. prämonetären Geldformen (Natural-, Schmuck-, Barrengeld). Sie sammelt und analysiert also diese spezifischen Quellen und versucht, ihre Ergebnisse in eine Geld- und Wirtschaftsgeschichte einzubringen. Schon deshalb ist sie als Grundwissenschaft für das Verständnis der Antike generell von entscheidender Bedeutung.

Die Münze hat man definiert als „ein handliches Metallstück, das als Zahlungs- oder Umlaufmittel dient, und für dessen Gewicht und Feingehalt der Staat durch Bild oder Aufschrift bürgt" (Regling, RE XVI 457). Reale staatliche Garantie ist dabei nicht immer und überall nachzuweisen. Bei der Beschreibung unterscheidet man Vorderseite (Avers) und Rückseite (Re- bzw. Obvers), die je nach Zeit und Ort verschieden gestaltet wurden. Münzen aus Elektron, einem Gold-Silbergemisch, geprägt in den Städten der ionischen Westküste Kleinasiens unter lydischer Oberherrschaft, stehen am Beginn, der möglicherweise kurz vor 700 v. Chr. zu datieren ist. Gerade dieser Anfang, die Umwandlung des Geldes zu handlichen, festen und garantierten Formen, leitete für das archaische Griechenland eine Entwicklung von fundamentaler Tragweite ein. Der Geldreichtum konnte nun als selbständige Größe neben den Landbesitz treten, die Möglichkeit zum intensiven Handel auch über enge lokale Grenzen hinaus wurde durch die Geldwirtschaft erheblich erweitert, verbunden damit die Erschließung von neuen Wirtschaftsräumen. Die einschneidenden Veränderungen, die sich dadurch für die Wirtschaft und Gesellschaft der Zeit ergaben, liegen deutlich zutage. Korinthische Münzen in Kleinasien und Unteritalien aus dem 6.–4. vorchristlichen Jahrh., Münzfunde mit attischen Tetradrachmen in Vorderasien, Ägypten und in der Magna Graecia sind wichtige Belege für den Handel und den wirtschaftlichen Einfluß dieser Städte des griechischen Mutterlandes. Neben die wirtschaftliche tritt die politische Bedeutung. Die Münzprägung ist ein Indiz für staatliche Souveränität, der wirtschaftliche Ausdruck einer regionalen politischen Gemeinschaft, der Polis. Die Münzhoheit, das alleinige Recht, Münzen zu schlagen, gilt dabei einmal als ein Zeichen staatlicher Konsolidierung gegenüber mächtigen privaten Adeligen, dann nach außen als Herrschaftsmittel gegenüber anderen Gemeinwesen. In der Tatsache, daß um die Mitte des 5. Jahrh. v. Chr. im 1. Delisch-Attischen Seebund das attische Währungssystem verbindlich gemacht wurde (GHI I 45), daß der römische Denar nach dem 2. Punischen Krieg die übrigen italischen Währungen allmählich verdrängte, sieht der Historiker die tatsächlichen Machtverhältnisse ungeschminkter, als dies antike Autoren je berichten können.

Die politische Geschichte profitiert in vielerlei Hinsicht von den Münzen. Sie sind oft die einzigen Zeugen politischer Existenz und historischer Ereignisse. Ein Bündnis (Symmachie) zwischen den griechischen Städten und Inseln Knidos,

Rhodos, Iasos, Samos, Ephesos, Kyzikos und Byzantion aus dem frühen 4. Jh. v. Chr. legt eine gemeinsam geschlagene Münze mit der Legende SYN (*machon*), *der Bundesgenossen*, nahe (vgl. LARSEN, Federal States 101, vgl. S. 93). Die genaueren historischen Umstände lassen sich dieser Quelle natürlich nicht entnehmen. Eine Geschichte des baktrischen Reiches (entspricht geographisch dem heutigen Afghanistan) oder eine Darstellung der parthischen Großmacht ist ohne die Hilfe der Münzen undenkbar. Ähnlich dürftig wären unsere Kenntnisse der römischen Kaiserzeit während des 3. Jh. n. Chr. Erst die Münzen haben eine solide Grundlage für die Abfolge der einzelnen Herrscher und der Usurpatoren sowie der Chronologie dieses krisenhaften Jahrhunderts gelegt. Derartige Beispiele für die Relevanz der Münzen lassen sich für die römische Geschichte in großem Maße beibringen. Kupfer- und Silbergeld in ihren unterschiedlichen Gewichten und Formen machen mit dem jeweiligen Münzsystem vertraut, wobei die Chancen, über das Edelmetall verfügen zu können (Kupfer aus Etrurien, Silber aus Spanien) den römischen Imperialismus sicherlich mit auf den Weg gebracht hat. Die Münzmeister (*tresviri monetales*) haben sich in der Zeit der hohen Republik auf den Münzen verewigt, so daß sich Personen und Familienangaben für die Prosopographie nutzen lassen. Auch eine so viel diskutierte Frage wie die nach der Stellung und den letzten Plänen Caesars kann durch eine genaue Interpretation der Münzprägung im Jahre 44 n. Chr. neuen Auftrieb erhalten, wie die Arbeiten von K. Kraft und A. Alföldi gezeigt haben.

Von den Legenden auf den römischen Münzen der Kaiserzeit hat P.L. Strack einmal pointiert gesagt, sie stellten ein verkürztes Regierungsprogramm dar. Unabhängig von der großen Bedeutung für die Chronologie, für die Rekonstruktion historischer Fakten, für die Kenntnis der kaiserlichen Namen, Ämter und Titulaturen wies er damit eindringlich auf die Fülle der römischen *virtutes* hin. Diese Wertvorstellungen auf Münzen sind nicht nur einzigartige Zeugnisse für die Herrschaftsauffassung im Prinzipat. Sie bieten darüber hinaus konkrete Angaben über politische Ereignisse und soziale Sachverhalte: So sprechen etwa die Legenden ROMA RENASC(ens) und LIBERTAS PUBLICA (BMC I S. 340, 184 und S. 339, 176) unter Galba von der Erneuerung Roms und der wiedererworbenen Freiheit nach dem Tode des „Tyrannen" Nero. Die Münzprägung LIBERALITAS AUG(usti) VII unter Hadrian (BMC III S. 325, 666) rühmt nicht nur die kaiserliche Freigebigkeit ganz allgemein, sondern zeigt der ganzen Reichsbevölkerung an, daß der Kaiser zum siebten Mal römischen Bürgern ein Geldgeschenk (*congiarium*) hat zukommen lassen, so wie es seit Caesar und Augustus bei festlichen Anlässen Sitte geworden war. In all diesen Fällen muß der Historiker versuchen, Anspruch und Wirklichkeit säuberlich voneinander zu trennen, die Tatsachen aus der propagandistischen Einkleidung, in der sich hier das Primärmaterial darbietet, herauszuschälen, meist durch Konfrontation mit anderen Quellen.

Die Liberalitasmünze ist ein schlagender Beweis, wie eng politische und wirtschaftliche Aspekte auch bei dieser Quellengattung zusammengehören. 15 bis 20 Mio. Denare – dies ist ungefähr der Gesamtbetrag, den man für die kaiserliche

Zuwendung an die römische Bürgerschaft veranschlagen muß – setzen beträchtliche Einnahmen voraus. So lassen sich aus der Häufigkeit der Liberalitasprägungen vorsichtige Schlüsse auf die Ausgabenpolitik der Herrscher und indirekt auch auf die wirtschaftliche Situation ziehen, die von den Münzfunden und der Münzverbreitung zusätzliche Aufschlüsse erwarten kann. Hinzu kommt die materielle Beschaffenheit der Münze als solche. In der Antike stellt die geprägte Münze in der Regel den unmittelbaren, durch den Staat garantierten Nennwert dar. Geld hat somit auch den Charakter von Ware auf der Grundlage der Edelmetalle. So ist es möglich, anhand des Gewichtes und dem Anteil des Feingehaltes der Gold- und Silbermünzen das Geldsystem auf seine Intaktheit hin zu prüfen. Aus dem Verlust des Silbergehaltes beim römischen Denar und Antoninian (eine unter Caracalla eingeführte Silbermünze) läßt sich der Verfall der römischen Währung im 3. Jahrh. n. Chr. zuverlässig ablesen.

Die Religionsgeschichte verdankt den Münzen viel. Götterdarstellungen sind häufig, erinnert sei an die attische Athena, die syrakusanische Arethusa, ferner an Janus, Jupiter, Minerva, Herkules, Merkur und Bellona, deren Köpfe auf dem Schwergeld der frühen römischen Republik (dem sogenannten aes grave) erscheinen. Auch an dieser Stelle ist zu bedenken, daß die Münzen vom Staat sanktionierte Aussagen treffen, für den die Beziehung zu einzelnen Göttern eine Art religiös-politisches Programm darstellt. So schlägt sich auf den Münzen die Vorliebe römischer Kaiser für bestimmte Götter nieder, unter deren Schutz und in deren Gunst sie sich glauben. Ein Denar aus dem Jahre 17 v. Chr. mit der Legende APOLLINI ACTIO (BMC I S. 18, Nr. 77) verkündet allen Bewohnern des Imperium Romanum, daß Augustus den Sieg bei Actium mit Hilfe Apollos errungen hat. Die Legende FORTUNA AUG(usti) auf einem Denar des Galba (BMC I S. 352, Nr. 241) unterstreicht die auch sonst bezeugte Vorliebe des Kaisers für diese unpersönliche und weitverbreitete Gottheit in der römischen Kaiserzeit.

Schließlich führt das Christogramm (☧) auf den Münzen mitten hinein in die Problematik, die mit dem Stichwort „Konstantinische Wende" gegeben ist. Wann erscheint es zum ersten Mal? Sind Münzaussagen als ein offizielles Bekenntnis zum Christentum zu werten? Wie verträgt sich dieser Befund mit demjenigen der übrigen Quellen? Es liegt auf der Hand, daß die Antworten, die aufgrund dieses Materials gegeben werden, anders gewertet werden müssen als etwa die Äußerungen des Bischofs Eusebius, der die Handlungen des ersten „christlichen" Kaisers nach seiner eigenen geistigen Richtschnur beurteilt.

Die Münzabbildungen, besonders die römischen, können viele Bereiche des antiken Lebens aufschließen. Portraits machen mit den Herrschern vertraut. Es finden sich Götterbildnisse, Darstellungen von Tempeln, profane Gebäude und Utensilien des täglichen Lebens. Münzen dienen somit auch dem Versuch, Umgebung und Lebensbedingungen des Menschen umfassend zu rekonstruieren. Dies ist der kulturhistorische Aspekt, den diese Quellen bieten. Er ergänzt ihren Beitrag zur Geld- und Wirtschaftsgeschichte, die in den Münzen und der auf sie bezogenen Wissenschaft, der Numismatik, ihren wichtigsten Rückhalt besitzen.

Die Münzsysteme der Griechen und Römer waren uneinheitlich, die Konvertierbarkeit begrenzt und in der Regel auf Abwiegen und Feststellung des vorliegenden Edelmetalls beschränkt. Münztausch und Münzaufbewahrung stehen am Beginn eines antiken Bankwesens, das zunächst an und in den großen Tempeln beheimatet war. In den Münzsystemen mischen sich schon früh die Duodezimal- und Dezimalordnung, so daß z.B. für die attischen Verhältnisse der klassischen Zeit gelten:

	Talent	Mine	Drachme	Obol	
Talent	1				(26,196 kg, Recheneinheit)
Mine	60	1			(436,60 gr. Recheneinheit)
Drachme	6000	100	1		(4,37 gr., Silber)
Obol	36000	600	6	1	(0,73 gr., Silber)

Die Praxis erforderte die Multiplikation (2–4–8–10 Drachmenstück, 2–3–4 Obolenstück) ebenso wie die Stückelung (3/4, 1/2, 3/8, 1/4, 1/8 Obol) der Hauptnominale. Diese Vielfalt im mittleren und unteren Bereich ist für den griechischen Geldmarkt in gleichem Maße bezeichnend wie der fehlende Handel mit großen Geldstücken.

Abb. 2: Griechisches Zehndrachmenstück (Dekadrachmon) aus Syrakus
ca. 412–407 v. Chr.

Vorderseite (AV): Wagenrennen mit Viergespann
Rückseite (RV): Haupt der Göttin Artemis-Arethusa

(aus: Franke-Hirmer, Griechische Münze, Tafel 40f.)

Das Dekadrachmon wurde relativ selten geprägt, die Goldmünzen (z.B. der persische Dareikos, 8,4 gr.) waren bis auf die hellenistische Zeit eher eine Randerscheinung. Auch Rom kannte das Pfund (327,54 gr.), Gold oder Silber, als Rechengröße, unterteilte das ursprünglich wohl mit dem Pfund (?oskischer Provenienz) identische As nach dem Duodezimalsystem (1/2, 1/3, 1/6, 1/12) und kam letztlich erst durch Caesar und Augustus zu einem einheitlichen und effektiven Münzsystem, das die Grundlage für die frühe römische Kaiserzeit bildete:

	Aureus	Denar	Sesterz	Dupondius	As
Aureus (Gold)	1				
Denar (Silber)	25	1			
Sesterz (Messing)	100	4	1		
Dupondius (Messing)	200	8	2	1	
As (Kupfer)	400	16	4	2	1

Den Veränderung der Nominale in Gewicht und Feingehalt und damit den Geldentsprechungen nachzuspüren, ist eine wichtige Aufgabe der antiken Numismatik. Sie kann dem Anfänger handgreiflich vor Augen führen, daß Geldwesen, Münzen und deren Veränderungen wichtige Faktoren der allgemeinen Geschichte darstellen mit bedeutsamen Auswirkungen für den Einzelnen wie für das staatliche Gemeinwesen.

Literatur:

Einführungen: E. BABELON, Traité des monnaies grecques et romaines, Paris 1901–1932; K. REGLING, Münzkunde, in: A. GERCKE-E.NORDEN, Einleitung in die Altertumswissenschaft, II 2, Leipzig ²1932; K. CHRIST, Antike Numismatik, Einführung und Bibliographie, Darmstadt ³1991; R.M. ALFÖLDI, Antike Numismatik I, II, Mainz 1978 und 1982; DIES. (Hrsg.), Methoden der antiken Numismatik, Darmstadt 1989; R. GÖBL, Antike Numismatik I–II, München 1978; DERS., Numismatik, Grundriß und wissenschaftliches System, München 1987; CH. HOWGEGO, Ancient History from Coins, Oxford 1995.

Hilfsmittel und Anschauungsmaterialien: Fr. v. SCHRÖTTER (Hrsg.), Wörterbuch der Münzkunde, Berlin–Leipzig 1930; J. MELVILLE JONES, A Dictionary of Ancient Greek Coins, London 1986; Ph. GRIERSON, Bibliographie numismatique, Brüssel ²1979; E.E. CLAIN-STEFANELLI, Numismatic Bibliography, München 1984; P.R. FRANKE, M. HIRMER, Die griechische Münze, München 1972²; G.K. JENKINS–H. KÜTHMANN, Münzen der Griechen, München 1973; C.H.V. SUTHERLAND, Münzen der Römer, München 1974.

Münzpublikationen (Auswahl): Catalogue of the Greek Coins in the British Museum, London 1873ff.; B.V. HEAD, Historia Numorum. Manuel of Greek Numismatics, Oxford ²1911; Sylloge Nummorum Graecorum, London u.a. 1932ff. (SNG); G. LE RIDER, Le monnayage d'Argent et d'Or de Philippe II, Paris 1977; P.R. FRANKE, Die antiken München von Epirus, Wiesbaden 1961; E.T. NEWELL, The Coinage of the Eastern Seleucid Mints (1938), ND New York 1978.

Auswertung: F.M. HEICHELHEIM, Die Ausbreitung der Münzgeldwirtschaft und der Wirtschaftsstil im archaischen Griechenland, Schmollers Jahrbuch 55, 1931, 229ff.;

E. SCHÖNERT-GEISS, Einige Bemerkungen zu den prämonetären Geldformen und zu den Anfängen der Münzprägung, Klio 69, 1987, 406ff.; C.M. KRAAY, Archaic and Classical Greek Coins, London 1976; Th. MARTIN, Sovereignty and coinage in Classical Greece, Princeton 1985; O. MØRKHOLM, Early Hellenistic Coinage, Cambridge 1991.
Römische Münzprägung: Th. MOMMSEN, Geschichte des römischen Münzwesens, Berlin 1860; H. MATTINGLY, Roman Coins, London ²1960; M.H. CRAWFORD, Coinage and Money under the Roman Republic, Italy and the Mediterranean Economy, London 1985.
Publikationen und Auswertung: E.A. SYDENHAM, The Coinage of the Roman Republic, London 1952; R. THOMSEN, Early Roman Coinage I–III, Kopenhagen 1957ff.; M.H. CRAWFORD, Roman Republican Coinage, Cambridge 1974 (RRC); E. PERUZZI, Money in Early Rome, Florenz 1985; H. ZEHNACKER, Moneta, I–II, Paris–Rom 1973; H. MATTINGLY–E.A. SYDENHAM u.a., The Roman Imperial Coinage (RIC), London 1923ff.; H. MATTINGLY–R.A.G. CARSON, Coins of the Roman Empire in the British Museum (BMC bzw. BMC Emp.), London 1923ff.; R.A.G. CARSON, Coins of the Roman Empire, London 1989; R. DUNCAN-JONES, Money and Government in the Roman Empire, Cambridge 1994; C.H.V. SUTHERLAND, The Emperor and the Coinage: Julio-Claudian Studies, London 1976; P.L. STRACK, Untersuchungen zur römischen Reichsprägung des zweiten Jahrhunderts, I–III, Stuttgart 1931–1937; J.-P. CALLU, La politique monétaire des empereurs romains des 238 à 311, Paris 1969; vgl. weiter KLOFT, Wirtschaft, (vgl. 101) 91ff.

14. Chronologie

Die genaue zeitliche Verortung eines Ereignisses oder einer Entwicklung ist eine Eigenart der Historie, die sie von anderen Wissenschaften unterscheidet. Geschichte versucht verständlich zu machen, warum sich Geschehen an eben dem Ort und in eben jener Zeit in eben dieser Weise abgespielt hat. So wird verständlich, warum die Chronologie, die Lehre von der Zeit, zum Rüstzeug des Historikers gehört. Die Zeitangabe ist Bestandteil des historischen Urteils. Man schätzt den attischen Ostrakismus, eine besondere Form des Exils, samt seinen Intentionen anders ein, wenn man ihn einmal, wie es die Forschung getan hat, als Bestandteil der Kleisthenischen Reformen (nach 507 v. Chr.), zum anderen als Ergebnis der innerpolitischen Auseinandersetzungen in den Jahren 488–87 v. Chr. ansieht. Die Entscheidung der Römer für eine offensive Ostpolitik im Jahre 200 v. Chr. wird erst dann verständlich, wenn die zeitliche Dimension (ein knappes Jahr nach dem Ende des 2. Punischen Krieges) mit berücksichtigt wird. Allgemein gesagt: erst die Chronologie ermöglicht es, Ursache und Wirkung zu bestimmen, Entwicklungen und Prozesse, Fortschritt und Verfall aufzuzeigen.

Es ist an dieser Stelle nicht davon zu reden, wie einschneidend die Entdeckung der Dimension „Zeit" für den Menschen war; auch nicht davon, in welcher Weise die Völker des Orients und des Mittelmeerraumes zu verläßlichen Meßeinheiten der Zeit gefunden haben, die ihrerseits wieder einen bestimmten Erkenntnisstand signalisieren (Jahreszählung nach markanten politischen oder kultischen Ereignissen im frühen Ägypten, Königslisten bei den Sumerern und im Ägypten des

Mittleren und Neuen Reiches, Konsullisten in der röm. Republik, usw.). Die chronologischen Daten der Altorientalischen Geschichte sind für den normalen akademischen Gebrauch im allgemeinen über Tabellen und Listen in Handbüchern bequem zu erschließen, wobei es vielfach Varianten und Abweichungen gibt, die zeigen, wie schwankend der Boden der Altorientalischen und Ägyptischen Chronologie ist. Wenn die Regierungszeit des großen Hammurabi von Babylon im Falle der sog. mittleren Chronologie von 1792–1750, ein andermal, nach der sog. kurzen Chronologie, von 1728–1686 geführt wird, dann ist dies für die allgemeine Unsicherheit ein sprechendes Beispiel.

Derartige chronologische Unsicherheiten sind keine Kuriosa, sie beruhen auf der mangelhaften Überlieferung. Sie kennzeichnet nicht minder die griechische und römische Chronologie. Griechenland kannte die Zählung nach Jahresbeamten, Archonten (z.B. Gründung des Delisch-Attischen Seebundes nach Aristot.Pol.23,5 im Archontat des Timosthenes, umgerechnet 478/77 v. Chr.). Daneben wurde nach Amtsperioden des Rates (sog. Prytanien, 35 bzw. 36 Tage) datiert und insbesondere nach den Spielen in Olympia (Olypiaden, ein Zeitraum von vier Jahren, ab 776 v. Chr.), die vom 5. Jh. an durch Kombination mit anderen Daten ein halbwegs verläßliches Fundament der griechischen Chronologie bieten. Vom 4. Jh. an gewinnt dann die Jahreszählung nach Königen oder von einem allgemein anerkannten Termin an (die sog. Ära) an Bedeutung, die sich im Osten besonders in der Form der Seleukidischen Ära bis in die römische Zeit und darüber hinaus gehalten hat.

Wichtige Ären und Epochen		unserer Zeitrechnung
Christliche Ära	1. Jan.	1. n. Chr.
Griechische Olympiadenrechnung	8. Juli	776 v. Chr.
Ära von der Gründung der Stadt Rom	21. April	753 v. Chr.
Byzantinische Weltära oder		
Ära von Konstantinopel	1. Sept.	5509 v. Chr.
Ära der Seleukiden	1. Okt.	312 v. Chr
Islamische Ära, Hedschra	15. Juli	622 v. Chr.
Jüdische Weltära	7. Okt.	3761 v. Chr.

(nach Trapp, Handbuch 50, vgl. unten S. 71)

In Rom bürgerte sich schon früh die Jahreszählung nach den amtierenden Konsuln ein, wobei die Liste, die 509 v. Chr. nach der Vertreibung der etruskischen Könige mit L. Junius Brutus und P. Valerius Poplicola beginnt, in ihren Anfängen bis ins 4 Jh. hinein vielfach legendär und umstritten ist. Aber die Gründung der Republik und die Koppelung an das doppelstellige Konsulamt wurde mit der Zeit zu einem beherrschenden Fixpunkt der römischen Geschichte analog zur Gründung der Stadt, die der Antiquar Varro (116–27 v. Chr.) umgerechnet auf das Jahr 753 v. Chr. setzte. Mit der Umwandlung der Republik in eine Alleinherrschaft wurde die Datierung nach römischen Kaisern und ihren Ämtern, insbesondere der tribunicia potestas, üblich, ohne daß damit die traditionellen Zeitangaben aufgehoben wurden, die je nach Region und Epoche in unterschiedlicher Kombination vorkamen.

Abb. 3: Fasti (Kalender) aus Ostia
Ereignisse des Jahres 112 n.Chr. unter dem Kaiser Traian

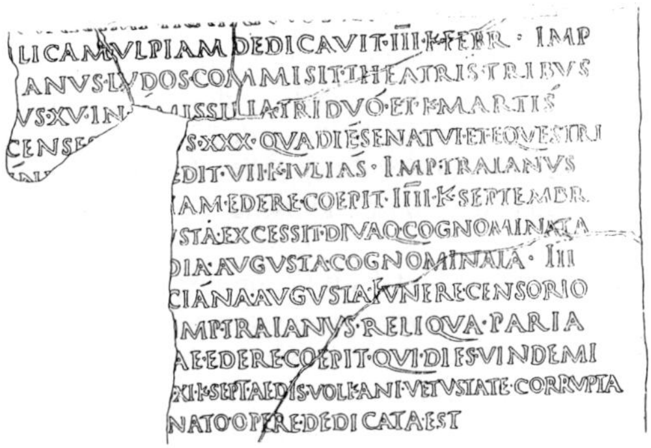

[bas]ilicam Ulpiam dedicavit. III k. Febr. imp.
35 [Tra]ianus ludos commisit theatris tribus
[dieb]us XV, in is missilia triduó, et k. Martis
[cir]censes, [miss]us XXX, qua dié senatui et equestri
[ord]íni [epulum d]edit. VII k. Iuliás imp. Traianus
[– – –]iam edere coepit. IIII k. Septembr.
40 [Marciana Aug]usta excessit divaq(ue) cognominata.
[Eodem die Mati]dia Augusta cognominata. III
[non. Sept. Mar]ciána Augusta funere censorio
[elata est. – – –] imp. Traiánus reliqua paria
[– – –]ae edere coepit, qui dies vindemi-
45 [alis nominatus]. XI k. Sept. aedis Volkani vetustate corrupta,
[restituta or]nato opere, dedicata est.

(aus A. Degrassi, Hrsg.: Inscriptiones Italiae XIII 1, 200f., 229–231)

Unterhalb der groben Gliederung nach Jahren waren für die antiken Gesellschaften naturgemäß feinere Abstimmungen notwendig: Monat, Woche, Tag,
Stunde, die der Bewältigung der tagtäglichen Lebensaufgaben dienten. Die Einteilung des Tages nach zwölf Stunden (*horai*) haben die Griechen wohl von den Baby-
loniern übernommen, ebenso wie die Monatszählung, die Zeit von einem Neu-
mond zum anderen (29 1/2 Tage). An vielfachen Versuchen, durch Zu- bzw. Dazwi-
schenschalten (lat. *intercalatio*) zu einer Übereinstimmung von Sonnenjahr (das
sog. tropische Jahr: 365,2422 Tage) und der laufenden Zeitrechnung zu gelangen,
hat es in den verschiedenen Kulturen nicht gefehlt, aber halbwegs feste Verhältnisse
hat erst die iulianische Kalenderreform 46 v. Chr. geschaffen, womit Caesar für das
Jahr, die Monate und Tage ein Fundament schuf, das auch im Mittelalter weithin
Gültigkeit (neben anderen Zeitrechnungen, vgl. S. 163f.) besaß. Der römische Kalender wurde im 4. Jh. n. Chr. an die Bedürfnisse des sich mächtig ausbreitenden
Christentums angepaßt. Der „Tag des Sol" wurde 321 zum Ruhetag erklärt, 389
n. Chr. brachte der Kaiser Theodosius durch Edikt die Entwicklung eines christlichen Jahreskalenders unter Ausschluß heidnischer Festtage zu einem vorläufigen
Abschluß.

An diesem Beispiel wird deutlich, daß die Chronologie mehr ist als ein zeitliches
Vermessen von langfristigen Prozessen und einzelnen Ereignissen. Sie hat sich als
eine spezielle Hilfswissenschaft innerhalb der Geschichte etabliert mit einer besonderen Begrifflichkeit, auf der Grundlage von spezifischen schriftlichen Quellen
(besonders der Chronik) und besonderen naturwissenschaftlichen Verfahren bei
materiellen Überresten. Erinnert sei in diesem Zusammenhang an die Dendrochronologie, die Zeitrechnung nach Jahresringen von Eichen, die gerade in unseren
Breiten wichtige zeitliche Fixierungen erlaubt[2]; an die Datierung nach der sog. Ra-
diokarbonmethode, mit deren Hilfe sich anhand der Zerfallszeit der radioaktiven
Isotope in organischen Stoffen deren Alter halbwegs genau bestimmen läßt; an die
chemische Analyse des Grönlandeises, das eine Art historischen Fingerabdruck
der Erdatmosphäre abgespeichert hat, die es erlaubt, plötzliche sowie langfristige
Temperaturschwankungen in der Vergangenheit zeitlich zu verorten. All diese Verfahren bedürfen im Einzelfalle der Nachprüfung und sind in ihren Ergebnissen wie
in ihren Methoden, wertvoll, auch dort, wo ihre Verläßlichkeit möglicherweise
überschätzt wird.

Aber die Regelung des Geschehenen in und durch die Zeit hat ihre Bedeutung
nicht allein im Hinblick auf den nachgeborenen Betrachter. Zeitliche Fixierungen
waren ein Stück der Lebenswirklichkeit und des Selbstverständnisses von Kulturen. Kalender mit ihren Bestimmungen von Fest- und Arbeitstagen nehmen Bezug

---

[2] Dendrochronologie: Verfahren zur Datierung von Holz unbekannten Alters durch Vergleich seiner Jahresringmuster mit einem Baumringkalender, der in Mitteleuropa bis ins
7. Jahrtausend v. Chr. zurückreicht (F.H. SCHWEINGRUBER, Der Jahresring, Bern
1983). Der Bau einer Holzbrücke über den Rhein bei Koblenz, welche die Römer in der
Kaiserzeit erbauten, ließ sich so anhand der 1980 aus dem Flußbett gezogenen Pfahlreste
auf das Jahr 49. n. Chr. datieren, vgl. H. FEHR u.a., Römische Rheinbrücke Koblenz,
Koblenz 1981.

auf religiöse Grundlagen. Das gilt für Griechenland, für Rom und die christliche Spätantike gleichermaßen. Aus wirtschaftlichen Erfordernissen erfolgte in Rom die Einteilung nach *nundinae*, dem Neuntagezyklus, der für die Abhaltung von Wochenmärkten wichtig war. Das Tagwerk (lat. *opera*) erstreckte sich von Sonnenaufgang bis Sonnenuntergang, war also, wie die einzelnen Stunden auch, verschieden lang. Der bäuerliche Kalender richtete sich nach Aussaat und Ernte, daraus folgte der Rhythmus von Arbeits- und Festtagen. Der bequemeren Orientierung dienten schriftliche Verzeichnisse (*fasti*), die öffentlich aufgestellt wurden; der genaueren Messung Sonnen-, Sand- und Wasseruhren, die, verglichen mit den Notwendigkeiten der damaligen Zeit, erstaunliche Genauigkeit aufwiesen. Hier wird ein wichtiges historisches Phänomen greifbar, das innerhalb der chronologischen Forschung erst ansatzweise verfolgt wurde: in welch unterschiedlicher Weise Menschen Zeit wahrgenommen haben und mit ihr umgegangen sind. Über die moderne Hochleistungsmessung vergißt man häufig, daß Zeit eine anthropologische Dimension besitzt und sehr subjektiv erlebt wird. In dieser Erlebnisform prägt sie Gesellschaften und Kulturen. *Saeculum* bedeutete ursprünglich die längste menschliche Zeitspanne, ehe die wohl ursprünglich etruskische Zeiterfahrung auf einen Zeitraum von einhundert Jahren festgesetzt und in dieser Form den römischen Säkularspielen zugrundegelegt wurde. Zeit war ein Maß von Menschen und für Menschen in einer bestimmten Zeit und Region. Der Historiker muß zuweilen daran erinnern.

Literatur:

F.K. GINZEL, Handbuch der mathematischen und technischen Chronologie, I–III, Leipzig 1906–1914; R. BÖKER – W. SONTHEIMER, RE IX A, 1967, 2338–2454 s.v. Zeitrechnung; E. BICKERMAN, Chronology of the Ancient World, London 1968; A.E. SAMUEL, Greek and Roman Chronology, München 1972; H. OTTEN, Die hethitischen historischen Quellen und die altorientalische Chronologie, Wiesbaden 1968; B.D. MERITT, The Athenian Year, Berkeley–Los Angeles 1961 – Zur römischen Chronologie: A.K. MICHELS, The Calendar of the Roman Republic, Princeton 1967; G. RADKE, Fasti Romani, Betrachtungen zur Frühgeschichte des römischen Kalenders, Münster 1990; A. und J. KÖNIG, Der römische Festkalender der Republik, Stuttgart 1991; T.R.S. BROUGHTON, The Magistrates of the Roman Republic, I–II, New York 1951f., Suppl. 1960 und 1986; A. DEGRASSI, I Fasti Consolari dell'Impero Romano (30 a.C.–613 d.C.), Rom 1952; D. KIENAST, Römische Kaisertabelle, Grundzüge einer römischen Kaiserchronologie, Darmstadt 1996²; O. SEECK, Regesten der Kaiser und Päpste für die Jahre 311 bis 476 n. Chr., Stuttgart 1919; H. MAIER, Die christliche Zeitrechnung, Freiburg, Basel, Wien 1991; Zu den Uhren: H. DIELS, Antike Technik, Leipzig 1920, 155ff.; E. BUCHNER, Die Sonnenuhr des Augustus, Mainz 1982, dazu M. SCHÜTZ, Gymn. 97, 1990, 432ff.; allgemein H. WITTHÖFT, Umrisse einer historischen Metrologie zum Nutzen der wirtschafts- und sozialgeschichtlichen Forschung, I–II, Göttingen 1979; W. TRAPP, Kleines Handbuch der Maße, Zahlen, Gewichte und der Zeitrechnung, Stuttgart 1992; J. RÜPKE, Kalender und Öffentlichkeit. Die Geschichte der Repräsentation und religiöser Qualifikation von Zeit in Rom, Berlin–New York 1995.

15. Historische Anthropologie und Geographie

Bei dem Versuch, menschliches Handeln in der Zeit zu analysieren und verständlich zu machen, greift der Historiker zuweilen über die traditionellen Quellen, wie sie bisher vorgestellt wurde, hinaus. Er befragt Bereiche, die wir zunächst einmal sehr vage als Natur des Menschen, als Raum und Umweltbedingungen bezeichnen wollen. Sie liegen einerseits dem individuellen wie gesellschaftlichen menschlichen Handeln voraus, sind aber andererseits in gewisser Weise Ergebnisse historischer Entwicklung, zumindest durch diese akzentuiert. Die Familie ist so gesehen kein anthropologisches Grundaxiom, vielmehr ein Resultat menschlicher Entwicklung und Gestaltung. Eine konkrete Landschaft mit ihrem spezifischen Klima, mit Flüssen, Wäldern, Böden und ihrem Reichtum an Mineralien und Metallen bildet einerseits den Rahmen für menschliche Besiedlung, für Wirtschaft und Handel, für menschliche Interaktionen jedweder Art. Aber andererseits ist sie auch ein Stück menschlicher Kultur, ein Ergebnis menschlicher Arbeit und insofern ein wichtiger Gegenstand der Historiographie; mit anderen Worten die geographischen und anthropologischen Schichten kommen dem Historiker nicht im Sinne der normalen Quellen vor den prüfenden Blick, sondern sie sind, wo er sie aufsucht, in aller Regel menschlich geformte Wirkungszusammenhänge, die in dieser Form die Geschichte konditionieren.

Gibt es so etwas wie eine natürliche Mitgift des Menschen, die dieser, den Tieren vergleichbar, als Spezies in sein Verhältnis zur Umwelt und zu den Mitmenschen einbringt? Die Verhaltensforschung hat durch Vergleiche eine Fülle mehr oder minder stabiler Konstanten aufgedeckt, von denen wir nur einige wichtige benennen: Das Angewiesensein auf Sozialität, bedingt durch lange kindliche Unselbständigkeit; ein schöpferisches „Werkzeugverhalten"; die Markierung des Raumes bzw. des „Reviers"; die Aggression als Form des Selbstschutzes; der Austausch bzw. die Gegenseitigkeitsformen (der Mensch als „das tauschende Tier", G. Simmel); der notwendige Rückgriff auf Institutionen, um den nicht mehr instinktgesteuerten Menschen zu entlasten (A. Gehlen). Es ist fruchtbar, derartige Ergebnisse der allgemeinen Kulturanthropologie am konkreten historischen Befund zu überprüfen, nicht zuletzt deshalb, um allgemeine „Konstanten" zu präzisieren und gegebenenfalls zu modifizieren.

Die Ergebnisse dieser historischen Anthropologie können sich im Bereich der Alten Geschichte durchaus sehen lassen. Hier hat man sich um die Aufhellung der Geschlechterrollen, um die Stellung des Vaters, um Familienstrukturen generell, um Tauschvorgänge unter Marktgeschehen bemüht und damit in Teilbereichen langfristige kulturelle Bedingungen individuellen Handelns im sozialen, religiösen, politischen und wirtschaftlichen Bereich aufdecken können. Aber die ethnologische bzw. anthropologische Forschungsrichtung ist, besonders in Deutschland, stets vom Widerspruch der traditionellen Historie begleitet gewesen. Die Arbeiten des Schweizers J.J. Bachofen (1815–1883), des Franzosen N.D. Fustel de Coulanges (1890–1889), des Deutschen H. Usener (1834–1905), des Schotten J.G. Frazer (1854–1941) gaben Anlaß zu vielfältigen Glaubenskämpfen, weil sich die Autoren zuweilen kühn über die historisch-kritische Methode hinwegsetzten. Eine derartige Distanz muß man wissenschaftsgeschichtlich einordnen. Sie war aber auch dafür verantwortlich, daß die nationalsozialistische Rassenlehre, die in vulgarisierter und ideologischer Form mit anthropologischem Material umging, in der Alten Geschichte, von Ausnahmen abgesehen (H. Berve, F. Schachermeyr, F. Altheim), verhältnismäßig wenig Schaden anrichtete, da glücklicherweise die eigentliche Herrenrasse, die Germanen, eher am Rande der Betrachtung lag. Die verständlichen hartnäckigen Reserven gegenüber anthropologischen Fragestellungen nach dem Zweiten Weltkrieg sind in jüngerer Zeit einem zunehmenden Interesse gewichen, das allerdings bewußt nicht von biologischen oder ethnischen Grundlagen ausgeht, sondern überpersönliche, oft auch überkulturelle menschliche Verhaltensmuster aufzuspüren versucht. Diese haben im Einzelfall den Menschen des griechisch-römischen Altertums durchaus die Richtung gewiesen.

Die Wirksamkeit des Menschen setzt den Raum voraus. Er ist das Medium, in dem sich Geschichte abspielt, auf den sich menschliches Handeln bezieht und durch den es mitbestimmt wird. Raum und Klima prägen den Menschen: dies hat die Griechen zu ihren ethnographischen und klimatologischen Theorien veranlaßt, die bis in die frühe Neuzeit hinein gewirkt haben. Wenn der Grieche Poseidonios (ca. 135–51 v. Chr.) die Gedankenschärfe und Raschheit der südlichen Völker auf Hitze und dünne Luft, geistige Schwerfälligkeit wie kriegerische Tüchtigkeit der Nordvölker auf Kälte und Feuchtigkeit zurückführt (bei Vitruv arch. VI 1), dann sind derartige Erklärungen natürlich heute korrektur- und ergänzungsbedürftig; aber sie verdeutlichen gerade in ihrer Unzulänglichkeit, daß es zwar einfach ist, geographische Merkmale zu sammeln, daß es aber ungemein schwer hält, daraus eine allgemeine Theorie und eine Wissenschaft zu machen. Einzelne geographische und klimatologische Faktoren sind uns heute durchaus geläufig und präziser faßbar als früher. Wir sprechen von potamischen Hochkulturen (griech. *pótamos* – der Fluß) und verdeutlichen damit die überragende Rolle der großen Flüsse Euphrat, Tigris und Nil, die den mesopotamischen und ägyptischen Großreichen ihre unverwechselbare Ausprägung im Staatlichen wie im Sozialen und Wirtschaftlichen gegeben haben. Die Bedeutung des antiken Troja, dessen Überreste bis ist 3. vorchristliche Jahrtausend zurückreichen, hängt sehr wahrscheinlich mit seiner günstigen Lage unweit der Einfahrt in die Dardanellen zusammen. Hier mußten die Schiffe zum Teil sehr lange auf die günstige Südwestwinde warten, um die fruchtbaren Länder am Schwarzen Meer zu erreichen. Kontinuierlicher Raub und Handel mögen also am Beginn des sagenhaften Ilion gestanden haben, das Homer als eine blühende Stadt beschreibt. Die erstaunliche Fruchtbarkeit des italischen Kampanien, verursacht durch den vulkanischen Boden, hat Etrusker, Samniten, Griechen und Römer angezogen, die allesamt ihre Spuren in dieser einzigartigen südlichen Kulturlandschaft hinterlassen haben. An geographischen und klimatischen Grundlagen orientieren sich also Siedlungen und Wirtschaftsformen in der Antike, sie sind in dieser Hinsicht *physische Quellen*, die dem Historiker wichtige Aufschlüsse vermitteln.

Aber Landschaften sind bei aller natürlichen Beharrung vielfältigen Veränderungen unterworfen gewesen, die eine historische Landeskunde sorgfältig aufspüren und analysieren muß (Verlandungen, Verkarstungen, Zerstörung durch Naturkatastrophen etc.). Sie kann in ihrer Verknüpfung von natürlichen und historischen Daten vielfach neues Licht auf die Geschichte werfen. Zur naturwissenschaftlichen und historischen Analyse des Raumes, wie sie heute betrieben wird, gesellt sich die Raum- und Umwelterfahrung, die antike Völker machten, die aufgeschrieben und ab dem 5. Jahrhundert v. Chr. auch kartographisch erfaßt wurde. In dieser Form stellt sie wiederum eine schriftliche Quelle von hoher Relevanz dar (vgl. S. 44f.). Die Verteilung von Land und Meer, von Gebirge und Ebene, von wasserreichen und trockenen, von fruchtbaren und unfruchtbaren Landstrichen, von gesundem und ungesundem Klima – all diese Faktoren mußten über die tagtägliche Erfahrung hinaus wirklich begriffen werden; d.h. die Relikte der antiken Geographie und Klimatologie sind auch Quellen für das Weltbild und das Weltverständnis der antiken Gesellschaften.

Literatur:

Zur Anthropologie: A. HALDER, H. MARKEL, W.L. BÜHL, Staatslexikon I[7], 1985, 168ff. s.v. Anthropologie; H.G. GADAMER, P. VOGLER, Hrsg., Kulturanthropologie, Stuttgart 1973 (darin A. HEUSS, Zum Problem einer historischen Anthropologie 150ff.); W.E. MÜHLMANN, Geschichte der Anthropologie, Frankfurt–Bonn 1986[4]; R. SPRANDEL, Historische Anthropologie, Zugänge zum Forschungsstand, Saec. 27, 1976, 121ff.; J. KOCKA, Sozialgeschichte und Kulturanthropologie, Gesch.u. Ges. 10, 1984, C. KLUCKHOHN, Anthropology and the Classics, Providence 1961; S.C. HUMPHREYS, Anthropology and the Greeks, London 1983; W. NIPPEL, Sozialanthropologie und Alte Geschichte, in: CHR. MEIER, J. RÜSEN, Hrsg., Historische Methode, München 1988, 300ff.; Als Beispiel für nationalsozialistische Rassenideologie: F. SCHACHERMEYR, Lebensgesetzlichkeit in der Geschichte, Frankfurt 1940.
J. MARTIN, TH. NIPPERDEY, Hrsg., Veröffentlichungen des Instituts für Historische Anthropologie, Freiburg 1978ff. (u.a. Bd. 5: Aufgaben, Rollen und Räume von Mann und Frau, 1989); W. NIPPEL, Griechen, Barbaren und „Wilde", Alte Geschichte und Sozialanthropologie, Frankfurt 1990 – Zur Geographie: M. CARY, The Geographic Background of Greek and Roman History, Oxford 1949; J.O. THOMSON, History of Ancient Geography, Cambridge 1948; E. KIRSTEN, Raum und Bevölkerung in der Weltgeschichte, Bevölkerungsploetz I, Würzburg 1956; G. PANESSA, Fonti Greche e Latine per la Storia dell'Ambiente e del Clima nel Mondo Greco, Pisa 1991; E. OLSHAUSEN, Einführung in die historische Geographie der Alten Welt, Darmstadt 1991; DERS., Raum, Antike, in: P. Dinzelbacher, Hrsg., Europäische Mentalitätsgeschichte, Stuttgart 1993, 592ff. Kartenwerke: Großer Historischer Weltatlas des Bayr. Schulbuchverlages I, München 1978[6]; R.J.A. TALBERT, Atlas of Classical History, London–Sydney 1985; weiteres bei KLOFT, Wirtschaft (Vgl. S. 101) 29, 85ff.

III. Problemkreise und Teildisziplinen

All das, was in den vorigen Kapiteln an Quellen vorgeführt wurde, bildet Basis und notwendiges Instrumentarium, um die vielfältigen Fragen, welche die Geschichtswissenschaft an die Vergangenheit stellt, beantworten zu können. Auch und gerade auf dem Feld der Alten Geschichte gestatten die Quellen keine lückenlose Rekonstruktion der vergangenen Zustände. Sie ist zudem wenig sinnvoll, vielleicht auch nicht wünschbar, denn Vergegenwärtigung des Gewesenen wird durch unser Interesse geleitet und zielt damit notwendig auf eine Auswahl. Zwei großflächige Interpretationsmuster haben sich dabei herausgebildet, die sich gegenseitig ergänzen. Traditionell ist die Schilderung des chronologischen Ablaufes, des Nacheinander der unterschiedlichen Kulturen und Reiche mit dem Schwerpunkt auf dem Entwicklungsprozeß im Inneren: Entstehung und Formierung der altorientalischen Hochkulturen und Ägyptens vom 5. Jahrtausend v. Chr. an; die Ausbildung der minoisch-mykenischen Kultur im ägäischen Raum während des 2. Jahrtausends v. Chr.; die allmähliche Entwicklung der griechischen Welt vom 9. Jh. v. Chr. an; Roms Weg vom kleinen Stadtstaat zum imperialen Großreich und dessen Zerfall, der etwa ein Jahrtausend (ca. 500 v. bis 500 n. Chr.) umfaßt: dieser chronologische Durchgang, wie ihn viele Geschichtsdarstellungen, meist bezogen auf einzelne Perioden, bieten, ist nach wie vor notwendig, weil er historische Prozesse, Kontinuität und Wandel, kurz die zeitliche Dimension der Geschichte ins Blickfeld rückt. Ebenso legitim und notwendig ist neben der diachronen die synchrone Betrachtungsweise, der Versuch einer systematischen Analyse, welche die großen Problemkreise, die „Potenzen" (J. Burckhardt) Staat, Gesellschaft, Wirtschaft, Kultur und Religion während einer bestimmten Epoche in ihren gegenseitigen Verflechtungen thematisiert. Unbestreitbar bildet dabei die Gesellschaft im Rahmen der Alten Geschichte einen zentralen Bezugsrahmen, von dem aus die übrigen Potenzen begreifbar werden. Dies heißt nicht, daß Geschichte ihre Funktion nur als historische Sozialwissenschaft wahrnehmen kann oder soll, wohl aber, daß die soziale Dimension für jede tiefergehende historische Analyse unentbehrlich ist. Der griechische Stadtstaat, die römische Republik, das römische Kaiserreich verdanken sich als politische Gebilde auch einer besonderen Gesellschaftsstruktur. Hier und anderswo die jeweiligen Interpendenzen (vgl. S. 15) herauszuarbeiten, gehört nach wie vor zu den großen Herausforderungen auf dem Gebiete der Alten Geschichte. Die folgenden Überlegungen wollen in diese Aufgabe einführen und Anregungen geben. Sie auszuarbeiten und fruchtbar zu machen, ist Sache des Lesers.

1. Staat und Gesellschaft

Der „Staat" (abgeleitet von lat. *status* – Stand, Zustand) ist in der Form, in der wir ihn kennen, ein Gebilde der frühen Neuzeit. Als volldurchorganisierten und rationalen Herrschaftsverband, der sich auf eine gesetzte Ordnung beruft und dem eine umfängliche Verwaltung zur Verfügung steht, hat es ihn im Mittelalter und im Altertum nicht gegeben, wiewohl wir auch hier vom Staat des Mittelalters, vom römischen, griechischen, ägyptischen Staat sprechen. Ein weiterer Begriff ist deshalb vonnöten. Der Historiker Heinrich Mitteis (1889–1952) definiert demgemäß den Staat als „jede Ordnung des Volkes zur Erreichung seiner politischen Ziele" (Der Staat des Mittelalters, 3). Der Staatsrechtslehrer H. Heller (1899–1933) begreift ihn als „organisierte Entscheidungs- und Wirkungseinheit", wobei dem vielschichtigen Begriff der Organisation ausschlaggebende Bedeutung zukommt. Beide Definitionen erfordern eine historische Konkretisierung: Wie, mit welchen Mitteln, mit welchem Ergebnis ist die Ordnung des Volkes geschaffen, ist Organisation hergestellt worden?

Dabei spielt die genaue Analyse der jeweiligen Herrschaftsform (vgl. S. 78) nach wie vor in der Forschung eine zentrale Rolle. In den frühen Hochkulturen vom 3. Jahrtausend an, im Alten Orient und in Ägypten tritt der Staat vornehmlich als Monarchie, als Alleinherrschaft des Königs, auf. Damit ist eine Fülle von Problemen verbunden: Wie hat sich die Alleinherrschaft ausgebildet, welchem gesellschaftlichen und ökonomischen Kräften verdankt sie ihre Existenz? Auf welche Weise wird die *Legitimität* der Herrschaft begründet und gesichert, jene als rechtmäßig empfundene Ordnung, die als solche Anerkennung und Dauer verleiht? Die Herrscher haben in der Alten Welt stets eine besondere Nähe zu den Göttern bzw. der göttlichen Sphäre besessen (das sog. charismatische Königtum, von griech. *chárisma* – Gnade, Gnadenerweis) und diese überirdische Aura bewußt gepflegt und gestaltet. Der ägyptische Monarch gilt beispielsweise als Inkarnation des Sonnengottes Horus. Wie manifestiert sich diese Stellung im äußeren Auftreten? Welche Folgerungen werden aus der göttlichen Abstammung abgeleitet? Wie konkretisiert sich die in diesem Zusammenhang häufig geäußerte Verpflichtung der Fürsorge und des Schutzes, die der König gegenüber den Untertanen wahrzunehmen hat? Das altorientalische Königtum erweist sich dabei alles andere als eine statische Größe; es entwickelt sich kontinuierlich weiter, stößt alte Züge ab (wie etwa bei den Sumerern die enge Bindung an den Tempel und die Tempelwirtschaft) und gewinnt neue hinzu. Wandel und Kontinuität sind dabei für den Historiker gleichermaßen von Interesse. Er konstatiert, daß es so etwas wie übergreifende Wesensmerkmale des Königtums gibt: eine dynastische Politik, das Bestreben, die Herrschaft unter allen Umständen an das eigene Haus zu knüpfen; die militärische Verfügungsgewalt; die wirtschaftliche Absicherung durch großen Landbesitz und kontinuierliche Einkünfte; die glanzvolle Außendarstellung durch Hof und Residenz, durch Tracht und Insignien. Alle diese Aspekte haben im Alten Orient und in Ägypten nicht nur eine politische, sondern ebenso eine soziale Dimension. Die Würdenträger am Hof, oft als Freunde, zuweilen sogar als Verwandte des Königs tituliert, sind in der Regel reiche Adelige und Großgrundbesitzer. Das Heeresaufgebot rekrutiert sich aus unmittelbar abhängigen Soldaten, teils aus gestellten Kontingenten von relativ selbständigen Unterführern, teils aus Söldnern. Naturalpacht entrichten die mehr oder weniger abhängigen Bauern, welche die königliche Residenz und den

Hof zu versorgen haben. Das Sozialgefüge ist mithin gleichzeitig Herrschaftsgefüge unter gegenseitiger Abhängigkeit.

So bleibt es nicht aus, daß sich bei näherem Zusehen der neuzeitliche Begriff der Gesellschaft auflöst, plastischer und zugleich schwieriger zu greifen wird. Die Quellen besitzen dort, wo sie vom König, vom Hof, den Adeligen, Handwerkern und Bauern berichten, ein anderen Blickwinkel und ein anderes Interesse, als wir es heute haben. So gab es etwa im Hethitischen Reich, das sich während des 2. Jahrtausend v. Chr. im kleinasiatischen Anatolien ausbildete, unter den Monarchen eine Adelsschicht, die durch Lehensgut und Waffenbesitz über den Kreis der Handwerker, Bauern und Unfreien hinausragte. Ihre Rechte und Pflichten und ihr Umgang mit dem König lassen eine gewisse Selbständigkeit vermuten. Was man über die restliche Bevölkerung, besonders über die Unfreien (Sklaven) weiß, ist hier wie auch in anderen Fällen aus den Wirtschaftstexten und den Rechtsaufzeichnungen gewonnen. Der Historiker versucht, die Lebensbedingungen, die religiösen Vorstellungen, gegebenenfalls auch die politischen Ambitionen der einzelnen Schichten herauszuarbeiten. Was hat er überhaupt vor sich: Gruppen, Stände, Klassen, die sich durch signifikante Merkmale (Besitz, Tätigkeit, Rechte) unterscheiden? Das Recht, besonders wenn es schriftlich vorliegt, wie im sog. *Codex Hammurabi* (um 1700 v. Chr.), der berühmten Reformgesetzgebung des bedeutendsten babylonischen Herrschers im 2. Jahrtausend v. Chr., leistet bei dieser Aufgabe wichtige Hilfen. Aber die rechtliche Einteilung der Bevölkerung in Freie, Halbfreie und Sklaven, wie sie der *Codex Hammorabi* vornimmt, bedarf der Differenzierung und Konkretisierung, um der sozialen Wirklichkeit nahezukommen. Wenn im Hethiterreich seit König Telepinu (ca. 1480 v. Chr.) der Adel die Blutsgerichtsbarkeit über die Königsfamilie besitzt, so liegt die Bedeutung von Rechtszuständen für soziale Sachverhalte klar zutage. Wie überhaupt das Recht der Frühzeit eine historische Quelle ersten Ranges darstellt. Sie ist wichtiger Indikator für soziale Sachverhalte, aber eben auch Mittel des Königs zur Durchsetzung seiner Herrschaft, zur Stabilisierung des Staates auf seiner frühesten Stufe.

Das Herrschaftsgefüge, welches wir hier nur andeuten können, wäre um wichtige Aspekte zu erweitern: Die regionale Ausdehnung, Kriege und außenpolitische Aktivitäten, schließlich das, was man die Realisierung von „Staatszwecken" (nach anderen bes. R. Herzog) genannt hat. Der „Staat" bzw. das Königtum im Alten Orient und in Ägypten versucht, eine äußere Sicherheit und eine innere Ordnung aufrecht zu erhalten; er wacht über den Zugang und die Erschließung natürlicher Ressourcen (Wasser, Land, Bodenschätze); er schlägt über den Kultus die Verbindung zum Göttlichen; er trifft schließlich für die Bevölkerung eine gewisse „Daseinsvorsorge". Ein ausführlicherer Blick in die konkrete Geschichte der alten Hochkulturen, als er hier möglich ist, würde zeigen, wie Staat und Herrscher diesen Aufgaben gerecht geworden sind. Wichtiger als die Einsicht, daß sich die sog. Staatszwecke nur unvollkommen haben verwirklichen lassen, ist die Erkenntnis, daß der Begriff der staatlichen Organisation, so wie er hier verstanden wird, auch eine gewisse ethische Dimension besitzt. Königtum und Staat

organisieren nicht die Herrschaft schlechthin als solche mit mehr oder weniger
Erfolg, sondern sie verfolgen Ziele, Absichten, Zwecke, die wertgeladen sind: die
Abwehr von Feinden, die Befriedung des Landes, der Schutz der Bevölkerung,
die Verehrung der Götter, all dies gebunden an die Existenz der königlichen Alleinherrschaft. Hier Realität und Anspruch gerecht gegeneinander abzuwägen,
ist Sache eines fundierten und nüchternen historischen Urteils.

Derartige Maßstäbe und Fragen lassen sich sinnvoll auch auf Staat und Gesellschaft der Griechen anwenden. Wenn man vom Vorlauf der kretisch-mykenischen Kultur des 2. Jt.v. Chr. einmal absieht, dann umfaßt die griechische
Geschichte rund ein Jahrtausend. Sie durchmißt nach den sog. *dark ages* (etwa
1200–900 v. Chr.) eine archaische, eine klassische und eine hellenistische Epoche,
deren gegenseitige Abgrenzung problematisch, aber nichtsdestoweniger gerade in
unserem Rahmen nötig und hilfreich ist.

In der archaischen Epoche (ca. 900–bis ca. 550 v. Chr.) dominiert der landbesitzende Adel. Es bilden sich allmählich Städte heraus. Das Griechentum wird
durch die Kolonisation über den ursprünglichen Siedlungsbereich hinaus ausgeweitet. Die klassische Epoche, das Zeitalter der Polis (ca. 550–336 v. Chr.) ist
recht eigentlich die Blütezeit eines städtischen, griechischen Bürgertums, das
wirtschaftlich erstarkt und politisch selbstbewußt geworden ist. Die Demokratie,
die Herrschaft des Volkes, wird von den Bürgern, vornehmlich in Athen, als die
ihnen gemäße Verfassungsform geschaffen. Im 4. Jh. verlagert sich das politische
Schwergewicht von der Polis auf das Königtum, das durch die Gestalt und das
Wirken des makedonische Königs Alexander (336–323 v. Chr.) zur vorherrschenden Staatsform wird. Die hellenistische Epoche ist also in erster Linie durch die
Monarchie gekennzeichnet, die sich zudem durch größere Reichweite in regionaler, personaler und wirtschaftlicher Hinsicht auszeichnet. Der hellenistische
Staat, nehmen wir als Beispiel Ägypten, ist Flächenstaat. Der König gebietet
über unvergleichlich mehr Untertanen (in Ägypten ca. 8–10 Mio.), als sie der einzelne griechische Bürgerverband aufwies. Das ägyptische Herrschaftsgebiet umfaßt eine Fläche von ca. 120 000 qkm.

Es ist diese Fülle von Staats- und Gesellschaftstypen, welche die griechische
Geschichte für den Historiker besonders interessant macht. Er richtet sein Augenmerk nicht nur auf die institutionellen Seiten der Aristokratie, Demokratie
und Monarchie, sondern versucht, sie als soziale und dynamische Systeme zu begreifen. Sie haben gegen gesellschaftliche Widerstände durchgesetzt und behauptet werden müssen. Als Herrschaftsform waren sie deshalb auch und besonders
Anlaß zu theoretischen Auseinandersetzungen. Die Griechen, und darin liegt ein
hohes Verdienst, haben die politische Ordnung nicht einfach naiv hingenommen
und praktiziert, sondern sie in umfänglicher Weise durchdacht und ethisch begründet. Sie waren bekanntlich die ersten, die den Staat von seinen „Verfaßthei-
ten" (*politeiai*) Adelsherrschaft, Volksherrschaft, Alleinherrschaft (Aristokratie
bzw. Oligarchie, Demokratie, Monarchie) her zu begreifen versuchten, also von
den Personen her, welche letztlich die politischen Entscheidungen trafen. Der
Historiker Herodot (ca. 484–425 v. Chr.) hat mit seiner berühmten Verfassungs-

Abb. 4: Griechenland

GRIECHENLAND

(aus: W.G. Forrest, Wege zur hellenischen Demokratie, München 1966, 11)

debatte (3,80–83) zu der theoretischen Analyse einen ersten wichtigen Beitrag geleistet. Die Philosophen Platon (427–347 v. Chr.) und Aristoteles (384–322 v. Chr.), nicht zuletzt der Historiker Polybios (ca. 200–120 v. Chr.) haben das einfache Dreierschema um Entartungserscheinungen erweitert (bei Polybios 6,7–9: Monarchie – Tyrannis; Aristokratie – Oligarchie; Demokratie – Ochlokratie) und in ein Verlaufsmodell eingebunden, ein Kreislauf der Verfassungen, der, wie Polybios meinte, mit einer gewissen Naturnotwendigkeit abläuft.

Die historische Analyse einer solchen Abfolge von Staatlichkeit setzt zweierlei voraus: Kenntnis der theoretischen Diskussion bzw. der politischen Philosophie, welche den Griechen besonders am Herzen lag; vor allem aber eine gründliche Kenntnis, unter welchen konkreten Bedingungen die aufgezeigten Herrschaftsformen funktionierten. Sie lösen sich im Verlauf der griechischen Geschichte nicht einfach ab, sondern überlagern sich vielfach, da sie auf stabilen Grundlagen ruhen, die weiter existieren, aber nicht benannt werden: Privatbesitz, Familie, Rollenverhalten, öffentliches Wirken, religiöse Grundüberzeugungen, um weniges Wichtige zu nennen. Wir sehen heute sehr viel deutlicher, daß der Staat, eben auch der griechische, nicht nur eine politische Organisationseinheit darstellt, sondern auf soziale, ökonomische, kulturelle Grundmuster angewiesen ist, die für ihn lebensnotwendig sind. Für diese allgemeine Problematik bietet die g r i e c h i - s c h e P o l i s ein aufschlußreiches Anschauungsmaterial. Von ihr leiten sich nicht umsonst unsere Begriffe „Politik" und „politisch" ab, was zunächst „städtisch" und „öffentlich" (im Gegensatz zu *idios* – privat) heißt. Der berühmte Satz des Aristoteles: „Der Mensch ist ein politisches Lebewesen" (*zóon politikón*) definiert den Menschen also in erster Linie als ein Lebewesen, das auf die Stadt hin angelegt ist, das in der Polis seine Verwirklichung, seine Bestimmung (*telos*) findet. Der bedeutende Althistoriker Victor Ehrenberg (1891–1976) hat nicht umsonst die Polis als die griechische Staatsform par excellence genannt. Ihre wesentlichen Existenzbedingungen umriß er folgendermaßen: „*Eine kleine Gemeinschaft von Menschen, die ihren Göttern unterstand, – die wirtschaftliche Einheit eines kleinen Gebietes, deren Mittelpunkt die eine Stadt war; – eine Verfassung, die einzig und allein auf den Rechten und Pflichten der Bürger basierte; – die Herrschaft des Gesetzes, in der sich ebenso die Tradition wie der Wille der Bürger zur Gerechtigkeit aussprach; – die Freiheit des Individuums, die aber nur für die Bürger als getreue Diener ihres Staates galt.*"[3]

Hier ist ein im wesentlichen zutreffendes Bild, aber auch ein Ideal formuliert, in dem die Bruchlinien (Ausschluß der Frauen, Ausschluß der ökonomisch wichtigen Mitbewohner, Metöken, Ausschluß der Sklaven) nur angedeutet sind und die Genese des Gemeinwesens begreiflicherweise keinen Platz findet. Die griechische Polis hat sich in einem komplizierten Prozeß, an dem besonders die Anfänge dunkel sind, vom späten 9. Jh. an als zentraler Ort herausgebildet. Sie findet ihren Höhepunkt, den wir aufgrund der imposanten kulturellen Leistungen verständlicherweise, aber eben doch einseitig an Athen festmachen, im 5. Jh. v. Chr.

---

[3] Sophokles und Perikles, München 1956, S. 202.

Nach dem großen griechischen Bruderzwist, dem sog. Peloponnesischen Krieg (431–404 v. Chr.) treten innere und äußere Schwächen, strukturelle Defizite mehr und mehr in den Vordergrund, so daß man das 4. Jh. v. Chr. als Epoche des Niedergangs gedeutet hat.

Der Historiker spürt dieser Entwicklung des griechischen Staadtstaates in seinen einzelnen Phasen nach. Vor allem interessieren ihn die geographischen, sozialen und ökonomischen Rahmenbedingungen, unter denen die Polis nach der Seßhaftwerdung der griechischen Stämme entstanden ist. In dieser archaischen Zeit besitzt der landbesitzende Adel die führende Rolle, wie sie aus den homerischen Epen Ende des 8. Jh. v. Chr. mit aller Deutlichkeit hervorgeht. Wie hat man sich den Weg vom Land in die Stadt vorzustellen, wie das Verhältnis des Adels, der seinen Mittelpunkt im ländlichen Gutshof hatte, zur städtischen Siedlung, die für ihn zur öffentlichen Wirkungsstätte, zum Partner und zum Gegner zugleich wird? Auch in diesem Falle darf man die Entwicklung in Athen, die einigermaßen greifbar ist, nicht so ohne weiteres verallgemeinern. Hier wird der Adel aus seiner dominierenden Stellung in der Volksversammlung, im Rat, in den Gerichten und Behörden allmählich verdrängt; vielleicht spricht man angemessener von einer schrittweisen Integration in das städtische Gemeinwesen, ein Prozeß, den die Tyrannis, die als widerrechtlich empfundene Gewaltherrschaft, während des 6.Jh. v. Chr. beschleunigte. Mehreres gilt es angesichts dieses offensichtlichen Machtverlustes des Standes zu bedenken: zum einen spielen einzelne Adelige in der städtischen Politik nach wie vor eine wichtige, ja entscheidende Rolle. Auf den Schultern eines Kleisthenes (Archon von Athen 525/24 v. Chr.), Themistokles (ca. 528–ca. 462 v. Chr.) und Perikles (ca. 495–429 v. Chr.) ruht die Demokratisierung Athens. Adelige Herren wie Miltiades († ca. 488 v. Chr.), dessen Sohn Kimon (ca. 510–450 v. Chr.), Nikias (469–413 v. Chr.) und der wendige Alkibiades (450–404 v. Chr.) engagieren sich als Heerführer für die Belange des demokratischen Gemeinwesens. Insgesamt werden ein adeliger Lebensstil und ein adeliger Verhaltenskodex von der städtischen Bürgerschicht weitgehend adaptiert. Die Wohltätigkeit, *euergesia*, des reichen Mitbürgers und Stifters erfüllt wichtige Funktionen in der Stadt; öffentliche Feste werden ausgerichtet, Kriegsschiffe ausgerüstet, öffentliche Gebäude erstellt, um das Wichtigste zu nennen. Dieser *Euergetismus* (P. Veyne) ist wie die aristokratische Politik und der aristokratische Lebensstil keineswegs auf Athen beschränkt. In anderen Stadtstaaten wie etwa Theben, Korinth, Syrakus und Massilia überwog das oligarchische Element lange Zeit, die Herrschaft der „Vornehmen" (*gnórimoi*), wie Aristoteles sagt (Pol. 1291 b15ff.), eine soziale Kategorie, in der neben den Adeligen auch die etablierten Reichen der Stadt aufgehoben waren. Daß schließlich in Athen die politischen und sozialen Kämpfe in eine Demokratie einmündeten, in der das mittlere und Kleinbürgertum (Handwerker, Händler, Gewerbetreibende) das Sagen hatten, bedeutet keine vollständige Entmachtung des Adels, wie die Entwicklung des ausgehenden 5. und 4. Jh. v. Chr. zeigt.

Die Geschichte der griechischen D e m o k r a t i e ist dabei nicht nur durch Erfolge und Leistungen gekennzeichnet, die mit Recht die Bewunderung der Nach-

welt gefunden haben: eine größtmögliche Teilhabe (*méthexis*) des Bürgers an der
Herrschaft; die Ausübung der Herrschaft durch unterschiedliche Gremien und
Institutionen (Volksversammlung, Rat, Behörden); die Eindämmung der vollzie-
henden Gewalt durch jährlichen Wechsel im Amt (Annuität) und Mehrfachbeset-
zung (Kollegialität); die Rechenschaftspflicht der Amtsträger, die Ausbildung einer Arbeitsteilung und eines rationalen Verfahrens, schließlich und endlich der
Versuch, politisches Handeln unter ethische Leitlinien zu stellen (die Wahrung
der Gesetze, die Gleichheit vor dem Gesetz, Freiheit, bes. Freiheit der Rede).

Es ist Aufgabe des Historikers, nicht nur zu untersuchen, wann und wie diese
Prinzipien entstanden sind, sondern auch, wie sie umgesetzt wurden. Hierbei verliert die Demokratie augenscheinlich viel von ihrem Glanz. Der Antagonismus
von Adel und Bürgertum, zunehmend überlagert vom Gegensatz reich – arm,
blieb ein Grundakkord griechischer Staatlichkeit.

Polis und Demokratie bilden den imponierendsten Ausdruck des griechischen
Staates mit einer gewaltigen mittelbaren Nachwirkung bis in unsere Zeit hinein.
Aber sie waren nicht dessen einzige Erscheinungsform. Daneben gab es *Stamm-
staaten*, die, wie der Name sagt, die Angehörigen einzelner Stämme zu einem Gemeinwesen zusammenschlossen, so etwa die Thessaler, die Böothier oder die Makedonen in früher Zeit. Es gab ferner *Amphiktionien*, lockere sakrale Bundesge-
nossenschaften von *Umwohnern*, die ihr Zentrum in einem überregionalen
Heiligtum besaßen (z.B. das Apolloheiligtum in Delphi und auf Delos; das Posei-
donheiligtum auf der kleinasiatischen Halbinsel Mykale, das *Panionion*). Kriegs-
bünde, sog. *Symmachien*, die ursprünglich Kampfgemeinschaften mit einem konkreten Ziel waren, tendierten mit der Zeit zu einem quasi-staatlichen Gebilde,
einem genossenschaftlichen und herrschaftlichen Verband, der Zwangscharakter
annehmen konnte wie der berühmt Delisch-Attische Seebund, der 479/78 zur
Abwehr der Perser gegründet und zu einem Herrschaftsinstrument Athens wurde. Vom 4. Jh. an verstärkten sich die Bemühungen, Stämme und Landschaften
zu Bünden (*Koiná*) zusammenzufassen, die man gelegentlich auch als Bundesstaaten (vgl. Larsen) tituliert hat wie etwa der Achäische oder der Aetolische
Bund, die griechische Politik bis in die Zeit des römischen Eingreifens in den
Osten (vgl. S. 84) betrieben.

Das Etikett „Staat" und „Staatlichkeit" bedarf in all diesen Fällen der Präzisierung und der Erläuterung. Welche Leistungen und Handlungen werden mit welchem Erfolg von den Bünden gemeinsam organisiert? Hier läßt sich auf politische Institutionen, auf finanzielle Umlagen, auf gemeinsame Außenpolitik verweisen. Aber wie im Verhältnis zwischen den europäischen Nationalstaaten und
der Europäischen Gemeinschaft unserer Tage ist der Konflikt zwischen Einzel-
und Gesamtinteresse unübersehbar. Weniger die Fakten als solche als deren Bewertung machen Schwierigkeiten. Ist es den Griechen der klassischen und nach-
klassischen Zeit gelungen, oberhalb der Polis und der Region langfristige und
effektive politische Organisationen zu bilden? Darauf ist in der Forschung des
19. und beginnenden 20. Jahrhunderts in der Regel negativ geantwortet worden.
Der griechische Gesamtstaat, welcher die griechische Nation zusammen-

faßte, war bekanntlich nicht auszumachen, und so behalf man sich mit dem Aufweis der Surrogate bzw. der Vorstufen: gemeinsame Sprache, gemeinsame Religion und Mythologie, gemeinsame Kultur, gemeinsamer Lebensstil, und bedauerte den Partikularismus, der es zu einer politischen Einheit nicht gebracht hat. Dieser Einschätzung, die auf dem Hintergrund des modernen Nationalstaates und seiner Genese gewonnen wurde, hat man mit Nachdruck widersprochen (u.a. H.E. Stier, V. Ehrenberg) und die angebliche Schwäche als Stärke und als Voraussetzung für die politischen und kulturellen Leistungen ausgegeben. Ein abschließendes Urteil zu wagen wäre vermessen; aber die Sondierung nach Staatszwecken (vgl. S. 77) könnte auch hier einer gerechteren Einschätzung den Weg weisen.

Die Zeit Alexanders des Großen (336–323 v. Chr.) gilt gemeinhin als Epochenschwelle, in der die Monarchie sich durchsetzte. Aber es ist ein gleitender Übergang und ein Nebeneinander von Königtum, Stadtstaaten und Bünden, welche das politische Gesicht des nachfolgenden Hellenismus prägt, als dessen Initiator der große Welteroberer mit Fug und Recht gilt. Die gewaltige geographische Ausdehnung des Griechentums ist das eine wichtige Kennzeichen der hellenistischen Welt, die Durchsetzung und Ausbildung des monarchischen Prinzips das andere.

Für die Polis hat man die Identität von Staat und Bürgerverband als charakteristisch anzusehen. Im Hellenismus gilt der Theorie nach der Staat als Angelegenheit, als „Sache" des Königs (*ta basiliká prágmata*); Heer und Verwaltung sind seine Instrumente, die Bevölkerung insgesamt seine Untertanen. Die Residenzstadt – nennen wird Alexandria, Antiochia und Pergamon – spiegelt in Anlage und Bauten die königliche Größe wieder, die im Persönlichen durch Kleidung und Insignien (bes. das Diadem und der Königsthron) sinnfällig zum Ausdruck kommt. Gesteigert wird die königliche Macht durch den Herrscherkult, der griechische und orientalische Traditionen vereint und in der Regel auch die Königin mit einbezieht. In königlichen Erlassen, oftmals in Briefform abgefaßt, artikuliert sich der Wille des Herrschers, seine Botschaften an Städte und Untertanen, seine Anordnungen und Gnadenerweise. Eine dynastische Politik sichert die Nachfolge in seinem Hause. Die Kennzeichnung der königlichen Macht als „Herrschaft ohne Verantwortlichkeit" (*arché anhypeúthynos*) bringt den absolutistischen Charakter auf einen zeitgenössischen Begriff: Der König muß für das, was er tut, keine Rechenschaft ablegen wie die Amtsträger der griechischen Polis.

Dieses idealtypische Bild, wie es vor allem V. Ehrenberg in seinem „Staat der Griechen" mit großer Kenntnis und Einfühlungsvermögen gezeichnet hat, ist Ausgangspunkt für Fragen und weiterführende Überlegungen, die nicht zuletzt aus der Verschiedenheit der einzelnen Monarchien resultieren, den unterschiedlichen historischen und geographischen Voraussetzungen, unter denen sie sich ausgebildet haben: Das Reich der Ptolemäer in Ägypten, das Seleukiden- und Attalidenreich in Kleinasien, das Antigonidenreich auf der Balkanhalbinsel. Wie haben sich die verschiedenen Traditionsbestände auf die Form des Königtums ausgewirkt? Wie „absolut" ist die königliche Herrschaft in Wirklichkeit? Wie eigenständig agieren Heer und Verwaltung? Welchen Einfluß hat der königliche

Hof, die „Freunde" (*philoi*) des Herrschers, das Dienstpersonal, die Frauen? Polybios hat uns in seinem Geschichtswerk wertvolle Einzelheiten über den Lebensstil hellenistischer Herrscher mitgeteilt, die insgesamt ein nüchternes und ernüchterndes Bild geben, etwa die Schilderung des Seleukidenkönigs Antiochos IV. Epiphanes (175–164 v. Chr.), der aus dem königlichen Palast in Antiochia entwischt und sich in den Gassen der Hauptstadt herumtreibt und den Kontakt mit dem gemeinen Volk sucht (Pol. 26,10). Die bewußte Stilisierung des Königtums, die auf Akzeptanz der Herrschaft abzielt, ist die eine Sache. Sie äußerte sich im Königskult, der Königsideologie (der König als Sieger, als Wohltäter, als Retter), den Repräsentationsformen; eine andere die konkrete Handhabung der Herrschaft, die vielschichtiger ist und unterschiedlichen Bedürfnissen Rechnung zu tragen hat. Wie ja der Untertanenverband nur in einem sehr allgemeinen Sinne existierte: es gab die griechische Herrenschicht, die als Kaufleute, Offiziere und Verwaltungsbeamte fungierten, es gab einheimische Bauern und Handwerker, es gab Zugewanderte wie etwa die Juden. Da war die Stadt mit ihren Bewohnern, daneben der Tempel als wirtschaftliches und soziales Großunternehmen. Damit ist bereits angedeutet, daß es den einheitlichen Flächenstaat (bis auf Ägypten) nicht gegeben hat, sondern viele regionale Unterteilungen mit einer mehr oder minder großen Autonomie. Es ist wichtig und lehrreich zu sehen, wie die hellenistischen Könige mit diesen ganz unterschiedlichen Strukturen im Inneren zurechtgekommen sind.

Das Verhältnis des Königs zur griechischen Polis rückt einen weiteren wichtigen Aspekt hellenistischer Staatlichkeit in das Blickfeld: die Außenpolitik, mit ihr die kriegerischen Auseinandersetzungen, die der Sicherung und Erweiterung des eigenen Territoriums gelten. Man hat dabei offensive und defensive Außenpolitik zu unterscheiden versucht, man hat in diesem Zusammenhang auf die neuralgischen Grenzgebiete, insbesondere Syrien als Zankapfel zwischen Ptolemäern und Seleukiden hingewiesen und einzelne „imperialistische Herrscher" wie etwa Antiochos III. von Syrien (223–187 v. Chr.) oder Philipp V. von Makedonien (221–179 v. Chr.) genau auf ihre Handlungsstrategien hin befragt. Lassen sich so etwas wie konstante Leitlinien der äußeren Politik ausmachen? Was ist von dem „Gleichgewicht der Kräfte" im 3. Jh. v. Chr. zu halten, das man analog der frühen neuzeitlichen „balance of power" als Regulativ zwischen den hellenistischen Großmächte glaubte feststellen zu können? Wie lassen sich die expansiven Aktivitäten am Ende des 3. Jh. v. Chr. verstehen?

Und schließlich das Eingreifen Roms in das hellenistische Staatensystem, das sich im 1. makedonischen Krieg 205 v. Chr. ankündigte und innerhalb von ca. 50 Jahren zu einer fundamentalen Veränderung der politischen Landschaft im Osten und zur Errichtung einer Weltherrschaft führte, die den Historiker Polybios (I 1f.) zu seinem Geschichtswerk inspiriert hat: Bei allen diesen Problemen kommt es naturgemäß auf Motive und Ziele in der kriegerischen Politik der einzelnen Gegner an. Aber man muß auch den Blick auf die gewaltigen Ressourcen werfen, die von den hellenistischen Königen mobilisiert und zu einem nicht geringen Teil vernichtet wurden. M. Rostovtzeff (1870–1952) hat in diesem dauern-

den Verschleiß von Menschen und Sachgütern im Kampf um die politische Führung eine im Ganzen verhängnisvolle Entwicklung gesehen, welche die sozialen
Konflikte im Inneren beschleunigte und die Staaten schwächte. Die innere
Schwäche und den wirtschaftlichen Niedergang hat er als eine der Ursachen für
den Sieg und die anschließende Herrschaft Roms erkannt. Andere Forscher haben eine derartig desaströse Außenpolitik der hellenistischen Herrscher nicht erkennen wollen und den Untergang des Hellenismus auf das Konto eines römischen Imperialismus gebucht (u.a. H. Bengtson). Beide Erklärungsmodelle: das
der inneren Schwäche und der stetigen Überforderung auf der einen und der militärischen Aggression auf der anderen Seite brauchen sich nicht ausschließen.
Sie verweisen den Historiker unmißverständlich auf die simple Tatsache, daß
man Außen- und Innenpolitik auch im Altertum nicht isoliert betrachten kann.
Für die hellenistische Staatenwelt bedeutete die Einverleibung Ägyptens in das
römische Imperium 30 v. Chr. das endgültige äußere Ende. Als Kulturkraft hat
der Hellenismus dagegen im römischen Reich bis zum Ende der Antike überlebt.

Rom hat den historischen Ausgangspunkt mit den griechischen Stadtstaaten
gemein. Wie diese war es dem Ursprung nach eine Polis unter anderen, teilte mit
ihnen das überschaubare Areal, die geringe Bevölkerungszahl und eine einfache,
kleine Verwaltung; anders gesagt, Rom war in der Frühzeit seines Bestehen (8.–6.
Jh. v. Chr.) ein Gemeinwesen von rein regionaler Bedeutung. Aber im Unterschied
zu den griechischen Stadtstaaten gelang es den Römern in einem langwierigen
Prozeß, der über ein halbes Jahrtausend währte, den Stadtstaat zu einem gewaltigen Weltreich auszubauen, den Bürgerverband (*civitas Romana*) in das weltum-
spannende *Imperium Romanum* zu überführen. Diese Transformation war in ihrer
letzten Phase (133–44 v. Chr.) von tiefen politischen Spannungen, sozialen Unru-
hen und militärischen Putschversuchen gekennzeichnet, deren die römische Republik nicht mehr Herr werden konnte. Sie mündete folgerichtig in eine quasimonar-
chische Alleinherrschaft ein, den römischen *Prinzipat*, der unter seinem Schöpfer
Augustus (63 v.–14 n. Chr.) noch viele republikanische Elemente beibehielt.

Dieser Weg vom *Gemeindestaat zum Reichsstaat* (M. Gelzer), der sich von seinem Ergebnis her so folgerichtig ausnimmt, war durch Widerstände und Brüche
gekennzeichnet, die durch die großen Zäsuren der römischen Geschichte eher
verdeckt werden:

– Eine legendäre Königszeit vom 8. Jh. v. Chr. bis etwa 500 v. Chr., in der die
  Stadtwerdung erfolgte und Rom unter latinischer und etruskischer Vorherrschaft stand.
– Die Epoche der römischen Republik, in der sich das Gemeinwesen zunächst
  im Inneren festigte, gewaltig expandierte und zum Weltreich wurde, ehe die
  Republik nach einem längeren krisenhaften Prozeß in eine Alleinherrschaft
  einmündete (ca. 500–27 v. Chr.).
– Eine frühe römische Kaiserzeit, die fast 200 Jahre lang dem Reich und seinen Bewohnern Frieden, Wohlfahrt und Sicherheit bescherte (27 v. Chr. bis
  192 n. Chr., der Beginn des augusteischen Prinzipates und der Tod des Kaiser Commodus).

Abb. 5: Volksstämme und Zentren des antiken Italien, 5.–3. Jh.v.Chr.

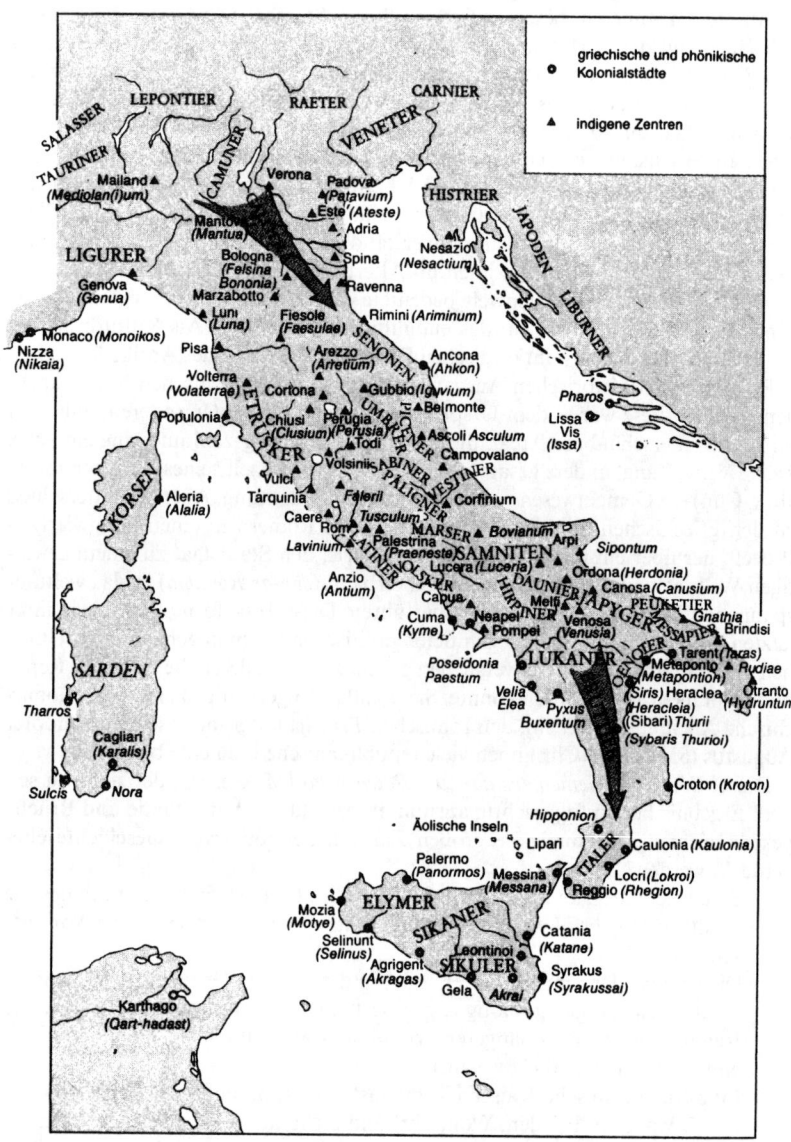

(aus: M. Pallotino, Italien vor der Römerzeit, München 1987, 130)

– Die späte römische Kaiserzeit oder die Zeit der Spätantike, in der nach dem Zwischenspiel der Soldatenkaiser (193–284 n. Chr.) noch rund 200 Jahre die römische Herrschaft aufrechterhalten wurde, sich ein West- und ein Ostreich abspaltete (395 n. Chr.), das nach dem Ende der römischen Herrschaft im Westen (476 n. Chr.) als Byzantinisches Kaiserreich im Osten römisch-hellenistische Traditionen weiterführte.

Derartige Gliederungen wollen mit dem nötigen Vorbehalt aufgenommen werden. Bedeutende Veränderungen lassen sich nun einmal nicht auf ein bestimmtes politisches Ereignis festnageln, das in seiner Signifikanz durchaus strittig sein kann. Wann beginnt, wann endet die römische Republik? Wann tun die Römer den entscheidenden Schritt zu einer imperialistischen Außenpolitik? Wo soll man die Grenze zwischen der frühen und späten Kaiserzeit ziehen? Was geht mit der Absetzung des Romulus Augustulus 476 n. Chr. wirklich zu Ende? Roms staatliche Geschichte ist in ihren Hauptzügen wie keine andere eine Zeit der gleitenden Übergänge. Wir werden immer wieder auf die Hintergründe der jeweiligen Entwicklung verwiesen, die markante Fixpunkte erst verständlich machen: Vertreibung der etruskischen Könige 510 v. Chr.; 1. Punischer Krieg mit anschließender Annexion Siziliens 264–241 v. Chr.; Beginn der sog. römischen Revolution mit dem Volkstribunat des Tiberius Gracchus 133 v. Chr.; Ermordung Caesars 44 v. Chr.; Sieg Konstantins über Maxentius an der Milvischen Brücke unter christlichem Vorzeichen 312 n. Chr.: All diese Daten werden erst historische Ereignisse auf dem Hintergrund der gesellschaftlichen und politischen Organisation, in die sie eingebunden sind.

Roms vorbildliche politische Ordnung war für den Historiker Polybios d e r Grund , warum die Römer zur Führungsmacht der damaligen Welt aufstiegen. Er analysierte mit großer Schärfe die drei „Säulen" der Republik, das Volk mit seinen Organen, den Volksversammlungen; den Senat als Organ der römischen Aristokratie; die Konsuln, die oberste Magistratur als Exekutivgewalt, der er königlichen Charakter zusprach. In der gelungenen Mischung vermutete er die Stärke der Verfassung und einen weitgehenden Garanten für Stabilität, und das war für die Zeit um 200 v. Chr., die Polybios wohl im Auge hatte, gar nicht so falsch. Der heutige Historiker wird sich mit diesem philosophischen und harmonistischen Erklärungsmodell nicht zufrieden geben, wiewohl es einen großen heuristischen Wert besitzt. Die Institutionen sind ihm als Elemente des antiken Stadtstaates vertraut. Er weiß durch Vergleichen, daß die Volksversammlungen sich aus den Heeresversammlungen heraus entwickelt haben und kann von daher die Zusammensetzung und die Entscheidungsmöglichkeiten der Gremien ableiten: Waffenfähige, männliche Vollbürger, die über Belange des Krieges und des Friedens abstimmen. Die dort gewählten Konsuln besitzen die militärische und zivile Vollgewalt, das *imperium*. Aber woher leitet sich das im Imperium artikulierte Handlungsvermögen wirklich ab? Wie ist das Doppelamt historisch zustande gekommen, wie weit ist den Quellen zu trauen, welche die Kollegialität des Konsulates mit der Vertreibung der Könige 510 v. Chr. in Verbindung bringen? Der Senat, die Versammlung der Alten (*senes*), hat zunächst nur beratende Funktion, aber seine Ratschläge werden im Verlaufe der Zeit mehr und mehr zu politischen Entscheidungen und verpflichtenden Rechtsweisungen, die ihn zum zentralen Organ des Gemeinwesens, der *res publica*, machen.

All diese Institutionen und ihre Wandlungen lassen sich halbwegs verläßlich beschreiben: Wie sie entstanden sind, welche Bedeutung sie im einzelnen besessen haben, welche Schwundstufen sie gegebenenfalls durchlaufen. Aber wie fügen sich die Teile zum Ganzen? Kommt man mit der modernen Unterscheidung von Verfassungsnorm und Verfassungswirklichkeit weiter? Eher scheint ein anderer Schlüssel angemessener: Die aristokratische Gesellschaft und ihre „Spielregeln", die sie sich schuf. Senat, Volksversammlung und Magistraturen funktionieren als politische Ausdrucksformen des Adels, zunächst des Patriziates, dann der Nobilität, des römischen Amtsadels (unter Einschluß reicher Plebejer), der nach 367 v. Chr. zur sozial führenden Schicht aufstieg.

Die *res publica Romana* war ein Gemeinwesen unter sozialer und politischer Führung des Adels. Er formiert über gegenseitige Bindungen und Verpflichtungen Angehörige des einfachen Volkes zu einer privaten Gefolgschaft, das sog. Klientelwesen, das durch *obsequium* (Gehorsam), *officium* (Verpflichtung) und *fides* (gegenseitige Verläßlichkeit) gekennzeichnet war. Dieses soziale Verhältnis zwischen Patron und Klient ist danach in Italien und in den Provinzen von erheblicher Bedeutung gewesen und hat dort zur Etablierung der römischen Herrschaft beigetragen. Einzelne *gentes*, wie etwa die *Cornelii* und *Sempronii* in Spanien, besaßen jenseits von Rom so etwas wie eine Hausmacht im Ausland, für dessen Bewohner sie aber auch im Notfall einstanden.

Wie monolithisch, wie flexibel hat man sich diesen römischen Adel im Sozialen und im Politischen vorzustellen? Tüchtigen und angesehenen Grundbesitzern Italiens wie dem älteren M. Porcius Cato aus Tusculum (234 – 149 v. Chr.) gelingt die Integration, aber er war zu seiner Zeit eher die Ausnahme. Mit den überkommenen Instrumenten des Stadtstaates wird das entstandene Weltreich verwaltet, den gewählten Amtsträgern verlängert man das jährliche Imperium, sie üben als Promagistrate die Herrschaft in den Provinzen aus, die sie in aller Regel als legitime Ausbeutungsobjekte begreifen. C. Verres, Proprätor auf Sizilien 73–71 v. Chr. und durch Ciceros Anklagereden für uns plastisch greifbar, wird dadurch straffällig, daß er die normalen Bereicherungsmöglichkeiten eines römischen Statthalters schamlos übertrieb.

Hier wird ein fundamentaler Zusammenhang erkennbar, die Interdependenz von Außen und Innen, von sozioökonomischer Struktur und politischer Organisation, die für die römische Republik grundlegend war. Der Ausgleich zwischen Patriziern und Plebejern ermöglichte die langfristige Mobilisierung der römischen Bürgerwehr, der straff geführten Legionen unter der Leitung ihrer adeligen Heerführer, die zusammen mit ihren Verbündeten (*socii*) vom 4. Jh. an eine erfolgreiche expansive Politik betrieben. Mit dem 2. Jh. v. Chr. werden die Folgekosten dieser gewaltigen Aus- und Überdehnung spürbar: Verarmung der Landbevölkerung, Aufkommen eines städtischen und militärischen Proletariats, Desintegration des Adels, Aufstieg ehrgeiziger Heerführer, welche die Krisenmomente der Republik zur Festigung ihrer eigenen Position ausnutzen. Der Weg über Sulla (138–78 v. Chr.), Pompejus (106–48 v. Chr.), Caesar (100–44 v. Chr.) zu Octavian, dem späteren Princeps Augustus, schien vorgezeichnet, die Etablierung einer Alleinherrschaft auf militärischer Basis, welche Bezeichnung sie auch immer tragen mochte, folgerichtig.

Auch auf diesem vielbeackerten Feld hat die Geschichtswissenschaft gelernt, in ihren Bewertungen vorsichtig zu sein. Der Untergang der römischen Republik läßt sich offensichtlich nicht auf die Desintegration der Nobilität allein zurückführen. Welche Rolle spielen dabei die übrigen Bevölkerungsgruppierungen, die Ritter, das Volk, die Italiker, die Provinzialen? In welchem Zusammenhang steht die soziale mit der politischen Krise? Gerät das politische System der *res publica* nur deshalb aus den Fugen, weil es auf einen überschaubaren Stadtstaat und nicht auf ein großes Imperium hin angelegt war? Für Cicero, den Weggefährten des Untergangs, resultierte der Verlust der republikanischen Staatsform (*res publica amissa*) aus dem Verlust ethischer Werte, dem Verschwinden von Einstellungen und Verhaltensweisen wie Treue (*fides*), Wohlwollen (*beneficentia*), Gerechtigkeit (*aequitas*), die als moralischer Untergrund Staat und Gesellschaft trugen (de off. 2,26ff.) Benennt Cicero damit etwas Zutreffendes? Wie lassen sich Verlust und Wandel der römischen *virtutes* erklären? Welche Stellenwert haben sie im Spektrum der übrigen Krisenerscheinungen? Die Schwierigkeit des nachgeborenen Historikers bestehen darin, die einzelnen Krisenphänomene umfassend und genau festzumachen; die Kunst, die von ihm gefordert wird, liegt darin, die politischen, sozialen, ökonomischen und moralischen Phänomene in der rechten Weise zu bewerten und miteinander zu verknüpfen.

Krise, Untergang, Revolution sind Begriffe, die unserer Interpretation der niedergehenden Republik eine bestimmte Richtung geben. Man tut gut daran, sie näher anzuschauen und auf ihre Tauglichkeit zu prüfen. Nicht viel anders verhält es sich mit der von Octavian/Augustus eingeführten und geformten A l l e i n h e r r s c h a f t, die in der Sache widersprüchlich und in der Bezeichnung schillernd ist: Die wiederhergestellte Republik (*res publica restituta*); der Prinzipat (von lat. *princeps* – der Erste); das Kaisertum (vom Cognomen Caesar abgeleitet); die Dyarchie (die Zweiteilung der Herrschaft zwischen Kaiser und Senat); die Militärmonarchie – auch diese Nomenklaturen enthalten Deutungsmuster, die an den Fakten kritisch zu überprüfen sind. Sie lassen sich grob gesprochen drei Interpretationssträngen zuordnen:

– Der *princeps* sucht sich des bestehenden republikanischen Herrschaftsapparates zu bemächtigen, des Senats, der Magistraturen, der Verwaltung, des Heeres. So hat Tacitus rund einhundert Jahre später die Machtergreifung des Octavian gesehen (Tac.Ann. I 2) Gleichzeitig werden die republikanischen Institutionen innerlich ausgehöhlt, sie behalten lediglich eine äußere Fassade.

– Neben und aus den traditionellen Organen der Republik erwachsen neue Herrschaftsstrukturen. Der Ausbau des Kaiserhauses und eine konsequente dynastische Politik verraten die Handschrift des Alleinherrschers, dem aufgrund seiner übermenschlichen Stellung und Leistung göttliche Ehren (im sog. Kaiserkult) entgegengebracht werden. Ein eigenständige kaiserliche Verwaltung, besonders eine effektive Finanzverwaltung, übernimmt zunehmend die Aufgaben in Rom, Italien und in den Provinzen. Dieser Ausbau wird besonders unter Claudius (41–54 n. Chr.) vorangetrieben.

– Der *princeps* festigt und erweitert die soziale und ökonomische Basis seiner Herrschaft. Die Senatoren, Ritter, Soldaten, die plebs Romana, die Reichsbevölkerung werden durch eine differenzierte „Sozialpolitik" auf die neue Herrschaftsform verpflichtet. Dadurch, daß sie alle in unterschiedlicher Weise von der neuen Staatsform profitieren, akzeptieren sie den Alleinherrscher, dem sie sich persönlich verbunden fühlen. Staatsvermögen und kaiserliches Privatvermögen, schon von den Zeitgenossen kaum auseinanderzuhalten, summieren sich in seiner Hand zu gewaltigen Summen, die für das Militär, Verwaltung, öffentliche Bauten, Stiftungen und nicht zuletzt für die kaiserliche Repräsentation ausgegeben werden.

Von der Republik zur Monarchie – diese griffige Formel löst sich bei genauerem Hinsehen in andere Problemkreise und Fragestellungen auf. Die althistorische Forschung hat sich lange Zeit um Kontinuität und Diskontinuität der neuen Staatsform bemüht. Aber zunehmend gewinnen die Objektivationen und Instrumente der Herrschaft Interesse und Eigengewicht: die gesellschaftlichen Gruppen, Senatoren, Ritter, Volk, Militär, städtische Bürger, Landbevölkerung, Unfreie; der Hof und die Verwaltung in den Provinzen; die Raumordnung und Städte, Landschaften, Provinzen. Das imponierende römische Kaisertum „zerfällt" auf diese Weise in eine ganze Reihe von „Subssystemen", deren Verhältnis zur Zentrale nach wie vor für das Verständnis der Kaiserzeit wesentlich ist. Die *Pax Romana*, Friede und Wohlfahrt des römischen Reiches, beruhten nicht zuletzt darauf, daß es eine akzeptierte Aufgabenverteilung zwischen zentraler und dezentraler Ordnung gegeben hat. Wenn Schiffer aus Alexandria dem Kaiser Augustus zurufen: Er sei es, dem sie Leben und Beschäftigung verdanken, der sie in den Genuß von Freiheit und Wohlstand bringe (Suet. Aug. 98,2: *per illum se vivere, per illum navigare, libertate atque fortunis per illum frui*), dann drücken sie damit nicht allein ihre aktuelle Empfindung aus, sondern formulieren auf ihre Weise gleichsam Aufgabenteilung und Herrschaftszwecke des Kaisertums.

Wie sind die Herrscher im einzelnen diesem Ziel nachgekommen? Gab es erkennbare Herrschaftsmaximen, denen sie sich verpflichtet fühlten? Was hat man von ideellen Leitlinien wie der *pax, libertas, iustitia, virtus, liberalitas, concordia* zu halten, welche die kaiserliche Münzprägung aufnimmt und unters Volk bringt? Wen wollen die Herrscher mit welchem Ziel erreichen? Die kaiserlichen Botschaften werden auch dort unverdrossen verbreitet, wo die behauptete Eintracht, der Friede, die Gerechtigkeit und das Wohlergehen längst entschwunden waren.

Die in Trier geprägte Silbermünze des Kaiser Valens (364–378 n. Chr.) feiert den Herrscher, der das christliche Siegeszeichen (*labarum*) und den Globus, das Zeichen der Weltherrschaft trägt, als Triumphator über die barbarischen Völker, just zu einer Zeit, in der die Germanen verstärkt über den Rhein nach Gallien einfielen und im Osten Perser und germanische Stämme das Reich bedrohten. Die katastrophale Niederlage des Valens gegen die Goten bei Adrianopel 378 n. Chr., welche die kaiserliche Münzpropaganda grausam Lügen strafte, hat man als den Anfang vom Ende des römischen Kaiserreiches bezeichnet (E. Stein).

Abb. 6: Silbermiliarense des Kaiser Valens

Avers: Valens mit Diadem; Legende: D(ominus) N(oster) VALENS P(ius) F(elix) AUG(ustus)
Revers: Valens mit Siegesstandarte und Weltkugel neben einem gefesselten Gefangenen; Legende: TRIUMFATOR GENT(ium) BARB(arum)

(aus: C.H.V. Sutherland, Münzen der Römer, München 1974, Nr. 559 und 560)

Die Spätantike, die damit in den Blick gerät, läßt sich nur schwer in einfachen Konturen zeichnen. Der äußerlichen Überhöhung des Kaisers, der ganz offiziell *dominus noster* genannt wird, entspricht eine fortschreitende reale Entmachtung auf vielen Ebenen: Die Aufteilung des Imperiums in Ost und West; die Verselbständigung und der spätere Verlust von Reichsteilen; im inneren das Aufkommen mächtiger Funktionäre aus Heer und Bürokratie, die am Hof faktisch zu Nebenkaisern werden (z.B. der Germane Stilicho, † 408 n. Chr.); die Ausbreitung einer kostspieligen und aufgeblähten Bürokratie, die sich vielfach zu verselbständigen suchte. Verursacht sind die Niedergangsphänomene des römisches Staates nicht allein durch den äußeren Druck, der Germanen im Westen und Perser im Osten, die das Reich zur Ausbeutung aller Ressourcen zwang. Das obenangedeutete

Gleichgewicht zwischen Zentrale und Subsystemen war mit dem Ende des 2. Jh. n. Chr. bereits gewichen. Der fiskalische Druck auf die Reichsbevölkerung, insbesondere auf die Führungsschichten in den Städten (Dekurionen) nahm zu, staatliche Depressionen, die neben anderen zum Etikett der „spätantike Zwangsstaat" geführt haben. Die Duldung, später die Durchsetzung des Christentums, die in dem sog. Toleranzedikt von Mailand 313 n. Chr. ihren Ausdruck fand, läßt sich als fällige und nützliche Integration einer mächtig gewordenen Organisation in das römische Reich verstehen; aber auch hier sind die Folgekosten dieser welthistorischen Wende für Kirche und Staat nicht einfach zu bilanzieren. Neben die traditionellen Staatsorgane treten vom 4. Jh. an die Bischöfe, die als Kollektiv auf ökumenischen Synoden kirchliche Beschlüsse fassen, welche durch kaiserliche Bestätigung Staatsgesetze werden, und die als Einzelne in den Städten oftmals mehr Autorität besitzen als die staatlichen Führungsorgane. Die staatliche Organisation wird besonders im Westen des Reiches vor Ort schwächer und schwindet, der Bischof und die kirchlichen Führungsorgane treten an diese Stelle, besonders sinnfällig in Rom selbst, wo so bedeutende Bischöfe wie Leo I. (440–461 n. Chr.) und Gregor der Große (590–604 n. Chr.) die Bildung einer eigenen politischen Organisation erfolgreich vorantrieben, die das Erbe des römischen Kaisertums im religiösen Gewand antraten.

Die Ausführungen zur Spätantike bedürfen der Ergänzung und müssen, durch zusätzliches Material und Gesichtspunkte angereichert, tiefer begründet und möglicherweise auch anders bewertet werden. Dabei ist das Kaisertum durchaus nicht der alleinige Gegenstand, möglicherweise nicht einmal der wichtigste der heutigen Forschung. Das städtische Regiment, die Stellung der ländlichen Grundbesitzer, die kirchlichen Gemeinden und ihre Führung lassen sich ebenfalls als Herrschaftsorganisationen begreifen, die ganz bestimmte Gesellschaftsschichten bündeln und unter besonderen Bedingungen einen. Das Verhältnis dieser Größen untereinander, so schwer es im einzelnen von der Überlieferung auch zu klären ist, hat für den Historiker entscheidende Bedeutung und vermittelt ihm wichtige Einsichten, die über die Spätantike hinausreichen: Der „Staat" existiert nicht abgehoben für sich allein, sondern in einer „Gemengelage". Er läßt sich nicht getrennt von der Gesellschaft analysieren, sondern trägt deren Handschrift. Es gibt einflußreiche Individuen, die dem Staat und der Politik die Richtung zu weisen vermögen. Staatliche Herrschaft hat etwas mit dem Funktionieren von Subsystemen zu tun und bemißt sich in gewisser Weise nach der Dichte und der Durchsetzungen von Regelungen. In dieser Hinsicht konnte die Antike, besonders die römische Spätantike einiges vorweisen. Der Staat der Neuzeit ist im Hinblick darauf umfassender, „totaler" organisiert. Ob er die Staatszwecke (vgl. S. 77) besser verwirklicht, steht auf einem anderen Blatt.

Literatur:

Übergreifend: J. GAUDEMET, Institutions de l'antiquité, Paris 1967; The Cambridge Ancient History, Cambridge 1970ff.³ (grundlegend); H. KLOFT, Hrsg., Ideologie und Herrschaft in der Antike, Darmstadt 1979; I. FETSCHER, H. MÜNKLER, Hrsg., Pipers Handbuch der politischen Ideen, I, München–Zürich 1988; H. BENGTSON, Geschichte der Alten Welt, Frankfurt 1989; I. WEILER, Hrsg., Grundzüge der politischen Geschichte des Altertums, Wien/Köln 1990; E. MEYER, Einführung in die antike Staatskunde, Darmstadt 1992⁶; J. BOARDMAN, J. GRIFFIN, O. MURRAY, Hrsg., The Oxford History of the Classical World, I–II, Oxford 1988–91; W. DAHLHEIM, Die griechisch-römische Antike, I–II (Griechenland–Rom), Paderborn 1994²; M. CLAUSS, Einführung in die Alte Geschichte, München 1993 (Israel, Griechenland, Rom).

Der Alte Orient: P. Garelli, V. Nikiprovetzky, Le Proche-Orient-asiatique. Les empires mésopotamiens. Israel. Paris 1974; R. HERZOG, Staaten der Frühzeit, München 1988; St. BREUER, Der archaische Staat, Zur Soziologie charismatischer Herrschaft, Berlin 1990; H.J. NISSEN, Grundzüge einer Geschichte der Frühzeit des Vorderen Orients, Darmstadt 1995³; W. RÖLLIG, Hrsg., Tübinger Atlas des Vorderen Orients, Wiesbaden 1975ff. (Beihefte)); H. BRUNNER, K. FLESSEL, Fr. HILLER, Lexikon Alte Kulturen, Mannheim 1990–93; B.G. TRIGGER, B.J. KEMP u.a., Ancient Egypt, A Social History, Cambridge 1983 (Lit.); E. HORNUNG, Grundzüge der ägyptischen Geschichte, Darmstadt 1992.

Griechenland: G. BUSOLT, E. SWOBODA, Griechische Staatskunde I–II, München 1920–26; V. EHRENBERG, Der Staat der Griechen, Zürich–Stuttgart 1965; F. GSCHNITZER, Hrsg., Zur Griechischen Staatskunde, Darmstadt 1969; H. BENGTSON, Griechische Geschichte von den Anfängen bis in die römische Kaiserzeit, München 1982⁶; I. WEILER, Griechische Geschichte, Einführung, Quellenkunde, Bibliographie, Darmstadt 1988²; W. SCHULLER, Griechische Geschichte, München 1995⁴; H.J. GEHRKE, Geschichte des Hellenismus, 1995²; O. MURRAY, Das frühe Griechenland, München 1982; E.C.L. VAN DER VLIET, The Origins of the Greek State, London 1987; J.K. DAVIES, Das klassische Griechenland und die Demokratie, München 1983; J. BLEICKEN, Die athenische Demokratie, Paderborn 1994²; E. WILL, Histoire politique du monde héllenistique, I–II, Paris 1982²; E.S. GRUEN, The Hellenistic World and the Coming of Rome, I–II, Berkeley 1984; J.A.O. LARSEN, Greek Federal States, Their Institutions and History, Oxford 1968; G.J.D. AALDERS, Die Theorie der gemischten Verfassung im Altertum, Amsterdam 1968; P. VEYNE, Brot und Spiele, Frankfurt 1988 (dazu: P. GARNSEY, JRS 81, 1991, 164ff.); F. GSCHNITZER, Griechische Sozialgeschichte von der mykenischen bis zum Ausgang der klassischen Zeit, Wiesbaden 1981.

Rom: U. VON LÜBTOW, Der römische Staat, sein Volk und sein Recht, Frankfurt 1955; E. MEYER, Römischer Staat und Staatsgedanke, Zürich–Stuttgart 1975⁴; A. HEUSS, Römische Geschichte, Braunschweig 1983⁵; K. CHRIST, Römische Geschichte, Einführung, Quellenkunde, Bibliographie, Darmstadt 1994⁵; J. BLEICKEN, Geschichte der römischen Republik, München 1992⁴; W. EDER, Hrsg. Staat und Staatlichkeit in der frühen römischen Republik, Stuttgart 1990; W. DAHLHEIM, Gewalt und Herrschaft, Das provinziale Herrschaftssystem der römischen Republik, Berlin 1977; W.V. HARRIS, War and Imperialism in Republican Rome, Oxford 1985; Chr. MEYER, Res publica amissa, Frankfurt 1980²; J. BLEICKEN, Verfassungs- und Sozialgeschichte der römischen Kaiserzeit, I–II, Paderborn 1994f.; P. GARNSEY, R. SALLER, Das römische Kaiserreich, Wirtschaft, Gesellschaft, Kultur. Reinbek 1989; F. MILLAR, The Emperor in the Roman World, London 1977; K. CHRIST, Geschichte der römischen Kaiserzeit, München 1995³; A. DEMANDT, Die Spätantike. Römische Geschichte von Diokletian bis Justinian. 284–565 n. Chr., München 1989; J. MARTIN, Spätantike und Völkerwanderung, München 1995⁴; A. CAMERON, The Mediterranean World in the Late Antiquity AD 395–600, London 1993; G. ALFÖLDY, Römische Sozialgeschichte, Wiesbaden 1984³; DERS. Römische Gesellschaft, Stuttgart 1986; J.A. SHELTON, As the Romans did, A Sourcebook in Roman Social History, Oxford 1988 (Quellen, Lit.).

2. Wirtschaft und Gesellschaft

Der griechische Name für Wirtschaft *oikonomia* bedeutet ursprünglich die Hege, Pflege, die Bewirtschaftung des Hauses (*oikos*), und über die rechte Haushaltungskunst (*peri oikonomías*) haben sich viele griechische Autoren in Traktaten verbreitet, die heute größtenteils verloren sind. Die Form der überschaubaren Hauswirtschaft hätten die Griechen, habe die gesamte Antike nicht hinter sich gelassen, lautet die bekannte These des bedeutenden deutschen Nationalökonomen Karl Bücher (1847–1930), die in modifizierter Form bis auf den heutigen Tag ihre Anhänger findet. Ihr wurde aber ebenso heftig widersprochen. Auch die Antike habe die Stadtwirtschaft, habe die Staatswirtschaft gekannt, so die Gegenposition des einflußreichen Althistorikers Eduard Meyer (1855–1930). Wir wollen im folgenden einige Materialien und Gesichtspunkte beibringen, die dem eigenen Urteil den Weg weisen können.

„Wirtschaft ist die Erzeugung, der Austausch und der Konsum von Gütern" – von dieser Definition L. Beutins, wiewohl erweiterungs- und ergänzungsbedürftig, läßt sich sinnvoll ausgehen. Sie sondiert den gewaltigen Stoff nach drei Schemata, die es für unsere Zecke zu präzisieren gilt.

An erster Stelle der Erzeugung, der Produktion, steht in der Antike wie auch im Mittelalter die Landwirtschaft. Auszugehen ist dabei von den unterschiedlichen Boden- und Klimaverhältnissen der mediterranen Welt, von der Unterscheidung zwischen Land- und Viehwirtschaft, die als Fernweidewirtschaft (Transhumanz) die gesamte Antike hindurch eine erhebliche Bedeutung besaß; ferner von dem starken Gefälle zwischen der landwirtschaftlichen Selbstversorgung (der sog. Subsistenzwirtschaft) und der Produktion über den Haushalt hinaus, für einen Markt, wie immer dieser nun aussah.

Derartige Sondierungen werden anschaulich an bestimmten Personen, an Typen, die für ihre Zeit in charakteristischer Weise Landwirtschaft betreiben. Drei seien für die griechisch-römische Welt vorgestellt: Da ist zum einen Person und Haushalt des Odysseus, der auf Ithaka eine ansehnliche Gutsherrschaft, eine Oikoswirtschaft betrieb. Sie umfaßte zur Zeit der Abfassung des homerischen Epos (etwa 700 v. Chr.) Land- und Weidewirtschaft, produzierte neben Fleisch, Getreide, Öl, Wein und Flachs, das von Frauen im Haus neben der Wolle zu Textilien weiterverarbeitet wurde. Die Arbeiten erledigen das Hausgesinde, Freie und Unfreie, daneben Lohn- bzw. Saisonarbeiter (Theten), die den untersten Platz in der sozialen Skala einnehmen. Handwerkliche Tätigkeiten werden zum Teil von Hausangehörigen erledigt, zum Teil von Wanderhandwerkern (*demiurgoí*), wie etwa Schmiede, die zu bestimmten Aufgaben verpflichtet werden.

Mehr am Handel mit der nahen Stadt orientiert ist der landwirtschaftliche Betrieb, wie wir ihn aus den Schriften und anhand der Person des Älteren Cato (234–149 v. Chr.) aus Tuskulum in der Nähe Roms kennen. Auch bei Cato begegnet noch das Mischgut, das er auf 100 Morgen (etwa 25 ha) ansetzt und hauptsächlich dem Eigenbedarf dient. Darüberhinaus aber empfiehlt er seinen

Standesgenossen, ihren Geldreichtum in Spezialgütern (Öl, Wein) anzulegen, die hauptsächlich von Sklaven unter Aufsicht eines Verwalters (*vilicus*) bearbeitet werden.

Dieser Trend zum Großgrundbesitz (*latifundium*), zu speziellen Produkten, zum Handel und Export verstärkt sich in der frühen römischen Kaiserzeit und findet seinen anschaulichsten Ausdruck in der Person und dem Gutsbetrieb des reichen Freigelassenen und Parvenüs Trimalchio, wie sie das Satyricon des Petron († 66 n. Chr.) anschaulich und bewußt übertrieben schildern. Für den mehrfachen Millionär machen die Erträge seiner Güter (sat. 53, daneben 75ff.) nur einen Teil seines Reichtums aus, den er mit Handel und Bankgeschäften geschickt zu erweitern wußte.

An diesen drei Beispielen wird bereits deutlich: die Landwirtschaft ist in der Antike alles andere als monolithisch; es gibt sehr unterschiedliche Produktions- und Organisationsformen, die näher auszuführen wären: Im Hinblick auf die Produkte, auf Anbaumethoden und Ertrag, auf Organisation der Arbeit, auf Absatzmöglichkeiten. Läßt sich aus den vorgeführten Typen eine Entwicklung im Agrarbereich ablesen, die von der Selbstversorgung zur Stadtversorgung und zum Export führt? Hier müssen Gesichtspunkte berücksichtigt werden, auf die wir lediglich aufmerksam machen können: Die Existenz und der Umfang der Subsistenzwirtschaften, die es nach wie vor gegeben hat; die Entstehung der Stadt und das Anwachsen einer städtischen Bevölkerung, die auf Versorgung vom nahen Lande angewiesen ist; die Transportmöglichkeiten über Land und See, die Voraussetzung für den Handel bilden. Alle diese Probleme präsentieren sich nach Zeit und Region zuweilen sehr unterschiedlich. Antike Landwirtschaft ist ein differenziertes Gebilde. Sie besitzt Geschichte und unterliegt Wandlungen, die erklärungsbedürftig sind.

Der Analyse bedarf auch die s o z i a l e O r d n u n g, die hinter der Landwirtschaft steht: Der Gutsbesitzer, der mittlere, der kleine Landwirt, Frauen, Kinder, das Gesinde, das nach römischer Auffassung zur *familia* gehört. Wieweit war die Sklavenarbeit verbreitet, welchen Anteil und welche Bedeutung besitzen Saisonarbeiter und Tagelöhner, welche Formen der Entlohnung hat es gegeben? In dem bekannten Gleichnis von dem Arbeiter im Weinberg beim Evangelisten Matthäus (20,1–15) wird als Tagelohn ein römischer Denar mit dem auf dem Markt wartenden Arbeitslosen (*aergoí*, nicht Müßiggänger, wie es gewöhnlich heißt) vereinbart. War dieser Lohn normal für die frühe römische Kaiserzeit in dieser Gegend? Wie erwirtschaftet der Hausherr das Lohngeld, was konnte der Tagelöhner damit anfangen? Nach modernen Schätzungen lebten zwischen 80 und 90 Prozent der Reichsbevölkerung in der Kaiserzeit (geschätzt 50–80 Millionen) auf dem Lande und vom Lande. Wir ahnen, welche eminenten ökonomische und soziale Probleme sich hinter dem Gleichnis auftun.

G e w e r b e u n d I n d u s t r i e stellen Formen der Weiterverarbeitung von Stoffen und Erträgen dar, die in der erster Linie von Landwirtschaft und Bergbau, den wichtigsten Zweigen der sog. *Urproduktion*, bereitgestellt werden. Bereits die altorientalischen Hochkulturen hatten in der Behandlung und Bearbeitung von

Stein, Metall (Kupfer ab dem 4. Jht., Eisen ab Mitte des 2. Jht.), Ton und Holz
eine erstaunliche Fertigkeit entwickelt, die von den Griechen, Etruskern und Römern aufgenommen und weiterentwickelt wurde. Der Historiker ist nicht allein
daran interessiert, über welche Vermittlungen und Etappen derartige *Kunstfertig-
keiten* – der Grieche spricht bezeichnenderweise von *téchne*, der Römer von *ars* –
nach Griechenland und Italien gelangt sind. Er fragt, von den Relikten und
schriftlichen Zeugnissen ausgehend, nach dem Zustandekommen und der Funktion der Gegenstände und Waren: Mamorblöcke von der Insel Paros, attische Va-
sen, etruskische Eisengeräte, *Terra sigillata*-Waren[4] aus Arezzo, Weinamphoren
aus Spanien, die in Rom gefunden wurden. Sie alle sind ja auch Gebrauchsgegenstände gewesen, die unter bestimmten Bedingungen verfertigt, umgeschlagen
bzw. gehandelt und in Gebrauch genommen wurden. Eine derartige, an Kunstgegenständen gewonnene Erkenntnis ist für einen Wirtschaftshistoriker naturgemäß zu allgemein und muß konkret umgesetzt werden. Drei Gesichtspunkte
geben die mögliche Richtung an:
1. Die Sondierung nach Klein-, Massen- und Luxusproduktion ist in mehrfacher Hinsicht wichtig, wiewohl die Grenzen nicht einfach zu ziehen sind. In
Aquileia (Oberitalien) wurden Schmuckgegenstände aus Bernstein von der Ost-
seeküste verfertigt, die in der Kaiserzeit allgemein beliebt waren, einstmals also
elitäre Luxusgegenstände, die zunehmend vulgarisiert wurden (vergleichbar unserem Tee und Kaffee). Wein, Öl und Getreide, daneben Wollprodukte sind in
der Antike Massengüter gewesen, die dem täglichen Lebensunterhalt dienten.
Kein Zweifel, daß eine im Einzelfall beträchtliche städtische Bevölkerung (in der
frühen Kaiserzeit besaß Alexandria etwa 500 000, Seleukia am Tigris möglicherweise 600 000, Rom ca. 1 Million Einwohner) auf gewaltige Mengen von Grund-
nahrungsmittel und Bekleidung angewiesen war, die z.T. auch in den Städten
weiterverarbeitet wurden. Das ungewöhnliche Grabmal des Magnus Vergileius
Eurysaces in Rom, der sich selbst als Bäcker und Aufkäufer von Getreide (*pistor,
redemptor*, ILS 7460, ca. 30 v. Chr.) bezeichnet, zeigt im oberen Fries eine
Großbäckerei, in der Getreide angeliefert, gemahlen und zu Broten weiterverarbeitet und ausgegeben wurde.
   Aber die Verhältnisse lagen auf dem Lande und in den kleinen Städten anders,
wo die Grundversorgung in erster Linie der eigene Haushalt regelte. Die vor
nicht langer Zeit aufgedeckten und untersuchten Stadtgärten in Pompeji sind ein
wichtiges Beispiel dafür, wie Selbstverköstigung und Versorgung durch Gewerbebetriebe (Bäckereien, Garküchen, Fleischereien) Hand in Hand gehen können.
Wo und wann die technische, sozialen und ökonomischen Voraussetzungen für
Massen- und Luxusproduktion gegeben waren, ist ein wichtiges Untersuchungsfeld, das in seinen Ergebnissen den Charakter der antiken Wirtschaft wesentlich
mitbestimmt.

---

[4] Waren aus gebranntem Ton (ital. *terra cotta*), die figürlichen Schmuck (lat. *sigillum, sigilla*) aufweisen. Von Arretium in Mittelitalien verbreitet sich diese Art der Keramik in die
römischen Provinzen, besonders nach Gallien.

Abb. 7: Relieffries vom Grabmal des Eurysaces vor der Porta Maggiore, Rom

a) Von rechts nach links: Anlieferung des Getreides und Verbuchung; zwei von Eseln getriebene Getreidemühlen; Sieben des Mehls und Verkauf an einen städtischen Kunden.

b) Von rechts nach links: Kneten des Brotteiges mittels einer Maschine, die von einem Maultier getrieben wird; Ausformen der Brotlaibe mit der Hand und Ausbacken im Backofen.

c) Von links nach rechts: Transport der gebackenen Brote zum Abwiegen, Feststellung des Gewichtes und Abtransport zum Verkauf bzw. zur Verteilung.

(aus: R. MÜLLER, Hrsg., Kulturgeschichte der Antike II, Rom,
Berlin 1978, 143)

2. Die Produktionsweise ist nicht weniger abhängig von der Organisationsform des Gewerbes: Mit welchen Personen und Mitteln haben Handwerker ihr Gewerbe ausgeübt? In archaischer Zeit begegnen Wanderhandwerker, die im Haus und mit den Mitteln des Auftraggebers arbeiten. Allmählich entwickeln sich eigene Werkstätten (*ergastéria*) mit einfachen Werkzeugen und Arbeitern, in der Regel Sklaven, die im 4. Jh. v. Chr. in Athen bis an die hundert Personen fassen konnten. Hauptsächlich Sklaven dürften auch in der römischen Großbäckerei (s.o.) tätig gewesen sein. All dies hat den Charakter einer Manufaktur und nicht einer Großindustrie, wie man zuweilen gemeint hat. Sie bildet ohne Zweifel die modernste antike Betriebsform, unbeschadet der Tatsache, daß in der späten Kaiser-

zeit kaiserliche Fabriken entstehen, in denen Arbeiter (*fabricenses*) unter staatlicher Obhut Waffen, Textilien, Ziegel für den Hof, das Heer und die Bürokratie herstellen mußten. Es ist schwierig, angesichts des Fehlens von quantitativen Angaben eine vorherrschende Organisationsform zu erkennen.

3. Der letzte Aspekt betrifft den Status des Handwerkers und seine „Verortung" in der Sozialstruktur. Im archaischen Griechenland spielte der *demiurgos* nur eine Nebenrolle, in der großen Zeit Athens während des 5. und 4. Jh. dürfte der *Demos* neben den Landwirten zu einem überwiegenden Teil aus Handwerkern und Kleinhändlern bestanden haben, wie dies die Komödien des Aristophanes naheleegen, die in bunter Folge Hersteller von Lampen, Waffen, Rüstungen, Gerber, Bäcker, Töpfer auf die Bühne bringen. Aber Gewerbetreibende waren daneben vor allem die Metöken, die geduldeten, ja erwünschten freien Mitbewohner, in deren Hände wichtige Geschäfte lagen und die einträgliche Steuern zahlten. Hierin scheint sich eine gewisse Deklassierung der handwerklichen Tätigkeit auszusprechen, wie sie sich in Rom fortsetzte. Auch in Rom sind es kleine Leute, oft Freigelassene und Zugereiste, die ein Handwerk betreiben. Unser Bäcker Eurysaces war, wie der Name nahelegt, ursprünglich wohl ein griechischer Sklave, der nach der Freilassung den Gentilnamen seines Patrons annahm und reich wurde. Hinzu kommen vielfältige Meinungsäußerungen, die zwar das künstlerische Herstellen gelten lassen, den Handwerker aber als Banausen verächtlich machen und von entwürdigenden Tätigkeiten reden (vgl. Herod. 2,167, Cic. off. 1,150f. u.ö.).

Von der richtigen Bewertung dieses Befundes hängt viel für die antike Wirtschaft und Gesellschaft ab. Läßt sich wirklich generell vom „Elend der Handarbeit" in der Antike reden, wie es geschehen ist? Adel, Bürgertum und Reichtum durch Grundbesitz auf der einen, Handwerker, Händler, Fremde, Freigelassene und Sklaven als arbeitende Schichten auf der anderen Seite, ohne Rückhalt an Grundbesitz und im allgemeinen kümmerlich lebend – inwieweit stimmt dieser idealtypische Entwurf? Man muß über Athen und Rom hinausschauen, neben den Äußerungen der Theoretiker zur Arbeit die Rechtsquellen, die Inschriften und archäologischen Zeugnisse intensiv befragen, um gewahr zu werden, daß derartig grobe und ungenaue Vereinfachungen das differenzierte Bild des Gewerbes, der gewerbetreibenden und arbeitenden Schichten nicht angemessen wiedergeben. Aber wo, wie und von wem die Grenzen zwischen Verachtung, stillschweigendem Geltenlassen und öffentlicher Anerkennung von Arbeit gezogen wurden, dies ist nach wie vor ein drängendes Problem.

Agrarische Erzeugnisse und handwerkliche Produkte ziehen unter gewissen Rahmenbedingungen Handel, Markt und Geld als Austauschmittel nach sich. Der Soziologe Georg Simmel hat einmal den Menschen prononciert als „das tauschende Tier" bezeichnet, um damit die abwägende, auf Verobjektivierung zielende Tätigkeit des Tauschens als spezifische Eigenart des Menschen herauszustellen. Diese anthropologische Grundhaltung gilt es nach Raum und Zeit zu präzisieren. Orts- und Fernhandel waren in den altorientalischen Hochkulturen bekannt. So importierte beispielsweise das alte Ägypten aus den Anrainerländern Weihrauch, Gold und wertvolle Hölzer. Es ist eine Frage der Definition, ob man für den regulären Warenumschlag einen Markt oder lieber einen Handelsplatz (*empórion*) postuliert, ein Begriff, der sich besonders als fester Umschlagsort zwischen unterschiedlichen Kulturen und Wirtschaftssystemen herausgebildet hat. Solche *empória* stehen am Beginn der phönikischen und griechischen Kolonisation, die so bedeutende Städte wie Karthago, die wichtigste Niederlassung des phönikischen Führers in Nordafrika (gegründet im 9. Jh. v. Chr.), Naukratis in Ägypten, Massalia (Marseille) an der Rhonemündung als bekannte griechische Niederlassungen hervorgebracht haben. Derartige Orte führten zu einer gewissen Verstetigung der Einfuhr von Waren, die im Mutterland rar und begehrt waren: Metalle, daneben Nahrungsmittel und Sklaven. Die homerischen Epen zeigen deutlich, wie eng auf dieser frühen Stufe Handel und Seeraub benachbart waren.

Ohne Frage hat das Aufkommen des Münzgeldes in Lydien (vgl. S. 62) den interlokalen Handel erleichtert und gefördert, wiewohl am Beginn der Münzprägung politische, religiöse und ökonomische Ursachen insgesamt stehen, die das Geld, das normierte und garantierte Stück Edelmetall als Verrechnungsgröße und als Medium des Austausches auf den Weg gebracht haben. Größere ökonomische Bedeutung hat erst die griechische Silberprägung von Ägina, Argos, Korinth und Athen im 6. Jh. v. Chr. besessen, die auch den Binnenmarkt mehr und mehr bestimmte. Dieser Übergang von der Natural- zur Geldwirtschaft leitete eine folgenreiche Entwicklung (vgl. S. 62) ein, die man nicht zu Unrecht in die Nähe der Erfindung der griechischen Schrift gesetzt hat (K. Polanyi: Geld als semantisches System). Nur wenige wichtige Punkte lassen sich hier andeuten: Die Entstehung eines städtischen Marktes, einer städtischen Wirtschaftsweise und eines städtischen Haushaltes; das Aufkommen von Geldreichtum neben und in Konkurrenz zum Landbesitz; die ökonomische Quantifizierung von menschlichen Leistungen und Verfehlungen (Arbeit und Strafe); die Entwicklung von Modalitäten des Geldverkehrs, das Aufkommen von Zinsen, nicht zuletzt die Entstehung von Banken, die sich der größeren Sicherheit halber zunächst an und in den großen Heiligtümern (Apolloheiligtum auf Delos, Artemisheiligtum bei Ephesos) etablierten. Handelszentren wie Korinth und Athen zogen bald nach, das Geldgeschäft lag dabei überwiegend in den Händen von Metöken und Freigelassenen, wie etwa Phormion und Pasion im Athen des 4. Jh., die aus den Reden des Demosthenes bekannt sind.

Dieser geringe soziale Status des Geldhändlers – durchaus verständlich auf dem Hintergrund einer agrarisch-aristokratischen Mentalität – setzt sich in Rom fort. Hier hatte das Geldwesen mit der Ausprägung des Silberdenars gegen Ende des 3. Jh. v. Chr. Anschluß an die hellenistische Wirtschaftswelt gefunden. Kleine Geldwechsler (*argentarii, nummularii*) schlagen ihre Buden in der Nähe des Forums auf und betreiben ihre eher kümmerlichen und dunklen Geschäfte, während das große Geld aus den Eroberungen und Landgewinnen in die Staatskasse (*aerarium populi Romanum*) und in die Hände der römischen Aristokratie floß. Dieser Trend zu gewaltigem Reichtum verstärkt sich in der römischen Kaiserzeit, in der neben der unvergleichlichen ökonomischen Potenz des Princeps Vermögen von 300 – 400 Mio. Sesterzen keine Seltenheit waren (Duncan–Jones 343f.).

In der angemessenen Deutung und Verbindung derartiger ökonomischer Daten, die für sich nicht viel besagen, liegen die Aufgaben und Schwierigkeiten einer antiken Handels- und Geldgeschichte. Die Existenz des Geldwesens in Griechenland, Italien und den Provinzen sagt noch nichts aus über dessen Reichweite. In welcher Menge war Geld vorhanden, wer verfügt darüber, in welchen Bereichen läßt sich kontinuierlicher Geldverkehr nachweisen, und nicht zuletzt: wozu wurden die z.T. unleugbar großen Reichtümer verwendet?

Eben nicht auf „produktive" Gewerbebetriebe und auf Handel, sagen Wirtschaftshistoriker wie M.I. Finley: „Der starke Antrieb, Reichtum zu erwerben, wurde nicht umgesetzt in einen Antrieb, Kapital zu schaffen" (Antike Wirtschaft 173), wobei der Begriff Kapital für einen schöpferischen, dynamischen Umgang mit Geld steht, wie er für die Neuzeit kennzeichnend ist. Möglicherweise liegt in dieser archaischen Handhabung des Geldes (Prestigeinvestitionen, geringer Wagemut, Hortmentalität), tatsächlich eine der Begrenzungen für größere Handelsaktivitäten. Man könnte zusätzlich auf die Schwierigkeiten des Landhandels, auf die politischen Unsicherheiten, auf die ungebrochene Hochschätzung von Landbesitz hinweisen, die reichen Leuten rieten, die Finger von derartigen windigen Investitionen zu lassen. Ohne Zweifel hat es diese Einstellung immer wieder gegeben, aber eben auch Handel in großem Ausmaß, wenn man an die eindrucksvollen griechischen Hafenanlagen, an Überseehändler wie die ägyptischen Könige und den römischen Freigelassenen Trimalchio, an die ansehnlichen archäologischen Schiffsfunde im Mittelmeer denkt, die eine dichte Handelsschiffahrt bis etwa 200 n. Chr. nahelegen.

Die Beispiele zeigen, wie notwendig es ist, allgemeine Feststellungen über die antike Wirtschaft, die Landwirtschaft, das Geldwesen, den wirtschaftenden Menschen in der Antike, den *homo oeconomicus*, nach Zeit und Raum zu ordnen und zu präzisieren. Erst dann entsteht wirklich Wirtschafts*geschichte*, die ohne Rahmenbedingungen, besonders ohne die politischen, nicht analysiert werden kann. Die Polis, das hellenistische Königtum, die römische Republik und das Kaisertum haben der Wirtschaft und der Sozialstruktur wichtige Konturen gegeben, wiewohl der direkte Eingriff des Staates, gemessen an den modernen Usancen, relativ gering gewesen ist. Umgekehrt sind die staatlichen Konturen ohne den sozio-ökonomischen Hintergrund nicht zu verstehen. Der Prinzipat war die Herrschaft des mächtigsten und reichsten Mannes seiner Zeit. Die Tatsache als solche ist für den Historiker weniger aufregend und interessant als die Art und Weise, wie die ökonomische Macht von Augustus und seinen Nachfolgern gewonnen, erhalten und umgesetzt wurde. Auf diese Weise verbindet sich notwendig die Ökonomie mit der staatlichen Verfassung, den sozialen und kulturellen Grundmustern der Zeit, in der Antike und darüber hinaus.

Literatur:

Allgemeines: W.A. BOELCKE, Wirtschafts- und Sozialgeschichte, Darmstadt 1987; F.M. HEICHELHEIM, An Ancient Economic History I–III, Leiden 1958–70; Th. PEKA-

RY, Die Wirtschaft der griechisch-römischen Antike, Wiesbaden 1979²; M.I. FINLEY, Die antike Wirtschaft, Frankfurt 1993³ (mit wichtigem bibliographischem Nachtrag von M. TSCHIRNER, zuerst engl. 1973); H. KLOFT, Die Wirtschaft der griechisch-römischen Welt, Darmstadt 1992; H.M. SCHNEIDER, Einführung in die antike Technikgeschichte, Darmstadt 1992; B. SCHEFOLD, Wirtschaftsstile I;: Studien zum Verhältnis von Ökonomie und Kultur, Frankfurt/M. 1994.

M. AUSTIN, P. VIDAL-NAQUET, Gesellschaft und Wirtschaft im alten Griechenland, München 1984³; M. ROSTOVTZEFF, The Social and Economic History of the Hellenistic World I–III, Oxford 1941 (dt. Darmstadt 1955/56); DERS., The Social and Economic History of the Roman Empire I–II, Oxford 1957²; A.H.M. JONES, The Later Roman Empire 284–602, A Social, Economic and Administrative Survey I–III, Oxford 1964 (Pb. Oxford 1986); F.DE MARTINO, Wirtschaftsgeschichte des Alten Rom, München 1988²; Fr. VITTINGHOFF, Hrsg., Europäische Wirtschafts- und Sozialgeschichte in der römischen Kaiserzeit, Stuttgart 1990 (darin eindringlich zur antiken, besonders der kaiserzeitlichen Wirtschaft H.W. PLEKET, 25ff.).

Landwirtschaft: S. ISAGER, J.E. SKYDSGAARD, Ancient Greek Agriculture, An Introduction, London, New York 1992; K.D. WHITE, Roman Farming, London 1970; D. FLACH, Römische Agrargeschichte, München 1990 (dazu D.W. RATHBONE, GGA 245, 1993, 26ff.).

Gewerbe und Handel: H. NEUMANN, Handwerk in Mesopotamien, Berlin 1993²; M. GUTGESELL, Arbeiter und Pharaonen, Wirtschafts- und Sozialgeschichte im Alten Ägypten, Hildesheim 1989; H. FRANCOTTE, H. GUMMERUS, RE IX, 1916, 1381ff. s.v. Industrie und Handel; L. NEESEN, Demiurgoi und Artifices, Studien zur Stellung freier Handwerker in antiken Städten, Frankfurt a.M. u.a. 1989 (Lit.); A. BURFORD, Künstler und Handwerker in Griechenland und Rom, Mainz 1985; DERS., Land and Labor in the Greek World, Baltimore 1993; H.J. DREXHAGE, RAC XIII, 1985, 519ff. s.v. Handel; J. BOARDMAN, Kolonien und Handel der Griechen, München 1981; R.J. HOPPER, Handel und Industrie im Klassischen Griechenland, München 1982; J.H. D'ARMS, Commerce and Social Standing in Ancient Rome, Cambridge 1981; F. MAIJER, O. VAN NIJF, Trade, Transport and Society in the Ancient World, London 1992 (Quellen u. Lit.).

Geldwirtschaft: R. BOGAERT, RAC IX, 1975, 797ff. s.v. Geld (Geldwirtschaft); Th.R. MARTIN, Sovereignty and Coinage in Classical Greece, Princeton 1985; J.K. DAVIES, Athenian Propertied Families, 600–300 B.C., Oxford 1971; R. BOGAERT, Grundzüge des Bankwesens im alten Griechenland, Konstanz 1986 (Lit.); I. SHATZMAN, Senatorian Wealth and Roman Politics, Brüssel 1975; R. DUNCAN-JONES, The Economy of the Roman Empire, Quantitative Studies, Cambridge 1982²; C.H. HOWGEGO, The Supply and Use of Money in the Roman World, JRS 82, 1992, 1ff. (Lit.); S. MRATSCHEK-HALFMANN, Divites et praepotentes, Reichtum und soziale Stellung in der Literatur der Prinzipatszeit, Stuttgart 1993 (Lit.).

Zur Spätantike: M.M. POSTAN, Hrsg., The Cambridge Economic History of Europe, I, Cambride 1971², (Landwirtschaft); M.M. POSTAN–E. MILLER, Hrsg., The Cambridge Economic History of Europe II, Cambridge 1987² (Handel und Industrie).

3. Kultur und Gesellschaft

Griechen und Römer haben im Verlauf ihrer Geschichte den folgenreichen Unterschied zwischen Öffentlich und Privat entwickelt: Hier die Sphäre des Staatlich-Politischen, die res publica, das Gemeinwesen; dort die Sphäre des Hauses, des Privaten und Individuellen. Die Unterscheidung schuf Prioritäten im Handeln und im öffentlichen Bewußtsein bis auf unsere Tage. Das Eigentliche, der

Ort der Bewährung war der politische Raum, das Private dagegen galt als weniger wichtig, inferior und in einem gewissen Sinne als geschichtslos. Wer H. Blümners immer noch nützliches Kompendium *Die römischen Privataltertümer* (1911) zur Hand nimmt, wird unschwer die gewaltige Dimension des Privaten erkennen: Wohnverhältnisse, Nahrungs- und Eßgewohnheiten, Kleidung und Verkehrsmöglichkeiten, Bildung und Geselligkeitsformen, Geburt und Tod, Landwirtschaft, Gewerbe und Handel, nicht zuletzt Sklaven und Frauen, die als *res privatae* abgehandelt werden. Mit anderen Worten: Hier ist ein Großteil dessen gebündelt, was wir heute unter Kultur und Zivilisation der Antike fassen, unbestreitbar Gegenstände einer Kultur- und Alltagsgeschichte, die ihre Notwendigkeit und Berechtigung neben, besser gesagt: in Verbindung mit der politischen Geschichte besitzt.

Kultur, abgeleitet von lat. *colere* (bebauen, hegen, schmücken) meint in einem weiteren Sinne das vom Menschen Hervorgebrachte, das, was er in Auseinandersetzung mit Natur und Umwelt geschaffen hat. Sie umfaßt sowohl materielle wie ideelle Werte (insbesondere Kunst und Literatur). Kulturen liegen in der Alten Welt der staatlichen Organisation vorauf und sind andererseits staatsübergreifend. Wir sprechen von der Kultur der Thraker, der Etrusker, der Kelten und heben damit auf ihre materiellen und künstlerischen Leistungen ab, abseits ihrer mehr oder minder lockeren staatlichen Ordnung. Kulturelle Objektivationen, nennen wir als Beispiele das Bewässerungssystem, den Hausbau, die Töpferkunst, beschränken sich nicht auf ein Volk oder einen Stamm, sondern werden von anderen Bevölkerungen übernommen und integriert. Die frühe griechische Kultur läßt sich nicht ohne den Einfluß der altorientalischen Hochkulturen verstehen. Von den Etruskern übernimmt das römische Gemeinwesen zentrale politische Institutionen und religiöse Usancen. Das gewaltige römische Kaiserreich schließlich kennt unterhalb der staatlichen Verwaltung eine Fülle regionaler Kulturen, die sich mit der Zivilisation Roms durchmischen, ein Prozeß, den man einseitig als Romanisierung bezeichnet. Die Ergebnisse der Provinzialarchäologie in England, Spanien, Frankreich und Deutschland zeigen anschaulich, wie sich einheimische und fremde, d.h. griechisch-römische Elemente durchdringen, wie präzise und vorsichtig man sein muß, wenn man von einer überlegenen und unterlegenen Kultur redet.

Man bekommt eine Ahnung davon, wie vielfältig, kompliziert und zugleich faszinierend die Aufgaben einer Kulturgeschichte der Antike sind. Sie erschließt über konkrete Lebensbedingungen die Strukturen der Gesellschaft: Haushalt und Familie, Wohnverhältnisse und Eßgewohnheiten, Arbeit und Feste, Geburt und Tod, das religiöse Verhalten insgesamt. Diese Bereiche gilt es in ihrer Kontinuität und in ihrem Wandel zunächst einmal im einzelnen zu erfassen und zu beschreiben. Dabei geht es ohne bedenkliche Verallgemeinerungen nicht ab: die Perser, die Griechen, die Etrusker, die Römer, die Germanen, das sind notwendigerweise typologische Hilfskonstruktionen, die nur einen begrenzten Wert besitzen. Die lange wissenschaftliche Auseinandersetzung um die *Germania* des römischen Geschichtsschreibers Tacitus (vgl. S. 32), der Kultur und Zivilisation der Germanen in suggestiver Weise auf den Begriff gebracht hat, beweist ein-

Abb. 8: Gallo-römischer Tempelbezirk am Rande des römischen Trier
(Rekonstruktion)

(aus: H. Heinen, Trier und Trevererland in römischer Zeit, Trier 1985, Abb. 65)

drucksvoll, wie notwendig es ist, sich von einem geschichtsmächtigen Klischee zu
lösen. Das Postulat, den alten Quellen und ihren Bewertungen gegebenenfalls zu
mißtrauen und auf Differenzierungen zu achten, gilt allenthalben.

Neben diesen Lebensverhältnissen hat die Kulturgeschichte mit besonderer
Vorliebe Literatur und Kunst zu ihrem Gegenstand gemacht. Es kann kein Zweifel herrschen, daß es besonders die Leistungen der Griechen und Römer auf diesem Gebiete waren, die ihnen großen Einfluß auf die neuzeitliche europäische
Bildung sicherten. Die homerischen Epen, die Dramen des Aischylos, Sophokles
und Euripides, die Oden des Horaz, die Aeneis des Vergil, griechische Tempel,
römische Statuen und Malereien, sie galten lange Zeit als die Indikatoren einer
vorbildlichen griechisch-römischen Kultur, als verpflichtendes kulturelles Erbe
für die eigene Epoche. Der europäische Humanismus der Neuzeit hat hier seine
Wurzeln. Aber unverkennbar haben sich Interesse und Blickwinkel geweitet und
gewandelt. Die Forschung sucht beispielsweise neben dem inneren Gehalt des
Epos, des Dramas und der Geschichtsschreibung die Funktion von Dichtung in
der Gesellschaft zu ermitteln, besondere Adressaten herauszufinden und Veränderungen durch Rezeption nachzuspüren. In welchem Umfang war Literatur den
Menschen zugänglich, wer konnte lesen und schreiben, in welchem Umfang war

Literalität eine standes- bzw. klassenspezifische Größe? Griechische Tempel, nennen wir als Beispiel den berühmten Aphaiatempel auf der Insel Aigina, finden Interesse nicht allein als künstlerische Bauobjekte, sondern als religiöse, ökonomische und zugleich politische Zentren, die zuweilen, den mittelalterlichen Reichsklöstern vergleichbar, einen ummauerten Siedlungsraum aufwiesen, eigenständig wirtschafteten und zum Teil Asyl gewähren konnten.

In der berühmten Augustusstatue von Primaporta, die als besonders aufschlußreiches Denkmal römischer Kunst gelten darf, hat die Forschung ein historisches Monument ersten Ranges erkannt. Die Statue präsentiert die Person des ersten Princeps vermittels eines bestimmten Bildpogramms der Um- bzw. Nachwelt als idealen Herrscher, der militärischen Ruhm und friedliche Aufbauarbeit zu verbinden weiß.

Alle drei Beispiele dokumentieren das gleiche Bemühen, Kunst und Literatur in den ursprünglichen Zusammenhang zurückzustellen und sie in Gehalt und Funktion als Kulturzeugnisse in ihrem vollen Sinne zu würdigen. Dieser gesellschaftliche Kontext ebnet den ehemals scharf gezogenen Unterschied zwischen Kultur und Zivilisation ein. Er vermag auch schmucklosen Überresten wie Handwerksgeräten, Gebrauchskeramik, Abwässerkanälen und Gebäuderesten historische Bedeutung zurückzugeben und die in ihnen aufgehobene Kulturleistung deutlich zu machen.

Im kulturellen Gesamtgefüge der Antike spielt naturgemäß die Religion eine eminente Rolle. Sie tangiert praktisch alle Lebensbereiche, nicht zuletzt Staat und Politik. Die griechische Polis läßt sich ohne ihre Tempel, Feste und Götterverehrung nicht angemessen würdigen. In den hellenistischen Königreichen figuriert der Herrscher als göttliches Wesen, dem eigene Kulte und Priesterschaften zu Diensten stehen; in der römischen Republik war das Sakralwesen Teil der Staatsverwaltung, die Priester Staatsdiener, welche für die Gemeinde die traditionell festgelegten Bindungen zu den Göttern pflegten. Angesichts dieser Multifunktionalität eine treffende Definition allein für die Antike zu wagen, hält schwer. G. Mensching hat Religion einmal gefaßt als „erlebnishafte Begegnung mit heiliger Wirklichkeit und als antwortendes Handeln des vom Heiligen existentiell bestimmten Menschen" (RGG³, s.v. Religion). Neuere Forscher heben auf Religion als „Kommunikations-, Deutungs- und Symbolsystem" ab (Gladigow), womit der Einbindung in Kultur und Gesellschaft möglicherweise besser Rechnung getragen wird. In beiden Fällen ist historische Präzisierung vonnöten, die hier nur angedeutet werden kann. „Heilige Wirklichkeit", das können magische Naturkräfte, Tiergestalten, übermenschliche Götter sein, welche die Religionsgeschichte nicht einfach als gegeben hinnimmt, sondern deren besondere Existenz sie mit den jeweiligen Bevölkerungsgruppen, ihren Wohn- und Lebensverhältnissen in Beziehung setzt. Götter können mit Siedlern und Händlern wandern und andernorts oft durch Vermischung eine neue religiöse Tradition begründen. Der späteren Zeusgattin Hera, ursprünglich wohl in der Argolis und auf der Peleponnes beheimatet, wurden auf der Insel Samos und in Unteritalien wichtige Heiligtümer geweiht, wo sich die „Herrin" (vgl. griech. *heros* ~ Herr)

Abb. 9: Augustus von Primaporta

(aus: Kaiser Augustus und die verlorene Republik, Mainz 1988, 388f.)

mit einheimischen Frauengottheiten verbindet. Der Kult des dorischen Halbgottes Herakles verbreitet sich analog seiner mythischen Heldentaten über Griechenland, Kleinasien, Thrakien und Italien, er avanciert zum Beschützer der Händler, Athleten und der Soldaten (dies besonders im römischen Kaiserreich); seine Tüchtigkeit (*areté, virtus*) macht ihn zum Vorbild der Herrscher, die ihn, wie etwa Caligula oder Commodus auch äußerlich, durch Tragen von Löwenfell und Keule, kopieren.

Die antike Religionsgeschichte richtet ihr Augenmerk nicht allein auf dieses gesamte numinose Substrat, dessen Herkunft, Ausprägung und Wandlung sie zunächst gesondert nach einzelnen Kulturen und Regionen zu klären versucht. Religion hat bestimmte Adressaten und wird durch diese mitbestimmt. Ohne Zweifel erweist sich der *religionssoziologische* Zugang in der Antike als besonders fruchtbar, über die gängige Unterscheidung von Stammes-, Volks- und Universalreligionen hinaus, die lediglich eine oberflächliche Klassifizierung bietet. Die Kulte der griechischen Polis einen in erster Linie die Bürger der Stadt. Die aus dem Orient stammenden Mysterienreligionen suchen im römischen Reich ihre

Anhänger offensichtlich zunächst einmal unter bestimmten Bevölkerungsgruppen, so der Dionysoskult, der 186 v. Chr. in Rom und Italien blutig verfolgt wurde, unter Italikern, städtischen Unterschichten und Frauen. Der Mithraskult findet seine Gläubiger vorwiegend unter dem römischen Militär. Der Isiskult, aus Ägypten stammend, zieht besonders die Frauen an. Viele Mitglieder der römischen Oberschicht gehen am Ende der römischen Republik innerlich auf Distanz zur offiziösen Staatsreligion und finden ihren inneren Halt in der Philosophie und in der Astrologie, wobei die äußeren religiösen Formen aus Opportunitätsgründen respektiert werden. Hier tut sich ein weites und durchaus strittiges Feld der Interpretation auf; denn wie die religiöse Erfahrung sich im einzelnen Menschen konkretisiert hat, welche unterschiedliche Elemente sie enthält, wie sie sich in Verhalten umgesetzt hat, dazu liefern die Quellen oft nur Schlaglichter. Wir kennen leidlich den antiken Götterhimmel, wir wissen um die Formen der Verehrung, um Opferfeste, Gebete, Riten und magische Praktiken. Über Priesterschaften und Anhänger informieren zu einem guten Teil die antiken epigraphischen Quellen. Der individuelle religiöse Horizont bleibt dabei weitgehend im dunkeln und die Wissenschaft zehrt von Einzelbeispielen: Perikles, Alkibiades, der ältere Cato, Cicero, Augustus, Trimalchio, die für ihre Zeit und ihren Stand insgesamt herhalten müssen. Das ist nicht immer und in jeder Hinsicht ein verläßliches Fundament.

In die antike Religionsgeschichte gehört auch das frühe Christentum mit einer gewissen Notwendigkeit hinein. Antike Gesellschaft, Staat und Kultur bildeten seinen Nährboden. Seine Anhänger und Adressaten waren Angehörige des Imperium Romanum, denen die neue, die frohe Botschaft, verständlich gemacht werden mußte. Als einem universalen Phänomen kann man sich dem Christentum von ganz verschiedenen Wissenschaften her (Theologie, Philosophie, Philologie, Soziologie, Psychologie, Anthropologie) nähern; aber ein historisches Verständnis, das sich um zeitliche und räumliche Einbindung bemüht, ist dabei unerläßlich. Der große deutsche Religionswissenschaftler Rudolf Bultmann (1884–1976) hat das Urchristentum einmal ein synkretistisches Phänomen genannt, ein aus verschiedenen Elementen zusammengewachsenes, „gemischtes" (griech. *sygkratos*, zusammengemischt) Konglomerat, dessen Durchsetzung möglicherweise nicht zuletzt darauf beruhte, daß es ganz unterschiedliche Traditionsstränge in sich zum Ausgleich brachte. Die Aufgabe des Historikers, die in diesem Begriff „synkretistisches Phänomen" liegt, läßt sich formulieren als ein Bestimmen und Bewerten der verschiedenen Bestandteile, die im Urchristentum zusammengewachsen sind: Gestalt und Verkündigung des historischen Jesu, jüdisches Erbe, griechische Philosophie und Religion, römische Moralvorstellungen, vom 2. Jh. n. Chr. an zunehmend römisch-rechtliche Organisationsformen. Der Weg, den das Christentum von der Urgemeinde zur Kirche durchlaufen hat, ablesbar am Bedeutungswandel des griechischen Wortes *ekklesia* (personell die Gemeindeversammlung wie institutionell die Kirche) kann nicht nachgezeichnet werden ohne Berücksichtigung einer zeitlichen und räumlichen Ordnung. Die jüdische Urgemeinde zu Jerusalem, später die großen Gemeinden zu Ephesos,

Antiochia, Alexandria, Karthago und Rom besitzen regionale Eigenheiten. Sie bilden im Verlaufe der Zeit hierarchische Strukturen (der *episkopos* als Vorsteher, Bischof), feste Gemeindeordnungen, verbindliche Kultformen und christliche Verhaltensmuster aus. „Veralltäglichung des Charismas" hat Max Weber eine solche Entwicklung genannt. Sie durchlief das Christentum mit einer gewissen Notwendigkeit, wenn sie im Imperium Romanum überlebens- und durchsetzungsfähig bleiben wollte.

Drei Brennpunkte in der historischen Erforschung des frühen Christentums seien in diesem Rahmen zumindest genannt. Die Unterdrückung und Verfolgung der Christen durch die staatlichen Behörden, die unter Diokletian (284–305 n. Chr.) ihren letzten blutigen Höhepunkt erfuhren, in ihren rechtlichen Voraussetzungen, lokalen Durchführungen und personellen Folgen zu analysieren, bezeichnet nach vor eine der großen Aufgaben. Wie konnte es zum Antagonismus Christentum–Imperium Romanum kommen, wie ist er ausgetragen, wie und aus welchen Gründen beendet worden? Zum anderen umschreibt die sog. Institutionalisierung der christlichen Kirche ein vielschichtiges, umstrittenes und erklärungsbedürftiges Phänomen. Die Konsolidierung der Gemeinden im Inneren, Mission und Ausbreitung der neuen Lehre in weite Teile des Imperium Romanum und darüber hinaus; Zusammenschluß der Ortsgemeinden zu größeren Verbänden (Diözesen) und gemeinsame überregionale Beschlüsse auf Synoden bilden wichtige Aspekte einer umfassenderen Fragestellung. Nicht zuletzt beansprucht der Wandel der Verhaltensmuster und der Lebensweise, welche die Christen im Unterschied zu ihren Mitbürgern praktizierten, großes Interesse, ein weites und aktuelles Forschungsfeld, das auf eine Mentalitätsgeschichte des frühen Christentums hinausläuft. Wie hat sich das christliche Liebesgebot (*caritas*) konkret ausgewirkt? Gibt es ein spezifisch christliches Arbeitsethos, welches der körperlichen Tätigkeit einen höheren Rang zuweist? Verachtung des Reichtums, Verwerfung der öffentlichen Lustbarkeiten wie Gladiatoren- und Zirkusspiele, scharfe Trennung von Diesseitigkeit und Jenseitigkeit, von Körper und Geist: in wieweit haben derartige christliche Vorstellungen, die an populäre philosophische Ideen der Antike anknüpfen, Leben und Verhalten der Gemeindemitglieder bestimmt? Die heilige Melania (383–439 n. Chr.), dem römischen Hochadel entstammend, reich und glänzend verheiratet, veräußert noch nicht dreißigjährig ihr Millionenvermögen, um es der Kirche und den Armen zuzuwenden. Sie läßt ihre Sklaven frei und entscheidet sich zusammen mit ihrem Gatten Pinianus für ein asketisches Leben. Wie typisch war dieses Aussteigen, welche Antriebe liegen ihm zugrunde, welche Folgen hat es besessen?

Die Frage, wie Religion die Lebenswelt des Einzelnen und einer Gesellschaft bestimmt, fügt sich in den großen Kontext einer Alltagsgeschichte, welche der jeweiligen Kultur und Zivilisation im tagtäglichen Erfahrungshorizont der Menschen nachspürt. Arbeits- und Wohnweisen, Hygieneverhältnisse, Geselligkeitsformen, religiöse und moralische Normen, geschlechts-, standes- und altersspezifische Verhaltensmuster gilt es aufzudecken und zu verstehen. Wie man etwa in Ostia und Pompeji gewohnt hat, wie in den attischen Bergwerken gearbeitet

wurde, welche Rolle Frauen in Athen oder Rom spielten, welchen Charakter und
welche Funktion die dramatischen Aufführungen in Griechenland, die Gladiato-
renspiele in Rom hatten, darüber unterrichten die antiken Quellen in unterschiedlicher Anschaulichkeit. Aber Anspruch und Schwierigkeit liegen darin, die
heterogenen Teile zu einem halbwegs stimmigen Bild zusammenzufügen, das uns
heute einen lebendigen Eindruck von der griechischen oder der römischen Kultur vermittelt, die geschichtsmächtig über die Antike hinaus waren. J. Burckhardt
(vgl. S. 3) hatte mit seiner *Griechischen Kulturgeschichte* für das 19. Jahrhundert
unbeschadet aller gewichtigen Einwände Bahnbrechendes und methodisch Vorbildliches geleistet, indem er alle ihm bekannten Lebensäußerungen und bedeutende Leistungen (einschließlich der politischen) dem „hellenischen Menschen
und seiner zeitlichen Entwicklung" zuordnete, nach wie vor ein Meisterwerk der
Geschichtsschreibung, das dem Ideal einer historischen Kulturanthropologie
außerordentlich nahe kommt. Die Forschung (besonders die archäologische) hat
Materialien und Kenntnisse über die antiken Kulturen inzwischen bedeutend vermehrt. Um Kultur zu verstehen, bedienen wir uns der Erklärungsmodelle von
Nachbarwissenschaften, der Soziologie, der Anthropologie, der Religions- und
Kommunikationswissenschaft, die uns einzelne Teilbereiche (etwa Standes- und
Geschlechtsunterschiede, Familienstrukturen, Sexualität und Körperlichkeit)
besser zu verstehen gelehrt haben. Aber kulturgeschichtliche Synthesen, die heutigen wissenschaftlichen Ansprüchen genügen, lassen sich von einem einzelnen
kaum noch erbringen. Das liegt nicht allein an der weitgehenden Spezialisierung
der Forschung, sondern auch am Mangel von leitenden Gesichtspunkten, die das
gesamte Material bündeln können. Kultur läßt sich schwer auf einen gemeinsamen Nenner bringen.

Was die lange Beschäftigung mit antiken Kulturen in ihren Teilen aber auch
heute noch vermittelt, ist nicht wenig und gilt über den Rahmen der Antike
hinaus: hohe Kultur und „niedere" Zivilisation bzw. Alltagskultur bilden keine
Gegensätze; Staat und Politik lassen sich nicht von ihrem sozio-kulturellen Hintergrund abtrennen; kulturelle Phänomene können mit der historischen Methode
allein nicht verstanden werden. Im Kern waren diese Postulate dem großen
Schweizer Historiker bekannt, dessen Kulturgeschichte als entschwindendes Ideal, als Mahnung und als verpflichtendes Erbe vor uns steht.

Literatur:

Allgemeines: W.E. MÜHLMANN, , Wörterbuch der Soz. II, Frankfurt 1972, 479ff., s.v.
Kultur; F. RODI, TRE 20, 1990, 176ff. s.v. Kultur; F. STEINBACHER, Kultur, Begriff,
Theorie, Funktion, Stuttgart 1976; J. ASSMANN, T. HÖLSCHER, Hrsg., Kultur und Ge-
dächtnis, Frankfurt 1988; W. HARTWIG, H.U. WEHLER, Hrsg., Kulturgeschichte heute
(GG Sonderheft 16), Göttingen 1996.
  Übergreifendes: W. OTTO, Kulturgeschichte des Altertums, München 1925;
H. KINDERMANN, E. THURNHER, Hrsg., Handbuch der Kulturgeschichte, Frankfurt
1960ff.; M. GRANT, R. KITZINGER, Hrsg., Civilisations of the Ancient Mediterranean,
Greece and Rome, I–III, New York 1988.

Alter Orient: H.H. SCHAEDER, Die Kultur des Vorderen Orients, Frankfurt 1973[2]; W. WOLF, Kulturgeschichte des Alten Ägypten, Stuttgart 1977[2]; H. KLENGEL, Kulturgeschichte des Alten Vorderasiens, Berlin 1989; H. BRUNNER, K. FLESSEL, F. HILLER, Hrsg., Lexikon alte Kulturen I–III, Mannheim 1990–1993. Griechenland: J. Burckhardt, Griechische Kulturgeschichte (posthum erscheinen 1898–1904), München 1977, dazu E: FLAIG, Angeschaute Geschichte, Jacob Burckhardts „Griechische Kulturgeschichte", Rheinfelden 1987; E. CHAMOUX, Griechische Kulturgeschichte, Darmstadt 1966; R. FLACELIERE, Griechenland, Leben und Kultur in klassischer Zeit, Stuttgart 1977; W. TARN, G.T. GRIFFITH, Die Kultur der hellenistischen Welt, Darmstadt 1966; C. SCHNEIDER, Kulturgeschichte des Hellenismus I–II, München 1967–69. Etrusker: M. PALLOTINO, Etruskologie, Geschichte und Kultur der Etrusker, München 1988; DERS., Die Etrusker und Europa, Ausstellungskatalog Berlin 1993; Karthager: W. HUSS, Geschichte der Karthager, München 1985; Kelten: K. SPINDLER, Die frühen Kelten, Stuttgart 1983; S. MOSCATI u.a., I Celti, Ausstellungskatalog Venedig 1991. Rom: H. BLÜMNER, Römische Privataltertümer, München 1911; L. FRIEDLÄNDER, Darstellungen aus der Sittengeschichte Roms in der Zeit von Augustus bis zum Ausgang der Antonine I–IV, Leipzig 1921–24[9-10] (ND Ahlen 1963). P. GRIMAL, Römische Kulturgeschichte, München 1960; U. KAHRSTEDT, Kulturgeschichte der römischen Kaiserzeit, Bern 1958; J. CARCOPINO, Rom, Leben und Kultur in der Kaiserzeit, Stuttgart 1981[2].

Religion: Methodisches bei H. CANCIC, B. GLADIGOW, M. LAUBSCHER, Hrsg., Handbuch religionswissenschaftlicher Grundbegriffe I, Stuttgart 1988; R. MUTH, Einführung in die griechische und römische Religion, Darmstadt 1988; E. BRUNNER TRAUT, u.a., Die großen Religionen des Alten Orients, Stuttgart 1993; W. BURKERT, Griechische Religion der archaischen und klassischen Epoche, Stuttgart 1977 (engl. Oxford 1985); M.P. NILSSON, Geschichte der griechischen Religion, München I[3] 1967; II[2] 1961; L.B. ZAIDMAN, P. SCHMITT-PANTEL, Die Religion der Griechen, Kult und Mythos, München 1994; G. WISSOWA, Religion und Kultus der Römer, München 1912[2]; K. LATTE, Römische Religionsgeschichte, München 1960; M. CUMONT, Die orientalischen Religionen im römischen Heidentum, Darmstadt 1969[5]; W. BURKERT, Antike Mysterien, München 1994[3].

Frühes Christentum: H. CONZELMANN, Geschichte des Urchristentums, Göttingen 1983[5]; G. GOTTLIEB, Christentum und Kirche in den ersten drei Jahrhunderten, Heidelberg 1991; H. HEUSSI, Kompendium der Kirchengeschichte, Tübingen 1981[16]; F. VOUGA, Geschichte des frühen Christentums, Bern 1993; A. v. HARNACK, Mission und Ausbreitung des Christentums in den ersten drei Jahrhunderten, Leipzig 1924[4]; R. BULTMANN, Das Urchristentum im Rahmen der antiken Religionen, Zürich 1949 (1976[4]); C. ANDRESEN, Die Kirchen der alten Christenheit, Stuttgart 1971; W.H.C. FREND, The Rise of Christianity, London 1984; J. MARTIN, B. QUINT, Hrsg., Christentum und antike Gesellschaft, Darmstadt 1990; J.M. MAYEUR, Ch. PIETRI u.a., Die Geschichte des Christentums, Religion, Politik, Kultur, Freiburg 1990ff.; M. SORDI, The Christians and the Roman Empire, London 1994; P. BROWN, Macht und Rhetorik in der Spätantike, Der Weg zu einem „christlichen Imperium", München 1995.

Alltagsgeschichte: (Auswahl): H. BLANK, Einführung in das Privatleben der Griechen und Römer, Darmstadt 1976; F. FAURÉ, Die griechische Welt im Zeitalter der Kolonisation, Stuttgart 1981; E. BRÖDNER, Wohnen in der Antike, Darmstadt 1989; L. CASSON, Reisen in der Alten Welt, München 1976; H.W. PARKE, Festivals of the Athenians, London 1977; H.H. SCULLARD, Römische Feste, Mainz 1985; H.A. HARRIS, Sport in Greece and Rome, London 1972; J. ANDRÉ, L'Alimentation et la cousine à Rome, Paris 1981; G. GERLACH, Essen und Trinken in römischer Zeit, Köln 1986; A. KRUG, Heilkunst und Heilkult, Medizin in der Antike, München 1985; R. ETIENNE, Pompeji, Das Leben in einer antiken Stadt, Stuttgart 1984[3]; P. VEYNE, Hrsg., Geschichte des privaten Lebens I., Vom Römischen Imperium zum Byzantinischen Reich, Frankfurt 1989; W.K.

Alte Geschichte

LACEY, Die Familie im Antiken Griechenland, Mainz 1983; K.R. BRADLEY, Discovering the Roman Family, Oxford 1991; S. TREGGIARI, Roman Marriage, Oxford 1991; J.E. KRAUSE, Die Familie und weitere anthropologische Grundlagen, Stuttgart 1992 (Bibliographie); S. POMEROY, Frauenleben im Klassischen Altertum, Stuttgart 1985; M.R. LEFKOWITZ, M.B. FANT, Hrgs., Woman's Life in Greece and Rome, Baltimore 1992²; E. FANTHAM u.a., Women in the Classical World, Oxford 1995; P. GRIMAL, L'Amour à Rome, Paris 1979; K.J. DOVER, Homosexualität in der griechischen Antike, München 1983; B. BROWN, Die Keuschheit der Engel, Sexuelle Entsagung, Askese und Körperlichkeit am Anfang des Christentums, München 1991; H. MARROU, Geschichte der Erziehung im Klassischen Altertum, München 1977; W.V. HARRIS, Ancient Literacy, London 1989; P. FAURÉ, Magie der Düfte, Eine Kulturgeschichte der Wohlgerüche, München 1993; U. MURRAY, Hrsg., Sympotica, A Symposium on the Symposium, Oxford 1995.
    Anschauungsmaterial: Antike Welt, Zeitschrift für Archäologie und Kulturgeschichte, Mainz 1970ff.

Abkürzungsverzeichnis

ANRW	Aufstieg und Niedergang der römischen Welt
BMC	Coins of the Roman Empire in the British Museum
CAH	Cambridge Ancient History
FGrHist	Fragmente der griechischen Historiker
GGA	Göttinger Gelehrte Anzeigen
GHI	Selection of Greek Historical Inscriptions
Gnom	Gnomon
Gymn	Gymnasium
HAW	Handbuch der Altertumswissenschaft
HdO	Handbuch der Orientalistik
HZ	Historische Zeitschrift
IG	Incriptiones Graecae
ILLRP	Incriptiones Latinae Liberae Rei Publicae
ILS	Inscriptiones Latinae Selectae
JRS	Journal of Roman Studies
LAW	Lexikon der Alten Welt
ND	Nachdruck
OCD	Oxford Classical Dictionary
RAC	Reallexikon für Antike und Christentum
RE	Realencyclopädie der classischen Altertumswissenschaft
RGG	Religion in Geschichte und Gegenwart
ZPE	Zeitschrift für Papyrologie und Epigraphik

MITTELALTERLICHE GESCHICHTE

I. Das Mittelalter als Epoche

Die Diskussion um die Periodengrenze zwischen Antike und Mittelalter ist ein Modellfall dafür, daß die Probleme der Periodisierung mehr sind als praktische Fragen einer zu didaktischen Zwecken vorgenommenen, mehr äußerlichen Einteilung und Gliederung eines fast unübersehbaren Faktenmaterials. Die Dreiteilung selbst beruht ja bereits, wie wir gesehen haben (s.o. S. 14f.) auf philologisch-ästhetischen Grundüberzeugungen und Wertungen und bringt mit dem historischen Urteil ein besonderes Selbstverständnis und Verständnis der eigenen Zeit zum Ausdruck. Wenn wir die zahlreichen Vorschläge mustern, die im Hinblick auf die Bestimmung der uns interessierenden Zeitenwende gemacht worden sind, dann fällt einmal auf, daß sie sich über einen Zeitraum von etwa einem halben Jahrtausend erstrecken – von der Krise des römischen Reiches im 3. Jahrhundert bis zur Kaisererhebung Karls d. Gr. im Jahre 800 – und darüber hinaus zumeist an der politischen bzw. der Machtgeschichte orientiert sind (vgl. etwa: 324: Konstantins Sieg über Licinius; 375: der Hunneneinbruch; 476: die Absetzung des Romulus Augustulus; 568: der Langobardeneinfall in Italien usw.). Die Problematik solcher Lösungen liegt auf der Hand.

Die von Stalin der marxistischen althistorischen Forschung aufgebürdete These aber, daß sich der Übergang von der spätantiken Sklavenhaltergesellschaft zum Mittelalter durch eine Revolution der Sklaven gegen die Ausbeuter vollzogen habe, findet in den Quellen nicht die geringste Stütze und läßt sich auch nicht in der Modifikation halten, daß Sklaven und Kolonen zusammen mit den eindringenden germanischen Barbaren die Sklavenhaltergesellschaft beseitigt hätten. Es hat keine soziale Revolution gegeben, durch die eine unterdrückte Klasse die überkommene Sozial- und Herrschaftsstruktur gestürzt hätte und zur herrschenden Klasse geworden wäre, und es hat auch keinen ununterbrochenen Klassenkampf gegeben, der schließlich zu der – zweifellos vorhandenen – Besserstellung der Sklaven in der Spätantike geführt hätte. Die These von der Revolution ist Ideologie, die der historischen Wirklichkeit Gewalt antut (vgl. dazu F. Vittinghoff, in: Wege der Forschung Bd. 51). Ideologisch befrachtet ist auch die Ersetzung des Mittelalterbegriffs durch den des Feudalzeitalters, dessen negative Färbung im Sinne einer Ausbeutung der Unterschichten durch eine Herrenkaste bei K. Marx und F. Engels bereits durch die zur Französischen Revolution hinführende Kritik am „ancien régime" vorgegeben war.

Als Ausweg aus dem Dilemma erscheint die Möglichkeit, auf eine präzisere Abgrenzung zu verzichten – das Jahr 476 z.B. stellt sich den Zeitgenossen keineswegs als ein Epochenjahr dar, da das Imperium Romanum mit dem Mittelpunkt Konstantinopel fortbestand, und unter sozialgeschichtlichem Aspekt kommt diesem Datum überhaupt keine Bedeutung zu – und sich stattdessen mit der Annahme einer mehr oder weniger langen „Übergangszeit" zu behelfen. In der deutschen Historiographie gilt das Zeitalter der Völkerwanderung vom 4. bis zum 6. Jahrhundert als eine solche Epoche des Überganges. Es ist sicher richtig, daß hier wesentliche Grundlagen der mittelalterlichen Welt geschaffen worden sind in der Begegnung von Antike, Christentum und Germanentum, aber der Einwand, daß eine solche Charakterisierung allein unter dem Blickwinkel des humanistischen Periodisierungsschemas – was ist noch Spätantike? was ist bereits frühes Mittelalter? – vorgenommen werde und die eigenen Möglichkeiten und Gestaltungen, die innere Zusammengehörigkeit dieser Zeit nicht genügend würdige, ist durchaus berechtigt.

Im allgemeinen Geschichtsbewußtsein bestimmt die Vorstellung von Auflösung und Niedergang das Bild dieser Jahrhunderte, die in der angelsächsischen Historiographie als die „dark ages" bezeichnet werden. Die alte „Katastrophentheorie" machte den Einbruch der Germanen in das Imperium verantwortlich für den Untergang der römisch-antiken Kulturwelt. Diese Anschauung hat vor den differenzierten Urteilen der Einzelforschung nicht bestehen können; die Germanen kamen nicht als Zerstörer. Und wenn wir auf die Geschichte des Christentums und der Kirche blicken, so widerspricht der gewaltige Aufschwung in diesen Jahrhunderten, die Tradierung antiken Kulturgutes, die Neugestaltung der antiken Welt und die Ausweitung in den keltischen (Irland!) und germanischen Raum, der These vom absoluten Verfall. Allerdings ist auch die Antithese der „Kontinuitätstheorie" – von A. Dopsch aufgestellt und von der Wirtschafts- und Sozialgeschichte her begründet („Wirtschaftliche und soziale Grundlagen der europäischen Kulturentwicklung aus der Zeit von Caesar bis auf Karl d. Großen", 1918/20) – in ihrer Überspitzung und Verallgemeinerung anfechtbar; auch hier muß Einzelforschung im lokalen und regionalen Rahmen weiter vordringen, Kontinuitäten und Brüche aufzuweisen suchen und die von Dopsch vernachlässigten Bereiche der literarisch-geistigen Kultur in die Betrachtung einbeziehen. Im allgemeinen jedoch wird man sagen dürfen, daß sich vor allem im Bereich der Institutionen und Kultureinrichtungen (Stadt) über eine sehr lange Zeit ein tiefgreifender Unterschied erhalten hat zwischen den Landschaften, die jahrhundertelang von römischer Herrschaft geprägt worden sind, und jenen, die niemals zum Imperium gehört haben.

Ähnlich wie die Auffassungen von A. Dopsch haben die Thesen des belgischen Historikers H. Pirenne auf die Geschichtsforschung eine tiefe Wirkung ausgeübt. Zum erstenmal skizziert im Jahre 1922 unter dem Titel „Mahomet et Charlemagne" in einem kurzen Aufsatz, hat das 1937 postum erschienene Werk unter Beibehaltung des suggestiven Titels diese Theorie weiter ausgeformt: Sie verbindet in gewissem Sinne Kontinuitäts- und Katastrophentheorie, indem sie zwar an einer Kontinuität von der Antike bis ins 8. Jahrhundert festhält, die entscheidende Zäsur dann aber mit dem zerstörenden Einbruch des Islam in die Mittelmeerwelt ansetzt. Dadurch seien dem Merowingerreich die auf der Einheit des mediterranen Wirtschaftsraumes beruhenden Grundlagen entzogen worden, das ökonomische Schwergewicht habe sich in den Osten des Frankenreiches, den Maas- und Rheinraum, verlagert, und so erst sei der Aufstieg der Karolinger als der Repräsentanten des austrasischen Adels zur Herrschaft möglich geworden. Auch H. Pirenne hat seine Auffasungen von bestimmten Entwicklungen im wirtschaftlichen Bereich (Handelsschiffsverkehr, Gold- und Silberwährung, Import von orientalischen Luxuswaren und Papyrus im Frankenreich) her begründet, die Spezialforschung hat auch in diesem Falle durch ihre Kritik unsere Kenntnisse erweitert, die Einseitigkeit der These korrigiert und ihre Überspitzung auf das rechte Maß zurückgeführt. Aber es ist nicht zu bezweifeln, daß der Arabersturm tatsächlich die antike Einheit des Mittelmeerraumes gesprengt hat; nun hat sich das Mächtesystem herausgebildet, in dem Byzanz, das Reich der Kalifen und die aufsteigende Macht des Westens, das Frankenreich, die dominierenden Faktoren darstellen.

Wir werden auf den Versuch verzichten müssen, die Periodengrenze zwischen Antike und Mittelalter eindeutig und punktuell festzulegen. Es kommt immer auf den Blickwinkel an. Unbestreitbar aber steht Konstantin d. Große (312–337) als Begründer des Imperium Christianum an einer Zeitenwende; mag man auch diesem Imperium für den Zeitraum des 4. bis zum 8. Jahrhundert unverwechselbar eigenständigen Charakter zugestehen, so ist anderseits nicht zu bezweifeln, daß diese Jahrhunderte für den Werdeprozeß des abendländischen Mittelalters von entscheidender Bedeutung gewesen, stärker dem Mittelalter als dem Altertum zuzurechnen sind.

In der deutschen Geschichtswissenschaft ist es üblich, das Mittelalter selbst wieder zu untergliedern in Früh-, Hoch- und Spätmittelalter und dabei einmal die Auseinandersetzung zwischen Heinrich IV. und Gregor VII., deren eigentlicher Charakter mit dem Begriff „Investiturstreit" nicht adäquat erfaßt ist (vgl. unten S. 199), und weiter den Untergang der Staufer oder das sogenannte Interregnum als die Wendemarken zu setzen. Sicher ist diese Einteilung zunächst von der deutschen Geschichte her gesehen, entbehrt aber auch im größeren europäisch-abendländischen Rahmen nicht einer inneren Berechtigung. Das ausgehende 11. Jahrhundert erscheint immer deutlicher als eine Epoche des Umbruchs, die Negierung des Sakralcharakters des Königtums durch Gregor VII. und der Wiederaufstieg des Papsttums zu universaler Geltung verändern die bisher bestehende frühmittelalterliche Ordnung tiefgreifend; in der Katastrophe des staufischen Hauses aber vollendet sich der Niedergang des universalen Kaisertums. Die Idee des souveränen Nationalstaates, im 12. Jahrhundert in den westeuropäischen Monarchien konzipiert (Suger von St. Denis, Johann von Salisbury), trägt endgültig den Sieg davon; an ihr zerbricht auch ein halbes Jahrhundert nach dem Tode Friedrichs II. (1250) der universale Machtanspruch des Papsttums (vgl. unten S. 200).

Fortschreitender Niedergang der Zentralgewalt und zunehmende politische und kulturelle Zersplitterung kennzeichnen die deutsche Geschichte des Spätmittelalters und unterscheiden sie damit grundlegend etwa von der französischen; aber wenn wir in dieser Periode nur eine Zeit des Verfalls sehen wollten, würden wir letztlich der Suggestivkraft des Bildes von der *Spät*zeit erliegen. Es genügt, an den Aufbau des modernen Staates in den Territorien, den Aufstieg des Bürgertums und die großen Schöpfungen auf den Gebieten der Architektur und der Kunst zu erinnern, um die Fülle der zukunftsträchtigen Entwicklungen wenigstens anzudeuten. Zugleich wird deutlich, daß auch die Epochengrenze zur Neuzeit nicht so einfach zu ziehen ist. Immerhin wird man unter einem weltgeschichtlichen Aspekt die Entdeckungen um 1500 und in geistesgeschichtlicher Sicht – und dies nicht nur aus deutschem Blickwinkel – die Reformation als entscheidende Zäsuren verstehen dürfen.

Wir haben mit diesen einleitenden Bemerkungen den zeitlichen Rahmen abgesteckt, in den auf den folgenden Seiten die Handreichungen für ein mediävistisches Studium eingeordnet sind. Der Studienanfänger tut sich zunächst häufig schwer, in die geistige Welt des Mittelalters einzudringen. Das liegt nicht nur an der Sprachbarriere, insofern die schriftlichen Quellen überwiegend in lateinischer Sprache abgefaßt sind; Denken, Sprache und Handeln der Menschen dieser vergangenen Jahrhunderte muten ihn vielleicht fremd an, die Auseinandersetzung zwischen regnum und sacerdotium, Kaisertum und Papsttum z.B., eines der beherrschenden Themen der mittelalterlichen Geschichte, ist heute wohl nicht mehr ohne weiteres verständlich, da sich im Verhältnis von Staat und Kirche ein grundlegender Wandel vollzogen hat – aber es lohnt die geistige Anstrengung; denn es sind zum Teil auch unsere Probleme, die damals erörtert und in irgendeiner Form entschieden oder der Nachwelt zur Lösung überlassen worden sind. Art, Umfang und Verfassung der Quellen aber weisen gerade in der Mediävistik der Methode eine große Bedeutung zu. Von diesem Sachverhalt geht die systematische Besprechung der Quellengattungen, der Funktion der Hilfswissenschaften und einiger Hauptprobleme der Nachbardisziplinen aus, die zugleich Gelegenheit gibt zur Klärung wichtiger Begriffe, wobei für uns die deutsche Geschichte im Vordergrund stehen soll.

Literatur:

H. QUIRIN, Einführung in das Studium der mittelalterlichen Geschichte. Stuttgart [5]1991. – M. PACAUT, Guide de l'étudiant en histoire médiévale, Paris [2]1973. – J.M. POWELL (Ed.), Medieval Studies. An Introduction, Syracuse, New York [2]1992. – H. BOOCK-MANN, Einführung in die Geschichte des Mittelalters, München [5]1992. – Th. MAYER, Der Wandel unseres Bildes vom Mittelalter (Stand und Aufgaben der mittelalterlichen Geschichtsforschung), Bll. dt. LG. 94, 1958. – H. FUHRMANN, Einladung ins Mittelalter, München [4]1989. – R. PERNOUD, Überflüssiges Mittelalter? Plädoyer für eine verkannte Epoche, München/Zürich 1979. – Zur Frage der Periodengrenze zwischen Altertum und Mittelalter, hrsg. v. P.E. HÜBINGER, (Wege der Forschung, Bd. LI) Darmstadt 1969. – Kulturbruch oder Kulturkontinuität im Übergang von der Antike zum Mittelalter, hrsg. v. P.E. HÜBINGER, (Wege der Forschung, Bd. CCI) Darmstadt 1968. – Bedeutung und Rolle des Islam beim Übergang vom Altertum zum Mittelalter, hrsg. v. P.E. HÜBINGER,

5), hrsg. v. E. Schulin, München 1989, 87(Wege der Forschung, Bd. CCII) Darmstadt 1968. – H. HEIMPEL, Über die Epochen der mittelalterlichen Geschichte, (in: Der Mensch in seiner Gegenwart) Göttingen ²1957. – B. SCHMEIDLER, Die Bedeutung des späteren Mittelalters für die deutsche und europäische Geschichte, in: H. Vjschr. 29, 1934. – H. HEIMPEL, Das Wesen des deutschen Spätmittelalters, in: Archiv f. Kulturgesch. 35, 1953. – F. GRAUS, Das Spätmittelalter als Krisenzeit. Ein Literaturbericht als Zwischenbilanz. Supplementum zu: Mediaevalia Bohemica I, Prag 1969. – K. ARNOLD, Das „finstere" Mittelalter. Zur Genese und Phänomenologie eines Fehlurteils, in: Saeculum 32, 1981. – K. SCHREINER, Wissenschaft von der Geschichte des Mittelalters nach 1945. Kontinuitäten und Diskontinuitäten in der Mittelalterforschung im geteilten Deutschland, in: Deutsche Geschichtswissenschaft nach dem Zweiten Weltkrieg (1945–1965), hrsg. v. E. Schulin, München 1989, 87–146. – H.-W. GOETZ, Proseminar Geschichte: Mittelalter, Stuttgart 1993.

II. Quellenkunde der mittelalterlichen Geschichte

Aus der unübersehbaren Masse der „historischen Materialien", die Aufschluß geben über die Vergangenheit, heben sich als besondere und für die wissenschaftliche Erforschung des Mittelalters wichtigste Gruppe die schriftlichen Quellen heraus. Zunächst soll eine Charakterisierung der Hauptgattungen der schriftlichen Quellen in knapper Form versucht werden. Eine solche Typologie ermöglicht eine übersichtliche Gliederung der Texte und vermittelt zugleich in der Herausarbeitung spezifischer Merkmale einen ersten Einblick in Entwicklung, Bedeutung und Erkenntniswert der jeweiligen Gattung. Dabei ergibt sich von der inneren Form, den Motiven und Zwecken der Abfassung her als grundlegende Unterscheidung die – begrifflich zwar unscharfe, für die Praxis aber zweckmäßige – Einteilung der Texte in erzählende und dokumentarische Quellen. In der ersten Gruppe fassen wir die Zeugnisse zusammen, die aus historischem Interesse geschrieben sind, um die Kunde von geschichtlichen Ereignissen der Nachwelt zu überliefern; der zweiten Gruppe teilen wir die Zeugnisse zu, die sich als Mitteilungen von aktuellem Interesse unmittelbar an die Zeitgenossen selbst richten. Wir sind uns dabei bewußt, daß die Grenzen nicht immer scharf und logisch eindeutig zu ziehen sind. Jede Systematisierung historischen Materials ist in der Gefahr, in unzulässiger Weise zu vereinfachen und zu vereinheitlichen, und wir werden mitunter – etwa bei der Gattung der Briefe – gezwungen sein, die Problematik der Zuweisung zu der einen oder der anderen Gruppe eingehender zu erörtern. Innerhalb der beiden Abteilungen haben wir auf eine weitere Untergliederung (wie sie etwa bei van Caenegem zu finden ist) verzichtet, um die Schematisierung nicht zu weit zu treiben; die Kriterien, nach denen diese vorzunehmen wäre, werden ohnehin bei der Besprechung der einzelnen Gattungen ausgiebig zu berücksichtigen sein.

Nicht in die Betrachtung einbezogen haben wir die mittelalterliche Dichtung in ihren verschiedenen Gattungen – volkssprachliche und lateinische Geschichtsdichtung, höfische Epik und Heldenepos, lehrhafte Dichtung und politische

Spruchdichtung – noch auch liturgische Texte, theologisch-philosophische Schriften und die „mittelalterliche Fachliteratur", d.h. die Prosagattung der „Artes"; der Rahmen dieser Einführung würde dadurch gesprengt, Vollständigkeit in der Erfassung des Quellenmaterials ist ohnehin nicht zu erreichen. Damit ist kein Urteil gefällt über die Bedeutung, die Texte dieser Art auch für den Historiker haben. Für die Erhellung der mittelalterlichen Kultur, des mittelalterlichen Geisteslebens und im besonderen Sinne auch des „Geschichtsbewußtseins" der Menschen des Mittelalters sind diese Zeugnisse ihres geistigen Schaffens von unschätzbarem Wert. Den großen Schöpfungen der Architektur und der Kunst hat der Historiker immer schon seine Aufmerksamkeit gewidmet. In jüngster Zeit ist ein verstärktes Interesse für das Alltagsleben auch des Mittelalters erkennbar. Es wird in den schriftlichen Quellen – wenn man einmal von Heiligenleben und Mirakelberichten absieht – nur wenig dokumentiert. So gewinnen die Sachquellen an Bedeutung, die von der Keramik über Geräte aller Art bis hin zu Bauten (Häuser, Kirchen, Burgen usw.) und Dorf-/Stadtanlagen reichen. Häufig wurden sie erst durch Ausgrabungen erschlossen. In diesem Zusammenhang hat sich in den letzten Jahrzehnten die mittelalterliche Archäologie als (Hilfs-)Wissenschaft etabliert und eigene Methoden zur Erschließung des Materials (vgl. etwa die Dendrochronologie, d.h. die Methode der Datierung historischer Bauten und auf diesem Wege auch historischer Ereignisse durch die Untersuchung der Jahresringe in alten Bäumen und Hölzern) entwickelt. Sie wird um so wichtiger, als für Epochen mit geringer Schriftlichkeit oder für in ihren Anfängen schriftlose/-arme Kulturen Ausgrabungen häufig den einzigen Zugang zur Erhellung der Gesellschafts- und Herrschaftsordnung wie der wirtschaftlichen Verhältnisse und Beziehungen eröffnen. So würden wir beispielsweise über Etappen und Formen völkerwanderungszeitlicher germanischer Landnahme oder die Verbreitung des Christentums bei den slawischen Stämmen des 9./10. Jahrhunderts nur wenig wissen, wenn uns hier nicht der Spaten mit der Ausgrabung von Gräberfeldern oder Kirchenbauten zur Hilfe kommen würde. Wir müssen uns mit diesen Hinweisen begnügen und wenden uns nun den schriftlichen Quellen zu. Dabei verzichten wir auf eine eingehende Diskussion der Gattungsproblematik bei den erzählenden Quellen (vgl. dazu F.-J. Schmale, Funktionen und Formen), glauben aber, für die hier gegebene Einteilung – auch unter didaktischen Gesichtspunkten – gute Argumente vorbringen zu können.

1. Erzählende Quellen

a) Chronistik

„Chronica Graece dicitur quae Latine temporum series appellatur, qualem apud Graecos Eusebius Caesariensis episcopus edidit, et Hieronimus presbyter in Latinam linguam convertit." Isidor von Sevilla (um 560–636), der diese Definition der Chronik in seiner großen, das abendländische Bildungsleben für Jahrhunderte tief beeinflussenden Enzyklopädie, den „Etymologiae sive Origines", gegeben hat (Buch V, 28), faßt hier als das Wesen der Gattung die ordnende Beschreibung der Zeiten, und der Hinweis auf Eusebius von Caesarea verdeutlicht noch, was unter „temporum series" zu verstehen ist. Mit der Chronik des Eusebius (um 264–340), die in der – bis zum Jahre 378 weitergeführten – lateinischen Übersetzung des Hieronymus (um 347/348–420) zur Grundlage der mittelalterlichen Weltchronistik (Universalchronistik) geworden ist, tritt uns die frühe christliche Geschichtsschreibung zuerst in ihrer Zielsetzung klar erkennbar entgegen. Weltgeschichte ist Heilsgeschichte, und unter diesem Aspekt kommt der jüdischen Geschichte als Voraussetzung der christlichen vor der Geschichte der anderen antiken Völker der Vorrang zu. Aufgabe der christlichen Geschichtsschreibung ist es daher, die profane Geschichte zur jüdisch-christlichen in Beziehung zu setzen, die chronologischen Zusammenhänge zu klären. Im ersten (nicht erhaltenen) Buch seiner Chronik hat Eusebius eine zusammenhängende Darstellung der Chronographie gegeben, das zweite Buch bringt dann in Form von Zeittafeln den synchronistischen Kanon, der also z.B. die auf der Abfolge von Dynastien oder auch anderen Ären (etwa Olympiaden) beruhende Zeitrechnung einzelner Völker (Assyrer, Meder, Lyder, Ägypter, Römer, Makedonen) zueinander und zur jüdischen in Beziehung setzt, und dabei in besonderen Spalten die wichtigsten Tatsachen der jüdisch-christlichen Geschichte neben bemerkenswerten Ereignissen der profanen Geschichte aufzeichnet. Eusebius setzt ein mit der Geburt Abrahams („in huius imperio" – bezogen auf den in der nebenstehenden Kolumne aufgeführten Assyrerkönig Ninus – „nascitur Abraham, qui cum C esset annorum, genuit Isaac"), die dem Jahre 2016 vor Christus entspricht; die späteren Weltchroniken beginnen mit der Erschaffung der Welt (Errechnung des Schöpfungsdatums auf der Grundlage der im AT mit genauen Zahlenangaben – wenn auch z.T. in widerspruchsvoller Überlieferung – aufgezeichneten Generationenfolge; bereits von jüdischen Geschichtsschreibern in Angriff genommen). Die Gliederung des Geschichtsablaufs – ein Problem der Periodisierung – und damit auch der gewaltigen Stofffülle, die der Chronist zu verarbeiten hatte, konnte nach verschiedenen Prinzipien vorgenommen werden. Hier sollen nur die beiden wichtigsten Möglichkeiten erwähnt werden: 1. die Aufeinanderfolge der vier Weltreiche und 2. die Abfolge der sechs Weltalter (sex aetates mundi). Die Weltreichslehre knüpfte an den Traum des Nebukadnezar an (Dan. c.2: ein Bild mit goldenem Haupt, silberner Brust, erzenen Lenden und eisernen Schenkeln mit Füßen teils aus Eisen, teils aus Ton wird durch einen Stein zermalmt) und bezog die Deutung, die Daniel ihm gegeben hatte, auf die Aufeinanderfolge der Weltreiche der Assyrer-Babylonier, Meder-Perser, Makedonier und Römer. Durch den Danielkommentar des Hieronymus, der seinerseits auf antiker und älterer exegetischer Tradition fußte, war diese Auffassung (die auch mitunter in etwas modifizierter Form vertreten wird; vgl. auch Dan. c. 9) Allgemeingut geworden. Sie barg natürlich auch weitgehende politische Konsequenzen in sich, insofern das Römerreich das letzte der Weltgeschichte sein sollte und sein Untergang demnach das Ende der Welt bedeuten mußte. Damit aber wurde später zwangsläufig die Frage nach der Kontinuität der folgenden Reiche (Frankenreich, hochmittelalterliches Kaisertum) zum Imperium Romanum aufgeworfen. Allerdings gab es auch Epochen – wie etwa die karolingische –, in denen diese Vorstellungen keine Bedeutung hatten.

Die Einteilung der Weltgeschichte in sechs Weltalter, die zu den sechs Schöpfungstagen in Beziehung gesetzt wurden und im übrigen auch mit den menschlichen Altersstufen (Lebensaltertheorie) von der Kindheit bis zum Greisenalter (infantia, pueritia, adolescentia, iuventus, aetas senior, senectus) verglichen werden konnten, geht auch auf frühe patristische Tradition zurück, findet dann aber vor allem durch Augustinus Verbreitung und wird durch Isidor von Sevilla in die Geschichtsschreibung eingeführt. Auch in dieser Lehre waren weitreichende Konsequenzen angelegt: Man glaubte z.B. die Weltwoche auf 6000 Jahre ansetzen (entsprechend Ps. 89,4 und 2 Petr. 3,8, wonach 1000 Jahre vor Gott wie ein Tag sind) und somit die Wiederkunft Christi, je nach der Berechnung des Schöpfungstages, für die Zeit um 500 oder um 1000 erwarten zu können. Augustinus jedoch versagte sich jegliche Spekulation über die Dauer des sechsten, mit Christus beginnenden Weltalters und erteilte damit auch allen chiliastischen Vorstellungen eine Absage (Chiliasmus ist die Erwartung eines tausendjährigen Reiches des Friedens). Neben den genannten Geschichtsschreibern hat dann noch der Angelsachse Beda Venerabilis († 735) mit seiner Chronik und seinen chronologischen Lehrbüchern großen Einfluß auf die mittelalterliche Historiographie ausgeübt: Er hat als erster Geschichtsschreiber die Zählung nach Jahren seit Christi Geburt (Inkarnationsjahre) verwandt, wie sie im Jahre 525 von dem in Rom lebenden Mönch Dionysius Exiguus († vor 556) errechnet (freilich etwas zu spät angesetzt) worden war. Die Weltchronistik hat das ganze Mittelalter hindurch in Blüte gestanden, und einige bedeutende Chronisten seien hier wenigstens genannt: Frechulf von Lisieux († 853/64), Regino von Prüm († 915), Ado von Vienne († 875), Frutolf von Michelsberg († 1103), Ekkehard von Aura (Fortsetzer Frutolfs, † nach 1125), Sigebert von Gembloux († 1112), Otto von Freising, dessen „Chronica sive historia de duabus civitatibus" den Höhepunkt mittelalterlicher Geschichtsschreibung darstellt († 1158).

Wir fassen als Gattungsmerkmale zusammen: Die Chronik ist zusammenhängende Geschichtsdarstellung und -erzählung, im Prinzip universalgeschichtlich ausgerichtet, fast immer ausgehend von einem fiktiven Schöpfungsdatum; für die älteren Teile trägt der Chronist den Stoff aus den verschiedensten Quellen zusammen (Kompilation), für seine eigene Zeit und seine unmittelbare Vergangenheit kann sein Werk hohen direkten Quellenwert haben. Der Verfasser ist bekannt und verfolgt mit seiner Arbeit eine bestimmte Absicht: Er will belehren und bilden.

Schließlich sind als Sonderformen der hier charakterisierten Gattung noch die Landes- und Stadtchroniken zu nennen, die aber in der Verengung des Blickfeldes den universalistisch-heilsgeschichtlichen Charakter abgestreift haben; zum Teil sind die Übergänge zur Gattung der Gesta (s.u. S. 124f.) fließend.

Natürlich erlebt die Landesgeschichtsschreibung ihre eigentliche Blüte im Spät-mittelalter, als das Reich sich in die Territorialstaaten aufzulösen beginnt und auch die Städte vielfach einen ersten Höhepunkt wirtschaftlicher und politischer Entfaltung erreichen. Erste Beispiele solcher regionaler Geschichtsschreibung, bei der das Interesse an der Genealogie und Geschichte der herrschenden Dyna-stie der Anlaß zur historischen Darstellung sein konnte, sind aber schon im Hochmittelalter zu finden: Zu nennen wäre hier etwa das Chronicon Hanoniense des Giselbert von Mons (Geschichte des Hennegau im Zeitraum 1068–1195 aus der Feder des Beraters und Kanzlers des Grafen Balduin V.).

Während die Landeschroniken sich oft noch zur Reichsgeschichte ausweiten, sind die Stadtchroniken ganz auf den engeren, lokalen Bereich konzentriert. Auch bei ihnen kann die Genealogie einer führenden patrizischen Familie den Ansatzpunkt bilden. Die Konzentration auf den eng begrenzten Raum der Stadt birgt unstreitig den Nachteil in sich, daß der Blick auf die großen Zusammen-hänge verlorengeht, der Vorteil aber ist auch nicht zu verkennen: die Schilderung des alltäglichen Lebens erschließt uns das Wirken und Denken der Bürger abseits der großen Politik im spätmittelalterlichen Deutschland. Hier mag zur richtigen Wertung dieses Lebensbereiches das Wort eines Stadtgeschichtsschreibers aus dem Anfang des 16. Jahrhunderts zitiert werden, daß „auch klain ding zu wissen je zu zeiten auch zu nutz und guttem raichen mag."

b) Annalistik

Der Begriff „Annales" verweist auf ein wesentliches Merkmal der Gattung: Die Aufzeichnung der historischen Nachrichten in der Abfolge der Jahre. Auch die Antike kennt diese Form der Geschichtsschreibung (s.o. S. 32ff.), aber die mittel-alterliche Annalistik ist nicht einfach Weiterführung der antiken, sie geht im we-sentlichen aus eigener Wurzel hervor, wenn auch spätantike Vorläufer einen ge-wissen Einfluß auf ihre Entstehung ausgeübt haben mögen. Grundlagen für die mittelalterlichen Annalen sind die Ostertafeln, die über einen größeren Zeit-raum den Termin des Osterfestes verzeichneten. Die Bedeutung solcher Tafeln ist ohne weiteres einleuchtend, steht doch das Osterfest im Zentrum des Kirchenjah-res und bestimmt die Termine der beweglichen Feste. Im Westen hatte sich schließlich der auf der alexandrinischen Zählung beruhende Osterzyklus des sky-thischen Mönches Dionysius Exiguus (um 525/526, Rom) durchgesetzt, vor allem dank der Autorität des chronologischen Werkes des Beda Venerabilis (De ratione temporum); bis dahin war der Ostertermin sehr umstritten gewesen, und es exi-stierten verschiedene Berechnungen nebeneinander. Im Zusammenhang damit findet jetzt durch Beda auch die Zeitrechnung nach der Geburt Christi (Inkarna-tionsära) Eingang in die Geschichtsschreibung. Die Ostertafeln boten am Rande Platz zur Eintragung von Nachrichten, die z.B. für das Kloster, in dem sie ge-führt wurden, von Interesse waren: einfache Notizen zunächst wie der Hinweis auf den Tod des Abtes, auf Naturereignisse, auch schon auf bedeutendere Geschehnisse in Kirche und Welt. Die Einträge erfolgten sukzessive, so wie die Nachrichten eintrafen. Dabei brauchte nicht unbedingt zu jedem Jahre etwas vermerkt zu werden; Lücken konnten aber auch später durch Nachträge ausgefüllt werden. Im Laufe der Zeit waren fast immer mehrere Autoren beteiligt. Das sind die bescheidenen Anfänge; die weitere Ausgestaltung konnte so erfolgen, daß die Ostertafeln weitergereicht und mit den historiographischen Notizen abgeschrieben wurden; diese wurden dann ergänzt, u.U. umgruppiert, erweitert und fortgesetzt, auch mit Nachrichten aus anderen Tafeln verbunden. Wir finden derartige Aufzeichnungen zuerst bei den Angelsachsen, und im Zuge der angelsächsischen Mission werden sie mit den Ostertafeln auch auf das Festland hinübergebracht. Das bisher Gesagte sei an einem Beispiel (allerdings aus späterer Zeit) verdeutlicht. Wir haben einen Abschnitt aus den Corveyer Annalen gewählt (hier aus MGH. SS III; vgl. aber J. Prinz, Die Corveyer Annalen, Münster 1982, 113f. und Tafel 7):

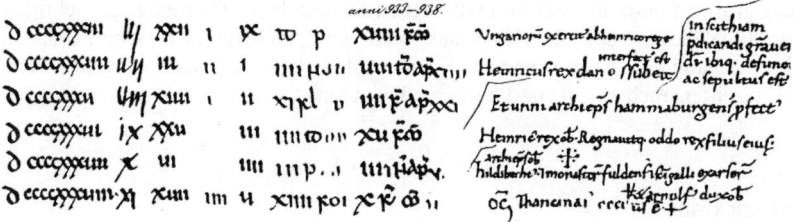

Am rechten Rande sind neben der Berechnung des Ostertermins für die Jahre 933–938 (mit verschiedenen Datierungselementen, von denen hier zunächst nur das Inkarnationsjahr und in der letzten Rubrik das Tagesdatum – also z.B. für 933: decimo octavo kalendas maias = 14. April – interessieren) die historiographischen Notizen eingetragen. Dabei sind einmal verschiedene Hände erkennbar und dann Striche, die die Nachrichten einem bestimmten Jahre zuweisen sollen. Die Notizen zu den Jahren 933 und 934 sind recht knapp: Ungariorum exercitus ab Heinrico rege interfectus est und Heinricus rex danos subeit (= subegit), zum Jahre 935 ist nichts vermerkt. Der Platz, der dadurch frei blieb, ist für den umfangreichen Eintrag zum Jahre 936 genutzt worden, wobei der Schreiber die Notiz sogar noch am Rande neben den vorhergehenden Eintragungen fortführte, durch seine Striche aber deutlich abgrenzte: Heinricus rex obiit. Regnavitque oddo rex filius eius. Et unni archiepiscopus hammaburgensis profectus in scithiam praedicandi gratia verbum dei, ibique defunctus ac sepultus est. Darauf folgt: 937 Hildiberhtus archiepiscopus obiit; et monasteria fuldensi sancti galli exarserunt et arnulfus dux obiit. 938 Thancmarus occisus est. Man findet sich hier noch gut zurecht, aber die Verhältnisse können mit Einschüben, Nachträgen usw. auch verwickelter liegen, und sehr leicht konnte die Verwirrung durch unachtsame Abschreiber noch vergrößert werden.

An unserem Beispiel ist also in späterer Zeit der Zusammenhang der Annalen mit der Ostertafel noch deutlich erkennbar; aber bereits in karolingischer Zeit war die Entwicklung zumeist so verlaufen, daß sich die historiographischen Notizen von ihrer Grundlage lösten, verselbständigten, erweitert wurden und sich so aus den dürftigen Anfängen zu einer bedeutsamen Gattung auswuchsen, wobei der oder die Verfasser nur in Einzelfällen erschlossen werden können. Auch über den Entstehungsort eines Annalenwerkes bleiben wir oft im unklaren; sicher ist hier in den meisten Fällen gerade bei den „kleinen" Annalen an Klöster zu denken, aber die größeren Werke zeigen sich mit der Reichsgeschichte so vertraut, daß man enge Beziehungen zum Hofe voraussetzen und daher geradezu von „Hofannalistik" sprechen kann. In ihrer Tendenz sind die Annalen von Anfang an karolingisch; der Aufstieg dieser Dynastie steht im Vordergrund des Interesses, und das bedeutendste Annalenwerk der fränkischen Zeit, die fränkischen Reichsannalen (Annales regni Francorum, den Zeitraum 741–829 umfassend), ist offiziöse Geschichtsschreibung, hervorgegangen aus dem Gelehrtenkreis um Karl d. Gr., ohne Zweifel auch am Hofe selbst verfaßt.

Die Probleme, vor denen die Annalenforschung stand und steht, sind damit bereits angeklungen: Klärung der Herkunft, Kennzeichnung späterer Zusätze, Erfassen der Ableitungen, gegenseitiger Abhängigkeit und evtl. verlorener Aufzeichnungen (Problem der „verlorenen Werke"). Benannt werden die Annalen entweder nach dem Entstehungsort oder dem Fundort der Handschrift, unter Umständen auch nach dem Besitzer oder Entdecker.

Neben den Reichsannalen sind kennzeichnend für die Blütezeit der karolingischen Annalistik ihre Fortführungen: die Annales Bertiniani (nach der Hs. im Kloster St. Bertin, Zeitraum: 829–882) und die Annales Fuldenses (ältester Teil in Fulda entstanden, Zeitraum: 714–887, fortgeführt bis 901). Zu nennen als ein bedeutsames Beispiel der karolingischen Tendenz der Annalistik sind auch die Annales Mettenses priores (entstanden um 805, fortgesetzt bis 830). Auch für die späteren Epochen haben wir hervorragende Vertreter dieser Form der Geschichtsschreibung: etwa die annalistische Fortsetzung der Weltchronik Reginos von Prüm durch Adalbert, den Mönch aus St. Maximin/Trier, der von Otto I. als Missionsbischof nach Kiev geschickt und dann erster Erzbischof von Magdeburg wurde (Continuatio Reginonis, Zeitraum 907–967), oder die Annalistik der staufischen Zeit. Das Werk Lamperts von Hersfeld mit dem (nicht ursprünglichen) Titel „Annales" (verfaßt um 1078/79) enthält einen knappen Abriß der Weltgeschichte in annalistischer Form, wird dann von etwa 1040 an etwas ausführlicher und weitet sich für die Jahre 1069–1077 zu einer breiten Darstellung aus, die nun den Rahmen annalistischer Geschichtsschreibung bereits sprengt.

Mit dem Niedergang des Reiches seit dem staufisch-welfischen Thronstreit und dem großen Umbruch im kirchlichen Bereich, der die neuen Bettelorden an die Stelle des alten Mönchtums treten läßt, waren in Deutschland im wesentlichen die Voraussetzungen für diese Form der Geschichtsschreibung entfallen; das Spätmittelalter hat keine bedeutsamen Werke dieser Gattung mehr aufzuweisen.

c) Biographisches Schrifttum

Die Viten der Merowingerzeit erwachsen aus der christlichen Tradition der Heiligenverehrung und der Hagiographie; die antike Biographie (Plutarch, Sueton) hat zunächst nicht auf ihre Ausformung eingewirkt. Sie bilden neben Märtyrerromanen, Märtyrerakten, Legenden, Wundererzählungen (lat. Bezeichnung: miracula – also etwa „Miracula Sancti Remacli"), Geschichten über die Überführung von Reliquien zu einem bestimmten Aufbewahrungsort (lat. Bezeichnung: Translatio – also etwa „Translatio Sancti Alexandri") nur eine Gruppe innerhalb der hagiographischen Literatur und stellen den Historiker vor besondere Probleme der Quellenkritik. Ihre Bedeutung ist gerade für eine Zeit, in der die Quellen spärlich fließen, unbestritten, aber die Problematik besteht eben darin, daß sie nicht eigentlich Geschichtswerke in einem modernen wissenschaftlichen Sinne sind. Wenn man ihren Wert in der Forschung also lange Zeit nur unter dem Aspekt beurteilte, was sich aus der Fülle der legendenhaften Elemente und Wundererzählungen als „historischer Kern" herausschälen ließ, dann hat man im Grunde übersehen, daß die Heiligenvita als eigenständige literarische Gattung beurteilt werden muß und eine bestimmte Funktion zu erfüllen hat. Der Heilige ist Patron einer Kirche, eines Klosters, oder seine Gebeine haben dort eine Ruhestätte gefunden – der Abglanz seines Ruhmes, in seiner Vita festgehalten, steigert die Bedeutung des Ortes, und sein Kult, für den die Vita Propaganda macht, bringt letztlich auch materiellen Nutzen (Pilger). Er ist also nicht als Person, als Individuum wichtig, sondern als Verkörperung einer Wertordnung, und die Beschreibung seines vorbildlichen Lebens soll in erster Linie erbauen und belehren, zur Mildtätigkeit anregen, denn gerade soziale Motive werden stark betont (caritas). Wenn auch der historische Rahmen und der geschichtliche Verlauf des Heiligenlebens für den Hagiographen in der Regel nebensächlich sind, so erhebt er natürlich doch den Anspruch, die Wahrheit zu erzählen – auch im Hinblick auf die Wunderberichte, für die er sich oft auf Augenzeugen beruft. Wahrheit ist hier eben nicht mit Authentizität der Fakten gleichzusetzen, sondern bestimmt sich vom Zweck des Werkes her. Die Darstellung zielt ab auf ein Heiligenideal, auf Typisierung – selbst u.U. im Bereich nebensächlicher Einzelheiten, die als Einzelzüge aus dem alltäglichen Leben des Volkes für die Wirtschafts- und Sozialgeschichte der Merowingerzeit von großem Wert sein können –, und das Heiligenbild ist so weit stilisiert, daß es sogar möglich war, gleichsam aus dem Nichts nur mit Benutzung der Topoi (der literarischen Denk- und Ausdrucksschemata) eine Heiligenvita zu erstellen. Zu den Heiligen der alten Kirche und Spätantike kommen in der Merowingerzeit neue hinzu: Bischöfe, Äbte, Äbtissinnen, Klostergründer. Sie alle entstammen der Oberschicht, in ihren Viten nimmt der Typ des „Adelsheiligen" als Idealbild adelig-christlicher Existenz Gestalt an. Das ist unter einem soziologischen Aspekt interessant, insofern wir Aufschluß erhalten über das Selbstverständnis des christlich gewordenen Adels der Merowingerzeit. Ein weiteres kommt hinzu: Die Bischöfe haben seit dem 5. Jh. nach dem Zusammenbruch der römischen Herrschaft in Gallien wichtige staatliche und Verwaltungsfunktionen übernommen und ihre Stellung auch im Merowingerreich im wesentlichen behauptet. Das heißt aber, daß die ihnen gewidmeten Heiligenviten, die diese Verhältnisse widerspiegeln, für uns auch als Quelle zur politischen Geschichte große Bedeutung gewinnen können. Dafür gibt es im übrigen schon zwei berühmte Beispiele aus der Spätantike: die vielgelesene Vita Sancti Martini des Sulpicius Severus (verfaßt um 400) und das Commemoratorium vitae s. Severini des Eugippius (verfaßt um 511) – dieses für uns von unschätzbarem Wert als Quelle für die Zustände im Donauraum zur Zeit des Zusammenbruchs der Römerherrschaft.

In der Karolingerzeit gewinnt die Vitenliteratur im ganzen gesehen sehr an Nähe zur historischen Wirklichkeit, die legendenhaften Züge treten mehr zurück. Hier wirkt sich auch der Einfluß der angelsächsischen Mission aus, waren doch die Angelsachsen im 8. Jh. führend in den Studien und der gelehrten Bildung. Die karolingische Renaissance schließlich hat die Voraussetzung geschaffen für ein Werk, das nun die Elemente antiker Biographik mit Nutzen zu verwerten vermag: Einhards Vita Karoli Magni. Aus eigenem Erleben und in der Verwendung des historiographischen Materials seiner Zeit (Annalen) gestaltet Einhard, der selbst dem Kreise der Hofgelehrten um Karl den Großen angehörte, die Biographie des Herrschers und nimmt sich dabei die Kaiserbiographien Suetons zum Muster. Die erste Herrschervita des Mittelalters erwächst also aus der engen Berührung mit antiker Tradition. Einhard zeichnet ein klar umrissenes, lebensvolles Bild der Persönlichkeit Karls und setzt dieses indirekt zugleich ab von der Gestalt seines Nachfolgers Ludwig, dessen Regierung das fränkische Königtum gerade in der Zeit der Entstehung der Vita Karoli (um 833, vor 836) in eine tiefe Krise gestürzt hat. Die hohe Wertschätzung, die das Mittelalter dem Werke Einhards zuteil werden ließ, läßt sich auch an seiner Verbreitung und der großen Zahl der erhaltenen Handschriften ablesen.

Auch Ludwig der Fromme hat seine Biographen gefunden: Ermoldus Nigellus (in der Form des Panegyricus, entstanden zwischen 826 und 828), Thegan (Vita Hludowici imperatoris; verf. um 837) und ein anonymer Verfasser, der wegen seiner Kenntnisse in der Astronomie auch als Astronomus bezeichnet wird (Vita Hludowici imperatoris; entstanden bald nach 840). Die literarische Höhe des Werkes Einhards ist in diesen beiden Viten nicht mehr erreicht worden.

In Deutschland hat sich die Herrscherbiographie nicht eingebürgert: die Gesta Chuonradi II imperatoris und die Gesta Friderici imperatoris gehören einer anderen Gattung an (vgl. u. S. 125), die (unvollendete) Vita Heinrichs II. von Bischof Adelbold von Utrecht hat hagiographischen Charakter, und nur die Vita Heinrici IV. imperatoris aus der Feder eines unbekannten getreuen Anhängers des Saliers (vielleicht Bischof Erlung von Würzburg) ist hier als Beispiel – freilich in der besonderen Form der Totenklage – herauszustellen.

Die kirchliche Biographik, die in der späteren Karolingerzeit in Verfall geraten war, lebte in der Zeit Ottos des Großen wieder auf und blühte bis ins 12. Jh.: Sie hat sich von allen legendenhaften Elementen, vom Heiligenkult gelöst, ihr Gegenstand sind die Biographien der großen Reichsbischöfe wie etwa Bruns von Köln („Vita Brunonis" von Ruotger), Bernwards und Godehards von Hildes-

heim, Alberos von Trier. Voraussetzung für eine solche geistlich-politische Existenz und damit auch für diesen besonderen Typ der Vita aber war die Einheit
von regnum und sacerdotium (vgl. ottonisch-salisches Reichskirchensystem), fiel
diese Voraussetzung fort, war auch eine solche Form der Geschichtsschreibung
nicht mehr möglich. Im Laufe des 12. Jh.s hat sich diese Gattung überlebt. Im
späteren Mittelalter erwacht dann erneut das Interesse an den Heiligenlegenden
(Legenda aurea des Jacobus de Voragine, geschrieben um 1260/70).

Schließlich soll noch ein Beispiel für die im Mittelalter äußerst seltene Selbstbiographie erwähnt werden. Bald nach seiner Thronerhebung hat Karl IV. seine
Lebensgeschichte bis zum Jahre 1346 in lateinischer Sprache aufgezeichnet. Dahinter steht wohl als leitende Absicht der Wunsch, seinen Nachkommen eine Art
Fürstenspiegel zu hinterlassen. Dem mittelalterlichen Menschen liegt die literarische Reflexion über eigenes Fühlen und Erleben im Grunde fern, und so gibt es
nur wenige Schriften autobiographischen Charakters; sehr oft handelt es sich
dabei um Briefe. Zu nennen sind in diesem Zusammenhang etwa Schriften des
Bischofs Rather von Verona (gest. 974), des Mönches Otloh von St. Emme-
ram/Regensburg (gest. nach 1070) und des Abtes Wibert von Nogent („De vita
sua", abgefaßt um 1114/1115), aber auch die Historia Calamitatum des Petrus
Abaelardus († 1142).

d) Gesta

Der Begriff „Gesta" (Plur. neutr.) begegnet uns sehr häufig in den Titeln von
Kloster- und Bistumsgeschichten – Gesta abbatum... bzw. Gesta episcoporum...
– und bedeutet dann allgemein „Geschichte", verweist aber zugleich auf eine besondere Darstellungsweise, die das Merkmal dieser spezifisch mittelalterlichen
Form von Geschichtsschreibung ist: die Aneinanderreihung von „Tatenberich-
ten" der Äbte oder Bischöfe. (Im klassischen Latein würde dieser Bedeutung das
Wort „res gestae" entsprechen; das Substantiv „gesta" erscheint erst in der späteren Latinität und wird hier verwandt zur Bezeichnung behördlicher Akten verschiedener Art, vgl. etwa gesta municipalia).

Vorbild für diese Art der Geschichtsschreibung ist der „Liber Pontificalis" gewesen, eine Sammlung von Papstbiographien in chronologischer Reihenfolge, die
mit Petrus einsetzt und in ihrem ältesten Teile bereits dem 6. oder beginnenden 7.
Jh. angehört. Das Werk ist dann in der Umgebung der Päpste bis ins 9. Jh. fortgesetzt worden: Die Viten werden immer ausführlicher; teilweise noch zu Lebzei-
ten des betreffenden Papstes begonnen, geben sie eine vorzügliche Quelle für die
päpstliche Politik gerade in der Karolingerzeit ab, mit allen Vorzügen und Nach-
teilen offiziöser Geschichtsschreibung. (Der Liber Pontificalis hat dann im Hochmittelalter eine erneute Fortsetzung erfahren und ist schließlich bis ins 15. Jh.
fortgeführt worden.) Kennzeichnend ist der Aufbau der einzelnen Viten nach einem bestimmten Schema: Angaben zur Person, historische Einzelheiten, Regie-

rungstätigkeit (Dekrete, Kirchengründungen, Schenkungen, Ordinationen usw.), Tod, Dauer der Vakanz. Seit Pippin d.J. etwa ist der L.P. auch im Frankenreich bekannt, und so konnte er dem Langobarden Paulus Diaconus als Muster dienen bei seiner Abfassung der Gesta episcoporum Mettensium. Metz, ein Ausgangspunkt und Zentrum karolingischer Macht, erhielt damit als erstes Bistum nördlich der Alpen eine Darstellung seiner Geschichte (reicht bis 766; abgefaßt nach 783, als sich Paulus Diaconus für einige Zeit am Hofe Karls d. Gr. aufhielt). Einige Jahrzehnte später entsteht auch die erste Klostergeschichte nach demselben Vorbild: die Gesta abbatum Fontanellensium, die Geschichte des Klosters St. Wandrille (=Fontanella) in der Normandie.

Wir brauchen hier nicht weiter auf die zahlreichen Bistums- und Klostergeschichten der folgenden Epochen einzugehen, müssen aber noch kurz auf eine Sonderform der Gattung aufmerksam machen: die Darstellung der Geschichte eines Herrschers im Stile der Gesta, also mit dem Schwerpunkt auf seiner Herrschaftstätigkeit und nicht als abgerundete Biographie. Als die beiden herausragenden Beispiele sind hier zu nennen: die Gesta Chuonradi II imperatoris aus der Feder seines Kaplans Wipo (einsetzend mit der Wahl von 1024) und die Gesta Friderici I imperatoris, die der Bischof Otto von Freising in dem frohen Bewußtsein verfaßte, daß mit der Wahl Friedrichs v. Schwaben zum deutschen König ein neuer Aufstieg des Reiches beginne. Otto, der Familie der Babenberger entstammend, Oheim Friedrichs I. und Reichsbischof, ist an vielen politischen Aktionen selbst beteiligt gewesen, kann als Augenzeuge berichten und seine Darstellung auch auf dokumentarisches Material stützen, das die kaiserliche Kanzlei ihm zur Verfügung stellte (Einfügung von Urkunden und Briefen). Nach seinem Tode (1158) hat sein Sekretär Rahewin das Werk noch bis 1160 fortgeführt. Nachfolge hat diese Form der Herrschergeschichte in Deutschland nur sporadisch im späteren Mittelalter gefunden.

Als historiographische Gattung stehen die Gesta also zwischen Biographie und Chronik (werden in der Forschung z.T. auch als besondere Form der Chronikliteratur gesehen): Der Verfasser geht von der Einzelpersönlichkeit aus, aber ihn interessiert deren Biographie in der Regel nur so weit, wie sie von Belang ist für die Geschichte der Institution; als Einzelglied wird sie dem größeren Wirkbereich, dem sie angehört, ein- und untergeordnet. Der besondere Wert dieser Quellengruppe ist auch darin zu sehen, daß die Verfasser sehr oft auf dokumentarisches und historiographisches Material, das in Archiv und Bibliothek des Klosters oder der betreffenden Kirche aufbewahrt wurde, zurückgreifen konnten oder dokumentarische Texte, z.B. Urkunden, in ihre Darstellung einfügten.

e) Origines

Wir stellen zum Abschluß die Origines als eine eigenständige Gattung heraus. Obwohl sie im Stil der Darstellung der Chronistik nahestehen, rechtfertigen ihr Gegenstand und der besondere Zweck ihrer Abfassung eine gesonderte Behandlung. Man bezeichnet diese Texte als „Volksgeschichte", „Stammesgeschichten" oder als „Nationalgeschichten der germanischen Stämme" und faßt darunter zunächst die Quellen, die Aufschluß geben über Ursprung (origo gentis) und Entwicklung der germanischen Stämme, so wie sie in der Völkerwanderungszeit in das helle Licht der Geschichte eintreten. Die historische Überlieferung dieser Völker selbst ist wie ihre Dichtung zunächst schriftlos; ihr geschichtliches Bewußtsein artikuliert sich in Helden- und Preisliedern. Hier sei nur daran erinnert, daß Karl der Große im Zusammenhang seiner wissenschaftlichen Bemühungen „uralte Gedichte in der Volkssprache (barbara et antiquissima carmina), in denen die Taten und Kriege der alten Könige besungen wurden" aufzeichnen ließ (Einhard c. 29). Erst in der Begegnung mit der antiken Kultur wird das Interesse an der schriftlichen Erfassung der Schicksale des eigenen Volkes auch bei ihnen geweckt, aber bezeichnenderweise gehen Anstoß und erste Verwirklichung in der Hauptsache noch von Romanen aus. Der Römer Cassiodor schreibt im Auftrage des Königs Theoderich (471–526) seine Gotengeschichte, und sein erklärtes Ziel ist es, die Geschicke dieses germanischen Volkes einzuordnen in den Umkreis der römischen Geschichte. Die Gleichsetzung der Goten mit den Geten und Skythen, die er in seinen Quellen bereits vorgefunden hat, kommt dieser Absicht entgegen; so verbindet er gotische Sagen- und Liedüberlieferungen mit antiken Quellen und „bringt durch Lesen in Erfahrung , was kaum noch das Gedächtnis der Alten bewahrte" (Var. IX, 25). Cassiodors Werk ist nur in der Bearbeitung des Jordanes, der sich selbst dem gotischen Volk zurechnet, auf uns gekommen unter dem Titel: De origine actibusque Getarum (verf. um 551). Die wichtigsten anderen Beispiele der Gattung seien hier wenigstens noch genannt: Gregor von Tours (romanischem Senatorenadel entstammend, 573 zum Bischof von Tours erhoben, gest. 593/94) verfaßte die Geschichte der Franken, Decem libri historiarum, und knüpft dabei, mit der Schöpfung beginnend, an die Gattung der Weltchronik an; im 7. Jahrhundert führt das unter dem Namen Fredegars laufende, als Weltchronik angelegte Geschichtswerk (Chronicon; mehrere Verfasser?) den Ursprung der Franken auf die Trojaner zurück (fränkische Trojasage). In diesen Zusammenhang ist auch der 726/727 fertiggestellte Liber historiae Francorum zu stellen. Von Isidor von Sevilla haben wir die Historia Gothorum, Wandalorum, Sueborum (De origine Gothorum reicht bis 624), und Beda Venerabilis schuf mit seiner Historia ecclesiastica gentis Anglorum ein Werk, das in der Verbindung von Volks-, Staats- und Kirchengeschichte den bedeutendsten Zeugnissen mittelalterlicher Geschichtsschreibung zuzurechnen ist (abgeschlossen 731). Die Langobarden schließlich haben ihren Historiker in Paulus Diaconus gefunden, der seine Historia Langobardorum zu einem Zeitpunkt schrieb, als das Langobardenreich seine Selbständigkeit bereits eingebüßt hatte und unter die Herrschaft Karls des Großen gekommen war (reicht bis 744). Auch in späterer Zeit lebt die Volksgeschichtsschreibung noch fort; bei den Sachsen (vgl. die Hinweise auf die Herkunft der Sachsen bei Widukind von Corvey), Slawen, Nordgermanen können wir Beispiele dafür finden: So verfaßt der Domherr Cosmas von Prag um 1120 eine „Chronik der Böhmen", zurückgehend auf die sagenhafte Zeit der Libussa und

ihres Gemahls Przemysl; den Polen gibt ein Ausländer, der sog. Gallus Anony-
mus, eine Sagen und Lieder verwertende Darstellung ihrer Volksgeschichte (um
1114/1115), im Kiewer Höhlenkloster entsteht die „Nestor-Chronik" in altrussi-
scher Sprache, und der Däne Saxo Grammaticus schließlich faßt in seinen „Gesta
Danorum" um 1200 die nordgermanische Überlieferung zusammen.

2. Dokumentarische Quellen

a) Urkunden

Unter den dokumentarischen Quellen bilden die Urkunden die wichtigste Gruppe. Während die Volksrechte und Reichsgesetze aller Art (s.u. S. 132ff.) die
Rechtsnormen aufzeigen, also das Recht festlegen, das gelten soll, geben die Urkunden Aufschluß über die Rechtswirklichkeit, über das tatsächlich zu verschiedenen Zeiten in verschiedenen Bereichen geltende Recht.

Mit H. Bresslau definieren wir die Urkunde als ein schriftliches, unter Beobachtung bestimmter Formen angefertigtes Zeugnis über Vorgänge rechtlicher
Natur. Dabei unterscheidet man nach H. Brunner die Geschäftsurkunde, die die
Rechtshandlung konstitutiv vollzieht (auch dispositive Urkunde), und die Beweisurkunde, die als Niederschrift über eine bereits vollzogene Rechtshandlung
den Charakter der Beweisstütze hat; mit den aus der Sprache der Urkunden
selbst gewonnenen Fachtermini stellt man also gegenüber „carta" („charta") und
„notitia". Nun sind diese beiden Formen Idealtypen, und für die praktische Arbeit ist nicht viel gewonnen, wenn man nicht die historische Entwicklung in die
Betrachtung einbezieht und nach der rechtlichen Funktion der Urkunde zu den
verschiedenen Zeiten fragt.

Die mittelalterliche Urkunde ist nicht aus germanischer Wurzel erwachsen,
sondern steht in römischer Tradition. Ein antikes Element wird hier in eine im
übrigen germanisch geprägte Rechtswelt eingebaut, und in großen Zügen durchläuft die Entwicklung des Urkundenwesens hinsichtlich der Rechtsgeltung der
Urkunde im Mittelalter die gleichen Stufen wie in der römischen Zeit: In den
Anfängen dient die Urkunde als Stütze des Zeugenbeweises, auf den es in erster
Linie ankommt; sie wird dann anstelle des Zeugenbeweises selbständiges Beweismittel in der Spätzeit der Republik und gewinnt schließlich mit der Zunahme der
Schriftlichkeit im Rechtsverkehr konstitutiven Charakter (5./6. Jh.). Die Grundformen des römischen Urkundenwesens überdauern, von den germanischen
Staaten übernommen, die Stürme der Völkerwanderungszeit, z.T. dank der er-
haltenden Kraft der Kirche, aber die Bedeutung der Urkunde geht im germanischen Rechtsleben stark zurück; dieser Prozeß wird unter den Karolingern
beschleunigt und gelangt im 10./11. Jh. zu einem gewissen Abschluß (auf die
besonderen Verhältnisse in Italien können wir hier nicht eingehen). Allein die
Königsurkunde besitzt öffentliche Glaubwürdigkeit, sie ist nicht scheltbar; ihre

Anfechtung bleibt also nur dann straflos, wenn bewiesen werden kann, daß sie gefälscht ist. Im übrigen ist bei einem Rechtsakt die symbolische Handlung konstitutiv (etwa Übergabe eines Strohhalms, lat.: festuca), und die Privaturkunde ist Beurkundung des bereits vollzogenen Rechtsaktes, bei der die Zeugenunterschriften von besonderer Wichtigkeit sind. Sie kann vor Gericht lediglich als Beweisstütze zum Zeugenbeweis hinzutreten und hat Beweiskraft nur so weit, wie der Gegner keine Einwände erhebt. Immerhin werden dem Inhaber der Urkunde zunächst noch gewisse prozessualische Vorteile eingeräumt (er ist näher am Eid), und solange es im fränkischen Reich amtliche Gerichts- oder Grafschaftsschreiber (cancellarii, notarii) gab (regional unterschiedlich; bis in die 2. Hälfte des 9. Jh.s), die Privaturkunden ausfertigen konnten, haben auch diese im Rechtsleben einen gewissen Platz. Aber die Schriftlichkeit des Rechtsverkehrs ging weiter zurück, und im 9. Jh. wird die beschriebene Art des subsidiären Urkundenbeweises ganz verdrängt. Das 10. und 11. Jh. stellen in Deutschland – immer abgesehen von der Königsurkunde – den Tiefstand des Urkundenwesens dar. Bei einem Rechtsgeschäft ist die feierliche Erklärung vor Zeugen, sehr oft verbunden mit einer symbolischen Handlung, Konstitutivakt; bei einem gerichtlichen Streitfall ist entscheidend allein die Aussage der Handlungszeugen. Als Gedächtnisstütze macht sich der Empfänger mitunter eine Notiz (u.a. Aufführung der Zeugen), die man als Akt bezeichnet.

Der weitgehende Verlust der Schriftlichkeit führte zwangsläufig zu einer gewissen Unsicherheit im Rechtsverkehr, und vor allem die Kirche war bestrebt, wieder festere Grundlagen für ihre Rechtsgeschäfte zu schaffen. Von wesentlicher Bedeutung für eine Neubelebung auch des privaten Urkundenwesens war nun das Vorbild der Königsurkunde, die ihre rechtliche Kraft ja stets behalten hatte. Außerdem wies sie seit der Karolingerzeit ein Beglaubigungsmittel auf, das auch dem Schriftunkundigen einen sicheren Anhaltspunkt für ihre Echtheit bot: das Siegel (bei den Merowingern, die allerdings auch schon Siegel führten, war noch die eigenhändige Unterschrift des Herrschers neben der des Schreibers – des Referendars – wesentliches Beglaubigungsmittel, bei den Karolingern verkümmerte sie zum Vollziehungsstrich im Monogramm; dazu vgl. u. S. 148). Nach dem Vorbild des Königs gingen nun Bischöfe und Äbte (im 10. bzw. 11. Jh.) und auch weltliche Große zur Besiegelung ihrer Urkunden über, die sich darüber hinaus im Formular an der Königs- und seit dem 11. Jh. auch an der Papsturkunde ausrichteten. Von der besiegelten Königsurkunde geht also die Neubelebung des Urkundenwesens und damit die Rückkehr zur Schriftlichkeit des Rechtsverkehrs aus. Die Entwicklung verläuft dabei ähnlich, wie oben für die Antike bereits skizziert: Die Siegelurkunde tritt als Beweisstütze neben die Zeugenaussagen, die zunächst noch allein rechtserheblich sind; auf der nächsten Stufe wird die Urkunde mit den Zeugen gleichgesetzt (13. Jh.), dann glaubwürdig und beweiskräftig an sich (14. Jh.); die Übergänge von der Beweisurkunde zur dispositiven Urkunde – Endstadium der Entwicklung – sind fließend.

Auf die besondere Form des Chirographs (chirographum = eigenhändige Schrift) sei hier noch kurz hingewiesen. Es handelt sich um den Typ einer Privaturkunde, bei der zwei oder mehr gleichlautende Texte eines Rechtsgeschäftes auf ein Pergament geschrieben wurden. Zwischen den Texten wurden dann ein besonderes Wort (meist: Chirographum) oder auch Buchstaben (z.b. ABC – von daher auch die Bezeichnung ABCdarium) eingetragen und das Pergament an dieser Stelle geteilt, so daß jeder Vertragspartner eine Texthälfte bekam (vgl. auch Bezeichnungen: cartae divisae, partitae; dt. Kerbzettel). Bei der Anfechtung des Vertrages bzw. des Geschäftes konnte der genaue Vertragsinhalt kontrolliert werden, indem beide Parteien ihre Textexemplare vorlegten, die an der durchschnittenen Stelle zueinander passen mußten (vgl. auch Bresslau, a.a.O. S. 667ff.).

b) Akten

Wenn Akten zu definieren sind als Geschäftsschriftgut oder „Niederschlag schriftlicher Geschäftsführung" (v. Brandt) und zunehmende Schriftlichkeit, der Aufbau von Verwaltungsinstitutionen sowie moderne Wirtschaftsformen als Voraussetzung für die Abfassung solcher Schriftstücke angesehen werden können, dann ist verständlich, daß wir in Deutschland erst für das Spätmittelalter mit dem Hervortreten dieser Quellengruppe rechnen können; denn jetzt erst erfolgt der Ausbau der Staatsverwaltung (institutioneller Flächenstaat) oder auch der städtischen Behörden (die westeuropäischen Monarchien und die Kurie haben in dieser Entwicklung einen gewissen Vorsprung vor Deutschland).

Haben wir die Urkunden als wichtigste Gruppe der mittelalterlichen dokumentarischen Quellen herausgestellt, so gilt das für die Akten in bezug auf die Neuzeit (man unterscheidet nicht zu Unrecht „Urkundenzeitalter" und „Aktenzeitalter"; Zeitgrenze etwa 16. Jh. – dazu vgl. unten S. 229), und wir können in unserem Rahmen nur auf einige Ansätze zur Aktenführung im früheren Mittelalter hinweisen, ohne eine Systematik erreichen zu wollen oder zu können. Akten dienen der Berichterstattung und der Anordnung sowie der Vorbereitung eines Rechtsgeschäftes. So könnte man mit einem gewissen Recht Mandate (mandatum, indiculus) und Briefe, die zu derartigen Zwecken geschrieben worden sind, zu dieser Gattung zählen; aber auch das ist nicht eindeutig: H. Bresslau betrachtet die Mandate als eine Hauptgruppe der Urkunden (a.a.O. S. 53ff.). Auch Konzepte wird man, soweit sie überhaupt erhalten sind, zu den Akten rechnen, weil sie eine bestimmte Phase der Vorbereitung des Rechtsgeschäftes kennzeichnen. Wenn man aber z.B. Urbare, Nekrologien, Verbrüderungsbücher unter Akten aufzählt (vgl. Fischer-Lexikon Geschichte), so ist das zwar unter dem Aspekt berechtigt, daß es sich hier um eine Art Geschäftsbücher und als Gedächtnishilfe dienende Listen handelt, für die Charakterisierung dieser spezifisch mittelalterlichen Quellen ist damit aber nicht viel gewonnen, und wir tun besser daran, sie als eigenständige Gattungen zu behandeln.

Im späteren Mittelalter nimmt der Formenreichtum des Geschäftsschriftgutes erheblich zu, was eine systematische Ordnung des Materials ungemein erschwert.

Zu nennen sind: Akten der Kammerverwaltung (Lagerbücher, Steuerregister, Rechnungen – vgl. u. S. 139), kaufmännisches Schriftgut und städtische Geschäftsbücher verschiedener Art (Bürger-, Grund-, Rentenbücher – vgl. für Westeuropa van Caenegem, S. 97ff.), Kirchenbücher (Pfarrmatrikel), Akten der Justizverwaltung (Suppliken-, Kanzlei-, Urteilsregister), Notariatsakten, Akten der Ständeversammlungen, Gesandtschaftsberichte usw. In diesem Zusammenhang sei hingewiesen auf die wichtige Quellensammlung der „Deutschen Reichstagsakten" (vgl. u. S. 205), in die u.a. Korrespondenzen, Protokolle, Quittungen, Ausweise, Formulare, Rechnungen, aber auch Urkunden aufgenommen sind; hier finden wir genügend Beispiele für spätmittelalterliches Aktenmaterial.

c) Briefe

Die mittelalterlichen Briefe (breve, epistola, litterae) stellen für uns ohne Zweifel eine Quellengruppe ersten Ranges dar, aber eine genaue Abgrenzung gegenüber anderen Gattungen wie den Urkunden oder dem aktenmäßigen Schriftgut wird nicht immer möglich sein, da von der Form und den Inhalten her die Übergänge teilweise fließend sind. Die Unterscheidung nach persönlichen und sachlichen Briefen (v. Caenegem) befriedigt nicht, da hierbei mannigfache Überschneidungen nicht ausgeschlossen werden können; wir begnügen uns daher, auf weitere Systematisierung verzichtend, mit dem Hinweis darauf, daß diese Quellengruppe die weite Skala vom persönlichen über das literarische, wissenschaftliche (Traktat), politische, propagandistische bis hin zum administrativen Schreiben umgreift. Auch der Brief ist wie die Urkunde – wenn auch in vereinfachter Fassung – zumeist nach einem bestimmten Formular gestaltet, das von der Rhetorik wie auch von der allgemeinen poetischen Stillehre her beeinflußt ist (Briefstillehre: Ars dictaminis/dictandi seit dem Hochmittelalter); natürlich ist hier der individuellen Gestaltung weit mehr Spielraum gelassen als bei der Urkunde.

Ein Großteil der Briefe ist in Briefsammlungen auf uns gekommen, die zu unterschiedlichen Zwecken angelegt wurden: z.B. vom Verfasser selbst aus besonderem Interesse an seinen Erzeugnissen (so die Briefe des Bfs. Rather v. Verona) oder für den Schulbetrieb, die Stillehre, als Mustersammlungen und schließlich auch als Propagandamittel (so etwa im Investiturstreit; vgl. C. Erdmann, Die Anfänge der staatlichen Propaganda im Investiturstreit, HZ 154, 1936). Gerade bei den Mustersammlungen für den Schulbetrieb haben wir es oft mit fingierten Briefen zu tun. Man könnte also die Unterscheidung nach fiktiven und echten Briefen als Einteilungskriterium wählen, doch auch hier ergeben sich Probleme, da beide Formen in den Sammlungen häufig vermischt erscheinen. Dabei ist zu bedenken, daß auch fiktive Briefe von großem Quellenwert sein können, insofern auch sie nicht von der Realität abgehoben sind, sondern Probleme widerspiegeln, die in der Zeit diskutiert werden. Daß man, d.h. vor allem die Empfänger, die Briefe von solchen Persönlichkeiten aufbewahrte, die im öffentlichen Leben eine bedeutsame Rolle spielten, kann nicht verwundern und dokumentiert darüber hinaus, daß man Briefsammlungen (in Buchform) auch als Literatur verstand. So sind Teile des Briefwechsels Alkuins dank der Sammeltätigkeit seiner Zeitgenossen erhalten geblieben und gewähren uns Einblick nicht nur in die persönlichen Verhältnisse dieses Mannes, seinen Charakter und seine Beziehungen zur Umwelt, sondern geben auch Aufschluß über wesentliche theologische und politische Probleme seiner Zeit. Einige andere bedeutsame Beispiele seien noch angeführt: Für die Geschichte des hl. Bonifatius ist eine Briefsammlung, die eigene und Briefe an ihn enthält, die bei weitem wichtigste Quelle. Karl der Große ließ die Schreiben der Päpste und byzantinischen Kaiser an ihn und seine Vorgänger Pippin und Karl Martell in einem Buche zusammenstellen, dessen erster Teil mit den päpstlichen Briefen, der sogenannte „Codex Carolinus", erhalten ist.

Daß der Brief in der Zeit des Investiturstreites als Waffe in den politischen und geistigen Auseinandersetzungen verwandt wurde, ist bereits angedeutet worden: Erinnert sei hier nur an die berühmten Schreiben und Manifeste des Jahres 1076 – der deutschen Bischöfe und Heinrichs IV. an Gregor VII., die Römer und den deutschen Klerus. Ähnliche Beispiele für die Bedeutung des Briefes als Manifest in der Auseinandersetzung der beiden Universalgewalten bietet auch die Stauferzeit in großer Zahl.

Zu den Papstbriefen ist noch eine kurze Anmerkung erforderlich: Am Anfang stehen die Lehr- und Mahnschreiben, die sich formal an den römischen Privatbrief anlehnen; mehr und mehr aber tritt eine Verlagerung zum Rechtsinhalt hin ein, die sich auch im Formular auswirkt. Gegen Ende des 8. Jh.s (Papst Hadrian I. 772–795) erfolgt dann eine schärfere Trennung in die beiden Gruppen der Urkunden (Privilegien; mit rechtlicher Bedeutung) und Briefe, aber die Grenzen bleiben ziemlich fließend, und im 12. Jh. werden die Briefe auch wieder zur Verleihung von Rechten verwandt, sind aber einfacher gehalten als die Privilegien.

Schon von der Mitte des 4. Jh.s an haben wir Anhaltspunkte für die Führung von Registern in der päpstlichen Kanzlei (Register = Sammelband von Urkunden und Briefen, im Auftrage des Ausstellers angefertigt), und die hochmittelalterlichen kanonistischen Sammlungen (dazu unten S. 199) lassen auf das Vorhandensein von recht geschlossenen Registern schließen; allerdings sind aus der Zeit vor 1198 (Beginn des Pontifikates Innozenz' III.) nur wenige – zumeist als Fragmente erhalten – von denen hier besonders erwähnt werden sollen:

1. Das Register Gregors des Großen (590–604; in Teilen erhalten in Abschriften des 9. Jh.s), das etwa 850 Briefe enthält in chronologischer Ordnung (Ausgabe: MGH. Epp. I und II).
2. Das Originalregister Gregors VII. (fast nur Briefe enthaltend; für die Privilegien sind wir also auf die Empfängerüberlieferung angewiesen. Ausgabe des Registers: MGH. Epp. selectae Bd. II).
3. Dazu kommen Register u. -fragmente von Johann VIII. (872–882), Stephan V. (885–891), Anaklet II. (1130–1138) und Alexander III. (1159–1181).

d) Rechtsquellen (Gesetze aller Art)

Erst die Begegnung mit der römischen Welt und ihrem hochentwickelten Rechtswesen (vgl. etwa den „Codex Theodosianus" – publiziert im Jahre 438 durch den Kaiser Theodosius II. – und die große Kodifikation des römischen Rechtes durch Kaiser Justinian, durchgeführt um 530, im 12. Jh. zusammengefaßt als „Corpus iuris civilis") hat die germanischen Völker zur Aufzeichnung ihrer Rechte veranlaßt, und zwar – mit Ausnahme der Angelsachsen, die sich dazu ihrer eigenen Sprache bedienten (7. Jh.) – in lateinischer Sprache, die gelegentlich in einzelnen Kodifikationen mit volkssprachlichen Elementen durchsetzt sein kann. (Auf die Probleme der Übersetzung germanischen Gewohnheitsrechtes ins Lateinische und der Rückübersetzung in die Volkssprache, die doch wohl allgemein die Sprache der Gerichtsversammlung, des Dings, gewesen ist, kann hier nicht eingegangen werden.) Das erste germanische Volk, das sein Recht kodifiziert hat, sind, soweit wir wissen, die Westgoten gewesen (bruchstückhaft erhalten ist der sog. Codex Euricianus, das Gesetzbuch des Königs Eurich, 466–484, das vielleicht auch erst auf seinen Sohn Alarich II., 484–507, zurückgeht und mehrfach revidiert und erweitert wurde). Auch die salischen Franken haben schon früh eine Aufzeichnung ihres Rechts erhalten: Die Lex Salica, das berühmteste aller Stammesrechte, geht in ihrer ältesten Fassung in die Zeit Chlodwigs zurück (um 510). Die Kodifikation der Rechte der übrigen festländischen Germanenstämme – der Burgunder, Bayern, Alemannen, Langobarden, Sachsen, Thüringer und Friesen – gehören in den Zeitraum von etwa 500–802, reichen also z.T. weit in die Regierungszeit Karls des Großen hinein (zu Einzelheiten – Entstehungszeit, verschiedene Redaktionen, Überlieferungsverhältnisse, Ausgaben – vgl. Wattenbach-Levison-Buchner, Die Rechtsquellen, 1953, sowie HRG 2: Leges barbarorum, sowie jeweils unter „Lex").

Die hier aufgeführten Stammesrechte (auch Volksrechte oder Leges barbarorum – zum Begriff vgl. C. Schott) gelten also jeweils für den Personenverband des Stammes; sie beruhen auf dem Gewohnheitsrecht, das ergänzt werden kann durch die Rechtsfindung im Ding, wobei der Einfluß römischen Vulgarrechts zu diskutieren ist. Nach dem Grundsatz von der Personalität des Rechts ist jeder nach dem Recht seines Stammes zu richten – und dieses Prinzip bleibt gültig bis weit ins hohe Mittelalter.

Daneben tritt nun im fränkischen Reich die königliche Gesetzgebung, die aus der königlichen Banngewalt, dem Recht zu gebieten, zu verbieten und zu bestrafen, hervorgeht. Die königlichen Erlasse, die im Prinzip für den gesamten Herrschaftsbereich – also territorial – gelten, werden für die karolingische Zeit in der Regel als Kapitularien bezeichnet („capitulare" nach der Einteilung in Kapitel: „capitula"; in der merowingischen Zeit noch nicht gebräuchlich, hier – und gelegentlich auch später noch – begegnen z.B. die Ausdrücke: „constitutio", „edictum", „decretum", „praeceptum"). Sie lassen sich nach ihrem Anwendungsbereich gliedern in „capitula mundana" und „capitula ecclesiastica", d.h. Kapitularien, die weltliche, und Kapitularien, die kirchliche Angelegenheiten betreffen. Diese von der Forschung vorgenommene Unterscheidung lehnt sich an Bezeichnungen und Überschriften aus der Zeit Ludwigs des Frommen an, läßt sich allerdings nicht immer präzise durchführen (häufig „capitularia mixta"). Die Kapitularien, die im wesentlichen weltliche Fragen behandeln, werden hinwiederum – im Prinzip ebenfalls bereits unter Ludwig d. Fr. – in drei Gruppen gegliedert: die „capitularia legibus addenda", das sind Erlasse, die die Stammesrechte abändern oder ergänzen, die „capitularia per se scribenda", das sind Kapitularien, die für sich, ohne Bezug auf ein Stammesrecht gelten, und schließlich die „capitularia missorum", die Anweisungen für die Königsboten, die „missi dominici", enthalten (die Texte selbst verwenden übrigens den Ausdruck „capitula"). Man kann davon ausgehen, daß die Gesetze sehr oft auf Reichsversammlungen beraten wurden; welche Bedeutung der Zustimmung des Volkes, d.h. der Großen zukam, ist nicht so eindeutig zu beantworten. Unter Karl d. Gr. und Ludwig d. Fr. ist der in den Quellen oft erwähnte consensus wohl nur die ausdrückliche Versicherung, dem Erlaß Folge zu leisten; er wird erst später – im Westfrankenreich unter Karl d. Kahlen – Voraussetzung für die Gültigkeit eines königlichen Gesetzes. Auf die Frage, wie sich Stammesrechte und Kapitularien zur Rechtswirklichkeit verhalten, ist oben schon eingegangen worden; das Problem der Effektivität wird in der Forschung diskutiert.

Eine allgemeine, für das ganze Reich geltende Gesetzgebung der deutschen Könige und Kaiser setzt in größerem Umfang erst mit dem 12. Jh. ein; Rechtsschöpfung, -fortbildung erfolgt vorher im wesentlichen über das Einzelprivileg. Unter den in der Serie der Constitutiones der MGH (Zeitraum 911–1348; s.u. S. 204f.) edierten Texten erscheinen Dokumente verschiedenster Art – Gesetze, die die Verfassungsentwicklung des Reiches entscheidend bestimmt haben wie Landfriedensgesetze (erster Reichslandfriede: 1103 Mainz, Heinrich IV.), Lehnsgesetze, große Privilegien für weltliche und geistliche Fürsten sowie für die Städte (z.B. die Fürstengesetze Friedrichs II. von 1220 und 1231/32), daneben aber auch Verträge mit ausländischen Herrschern (der Vertrag von Bonn zwischen Karl d. Einfältigen und Heinrich I. von 921 eröffnet die Reihe), mit der Kurie, große Privilegien für das Papsttum (z.B. das Ottonianum, die Bestätigung der karolingischen Schenkungen, von 962), schließlich aus späterer Zeit auch Manifeste, Prozeßakten, Wahlversprechen usw.

Das Streben nach einer gewissen Vereinheitlichung und das Bedürfnis an einer systematischen Aufzeichnung des Rechtes führen im 13. Jh. zur Entstehung der Rechtsbücher, die zwar private Arbeiten sind, aber u.U. doch einen starken Einfluß auf die Rechtsentwicklung gewinnen konnten. Das gilt vor allem vom Sachsenspiegel, den Eike v. Repgow verfaßt hat (entstanden um 1225). Es handelt sich hier um die Aufzeichnung des ostfälischen Gewohnheitsrechtes und des Staatsrechts, die gegliedert ist nach Landrecht (u.a. Erb-, Strafrecht, Gerichtsverfassung, Staatsrecht des Reiches) und Lehnrecht. Eike hat dabei nicht immer die Rechtswirklichkeit festgehalten, sondern auch Idealvorstellungen formuliert, das Recht geschildert, wie es sein soll. Vom Ssp. sind die süddeutschen Rechtsbücher, der Deutschenspiegel (um 1274) und der Schwabenspiegel (um 1275), beeinflußt;

der Frankenspiegel gehört der ersten Hälfte des 14. Jh.s an. Seit dem 13. Jh. tritt auch die landesherrliche Gesetzgebung hervor, die die Stammesrechte verdrängt und territoriales Recht, Landesrecht schafft.

Als ein besonderer Rechtskreis hat sich schon früh das Hofrecht (lex familiae) herausgebildet, das Recht einer Grundherrschaft, dem die abhängigen Bauern unterstanden. Berühmt ist das Wormser Hofrecht, das Bf. Burchard (1000–1025) erlassen hat. Mit der Ausbildung der Ministerialität (dazu u. S. 193) sondern sich die Dienstrechte dieser sozialen Gruppe davon ab. Ebenfalls einen eigenen Rechtskreis bilden die verschiedenen Stadtrechte, die das Verhältnis der Bürgerschaft zum Stadtherrn betreffen bzw. die Selbstverwaltung und bürgerlichen Freiheiten regeln. Im 13. Jh. strahlen deutsche Stadtrechte im Zuge der Ostkolonisation weit in den Osten aus; dabei wird das Recht einiger Städte – etwa Magdeburgs und Lübecks – vorbildlich, und durch Übernahme oder Verleihung entstehen ganze Stadtrechtsfamilien.

Schließlich seien als eine besondere Quellengruppe noch die Weistümer erwähnt. Ein Weistum ist ganz allgemein die Rechtsfindung und -weisung durch Rechtskundige auf Befragung hin – so beruht z.B. die Aufzeichnung der Stammesrechte z.T. auf Weistümern. Im Hoch- und Spätmittelalter sind die bäuerlichen Weistümer, die die Gewohnheitsrechte der bäuerlichen Genossenschaften (u.a. in ihrer Beziehung zum Grundherrn) betreffen, aufgezeichnet worden. Jacob Grimm hat sie gesammelt und mit ihrer Edition begonnen, die dann von der Hist. Kommission bei der bayer. Akad. d. Wissenschaften fortgesetzt wurde.

Abschließend noch eine Anmerkung zu den kirchlichen Rechtsquellen: In erster Linie sind herauszustellen die Kanones und Dekretalen. Kanones sind die Synodalbeschlüsse über Verfassung, Disziplin und Kultus der Kirche, Dekretalen sind päpstliche Erlasse und Entscheidungen, die seit dem 4. Jh. in ihrer rechtlichen Geltung den Konzilskanones gleichgestellt sind. Schon frühzeitig (seit dem 4. Jh.) sind Kanonessammlungen angelegt worden, in die auch die Dekretalen aufgenommen wurden. Aus dem Früh- und Hochmittelalter sollen einige bedeutendere wenigstens genannt werden (auch diese Sammlungen sind bis ins 13. Jh. hinein private Arbeiten): das „Decretum" des Bischofs Burchard v. Worms, die „Collectio canonum" des Bf.s Anselm d.J. von Lucca († 1086) und als das zusammenfassende und für die weitere Entwicklung der Kanonistik grundlegende Werk das Decretum des Camaldulensermönches Gratian (zusammengestellt um 1140 unter dem Titel: „Concordantia discordantium canonum").

e) Nekrologien und Verbrüderungsbücher

Wir fassen diese beiden Quellengruppen unter einer Rubrik zusammen, da von ihrer Entstehung her die Grenzen zwischen beiden fließend sind; beide sind Personenverzeichnisse, doch lassen sich auch für jede spezifische Merkmale hervorheben. In die Martyrologien (Verzeichnisse von Märtyrern und Heiligen der

Kirche; die einfachen Namenlisten der Frühzeit werden später – 8. Jh., Beda Venerabilis – durch Hinzufügung von Nachrichten aus Legenden usw. ausgestaltet zu „historischen" Martyrologien) werden seit dem 7. Jh. auch die Todestage von Mitgliedern des Konventes, von Wohltätern oder bedeutenden Personen aufgenommen, damit man ihrer bei der Kapitellesung gedenken konnte. Aus diesen nekrologischen Notizen entwickeln sich im Zusammenhang mit der Verbreitung der klösterlichen Gebetsverbrüderungen eigenständige Totenbücher („necrologia", „libri defunctorum", „libri obituum", „obituaria").

Die Gebetsverbrüderungen sind Vereinbarungen geistlicher Gemeinschaften untereinander oder auch mit Einzelpersonen, Priestern oder Laien, über gegenseitige geistliche Unterstützung durch Gebet, Meßopfer und gute Werke; in eine solche Verbrüderung (confraternitas) konnten auch die Toten der betreffenden Gemeinschaft (bei Laien die toten Angehörigen) einbezogen werden. Sie haben sich im angelsächsischen Mönchtum entwickelt (6./7. Jh.), finden seit dem 8. Jh. auf dem Kontinent Verbreitung und kommen unter Ludwig d. Fr. zu einer ersten Blüte. Auch hier entwickeln sich besondere Verbrüderungsbücher („liber vitae", „liber memorialis"), die also im Gegensatz zu den Nekrologien Lebende und Tote umfassen, aus zunächst einfachen Eintragungen z.B. in Evangelienbücher; im übrigen können solche Verbrüderungslisten auch in Nekrologien aufgenommen werden.

Die Nekrologien geben in der Form des Kalenders den Namen mit dem Todestag, ohne Todesjahr (Beispiel: „VIII id. iun. obiit Agobardus episcopus" = 6. Juni; auch in der Fassung: „VIII id. iun. natalis Agobardi"; der Todestag hier als Geburtstag – „dies natalis" – zu einem besseren Leben aufgefaßt); sie können auch die Form der Totenannalen annehmen, wenn die Namen der Verstorbenen Jahr für Jahr aufgezeichnet werden. (Beispiel: „Annales necrologici" von Fulda, ed. MGH. SS. XIII, 161–215). In den Verbrüderungsbüchern dagegen werden einfach Namenreihen aufgeführt ohne irgendwelche Datierungen; ein Konvent z.B. erscheint geschlossen, die Namen in Kolumnen gegliedert, unter der Rubrik: „Hec sunt nomina monachorum ex coenobio...", und davon abgeteilt sind die „nomina defunctorum". Das Totengedenken, kultisch gesteigert in den cluniazensischen Klöstern (vgl. auch Einführung des Allerseelenfestes), hat auch einen wesentlichen sozialen Aspekt: Es wurde verbunden mit der Fürsorge für die Armen (Armenspeisung).

Diese Quellen haben ihre besondere Bedeutung für die Kloster- und Kulturgeschichte, für die Namensforschung, die Genealogie und auch für die Sozialgeschichte. Nehmen wir ein berühmtes Beispiel heraus: Das Verbrüderungsbuch der Reichenau, mit dessen Abfassung man in der 1. Hälfte des 9. Jh.s begonnen hat, enthält die Namenlisten von etwa 100 Konventen und Kapiteln des deutschen, französischen und italischen Raumes und verzeichnet darüber hinaus die Namen von Tausenden von Laien. Wir erhalten Aufschluß über Größe und Zusammensetzung von geistlichen Gemeinschaften, über die Verbindung der Reichenau zu anderen Mönchs- und Priesterkollegien und auch zu Laien, bedeutenden und einfachen, über weite Räume hin, Verbindungen, die kulturgeschichtlich von Bedeutung sein können, die aber auch durchaus politische Aspekte auf-weisen; adelige Familien und Sippen, die sich z.b. anläßlich einer Stiftung (Gedenk-, Gedächtnisstiftung, bei der die erbrachte Leistung aufgezeichnet wird) – u.U. zusammen mit ihren toten Angehörigen – in eine Gebetsverbrüderung ha-ben aufnehmen lassen, kommen in unser Blickfeld. Die neuere Forschung (E. Hlawitschka, K. Schmid) hat diese Quellen in zunehmendem Maße auch für die politische Geschichte auswerten können.

Die systematische Edition der Nekrologien ist in Deutschland, Frankreich und Italien längst in Angriff genommen worden (für Deutschland: MGH. Abt. Necrologia); auch mit der Herausgabe der Verbrüderungsbücher ist begonnen worden (MGH. Libri confraternitatum von St. Gallen, Reichenau und Pfäfers, 1884; jetzt: MGH. Libri memoriales et necrologia. Nova Series I: Das Verbrüde-rungsbuch der Reichenau 1979. Zu beiden Gattungen vgl. Wattenbach-Levison I, S. 64ff.).

f) Genealogien

Wenn man die Genealogien nach der Ausformung, die sie im Hochmittelalter gefunden haben, beurteilt, wird man kaum im Zweifel sein, diese Gattung den erzählenden Quellen zuzuweisen; denn der Stammbaum einer Dynastie, der ihre Grundform darstellt, hat sich u.U. inzwischen ausgewachsen zu einer umfangrei-chen Landesgeschichte, die auch im Erzählstil der Chronik nähersteht als dem Typ der knapp orientierenden dokumentarischen Quelle. Daher ordnet R. v. Caenegem die Genealogien auch den „erzählenden Texten stricto sensu" zu, wo-bei er ausgeht von der Chronik Flanderns, die aus einer Genealogie der flandri-schen Grafen erwachsen ist (a.a.O. S. 31ff.), und auch H. Grundmann erwähnt die Genealogien kurz im Kapitel über Landes- und Stadtchroniken (a.a.O. S. 46). Gehen wir aber von der ursprünglichen Form, die meist auch durch die späteren Ausgestaltungen noch durchschimmert, und von dem aktuellen Zweck der Ab-fassung aus, so rechtfertigt sich in dieser Hinsicht ihre Zuordnung zu den doku-mentarischen Quellen durchaus.

Einen möglichen Ausgangspunkt bildet – und hier wirkt sich das Vorbild des AT aus – die einfache Generationenfolge nach dem Schema: A genuit B, B genuit C (vgl. die Merowingergenealogie MGH. SS. II S. 307: „Primus rex Francorum Chloio. Chloio genuit Glodobode. Ghlodobedus genuit Meroveo. Meroveus ge-nuit…"). Und noch Thegan beginnt seine Biographie Ludwigs d. Fr. mit einer derartigen Genealogie, u.z. für den Kaiser selbst wie für dessen Gemahlin Hildi-gard (vgl. „Vita Hludowici imperatoris", c. 1 und 2: „Sanctus Arnulfus cum esset in iuventute dux, genuit Ansgisum ducem, Ansgisus dux genuit …"). Aber bereits diese frühe Zeit liefert uns auch Beispiele für den Ausbau solch knapper Sukzessionslisten, für die weitere Verästelung des Stammbaumes, indem nun nicht mehr nur der Hauptträger der Dynastie genannt wird, sondern auch die anderen Kinder eines Ehepaares sowie deren Ehegatten aufgezählt werden. Außerdem finden sich schon früh charakterisierende Anmerkungen zu den einzelnen Namen und Erweiterungen des Namensgerüstes durch historiographische Notizen – damit haben wir den Ansatzpunkt für die spätere zusammenhängende Darstellung der ganzen Geschichte des Geschlechtes.

Die Frage nach dem Quellenwert der Genealogien ist nicht so einfach zu beantworten. Ohne Zweifel herrschen hier sehr viel Unsicherheit und Unzuverlässigkeit; hier ist viel gefälscht und phantasiert worden. So haben z.b. karolingische Genealogien die Namen aquitanischer Heiliger in die Ahnenreihen der Karolinger aufgenommen oder den Abkömmling eines Senatorengeschlechtes zum Vorfahren Arnulfs, des Ahnherrn der Karolinger, gemacht; und darüber hinaus ist in ihnen eine Blutsverbindung zwischen Merowingern und Karolingern behauptet worden (vgl. zu. B. die Karolinger-Genealogien MGH. SS. II S. 308 und SS. XIII S. 245f.) – wir können die Irrtümer solcher Konstruktionen aufdecken, aber damit ist die Quelle für uns nicht wertlos geworden. Im Gegenteil: gerade solche Konstruktionen sind für uns unter einem bestimmten Gesichtspunkt besonders interessant, gerade hierin liegt ein eigentümlicher Wert dieser Quellengattung; denn hier wird für uns eine bestimmte geistige oder politische Tendenz greifbar, etwa bei der in Aquitanien entstandenen Genealogie das Bestreben, die fremde Dynastie in den Umkreis der eigenen Geschichte einzugliedern, oder in dem andern Fall die Bemühung um den Anschluß der karolingischen Dynastie an die ruhmreichen Merowinger. Und wenn – um ein Beispiel aus dem Hochmittelalter zu nennen – in der welfischen Hausüberlieferung der Ursprung der Familie unter anderem auch auf die Trojaner und auf Catilina (der Name „Welf" als Verdeutschung von catulus = das Junge eines Tieres, also auch Welp, verleitet den Verfasser zur Konstruktion einer Verbindung mit dem berühmten Römer, etwa durch die Heirat eines Vorfahren mit einer Tochter Catilinas) zurückgeführt wurde, dann ist das für uns ein wertvolles Zeugnis für das Selbstverständnis eines Adelsgeschlechtes, das sich wie kaum ein anderes im deutschen Raume schon früh um die Erhellung und Interpretation seiner eigenen Herkunft und Geschichte bemüht hat. Wir werden also den Quellenwert der Genealogien, abgesehen von dem, was sie an direkten genealogischen Nachrichten bringen, auch unter dem Gesichtspunkt zu beurteilen haben, welchen Einblick sie gewähren in Geschichtsbewußtsein, Haustradition und Selbstverständnis großer Adelsfamilien.

g) Güterverzeichnisse (Urbare)

Über wirtschaftliche und soziale Zustände geben uns die verschiedensten Quellen – erzählende wie dokumentarische – Aufschluß, und es bedarf keines besonderen Hinweises, daß in diesem Bereich auch den der wirtschaftlichen Tätigkeit entspringenden „Sachquellen" aller Art (vom Werkzeug bis zu den Flurformen) größte Bedeutung zukommt. Unter den schriftlichen Quellen ragen als für die

Wirtschaftsgeschichte wichtigste Gattung die Urbare heraus, Güter- und Abgabenverzeichnisse der großen Grundherrschaften (Urbar=Ertrag). In erster Linie waren die geistlichen Grundherrschaften daran interessiert und in der Lage, solche Aufzeichnungen für Bewirtschaftung und Verwaltung ihres Besitzes, der zum großen Teil ja Streubesitz war, durchzuführen, aber mit dem allgemeinen Bildungsaufschwung im Zuge der karolingischen Renaissance nimmt auch in der Reichsverwaltung die Schriftlichkeit zu, und so sind bereits aus dem 9. Jh. auch Verzeichnisse von Reichsgut auf uns gekommen, z.t. als Fragmente und Bestandteile von Güterlisten privater, geistlicher Institutionen (z.b. das Lorscher Reichsurbar im Codex Laureshamensis 3, Nr. 3671 – 3675; hrsg. v. K. Glöckner, 1936).

Die Entstehung solcher Güterverzeichnisse werden wir uns so vorzustellen haben, daß man – d.h. im Falle der Reichsguturbare bestimmte Kommissionen und königliche „missi" – die Landbevölkerung befragte und ihre Aussagen aufnahm (wobei sich u.U. auch hier hinsichtlich des fixierten Textes wieder Übersetzungsprobleme ergeben, wenn man die Aussagen, die den Charakter von Weistümern haben, in der Volkssprache aufnahm und dann ins Lateinische übersetzte).

Es versteht sich von selbst, daß wir es bei den Urbaren nicht mit einem einheitlichen Typ zu tun haben: Wir haben einfache Aufzeichnungen, die sich an Traditionsnotizen anlehnen, aus Traditionsbüchern erwachsen können, ferner einfache Hubenlisten ohne Angaben über Dienste, Abgaben usw. (Hube, Hufe = Wirtschaftseinheit, bäuerliche Siedelstelle, vgl. S. 191) oder Aufzeichnungen, in denen das Schwergewicht auf die Leistungen gelegt wird (Heberollen), schließlich Inventare mit sehr ausführlichen Besitzbeschreibungen und als weitest ausgestaltete Form die Urbare, die das Salland (vom Grundherrn in Eigenregie bewirtschaftetes Land) mit den abhängigen Hufen aufführen, mitunter genauere Angaben machen über die Inhaber dieser Ländereien, dann aber vor allem eine oft umfangreiche, registermäßige Aufzählung der Abgaben (Schweine, Hühner, Eier, Wein usw., auch Geld) und Dienste hinzusetzen. Dieser Typ, der insbesondere im Westfrankenreich, aber auch etwa in Prüm, Lorsch und Corvey, vorkommt, wird auch als „polyptycum", „Polyptychon" bezeichnet („polyptychon" ist in der Spätantike die Bezeichnung für die römischen Kataster). Die erwähnten Traditionsbücher sind Bücher, in die der Empfänger – z.B. ein Kloster – seine Schenkungsurkunden oder Notizen über Schenkungen (= Traditionsnotizen) eintrug. Die Anlage erfolgte so, daß zu einem bestimmten Zeitpunkt die vorhandenen Einzeldokumente in Buchform zusammengefaßt und, an diesen Grundbestand anschließend, fortlaufende Eintragungen vorgenommen wurden. Insbesondere im süddeutschen Raum ist diese Quellengruppe stark vertreten.

Die Erstellung von Güterverzeichnissen oder Inventaren konnte auch einem ganz speziellen Zweck dienen. So wissen wir aus verschiedenen erzählenden Quellen (Annales Bertiniani, Fuldenses, Xantenses; Nithard), daß im Zusammenhang mit der Reichsteilung von Verdun 843 eine „descriptio regni", also eine

Beschreibung des Reiches durch Kommissare, vorgenommen worden ist, die die Voraussetzung schuf für eine Teilung nach dem Grundsatz der Gleichwertigkeit („aequa portio"). Unter dieser „descriptio" ist nichts anderes zu verstehen als die Aufzeichnung des Reichsgutes, der Lehen und der dem Fiskus zufließenden Einnahmen (etwa „census regius", Königszins, der eine Abgabe für benutztes Königsland ist), und mit großer Wahrscheinlichkeit ist das uns erhaltene churrätische Reichsguturbar im Zusammenhang mit diesen Vorbereitungen entstanden. Für eine der berühmtesten Aufzeichnungen aus dem deutschen Raum, das sogenannte Tafelgüterverzeichnis („Indiculus curiarum ad mensam regiam pertinentium", ed. NA. 41, 1919, S. 572ff. bzw. MGH. Const. I, Nr. 440 S. 647ff.), war die Datierung lange Zeit strittig, doch ist dieses (unvollständige) Verzeichnis der Königshöfe in Deutschland und Oberitalien samt der auf ihnen ruhenden Servitialleistungen („servitium regis"; bei den deutschen Höfen Naturalien, bei den lombardischen Geld) jetzt wohl endgültig in die staufische Zeit gesetzt worden. In unserem Zusammenhang ist die Frage der genauen zeitlichen Einordnung nicht so wichtig; uns interessiert der Indiculus mehr als Beispiel für die Bemühungen auch des deutschen Königtums, das Reichsgut und die damit verbundenen Einnahmen zu sichern und als eine Grundlage seiner Macht auszubauen. Hierhin gehört dann auch die Reichssteuerliste von 1241 (MGH. Const. III, S. 1ff.).

Vom 12. Jh. an fließen die Quellen reichlicher, und sie beginnen sich jetzt auch, der wirtschaftlichen Entwicklung entsprechend, vielfältiger auszuformen. An die Stelle der einzelnen Verwaltungsschriftstücke treten nun mehr und mehr die Amtsbücher/Geschäftsbücher in ihren unterschiedlichen Formen (vgl. oben Akten). Im Deutschen Reich liegt dabei das Schwergewicht der weiteren Entwicklung nicht auf der zentralen Ebene, sondern in den Territorien und Städten.

Allgemeine Quellenübersichten und Darstellungen:

R.C. VAN CAENEGEM, F.L. GANSHOF, Kurze Quellenkunde des westeuropäischen Mittelalters, Göttingen 1964, engl. überarbeitete Ausgabe 1978; A. POTTHAST, Bibliotheca historica medii aevi. Wegweiser durch die Geschichtswerke des europäischen Mittelalters bis 1500, 2 Bde., Berlin ²1896 (ND 1954), noch immer wichtiges Nachschlagewerk. Inzwischen ist die Neubearbeitung im Erscheinen begriffen: Repertorium fontium historiae medii aevi, Rom 1962ff. (Istituto storico italiano). I: Series collectionum (Überblick über wichtige Slgg. von Quellenausgaben), II: Fontes A–B, 1967 usw. – M. MANITIUS, Geschichte der lateinischen Literatur des Mittelalters, 3 Bde., München 1911–1931; H. GRUNDMANN, Geschichtsschreibung im Mittelalter. Gattungen – Epochen – Eigenart, Göttingen ⁴1987; F. BRUNHÖLZL, Geschichte der lateinischen Literatur des Mittelalters, Bd. 1, 1975, Bd. 2, 1992. – W. WATTENBACH, Deutschlands Geschichtsquellen im Mittelalter bis zur Mitte des XIII. Jahrhunderts, 2 Bde., Berlin ⁶1893/94; Neubearbeitung: W. WATTENBACH – W. LEVISON – H. LÖWE, Deutschlands Geschichtsquellen im Mittelalter, Vorzeit und Karolinger, 6 Hefte, Weimar 1952–1990; dazu Beiheft: Die Rechtsquellen, bearb. v. R. BUCHNER, Weimar 1953; W. WATTENBACH – R. HOLTZMANN, Deutschlands Geschichtsquellen im Mittelalter. Die Zeit der Sachsen und Salier, 3 Bde., Neuausg. bes. v. F.-J. SCHMALE, Köln/Wien 1967–1971; W. WATTENBACH – F.-J.

SCHMALE, Deutschlands Geschichtsquellen im Mittelalter. Vom Tode Ks. Heinrichs V. bis zum Ende des Interregnums, I, Darmstadt 1976. (Das Werk ist ein unentbehrliches Arbeitsmittel. Die Quellen werden kritisch besprochen und in den Gesamtzusammenhang eingeordnet. ˙Datierungs- und Verfasserfragen werden erörtert, Ausgaben und wichtigste Lit. dazu angegeben.) – O. LORENZ, Deutschlands Geschichtsquellen im Mittelalter seit der Mitte des XIII. Jahrhunderts, 2 Bde., Berlin ³1886–87 (ND 1966). – Die deutsche Literatur des Mittelalters. Verfasserlexikon, begr. v. W. STAMMLER, hrsg. von K. LANGOSCH. 4. Bde., Nachträge, Berlin u. Leipzig 1931/33–1955 (Nachträge vgl. auch: G. EIS und G. KEIL in : Beitr. z. Gesch. d. dt. Sprache u. Lit. 83, 1961, S. 167ff.); Neubearbeitung, hrsg. v. K. RUH, u.a. Berlin/New York 1978ff. – A. LHOTSKY, Quellenkunde zur mittelalterlichen Geschichte Österrreichs, Graz/Köln 1963 (MIÖG Erg. Bd. 19). – Eine breit angelegte Gattungsgeschichte (nicht nur schriftlicher Quellen) ist im Institut Interfacultaire d'Etudes médiévales der Kath. Univ. Löwen begonnen worden: L. GENICOT, Typologie des sources du moyen âge occidental, Turnhout 1972ff. (ersch. in Faszikeln). – Weitere Angaben bei VAN CAENEGEM-GANSHOF S. 238ff.

Darstellungen zu Einzelproblemen und Gattungen:

Geschichtsdenken und Geschichtsbild im Mittelalter. Ausgew. Aufsätze und Arbeiten aus den Jahren 1933–1959 (hrsg. v. W. LAMMERS) (Wege der Forschung Bd. XXI), Darmstadt 1965 (mit Bibliogr.); F.-J. SCHMALE, Funktion und Formen mittelalterlicher Geschichtsschreibung. Eine Einführung, Darmstadt 1985; E. BERNHEIM, Mittelalterliche Zeitanschauungen in ihrem Einfluß auf Politik und Geschichtsschreibung. Teil I: Die Zeitanschauungen, Tübingen 1918; K. HAUCK, Heldendichtung und Heldensage als Geschichtsbewußtsein, in: Alteuropa und die moderne Gesellschaft, Fs. O. Brunner, 1963; L. ARBUSOW, Liturgie und Geschichtsschreibung im Mittelalter, Bonn 1951; H. BEUMANN, Widukind v. Korvei. Untersuchungen zur Geschichtsschreibung u. Ideengeschichte des 10. Jh.s, Weimar 1950; DERS., Wissenschaft vom Mittelalter. Ausgew. Aufsätze, Köln/Wien 1972; H. LÖWE, Von Cassiodor zu Dante. Ausgew. Aufsätze z. Geschichtsschreibung u. pol. Ideenwelt des Mittelalters, Berlin/New York 1973; G. SCHREIBER, Geschichtsdenken im hohen Mittelalter: Byzantinische u. westl. Motive, soziale Strukturen, in: AKG 32, 1944; J. SPÖRL, Grundformen hochmittelalterlicher Geschichtsanschauung. Studien z. Weltbild der Geschichtsschreiber des 12. Jh.s, München 1935, 2. unv. Aufl. Darmstadt 1968. – R.L. POOLE, Chronicles and Annals, Oxford 1926; H. HOFFMANN, Untersuchungen zur karolingischen Annalistik, Bonn 1958; M. McCORMICK, Les Annales du Haut Moyen Age, (Typol. des Sources, 14) 1975; W. KAEGI, Chronica Mundi. Grundformen der Geschichtsschreibung seit dem Mittelalter, Einsiedeln 1954; A.D.V. DEN BRINCKEN, Studien zur lat. Weltchronistik bis in das Zeitalter Ottos v. Freising, Düsseldorf 1957; K H. KRÜGER, Die Universalchroniken, (Typol. des Sources, 16) 1976; H. PATZE, Adel und Stifterchronik. Frühformen territorialer Geschichtsschreibung im hochmittelalterlichen Reich, in: Bll. f. dt. LG 100, 1964; 101, 1965. – H. SCHMIDT, Die deutschen Städtechroniken als Spiegel des bürgerlichen Selbstverständnisses im Spätmittelalter, Göttingen 1958; J.B. MENKE, Geschichtsschreibung und Politik in deutschen Städten des Spätmittelalters (Die Entstehung deutscher Geschichtsprosa in Köln, Braunschweig, Lübeck, Mainz und Magdeburg), in: Jb. d. Köln. Gesch. Vereins 33 und 34/35, 1958–1960. – Das maßgebende Nachschlagewerk für die lateinischen hagiographischen Quellen haben die Bollandisten (s.u. S. 202) zusammengestellt: Bibliotheca hagiographica latina antiquae et mediae aetatis, 2 Bde., Brüssel 1898–1901 (ND mit späteren Ergänzungen 1949); R. AIGRAIN, L'hagiographie. Ses sources, ses méthodes, son histoire, Paris 1953; W. BERSCHIN, Biographie und Epochenstil im lateinischen Mittelalter, 3 Bde., Stuttgart 1986–1991; F. GRAUS, Volk, Herrscher und Heiliger im Reich der Merowinger. Studien zur

Hagiographie der Merowingerzeit, Prag 1965; O. KÖHLER, Das Bild des geistlichen Fürsten in den Viten des 10., 11. und 12. Jahrhunderts. Diss. Freiburg/Br. 1935; J. SCHNEIDER, Die Vita Heinrici IV. und Sallust. Studien zu Stil und Imitatio in der mittelalterlichen Prosa, Berlin 1965; P. LEHMANN, Autobiographies of the middle Ages, in: Transactions of the Royal Hist. Society. 5th series vol. 3, 1953; G. MISCH, Geschichte der Autobiographie II, 1.2: Das Mittelalter-Frühzeit; III, 1.2: Das Hochmittelalter im Anfang; IV, 1.3: Das Hochmittelalter in Vollendung, Frankfurt/M. 1955–1967; M. SOT, Gesta episcoporum. Gesta abbatum, (Typol. des sources, 37) 1981; N KERSKEN, Geschichtsschreibung im Europa der „nationes". Nationalgeschichtliche Gesamtdarstellungen im Mittelalter, Köln/Weimar 1995.

Zu den Urkunden vgl. die zur Diplomatik angegebene Literatur. Zu den Akten vgl. außer dieser Literatur auch: H.O. MEISNER, Urkunden- und Aktenlehre der Neuzeit, Leipzig ²1952; H. BRUNNER, Carta und Notitia. (Fs. Th. Mommsen 1877), ND in: H. BRUNNER, Ges. Abhandlungen, hrsg. v. K. Rauch, I, 1931; H. STEINACKER, Die antiken Grundlagen der frühmittelalterlichen Privaturkunde, Leipzig 1927; O. REDLICH, Geschäftsurkunde und Beweisurkunde (Fs. Th. Sickel; MIÖG Erg. Bd. 6, 1901; P. CLASSEN, Kaiserreskript und Königsurkunde. Diplomatische Studien zum römisch-germanischen Kontinuitätsproblem, AfD 1 u. 2, 1955 u. 1956, sep. Thessalonike 1977; A. VON BRANDT, Vorbemerkungen zu einer mittelalterlichen Aktenlehre, in: Archivar und Historiker. Fs. H.O. Meisner, Berlin 1956; A. SCHINDLING, Die Deutschen Reichstagsakten – eine Edition der Historischen Kommission bei der Bayerischen Akademie der Wissenschaften, in: Jb. d. hist. Forschung 1974. – B. SCHMEIDLER, Über Briefsammlungen des frühen Mittelalters in Deutschland und ihre kritische Verwertung, Lund 1926; C. ERDMANN, Studien zur Briefliteratur Deutschlands im 11. Jahrhundert (Schriften der MGH 1), Leipzig 1938 (ND 1958); G. CONSTABLE, Letters and Letter-Collections, (Typol. des Sources, 17) 1976. – Zum päpstlichen Registerwesen vgl. L. SANTIFALLER, Neuere Editionen mittelalterlicher Königs- u. Papsturkunden. Eine Übersicht, Wien 1958; O. HAGENEDER, Die päpstl. Register des 13. u. 14. Jh.s, in: Annali della Scuola speciale per archivisti e bibliotecari dell'Università di Roma 12, 1972; H. DIENER, Die großen Registerserien im Vatikanischen Archiv (1378–1523), in: QFiAB 51, 1972. – C. SCHOTT, Der Stand der Leges-Forschung, in: Frühmal. Stud. 13, 1979; F.L. GANSHOF, Wat waren de Capitularia? Brüssel 1955; Erw. dt. Fassung: Was waren die Kapitularien?, Darmstadt 1961. – Zu den Rechtsquellen vgl. R. BUCHNER, Beiheft zur Neuaufl. des Wattenbach (s.o. S. 139); ferner: G. FRANSEN, Les collections canoniques, (Typol. des Sources, 10) 1973; Recht und Schrift im Mittelalter, (Vorträge u. Forschungen 23) Sigmaringen 1977; P. BLICKLE (Hrsg.), Deutsche Ländliche Rechtsquellen. Probleme und Wege der Weistumsforschung, Stuttgart 1977. – Zu Nekrologien u. Verbrüderungsbüchern: N. HUYGHEBAERT, Les documents nécrologiques, (Typol. des Sources, 4) 1972; K. SCHMID, Religiöses u. sippengebundenes Gemeinschaftsdenken in frühma. Gedenkbucheinträgen, in: DA 21, 1965; K. SCHMID u. J. WOLLASCH, Die Gemeinschaft der Lebenden und Verstorbenen in Zeugnissen des Mittelalters, in: Frühmal. Stud. 1, 1967; J. WOLLASCH, Gemeinschaftsbewußtsein und soziale Leistung im Mittelalter, in: ebd. 9, 1975; O.G. OEXLE, Memoria und Memorialüberlieferung im frühen Mittelalter, in: ebd. 10, 1976; K. SCHMID/J. WOLLASCH, Societas et fraternitas. Begründung eines kommentierten Quellenwerkes zur Erforschung der Personen und Personengruppen des Mittelalters, Berlin/New York 1975; R. SCHÜTZEICHEL, Die Libri confraternitatum als Quellen der Namen- und Sprachgeschichtsforschung, in: Fs. P. Zinsli, Bern 1971. – Zu den „Sachquellen" vgl.: L. BEUTIN/H. KELLENBENZ, Einführung in die Wirtschaftsgeschichte (Böhlau-Studien-Bücher), Köln 1973. – W. METZ, Zur Geschichte und Kritik der frühmittelalterlichen Güterverzeichnisse Deutschlands, in: AfD 4, 1958; O. HERDING, Das Urbar als orts- und zeitgeschichtliche Quelle, in: Zs. f. württemb. LG 10, 1951; W. METZ, Zur Erforschung des karolingischen Reichsgutes, Darmstadt 1971; W. METZ, Staufische Güterverzeichnisse. Untersuchungen

zur Verfassungs- und Wirtschaftsgeschichte des 12. und 13. Jahrhunderts, Berlin 1964;
P. JOHANEK, Zur rechtlichen Funktion von Traditionsnotiz, Traditionsbuch und früher
Siegelurkunde, in: Recht und Schrift im Mittelalter (Vorträge u. Forschungen 23) Sigmaringen 1977; Y. MORIMOTO, Etat et perspectives des recherches sur les polyptyques carolin-
giens, in: Ann. de l'Est 40, 1988; P. REHME, Stadtbücher als Geschichtsquellen, in: Korre-
spondenzblatt d. Gesamtvereins d. dt. Gesch.- und Altert.-Vereine 1914; E.V. LEHE, Das
hamburgische Schuldbuch von 1288, Hamburg 1956; H. PLANITZ u. Th. BUYKEN, Die
Kölner Schreinsbücher des 13. und 14. Jahrhunderts, Weimar 1937; H. PATZE, Neue Typen
des Geschäftsschriftgutes im 14. Jahrhundert, in: Der deutsche Territorialstaat im 14. Jahrhundert, (Vorträge u. Forschungen 13) Sigmaringen 1970; E. PITZ, Entstehung und Umfang statistischer Quellen in der vorindustriellen Zeit, in: HZ 223, 1976. – Zur mittelalterlichen Fachliteratur: G. EIS, Mittelalterliche Fachliteratur (Slg. Metzler), Stuttgart ²1967;
Fachliteratur des Mittelalters, Fs. f. G. Eis, hrsg. v. G. Keil u.a., Stuttgart 1968; B. BI-
SCHOFF, Die Überlieferung der technischen Literatur, in: DERS., Mittelalt. Studien 3,
1981. – Zu den einzelnen Problemen sind auch jeweils die einschlägigen Artikel im „Lexikon
des Mittelalters" zu vergleichen (dort weitere Lit.). Vgl. ferner F. BECK, E. HENNING,
Die archivalischen Quellen. Eine Einführung in ihre Benutzung. Weimar 1994.

III. Historische Hilfswissenschaften (Grundwissenschaften)

Als historische Hilfswissenschaften (auch Grundwissenschaften) bezeichnen wir
jene Disziplinen, die mit ihren speziellen Methoden die Voraussetzungen für die
Aufbereitung des Quellenmaterials schaffen und in diesem Sinne wichtige Vorarbeit leisten. Sie stellen für die historische Forschung eine unentbehrliche Hilfe
dar. Der folgende Überblick skizziert die Grundprobleme, mit denen der Ge-
schichtsstudent vertraut sein muß.

1. Mittellateinische Philologie

Die auf uns gekommenen schriftlichen Zeugnisse literarischen und dokumentarischen Charakters sind bis ins 12. Jh. und darüber hinaus ganz überwiegend in lateinischer Sprache abgefaßt, die – in den Kloster- und Kathedralschulen gelehrt –
die Schrift- und Verkehrssprache der Gebildeten, also vor allem der Geistlichkeit,
war. Das Latein des Mittelalters aber, als Mittellatein bezeichnet, ist nicht mehr
die Sprache Ciceros oder der augusteischen Zeit; seine Grundlage ist das Spät-
latein, so wie es sich am Ende der Kaiserzeit ausgebildet hatte als eine Art Aus-
gleichsprodukt aus klassischem Latein der heidnischen Antike, gesprochenem
Idiom des täglichen Lebens und entscheidend geprägt durch die Christianisie-
rung, die das griechisch-orientalische Element verstärkt (vgl. Wörter wie episcopus, presbyter, ecclesia) und den klassischen Wortschatz zum Teil umgeprägt hat
(vgl. etwa den Bedeutungsgehalt von „fides"). Als Sprache des christlichen Glau-
bens und Kultes, der christlichen Literatur und Wissenschaft wird das spätantike
Latein den keltischen und germanischen Völkern tradiert, aber dieser Kontakt ist

nicht ein einseitiger Vorgang – die jeweils besonderen sozialen, rechtlichen und politischen Verhältnisse, für die die Sprache der Römer keine Begriffe hatte, wirken zurück auf die weitere Entwicklung des Lateinischen. Man hilft sich, indem man einheimische, also z.b. fränkische Wörter latinisiert, etwa durch ein Suffix angleicht (z.b. bannus = Bann, Banngewalt, oder grafio = Graf). Eine starke Einbuße an Einheitlichkeit ist die Folge: Die irische oder angelsächsische Latinität ist zu unterscheiden von den Verhältnissen in Italien, Gallien oder auf der iberischen Halbinsel, wo die Entwicklung fortschreitet zur Bildung der romanischen Sprachen, und das „Frankenlatein" stellt wiederum eine eigene Stufe der Entfaltung dar. Die Merowingerzeit ist bestimmt von Auflösungstendenzen, aber mit der sogenannten karolingischen Renaissance erfolgt der Gegenschlag: Nun strebte man eine Normalisierung nach dem Vorbild des klassischen Lateins an; man bemühte sich um grammatische Korrektheit und Reinigung des Wortschatzes von Barbarismen – eine Vereinheitlichung war die Folge, die aber auch den künstlichen Charakter der Sprache verstärkte. Die Harmonisierung war ein Ergebnis der Gelehrsamkeit, nicht der lebendigen Sprachentwicklung. Bestimmte Sachverhalte des politischen, sozialen und rechtlichen Lebens, für die man vorher wohl einen Ausdruck der Volkssprache latinisierte, werden nun in verstärktem Maße in Begriffen der klassischen Latinität wiedergegeben; dem jeweiligen Autor oder Schreiber ist dabei die aktuelle Bedeutung völlig klar, wenn er etwa „urbes" und „civitates" in Sachsen erwähnt oder in bezug auf den sächsischen Stamm des 8. Jh.s in Nachahmung der römischen Formel vom „senatus ac populus" spricht – wir aber, die wir heute diese Texte lesen, kennen zunächst nur den Bedeutungsgehalt, den die Wörter im römischen Altertum hatten; den mittelalterlichen Sinn müssen wir erst erschließen. Hinzu kommt auch, daß sich Schriftsteller vielfach der antikisierenden Wendungen als eines Stilmittels bedienen – wir müssen uns bei der Deutung der Quelle bemühen, den jeweils gemeinten zeitgenössischen Sachverhalt zu treffen.

In der Vermittlung der Kenntnis des mittelalterlichen Lateins liegt eine der wesentlichen Aufgaben der mittellateinischen Philologie. Ihr Arbeitsfeld erschöpft sich nicht darin, sie hat sich darüber hinaus literarhistorische (P. Lehmann: Erforschung und Darstellung der literarischen Kultur des abendländischen Mittelalters, soweit sie durch Schriftdenkmäler in lateinischer Sprache vertreten, bedingt, beeinflußt ist) und überlieferungsgeschichtliche Aufgaben (Klärung der Textüberlieferung, Erforschung von Bibliotheken, Buchwesen, Schreibschulen usw.) gestellt – aber für den Historiker gewinnt sie gerade in der sprachkundlichen Zielsetzung die Bedeutung und Funktion einer Hilfswissenschaft. Von seiten der Verfassungsgeschichte ist mit Recht betont worden, daß wir der Gefahr von Fehldeutungen um so eher entgehen, wenn wir für die in den lateinisch geschriebenen Quellen verwandten Begriffe – vor allem die Rechtstermini – die volkssprachigen Entsprechungen zu erschließen versuchen und gebührend berücksichtigen. Hier bieten etwa die althochdeutschen Glossen als Ergebnis von Übersetzungsversuchen aus dem Lateinischen die Möglichkeit, den Sinn der lateinischen Begriffe zu erhellen. (Zu beachten ist z.B., daß die Gerichtssprache im Thing die Volkssprache ist, die Rechtsfragen in den Rechtsdenkmälern aber ihren Niederschlag in lateinischer Sprache finden).

Auch dem Anfänger wird die Bedeutung dieser „Übersetzungsprobleme" schnell aufgehen, wenn er erfährt, daß das mlat. „comes" nicht den Begleiter, sondern den Grafen bezeichnet, daß „dux" mit Herzog und „miles" mit Ritter zu übersetzen ist. Ferner: „beneficium" ist im klassischen Latein eine Wohltat, Gunstbezeugung, im Mittellateinischen steht es auch für Lehen (später „feudum"), und diese Doppeldeutigkeit ist bekanntlich Anlaß geworden zu einem berühmten Streit zwischen Kaiser und Papst (1157 Besançon). Oder nehmen wir ein Beispiel für antikisierenden Stil: Widukind von Korvey, der in seiner Sachsengeschichte die Kaiserkrönung Ottos des Großen in Rom 962 offenbar bewußt verschweigt, läßt den König nach dem Sieg über die Ungarn auf dem Lechfeld (955) vom Heer im altrömischen Stil zum Imperator ausgerufen werden: Triumpho celebri rex factus gloriosus ab exercitu pater patriae imperatorque appellatus est. Ist der „triumphus celebris" literarische Fiktion oder antikisierende Umschreibung für eine (germanische?) Siegesfeier? Wie ist die Ausrufung zum Imperator zu deuten, welche staatsrechtlichen Vorstellungen sind mit diesem Zeremoniell verbunden? Die Forschung hat sich intensiv mit diesem Bericht befaßt, dessen richtige oder falsche Deutung von überaus großen Konsequenzen für die Geschichte des Kaisertums und der Kaiseridee ist (vgl. vor allem: E.E. STENGEL, Der Heerkaiser. Studien zur Geschichte eines politischen Gedankens, in: Abh. und Unters. zur Gesch. d. Kaisergedankens im Ma, Köln/Graz 1965). Was dem sächsischen Mönch an aktueller Bedeutung unmittelbar präsent war, als er seine Darstellung nach altrömischer Tradition stilisierte, müssen wir im Bemühen um eine richtige „Übersetzung" der entscheidenden Begriffe zu erhellen suchen.

Die wenigen Beispiele sollten eine Ahnung von den sprachlischen Problemen bei der Beschäftigung mit mittelalterlichen Quellen vermitteln und zugleich deutlich machen, daß ein Studium der mittelalterlichen Geschichte ohne ausreichende Sprachkenntnisse wenig sinnvoll ist.

Literatur:

P. LEHMANN, Aufgaben und Anregungen der lateinischen Philologie des Mittelalters (SB. Kgl. Bayer. Akad. d. Wiss. Phil.-Hist. Kl. 1918), Wiederabdruck : Erforschung des Mittelalters. Ausgew. Abh. und Aufs., Bd. I, Stuttgart 1941, ND. 1959; R. MEISTER, Mittellatein als Traditionssprache, in: Liber Floridus (Fs. für P. Lehmann), St. Ottilien 1950; K. LANGOSCH, Lateinisches Mittelalter. Einleitung in Sprache und Literatur, Darmstadt ⁵1988; E. LÖFSTEDT, Late Latin, Oslo 1959; K. HAUCK, Mittellateinische Literatur, in: W. STAMMLER, Deutsche Phil. im Aufriß, 2. Aufl. 1960; F. BLATT, Sprachwandel im Latein des Mittelalters, in: H. Vjschr. 28, 1934; W. STACH, Wort und Bedeutung im mittelalterlichen Latein, in: DA 9, 1952; Ph. HECK, Übersetzungsprobleme im frühen Mittelalter, Tübingen 1931; H. GRUNDMANN, Übersetzungsprobleme im Spätmittelalter, in: Zschr. f. dt. Phil. 70, 1947/48; Mittellateinische Philologie. Beiträge zur Erforschung der mittelalterlichen Latinität. Hrsg. von A. ÖNNERFORS, (Wege der Forschung, Bd. 292) Darmstadt 1975; F. BRUNHÖLZL, in: Lexikon des Mittelalters V (1991), 1722ff..

2. Diplomatik

Die Frage nach Echtheit oder Unechtheit einer Urkunde ist natürlich für das Mittelalter von größter Bedeutung gewesen, da die Urkunde ja realer Rechtstitel war (und z.b. in Deutschland im Prinzip bis zum Untergang des mittelalterlichen Reiches blieb), aber einer wirksamen Kritik waren von der Vorstellung des „guten, alten Rechts" her Grenzen gesetzt. So kennen wir zwar Beispiele der Anwendung einfacher Logik bei der Beurteilung von Urkunden – etwa, daß ein Stück als Fälschung entlarvt wird, weil der Schreiber, der es angeblich abgefaßt hat, es nicht als seine Arbeit erkennt –, schon früh sind auch Strafbestimmungen gegen Urkundenfälschung erlassen worden, und der Papst Innozenz III. (1198–1216) z.B. gab bereits gewisse Richtlinien zur Überprüfung von Papsturkunden heraus, eine wissenschaftlich fundierte Kritik jedoch setzt erst – nach einer gewissen Anlaufzeit in der Renaissance und Reformation – im 17. Jh. ein. In Deutschland hatten die Wirren des 30jährigen Krieges viele Rechtsverhältnisse in Unordnung gebracht; bei ihrer Klärung spielten Urkunden eine entscheidende Rolle. Diese Rechtstitel aber mußten in den Auseinandersetzungen auf ihre Echtheit untersucht werden; dabei wurden Gutachten für die Gerichte angefertigt und publiziert und in diesem Zusammenhang schon erste Prinzipien einer Urkundenlehre erstellt – die Diplomatik entwickelt sich hier also in enger Verbindung mit der Rechtswissenschaft sozusagen als juristische Hilfsdisziplin. Aus primär historischer Wurzel erwächst sie dagegen in Frankreich, und der Benediktiner Jean Mabillon, der der Kongregation vom hl. Maurus (= Mauriner/Mittelpunkt ist das Kloster St. Germain-des-Prés in Paris) angehörte, hat mit dem 1681 erschienenen Werk „De re diplomatica libri VI" die Wissenschaft von den Urkunden begründet und ihr den Namen gegeben (diploma: das Wort begegnet im Mittelalter verhältnismäßig selten, ist in römischer Zeit auf bestimmte Urkundenarten angewandt worden und kommt erst durch die Humanisten wieder in häufigeren Gebrauch als Bezeichnung für besonders feierliche Urkunden). Da ihm die Archive der Benediktinerklöster offenstanden, verfügte er über reiches Material, und der systematische Vergleich von Urkunden auf breiter Materialbasis, wobei zugleich auf möglichst viele Merkmale zu achten ist, gehört zu den von ihm aufgestellten methodischen Prinzipien der Diplomatik.

Die große Umgestaltung der politischen und privaten Rechtsverhältnisse durch die französische Revolution schafft auch für die Urkundenkritik eine völlig neue Lage: Die alten Urkunden verlieren ihren Charakter als Rechtstitel; damit werden sie zum Gegenstand gelehrten Interesses – die Diplomatik wird zur historischen Hilfswissenschaft. Die äußeren Voraussetzungen bessern sich, da das Material nun viel leichter zugänglich ist und das staatliche Archivwesen sich entwickelt.

In Frankreich setzt die Ecole des chartes als Ausbildungsstätte der Archivare die Tradition der Benediktiner fort; in Deutschland wird die Bearbeitung der Urkunden der Kaiserzeit zu einem wissenschaftlichen Programm, als im Zuge der Romantik das große Unternehmen der Monumenta Germaniae Historica (1819) begründet wird. Den Beginn bildet hier das Lebenswerk von J.F. Böhmer, der die

Vorarbeit zur Urkundenedition geleistet hat, als er das Material sammelte und chronologische Verzeichnisse der Diplome aller Herrscher mit knapper Inhaltsangabe anlegte, für die er den Begriff „Regesten" verwandte (1831: Regesta chronologico-diplomatica regum atque imperatorum Romanorum 911–1313; 1833: Regesta chronologico-diplomatica Karolorum; vgl. auch unten S. 206). Die Neubearbeitung und Weiterführung der Böhmerschen Regesten ist bis heute noch nicht abgeschlossen.

Der eigentliche Neubegründer der Diplomatik jedoch ist Theodor Sickel gewesen, durch den das 1854 gegründete Institut für österreichische Geschichtsforschung zum Ausgangspunkt der Urkundenstudien im deutschen Kulturbereich wurde. Er hat eine systematische Methodik für die Urkundenforschung gestaltet, die auf der Lehre von den äußeren und inneren Merkmalen beruht und die Frage der Echtheit einer Urkunde davon abhängig macht, ob sie „kanzleigemäß" ist, d.h. tatsächlich aus der Kanzlei hervorgegangen ist, zu der sie chronologisch gehört. Schriftuntersuchung und Diktatvergleich (das Diktat umfaßt alles, was als „Stil" der Urkunde zu betrachten ist), die Feststellung von Kennzeichen, die zu einer kanzleigemäßen Urkunde gehören – das sind die wesentlichen Punkte für die Beurteilung eines Diploms. Damit wird auch die Kanzleigeschichte wichtig. Wir können hier die weitere Entwicklung – die Differenzierung der Methode über Th. Sickel hinaus etwa durch J. Ficker (Beiträge zur Urkundenlehre, 1867/68) und die Befruchtung durch die Rechtsgeschichte – nicht weiter verfolgen: Die Arbeit der Diplomataabteilung der MGH kennzeichnet den großen Aufstieg der Diplomatik seit etwa 1890.

Die Entwicklung des mittelalterlichen Urkundenwesens ist im Rahmen der Quellenkunde verfolgt worden; nun sollen auf dem Wege einer genetischen Betrachtung und der Beschreibung der fertigen Urkunde sowie durch einen Überblick über die Kanzlei Grundbegriffe der Diplomatik erörtert werden. Dabei beziehen wir uns im wesentlichen auf die Königsurkunden, deren besondere Berücksichtigung sich aus ihrer historischen Bedeutung und ihrer für weite Bereiche geltenden formalen Vorbildlichkeit rechtfertigt. Die übliche Einteilung des Urkundenmaterials nach den Ausstellern in Königs-, Papst- und Privaturkunden wird beibehalten, obwohl ihre Problematik gerade im Hinblick auf die Privaturkunden, unter denen man alles zusammenfaßt, was nicht zu den beiden anderen Kategorien gehört, also auch Urkunden von Fürsten, Bischöfen und Städten einreiht, offenkundig ist.

Die Diplomatik unterscheidet zwischen Handlung und Beurkundung und bezeichnet auch die formlose Absprache oder Einigung, der in der Zeit der dispositiven Urkunde keine größere Bedeutung mehr zukommt, als Handlung. Beide Akte können zeitlich durchaus weiter auseinanderliegen. Der Aussteller ist der, auf dessen Namen und in dessen Auftrag die Urkunde ausgegeben wird; ihm steht der Empfänger gegenüber, der den Gunsterweis erhält. Die Ausstellung braucht nicht mit der Abfassung identisch zu sein – ist es z.B. bei Königsurkunden ganz bestimmt nicht; in der Regel wird noch ein Schreiber hinzugezogen. Neben diesem kann noch ein anderer beteiligt sein, der den Text der Urkunde entwirft: Ihn bezeichnet man als Verfasser oder Diktator (vgl. oben Diktat). Es kann – auch bei Königsurkunden – vorkommen, daß der Empfänger die Herstellung der Urkunde besorgt: In diesem Falle spricht man von einer Empfängerausfertigung, die sich im Diktat vom üblichen Stil der Kanzlei des Ausstellers deutlich abheben kann.

Noch zur Handlung gehört die Bitte um Ausstellung einer Urkunde; sie findet oft im Text des Dokumentes als Petitio ihren Niederschlag. Diese Bitte hat möglicherweise die Unterstützung von Fürsprechern gefunden; wenn solche Intervenienten in der Königsurkunde z.b. genannt werden (Intercessio), dann kann das für uns auch in historischer Hinsicht von einiger Bedeutung sein: Wir erfassen nämlich damit den Kreis – oder zumindest einen Teil – derer, die am Hofe, in der Umgebung des Herrschers über Einfluß verfügten. Der Beurkundungsauftrag des Ausstellers ist dann der eigentliche Beginn des Beurkundungsgeschäftes: Er ist in der Königsurkunde häufig als Beurkundungsbefehl (z.B. hanc auctoritatem fieri iussimus) faßbar. Darauf erfolgt die Festsetzung des Textes. Über die Vorstufen der fertigen Urkunde haben wir kaum Quellenbelege. Konzepte, die, wenn sie erhalten sind, Minuten genannt werden, sind uns fast gar nicht überliefert, und es scheint, daß die kaiserliche Kanzlei ausgearbeitete Konzepte nicht gekannt, sondern sich allenfalls vorbereitender Notizen bedient hat. Dafür spricht, daß fertige Urkunden oft Rasuren und Korrekturen im Text ausweisen. Als Hilfsmittel zur Abfassung des Textes können auch Vorurkunden und Formulare herangezogen werden. Die Benutzung von Vorurkunden bietet sich an im Falle der Bestätigung von Rechten: Der Bittsteller (Petent) legt die Dokumente, die er bereits besitzt, vor, und die Kanzlei braucht deren Wortlaut zu mehr oder weniger großen Teilen nur in das neue Stück zu übernehmen. Die wissenschaftliche Edition kennzeichnet dann den der Vorurkunde entnommenen Text durch Kleindruck (Petitsatz). Formulare sind Muster von Urkunden, die ein bestimmtes Rechtsgeschäft (etwa Tausch, Verkauf) betreffen, aber aller individuellen Bezüge (Namen usw.) entledigt sind; sie werden in Formelbüchern gesammelt. Die nächste Stufe ist nun die Anfertigung der Reinschrift, die Mundierung (Mundum = Reinschrift). Darauf erfolgt die Vollziehung der Urkunde – in der merowingischen Königsurkunde durch die eigenhändige Unterschrift, seit der Karolingerzeit durch einen Strich (Vollziehungsstrich) in dem aus den Buchstaben des Namens (später unter Einbeziehung des Titels: imp. aug. = imperator augustus) gestalteten Monogramm. Im Laufe des 12. Jh.s hört sogar die Eigenhändigkeit des Vollziehungsstriches auf, und erst seit Maximilian I. kehrt man zur eigenhändigen Unterschrift des Herrschers zurück. Wenn der Vollziehungsstrich im Monogramm fehlt und die Urkunde außerdem kein Siegel hat, so ist sie unvollzogen geblieben und damit rechtlich ohne Bedeutung. Es folgt schließlich noch die Beglaubigung, deren Normalform seit dem Hochmittelalter – für die Königsurkunde seit der Karolingerzeit (s.o. S. 128) – die Besiegelung ist, zu der die Kanzleiunterfertigung hinzutritt. Auch die Zeugenunterfertigung ist seit dem Hochmittelalter ein Beglaubigungsmittel. Mit der Aushändigung an den Empfänger wird die Urkunde erst in vollem Sinne rechtswirksam.

Eine Kanzlei hatte dann einen Überblick über den Urkundenausgang, wenn jeweils eine Eintragung in das Register erfolgte. Aber die königliche Kanzlei war im Früh- und Hochmittelalter nicht so weit entwickelt, daß sie Register führte. Anders ist es mit der päpstlichen Kanzlei, die offenbar seit der Spätantike eine Registratur kannte und spätestens seit 1198 die Register laufend geführt hat (vgl. oben S. 131).

Wir haben mit der genetischen Betrachtung nun die Voraussetzung geschaffen zur Beschreibung der fertigen Urkunde. Die äußeren Merkmale, zu denen insbesondere Beschreibstoff, Schrift, Siegel und besondere Schriftzeichen gehören, sind natürlich nur am Original nachzuprüfen; ist dieses nicht auf uns gekommen, sind wir zur Feststellung der Echtheit auf die inneren Merkmale angewiesen. Der in spätrömischer Zeit gebräuchliche Beschreibstoff Papyrus wird um 700 nördlich der Alpen abgelöst durch das Pergament (lat.: membrana), d.i. bearbeitete Tierhaut (in Deutschland meist Kalbs-, in Italien Ziegen- oder Hammelfell); die päpstliche Kanzlei hat jedoch noch bis in die Zeit Gregors VII. (1073–1085) Papyrus verwandt, wenn auch bereits aus dem Beginn des 11. Jh.s Beispiele für den Gebrauch des Pergaments bekannt sind. Das Papier dringt in die Kanzlei der deutschen Könige erst im 14. Jh.s (Karl IV. 1347–1378) ein und hat auch jetzt noch bei besonders feierlichen Urkunden das Pergament nicht ganz verdrängen können.

Von fundamentaler Bedeutung ist bei der Urkundenkritik der Schriftvergleich, bei dem zu fragen ist, ob die Schrift in die Zeit paßt, in die die Urkunde datiert ist. Wenn die Kanzlei eines Ausstellers genügend erforscht ist, läßt sich die Schrift in der Regel einem der in ihr tätigen (fast durchweg anonymen) Schreiber, d.h. also einer bestimmten Hand, zuordnen. Das gilt vor allem für die Königsurkunden, bei denen die Materialbasis ausreicht, aber auch für andere, z.B. bischöfliche, Kanzleien, die einen größeren Urkundenausstoß haben (zur Schrift vgl. unten S. 154 ff.). Auch das Siegel und die Art der Besiegelung (vgl. unten S. 161ff.) können bei der Kritik wichtig sein: Hier ist ebenfalls die Frage zu stellen, ob Form, Bild, Siegelstoff, Anbringung dem Stile der Zeit entsprechen. Zu den besonderen Schriftzeichen zählen wir das Chrismon, das Monogramm und das Rekognitionszeichen. Das Chrismon ist ein religiöses Zeichen, dem als Grundform das Kreuz, das Christusmonogramm oder – in Deutschland – das C (= Christus) dient und das bis in 12./13. Jh. am Anfang einer Urkunde und vor der Rekognitionszeile stehen kann. Die reichen individuellen Verzierungen der Grundform geben uns oft die Möglichkeit, es einem bestimmten Schreiber zuzuweisen. Vom Monogramm war bereits die Rede. Bei Kopialüberlieferung wird sein Vorhandensein in der wissenschaftlichen Edition durch ein M. kenntlich gemacht; bei überliefertem Original gibt die Edition an, ob es eigenhändigen Vollziehungsstrich aufweist: MF. (= Monogramma firmatum) oder dieser fehlt: M.IMP. (= Monogramma imperfectum). Das Rekognitionszeichen beschließt in individueller Form die Rekognitionszeile, in der sich in der Frühzeit der für die Ausfertigung verantwortliche Kanzleibeamte nennt. Es ist aus den Buchstaben ss (= subscripsi) erwachsen, hat die Form eines Bienenkorbes und erlaubt durch seine Verzierungen ebenfalls Rückschlüsse auf den Schreiber.

Die inneren Merkmale haften am Text. Auf dem Wege des Diktatvergleichs, des Vergleichs möglichst aller Urkunden desselben Ausstellers, ist festzustellen, ob die Sprache, der Stil, die Formulierungen einer Urkunde, die Bedenken erregt, kanzleigemäß sind. Man wird dabei besonders auf außergewöhnliche, eigenartige oder zumindest nicht gerade alltägliche Wendungen achten, die man u.U. einem bestimmten Kanzleimitglied zuweisen kann. Ihr Vorkommen in mehreren zeitlich und in bezug auf den Empfänger auseinanderliegenden Stücken ist schon als Indiz für die Echtheit zu werten. Dabei wird man beachten müssen, daß ein aus dem Rahmen des Üblichen fallendes Diktat nicht schon unbedingt den Stempel der Fälschung trägt: Hier wird dann zu fragen sein, unter welchen Umständen es entstanden ist – ob nicht vielleicht eine Empfängerausfertigung oder Empfängereinfluß vorliegen. Auf diese Art ist auch die u.U. äußerst schwierige Aufgabe anzugehen, Interpolationen aufzudecken – die Diplomatik spricht in diesem Falle, wenn der Eingriff eines Fälschers nur in Teile des Diploms erfolgt ist, von Verunechtungen. Neben dem Diktatvergleich ist dabei die Überprüfung des Rechtsinhaltes von größter Bedeutung: Entspricht das, was hier verbrieft wird, den Rechts- und Verfassungsverhältnissen der Zeit, in die es gehören soll. Hier wird die enge Verbindung der Diplomatik zu rechts- und verfassungsgeschichtlichen Forschungen deutlich.

Als Beispiel für den Aufbau einer Königsurkunde wählen wir das D. Lo.I.55 – das Diplom Lothars I. Nr. 55 in der wissenschaftlichen Edition der Lotharurkunden: MGH. Diplomata Karolinorum Bd. III, S. 157f.– vom 21. Januar 841. Für unsere Zwecke haben wir den Text des Originals, das von dem in der Rekognitionszeile genannten Notar Glorius nicht besonders sorgfältig geschrieben worden ist und eine Vielzahl von Flüchtigkeitsfehlern aufweist, ein wenig geglättet, um das Verständnis zu erleichtern. Der Kleindruck weist auf Übereinstimmung mit der mittelbaren Vorurkunde Karls d. Großen D. 78 hin; die Verunechtung ist in der üblichen Weise durch spitze Klammern gekennzeichnet. Die Signumzeile, die in diesem Original fehlt, haben wir der Vollständigkeit halber eingefügt. Im übrigen ist zu diesem interessanten Stück die Vorbemerkung des Herausgebers Th. Schieffer in dem zitierten Diplomataband zu vergleichen. Durch die vorliegende Urkunde nimmt Lothar I. nach dem Vorgang Karls d. Gr. und Ludwigs d. Fr. den Bischof Verendar und das Volk von Chur in seinen Schutz, verbietet, ihnen andere als die herkömmlichen Gesetze und Gewohnheiten aufzuerlegen und – die folgende Bestimmung ist interpoliert – gewährt Abgabenfreiheit für ein bischöfliches Schiff neben den vier königlichen auf dem Walensee.

I. Eingangsprotokoll

Verbale Invocatio mit Chrismon (Anrufung Gottes)	(C.) In nomine domini nostri Iesu Christi dei aeterni
Intitulatio (Name und Titel des Ausstellers)	Hlotharius divina ordinante providentia imperator augustus
Devotionsformel (Demutsbezeichnung); auch Legitimationsformel	

II. Context

Arenga
(feierliche Eröffnung)

Oportet imperialem sublimitatem, ut fidelium suorum petitionibus aurem accomodet et effectum concedat, quatenus in suo eos semper reddat obsequio efficaces.

Promulgatio/Publicatio
(allgemeine Bekanntmachung)

Proinde noverit omnium fidelium nostrorum tam praesentium quam et futurorum industria,

Narratio
(Bericht über konkreten Anlaß, Vorgeschichte der Urkunde) hier Hinweis auf die Vorurkunden
(auctoritas = Urkunde)

qualiter populus Curiensis simul cum Uerendario venerabili eiusdem sedis episcopo quasdam auctoritates domni et genitoris nostri Hludouuici serenissimi augusti atque bone memoriae domni et avi nostri Karoli prestantissimi augusti obtutibus nostris ad relegendum direxit, in quibus continebatur, quod ipsi et praedecessores eorum reges Francorum memoratum populum sub plenissima tuitione, mundeburdo atque defensione constitutum semper habuissent, ita ut nullus exteriorum parentes et propinquos eorum nec etiam ipsos iniustas leges et consuetudines inponere debuissent,

Petitio in der Narratio
(Bitte um Beurkundung)

petieruntque simul cum memorato venerabili episcopo, ut paternae auctoritati nostram auctoritatem iungeremus eosque sub nostra plenissima tuitione et defensione atque mundeburdo constitueremus.

Beurkundungsbefehl in der

Quorum petitioni libenter annuimus et hanc nostram auctoritatem fieri eisdemque per memoratum episcopum dare decrevimus,

Dispositio
(Verfügung, eigentlicher Kern der Urkunde)

per quam statuentes decernimus, ut tam ipse Uerendarius venerabilis episcopus quam et successores sui…atque omnis populus Curiensis, quamdiu nobis in omnibus fideles extiterint, sub nostra plenissima tuitione, mundeburdo atque defensione semper resideant, et nullus eis leges alias aut consuetudines inponat quam que propinqui et parentes eorum nec non et ipsi actenus iuste et rationabilite[r]t habuisse.
<Navem etiam episcopalem in lacu Riuano post dominicas IIII naves absque teloneo et censu potestative ab iterantibus carcandam esse precipimus.>

Corroboratio
(Angabe der Beglaubigungsmittel – hier der Besiegelung)

Et ut haec auctoritas inviolabilem et inconvulsam obtineat firmitatem eam de anulo nostro subter iussimus sigillare.

III. Eschatokoll

Signumzeile
(mit Monogramm des Ausstellers; nicht in D.Lo. I. 55)

Signum (M.) Hlotharii serenissimi imperatoris

Rekognitionszeile
(mit Chrismon und Signum recognitionis)

(C.) Glorius notarius advicem Agilmari recognovi et SR.   Siegel

Datierung
Tagesdatierung nach dem

Data XII kl. febr. anno Christo propitio imperii domni Hlotharii pii imperatoris in Italia XXI, in Francia

römischen Kalender, Angabe der Herrscherjahre, Indiktion	I, indictione III.
Ausstellungsort	Actum Gundulfi villa palatio regio (= Gondreville);
Apprecatio	in dei nomine feliciter amen.

Außer den hier vorkommenden Urkundenteilen, deren Bezeichnung auf der Terminologie der mittelalterlichen Rhetorik beruht, kann eine Urkunde auch noch Strafbestimmungen enthalten: Sanctio oder Poenformel, wobei weltliche (königliche Ungnade, Geldstrafe usw.) und geistliche Poen (z.B. jenseitige Strafen) zu unterscheiden sind. Der Brief hat statt der Promulgatio eine Adresse (Inscriptio) mit Grußformel (Salutatio) im Eingangsprotokoll.

[Anmerkung zur modernen Edition

Das Original muß mit allen sprachlichen Unkorrektheiten (gram. Fehler!) ediert werden; in der Anmerkung fügt der Herausgeber hinzu, daß es sich um Fehler im Original handelt. Bei Kopialüberlieferung ist das Abhängigkeitsverhältnis der Abschriften zu klären und die Edition nach der besten Überlieferung zu gestalten. Die Edition hat folgendes Schema: Nummer – Kopfregest (= kurze Inhaltsangabe) – Ort und Datum der Ausstellung – Überlieferungsverhältnisse (Aufbewahrungsort von Original und Abschriften) – Angaben über frühere Drucke – kritische Bemerkungen über die Kanzleimäßigkeit – Text der Urkunde. Auf dieselbe Weise werden Fälschungen (= Spuria) herausgegeben, aber mit dem Vermerk „unecht" gekennzeichnet; natürlich erfolgt eine Begründung für die Einreihung unter die Fälschungen. Weist die Urkunde echte Teile auf, so lautet die Angabe: „verunechtet"; die unechten Teile werden in spitze Klammern < > gesetzt. Eckige Klammern [ ] im Text zeigen an, daß die Überlieferung an dieser Stelle verunstaltet ist (etwa unleserlich durch Loch im Pergament oder verblaßten Text); der Herausgeber gibt dann meist eine Ergänzung (Konjektur).]

Das Bild vom mittelalterlichen Urkundenwesen wäre unvollständig, wenn wir nicht auch noch einen knappen Überblick über die Geschichte der Kanzlei geben würden, zumal deren Bedeutung nicht auf den Bereich der Diplomatik begrenzt ist, sondern sie darüber hinaus als Institution der Reichsverwaltung von größter Wichtigkeit ist. Freilich muß man sich davor hüten, moderne, von dem Behördenwesen des Beamtenstaates abgeleitete Vorstellungen auf das Mittelalter ohne weiteres zu übertragen: Eine Kanzlei als organisierte Behörde (cancellaria) hat es bis in das 12. Jh. nicht gegeben; sie entsteht erst seit der Stauferzeit. Für die frühere Zeit ist die Bezeichnung nicht mehr als ein wissenschaftlicher Hilfsbegriff.

Die maßgebenden Persönlichkeiten für das Urkundenwesen sind bei den Merowingern die referendarii gewesen, Laien romanischer Abkunft. Aber die spätantike Tradition klingt mit den Merowingern aus; das mittelalterliche Kanzleiwesen wird unter den Karolingern grundgelegt und ist bestimmt von den Geistlichen, die von nun an ein Bildungsmonopol haben. Die Ausfertigung der

Urkunden ist ein Aufgabenbereich der Hofkapelle, unter der die Gesamtheit der am Hof beschäftigten Kleriker zu verstehen ist. Der Name „capella" (bzw. capellani) leitet sich her von der am Hofe stets mitgeführten Mantelreliquie (cappa = Mantel) des hl. Martin, die in der Obhut dieser Geistlichen war. Unter Ludwig d. Fr. findet die Organisation der Hofkapelle ihren Abschluß. An ihrer Spitze steht der Erzkapellan (= archicapellanus); die Urkunden wurden jeweils von dem für ihre Anfertigung bestimmten Kapellan in Stellvertretung (ad vicem) des Kanzleichefs rekognisziert. Bereits unter Ludwig dem Frommen tritt neben den Erzkapellan der summus sacri palatii cancellarius: Der Keim zur Bildung einer selbständigen Behörde für das Urkundenwesen ist damit gelegt, aber diese Doppelung des Amtes ist in den Teilreichen zunächst nicht beibehalten worden. Wir können hier von den verschiedenen Zwischenstufen absehen – die Entwicklung kommt zu einem gewissen Abschluß unter Otto dem Großen, seitdem im Jahre 965 der Erzbischof von Mainz endgültig Erzkaplan und Leiter des Urkundenwesens geworden ist. Seit 1044 setzt sich dann die Bezeichnung „archicancellarius" als ausschließlich geltender Titel durch – die Urkundenausfertigung ist eindeutig der wesentliche Arbeitsbereich der Hofkapelle. Das Aufgabengebiet der Kanzlei hat sich seit 962 um die Geschäfte des regnum Italiae erweitert, so entsteht eine besondere italische Kanzlei, für die mit dem Jahre 1031 der Kölner Erzbischof endgültig Erzkanzler wird (archicancellarius per Italiam). Unter Heinrich III. entsteht auch eine burgundische Kanzlei (Erwerb Burgunds 1033); nach mehrmaligem Wechsel kann seit 1308 (Erzbischof Balduin) Trier den Titel eines Erzkanzlers für dieses Gebiet (archicancellarius per Galliam) behaupten.

An den praktischen Kanzleigeschäften waren die Erzkanzler längst nicht mehr beteiligt; seit Ludwig dem Frommen ist die Stellung des Kanzleivorstehers ein Ehrenamt, sein Name erscheint aber in den Rekognitionszeilen (s.o.). Für die Geistlichen, die tatsächlich mit der Urkundenausfertigung befaßt sind, wird der Titel notarius, seit der Mitte des 9. Jh.s auch cancellarius üblich. Außerdem sind nun schon Hilfsschreiber tätig, die schließlich auch die Rekognitionszeile schreiben. Der Kanzler ist ständig am Hofe, leitet daher faktisch die Kanzlei – seine Stellung ist ein festes Amt geworden, das unter den Staufern seine politische Glanzzeit erreicht hat (vgl. Rainald von Dassel). Die politische Beanspruchung der Kanzler macht ihre Stellvertretung in der Kanzlei notwendig; so erfolgt seit Friedrich Barbarossa der weitere Ausbau der Behörde. Im Spätmittelalter ist die hierarchische Stufung: Erzkanzler – Kanzler – Vizekanzler – Protonotare. Die Habsburger haben im 15. Jh. für ihre Erblande eine eigene Hofkanzlei eingerichtet; aber 1559 werden beide Behörden (Reichs- und Hofkanzlei) vereinigt zur Reichshofkanzlei mit fester Organisation, geleitet vom Reichsvizekanzler unter Oberhoheit des Reichserzkanzlers (Erzbischof von Mainz). Diese Ordnung ist bis 1806 in Geltung geblieben.

Die dem Kanzler unterstellten Kräfte (Notare) leisten mehr als bloße Schreibarbeit, da sie meist auch als Diktatoren tätig sind. Ihre Zahl ist gering; ihre Individualität ist oft durch Schrift- und Diktatvergleich genau zu bestimmen – nur der Name ist bis auf gewisse Ausnahmefälle nicht bekannt. So ist es in der Diplomatik üblich, die Notare mit dem Namen des Kanzlers und einem Buchstaben (in der chronologischen Reihenfolge ihres Vorkommens mit A anfangend) zu bezeichnen, also etwa einen Notar unter dem Kanzler Willigis mit Willigis A. Im 14. und 15. Jh. schließlich ist auch das untere Kanzleipersonal vermehrt und spezialisiert worden (Korrektoren, Taxatoren, Sigillatoren).

Eine Vielzahl von Themen ist in diesem Kapitel angeschlagen worden – die Diplomatik hat sich als Urkundenwissenschaft einen Arbeitsbereich geschaffen, der über das bloße Discrimen veri ac falsi in vetustis membranis (aus dem Titel einer 1675 erschienenen Untersuchung von Daniel Papebroch) weit hinausgeht.

Literatur:

W. ERBEN/L. SCHMITZ-KALLENBERG/O.REDLICH, Urkundenlehre, 2 Bde. 1907/11 (in: Below-Meinecke, Handbuch der mittelalterlichen und neueren Geschichte) (I: O.Redlich: Allgemeine Einleitung zur Urkundenlehre; W. Erben: Die Kaiser- und Königsurkunden des Mittelalters in Deutschland, Frankreich und Italien. III: O. Redlich, Die Privaturkunden des Mittelalters. II: nicht erschienen); G. TESSIER, La diplomatique (Coll. „Que sais-je"), Paris ³1966 (gut als Einführung); H. BRESSLAU, Handbuch der Urkundenlehre für Deutschland und Italien, 2 Bde. Leipzig u. Berlin ²1912–1931 (ND 1958; Register von H. SCHULZE, Berlin 1960) (unentbehrliches Standardwerk); L. SCHMITZ-KALLEN-BERG, Die Lehre von den Papsturkunden, Leipzig ²1913; A. DE BOÜARD, Manuel de diplomatique française et pontificale. Bd. I: Diplomatique générale, Paris 1929. Bd. II. L'acte privé, Paris 1952 (es fehlt Bd. III. Königsurkunden); Th. FRENZ, Papsturkunden des Mittelalters und der Neuzeit, Stuttgart 1986; P. HERDE, Beiträge zum päpstlichen Kanzlei- und Urkundenwesen im 13. Jh., Kallmünz ²1967; G. TESSIER, Diplomatique royale française, Paris 1962; F.M. STENTON, The Latin Charters of the Anglo-Saxon Period, Oxford 1955; H. FICHTENAU, Arenga. Spätantike und Mittelalter im Spiegel von Urkundenformeln, MIÖG Erg. Bd. 18, 1957; W. HEINEMEYER, Studien zur Diplomatik mittelalterlicher Verträge, vornehmlich des 13. Jahrhunderts, in: AUF 14, 1936; H. FOER-STER, Beispiele mittelalterlicher Urkundenkritik, in: Archival. Zschr. 50/51, 1955.

Abbildungswerke: H. v. SYBEL/TH. SICKEL, Kaiserurkunden in Abbildungen (769–1517), Berlin 1889–91; Urkunden und Siegel in Nachbildungen für den akademischen Gebrauch, hrsg. von G. SEELIGER, Leipzig/Berlin 1914 (Heft 2: A. BRACKMANN, Papsturkunden; Heft 3: O. REDLICH/L. GROSS, Privaturkunden; Heft 1: Kaiser- und Königsurkunden nicht erschienen). Vgl. auch die zur Paläographie angegebenen Abbildungswerke.

Untersuchungen zu Kapelle/Kanzlei: Für die spätkarolingischen Verhältnisse (von Ludwig d. Deutschen bis Ludwig d. Kind und Konrad I.) sind jeweils die Abhandlungen von P. KEHR heranzuziehen in den Abhandlungen der Akad. d. Wiss. Berlin, Phil.-Hist. Kl. 1932/33; 1936/37; 1939/40. Vgl. ferner: J. FLECKENSTEIN, Die Hofkapelle der deutschen Könige, Teil I: Grundlegung. Die karolingische Hofkapelle, Stuttgart 1959. Teil II: Die Hofkapelle im Rahmen der ottonisch-salischen Reichskirche, Stuttgart 1966; F. HAUSMANN, Reichskanzlei und Hofkapelle unter Heinrich V. und Konrad III., Stuttgart 1956; H.M. SCHALLER, Die Kanzlei Friedrichs II., in: AfD 3 u. 4, 1957 u. 1958; P. MORAW, Grundzüge der Kanzleigeschichte Kaiser Karls IV., in: ZHF 12, 1985; H.-W. KLEWITZ, Cancellaria. Ein Beitrag zur Geschichte des geistlichen Hofdienstes, in: DA 1, 1937; H.-W. KLE-WITZ, Königtum, Hofkapelle und Domkapitel im 10. und 11. Jahrhundert, in: AUF 16, 1939. – Zeitschriften: s.u. S. 333.

3. Paläographie

Die Paläographie ist die Lehre von der Entwicklung der Schrift; ihre Aufgaben bestehen darin, alte Schriften richtig lesen zu lehren und das Alter und den Ursprungsort einer Schrift zu bestimmen. Wir beschränken uns hier auf die lateinische Paläographie, die die aus dem römischen Alphabet entwickelte und für den europäisch-abendländischen Kulturkreis geltende Schrift zum Gegenstand hat; andere Schriften sind jeweils Spezialdisziplinen zuzuweisen (griech., slaw. Paläographie, orientalische Schriften usw.).

Wissenschaftsgeschichtlich stehen Paläographie und Diplomatik in enger Beziehung zueinander. Bei der Untersuchung der Echtheit einer Urkunde stellt der Schriftbefund ein wesentliches Kriterium dar; die Paläographie erfährt ihre Grundlegung als Wissenschaft im 17./18. Jh. daher im Dienste der Diplomatik, und es war J. Mabillon, der als erster systematisch Schrifttypen nach Landschaften und Zeiten unterschieden hat. Bereits im 18. Jh. sind die Grundlinien des bis heute geltenden Lehrsystems erarbeitet worden (de Montfaucon; Maffëi; Toustain und Tassin: Nouveau Traité de Diplomatique, 1750–1765), aber erst nach der Französischen Revolution löst sich die Paläographie von der Diplomatik und wird zu einer selbständigen Disziplin.

Ehe wir uns mit der Entwicklung der Schrift selbst befassen, müssen wir uns Klarheit verschaffen über das mittelalterliche Schriftwesen im allgemeinen und können dabei an einzelne Bemerkungen anknüpfen, die schon im Kapitel über die Diplomatik gemacht worden sind. Bereits im 4. Jh. hat sich das Pergament (lat.: membrana, membranae) für die Buchherstellung als Beschreibstoff durchgesetzt, während für die Urkunden noch einige Jahrhunderte länger Papyrus verwandt wird (vgl. oben S. 148). Da das Material relativ kostbar ist, wurde häufiger bei wertlos gewordenen Handschriften die Schrift gelöscht (Abwaschen oder Abschaben) und das Pergament neu beschrieben (Palimpsestierung). Unter den Möglichkeiten, die untere Schrift solcher Palimpseste wiederzugewinnen, steht heute die Photographie obenan. Vom 13. Jh. an erscheint als neuer Beschreibstoff neben dem Pergament das Papier, dessen Herstellung – eine chinesische Erfindung – im 8. Jh. den Arabern bekannt und durch sie über Spanien und Sizilien den europäischen Ländern vermittelt wurde; eine einheimische Papierfabrikation gibt es in Deutschland seit der ersten Hälfte des 14. Jh.s. Um 1300 kommt auch schon der Brauch auf, das Papier mit Wasserzeichen zu versehen; für die Klärung der Herkunft des Papiers und darüber hinaus u.U. auch der Entstehung einer Hs. kann die Bestimmung dieses Markenzeichens sehr wichtig sein (Entwicklung der Wasserzeichenkunde als einer Spezialdisziplin der Papierkunde).

Schreibgeräte sind für Wachstafeln der Griffel (lat. stilus, graphium – aus Holz, Eisen, Elfenbein), für das Pergament das Rohr (lat. calamus), im Mittelalter aber die Feder (Vogelfeder; auch Metallfedern kommen gelegentlich vor). Für die Tinte sind im Mittelalter Galläpfel und Vitriol die wichtigsten Bestandteile.

Vom Beschreibstoff hängt auch die Buchform ab: Zwar kommt auch der Papyrus schon in Codexform vor, aber dieser Stoff wurde in der Regel gerollt (Schriftgut in Rollenform = rotulus, dt. Rodel usw.; beschrieben in Kolumnen = Spalten, den langen Rändern parallel); das Pergamentbuch ist der Codex (ursprünglich Vereinigung von Holztäfelchen), der aus einfach gefalteten und zu Lagen von verschiedener Stärke zusammengelegten Pergamentblättern besteht (häufigste Lage: 4 Doppelblätter ineinandergelegt = Quaternio – also 8 Blätter, 16 Seiten). Die Blätter werden beidseitig beschrieben. Nimmt man das Blatt als Zähleinheit, dann spricht man von Foliierung und verwendet folgende Kennzeichnung: f. (oder: fol.) 3 = Blatt (folio) 3, Vorderseite; f. 3' = Blatt 3, Rückseite (oder auch: f. 3^r = recto und f. 3^v = verso). Bei Paginierung dagegen nimmt man jeweils die Seite als Zähleinheit.

Die Entwicklung der lateinischen Schrift vollzieht sich in der wechselseitigen Beeinflussung von Buchschrift und Gebrauchs- oder Geschäftsschrift. Die Buchschriften zeichnen sich aus durch Regelmäßigkeit und Betonung des Einzelbuchstaben; die Geschäftsschriften sind bestimmt durch die Dynamik des flüssigen, schnellen Schreibens, die die Verbindung von Buchstaben (Schreiben in Ligatur, d.h. mit Verbindungslinien zwischen den einzelnen Buchstaben), aber auch ihre Veränderung bedingt. Die ausgebildete Form der Geschäftsschrift wird als Kursive bezeichnet (vgl. Gegenüberstellung von Druckschrift und Schreibschrift heute). Von grundlegender Bedeutung ist ferner die Unterscheidung nach Majuskel und Minuskel. In der Majuskelschrift sind die Buchstaben gleich groß, alle einzuordnen in ein Zweilinienschema, während die Minuskelschrift Buchstaben mit Ober- und Unterlängen aufweist, also ein Vierlinienschema erfordert.

In Handschriften ist uns lateinische Schrift seit dem 1. Jh. n. Chr. überliefert. Dabei erscheinen als Schrifttypen die Kapitale, bei der Capitalis quadrata und Capitalis rustica unterschieden werden, und die Kursive, bei der sich Kapitalkursive (ältere römische Kursive, Majuskelkursive) und Minuskelkursive (jüngere römische Kursive) gegenüberstehen. In der Kapitale liegt das Schwergewicht auf dem Einzelbuchstaben, Worttrennung ist nicht bekannt (Capitalis quadrata: den Inschriften nahestehend, Buchstaben fast streng quadratisch; Capitalis rustica: Buchstaben hochgezogen, schlank, strenges Quadratschema aufgegeben). Die Kapitalkursive (Hss. des 1.–3. Jh.s) behält die Buchstaben der Kapitale zwar noch bei, zeigt sie aber schon in der Umformung begriffen und in leicht nach rechts geneigtem Duktus. Die Minuskelkursive – ausschließlich Urkundenschrift (3.–5. Jh.) – hat die kapitale Ausgangsform bei fast allen Buchstaben bereits verändert; das Vierlinienschema beginnt sich auszubilden.

Diese Minuskelkursive ist nun an der Erneuerung der Buchschrift, der Umformung der Kapitale zur Unziale entscheidend beteiligt; sie bildet sich im 4. Jh. heraus und bleibt dann bis ins 8. Jh. Hauptbuchschrift. Kennzeichnend ist die runde Buchstabenform mit dem Wechsel von kräftigen und zarten Strichen. Die Unziale ist Majuskelschrift und hält sich prinzipiell an das Zweilinienschema, doch weist sie die Tendenz zum Vierlinienschema auf, das dann in der Halbunziale, die zeitlich neben ihr steht, fast ganz erreicht ist. Die Halbunziale ist deshalb von so großer Bedeutung, weil sie die karolingische Minuskel entscheidend beeinflußt hat.

Die politische Entwicklung der Völkerwanderungszeit spiegelt sich auch in der Gestaltung der Schrift wider: Die bisherige Einheitlichkeit geht verloren; es entstehen die sogenannten „Nationalschriften", die aber keine nationalen Neuschöpfungen, sondern Abarten der einen römischen Schrift sind, entstanden aus der Überlagerung von z.T. sehr verwilderter Unziale und Halbunziale (spanisch-westgotische, irisch-angelsächsische, fränkisch-merowingische Schrift; verwickelter sind die Verhältnisse in Italien, u.a. Beneventana und päpstliche Kuriale). Erst in der karolingischen Zeit werden alle diese Sonderentwicklungen wieder zusammengeführt in der einheitlichen neuen Schrift, auf der noch unsere heutige Schrift fußt, der karolingischen Minuskel. Wir haben es hier wohl mit einer bewußten Reform zu tun, deren nähere Umstände allerdings noch nicht völlig geklärt sind (wer ist der Initiator? wo liegt das Zentrum – etwa am Hofe selbst oder in Tours? welches Vorbild ist maßgebend? welche Schrifttypen haben neben der Halbunziale die neue Schrift beeinflußt?). Kennzeichen des Typs sind die Verselbständigung der Buchstaben, ein regelmäßiges, gleichbleibendes Alphabet und das strikte Vierlinienschema.

In der Urkundenschrift herrscht unter Karl d. Großen und Ludwig d. Frommen zunächst noch eine veredelte merowingische Kursive, die als diplomatische Kursive bezeichnet wird; ein Wandel vollzieht sich zuerst im Ostfrankenreich, als der Kanzler Ludwigs d. Deutschen, Hebarhard, hier um 860 eine der karolingischen Buchminuskel vergleichbare diplomatische Minuskel einführt, nicht als bewußte Schriftreform, sondern aus einer Zwangslage heraus, da niemand mehr die diplomatische Kursive beherrschte (das Westfrankenreich/Frankreich zieht erst im 11. Jh. nach). Für die erste Zeile, die Signum- und die Rekognitionszeile der Urkunde (vgl. oben S. 149f.) wurde die merowingische Kursive beibehalten (nicht ganz richtig als „verlängerte Schrift" = „Elongata" bezeichnet; erst ab 10. Jh. bloß erhöhte Normalschrift).

Die karolingische Minuskel entwickelt sich im 9. bis 12. Jh. weiter (eine Minuskel des 11. Jh.s ist also nicht mehr „karolingisch"), erfährt aber erst im 12. Jh. durch den Übergang zur gotischen Schrift einen bedeutsamen Wandel: Brechung der Rundung, Vertikalstreckung, Verengung sind die charakteristischen Merkmale. Neben die Buchschrift (Textura genannt, Übernahme in den Druck als Fraktur-Typ) treten nun infolge wieder zunehmender Schriftlichkeit auch die gotische Kursive (spätma. Terminus ist Notula: lebt fort in der „deutschen Schrift") und eine eigene gotische Urkundenschrift (verschiedene Stile). Das Schriftwesen des 15. Jh.s schließlich entfaltet eine verwirrende Fülle von Formen und Typen.

Die Humanisten haben die gotische Schrift abgelehnt; in ihrer Suche nach einer klaren Schrift griffen sie auf ältere Codices (10. Jh.), in denen die meisten antiken Schriftsteller überliefert waren, zurück und nahmen die karolingisch-fränkische Minuskel wieder auf, die sie als antike Schrift mißverstanden und daher Antiqua nannten (im Druck stehen in Deutschland nun Antiqua und Fraktur nebeneinander; Entwicklung einer humanistischen Kursive = unsere lat. Schreibschrift).

Capitalis quadrata (4. Jh.)

DONAAENEAEMIRANTVRIVLVM

dona Aeneae mirantur Iulum

Capitalis rustica (5./6. Jh.)

OCRVDELISALEXINIHILMEACARMINA

O crudelis Alexi nihil mea carmina

Jüngere römische Cursive (Minuskelkursive; 6. Jh.)

Domino suo   Achillio/Vitalis

Cum in omnibus bonis benignitas tua sit praedita, tum

Unziale (um 700)

PIGNORA MITTO MEI

pignora mitto mei

Halbunziale (509/510)

decem et octo conuenientesaputniciam
epircopirunt et anathemacicleindeomner

decem et octo convenientes aput Niciam
episcopi sunt. Anathema deinde omnes

Karolingische Minuskel (um 800)

Dixituerod~: congregentur aqueque
subcaelosuntinlocumunum. etappare
at arida. Factumq: e~ ita. Et uocauit d~

Dixit vero deus: Congregentur aque quae
sub caelo sunt in locum unum, et appare-
at arida. Factumque est ita. Et vocavit deus

(D = Capitalis quadrata; außerdem ist in der ersten Zeile auch die Halbunziale verwendet)

Gotische Minuskel

Codex (1191)

generales morbos provide-
re aliquid medicandi vel

Urkunde (1210)

Ego Kuonradus dei gratia Constanciensis ecclesie episcopus

Codex (1410)

ist kantzler ze tütschem lande, der
hat die ersten stimme an der wal.

Urkunde (1465)

thun kunt uffentliche mit diesem brieff

Anhang:

Auf einen Einzelaspekt der Schriftgeschichte sei noch kurz hingewiesen: die Abkürzungen. Das mittelalterliche Kürzungswesen ist aus doppelter, nämlich römischer und christlicher Wurzel erwachsen. Der Unterschied besteht darin, daß die römische Kürzung suspendiert, d.h. nur der erste oder die ersten Buchstaben eines Wortes wurden geschrieben, die wegfallenden Buchstaben durch Punkt oder tachygraphische Symbole angedeutet, während die christliche Kürzung kontrahiert, d.h. es werden mehrere Buchstaben geschrieben und jeweils Zwischenglieder ausgelassen. Bei den Kontraktionen besteht der Vorteil darin, daß die Flexionsendungen erkennbar sind; dieses System, das von den Nomina sacra ausgeht (zunächst griechisch, dann lateinisch – so $\overline{\text{IHS}}$ = Jesus, $\overline{\text{XPS}}$ = Christus, dann neue Bildungen: $\overline{\text{DS}}$ = Deus, $\overline{\text{SPS}}$ = Spiritus usw., schließlich von den Nomina sacra abgelöst: $\overline{\text{EPS}}$ = Episcopus oder $\overline{\text{EPO}}$ = Episcopo usw., der Querbalken kennzeichnet die Kürzung), hat sich im Mittelalter weitgehend durchgesetzt. Die karolingische Minuskel hat die Vielzahl der Kürzungen reduziert, so daß ein relativ fester, erlernbarer Bestand übrigblieb, aber seit dem 12. Jh. findet auch in diesem Bereich eine Ausweitung statt. Eine besondere Kurzschrift hat schon die Antike gekannt; von Marcus Tullius Tiro, einem Freigelassenen und Freund Ciceros, aus den römischen Kapitalbuchstaben entwickelt, hat sich die Kenntnis dieser tironischen Noten sogar bis ins 9. Jh. gehalten.

Literatur:

B. BISCHOFF, Paläographie (mit besonderer Berücksichtigung des deutschen Kulturgebietes), in: Deutsche Phil. im Aufriß, hrsg. von W. Stammler, Bd. I, Berlin [2]1957; DERS., Paläographie des römischen Altertums und des abendländischen Mittelalters, Berlin [2]1986 (Standardwerk); H. FOERSTER, Abriß der lateinischen Paläographie, Stuttgart [2]1963; M. PROU – A. DE BOÜARD, Manuel de paléographie latine et française, Paris [4]1924; E. M. THOMPSON, An Introduction to Greek and Latin Paleography, Oxford [2]1912 (mit Abb.); J. STIENNON, Paléographie du Moyen Age, Paris [2]1991; W. WATTENBACH, Das Schriftwesen im Mittelalter, Leipzig [3]1896 (ND 1958); H. FICHTENAU, Mensch und Schrift im Mittelalter, Wien 1946; A. CHROUST, Monumenta palaeographica. Denkmäler der Schreibkunst des Mittelalters. Ser. I–III, München 1899ff.; W. ARNDT – M. TANGL, Schrifttafeln zur Erlernung der lateinischen Paläographie, 3 Bde., Berlin [4]1897ff., ND 1976 in einem Bd.; F. STEFFENS, Lateinische Paläographie, Trier [2]1909, [3]1929 (unverändert); J. KIRCHNER, Scriptura latina libraria, München [2]1970 (nur auf Buchschriften beschränkt); J. KIRCHNER, Scriptura gothica libraria, München 1966; E.A. LOWE, Codices Latini Antiquiores. A palaeographical guide to latin manuscripts prior to the ninth century, Oxford 1934ff.; H. FOERSTER, Mittelalterliche Buch- und Urkundenschriften auf 50 Tafeln mit Erläuterungen und vollständiger Transskription, Bern 1946; A. CAPPELLI, Dizionario di abbreviature latine ed italiane, Mailand [6]1990; Deutsche Ausgabe: A. CAPPELLI, Lexicon abbreviaturarum. Wörterbuch lateinischer und italienischer Abkürzungen, Leipzig [2]1928. – Zeitschrift: Scriptorium. Revue internationale des études relatives aux manuscrits. Bruxelles 1946ff. (Literaturberichte und Angaben über neuere Literatur).

4. Sphragistik

Wir haben oben (S. 128) herausgestellt, daß die Neubelebung des Urkundenwesens von der besiegelten Königsurkunde ausging, und damit bereits die wesentliche, rechtserhebliche Funktion des Siegels (lat. sigillum als Deminutivform von Signum; griech. sphragis – daher Sphragistik) erfaßt: Es ist Erkennungszeichen und als solches hauptsächliches, zu bestimmten Zeiten sogar ausschließliches Beglaubigungsmittel bei schriftlich fixierten Rechtsvorgängen. Darüber hinaus kann es als Verschlußmittel dienen (so bereits in der Antike), nicht nur bei Schriftstücken, Briefen, sondern auch bei Warensendungen, bei Gegenständen mannigfacher Art, schließlich auch zur Versiegelung von Räumen – auch hier ist es zumeist mit einem rechtserheblichen Zweck verbunden. Insoweit die Sphragistik nach der Funktion und rechtlichen Bedeutung des Siegels im Urkundenwesen fragt, überschneidet sich ihr Aufgabenbereich mit einem Teilgebiet der Diplomatik; sie befaßt sich darüber hinaus mit der äußeren Form der Siegel, den verschiedenen Möglichkeiten der Anbringung, der Technik der Gestaltung, mit den verschiedenen Arten der Siegel und ihrer Entwicklung im Laufe der Jahrhunderte.

Als Siegelstoff werden Wachs (farblos oder gefärbt), Metall (Blei, Gold, in Ausnahmefällen Silber) und seit dem 16. Jh. Siegellack verwandt. In der päpstlichen Kanzlei ist seit den frühesten Zeiten die Bleibulle üblich (bulla plumbea; die Bezeichnung des Siegels – Bulle – hat sich hier seit dem 13. Jh. sogar auf einen bestimmten Urkundentyp, eine Mischung aus feierlichen Privilegien und einfacheren litterae, übertragen); bei den deutschen Herrschern verschwindet das Blei seit Heinrich IV. Goldbullen – aus dem byzantinischen Kulturkreis übernommen und an sich nur von souveränen Herrschern verwandt – werden, bereits seit den Karolingern, in besonders wichtigen Angelegenheiten und bei bevorzugten Empfängern gebraucht (vgl. die Goldene Bulle Karls IV. von 1356); der gebräuchlichste Siegelstoff ist im übrigen das Wachs. (Zur Bezeichnung der Siegel: sigillum steht in den meisten Fällen für Wachs-, bulla aber für Metallsiegel, jedoch lassen sich durchaus Beispiele für Vertauschung der Begriffe finden.)

Bis zu einem gewissen Grade bestimmt der Siegelstoff die Art der Anbringung des Siegels. Metallsiegel kommen natürlich nur als Hängesiegel vor, mit Hanf-, Woll-, Seidenfäden oder Pergamentstreifen unten an der Urkunde befestigt; die Wachssiegel werden zunächst der Urkunde aufgedrückt (das erwärmte Wachs wird durch eine Öffnung im Pergament – z.B. Kreuzschnitt – durchgedrückt, so daß es auf beiden Seiten haftet), erscheinen seit dem 12. Jh. aber auch und dann vorwiegend als Hängesiegel. Die Kenntnis der technischen Einzelheiten (Anbringung, Farben der Schnüre entsprechend den unterschiedlichen Kanzleigebräuchen) ist nicht unwichtig für die Quellenkritik (Beurteilung der Echtheit!). In der päpstlichen Kanzlei hat die Art der Befestigung mit verschiedenen Schnüren (Hanf – Seide) seit dem 12. Jh. sogar zur sachlichen und formalen Trennung zweier Urkundentypen geführt: litterae cum filo canapis (= Justizbriefe) und litterae cum (filo) serico (= Gnadenbriefe).

Was die äußere Form der Siegel angeht, so herrscht auch hier eine bunte Mannigfaltigkeit; die runde Form überwiegt, aber viele andere sind möglich, etwa bei den geistlichen Siegelführern spitzovale Form. Wichtiger sind jedoch Siegelbild und Beschriftung. Das aufgedruckte Wachssiegel ist in der Regel einseitig bestempelt. Es zeigt in der Merowingerzeit ein stilisiertes Brustportrait, während die Karolinger zunächst antike Gemmen bzw. deren Nachbildungen verwenden, ohne bei der Bildauswahl einem bestimmten Prinzip zu folgen. Im Laufe des 9. Jh.s erscheinen aber auch schon andere Siegelstempel (Typare), die ein profiles Brustporträt zeigen; sie werden seit 962 abgelöst durch das Brustbild des Herrschers in Frontalansicht mit den Herrschaftsinsignien Krone, Szepter (rechte Hand) und Reichsapfel (linke Hand). Unter Otto III. erfolgte dann noch einmal ein Wechsel: Nun kommt das (später so genannte) Majestätssiegel in Gebrauch, das den gekrönten Herrscher mit den Insignien auf dem Throne sitzend zeigt. Die Metallbullen sind zweiseitig bestempelt; während die Vorderseite (Avers) das Bild zeigt, weist die Rückseite (Revers) oft den Namen des Siegelinhabers oder eine Inschrift auf, die ein ganzes Regierungsprogramm zum Ausdruck bringen kann (etwa bei Otto III.: Renovatio imperii Romanorum). Seit Konrad II. erscheint auf dem Revers der Kaiserbulle eine stilisierte Stadt mit Mauern, Dächern und Türmen, die durch die Beischrift als die Aurea Roma gekennzeichnet ist, und die Umschrift (Legende): Roma caput mundi regit orbis frena rotundi, spiegelt die nun vollzogene römische Interpretation des Reichsbegriffs (imperium Romanum) wider.

Die von den Päpsten verwandten Bullen erhalten in der Zeit von Gregor VII. (1073–1085) bis Paschalis II. (1099–1118) ihre endgültige Form: Auf dem Avers in abgeteilten Feldern nebeneinander die stilisierten Köpfe der Apostel Petrus und Paulus (gekennzeichnet durch S.PE. und S.PA. = Sanctus Petrus und Sanctus Paulus, bei jenem die Haare des Kopfes und Bartes als Punkte, bei diesem als Striche), auf dem Revers der Papstname mit Ordnungszahl. Schließlich sei noch auf die Reitersiegel der weltlichen Fürsten und den Typ des Bischofssiegels, das zumeist das Standbild des Siegelführenden mit den Insignien (Mitra, Bischofsstab, Buch) zeigt, hingewiesen (beide Typen seit dem 12. Jh.).

Das Siegelbild soll in irgendeiner Form den Siegelführenden repräsentieren, aber es ist zu beachten, daß eine Person oder Kanzlei durchaus mehrere Typare nebeneinander in Gebrauch haben kann, z.T. unterschiedliche für einzelne Gebiete eines Herrschaftsbereiches (z.B. in der Kanzlei der Salier mitunter besondere Siegel an Urkunden für italische Empfänger), z.T. aber auch ohne besonderen Grund. Und dann haben sich neben den oben beschriebenen großen Siegeln auch andere Typen entwickelt. Zu nennen ist hier das Sekretsiegel (sigillum secretum, sigillum minus), das bei den deutschen Herrschern als Bild das Reichswappen, den Adler, zeigt (Ende des 13. Jh.s aufkommend) und, ursprünglich als Gegensiegel oder tatsächlich für Geheimsachen verwandt, schließlich als kleines Siegel für weniger wichtige Geschäftssachen gebraucht wird. Ein wirkliches Geheimsiegel dagegen ist das Signet (zumeist ein Ring), das der Siegelbesitzer selbst in Gewahrsam hält und bei vertraulichen, privaten Schreiben verwendet.

Die Ausweitung und Differenzierung des Siegelwesen (über weltliche und geistliche Fürsten hinaus im 12. Jh. bereits bei den Städten, im 13. Jh. bei Ministerialen und Bürgern und im 14. Jh. auch bei Bauern) wirft die Frage nach der öffent-
lich-rechtlichen Geltung der Siegel als Beglaubigungsmittel auf. Welche Siegel
kann man als sigilla authentica betrachten, die auch als „Siegel in fremder Sache" (in der Form der Mitbesiegelung oder als alleinige Besiegelung) öffentliche
Glaubwürdigkeit beanspruchen können? Es hat nicht an Versuchen gefehlt, den
Kreis der authentischen Siegler fest abzugrenzen (vgl. z.b. den Schwabenspiegel:
vom Papst und Kaiser bis zu den Klöstern und Städten), in der Praxis aber ist eine völlig eindeutige Festlegung nicht immer erreicht worden.

Die große rechtliche Bedeutung des Siegels hat natürlich schon früh zu Siegel-
mißbrauch und Siegelfälschung geführt. Dabei ist aber nicht in jedem Falle das
Vorkommen eines falschen Siegels an einer Urkunde bereits ein Indiz für deren
Unechtheit; mitunter läßt sich ein solcher Fall auch so erklären, daß der Inhaber
der Urkunde das verlorengegangene Siegel durch ein anderes zu ersetzen gesucht
hat, an einer echten Urkunde also ein falsches Siegel anbrachte. Sehr viel häufiger aber ist das Anbringen echter Siegel an gefälschten Urkunden; dabei kommen sogar Fälle von Benutzung des Originaltypars vor, wenn innerhalb der
Kanzlei des Ausstellers gefälscht worden ist, meist aber sind Siegel von echten
Urkunden abgelöst und an Spuria angehängt worden. Schließlich hat man auch
versucht, falsche Siegelstempel herzustellen, indem man echte abformte oder
nachahmte. Es versteht sich von selbst, daß der Siegelinhaber bei Bekanntwerden
solchen Mißbrauches Vorsichtsmaßnahmen ergriff und u.U. das bis dahin geführte Siegel vernichten ließ.

Literatur und Sammlungen:

W. EWALD, Siegelkunde, in: Below-Meinecke, Handbuch der mittelalterlichen und neueren
Geschichte Abt. IV, München 1914; Th. ILGEN, Sphragistik, in: Meisters Grundriß der
Geschichtswissenschaft I, 4, München ²1912; E. KITTEL, Siegel, Braunschweig 1970 (mit
vorzügl. Bibliographie); O. POSSE, Die Siegel der deutschen Kaiser und Könige von 751 bis
1806. 4 Tafelbde., 1 Textbd., 1909–1913 (ND 1981); M. PASTOUREAU, Les sceaux, (Typol. des sources, 36) 1981; W. EWALD, Rheinische Siegel I–VI 1906–1975 (bisher bedeutendste landschaftliche Siegelsammlung); T. DIEDERICH, Rheinische Städtesiegel, Neuss
1984. – Zur rechtlichen Bedeutung der Siegel sind auch die Urkundenlehren, insbesondere
H. BRESSLAU, zu vergleichen. – Bibliographie zur Sphragistik. Bearb. v. E. HENNING
u. G. JOCHUMS, Köln/Weimar/Wien 1995.

5. Chronologie

Die Chronologie ist die Lehre vom Messen der Zeit. Auf die mathematisch-astro-
nomischen Grundlagen der Zeitrechnung ist hier nicht einzugehen, da für uns
praktische Fragen im Vordergrund stehen; wir befassen uns also mit der histo-

rischen Chronologie. Die mittelalterliche Zeitrechnung geht auf die Antike
zurück, beruht unmittelbar auf der Kalenderreform des C. Julius Caesar im Jahre
46 v. Chr. (vgl. o. S. 70f.). Wir haben also mit einem Gemeinjahr von 365 Tagen
zu rechnen; die Differenz zum Sonnenjahr, die Caesar nicht ganz exakt mit
6 Stunden (tatsächlich 5 Std. 48' 46") ansetzte, wird alle 4 Jahre in etwa ausgeglichen durch die Einschaltung eines zusätzlichen Tages (Schaltjahr). In der Jahreszählung ist in der westlich-germanischen Welt die Datierung nach den Herrscherjahren bis in das hohe Mittelalter üblich. Die Epoche, der Tag also, von dem an
gezählt wird, hängt von der Wahl oder der Krönung ab und muß, wenn er in erzählenden Quellen nicht ausdrücklich genannt ist, aus den Urkunden erschlossen
werden. Dabei können für einen Herrscher u.U. mehrere Angaben nebeneinander
aufgeführt werden: z.B. zählt Karl III. in den Urkunden seine Regierungsjahre als
König im ostfränkischen Reich neben den Jahren seiner Kaiserherrschaft und
fügt schließlich nach der Vereinigung des Gesamtreiches in seiner Hand (885)
noch die Regierungsjahre für den westfränkischen Reichsteil hinzu. Getrennte
Zählung von anni regni (Jahre der Königsherrschaft) und anni imperii (Jahre der
Kaiserherrschaft) ist auch bei den deutschen Herrschern üblich. Eine Datierung
gibt so u.U. Aufschluß über staats- und verfassungsrechtliche Verhältnisse und
dient zugleich als Kriterium für die Bestimmung des Herrschaftsbereiches (bei
umstrittenen Gebieten ist z.B. wichtig, nach welchem Herrscher in den Privaturkunden datiert wird). Die päpstlichen Urkunden sind unter diesem Aspekt besonders interessant: Bis in die Zeit Hadrians I. (772–795) datieren die Päpste nach
byzantinischen Herrscherjahren; die Preisgabe dieser Zählung vielleicht schon
774, bestimmt aber 781 und der Übergang zur Datierung nach Pontifikatsjahren
kennzeichnen den Wandel der politischen Lage: die Abwendung des Papsttums
von Byzanz. Die engere Bindung an das Frankenreich wird auch dadurch verdeutlicht, daß bereits vor 800 die italischen Regierungsjahre Karls neben den
Pontifikatsjahren in der Datierung erscheinen; nach 800 verzichtet man dann auf
die Pontifikatsjahre und zählt nun nach den Kaiserjahren Karls. Eine entscheidende Zäsur stellt schließlich noch einmal das Jahr 1047 dar: Der endgültige
Übergang zur Zählung nach Pontifikatsjahren ist Ausdruck des beginnenden
Aufstiegs des Reformpapsttums nach den Synoden von Sutri und Rom 1046.

Die Zählung der Jahre nach Christi Geburt (Inkarnationsjahre; anni domini-
cae incarnationis, incarnatione domini) geht auf Dionysius Exiguus zurück (vgl.
oben S. 118); sie setzt sich zuerst bei den Angelsachsen durch und findet mit der
angelsächsischen Mission und den Ostertafeln auch Eingang ins Frankenreich.
In die Königsurkunden ist sie erst nach 876 (Tod Ludwigs des Deutschen) eingedrungen, während sie in den Papsturkunden im Hochmittelalter nie feste Gewohnheit geworden ist.

Sehr verbreitet ist während des ganzen Mittelalters die Jahresbezeichnung nach
Indiktionen. Der Ursprung der Indiktion ist noch nicht völlig geklärt; sehr wahrscheinlich handelt es sich um eine von Diokletian eingerichtete Schatzungsperi-
ode, einen Steuerzyklus von dreimal fünf = fünfzehn Jahren (auch der deutsche
Ausdruck „Römerzinszahl" weist auf diese Deutung hin). Das Jahr 312 ist als der

Beginn eines solchen Zyklus quellenmäßig belegt. Von daher ergibt sich folgender Zusammenhang mit den Inkarnationsjahren: Die Jahreszahl wird um 3 erhöht (von 312 zurückgerechnet ergäbe sich das Jahr 3 v. Chr. als Beginn eines Indiktionszyklus) und durch 15 dividiert; der Rest ergibt die Indiktion (Rest 0 = Indiktion 15): 815 + 3 : 15 = 54 Rest 8. 8 ist also die Indiktionszahl für das Jahr 815. Gewisse Schwierigkeiten bei der Errechnung können sich dadurch ergeben, daß es verschiedene Umsetzungstermine gibt: die indictio Graeca (im Orient ausschließlich geltend, aber auch im Abendland, vor allem in der päpstlichen Kanzlei, verbreitet) beginnt am 1. September, die indictio Bedana (nach Beda; vorwiegend in England üblich) am 24. September, die indictio Romana wechselnd am 25. Dezember oder 1. Januar (in Deutschland seit dem 13. Jh. vorherrschend), die indictio Senensis (Siena) am 8. September. Nur für die Monate Januar bis August ist also die Indiktion nach allen 4 Zählungen gleich.

Schließlich sei auf die Weltaeren wenigstens noch hingewiesen, die in den Weltchroniken gerne verwandt wurden und von einem fiktiven Schöpfungsdatum ausgehen (etwa die byzantinische Weltaera, beginnend mit dem 1. September 5508 v. Chr.); die jüdische Weltaera beginnt mit dem Jahre 3761 vor Christi Geburt. Die islamische Welt zählt die Jahre nach der Hedschra (Flucht Mohammeds nach Medina 622) und rechnet dabei mit dem Mondjahr von 354 oder 355 Tagen.

Der Jahresanfang ist im Mittelalter nicht einheitlich geregelt gewesen. Der bereits im Julianischen Kalender als Jahresbeginn angenommene 1. Januar (nach dem Fest der Beschneidung des Herrn = circumcisio Domini in christlicher Zeit als Circumcisionsstil bezeichnet) hat sich erst unter dem Einfluß der Humanisten seit dem 16. Jh. allmählich durchgesetzt; im 12. und 13. Jh. ist er in einigen deutschen Städten bereits üblich. Im übrigen aber können wir mit folgenden Möglichkeiten rechnen (für die Verteilung auf die einzelnen Länder vgl. Grotefend, Taschenbuch, S. 12ff.): a) Weihnachts- oder Nativitätsstil (Jahresbeginn 25. Dezember; vorherrschend u.a. in Deutschland); b) Oster- oder Paschalstil (hier gibt es also entsprechend dem wechselnden Ostertermin zwischen 22. März und dem 25. April 35 verschiedene Daten; vorherrschend in Frankreich, zeitweise – vom 11. Jh. bis 1310 – auch in Köln); c) der Annunziationsstil (25. März = Mariä Verkündigung; feste Gewohnheit u.a. im Zisterzienserorden, ferner in England seit 1066 bis ins 17. Jh. und in Trier vom 12. Jh. bis 1648. Eine besondere Zählweise neben diesem stilus Florentinus, der den 25. März nach unserem Jahresanfang meint, stellt noch der stilus Pisanus dar, bei dem der 25. März vor unserem Jahresanfang zu berücksichtigen ist); d) der byzantinische Stil (1. September; teilweise auch in Süditalien und Sizilien verwandt); e) Jahresbeginn am 1. März (altrömischer Jahresanfang; Merowingerzeit und Venedig).

In der Einteilung des Jahres in Monate und Wochen steht das Mittelalter in antiker Tradition; und auch in der Tagesbezeichnung folgt man am häufigsten der römischen Datierung – in der päpstlichen Kanzlei fast ausschließlich bis ins späte Mittelalter, in den Kaiserurkunden bis spät in die Stauferzeit. Stichtage sind also die Kalenden (der Monatserste), die Nonen und die Iden. Von diesen

Tagen ab wird mit Einbeziehung des Anfangstages zurückgezählt. Die Form der Datierung unterscheidet sich ein wenig von der klassischen, da man schreibt: „decimo kalendas Julii", „decimo kalendas Julias" oder auch „decimo kalendarum Julii", „decimo kalendarum Juliarum" (X kal. Jul. = 22. Juni). Die durchgehende Zählung der Monatstage ist bereits im frühen Mittelalter bekannt (z.B. häufig in Privaturkunden Italiens), taucht in der Reichskanzlei aber erst unter Heinrich VI. auf und hat sich dann im 15. Jh. durchgesetzt.

Neben dieser sozusagen offiziellen Datierung ist nun die Datierung nach Heiligen- und Festtagen sehr beliebt; in den volkssprachlichen Urkunden überwiegt sie ohnehin. Die bedeutenderen Heiligenfeste werden in der ganzen christlichen Welt einheitlich angesetzt, mitunter kommen jedoch in einzelnen Diözesen, Ländern oder Orden abweichende Datierungen vor, und Heiligentage, die in einer Diözese gerne bei der Datierung benutzt werden, können in einer anderen unbekannt oder kaum beachtet sein. Hier ist also die Kenntnis lokaler Unterschiede erforderlich; meist gilt für ein Bistum ein gemeinsamer Festkalender.

Auch die beweglichen Feste – also Ostern, Pfingsten, sämtliche Sonntage des Jahres mit ihren liturgischen Namen (vgl. z.B. die Fastensonntage: Invocavit, Reminiscere, Oculi, Letare, Judica, Palmarum – benannt bis auf den letzten nach dem Introitus der Messe) usw. – werden zur Datierung herangezogen. Wir stoßen hier noch auf ein weiteres Problem, das in unserem Zusammenhang von Interesse ist: die Berechnung des Osterfestes, das den Angelpunkt des christlichen Festkalenders darstellt. Jahrhundertelang hat es um die richtige Ansetzung des Osterdatums Auseinandersetzungen in der Kirche gegeben, bis sich schließlich die alexandrinische Rechnung, vermittelt durch Dionysius Exiguus, im Abendland durchsetzte. Danach wird das Osterfest am ersten Sonntag nach dem Frühlingsvollmond gefeiert; der Frühlingsanfang ist dabei auf den 21. März festgesetzt. Der früheste Ostertermin ist also der 22. März, wenn der Vollmond auf den Frühlingsanfang, den 21. März, fällt und dieser Tag ein Sonnabend ist. Der späteste Termin ergibt sich, wenn der Frühlingsvollmond erst auf den 18. April fällt (einen Monat nach dem frühesten Termin) und dieser Tag ein Sonntag ist. Ostern liegt dann am 25. April, dem ersten Sonntag nach dem Frühlingsvollmond. Es ergeben sich also 35 verschiedene Möglichkeiten für den Ostertermin. Auf die verschiedenen mit der Osterberechnung zusammenhängenden besonderen Datierungselemente (z.B. Epakten und Konkurrenten) brauchen wir hier nicht einzugehen.

Die üblichen Bezeichnungen der Wochentage seien aber noch angeführt, weil sie in erzählenden wie dokumentarischen Quellen oft erscheinen: Sonntag = (dies) dominica (höchst selten = feria prima als erster Tag in der Woche); Montag = dies lunae, feria secunda; Dienstag = dies Martis, feria tertia; Mittwoch = dies Mercurii, feria quarta; Donnerstag = dies Jovis, feria quinta; Freitag = dies Veneris, feria sexta; Sonnabend = dies Saturni, sabbatus (selten: feria septima).

Unser knapper Überblick hat eine Vielzahl von Datierungsmöglichkeiten aufgezeigt, damit ist aber auch eine große Zahl von Fehlerquellen gegeben, mit denen man bei der Auflösung eines Datums immer rechnen muß.

Literatur:

H. GROTEFEND, Zeitrechnung des deutschen Mittelalters und der Neuzeit. 2 Teile in 3 Bdn., Hannover u. Leipzig 1891–98; H. GROTEFEND, Taschenbuch der Zeitrechnung des deutschen Mittelalters und der Neuzeit, ¹²1982 (handliches und unentbehrliches Nachschlagewerk); H. LIETZMANN, Zeitrechnung der römischen Kaiserzeit, des Mittelalters und der Neuzeit für die Jahre 1–2000 n. Chr. 4. Aufl. v. K. ALAND, Berlin 1984 (Slg. Göschen). – Vgl. auch Lexikon des Mittelalters II (1983) 2035ff.

6. Genealogie, Historische Personenforschung, Prosopographie

In die seit Jahrzehnten geführte Diskussion um die Stellung der Genealogie, ihren Charakter als Hilfswissenschaft der Geschichtsforschung oder Sonderwissenschaft, Grenzwissenschaft zwischen Geschichtswissenschaft, Soziologie und Biologie wollen wir hier nicht eingreifen, und auch die biologisch-vererbungswissenschaftlichen Fragen, die in diesem Zusammenhang erörtert worden sind und die Disziplin nach 1933 oft auf die Stufe einer biologisch-rassistischen Sippenkunde abgleiten ließen, interessieren uns hier nicht, zumal das Quellenmaterial, das solchen Untersuchungen zugrundegelegt wurde, ganz überwiegend der Neuzeit, der Zeit nach 1500, angehört. Wir wollen statt dessen einige spezifische Probleme der Mittelaltergenealogie aufzeigen, die in den letzten Jahren durch die Erschließung neuer Quellen und die Verfeinerung der Methode einen neuen Aufschwung erlebt hat.

Die Erfassung der Abstammungsverhältnisse, der individuellen wie der gentilizischen (sippenmäßigen), ist der Aufgabenbereich genealogischer Forschung, die sich dabei in der Hauptsache zweier Arbeitsweisen bedient: der Erforschung der Vorfahrenschaft, deren Ergebnisse in der Ahnentafel (Aufzeichnung der Aszendenz) ihren Niederschlag findet, und die Erfassung der Nachfahrenschaft, tabellarisch festgehalten in der Nachfahrentafel (Aufzeichnung der Deszendenz), von der die Stammtafel, die zwar alle Familienangehörigen aufführt, aber jeweils nur die Nachkommen der Söhne weiterverfolgt, den bekanntesten Sonderfall darstellt.

Die Mittelaltergenealogie steht hier jedoch oft vor unüberwindbaren Schwierigkeiten. Grundlagen unserer Kenntnis sind – sehen wir einmal von den wenigen erhaltenen Testamenten und den in ihren Filiationsaufzeichnungen oft nicht unproblematischen Genealogien (vgl. oben S. 136f.) ab – die personengeschichtlichen Angaben in den Urkunden und erzählenden Quellen. Aber einmal ist das Material sehr lückenhaft, und darüber hinaus sind die Verwandtschaftshinweise oft sehr allgemein gehalten (z.B. consobrinus, consanguineus, nepos). In der Zeit der Einnamigkeit sind Familienzusammenhänge ohnehin nur schwer zu ermitteln; die Forschung geht hier von der Voraussetzung aus, daß in einem Geschlecht oder einer Sippe bestimmte Namen (Leitnamen) immer wiederkehren (Nachbenennung; z.B. bei den Liudolfingern: Liudolf, Heinrich, Otto) oder – das gilt insbesondere für die Frühzeit – Namen der jüngeren Generation aus Silben der Namen der älteren gebildet werden (Namenvariation; z.B. Eberhart/Adalhilt zu Eberhilt und Adalhart). Natürlich darf das Argument der Leitnamen nur behutsam verwandt, und es muß obendrein durch andere Belege abgesichert werden, unter denen die besitzgeschichtlichen die bedeutendste Rolle spielen: Besitznachfolge und Besitznachbarschaft lassen auf engere Verwandtschaft oder gleiche Herkunft schließen.

Selten wird man auf diese Weise direkte Filiation beweisen können – wie ja auch kein hochmittelalterliches Adelsgeschlecht in völlig gesicherter Filiation ins 8. Jh. zurückverfolgt werden kann –, aber es werden Verwandtschaftsgruppen in mehr oder weniger scharfen Umrissen und Eingrenzungsmöglichkeiten erkennbar. Die genealogische Forschung hat diese Familien oder Sippen nach dem Leitnamen oder vom Namen des sogenannten Stammvaters her gekennzeichnet (Widonen/Lambertiner, Konradiner, Arnulfinger usw.) – daneben aber existiert für uns eine Vielzahl von politisch bedeutenden Adligen/Grafen etwa der Karolingerzeit nur als Einzelpersonen. Welchem Geschlecht gehören diese an? Sind sie einem bereits bekannten zuzuordnen? Gibt es Familien/Sippen, deren Mitglieder wir dem Namen nach kennen, die wir aber in ihrem Zusammenhang nicht überschauen? Es liegt auf der Hand, daß die Beantwortung solcher und ähnlicher Fragen für die Erforschung der politischen wie der Sozial-, Wirtschafts- und Rechtsgeschichte von größter Bedeutung sein kann. Die neuere Forschung (K. Schmid) weist im übrigen eindringlich darauf hin, daß man die aus späterer Zeit (Hoch- und Spätmittelalter) gewonnenen Vorstellungen von Adelshaus und -dynastie, deren Ausbildung bereits ein bestimmtes Selbstverständnis bei den betreffenden Familien voraussetzt und einen historischen Prozeß widerspiegelt, nicht ohne weiteres auf die Frühzeit übertragen darf. Neuerdings wertet sie mit großem Erfolg die Memorialquellen (s.o. S. 134ff.) aus und vermag in der Untersuchung von Namensgruppen und dem Vergleich der Gedenkbucheinträge mit anderen Quellen Personengemeinschaften (oft mit drei/vier Generationen) aufzuweisen und zu anderen in Beziehung zu setzen, darüber hinaus Personen zu erfassen, die sonst in der Politik oder in Rechtsgeschäften nicht hervortreten. Man wird auf diese Weise Familien ermitteln können, man wird sich u.U. aber auch damit begnügen müssen, nur „lose Geschlechtsverbände" aufdecken zu können – in jedem Fall aber wird unser Wissen über adlige Personengemeinschaften erweitert. Dabei ist noch besonders interessant, daß in den Gedenkbüchern auch die Bedeutung der kognatischen Verwandtschaft klar hervortritt. Keineswegs dominiert immer der agnatische Stamm (die Verwandtschaft der väterlichen Seite); es werden durchaus auch Namen aus der Familie der Mutter (cognatio) übernommen – in der Namensvererbung dokumentiert sich das Bemühen, an die Familie Anschluß zu finden, die als die vornehmere, einflußreichere gilt. Die genealogische Forschung stellt die agnatio in den Vordergrund; bei der historischen Wertung von Familienverbindungen und der Erhellung der Adelsstruktur kann das aber leicht zu Trugschlüssen führen, denn im Ahnenbewußtsein einer adeligen Familie spielt oft die kognatische Linie die größere Rolle.

Am Beispiel der Staufer läßt sich das verdeutlichen: Erst die Heirat mit der Salierin Agnes, der Tochter Heinrichs IV. (1056–1106), hat den „Stammvater" der Dynastie, Friedrich von Büren, über die schwäbischen Standesgenossen hinausgehoben; diese Ehe brachte den neuen Herzog von Schwaben in jene „Königsnähe", die die entscheidende Voraussetzung für den glänzenden Aufstieg des Geschlechts darstellt. Bereits Otto von Freising hat das Ereignis in diesem Sinne gedeutet (Gesta Friderici I 8). Die „salischen Namen" Konrad und Heinrich finden nun Eingang in die staufische Familie.

Seit dem 11. Jh. beginnen die Adelsgeschlechter, sich nach ihren Wohn- oder Stammsitzen zu nennen; die Zeit der Einnamigkeit geht damit zu Ende, und die Namen der Burgen und Sitze werden allmählich zu wirklichen Familien- und Geschlechtsnamen. Im 12. Jh. kommt dann der Brauch auf, Siegel und Wappen zu führen (vgl. oben S. 161ff. u. S. 173ff.). In diesem Prozeß der Formierung von Adelshäusern und -dynastien gehört schließlich auch das besondere Verhältnis zu den Hausklöstern, die oft als Grablege der Familie dienen. Das 11. und 12. Jh. stellen in dieser Entwicklung historisch gesehen die entscheidende Phase dar, obwohl in genealogischer Sicht hier keine Zäsur vorliegt, aber: „nicht die Genealogie im biologischen Sinne, sondern vielmehr das Bewußtsein der ihm eigenen Tradition ist es, ... was einem Geschlechte Geschichtlichkeit verleiht" (K. Schmid). Damit werden auch die Beziehungen zu anderen Personenkreisen und sozialen Gruppen wichtig, und die enger begrenzte genealogische Forschung weitet sich aus zur „historischen Personenforschung"/Prosopographie. Hier geht es zunächst um die Erfassung personenorientierter Daten (dabei auch Einsatz der Datenverarbeitungstechniken), die mit der Auswertung des Materials unter unterschiedlichen Fragestellungen verknüpft ist.

Literatur:

A. HOFMEISTER, Genealogie und Familienforschung als Hilfswissenschaft der Geschichte, in: HVjschr. 15, 1912; O. FORST DE BATTAGLIA, Wissenschaftliche Genealogie. Eine Einführung in die wichtigsten Grundprobleme, Bern ²1948; Europäische Stammtafeln zur Geschichte der europäischen Staaten. I./II.: Stammtafeln zur Geschichte der europäischen Staaten, von Wilhelm Karl PRINZ ZU ISENBURG, ND der 2. Aufl. von F. BARON FREYTAG VON LORINGHOVEN, Marburg 1960, III./IV.: Europäische Stammtafeln, 1. u. 2. Erg.-Bd., von F. BARON FREYTAG VON LORINGHOVEN, Marburg ²1958–61 (genealogisches Standardwerk zur europäischen politischen Geschichte); E. BRANDENBURG, Die Nachkommen Karls des Großen, 1935 (Nachfahrentafeln; bis zur Wende des 12./13. Jahrhunderts reichend). – G. TELLENBACH, Zur Bedeutung der Personenforschung, Freiburg/Br. 1957; K. SCHMID, Zur Problematik von Familie, Sippe und Geschlecht, Haus und Dynastie beim mittelalterlichen Adel, in: ZfGO. NF 66, 1957; Studien und Vorarbeiten zur Geschichte des großfränkischen und frühdeutschen Adels, hrsg. von G. TELLENBACH. Freiburg/Br. 1957; G. BEECH, in: Medieval Studies (oben S. 114 , mit Lit.); Medieval Lives and the Historian. Hrsg. v. N. BULST u. J.Ph. GENET, Kalamazoo 1986; Personenforschung im Mittelalter, in: ZHF 2, 1975. – Lexikon des Mittelalters IV (1989) 1216ff. – Zeitschrift: Prosopography, 1980ff.

7. Numismatik

Was im 15./16. Jh. mit dem Aufbau von Münzsammlungen, Münzkabinetten, aus Liebhaberei und kulturgeschichtlichem Interesse begann, entwickelte sich über die Ausbildung einer Methode zum Ordnen, Beschreiben und Katalogisieren des Materials zur Hilfswissenschaft der Numismatik und weitete sich schließlich über die rein beschreibende Münzkunde aus zur Münz- und Geldgeschichte als einer wesentlichen Zweigdisziplin der Wirtschaftsgeschichte. Damit ist nicht mehr die Münze in ihrer äußeren Gestalt allein Gegenstand der Untersuchung, sondern es ist gefragt nach ihrer Funktion im Wirtschaftsleben. Im Vordergrund unserer Betrachtung steht der quellenkundliche Aspekt, der durch Hinweise zur mittelalterlichen Münzgeschichte ergänzt werden soll.

Zunächst ist natürlich davon auszugehen, daß die Münzen geprägt worden sind, um als Zahlungsmittel zu dienen. Der Münzherr bestimmt dabei die äußere Form (also etwa Bild und Beschriftung), das Gewicht und den Feingehalt (Verhältnis des Edelmetalls zum Zusatz; Verhältnis von „Schrot und Korn", wobei „Korn" das Feingewicht des Edelmetalls bedeutet) und bürgt für den Wert der Münze. Dabei ist zu unterscheiden nach Währungs- oder Kurantgeld, bei dem der Nennwert gleich dem Sachwert (des Edelmetalls) ist, und Kreditgeld (Scheidemünze), bei dem der Sachwert von vornherein unter dem Nennwert liegt, der Münzherr (Staat) aber für die Annahme garantiert. Zu beachten ist also die wechselseitige Abhängigkeit von Gewicht, Gehalt des Edelmetalls und Wert der Münze. Eine Veränderung des Gehaltes oder des Wertes des Edelmetalls wirkt sich beim Kurantgeld auf das Verhältnis von Nenn- und Sachwert aus. Fällt der Sachwert (z.B. durch minderwertige Prägung oder Sinken des Silberwertes), ergibt sich eine Differenz zum Nennwert – d.h. das Geld verliert an Wert und damit auch an Kaufkraft. Natürlich kann auch der umgekehrte Fall eintreten: Der Wert des Edelmetalls (etwa des Goldes) steigt, der Sachwert (der Goldmünze) übersteigt damit den Nennwert – die Folge ist zumeist, daß die entsprechenden Münzen gehortet werden. Im europäischen Früh- und Hochmittelalter ist im wesentlichen nur eine Münzeinheit tatsächlich ausgeprägt worden: der Pfennig (denarius); die größeren Werte des Schillings, des Pfundes und der Mark sind demgegenüber nur Rechnungseinheiten (Rechnungsgeld); erst seit der Mitte des 13. Jh.s werden dann auch wieder größere Einheiten geprägt.

Aufgabe der Numismatik ist es zunächst, die Münzen zu bestimmen nach Münzherrn, Prägeorten und Münzfuß. Münzfunde sind zu ordnen und auszuwerten unter dem Gesichtspunkt der Verbreitung bestimmter Münzen. Es liegt auf der Hand, daß die Ergebnisse im wesentlichen zuerst der Geschichte der Wirtschaft und des Handels zugute kommen. Ein Münzfund, der in seinem ganzen Umfang sichergestellt wird, gibt z.B. Aufschluß über den Geldumlauf am Vergrabungsort zur Zeit der Vergrabung (die aus den aufgefundenen Münzen erschlossen werden muß). Das läßt wieder Rückschlüsse auf Handel und Verkehr sowie auf die Bevorzugung bestimmter Prägungen zu. Dabei ist allerdings zu berücksichtigen, daß der Zufall bei der Zusammensetzung des Schatzfundes mitgespielt haben kann, d.h. die hier gewonnenen Ergebnisse müssen von anderen Quellen her überprüft werden. Dazu bieten sich für das Hochmittelalter die Urkunden an; denn mit dem 12. Jh. kommt der Brauch auf, der sich im 13. Jh. weithin durchsetzt, daß nämlich bei Abmachungen von Zahlungen die gewünschte Geldsorte genau bezeichnet wird (z.b. Kaufleute haben in Koblenz an Zoll zu zahlen: duos denarios Colonienses = zwei Kölner Pfennige). Der Quellenwert der Münzen erschöpft sich aber keineswegs in der Widerspiegelung wirtschaftsgeschichtlicher Tatbestände; ihre Bedeutung kann gerade für die schriftarmen Zeiten nicht hoch genug eingeschätzt werden – im Hinblick auf chronologische Probleme (Datierungsfragen), auf kultur- und personengeschichtliche Fragen, auf Probleme des Staatsrechts und der Herrschaftsverhältnisse (Titulatur des Münzherrn in der Inschrift; Herrschaftzeichen auf den Münzbildern; Frage der Ausübung des Münzrechtes; Aufführung des Prägeortes zusammen mit dem Namen des Münzherrn erlaubt Rückschlüsse auf die Herrschaftsverhältnisse) und auch auf konkrete politische Ereignisse, zu deren Anlaß Münzen geprägt worden sein können. Schließlich sei noch vermerkt, daß auch die Kunst- und Stilgeschichte die Münzen als Quellen auswertet.

Wie für viele andere historische Entwicklungen, so stellt auch für die mittelalterliche Münzgeschichte die Karolingerzeit einen bedeutsamen Einschnitt dar. Die Reformen – insbesondere in der Regierungszeit Karls d. Gr. – bringen Ordnung in ein Münzwesen, das unter der Herrschaft der Merowinger schließlich in Auflösung geraten war. Zwar wird manches aus der merowingischen Zeit übernommen (Silber als hauptsächliches Münzmetall, die Goldprägung hatte bereits aufgehört; das Nominal des Denars und die Rechnungseinheit des Schillings), und manches ist Rückgriff auf antike Tradition (u.a. Beschränkung der Zahl der Münzstätten; Übernahme des Kaiserbildes), aber die Sorge um vollwertige Münzen (denarii meri et bene pensantes) war doch von nachhaltiger Wirkung (vgl. Ph. Grierson in: Karlswerk Bd. I, 1965, S. 501ff.). Der Münzfuß wird nun festgesetzt (um 780): 1 Pfund (libra, talentum; nur Rechnungseinheit) = 20 Schillinge (solidus; nur Rechnungseinheit) = 240 Pfennige (denarius; Silbermünze). Das Gewicht des Pfundes beträgt etwa 400 Gramm (oder weniger), das des Denars um 1,7 Gramm; aber hier muß sogleich darauf hingewiesen werden, daß solche Werte relativ sind: Das Gewicht änderte sich häufiger und war auch landschaftlich Schwankungen unterworfen. Seit dem 11. Jh. kommt dann als neue Gewichtseinheit die Mark auf (wohl aus dem skandinavischen Raum) und hat in Deutschland das Pfund allmählich verdrängt. Das ursprüngliche Verhältnis war wohl: 1 Mark = 2/3 Pfund; aber auch hier sind die Abweichungen zahlreich, so daß es verschiedene Markgewichte gab (die bekannteste ist die kölnische/Kölner Mark = 233,856 Gramm).

Bereits unter den Karolingern werden auch die ersten Münzstätten östlich des Rheins errichtet; dabei bringt Ludwig d. Fromme z.B. im Falle Corveys deutlich zum Ausdruck, daß diese Maßnahme der wirtschaftlichen Erschließung des Raumes dienen sollte (BM² 922, 1. Juni 833; Jesse, Quellenbuch Nr. 44). In der späteren Karolingerzeit wird durch die Verleihung des Münzrechts zunächst an geistliche Institutionen auch der Grund gelegt für die fortschreitende Zersplitterung

des Münzwesens (861 Lothar II. für Prüm = D.Lo. II. 16, Jesse Nr. 45; 898
Zwentibold für Münstereifel = D.Z. 26, Jesse Nr. 46). Noch ist damit die königliche Münzhoheit nicht preisgegeben, aber die Entwicklung verlief dann weiter so,
daß die Beliehenen auch das Recht erhielten, Münzen in eigenem Namen und
mit eigenem Bild zu schlagen (seit dem 11. Jh.), und im 13. Jh. schließlich bestimmen die neuen Münzherren auch Gewicht und Feingehalt der Münzen selbst.
Kaiser Friedrich II. hat in seinen Fürstengesetzen auf die Errichtung eigener neuer Münzstätten in den Territorien der geistlichen und weltlichen Fürsten verzichtet (Jesse Nr. 63, Nr. 68; vgl. auch Nr. 67). Die Entwicklung des Münzwesens verläuft damit in Deutschland parallel zur allgemeinen Verfassungsentwicklung, die
durch den Niedergang des Königtums und den Aufstieg des Territorialfürsten-
tums gekennzeichnet ist. Bemühungen, der weitgehenden Zerrüttung des Münzwesens (im 13. Jh. Münzstätten an etwa 500 Orten) etwa durch Münzvereinigun-
gen (Schaffung eines größeren Umlaufbereiches für eine bestimmte Münze) ent-
gegenzuwirken, hatten nur bedingt Erfolg.

Seit dem 11. Jh. läßt sich auch eine fortschreitende Verschlechterung des Münzfußes erkennen. Interessant ist in diesem Zusammenhang ein Privileg Heinrichs IV.
für den Bischof Heinrich von Augsburg, dem der König gestattet, nach Regensbur-
ger Schlag zu münzen, aber 30 Pfennige mehr aus dem Pfund als in Regensburg zu
schlagen (1061; D.H. IV. 71 = Jesse Nr. 102). Gründe für eine derartige Verschlechterung können u.a. im zunehmenden Bedarf an Zahlungsmitteln und im Abfluß
des Silbers nach dem Osten durch den Handel zu suchen sein. Die Gewichts- und
Feingehaltsverringerung hat dann in Deutschland im 12. und 13. Jh. dazu geführt,
daß eine besondere Art von Münzen geschlagen wurde: die Brakteaten (Hohlpfen-
nige), die aus dünnem, nur einseitig geprägtem Silberblech (im Gewicht reduziert,
aber im Durchmesser ausgeweitet) bestehen. Schließlich ist noch auf eine weitere
Erscheinung hinzuweisen, die dazu angetan war, den Handel zu behindern und die
Unsicherheit im Münzwesen zu erhöhen: die Münzverrufung, durch die der Münzherr von Zeit zu Zeit (mitunter jährlich oder sogar in kürzeren Fristen) das Verbot
und die Einziehung der alten Münzen verfügte und eine Erneuerung des umlaufen-
den Geldes vornahm. Dahinter stand ein wesentlich fiskalisches Interesse (seit dem
12. Jh.); denn die Einnahmen aus Neuprägung und Wechselgeschäft fielen ja dem
Münzherrn zu. Auch hier fehlt es nach Ausweis des Urkundenmaterials nicht an
Versuchen, den Mißbrauch einzudämmen und die Münzverrufung auf einige wenige Anlässe zu beschränken (etwa Thronwechsel, Teilnahme des Münzherrn am Ita-
lienzug des Königs, Amtsantritt des Bischofs).

Im Kleinhandel brauchte sich die territoriale Zersplitterung des Münzwesens
nicht unbedingt als störend auszuwirken, für den Handel über größere Räume hin
benötigte man aber Münzsorten, die einen größeren Geltungsbereich besaßen. Solche Münzen sind etwa der Kölner Denar und dann auch der Heller (die Prägung
der Reichsmünzstätte Schwäbisch Hall). Aus diesen Gründen geht man dann seit
der Wende des 13. Jh.s auch wieder zur Großsilberprägung (z.B. Groschen; lat.
grossus = denarius grossus) und zur Prägung von Goldmünzen (Florene = Florentiner Prägung, nach dem Stadtsymbol, der Lilie/flos, benannt; Gulden) über.

Literatur:

A. LUSCHIN VON EBENGREUTH, Allgemeine Münzkunde und Geldgeschichte des Mittelalters und der neueren Zeit, München ⁴1976; W. JESSE, Quellenbuch zur Münz- und Geldgeschichte des Mittelalters, Halle/S. ²1942; A. ENGEL und R. SERRURE, Traité de numismatique du moyen âge, 3 Bde., Paris 1891–1905; Fr. VON SCHRÖTTER, Wörterbuch der Münzkunde, Berlin ²1970; Ph. GRIERSON, Numismatics, in: Medieval Studies, oben S. 114 (mit Lit.); DERS., Les monnaies, (Typol. des sources, 21) 1977; R. GAETTENS, Mittelaltermünzen als Quellen der Geschichte, in: WaG 14, 1954; Ph. GRIERSON, Money and Coinage under Charlemagne, in: Karl der Große, Lebenswerk und Nachleben, Bd. I, Düsseldorf 1965. – Deutschland: A. SUHLE, Deutsche Münz- und Geldgeschichte von den Anfängen bis zum 15. Jahrhundert, Berlin ⁸1975; H. DANNENBERG, Die deutschen Münzen der sächsischen und fränkischen Kaiserzeit, 4 Bde., Berlin 1876–1905. – F. WIELANDT, Münzen, Gewichte und Maße bis 1800, in: Handbuch der dt. Wirtschafts- und Sozialgesch., hrsg. v. H. Aubin u. W. Zorn, Bd. I, 1971 – Zeitschriften: Jahrbuch für Numismatik und Geldgeschichte, München 1949ff. (Fortführung der Zeitschrift für Numismatik 1874ff.); Hamburger Beiträge zur Numismatik, Hamburg 1947ff.

8. Heraldik

Heraldik ist die Lehre von Form und Gebrauch der Wappen. Wir beschränken uns im folgenden auf die Erörterung einiger Grundbegriffe und den Aspekt der Quellenkunde. Der Begriff „Heraldik" leitet sich her von „Herold", Bezeichnung für eine bestimmte Gruppe von Bediensteten, die, ursprünglich zu mancherlei Geschäften (etwa Botendienst) herangezogen, durch ihre Kenntnis der Wappen zu höherem Ansehen aufstiegen. Sie wurden beteiligt an der technischen Leitung der Turniere, indem sie die Wappen auf den Schilden und die Helmzierden der Ritter überprüften und so die Turnierfähigkeit feststellten, die einreitenden Ritter anmeldeten und für Ordnung an den Schranken sorgten. Damit haben wir aber auch bereits einen Hinweis auf die Funktion der Wappen (lat. arma). Zunächst dient es als Erkennungszeichen, das den durch das sogenannte Härsenier (Kopfschutz, über den der Helm gestülpt wurde) verhüllten Ritter kenntlich machen sollte. Es kommt im Zusammenhang mit dieser rüstungstechnischen Neuerung in der 1. Hälfte des 12. Jh.s auf, und zwar zunächst noch nicht als individuelles, sondern eher als Erkennungszeichen einer Gefolgschaft bzw. eines Heerbannes. Dabei spielt wohl auch eine Rolle, daß seit dem 12. Jh. größere Heere aus verschiedenen Ländern und Nationen zusammenkamen (Kreuzzüge!). Daraus folgt weiter, daß für die Entstehung der Wappen zunächst die Feldzeichen (eines Heerführers, eines Heerbannes) Vorbild waren: Sie brachte man auf den Schutzwaffen, vor allem Schild und Helm (vgl. den Wortzusammenhang Waffen – Wappen), an. Der nächste Schritt ist dann, daß das Wappen zum individuellen, den Einzelkämpfer hervorhebenden Kennzeichen wird; außer dem Feldzeichen können dabei auch das Siegelbild einer Dynastenfamilie bzw. die einmal gewählte farbige Bemalung oder metallene Verstärkung des Schildes zum

Wappenbild werden. Vor allem das Siegelwesen hat mit der Zeit einen immer stärker werdenden Einfluß ausgeübt (andererseits wird seit dem 13. Jh. in zunehmendem Maße das Wappen als Siegelbild verwandt).

Im 12. Jh. aus einer praktischen, nämlich militärischen Notwendigkeit erwachsen, löst sich der Wappengebrauch im 13. Jh. von dieser Zweckgebundenheit und breitet sich aus, sowohl bei natürlichen Personen (Adel – Bürger – schließlich im 14. Jh. auch Bauern und vereinzelt Juden) – hier wird es zum vererbbaren Familienwappen – als auch bei Territorien, Städten, Körperschaften öffentlichen Rechts. Damit bildet sich aber auch ein besonderes Wappenrecht heraus (allerdings sind die Rechtsanschauungen schwankend), von dem her sich unter anderem die Wappenfähigkeit und das Recht an einem mit keinem anderen identischen Wappen (damit im Zusammenhang auch das Verfügungsrecht über das Wappen) bestimmen. Das Wappen ist also ein vererbbares oder bleibendes, nach bestimmten Regeln gestaltetes, farbiges Abzeichen einer Person, eines Territoriums oder einer Körperschaft.

Auf die Wappenkunst, die sich mit den heraldischen Regeln und ihrer Anwendung in der Gestaltung des Wappens befaßt, können wir hier nicht eingehen (sehr gut orientierend: Galbreath – Jéquier). Es sei nur darauf hingewiesen, daß die Farben (Tinkturen) natürlich eine entscheidende Rolle spielen (sechs Farben sind gebräuchlich: Gold = gelb, Silber = weiß – als „Metalle" bezeichnet; dann schwarz, rot, blau, grün); ihre besondere Verteilung im Schild ergibt die „Heroldsbilder", während alle anderen Bilder, die im Schild vorkommen (vom Lebewesen bis zu Phantasiegebilden; bei den sogenannten „redenden Wappen" symbolisiert das Bild den Familiennamen – z.B. Henneberg hat die Henne auf dem Berge), als „gemeine Figuren" bezeichnet werden. Als Oberwappen gelten die verschiedenen Teile, die oberhalb des Schildes angebracht werden: in erster Linie also Helm und dazugehörige Helmzierden, aber auch Hüte und Kronen (Rangkronen des Adels kommen im 17. Jh. auf, die Königskrone auf dem oberen Schildrand schon seit dem 15. Jh.).

Die Quellenzeugnisse, die die Heraldik verwertet, sind vielfältig in ihrer Art: heraldisch verzierte Originalschilde (berühmt sind die in der Elisabeth-Kirche in Marburg aufbewahrten), erhaltene Originalbanner, Siegel (als Hauptquelle für die Kenntnis der mittelalterlichen Heraldik), Münzen, Grabdenkmäler, Bucheignerzeichen (Ex libris), Portraits, schriftliche Quellen (vor allem mittelalterliche Dichtungen). Besonders hervorzuheben sind die mittelalterlichen Wappenbücher (zum Teil von Herolden verfaßt) – z.B. die große Heidelberger Liederhandschrift (Manessische Handschrift, entstanden etwa 1310–1330; jedem Dichter ist sein Bild und sein Wappenzeichen beigegeben); das Balduineum (auf Anregung des Kurfürsten Balduin von Trier um 1330–1350 entstandene Bilderhandschrift, in der die Taten Kaiser Heinrichs VII. verherrlicht werden; historische Bilder mit zahlreichen Wappen und Fahnen) und schließlich als älteste planmäßige Wappensammlung die Züricher Wappenrolle (ca. 1335–1345).

Schwieriger ist die Frage nach dem Quellenwert der Wappen selbst zu beantworten. Die Bedeutung für die Klärung genealogischer Zusammenhänge leuchtet ohne weiteres ein (Familienzugehörigkeit einer Person oder Personengruppe; bei zusammengesetzten Wappen Feststellung verwandtschaftlicher Verbindungen). Problematischer ist schon der Rückschluß aus dem Wappen auf die ständische Qualität des Inhabers; denn nachdem sich einmal die Loslösung von der militärischen Zwecksetzung vollzogen hatte, hat der Wappengebrauch sich schnell auf die verschiedensten sozialen Schichten ausgedehnt (s.o.) – der Besitz eines Wappens wurde damit eher zu einer Frage des Prestiges und der gesellschaftlichen Stellung als des Rechts. Hinzu kommt, daß spätestens seit Friedrich III. (1439–1493) die Praxis der Wappenverleihung vom kaiserlichen Hof auch als eine willkommene Geldquelle betrachtet wurde (Wappenbriefe). Ohne Zweifel aber können uns die Wappen Aufschlüsse gewähren über lehn- und staatsrechtliche Sachverhalte. Der Lehnsherr konnte z.B. seinen Vasallen sein eigenes Wappen ganz oder in etwas abgeänderter Form verleihen. Schon seit dem 13. Jh. kommen die zusammengesetzten Wappen vor (Vereinigung zweier oder mehrerer Wappen in einem Schilde), die u.a. auch auf Lehns- und Herrschaftsverhältnisse sowie Landerwerb hinweisen. Interessant ist in diesem Zusammenhang, daß die deutschen Fürsten als Amtsträger des Reiches nach Ausweis der Reitersiegel mit Wappen und Fahnen zunächst den Adler – das Symbol des Reiches – auf Schild und Fahne führten, den sie im 13. Jh. dann im Zusammenhang mit der Durchsetzung ihrer weitgehenden Selbständigkeit als domini terrae durch andere Bilder ersetzten. Die Reichsstädte dagegen betonten mit dem Festhalten am Adlerwapppen gerade ihr besonderes Verhältnis zum Reich. Ein weiteres Beispiel sind die großen dynastischen Staatswappen, die in einer Vielzahl von Feldern (beim habsburgischen 62) die verschiedenen Territorien des Herrschaftsbereiches aufführen, darunter auch solche, auf die die Herrscher lediglich Ansprüche erheben, ohne sie tatsächlich im Besitz zu haben (Anspruchswappen). Schließlich sei noch darauf hingewiesen, daß das Wappen, auf Gegenständen, Bauten usw. angebracht, Besitzrechte zum Ausdruck bringen kann. Auf die Bedeutung des Wappens als Quelle für Kunst- und Kulturgeschichte können wir hier nicht weiter eingehen.

Literatur:

D.L. GALBREATH/L. JÉQUIER Handbuch der Heraldik, München 1989; E. GRITZNER, Heraldik, in: Meisters Grundriß der Geschichtswissenschaft I, 4, Berlin u. Leipzig ²1912; E. BECK, Grundfragen der Wappenlehre und des Wappenrechts, 1931; R. MATHIEU, Le système héraldique français, Paris 1946; M. PASTOUREAU, Les armoiries, (Typol. des sources, 20) 1976. – Wappenbücher: J.B. RIETSTAP, Armorial général de l'Europe, précédé d'un dictionnaire des termes du blason, 2 Bde., Gouda ²1884–1887 (dazu Ergänzungen; ferner 6 Bde. mit Abb.: Armoiries des familles contenues dans l'armorial général, Paris 1903/12 = Den Haag 1921ff.); J. SIEBMACHER, Großes und allgemeines Wappenbuch; Neubearbeitung von O.T. v. HEFNER, Nürnberg 1854ff. (noch unvollendet, nicht sehr zuverlässig). Dazu: H. JÄGER-SUNSTENAU, General-Index zu den Siebmacher'schen Wappenbüchern, Graz 1964; H. APPUHN (Hrsg.), Johann Siebmachers Wappenbuch von 1605, 2. verb. Aufl., T. 1–2, 1989. – Wappenfibel. Handbuch der Heraldik. 17. verb u. erw. Aufl. hrsg. v. „Herold", Neustadt/Aisch 1981; – Lexikon des Mittelalters IV (1989) 2141ff. – Zeitschrift: Archivum heraldicum, Lausanne u. Zürich, Bd. 68ff., 1954ff.

9. Epigraphik

Erst in den letzten Jahrzehnten hat die Forschung den mittelalterlichen inschriftlichen Quellenzeugnissen gesteigerte Aufmerksamkeit gewidmet, und damit erweiterte sich der sozusagen klassische Kanon der Hilfswissenschaften um eine neue Disziplin: die mittelalterliche Epigraphik, die in ihren Anfängen gleichwohl ins 18. Jh. (C.F. TOUSTAIN/R.P. TASSIN, Nouveau traité de diplomatique, Bd. II, 1755) zurückreicht und von der christlichen Epigraphik, die sich mit den bis ins 7./8. Jh. überlieferten Inschriften befaßt, wesentlich befruchtet worden ist. Inschriften sind „Beschriftungen, die mit Kräften und mit Methoden hergestellt sind, die nicht dem Schreibschul- oder Kanzleibetrieb angehören; es handelt sich also um Beschriftungen in verschiedenstem Material: in Stein, Holz, Metall, Glas, Ton, Leder, Stoff usw." (vgl. R.M. Kloos). Die Epigraphik bezieht jedoch solche Gegenstände, die von anderen Disziplinen bearbeitet werden – also z.B. Siegel oder Münzen – nicht in ihre Untersuchungen ein. Zahl und Art der Inschriftträger sind fast unübersehbar groß und mannigfaltig: Bauwerke (Sakral-, Bürgerbauten, Schlösser usw.), Grabsteine, Epitaphien (auch Totenschilde), Flurdenkmäler (z.B. Wegkreuze, Grenzsteine), Glocken, Waffen, Teppiche, Kult- und Gebrauchsgegenstände usw. Auch unter inhaltlichen Gesichtspunkten ist die Ordnung des Materials nicht einfach: biographische und historische Daten, technische Angaben, Objekterklärungen stehen neben Weiheinschriften, Widmungen, Wahlsprüchen, Gebeten, Segenswünschen. Von besonderem Interesse sind die Urkundeninschriften (inscriptiones diplomaticae, chartes lapidaires) als ein Teilbereich der Rechtsinschriften. Sie weisen in der rechtlichen Erklärung ein inhaltlich eindeutiges Kriterium auf. Zu ihnen zählen also königliche und landesherrliche Privilegien, Schenkungen von Privatpersonen an kirchliche Institutionen, nachbarrechtliche Regelungen (z.B. Wegerechte, auf Tafeln verzeichnet, die an Privathäusern angebracht waren). In der Regel handelt es sich nicht um Originalurkunden; dennoch kam ihnen – zumindest subsidiäre – Beweiskraft zu. Die Dauerhaftigkeit des Materials (Stein, Metall) und die Art der Anbringung (Öffentlichkeit) gaben ihnen besondere Geltung. So verwundert es nicht, daß z.B. in Deutschland einige Stadtrechtsprivilegien (Speyer, Mainz, Worms) auf diese Weise überliefert worden sind, von denen das ehemals an der Westfassade des Domes über dem Portal – wohl aus Metall – angebrachte Diplom Heinrichs V. für Speyer vom 14. August 1111 vielleicht sogar den für Deutschland einzigartigen Fall einer Originalurkunde darstellt. Die Inschriften können so Nachrichten von allgemeinem historischem oder rechts- und verfassungsgeschichtlichem Interesse überliefern; sie geben als Grab- und Votivinschriften z.B. Aufschluß über religiöse Vorstellungen, bieten als Bauinschriften baugeschichtlich wichtige Fakten – ihr Quellenwert geht über den rein epigraphischen, der die Entwicklung der Schrift betrifft, weit hinaus, reicht freilich nicht entfernt an den antiker Inschriften heran. Das Material und die Technik der Herstellung bestimmen natürlich den Charakter der Schrift. Bis ins 14. Jh. herrscht die Majuskel (Capitalis) vor, die im Laufe der Jahrhunderte zwar gewissen Umformungen unterliegt, im Grundbestand aber unverändert auf der antiken Kapitale aufbaut. Die gotische Majuskel, die sich Ende des 12. Jh.s ausbildet, zeigt kunstvolle gestreckte Buchstaben und ein Vordringen unzialer Formen. Seit der Mitte des 14. Jh.s wird die gotische Minuskel in die Inschriften (in der Form der Textura aus der Buchschrift) übernommen, die die Majuskel in kurzer Zeit verdrängt.

Der Aufschwung der mittelalterlichen Epigraphik in Deutschland ist eng verknüpft mit dem von dem Heidelberger Germanisten F. Panzer ins Leben gerufenen und von den wissenschaftlichen Akademien in Deutschland und Österreich getragenen Unternehmen zur Herausgabe der deutschen Inschriften, das alle Inschriften in lateinischer und deutscher Sprache vom 6. Jh. (Abschluß des Corpus Inscriptionum Latinarum – vgl. oben S. 52) bis zum Jahre 1550 erfassen, wissenschaftlich bearbeiten und edieren soll.

Literatur:

K. BRANDI, Grundlegung einer deutschen Inschriftenkunde, in: DA 1, 1937 (Wiederabdruck: Ausgewählte Aufsätze, 1938, S. 64–89); F. PANZER, Inschriftenkunde. Die deutschen Inschriften des Mittelalters und der Neuzeit. Überarb. v. H. Köllenberger, Deutsche Philologie im Aufriß, hrsg. v. W. Stammler, I ²1957; R.M. KLOOS, Die deutschen Inschriften. Ein Bericht über das deutsche Inschriftenunternehmen, in: Studi Medievali (ser. terza) 14, 1973; DERS., Neue Inschriftenausgaben und -untersuchungen, in: DA 33, 1977 (hier auch ausländische Sammlungen besprochen); P. DESCHAMPS, Etude sur la paléographie des inscriptions lapidaires de la fin de l'époque mérovingienne aux dernières années du XIIe siècle, Paris 1929 (auch in: Bulletin Monumental 88, 1929, S. 5–86 mit Tafeln); W. MÜLLER, Urkundeninschriften des deutschen Mittelalters, (Münchener Hist. Stud. Abt. Geschichtl. Hilfswissenschaften, XIII) 1975; W. KOCH, Epigraphica – Ein Leitfaden zur Transkription und schriftkundlichen Einordnung von mittelalterlichen und neuzeitlichen Inschriften, in: Unsere Heimat. Zs. d. Ver. f. Landeskunde v. Niederösterr. u. Wien 2, 1975; Lexikon des Mittelalters V (1991) 442ff. – SAMMLUNGEN: Die deutschen Inschriften. Hrsg. von den Akademien der Wissenschaften, 1942ff.; F.X. KRAUS, Die christlichen Inschriften der Rheinlande. I. Teil: Die altchristlichen Inschriften, Freiburg 1890; II. T.: Die christlichen Inschriften von der Mitte des 8. bis zur Mitte des 13. Jahrhunderts, Freiburg 1892–1894.

10. Insignienkunde

Auch bei der Insignienkunde haben wir es mit einer relativ jungen Disziplin zu tun, da die Rechtsdenkmäler und vor allem ihre wichtigste Gruppe, die Herrschaftszeichen, erst in neuerer Zeit als historische Quellenzeugnisse größere Beachtung gefunden haben, so daß man tatsächlich von einer eigenständigen hilfswissenschaftlichen Disziplin eher als nur von einem besonderen methodischen Instrumentarium in der rechts- und verfasssungsgeschichtlichen Forschung sprechen kann. Zu den Herrschaftszeichen (insignia) zählen die Einzelteile des herrscherlichen Ornats, die Gegenstände, die der Herrscher in der Hand trägt (Zepter, Schwert, Lanze, Reichsapfel), aber auch die der Repräsentation dienenden Räume mit ihren Ausstattungsstücken (Thron, Baldachin usw.). Voraussetzung für die wissenschaftliche Bearbeitung ist die Sammlung und Sicherung der Denkmäler selbst, wobei der Bestand der Originale durch verläßliche Abbildungen ergänzt wird. Neben diese treten als weiteres Material die Kunstdenkmäler und Bildzeugnisse sowie schließlich die Wortzeugnisse, die Aufschluß über Aussehen und Gebrauch der Insignien geben können. Bei den Bildzeugnissen – z.B. bei Herrscherbildern in Handschriften oder auf Münzen – stellt sich zunächst das grundsätzliche Problem des Wirklichkeitsgehaltes der Darstellung; d.h. es ist die Frage zu klären, ob das abgebildete Herrschaftszeichen tatsächlich existierte und als solches benutzt wurde – also Insigne im eigentlichen Sinne war –, oder ob es lediglich in der künstlerischen Darstellung als Sinnbild, Symbol für einen bestimmten Anspruch, eine bestimmte Herrschaftsauffassung (vgl. etwa Globus, Weltkugel = Weltherrschaft) Verwendung fand. Wenn das antike Herrscherbild die Funktion der Stellvertretung des Herrschers übernimmt, ist von vornherein eine Übereinstimmung mit der Realität vorauszusetzen; das gilt jedoch nicht in gleichem Maße für die mittelalterliche bildliche Herrscherdarstellung, die durchweg nach antiken Vorbildern stilisiert ist und damit anderen Interpretationskategorien unterliegt. Die Probleme der Herkunft der einzelnen Insignien, der Technik ihrer Herstellung, ihres Gestalt- und Bedeutungswandels im Laufe der Jahrhunderte sind nur im Zusammenspiel der verschiedensten Methoden, archäologischer, ikonographischer, kunsthandwerklicher, stil- und verfassungsgeschichtlicher sowie philologischer Untersuchungen, zu lösen. Dabei dürfen die einzelnen Herrschaftszeichen nicht isoliert behandelt werden; ihr volles Verständnis erschließt sich nur, wenn sie in den Rahmen gestellt werden, in dem sie Verwendung fanden – das bedeutet aber, daß der ganze Bereich, den die historische Forschung unter dem Begriff „Staatssymbolik" faßt, in die Betrachtung einbezogen werden muß: das Hofzeremoniell, das Zeremoniell bei bestimmten Festen und zu anderen Anlässen (Thronerhebung z.B.), die liturgischen Bräuche, kurz: alle die Begebenheiten, bei denen der mittelalterliche „Staat" und seine Träger sich selbst zur Darstellung brachten. Herrschaftszeichen sind Legitimationsmittel; ihr Erwerb war eine unerläßliche Voraussetzung für den ordnungsgemäßen Herrschaftsantritt. Als Otto IV. 1198 in Aachen vom Erzbischof Adolf von Köln – d.h. also am rechten Ort und vom richtigen Koronator – gekrönt wurde, war seine Erhebung dennoch anfechtbar, weil sie mit den falschen, mit nachgemachten Insignien vollzogen worden war. Die echten besaß sein Kontrahent, der Staufer Philipp von Schwaben, für den dann auch Walther von der Vogelweide mit genau diesem Argument Propaganda machte. Allerdings war Philipp am falschen Ort – in Mainz – und durch den falschen Koronator, den Erzbischof Aimo von Tarentaise, gekrönt worden, und damit haftete auch seiner Erhebung ein schwerer Makel an. Für den mittelalterlichen Menschen sind das nicht Fragen von untergeordneter Bedeutung; im äußeren Zeichen spiegelt sich die innere Ordnung der Dinge. Die Untersuchung der Herrschaftszeichen, die Erhellung ihrer Ursprünge und die Erforschung ihrer Entwicklung durch die Jahrhunderte, haben der historischen Wissenschaft wichtige Quellen für ein vertieftes Verständnis des Wesens mittelalterlicher Herrschaft erschlossen. Dabei werden die überragende Bedeutung des byzantinischen Ostens, aber auch – zum Teil in der Vermittlung durch Byzanz – der Einfluß des persisch-islamischen Kulturraumes für den Westen deutlich, hinter denen die germanischen Traditionen doch stärker zurückzutreten scheinen.

Literatur:

P.E. SCHRAMM, Herrschaftszeichen und Staatssymbolik, (Schriften der MGH 13), 3 Bde. 1954–1956, Bd. 4: Nachträge aus dem Nachlaß, 1978; DERS., Die Geschichte des mittelalterlichen Herrschertums im Lichte der Herrschaftszeichen, in: HZ 178, 1954; H. FILLITZ, Die Insignien und Kleinodien des Hl. Röm. Reiches, 1954; P.E. SCHRAMM/F. MÜTHERICH, Denkmale der deutschen Könige und Kaiser I, München ²1982; J. DÉER, Der Globus des spätröm. und des byz. Kaisers, Symbol oder Insigne, in: Byz. Zschr. 54, 1961; DERS., Byzanz und die Herrschaftszeichen des Abendlandes, in: ebd. 50, 1957 (beide Arbeiten wieder abgedruckt in: Vorträge und Forschungen 21, Sigmaringen 1977). – Vgl. auch: K. v. AMIRA u. Cl. FRH. VON SCHWERIN, Rechtsarchäologie. Gegenstände, Formen und Symbole germanischen Rechts, I: Einführung in die Rechtsarchäologie, 1943.

IV. Teilbereiche und Teildisziplinen

Wenn im folgenden der Versuch unternommen wird, bestimmte zentrale Forschungsbereiche, die eigene Teildisziplinen innerhalb der Geschichtswissenschaft konstituieren, vorzustellen, dann müssen wir uns bewußt bleiben, daß der Mediävist heute bei seiner Arbeit – und zwar in Forschung und Lehre – niemals eine derartige strikte Trennung aufrecht erhalten kann. Er wird sich nicht mit der Darstellung der politischen Geschichte eines bestimmten Zeitraumes begnügen, sondern immer auch die verfassungsmäßigen Grundlagen der politischen Gebilde, mit denen er zu tun hat, in die Betrachtung einbeziehen und darüber hinaus in dem Maße, wie es die Quellenlage gestattet, die wirtschaftlichen und sozialen Probleme miterörtern. Zwangsläufig wird er sich dabei enger begrenzten Räumen zuwenden. Das hat dazu geführt, daß die Landesgeschichte, unter starker Berücksichtigung des geographischen Raumes zur Landesforschung ausgebaut, einen hohen Rang erlangt hat. Sie bringt den Geschichtsverlauf in enge Beziehung zur Landschaft, bearbeitet Kulturräume und historische Räume und bemüht sich, die Einzeldisziplinen von der Geographie über die Archäologie, die Rechts- und Verfassungsgeschichte, die Geistesgeschichte und Soziologie bis hin zur Volkskunde und Philologie in fruchtbarer Zusammenarbeit zu vereinen. Die landesgeschichtlichen Arbeiten sollen das historische Geschehen in seiner ganzen Vielseitigkeit und allen seinen Dimensionen in begrenztem Rahmen begreifen und dabei die Bausteine liefern für eine umfassende Reichsgeschichte, die so als Synthese auf gesicherter Grundlage angestrebt wird.

Selbstverständlich behalten geistes- und ideengeschichtliche Fragestellungen daneben ihren eigenen Wert und ihre Bedeutung – das Kapitel über die Quellenkunde hat das zur Genüge deutlich gemacht. Und daß mittelalterliches Leben in allen Bereichen entscheidend von der Kirche und ihren Institutionen geprägt worden ist, braucht nicht mehr eigens hervorgehoben zu werden.

1. Rechts- und Verfassungsgeschichte

Die Rechtsgeschichte steht ihrem Gegenstand und ihrer Methode nach zwischen Geschichtswissenschaft und Jurisprudenz. Ihr Arbeitsbereich ist die gesamte Entwicklung des Rechts in der Vergangenheit, aber nicht eingeschränkt auf die Feststellung der jeweils geltenden Rechtssätze, sondern ausgeweitet zu der Frage nach den geistigen Strömungen und Ideen, die ihnen zugrundeliegen, nach den Ursachen und bewegenden Kräften – geistigen, politischen und wirtschaftlichen – von Entfaltung, Wandel und Vergehen. Mag auch die Bedeutung der früh- und hochmittelalterlichen Entwicklung des deutschen Rechts für die heutige Rechtsdogmatik, und damit in bezug auf diese Epoche die Bedeutung der Rechtsgeschichte als Hilfswissenschaft für die Jurisprudenz jetzt umstritten sein – wir wollen uns auf diese unter den Juristen geführte Diskussion hier nicht einlassen (vgl. dazu etwa: H. LENTZE, Die Rechtsgeschichte und der Verlust des Mittelalters, in: MIÖG 78, 1979) – , der Historiker kann auf keinen Fall an den Ergebnissen der rechtsgeschichtlichen Forschung vorübergehen. Es hat immer wieder methodologische Kontroversen zwischen den Vertretern beider Disziplinen gegeben. Die Rechtshistoriker nehmen für sich in Anspruch, mit präzisen Begriffen zu arbeiten und die Fülle der Erscheinungen unter rechtlichen Kategorien systematisch zu ordnen; die Historiker haben demgegenüber den Vorwurf erhoben, daß so nicht selten die lebendige Wirklichkeit vergewaltigt, in ein von außen an sie herangetragenes Begriffssystem gepreßt werde. Ohne Zweifel aber können und müssen beide Wissenschaftsbereiche sich ergänzen: Durch die Beschränkung auf seinen spezifischen Gegenstand, die verbindlichen Normen des Rechts, durch die Besonderheit seiner Fragestellung wird der Rechtshistoriker jene intensive Forschungsarbeit leisten können, aus der auch der Historiker Nutzen ziehen wird, der seinerseits das juristische Begriffssystem immer wieder an der Wirklichkeit zu überprüfen und die Rechtsentwicklung in die historische Dynamik einzuordnen, Norm und Wirklichkeit also vergleichend in den Blick zu nehmen hat.

Die europäische Rechtskultur ist aus dreifacher Wurzel erwachsen: der Rechtsschöpfung des Imperium Romanum, der Lehre der christlichen Kirche und dem

Rechtsdenken der germanischen Völker. Für diese verlief der Prozeß der Auseinandersetzung mit römischem Recht in unterschiedlicher Intensität: Am stärksten wurden naturgemäß von ihm die Völker geprägt, die als Föderaten und Eroberer in eine enge Verbindung mit dem römischen Staat und seinen Institutionen sowie mit der romanischen Bevölkerung traten; aber ihre eigene Rechtsüberlieferung brach damit nicht einfach ab, sondern behauptete ihre prägende Kraft in weiten Bereichen. Andere – wie etwa die Sachsen und die Nordgermanen, für die das in besonderem Maße gilt, – wurden vom römischen Recht kaum berührt, und im Frankenreich wirkte sich sein Einfluß auf die weitere Rechtsentwicklung in den einzelnen Räumen sehr unterschiedlich aus (vgl. auch oben S. 127 und S. 132f.). Anders als im späteren Frankreich hat antikes römisches Recht auf deutschem Boden kaum weitergelebt; das Rechtsbewußtsein und die Institutionen waren germanisch bestimmt. Bis ins 13. Jh. sind die Stammesrechte – nicht erneuert, aber durch Einzelurteile und Rechtsfindung im Ding fortgebildet oder modifiziert – Grundlage der Rechtssprechung; Urteilsfinder sind die Schöffen, deren Autorität auf ihrem Wissen, ihrer Erfahrung und ihrem sozialen Prestige beruht, aber auch ein einheitliches Rechtsbewußtsein zwischen den Parteien voraussetzt, das ein Urteil jeweils für alle einsichtig macht. Der Niedergang der Königsmacht unter den letzten Staufern und die damit verbundene Ausbildung des institutionellen Flächenstaates durch die Fürsten hat tiefgreifende Auswirkungen auch auf das Rechtsleben gehabt und den Boden bereitet für eine grundlegende Umgestaltung. Die Auflösung des Reiches hat die Zersplitterung des Rechtslebens zur Folge; die Unübersichtlichkeit des Rechtes, hervorgerufen durch weit fortgeschrittene Differenzierung (Ablösung der Stammesrechte durch partikuläre Landesrechte, Stadtrechte, ferner Lehn-, Hof- und Dienstrechte), schafft Unsicherheit, die allenfalls dort gebannt wird, wo Rechtsaufzeichnungen, private Rechtsbücher (z.B. der Sachsenspiegel Eikes von Repgow – vgl. oben S. 133), größere Autorität gewinnen und auf eine Vereinheitlichung hinwirken. Jedoch das heimische, von Schöffen gesprochene Recht ist seiner Eigenart nach nicht eigentlich zu systematisieren und damit auch nicht lehrbar, theoretisch verfügbar zu machen – systematische Ordnung und Nachprüfbarkeit aber sind ein Bedürfnis der Rechtspflege des modernen, institutionellen Flächenstaates, in dem der Landesherr die Gerichtsbarkeit durch seine Beamten ausüben oder kontrollieren läßt, und damit ist eine wesentliche Voraussetzung gegeben für die beginnende Rezeption des römischen Rechts.

Die Wiederentdeckung des großen Gesetzgebungswerkes Justinians (527–565) (später „Corpus iuris civilis" genannt; vgl. oben S. 132), und zwar insbesondere der Digesten (= Sammlung der Kommentare der römischen Juristen des 1.– 3. Jh.s), durch die Schule von Bologna um 1100 stellt den Beginn der Wissenschaft vom römischen Recht dar. Die Arbeit der Glossatoren (benannt nach der in Form von Glossen aufgezeichneten Kommentierung) in den nächsten hundert Jahren nach Irnerius († nach 1125), dem Begründer der Bologneser Schule, schafft in der Herstellung kritischer Texte, ihrer Erklärung und ordnenden Zusammenfassung die Voraussetzungen für die Entstehung eines Lehrsystems, das über Oberitalien hinaus Anerkennung in Europa gewinnt. Die Autorität, die man ihm schon bald zugestand, wird auch dadurch belegt, daß in die Kommission, durch die Friedrich Barbarossa auf dem Reichstag von Roncaglia 1158 die Regalien, die Reichsrechte, in Italien feststellen ließ, vier führende Bologneser Juristen (Legisten) berufen wurden. Das römische Recht tritt nun in engere Beziehung zum staufischen Kaisertum, wenn auch die tatsächlichen, materiellen Einflüsse auf die kaiserliche Gesetzgebung zunächst noch gering sind. In Verwaltung und Rechtssprechung aber beginnt der gelehrte Juristenstand eine führende Rolle zu spielen, und die Epoche der Postglossatoren oder Kommentatoren (nach 1250 etwa; benannt nach den Erläuterungswerken zum Corpus iuris = commentaria) ist dadurch gekennzeichnet, daß das römische Recht sich die Rechtswirklichkeit erobert. Der fürstliche Territorialstaat, der in Deutschland die Verwirklichung des modernen Staates darstellte, hat sich dieser Entwicklung angeschlossen. Die Rezeption, die hier um 1500 auf ihren Höhepunkt gelangt, ist als ein sehr komplexer Vorgang zu verstehen: Übernahme des römischen Rechts in der Form, wie es in der mittelalterlichen Jurisprudenz, der Arbeit der Glossatoren und Kommentatoren, seine Interpretation und Ausprägung gefunden hatte und Umgestaltung des gesamten Rechtslebens im Zeichen der Verwissenschaftlichung. Die alte Spruchpraxis der Schöffen war den Aufgaben, die ihr aus der Differenzierung des Rechts und den Anforderungen des modernen institutionellen Flächenstaates entstanden, nicht mehr gewachsen; sie erlag der Wissenschaftlichkeit und Systematik des neuen Rechtes.

Entsprechend der hier skizzierten Rechtsentwicklung hat sich die Rechtsgeschichte als Wissenschaft aufgespalten zunächst in die beiden gesonderten Disziplinen der Romanistik und Germanistik. Die Wiederentdeckung des römischen Rechtes gehört in den Gesamtzusammenhang der Begründung der Historischen Rechtsschule (F.C. VON SAVIGNY: Geschichte des römischen Rechts im Mittelalter, 1. Aufl. 1815–31); die germanistische Jurisprudenz erwuchs (C.F. Eichhorn) daneben zunächst als Ergänzung, dann aber auch aus dem Bestreben, gegenüber der Betonung des römischen die Eigenbedeutung des germanischen und mittelalterlich-deutschen Rechtes hervorzuheben. Die kanonistische Rechtsgeschichte kam um die Jahrhundertwende als ein dritter selbständiger Zweig hinzu (U. Stutz). In den drei Abteilungen der „Zeitschrift der Savignystiftung für Rechtsgeschichte" (Germanistische Abt.: seit 1880, Romanistische Abt.: seit 1880, Kanonistische Abt.: seit 1911) spiegelt sich diese Entwicklung wider.

Für die Verfassungsgeschichte als Teilbereich der Rechtsgeschichte gilt in besonderem Maße, was oben über methodologische Auseinandersetzungen zwischen Historikern und Juristen gesagt worden ist. Die Historiker (vgl. etwa O. Brunner) haben immer wieder die Notwendigkeit betont, den spezifischen Charakter mittelalterlicher Staatlichkeit herauszuarbeiten, und den Rechtshistorikern den Vorwurf gemacht, Begriffe und Kategorien zu verwenden, die am Modell des neuzeitlichen Staates monarchisch-konstitutioneller Prägung erarbeitet worden sind. In dieser Sicht erschien der mittelalterliche Staat dann entweder als eine vom neuzeitlichen nicht wesentlich unterschiedene Einrichtung (einheitliche

Staatsgewalt im Königtum verkörpert, Staatsgebiet, Untertanenverband – durchbrochen nur von feudalen Gewalten) oder aber wurde über große Zeiträume hinweg nur als „unfertiger" Staat, als Vorstufe gewertet. Auch die Trennung von Staat und Gesellschaft, der die Unterscheidung von „öffentlich" und „privat" entspricht, geht an mittelalterlicher Rechts- und Verfassungswirklichkeit vorbei. Wenn man Verfassung nicht im eingeschränkten Sinne der „Konstitution" versteht, sondern als die Gesamtordnung, die sich ein Volk (d.h. König, Adel und Unterschichten) geschaffen hat, dann läßt sich in der Verfassungsgeschichte am ehesten die Trennung der Fachwissenschaften überwinden. Von rechtshistorischer Seite ist zwar davor gewarnt worden, von einem Verfasssungsbegriff rein deskriptiver Art, der des normativen Gehaltes weitgehend entleert sei, auszugehen (vgl. etwa K. Kroeschell), aber dem läßt sich entgegenhalten, daß die Verfassungswirklichkeit nicht in Gegensatz zum Recht steht, sondern dieses einschließt. Im übrigen scheint sich eine allmähliche Annäherung der gegensätzlichen Standpunkte doch abzuzeichnen in einer gerechten Würdigung der Methoden und Ergebnisse der Einzeldisziplinen sowie der Erkenntnis, daß eine sachgemäße, an den Quellen ausgerichtete Terminologie notwendig ist, ohne daß man auf die Anwendung moderner Begriffe ganz verzichten könnte, wenn man sich über den Kreis der Fachgelehrten hinaus noch einer breiteren Öffentlichkeit verständlich machen will.

Wenn nun im folgenden einige Hauptprobleme der Verfassungsgeschichte im engeren Sinne skizziert werden und der Wirtschafts- und Sozialgeschichte ein besonderes Kapitel vorbehalten ist, so geschieht dies aus didaktischen Erwägungen und im Bewußtsein, daß diese Bereiche eigentlich nicht getrennte, autonome Sphären darstellen. Ungeachtet einer langen und intensiven Diskussion um den „Staat des Mittelalters" halten wir am Begriff „Staat" fest; er erscheint uns legitim verwendbar, da mit dem Zusatz „mittelalterlich" verdeutlicht wird, daß er nicht von den Kategorien des modernen Staates her gedacht ist.

Die Grundlagen des mittelalterlichen Staates in Europa sind in der Verbindung germanischer, antiker und christlicher Bausteine bereits von den germanischen Reichen der Völkerwanderungszeit geschaffen worden. Der Staat des frühen Mittelalters ist ein aristokratischer Personenverband, der von dem aus dem ständigen Heerführertum der Wanderungszeit hervorgegangenen Königtum („Heerkönigtum") geführt wird. Gemeinsames Element aller germanischen Staaten ist die Vorrangstellung des Adels , seine Teilhabe an der Herrschaft. Der Dualismus Königtum – Adel und die geringe institutionelle Ausgestaltung sind Kennzeichen der mittelalterlichen Staatlichkeit, wobei aber zu betonen ist, daß in den romanischen Ländern die Elemente römischer Staatlichkeit, die römischen Staatseinrichtungen nie völlig untergegangen sind. Der Königssippe („stirps regia") kommt ein besonderes Charisma (Königsheil) zu (in der Forschung nicht unumstritten); sie gilt als götterentsprossen, und das Geblüt legitimiert sie zur Herrschaft, bei deren Begründung aber auch die Wahl durch das Volk in irgendeiner Form eine Rolle spielt. Aufgabe des Königtums sind die militärische Führung sowie die Friedens- und Rechtswahrung, die sich aus dem Bann, dem Recht zu Gebot und

Verbot, ableiten; sein Verhältnis zum Volk ist so als ein Schutz- und Herrschaftsverhältnis zu bestimmen. Der König regiert mit seiner persönlichen Umgebung, den Inhabern der Hausämter (Truchseß, Mundschenk, Kämmerer, Marschall), über die im fränkischen Staat der Merowinger der Hausmeier („maior domus") zu besonderer Geltung emporsteigt. Als Verwaltungsorgane werden auch die Grafen eingesetzt, die ursprünglich der königlichen Gefolgschaft angehörten (vgl. die lat. Bezeichnung: „comes"), aber im Laufe der Zeit in ihren Amtsbezirken seßhaft wurden und schließlich aus dem Grundbesitzeradel des Gaues genommen werden müssen. Während der Graf so aus einem königlichen „Beamten" zu einem Repräsentanten des Adels wird, zieht das Königtum bereits unter den Merowingern die Kirche als eine Stütze seiner Macht und ein Gegengewicht gegen den Adel an sich heran; ein Mittel dazu ist die Verleihung der Immunität: Als eine römische Institution von den Merowingern übernommen, erfährt die Immunität – im römischen Staatsrecht Befreiung der kaiserlichen Domänen und gewisser Personen von bestimmten Taxen und öffentlichen Leistungen – im fränkischen Staat eine Ausweitung zur vollständigen Freiung des Immunitätsgebietes von der Tätigkeit des öffentlichen Beamten (Verbot des „introitus" = Betreten des Gebietes, der „districtio" = Ausübung von Zwang und der „exactio" = Erhebung von Abgaben). Die Lücke, die so in der Ausübung der Gerichtsbarkeit entsteht, wird in den Adelsimmunitäten (die seit der Karolingerzeit nicht mehr vermehrt werden) durch die Gerichtsbarkeit des Grundherrn, in den geistlichen Immunitäten durch den Vogt geschlossen. Die Verbindung von Königsschutz und Immunität in den Verleihungen an die Kirche seit Ludwig d. Fr. stärkt deren Stellung weiter und zielt darauf ab, eine Königskirche zu schaffen.

Die Entstehung des Lehnswesens in der frühen Karolingerzeit gibt dem Personenverbandsstaat eine neue Struktur. Charakteristisch dafür ist die Koppelung persönlicher Bindungen (Vasallität) mit dinglichen Elementen (Lehen) bei gleichzeitiger sittlicher Vertiefung des persönlichen Verhältnisses durch die Betonung der Treuepflicht. Die ältere, gallorömische Vasallität ist durch die fast unbeschränkte Verfügungsgewalt des Herrn („senior") über den „vassus" (lat. Form des keltischen *gwas = Knecht), der sich ihm kommendiert (Kommendation = Ergebung in ein Schutzverhältnis), gekennzeichnet; sie wird in der Karolingerzeit mit der aus der germanischen Gefolgschaft (oder/und christlichem Denken) stammenden Treue verknüpft und gewinnt so eine neue, versittlichte Dimension, denn die Treue ist ein Gegenseitigkeitsverhältnis: Sie bindet den Herrn wie den Vasallen. Kommendation (symbolischer Akt: Der Vasall legt seine gefalteten Hände in die Hände des Herrn; im späteren Lehnsrecht auch als „homagium"= Mannschaft bezeichnet, von „homo" = Lehnsmann) und Treueid („fidelitas") begründen nun die Vasallität jüngeren Stils (beide Akte versteht man später als Huldigung). Der so geschlossene Vertrag erlischt beim Tode des Herrn (Herrenfall) oder des Mannes (Mannfall) und kann dann mit dem jeweiligen Nachfolger erneuert werden. Untreue (im späteren Lehnrecht als „Felonie" bezeichnet) aber zerreißt dieses Rechtsband; Machtmißbrauch des Herrn gibt dem Vasallen das Recht zur Treuaufsage („diffidatio"). Treulosigkeit des Mannes kann der Lehnsherr mit Sanktionen beantworten (etwa Entzug des Lehens). Das dingliche Element, das seit der frühen Karolingerzeit nun zur Vasallität hinzutritt, ist das Lehen („beneficium", „feudum"), das der Herr als Gegenleistung für den Dienst verleiht. Als Lehen kommen nicht nur Landgüter in Frage, sondern auch Rechte, Einkünfte und Ämter. In Ermangelung genügend eigenen Landbesitzes haben die Karolinger auch auf Kirchengut zurückgegriffen, das in der Form der „precariae verbo regis" (Landleihe auf Befehl des Königs) an Vasallen ausgegeben wurde; die Kirche wurde dafür entschädigt (Kirchenzehnt allgemein; dazu Anrecht auf den Neunten = „nona" bei den „precariae verbo regis"). Das hier geschilderte System gab den Vasallen die wirtschaftliche Grundlage für den Königsdienst, insbesondere auch für die Erfüllung der militärischen Pflichten, und band den Adel stärker an den Herrscher, indem seine Rechte nun auf königliche Verleihung zurückgeführt werden konnten. Der mittelalterliche Staat wird so zum „zentralistischen, feudalen Personenverbandsstaat". Wir können hier die weitere Entwicklung nicht verfolgen; sie ist in den folgenden Jahrhunderten im ganzen gekennzeichnet durch eine Stärkung der Stellung der Vasallen und allmähliches Wirksamwerden der zentrifugalen Kräfte des Lehnsrechtes: Erblichkeit der Lehen, Unterbelehnungen, Verlust des Kontaktes der Zentralgewalt zu den Untervasallen, Verdinglichung des Lehnswesens, mehrfache Lehnsbindungen usw.

Im deutschen Staat des Mittelalters stellt das Lehnrecht jedoch nicht die einzige Klammer zwischen dem Königtum und den Zwischen- und Untergewalten dar. Gegenüber dem Stammesherzogtum, das sich im Zusammenhang mit der Auflösung des karolingischen Großreiches gegen Ende des 9. und zu Beginn des 10. Jh.s neu gebildet hatte (sog. „jüngeres Stammesherzogtum" – Begriff in der Forschung umstritten), nachdem es in seiner älteren Ausprägung im 8. Jh. („älteres Stammesherzogtum") aufgehoben worden war (788 Sturz Tassilos von Bayern), hat bereits Otto der Große wieder amtsrechtliche Vorstellungen zum Zuge gebracht (Einsetzung – auch von Stammesfremden – durch den König), und dieser Herrscher hat bekanntlich auch die Reichskirche in die Verwaltung des Staates eingebaut, indem nun die Immunität durch Verleihung von Grafenrechten und Regalien (Gerichtsbarkeit, Markt, Münze, Zoll) erweitert wurde. Die Leistungen der Kirche, das servitium regis (Herbergs- und Gastungspflicht; auch militärischer Dienst), stellen neben dem Reichs- und Hausgut die entscheidende materielle Machtgrundlage des Königtums dar. Das Reichskirchengut wurde als Reichsgut behandelt; die umfangreichen königlichen Schenkungen an die Kirchen waren also nicht für das Reich verloren, sondern gingen lediglich in eine andere Verwaltung über (zur königlichen Kirchenhoheit als Voraussetzung des ottonisch-salischen Reichskirchensystems vgl. S. 198f.).

Der Investiturstreit hat die Grundlagen dieser Ordnung erschüttert. Die geistlichen Reichsfürsten fanden sich nach dem Wormser Konkordat (1122) immer mehr mit den weltlichen zu einem Interessenbündnis gegen die Zentralgewalt zusammen, selbst wenn im 12. Jh. etwa Friedrich Barbarossa (1152–1190) und Heinrich VI. (1190–1197) die Rechte des Königtums auch gegenüber der Reichskirche noch mit Energie behaupteten. Für den Neubau des Staates aber hat das Königtum neue Kräfte mobilisiert: Die Ministerialität war dazu ausersehen, die Verwaltungsorgane zu stellen (dazu unten S. 193f.), der Aufstieg der Städte sollte der Zentralgewalt zugute kommen; die neu geschaffenen Landgrafschaften (unter Lothar III. 1125–1137) waren dazu gedacht, ein Gegengewicht gegen die Herzogtümer darzustellen, und die „freien Bauern" (Rodungsbauern), denen der König seinen Schutz gewährte (vgl. unten S. 193), waren wie die verstärkte Reichsgutpolitik Elemente königlichen Staatsausbaus (Schaffung geschlossener Reichsgutkomplexe = „terrae imperii"). Die königliche Landfriedenspolitik schließlich zielte darauf ab, das Recht der Selbsthilfe durch staatlichen Rechts- und Friedensschutz zu ersetzen, was vor allem für die unteren Schichten von größter Bedeutung war.

Friedrich Barbarossa hat konsequent die Politik verfolgt, die übergroßen Herzogtümer zu verkleinern und neue Gebilde mittlerer Größe zu schaffen. Was mit der Umwandlung der Mark Österreich zum Herzogtum (Privilegium minus 1156) begann, gipfelte in der Zerschlagung der letzten „Stammesherzogtümer" Sachsen und Bayern nach dem Sturze Heinrichs des Löwen (1180). Gleichzeitig vollzieht sich jetzt der Abschluß des „engeren Reichsfürstenstandes"; als principes imperii (Reichsfürsten neuen Stils) gelten von nun an allein Herzöge und Herzoggleiche, die ihr Lehen unmittelbar vom König haben (Kronvasallen). Die Hochadeligen aber, die nicht königliche Lehnsträger sind, werden auf diese Weise mediatisiert, von der unmittelbaren Verbindung zum König, der an der Spitze der Lehnspyramide, der Heerschildordnung, steht, abgeschnitten. Hier wird auch die Tendenz erkennbar, das Lehnsrecht zur alleinigen Grundlage des Reichsstaatsrechtes zu machen.

Schon diese wenigen Hinweise machen deutlich, daß das 12. Jh. eine Fülle von fruchtbaren Ansätzen hervorgebracht hat. Daß sie nicht ausreifen konnten, ist wesentlich durch die Thronwirren nach dem Tode Heinrichs VI. (1197) und die Katastrophe des staufischen Hauses (1250/54) verschuldet worden. Der Thronstreit zwischen Staufern und Welfen (1198 bis 1215) hat endgültig darüber entschieden, daß das deutsche Reich eine Wahlmonarchie wurde; zwar war das Wahlprinzip bereits seit den Zeiten Heinrichs IV. (1056–1106) im Vordringen begriffen (1077 Wahl des Gegenkönigs Rudolf von Rheinfelden), aber noch Heinrich VI. hatte an eine Umwandlung des Reiches in eine Erbmonarchie denken können. Dabei stand ihm neben dem Vorbild des Normannenreiches auch das Beispiel der westeuropäischen Monarchien vor Augen, in denen sich eben jetzt das Erbprinzip gewohnheitsrechlich durchsetzte. In diesen Jahrzehnten fällt aber auch die Entscheidung darüber, daß sich die Entwicklung zum modernen Staat in Deutschland in den Territorien vollzog; die Fürstengesetze Friedrichs II. (1220 und 1232) markieren diese epochale Wende. Es wäre falsch, die fürstliche Landeshoheit generell auf eine Usurpation königlicher Rechte zurückzuführen, das Königtum war nicht in der Lage, die ganze Aufbauarbeit selbst durchzuführen. Der institutionelle Flächenstaat bedeutet einen unleugbaren Fortschritt in der Entwicklung der Staatlichkeit, und die Leistungen der Fürsten für die

Staatswerdung der Territorien sind nicht gering zu veranschlagen, aber indem der Territorialismus und Partikularismus so gestärkt wurden, wurde die Weiterentwicklung des Reiches gehemmt und die Ausbildung eines deutschen Gesamtstaates für Jahrhunderte verhindert. Es hat im Spätmittelalter nicht an Versuchen gefehlt, durch Reformen auch dem Reich die Institutionen zu geben, deren es bedurfte, um Staat im modernen Sinne zu werden; das Eigeninteresse der Fürsten, unter denen die Kurfürsten (das sind: die drei rheinischen Erzbischöfe von Köln, Mainz und Trier; der Pfalzgraf bei Rhein, der Herzog von Sachsen, der Markgraf von Brandenburg und der König von Böhmen) den ersten Rang innehatten, das Mißtrauen der Städte, mit denen das Königtum zeitweise ein Bündnis einzugehen versuchte, und die Schwäche der Zentralgewalt haben durchschlagende Erfolge verhindert. Die Herrscher waren darauf angewiesen, sich eine Hausmacht zu schaffen, um eine unabhängige Politik treiben zu können. Es dauerte bis zum Jahre 1495, ehe die vielen Ansätze, Pläne und Versuche nun tatsächlich in Reformgesetzen ihren Niederschlag fanden (Reichsreform unter Maximilian I.).

Aber auch in den Territorien hat sich nicht eine unumschränkte fürstliche Herrschaftsgewalt ausgebildet. Bereits König Heinrich (VII.) hat im Jahre 1232 die Fürsten in einem Gesetz, das sie zum ersten Male „Landesherren" („domini terrae") nennt (MG. Const. II Nr. 305), an die Zustimmung der „maiores et meliores terrae" gebunden, wenn sie von den Untergebenen neue Leistungen fordern wollten. Damit sind die Weichen gestellt worden für die Ausbildung des dualistischen Ständestaates, in dem die Stände – geistlicher und weltlicher Adel, Ritterschaft, meist auch die Städte, mitunter sogar die Bauern – an der Regierung beteiligt waren (Steuerbewilligungsrecht!) und der in einigen deutschen Staaten bis in den Beginn des 20. Jahrhunderts Bestand gehabt hat.

Der knappe Überblick über die Entwicklung des deutschen Staates fordert zum Vergleich mit den anderen europäischen Staaten heraus, in denen von anderen Voraussetzungen her zum Teil andere Lösungen gefunden worden sind, doch würde das den Rahmen dieser Einführung sprengen; es dürfte deutlich geworden sein, wie vielfältig die Probleme sind, denen sich die Verfassungshistoriker gegenübersehen.

Literatur:

Zu den Problemen und Aufgaben der Landesgeschichte in den verschiedenen Gebieten Deutschlands und der westlichen Nachbarländer vgl. die Untersuchungen in: Rheinische Vierteljahrsblätter 34, 1970; ferner: H. AUBIN, Grundlagen und Perspektiven geschichtlicher Kulturraumforschung und Kulturmorphologie (Aufsatzsammlung), Bonn 1965; K. LECHNER, Sinn und Aufgaben geschichtlicher Landeskunde, in: MIÖG 58, 1950; W. SCHLESINGER, Verfassungsgeschichte und Landesgeschichte, in: Hess. Jb. f. Landesgeschichte 3, 1953, Wiederabdruck: Beiträge zur deutschen Verfassungsgeschichte des Mittelalters, Göttingen 1963; Fr. PRINZ, Landesgeschichte und Mediävistik, Ein Forschungsbericht ..., in: H.Jb. 88, 1968; P. FRIED (Hrsg.), Probleme und Methoden der Landesgeschichte, (Wege d. Forschung 492) Darmstadt 1978.

Rechts- und Verfassungsgeschichte: H. COING, Epochen der Rechtsgeschichte in Deutschland, München ⁴1981; K.S. BADER, Die Einheit der Rechtsgeschichte, in: H. Jb. 74, 1955; E.W. BÖCKENFÖRDE, Die deutsche verfassungsgeschichtliche Forschung im 19. Jahrhundert. Zeitgebundene Fragestellungen und Leitbilder (Schriften zur Verfassungsgeschichte 1), Berlin 1961; O. BRUNNER, Moderner Verfassungsbegriff und mittelalterliche Verfassungsgeschichte (MIÖG Erg.-Bd. 14, 1939), Neufassung 1955 in: Herrschaft und Staat im Mittelalter, (Wege der Forschung 2) Darmstadt 1956; G. WAITZ, Verfassungsgeschichte des deutschen Volkes (bis zum 12. Jahrhundert) I–VIII, 1844–1878 (ND 1953/56); H. PLANITZ, Deutsche Rechtsgeschichte, 3. Aufl. bearb. von U.-D. Oppitz u. K.A. Eckhardt, Graz/Köln 1971; R. SCHRÖDER u. E. FRHR. VON KÜNSSBERG, Lehrbuch der deutschen Rechtsgeschichte, Berlin ⁷1932, ND 1966; C. FRHR. VON SCHWERIN, Grundzüge der deutschen Rechtsgeschichte, bearb. v. H. THIEME, Berlin u. München ⁴1950; H. MITTEIS, Deutsche Rechtsgeschichte, bearb. von H. LIEBERICH, München ¹⁹1992; H. MITTEIS, Die Rechtsidee in der Geschichte. Gesammelte Abhandlungen und Vorträge, Köln/Wien 1968; H. CONRAD, Deutsche Rechtsgeschichte, Bd. I: Frühzeit und Mittelalter, Karlsruhe ²1962 (mit umfangreichen Schrifttumsnachweisen); K. KROESCHELL, Deutsche Rechtsgeschichte, 2 Bde., Opladen ⁷1985/89; H. COING (Hrsg.), Handbuch der Quellen und Literatur der neueren europäischen Privatrechtsgeschichte, Bd. I: Mittelalter, München 1973; Deutsches Rechtswörterbuch (Wörterbuch der älteren deutschen Rechtssprache). Hrsg. von der Preuß. Akad. d. Wissenschaften Berlin, Weimar 1914ff. (bisher 8 Bde.); Handwörterbuch zur Deutschen Rechtsgeschichte, hrsg. v.a. ERLER und E. KAUFMANN, Berlin 1964ff.; J. FRIED, Die Entstehung des Juristenstandes im 12. Jahrundert, Köln/Wien 1974; F. KERN, Recht und Verfassung im Mittelalter (1919), ND Darmstadt ⁴1981; G. KÖBLER, Das Recht im frühen Mittelalter. Untersuchungen zu Herkunft und Inhalt frühmittelalterlicher Rechtsbegriffe im deutschen Sprachgebiet (Forschungen zur deutschen Rechtsgeschichte 7), Köln/Wien 1971; K. KROESCHELL, Haus und Herrschaft im frühen deutschen Recht. Ein methodischer Versuch, Göttingen 1968 (dazu W. SCHLESINGER, ZRG Germ. Abt. 86, 1969, S. 277ff.); H. MITTEIS, Der Staat des hohen Mittelalters. Grundlinien einer vergleichenden Verfassungsgeschichte des Lehnzeitalters, Köln/Graz ⁸1968; F.L. GANSHOF, Was ist das Lehnswesen? Darmstadt ⁶1983 (Dt. Übers. d. franz. Ausg.: Qu'est-ce que la féodalité?, 1957); Herrschaft und Staat im Mittelalter, hrsg. v. H. KÄMPF (Wege der Forschung 2), Darmstadt 1956; Th. MAYER, Fürsten und Staat. Studien zur Verfassungsgeschichte des deutschen Mittelalters, Köln/Graz 1950; E. BOSHOF, Königtum und Königsherrschaft im 10. und 11. Jahrhundert, München 1993; O. BRUNNER, Land und Herrschaft. Grundfragen der territorialen Verfassungsgeschichte Österreichs im Mittelalter, Wien ⁶1970; Sonderausgabe Darmstadt 1970; W. SCHLESINGER, Die Entstehung der Landesherrschaft. Untersuchungen vorwiegend nach mitteldeutschen Quellen, Darmstadt ⁵1976 (mit wichtiger Vorbemerkung); H.E. FEINE, Kirchliche Rechtsgeschichte. Die katholische Kirche, Köln/Wien ⁵1972; H. PLANITZ und Th. BUYKEN, Bibliographie zur deutschen Rechtsgeschichte, Frankfurt/M. 1952.

2. Wirtschafts- und Sozialgeschichte

Die Geschichtsforschung der Gegenwart ist sehr stark von sozial- und wirtschaftsgeschichtlichen Fragestellungen geprägt – ein Beispiel dafür, daß der Historiker die Fragen an die Vergangenheit immer auch unter dem Eindruck der seine Zeit beherrschenden Probleme stellt. Die Mediävistik hat sich diesen Tendenzen nicht verschlossen, ja sie besitzt in diesem Bereich schon eine lange Tradition, wenn auch die Arbeitsgrundlagen – das Quellenmaterial – nach Epochen und geographischen Räumen unterschiedlich beschaffen sind; zwangsläufig rückt unter diesem Aspekt das Spätmittelalter stärker in den Vordergrund. Dabei ist nicht zu verkennen, daß manche Untersuchung in der Art der Fragestellung und der Wertung historischer Ereignisse und Prozesse der Gefahr der Einseitigkeit nicht zu entgehen vermochte und eine überspitzte Kritik an der traditionellen Historiographie mit dem Vorwurf einer einseitigen Orientierung an politischen Ereignissen und der Ideengeschichte in das entgegengesetzte Extrem führte. Vor allem in der französischen Zeitschrift „Annales" werden solche Fragen einer „neuen Geschichtsauffassung" mit Leidenschaft – und nicht immer ohne Selbstgefälligkeit – diskutiert und dabei spielt unverkennbar oft der Wunsch mit, die Geschichte in den Rang einer exakten Wissenschaft zu erheben. Man sucht eine Möglichkeit, kollektive Gebilde und Prozesse exakt zu erfassen, und als Methode bietet sich die Statistik an. Grundlage der Geschichte als Gesamtwissenschaft wird damit die Zahl, in den Vordergrund rücken die Quantitäten. So kann man die Bevölkerungsentwicklung, die Entwicklung der gewerblichen Produktion, Ernteerträge, Konsum bestimmter Güter, Preis- und Lohnkosten usw. erfassen. Die Probleme, die sich für Mediävistik hier ergeben, können nur angedeutet werden: das Fehlen von Quellen, die eine hinreichende Grundlage für eine quantitative Auswertung bieten, die Material für eine statistische Untersuchung liefern können (so vor allem im Früh- und Hochmittelalter; in Deutschland fließen statistisch auswertbare wirtschaftsgeschichtliche Quellen ohnehin spärlicher als in Westeuropa); ferner ist die Frage nach der Zuverlässigkeit der Zahlenangaben zu stellen und schließlich darauf hinzuweisen, daß auch das Zahlenmaterial der Interpretation bedarf und der Historiker mit einer bestimmten Fragestellung und Theorie an dieses Material herangeht. Die Betonung der Bedeutung von Kollektivschicksalen und langdauernden Entwicklungen, die Ablehnung der Ereignisgeschichte (histoire événementielle), die mit dem Ereignis nur den äußerst knappen Ausschnitt eines Entwicklungsprozesses herausstellt, führt zu einer bestimmten Akzentuierung und Neuorientierung des Zeitbegriffes: zur Zeitkategorie der „langen Dauer" („longue durée"), mit der der Begriff der „Struktur" in enger Verbindung steht. Der Siegeszug der „Strukturgeschichte" kann allerdings nicht darüber hinwegtäuschen, daß über den Begriff „Struktur" vielfach unterschiedliche und unscharfe Vorstellungen herrschen und hier eine weitere Abklärung nötig ist.

Wir haben bereits betont, daß in der mediävistischen landes- und verfassungsgeschichtlichen Forschung in Deutschland schon immer eine umfassendere Betrachtungsweise gepflegt worden ist, auch wenn man dies nicht im Zeichen des Strukturalismus oder mit eingehender theoretischer Klärung getan hat, und kein Geringerer als M. Bloch, einer der Wortführer der oben charakterisierten französischen Historikerschule, hat dies sehr deutlich bestätigt. Das Problem der Überwindung einer einseitig politisch-staatlich ausgerichteten Geschichtsforschung und idealistischen Geschichtsschreibung ist hier bereits in den 80er Jahren des vorigen Jahrhunderts diskutiert worden, und der – zeitweise erbittert geführte –

Streit um die Arbeiten und Auffassungen von K. Lamprecht, dem es um die Öffnung der Geschichtswissenschaft zur Sozial- und Wirtschaftsgeschichte hin ging, stellt in diesem Zusammenhang einen vielbeachteten Höhepunkt dar. Bis dahin war – seit der Mitte des Jahrhunderts – wirtschaftsgeschichtliche Forschung fast ausschließlich von seiten der Nationalökonomie (Jüngere historische Schule der Nationalökonomie; G. Schmoller) betrieben worden. Auch in diesem Falle wird der Einfluß der Zeitsituation auf die historischen Fragestellungen deutlich (industrielle Revolution mit ihren ökonomischen und sozialen Problemen; K. Marx und die sozialistischen Strömungen); dabei ist interessant zu sehen, daß der sozialgeschichtliche Aspekt zunächst stärker als in der neueren in der alten und mittelalterlichen Geschichte hervortritt (vgl. etwa K. LAMPRECHT, Deutsches Wirtschaftsleben im Mittelalter. Untersuchungen über die Entwicklung der materiellen Kultur des platten Landes aufgrund der Quellen zunächst des Moselraumes, 3 Bde. Leipzig 1886).

In der deutschen Geschichtswissenschaft haben – abgesehen von einem generellen Mißtrauen der in der Tradition des Historismus stehenden Historiker gegenüber der Anwendung soziologischer Methoden („Soziologismus" als Gefahr gesehen) – die politischen Wechselfälle nach der Jahrhundertwende gerade auch in bezug auf die hier zur Diskussion stehenden Fragen ihre Spuren hinterlassen: Zeitweise, nach dem Ersten Weltkrieg, gewann die diplomatisch-politisch ausgerichtete Geschichtsschreibung wieder eine Vorrangstellung, zeitweise, nach 1933, wurde eine soziologisch bestimmte Geschichtsforschung dadurch gehemmt, daß sie mit Marxismus gleichgesetzt und damit verurteilt wurde – wir brauchen hier auf Einzelheiten nicht einzugehen; heute besteht für uns die Aufgabe, zwischen der Geschichtswissenschaft und den Sozialwissenschaften ein abgewogenes Verhältnis herzustellen. Die Voraussetzungen dafür sind gegeben, da die Geschichtswissenschaft die ökonomisch-gesellschaftlichen Faktoren in ihre Betrachtung einbezieht und z.B. die Soziologie nicht darauf verzichten kann, sich an der Geschichte zu orientieren.

Haben wir im vorhergehenden Kapitel einige Hauptprobleme der Rechts- und Verfassungsgeschichte skizziert, so soll hier nun ein knapper Überblick die wichtigsten Entwicklungen in Wirtschaft und Gesellschaft des Mittelalters aufzeigen.

Das Problem der Kontinuität von der Spätantike zum Frühmittelalter stellt sich in diesen Bereichen in besonderem Maße; denn in dem Gebiet, das im 4. und 5. Jh. die wirtschaftlich fortschrittlichste Region des Imperium Romanum war, nämlich Gallien, vollzog sich der Übergang von römischer zu germanischer Herrschaft ohne entscheidenden Bruch und gestaltete sich die Begegnung zwischen Romanen und Germanen besonders intensiv. Für die agrarisch geprägte Wirtschaftsstruktur des Frankenreiches ist die Grundherrschaft (wissenschaftlicher Hilfsbegriff) die bestimmende Organisationsform, in der sich germanische und provinzialrömische Elemente mischen. Grundherrschaft ist Herrschaft über das Land und die darauf hausenden Leute. Als Wirtschaftsform in einem großen Teil Europas ist sie charakerisiert durch die Aufteilung des gesamten Grundbesitzes in das vom Grundherrn selbst bewirtschaftete Land, das Herrenland („terra salica", „terra indominicata"), und das an abhängige – freie und unfreie – Bauern gegen Leistung (Abgaben, Dienste) ausgegebene Land (Hufen, mansi). Die Abhängigkeitsverhältnisse der Hintersassen („Grundholden") sind dabei keineswegs einheitlich – es gibt verschiedene Formen der Landleihe (Prekarie, lat. „precaria", von „preces", „precari" nach dem dabei üblichen Bittbrief des Pächters) und mannigfache Abstufungen der Leistung – , und auch die Größe der Bauernstelle ist nicht generell zu bestimmen. Meist wird der Bauer über einen „mansus" oder eine Hufe verfügt haben, wobei es sich hier um eine Wirtschaftseinheit handelt, die wiederum nicht einheitlich bemessen ist, sondern nach Landschaften differiert; zudem sind mansus und Hufe nicht immer gleichzusetzen. Man wird am ehesten darunter einen Bauernhof von etwa 30 Morgen zu verstehen haben. Auch die hofeigenen Leute stellen keine homogene Gruppe dar; hier stehen Unbehauste („servi quotidiani", „in domo manentes"), die zu allen möglichen Diensten herangezogen werden können, neben den Behausten („servi casati"), die auf einer kleinen Bauernstelle leben. In einer großen Grundherrschaft gibt es mehrere Herrenhöfe („villae") als Verwaltungszentren, denen jeweils ein Meier („maior") vorstehen kann (Villikationssystem). Grundherrschaft ist jedoch mehr als bloße Wirtschaftsform; ihre soziale Bedeutung liegt darin, daß der Herr für den Schutz der Grundholden verantwortlich ist und auf diese Weise persönliche Beziehungen zwischen beiden Seiten hergestellt werden. Für den Grundherrn ist darüber hinaus von besonderer Bedeutung, daß ihm die Gerichtsbarkeit – zunächst nur die niedere – zusteht, wodurch ihm die Möglichkeit zum Herrschaftsausbau gegenüber dem Staat gegeben ist. Die Entstehung und Ausweitung der Grundherrschaft vom 6. bis 9. Jh. hat mannigfaltige Ursachen. Die Okkupation des römischen Staatslandes („fiscus") in Gallien, das „ius eremi" (Recht an herrenlosem Land), Konfiskationen und Eroberungen vergrößerten den Landbesitz der fränkischen Könige; der geistliche Grundbesitz wuchs durch Schenkungen beträchtlich (in hohem Maße Streubesitz), und auch die weltlichen Grundherren erweiterten den von ihnen bewirtschafteten Grund und Boden ständig durch Inbesitznahme von Niemandsland, z.B. Rodung mit Unfreien, durch Landleihe und auch dadurch, daß freie Bauern in ein Abhängigkeitsverhältnis zu ihnen eintraten. Innerhalb des Bauernstandes selbst vollzieht sich nun ein Nivellierungsprozeß, der die Unterschiede von Freiheit und Unfreiheit in ihren mannigfachen Abstufungen allmählich einebnet. Diese Vorgänge sind in den Quellen schwer faßbar, und die Erklärungen, die man in der Forschung zu geben versucht hat, können wir hier nicht im einzelnen diskutieren: Aufsteigen von Unfreien durch einen „Verbäuerlichungsprozeß" innerhalb der Grundherrschaft, Absinken der freien Bauern („Vergrundholdungsprozeß"), wobei hier die Frage nach den Gründen zu stellen ist – gewaltsame Überführung in ein grundherrliches Verhältnis (Depressionstheorie) oder freiwilliger Eintritt, Flucht vor Wehrverpflichtungen, Schutzsuche, Rückgriff auf Land, das allein noch von den großen Grundherren zu erhalten war, nachdem der übrige Grund und Boden durch Erbteilung und auf Grund der Bevölkerungsvermehrung schon vergeben war.

Mit der Erwähnung der „freien Bauern" ist zugleich schon die Frage gestellt nach der Sozialstruktur der mittelalterlichen Gesellschaft. Die Welt des Mittelalters und ihre Erscheinungsformen sind aristokratisch geprägt; Adel (optimates, proceres, potentes, maiores natu, nobiles in den Quellen) aber beruht wesentlich auf Grundbesitz, d.h. Eigen („Allod"), und ist charakterisiert durch Teilhabe an Herrschaft. Der Adel wird damit zum Konkurrenten der königlichen Gewalt; kennzeichnend für mittelalterliche Verfassungsverhältnisse ist der Dualismus von Adel und Königtum. Im Merowingerreich rekrutiert sich diese höchste Gesellschaftsschicht aus dem germanischen Stammesadel und dem aus der spätrömischen Reichsbeamtenschaft hervorgegangenen romanischen Senatorenadel. Es ist dem Königtum nicht gelungen, diese Schicht völlig zu entmachten, geschweige denn auszurotten und durch einen „Dienstadel" (kgl. Gefolgschaft = trustis) zu ersetzen. Königsdienst hat zwar sozialen Aufstieg begünstigt, aber nur selten haben sich Leute geringerer Herkunft durchgesetzt. Durch die Besetzung der höchsten Stellen in der Reichskirche (Bischöfe, Äbte) hat der Adel seinen Einfluß sogar noch steigern können. Seit der frühen Karolingerzeit findet dieser Adel seine Bindung an den Herrscher mehr und mehr im Lehnswesen (s.o. S. 184f.).

In bezug auf die Unterschichten stellt uns die Interpretation der spärlichen Quellen vor fast unlösbare Probleme und entsprechend kontrovers sind die in der Forschung im Laufe der Jahrzehnte vorgetragenen Auffassungen und Theorien. Mit einigen wenigen lateinischen Begriffen, deren Übersetzung zudem nicht immer unumstritten ist, werden komplizierte und nach Landschaften, Stämmen und Epochen unterschiedliche ständische Verhältnisse erfaßt oder umschrieben. Wer sind die liberi, wer die servi der Volksrechte, Kapitularien und erzählenden Quellen? Die Unfreiheit ist nicht erst mit der Entfaltung der Grundherrschaft entstanden, sie hat viele Ursachen: Verknechtung durch Unterwerfung, Kriegsgefangenschaft, Schuldknechtschaft, Geburt. Es gibt aber nicht die Unfreiheit, sondern verschiedene Stufen von Unfreiheit, genau so wie wir verschiedene Zonen von Freiheit (auch Halb-, Minderfreiheit) erkennen können. Bei den Sachsen z.B. sind die Edelinge durch ein unverhältnismäßig hohes Wergeld (in den Volksrechten festgesetzte Summe, die der Sippe für einen Erschlagenen vom Täter als Buße zu zahlen ist) über die beiden unteren Stände hinausgehoben, während die „Frilinge" (Freie) den „Lazzen" („lazzi" = Halbfreie), die Waffen tragen und an der Stammesversammlung teilnehmen dürfen, sehr nahe stehen. Wie ist aber die Freiheit zu charakterisieren? Die klassische rechts- und verfassungsgeschichtliche Forschung verstand die in den karolingischen Quellen zahlreich erscheinenden „liberi" als Gemeinfreie, die über den vollen Rechtsstatus verfügten und nur dem König und seinen Amtsträgern unterstellt waren. Von diesem Stand ließ sich unschwer eine Brücke schlagen zu den freien Bauern des Hoch- und Spätmittelalters. Demgegenüber entwickelte die jüngere Lehre (H. Dannenbauer, Th. Mayer u.a.) ein Modell, in dem Freiheit als vom Königtum verliehene und geschützte Freiheit interpretiert wird, letztlich also nichts anderes darstellt als eine bestimmte, freiere Form der Abhängigkeit. Sie verwendet in diesem Sinne den in den Quellen nicht belegten Begriff „Königsfreie"

(analog: Herzogsfreie) und versteht darunter Wehr- und Rodungssiedler, Militär-
kolonisten, die auf Staatsland vor allem in gefährdeten Gebieten angesetzt waren und dafür einen Zins zahlten (Königszins = „census regius"), neben ihrer
bäuerlichen Tätigkeit militärische Aufgaben wahrnahmen und zu öffentlichen
Diensten (z.b. Instandhaltung von Brücken und Wegen) herangezogen wurden.
Sie waren frei, weil sei keinen anderen Herrn (Grundherrn) über sich hatten als
den König.

In jüngster Zeit ist diese Auffassung, die nie unumstrittene Geltung erlangt
hat, grundsätzlich in Frage gestellt worden (H.K. Schulze). Die frühmittelalterliche Gesellschaft ist geburtsständisch gegliedert, d.h. man ist durch Geburt
liber/ingenuus oder servus; zur Freiheit aufsteigen konnte ein Unfreier nur durch
Freilassung. Damit ist noch nichts gesagt über den sozialen Status der liberi, der
sehr unterschiedlich sein konnte, und es bleibt eine offene Frage, inwieweit sich
Altfreiheit im Bereich der Unterschichten behauptet hat. Immerhin kann grundsätzlich kein Zweifel daran bestehen, daß der Königsdienst in der mittelalterlichen Gesellschaft der Motor sozialen Aufstiegs und damit ein wesentliches Element sozialer Mobilität war.

Ein weiterer Ansatz für sozialen Aufstieg ist die Rodung, wobei wir hier die
Binnenkolonisation des 10. Jh.s mit dem Landesausbau des 12. Jh.s und der Ostkolonisation in ihren gesellschaftlichen Auswirkungen im wesentlichen gleichset-
zen können. Besondere Aufgaben und Leistungen verschafften den beteiligten
Bauern hier vorteilhaftere Rechtsregelungen und Freiheiten im gesellschaftlichen
und wirtschaftlichen Bereich, so daß wir hier von Rodungsfreiheit (als wissenschaftlicher Hilfsbegriff ebenfalls nicht unumstritten), Freibauern sprechen können (verfassungsrechtliche Bedeutung s.o. S. 186).

Auch innerhalb des Fronhofverbandes, der „familia", die Gesinde und Grundholden einbezieht und unter besonderem Recht, dem vom Grundherrn gegebe-
nen Hofrecht lebt (vgl. etwa das Hofrecht des Bf.s Burchard v. Worms für die
„familia St. Petri" – die „familia" der Wormser Kirche; s.o. S. 134), ergibt sich
durch die Intensivierung des wirtschaftlichen Lebens im 11./12. Jh. die Möglichkeit zur Differenzierung der Abhängigkeiten; der Aufstieg der Ministerialen und
des Bürgertums aber sprengt das System des hofrechtlichen Verbandes. Die Ministerialen wachsen aus der Schicht der unbehausten „servientes" durch besonderen Dienst (Verwaltung, Waffendienst) heraus, wobei die Reichsministerialen das
Leitbild abgeben, an dem sich die anderen (Stifts-, Klosterministerialen usw.) orientieren. Die energische Königsstaatspolitik seit den Saliern schafft die Voraussetzungen für ihren vielfältigen Einsatz („Quasi-Beamtenschaft"), der sie im Hinblick auf ihre Funktionen an die Seite adeliger Vasallen des Königs treten läßt;
so können sie, obwohl sie unfreie Dienstmannen bleiben, zu den höchsten Würden gelangen (vgl. Markward v. Annweiler). Ihr sozialer Aufstieg läßt sie auch
die Standesschranke zu den Edelfreien überwinden (Möglichkeit des „connubi-
ums"), und im Laufe des 12./13. Jh.s bilden sie mit der niederen Vasallität den
niederen Adel (Ritterstand). Noch im 13. Jh. haften ihnen Elemente der Unfreiheit an, bis sie allmählich auch persönlich frei werden.

Auch die Entwicklung des Bürgertums vollzieht sich aus der „familia" des Stadtherrn heraus, wobei die Möglichkeit des Aufstiegs hier ebenfalls durch besondere Aufgaben und Leistungen gegeben ist: Kaufleute, denen eine mehr oder weniger große Freizügigkeit im Dienste ihres Herrn zukommt, Handwerker, die sich spezialisieren und so allmählich aus dem Fronhofverband heraustreten, Ministerialen, die sich am Handel und der Verwaltung beteiligen – aus ihnen setzt sich das entstehende Bürgertum zusammen. Auch wer seinem Grundherrn entlaufen ist und sich in die Stadt begibt („Stadtluft macht frei", wenn er nicht binnen Jahr und Tag bzw. während einer bestimmten Frist zurückgefordert wird), tritt in die „familia" des Stadtherrn ein. Der Prozeß der Emanzipation von diesem aber vollzieht sich allmählich, oft nicht ohne größere Auseinandersetzungen und erreicht um die Mitte des 14. Jh.s im allgemeinen seinen Abschluß. Mit dem Bürgertum ist nun eine echte Mittelschicht zwischen der adeligen Oberschicht und dem Bauerntum entstanden.

Den Hintergrund und Antriebsfaktor dieser Entwicklung bilden die Veränderungen in Handel und Gewerbe, die sich im Laufe des 12. Jh.s vollziehen. Seit der Karolingerzeit hatte sich die Situation des Handwerks bis ins 11. Jh. nur unwesentlich, die des Handels aber deutlich gewandelt, dadurch daß der europäische Fernhandel nun den deutschen Raum erfaßte. Noch beruhte der deutsche Handel auf dem Import, aber das änderte sich im 12. Jh.: Deutschland wird Exportland (Tuch, Metallwaren, Glas, Wein, Rohstoffe). Damit geht der Aufschwung des Städtewesens einher: Die Fernhändlersiedlung wird zur Stadt und entwickelt sich gleichzeitig zu einem Gewerbe- und Nahhandelszentrum, was wiederum die weitere Differenzierung des Handwerks in der Stadt bedingt. Auf diese Weise vollzieht sich der soziale Aufstieg von Kaufleuten und Handwerkern, der sich auf die rechtliche Entwicklung entsprechend auswirkt. Da aber für die Kaufleute die Möglichkeiten, Gewinne zu erzielen, bedeutend größer waren als für die Handwerker, zeichnen sich die Gefahren sozialer Spannungen ab, für die wir bereits im 13. Jh. Beispiele haben und die sich in den Auseinandersetzungen um das Stadtregiment entladen.

Die wenigen Hinweise werden deutlich gemacht haben, daß das Bürgertum als das vorwärtsdrängende Element im Sozialgefüge des hohen Mittelalters anzusehen ist; die Zeit nach 1300 ist gekennzeichnet von einem Aufstieg des Bürgertums in Deutschland, von einer Ausweitung des Handels und einem Aufblühen der städtischen Kultur, aber in Innenbereich vielfach auch von einer Erstarrung der Bewegung, einer Verfestigung des Systems im Aufbau ständischer und korporativer Schranken.

Literatur:

L. BEUTIN/H. KELLENBENZ, Grundlagen des Studiums der Wirtschaftsgeschichte (Böhlau-Studienbücher), Köln/Wien 1973; W. ZORN, Einführung in die Wirtschafts- und Sozialgeschichte des Mittelalters und der Neuzeit. Probleme und Methoden, München ²1974. – R. KÖTZSCHKE, Allgemeine Wirtschaftsgeschichte des Mittelalters, Jena 1924;

The Cambridge Economic History of Europe, Bd. 1–3, Cambridge ²1979–88. – K. BOSL, Frühformen der Gesellschaft im mittelalterlichen Europa. Ausgewählte Beiträge zu einer Strukturanalyse der mittelalterlichen Welt, München/Wien 1964; K. BOSL, Die Grundlagen der modernen Gesellschaft im Mittelalter 1–2, Stuttgart 1972; M. BLOCH, La société féodale, 2 Bde., 1939/40 (Neudrucke; dt. Ausgabe: Die Feudalgesellschaft, Berlin/Wien 1982); R. BOUTRUCHE, Seigneurie et féodalité, Paris ²1968; Fr. LÜTGE, Die Agrarverfassung des frühen Mittelalters im mitteldeutschen Raum vornehmlich in der Karolingerzeit, Jena 1937, ²1966; G. DUBY, L'économie rurale et la vie des campagnes dans l'Occident médiéval, 2 Bde., Paris 1962; K. SCHMID, Über die Struktur des Adels im frühen Mittelalter, in: Jb. f. frk. Landesforschung 19, 1959; Th. MAYER, Die Königsfreien und der Staat des frühen Mittelalters, in: Das Problem der Freiheit in der deutschen und schweizerischen Geschichte, (Vorträge und Forschungen II) ³1970; H.K. SCHULZE, Rodungsfreiheit und Königsfreiheit, in: HZ 219, 1974; Ch. VERLINDEN, L'esclavage en Europe médiévale, t. I: Péninsule ibérique, France, Bruges 1955. – M. DAUMAS (Hrsg.), Histoire générale des Techniques, 5 Bde., Paris 1962ff.; L. WHITE jr., Die mittelalterliche Technik und der Wandel der Gesellschaft, München 1968 (dt. Übers. von: Medieval Technology and Social Change, 1962); R. KÖTZSCHKE, Grundzüge der deutschen Wirtschaftsgeschichte bis zum 17. Jahrhundert, Leipzig 1908, ²1922; Th. MAYER, Deutsche Wirtschaftsgeschichte des Mittelalters und der Neuzeit, 2 Bde., Leipzig 1928; Fr. LÜTGE, Deutsche Sozial- und Wirtschaftsgeschichte. Ein Überblick, Berlin ³1966; Handbuch der deutschen Wirtschafts- und Sozialgeschichte, hrsg. v. H. AUBIN u. W. ZORN, Bd. 1: Von der Frühzeit bis zum Ende des 18. Jh.s, Stuttgart 1971; Fr. LÜTGE, Geschichte der deutschen Agrarverfassung vom frühen Mittelalter bis zum 19. Jahrhundert, Stuttgart ²1967; W. ABEL, Geschichte der deutschen Landwirtschaft vom frühen Mittelalter bis zum 19. Jahrhundert, Stuttgart ³1978; G. FRANZ, Geschichte des deutschen Bauernstandes vom frühen Mittelalter bis zum 19. Jahrhundert, Stuttgart ²1976; A. DOPSCH, Die Wirtschaftsentwicklung der Karolingerzeit, vornehmlich in Deutschland, 2 Bde., Köln/Graz ⁴1969; Th. MAYER (Hrsg.), Adel und Bauern im deutschen Staat des Mittelalters, (Aufsätze verschiedener Autoren) Leipzig 1943; R. WENSKUS, H. JANKUHN, K. GRINDA u.a. (Hrsg.), Wort und Begriff „Bauer", Göttingen 1975; K. BOSL, Die Reichsministerialität der Salier und Staufer. Ein Beitrag zur Geschichte des hochmittelalterlichen deutschen Staates und Volkes, 2 Bde., Stuttgart 1950/51; W. RÖSENER, Agrarwirtschaft, Agrarverfassung und ländliche Gesellschaft im Mittelalter, (EDG 13) München 1992. – H. PLANITZ, Die deutsche Stadt im Mittelalter. Von der Römerzeit bis zu den Zunftkämpfen, Wien/Köln ⁵1980; E. ENNEN, Die europäische Stadt des Mittelalters, (Sammlung Vandenhoeck) Göttingen ⁴1987 (mit umfassender Bibliographie); K. SCHULZ, „Denn sie lieben die Freiheit so sehr …". Kommunale Aufstände und Entstehung des europäischen Bürgertums im Hochmittelalter, Darmstadt 1992.

3. Kirchengeschichte

Wesen und Sinngebung der Kirchengeschichte bestimmen sich vom Begriff der Kirche her; daß sie historische und theologische Disziplin zugleich ist – hier allerdings gehen katholische und protestantische Auffassungen auseinander –, machen die Eigenart der Kirchengeschichtsschreibung und zugleich ihre besondere Problematik aus. Der Kirchenhistoriker wird wie der Profanhistoriker alle geschichtlichen Phänomene, die für ihn wichtig sind, in seine Betrachtung einbeziehen, er ist wie dieser an die Quellen gebunden und bedient sich wie dieser der historischen Methode. Auf dieser Stufe der Forschung wird sich ein konfessioneller

Standpunkt kaum bemerkbar machen, die Kirchengeschichte muß auf dem Boden der kritischen Geschichtsforschung stehen; aber in der Darstellung, die über die Feststellung der Tatsachen hinaus Wertung verlangt, Beurteilung von Persönlichkeiten, von religiösen Bewegungen und Strömungen, die die Entwicklung der Kirche hemmend oder fördernd bestimmt, die Institution umgestaltet oder sich von ihr getrennt haben, wird sich der philosophische und religiöse – auch konfessionelle – Standpunkt des Historikers geltend machen, denn Wertung ist – bei allem Willen zu größtmöglicher Objektivität – ohne Maßstäbe nicht möglich. Die Wertmaßstäbe aber leiten sich von dem ab, was der einzelne unter Kirche versteht.

Der traditionellen Kirchengeschichtsschreibung ist vorgeworfen worden, daß sie die Institutionen und die im Laufe der Jahrhunderte von Theologen, Philosophen und Juristen vertretenen Lehrmeinungen und Theorien überbetont habe und statt dessen an der Wirklichkeit des religiösen Lebens, am religiösen Leben und Denken der breiten Massen mehr oder weniger vorübergegangen sei. An dieser Kritik mag berechtigt sein, daß Teilbereiche wie Kunst – d.h. auch Volkskunst – und Literatur sowie Äußerungen der Volksfrömmigkeit als Spiegelung der Glaubenslehre im Leben des Gläubigen lange Zeit zu sehr am Rande behandelt worden sind; es zeigt sich ferner, daß die methodologischen Forderungen, die an die moderne Geschichtswissenschaft gestellt werden – Betonung soziologischer Fragestellungen und statistischer Methoden – vor der Kirchengeschichte nicht haltmachen. Man wird aber auch hier sagen dürfen, daß moderne Tendenzen aufgenommen werden können, ohne daß man gleich die Kirchengeschichte durch eine Geschichte des Katholizismus, des Protestantismus oder weiter gefaßt: des Christentums ersetzen müßte.

Wie für die Profangeschichte so stellt sich auch für die Kirchengeschichte das Problem der Periodisierung, allerdings unter dem speziellen Aspekt, daß hier die chronologischen Grenzen durch die Herabkunft des Heiligen Geistes bzw. die Konstituierung der Urgemeinde und die Wiederkunft Christi fest gegeben sind, die geschichtliche Zeit der Kirche also grundsätzlich begrenzte Zeit ist. Ein allgemeingültiges Einteilungsprinzip ist bis heute nicht gefunden; die Dreiteilung in Altertum, Mittelalter und Neuzeit ist erst verhältnismäßig spät (seit Ende des 17. Jh.s) übernommen worden und hat sich auch nicht ausnahmslos durchgesetzt. Die kirchliche Historiographie der Reformationszeit folgte dem annalistischen Schema (vgl. im 16. Jh. die „Magdeburger Zenturien", so benannt nach dem Ort der Abfassung und der Einteilung in Jahrhunderte, oder – auf katholischer Seite – die „Annales ecclesiastici" des Cesare Baronio). Das Mittelalter kennt eine Kirchengeschichte im eigentlichen Sinne nicht. Eusebius von Cäsarea (s.o. S. 117) hat, nachdem seine Kirchengeschichte im 5. und 6. Jh. durch Rufinus von Aquileja und in der „Historia tripartita" (Zusammenfassung und lat. Bearbeitung von drei Fortsetzungen im Auftrag Cassiodors) weitergeführt worden war, keinen Nachahmer mehr gefunden. Die mittelalterliche Historiographie ist welt- und heilsgeschichtlich, nicht kirchengeschichtlich ausgerichtet. Auch Luther und Melanchthon ist die Unterscheidung von Kirchen- und Profangeschichte noch fremd; sie wird erst gegen Ende des 16. Jh.s, und zwar nahezu gleichzeitig in Deutschland und Frankreich (R. Reineccius 1538 in seiner Helmstedter Antrittsvorlesung: Einführung der Begriffe „historia sacra" und „historia profana"; J. Bodin: „historia humana" – „historia divina") üblich. Schließlich ist auch darauf hinzuweisen, daß die in der allgmeinen Kirchengeschichtsschreibung geltenden Zeitgrenzen nicht unbedingt auch von den Teildisziplinen übernommen werden; so hat die kirchliche Rechtsgeschichte gegenüber der Dreiteilung ein anderes Periodisierungsschema erarbeitet (U. Stutz, H.E. Feine). Unser Überblick über die grundlegenden Entwicklungen der mittelalterlichen Kirchengeschichte wird versuchen, diesen Aspekt zu berücksichtigen.

Die sogenannte „konstantinische Wende" (s.o. S. 113) hat trotz der Gefahren, die in einer allmählich immer enger sich gestaltenden Verbindung von Kirche und weltlicher Gewalt keimhaft angelegt waren, der Kirche den Freiheitsraum geschaffen, in der ihre innere und äußere Entwicklung machtvoll vorangetrieben wurde. Im 4. und 5. Jh. sind die großen dogmatischen Fragen, die christologischen und trinitarischen Probleme, entschieden worden, und zwar im Osten des Reiches (Konzilien von Nicäa i.J. 325, Konstantinopel i.J. 382, Ephesus i.J. 431, Chalkedon i.J. 451), der die politische und kulturelle Führung übernommen hatte. In dieser Zeit ist aber auch der Einfluß römisch-rechtlichen Denkens äußerst stark (z.B. Organisation der Kirche: Metropolitanverband, Bistumsgliederung, Taufkirchenorganisation), und so ist die grundlegende Schicht des Kirchenrechts römisch geprägt worden. Das Eindringen der Germanenvölker ins Reich und der Arabersturm haben auch in der Kirche tiefgreifende Veränderungen hervorgerufen. Die oströmischen Kaiser haben nach dem Scheitern von Justinians großem Restaurationsversuch (527–565) den Westen weitgehend sich selbst überlassen; einstmals blühende Kirchenprovinzen (Afrika, Spanien) fielen dem Siegeszug des Islam zum Opfer und gingen ganz verloren. Der Aufstieg des Papsttums, das in den Drangsalen der Völkerwanderungszeit beim Versagen der Staatsgewalt oft genug staatliche Aufgaben übernehmen mußte, hat im Westen die Gefahr des Caesaropapismus (Leitung auch der Kirche durch das weltliche Oberhaupt) weitgehend gebannt, eine Gefahr, der die Kirche des byzantinischen Reiches nicht zu entgehen vermochte. Von weltgeschichtlich größter Bedeutung wurde das Bündnis des Papsttums mit dem Frankenreich in der Mitte des 8. Jh.s. Die Franken waren unter Chlodwig (486–511) zum Christentum übergetreten, und zwar zur katholischen Orthodoxie und nicht wie die übrigen Germanenvölker zum Arianismus; sie blieben damit von inneren Konflikten mit der Kirche verschont. Was zunächst nur dünner Firnis war, wurde im 7. und 8. Jh. durch die irische, gallisch-fränkische und schließlich die angelsächsische Mission entscheidend vertieft. Die Errichtung der karolingischen Monarchie durch Pippin im Jahr 751 erfolgte in engem Zusammenwirken mit dem Papst; auch dafür hatte die angelsächsische Mission die Voraussetzung geschaffen – Bonifatius war das Bindeglied zwischen dem politischen Machtfaktor und der geistig-kirchlichen Autorität des Abendlandes. In der Salbung fand das karolingische Königtum seine geistlich-religiöse Legitimation, wurde der christliche Sakralcharakter des mittelalterlichen Königtums nach alttestamentlichem Vorbild grundgelegt. Die Erhöhung der Karolinger zum Kaisertum im Jahre 800 vollendete die Lösung des Papsttums von Byzanz.

Dem 8. Jh. kommt auch unter kirchenrechtlichem Aspekt besondere Bedeutung zu: Germanisches Rechtsdenken findet Einlaß in die Kirche. Schon die Kirchenhoheit germanischer Herrscher ist von germanischen Rechtsvorstellungen (charismatischer Charakter des Königtums) mitgetragen; im Eigenkirchenrecht aber ist dieser Einfluß besonders deutlich erkennbar, wiewohl dieses nicht ausschließlich auf germanischer Rechtstradition beruht. Die geistliche und weltliche Grundherrschaft hat das Eigenkirchenwesen sehr gefördert. Dem Grundherrn, der auf seinem Grund und Boden eine Kirche (oder Kloster = Eigenkloster) erbaut und diese dotiert, kommen besondere Rechte zu: Das Kirchenvermögen, das zum Altar und Altargrundstück in einem Zubehörverhältnis steht, ist Sondervermögen des Kirchherrn, als solches vererbbar und veräußerlich, aber seit Karl d. Großen darf diese Vermögensmasse der Kirche nicht mehr entzogen werden. Die Einnahmen (Stolgebühren, Zehnt!) und Erträge dienen zunächst zum Unterhalt des Geistlichen, der Instandhaltung der Gebäude, dem Betrieb der Kirche (Lichter usw.), zum Teil auch karitativen Aufgaben; den Überschuß aber kann der Herr beanspruchen – die Eigenkirche kann also unter einem wirtschaftlichen Aspekt auch als ein gewinnbringendes Unternehmen betrachtet werden. Die Weihe der Kirche und des Geistlichen ist natürlich Sache des Bischofs, aber den Geistlichen bestimmt der Eigenkirchenherr, und hier liegt eine Ursache für mannigfache Mißstände; denn die Eigenpriester („presbyteri proprii") wurden zumeist aus der Schicht der „servi" genommen, zu den verschiedensten Dienstleistungen herangezogen und brachten für den geistlichen Stand so gut wie keine bildungsmäßigen Voraussetzungen mit. Die Kirche hat gegen die Mißbräuche des Eigenkirchenwesen verzweifelt angekämpft, aber nur schrittweise auf den vielen Reformsynoden (vor allem auch des 9. Jh.s) Erfolge erzielt – zu sehr waren hier reale Interessen des Adels und des Königtums berührt. Die schnelle und starke Zunahme der Eigenkirchen im 9. Jh. höhlte die Taufkirchenorganisation mit der Bischofkirche als Zentrale aus – ein weiterer Nachteil, obwohl hier auch in der intensiveren Erfassung des weiten Landes als Voraussetzung für den Aufbau einer Pfarreiorganisation ein positiver Aspekt zu erkennen ist. Eigenkirchenrechtliche Vorstellungen sind schließlich auch auf die Reichskirchen (Bischofskirchen, Reichsklöster, Reichsstifter usw.) übertragen worden, was der königlichen Kirchenhoheit eine zusätzliche Stütze gab. Der sakrale Charakter des Königtums, d.h. also das mittelalterliche Gottesgnadentum, und das gleichberechtigte Nebeneinander der beiden Gewalten, das dem Priestertum einen religiös-metaphysisch höheren Rang zugesteht, insofern er für das Seelenheil auch der Könige verantwortlich ist (gelasianische Zweigewaltenlehre, zurückgehend auf Papst Gelasius I. 494), das aber die Führungsposition des Königs in der Christenheit nicht in Frage stellt, bleiben die Grundordnung der frühmittelalterlichen Welt bis ins 11. Jh. Die königliche Kirchenhoheit ist unangefochten; sie ist die wesentliche Voraussetzung für das von Otto d. Großen geschaffene Reichskirchensystem (Übertragung von Grafenrechten an die Bischöfe, die staatliche Aufgaben übernehmen; Investitur, d.h. Einsetzung, durch den König, der auf die Wahl – nach kanonischem Recht durch Klerus und Volk – entscheidenden Einfluß nimmt). Diese Ordnung, in der bei dem machtmäßigen Übergewicht des Königs und Kaisers die Gefahr des Caesaropapismus nicht ausgeschlossen war, zerbrach in der verhängnisvollen Auseinandersetzung zwischen Heinrich IV. und Gregor VII.; Canossa (1077) stellt die Wende dar: In dem Ringen um die Führung der Christenheit unterliegt der König, als er, seine Gehorsamspflicht anerkennend, Buße leistet. Dieser Akt leitete die Entsakralisierung des Königtums ein. Die Erneuerung des monastischen Lebens (Cluny; Reichsmönchtum von dem lothringischen Gorze, Diözese Metz, und anderen Reformzentren her geprägt), die Kanonikerreform, die Entwicklung der Kanonistik gingen dem Aufstieg des Papsttums voraus oder verliefen gleichzeitig damit; das ottonisch-salische Kaisertum, das in Heinrich III. auf einen Gipfelpunkt seiner Geltung gelangte, nahm tätigen Anteil daran (Sutri/Rom 1046), schuf dem Reformpapsttum erst eigentlich die Bedingungen seiner Existenz. Die kirchliche Reformbewegung erstrebte die libertas, die Befreiung von weltlicher Herrschaft und einer zu engen Verstrickung in weltliche Angelegenheiten und Händel (vgl. die Forderungen nach Verbot von Priesterehe, Simonie, Laieninvestitur), und ihr Erfolg hat den freiheitlichen Gang der abendländischen Geschichte entscheidend mitbestimmt. Neue Orden und Kanonikergemeinschaften (Zisterzienser, Kartäuser, Augustinerchorherren, Prämonstratenser) trugen seit der Wende zum 12. Jh. die Reformbewegung. Die Entwicklung des Kirchenrechts gelangte im Decretum Gratiani (Concordantia discordantium canonum 1139/40 – s.o. S. 134) zu einem ersten Abschluß, der Ausgangspunkt war für die Entwicklung der Kanonistik als Wissenschaft. Gleichzeitig entfaltete sich im 12. Jh. eine neue Theologie im Bereich der Kathedral- und Stiftsschulen, der man später den Namen Scholastik gegeben hat: Sie bemühte sich in intensiver Beschäftigung mit der Schrift und der Vätertradition um eine rationale Erhellung der Glaubensgeheimnisse.

Gregor VII. hat die Forderung nach libertas übersteigert zum Anspruch auf Herrschaft auch im weltlichen Bereich. Seine Nachfolger sind ihm auf diesem Wege zunächst nicht gefolgt, sie suchten den Ausgleich mit der weltlichen Gewalt (vgl. für das Reich das Wormser Konkordat 1122), aber dennoch war hier eine Tradition geschaffen, die im Hochmittelalter wiederauflebte, bei Innozenz III., mehr noch bei Gregor IX. und Innozenz IV., und dann in der Bulle „Unam Sanctam" Bonifaz' VIII. 1302 ihre bekannteste Zusammenfassung erhielt: Die geistliche Gewalt überragt an Würde jede weltliche, beide Schwerter, das geistliche wie das weltliche, gehören der Kirche; sie selbst führt das geistliche, das weltliche aber der König nach der Weisung der Priester (Ausbildung der Zweischwertertheorie in der 2. Hälfte des 11. Jh.s zunächst auf königlicher Seite im Sinne eines gleichberechtigten Nebeneinanders).

Immer aber hat es gegenüber den Machtansprüchen des Papsttums auch Gegenströmungen gegeben, die die enge Verflechtung mit weltlichen Angelegenheiten als Gefahr und Verirrung angesehen haben: Die Armutsbewegung ist ein Beispiel dafür. Sie hat sich in beide möglichen Richtungen hin entwickelt: aus der

Kirche heraus in die Häresie (z.B. Waldenser) und innerhalb der Kirche bleibend, die Kirche umgestaltend durch vorbildliches Leben im Sinne des Evangeliums (Bettelorden). Die Auseinandersetzung mit den Staufern hat das Papsttum siegreich bestanden; aber der Sturz des universalen Kaisertums deutete auch die Peripetie bereits an. Als das Papsttum, auf eine stützende Macht in der Welt angewiesen, sich an das französische Königtum anlehnte, geriet es in den Sog der Machtpolitik und des Machtegoismus dieses aufsteigenden Nationalstaates; nach dem Tode Bonifaz' VIII. und einigen Jahren des Schwankens wurde Avignon für fast siebzig Jahre die Residenz der Päpste. Das Hochmittelalter war auch für das Papsttum vorüber.

Am 17. Januar 1377 kehrte Gregor XI. nach Rom zurück. Sein früher Tod aber stürzte die Kirche in eine furchtbare Krise: Das große Schisma brach aus, das erst nach langen Anstrengungen auf dem Konzil von Konstanz (1414–1418) beigelegt werden konnte. Inzwischen war der Ruf nach Reform der Kirche unüberhörbar geworden: Das 15. Jh. ist die Zeit der großen Reformkonzilien (Pisa 1409, Konstanz 1414–1418, Basel–Ferrara–Florenz 1431–1449); der Konziliarismus – die Lehre von der Überordnung des Konzils als der Repräsentation der universitas fidelium über den Papst – ist der Gegenschlag gegen den Papalismus der voraufgehenden Zeit. In der Auseinandersetzung mit dem Baseler Konzil hat sich Eugen IV. behauptet; mit dem Scheitern des Konzils aber scheiterten auch die Reformbestrebungen. Für K.A. Fink (Handbuch der Kirchengeschichte, hrsg. von H. Jedin, III, 2 S. 588) liegt daher, kirchengeschichtlich gesehen, der entscheidende Einschnitt zwischen Mittelalter und Neuzeit um die Mitte des 15. Jh.s: „Rom hat die Reform verhindert und dafür wenig später die Reformation erhalten".

Literatur:

W. NIGG, Die Kirchengeschichtsschreibung. Grundzüge ihrer historischen Entwicklung, München 1934; P. MEINHOLD, Geschichte der kirchlichen Historiographie, 2 Bde., Freiburg/München 1967; dazu: H. DICKERHOF, Kirchenbegriff, Wissenschaftsentwicklung, Bildungssoziologie und die Formen kirchlicher Historiographie, in: H.Jb. 89, 1969; L. GENICOT, Histoire de l'Eglise, du catholicisme, du christianisme ou de la vie religieuse?, in: RHE 65, 1970; H. ZIMMERMANN, Über das Anfangsdatum der Kirchengeschichte, in: AKG 41, 1959; K. HEUSSI, Altertum, Mittelalter und Neuzeit in der Kirchengeschichte, Tübingen 1921; J. CHAMBON, Was ist Kirchengeschichte. Maßstäbe und Einsichten, Göttingen 1957; O. KÖHLER, Der Gegenstand der Kirchengeschichte, in: H.Jb. 77, 1958; H. KARPP, Kirchengeschichte als theologische Disziplin, in: Fs. R. Bultmann, Stuttgart 1949; H. JEDIN, Zur Aufgabe des Kirchengeschichtsschreibers, in: Trierer Theol. Zschr. 61, 1952; J. LORTZ , Nochmals zur Aufgabe des Kirchengeschichtsschreibers, in: Trierer Theol. Zschr. 61, 1952; J. WODKA, Das Mysterium der Kirche in kirchengeschichtlicher Sicht, in: Mysterium Kirche, hrsg. v. F. Holböck und Th. Sartory, Salzburg 1962 (mit weiterführender Lit.); P. MEINHOLD, Weltgeschichte – Kirchengeschichte – Heilsgeschichte, in: Saeculum 9, 1958; H. ZIMMERMANN, Ecclesia als Objekt der Historiographie. Studien zur Kirchengeschichtsschreibung im Mittelalter und in der frühen Neuzeit, in: SB der österr. Akad. d. Wiss., Phil.-Hist.. Kl. 235, 4. Wien 1960. – E. GÖLLER, Die Periodisierung der Kirchengeschichte und die epochale Stellung des Mittelalters, Freiburg 1919; O.E. STRASSER, Les périodes et les époques de l'histoire de l'église, in: Revue d'hist. et de phil. religieuses 30, 1950; H.E. FEINE, Die Periodisierung der kirchlichen Rechtsgeschichte, in: Reich und Kirche. Ausgew. Abh. zur dt. und kirchl. Rechtsgesch., Aalen 1966, – K. HEUSSI, Kompendium der Kirchengeschichte, Tübingen ¹⁶1981; K. BIHLMEYER/H. TÜCHLE, Kirchengeschichte. Bd. II: Das Mittelalter, Paderborn 18. Aufl. ND 1982; Histoire de l'église depuis les origines jusqu'à nos jours, hrsg. von A. FLICHE et V. MARTIN, Paris 1934ff. (Mittelalter: Bd. VI–XIV, 1947 bzw. 1962/63); Handbuch der Kirchengeschichte, hrsg. von H. JEDIN, Freiburg 1962ff. (Bd. II in 2 Halbbdn.: Die Reichskirche nach Konstantin dem Großen, 1973/75; Bd. III in 2 Halbbdn.: Die mittelalterliche Kirche, 1966/68); H.V. SCHUBERT, Geschichte der christlichen Kirche im Frühmittelalter, Tübingen 1921 (ND 1976). – M. BORGOLTE, Die mittelalterliche Kirche, (Enzyklopädie deutscher Geschichte, 17) München 1992; A. HAUCK, Kirchengeschichte Deutschlands, 5 Bde., Leipzig 1887–1920 (Einzelbde. in mehreren Auflagen; ND 1950 ff.); Ch. POULET, Histoire de l'église de France, 3 Bde., Paris ²1946–49; History of the English Church, hrsg. von W. R. W. STEPHENS / W. HUNT, London 1899–1910 (öfter ND.). – F. X. SEPPELT, Geschichte der Päpste von den Anfängen bis zur Mitte des 20. Jahrhunderts, Bd. 1–5, München ²1954–57, Bd. 6 bearb. v. G. SCHWAIGER Wirklichkeit. Neuaufl.von H. DANNENBAUER, 5 Bde., Stuttgart 1951–1953; B. SCHIMMELPFENNIG, Das Papsttum. Grundzüge seiner Geschichte von der Antike bis zur Renaissance, Darmstadt ⁴1996. – C.J.V. HEFELE/H. LECLERCQ, Histoire des Conciles, 11 Bde., Paris 1907–1952 (Bd. III: bis 813; Bd. IV: 814–1073; Bd. V: 1073–1250; Bd. VI: 1250–1409; Bd. VII: 1409–1447); Konziliengeschichte, hrsg. v. W. BRANDMÜLLER (Reihe A: Darstellungen; Reihe B: Untersuchungen), Paderborn 1979ff. (noch nicht abgeschlossen). – P. HINSCHIUS, Das Kirchenrecht der Katholiken und Protestanten, Bd. I–VI,1 Berlin 1869/97; H.E. FEINE, Kirchliche Rechtsgeschichte. Die katholische Kirche, Köln/Wien ⁵1972. – M. HEIMBUCHER, Die Orden und Kongregationen der katholischen Kirche, 2 Bde., Paderborn ³1933/34; K. HALLINGER, Gorze–Kluny. Studien zu den monastischen Lebensformen und Gegensätzen im Hochmittelalter, 2 Bde., Rom 1950; H. GRUNDMANN, Religiöse Bewegungen im Mittelalter, Darmstadt ⁴1977; H. GRUNDMANN, Ketzergeschichte des Mittelalters, in: Die Kirche in ihrer Geschichte, Bd. 2, Lieferung G 1, Göttingen 1963. – Nachschlagewerke: s.u. S. 330; Atlanten: u. S. 335.

V. Quellensammlungen und Regestenwerke

1. Quellensammlungen

Die Hinwendung des Humanismus zu den Quellen hat gerade in Deutschland die Nachforschung nach den Geschichtsschreibern des eigenen Volkes angeregt und zu ersten Ausgaben von Quellentexten geführt; so sind uns mehrere unserer besten Geschichtsqellen nur in Abschriften des 15. Jh.s erhalten. Bedeutsame Impulse gingen dabei vom italienischen Humanismus aus, und in Italien ist auch die Germania des Tacitus – aus einem deutschen Kloster, wahrscheinlich Hersfeld, über die Alpen entführt – um 1470 zum ersten Male gedruckt worden. Für die Anfänge der gelehrten Bemühung um die Geschichte des eigenen Volkes auch in Deutschland war die Kenntnis dieses Werkes von nicht zu unterschätzender Bedeutung. Zu den großen Sammlern und Anregern der Zeit gehören etwa der

Abt von Sponheim, Johann von Trittenheim (Trithemius, gest. 1516), und Maximilian I. (1493–1519), der einen Kreis von Gelehrten um sich scharte. Im Zeitalter der Reformation wird die Kirchengeschichte bevorzugter Gegenstand der Geschichtsforschung, die nun auch in den Dienst konfessioneller Polemik tritt. Als die großen Leistungen dieser Epoche sind herauszustellen auf protestantischer Seite: die „Historia integram Ecclesiae Christi ideam secundum centurias complectens..." der Magdeburger Centuriatoren (unter Leitung von Matthias Flacius Illyricus = M. Vlacic aus Istrien, s. oben S. 196) 13 Bde., 1559–1574, und als Gegenstück auf katholischer Seite die „Annales ecclesiastici" des Kardinals Caesar Baronius, 12 Bde., 1588–1607. Beide Werke sind auf Grund der reichen Mitteilungen aus handschriftlichem Material und (bei Baronius) von Aktenstücken zum Beispiel aus dem Vatikanischen Archiv noch jetzt von hohem Wert, auch wenn es sich nicht um Quellensammlungen im eigentlichen Sinne handelt.

Im folgenden werden von älteren Quellensammlungen nur solche aufgeführt (in der Beschränkung auf die wichtigsten), die noch heute auch für Anfänger von Nutzen sind.

Das 17. Jh. erlebt gerade im Bereich der katholischen Kirche einen großen Aufschwung der mediävistischen Forschung; dabei war die Sichtung vor allem des hagiographischen Materials vordringliche Aufgabe, da die hagiographische Literatur zum Gegenstand zahlreicher Angriffe geworden war. Eine führende Rolle nahmen jetzt die französischen Mauriner ein. Der bedeutendste Gelehrte aus diesem Kreise, Dom Jean Mabillon, ist uns bereits als Begründer der Diplomatik begegnet (s.o. S. 145). Als eine Frucht der editorischen Arbeit der Mauriner sei wenigstens die Sammlung hauptsächlich erzählender Quellen zu den Heiligen ihres Ordens erwähnt: Acta Sanctorum ordinis Sancti Benedicti (AA.SS. OSB.) von L. d'Achery und J. Mabillon, 9 Bde. 2° Paris 1668–1701, 2. Aufl. 1733–38 (reicht bis Ende 11. Jh.); Neuauflage erscheint in 4° seit 1935.

Die französischen Jesuiten haben sich der Herausgabe der Konzilientexte gewidmet (die Ausgaben von J. Sirmond und Ph. Labbe haben heute nur noch historische Bedeutung), die Jesuiten der südlichen Niederlande der Herausgabe der hagiographischen Quellen. Ihr großes, noch heute nicht abgeschlossenes Werk sind die Acta Sanctorum (Plan zu diesem Werk von J. Bolland, nach Vorarbeiten von H. Rosweyde; 1. Bd. erschien 1643; getragen wird diese Arbeit von den Bollandisten – die Societas Bollandiana ist 1837 wiederbegründet worden). Die AA.SS. sind nach dem Kalender geordnet; für jeden Monat finden sich in mehreren Bänden, Tag für Tag, die Texte (Vitae usw.) zu den Heiligen, die an jenem Tage gefeiert werden. Kritische Einleitungen sind den edierten Quellen vorangestellt; die älteren Bände enthalten keine im modernen Sinne kritische Ausgaben, sind aber sehr sorgfältig gearbeitet. Die Sammlung reicht inzwischen bis in den Monat Dezember.

Im 18. Jh. ist auf dem Gebiete der Kirchengeschichte die wichtigste Edition die Sammlung von Konzilientexten, die G.D. Mansi – aufbauend auf die französischen Konzilienausgaben – veranstaltet hat: Sacrorum conciliorum nova et amplissima collectio, 31 Bde. Florenz/Venedig 1759–1798 (reicht bis

1509); Neuauflage mit Ergänzungen in 39 Bden. Paris, Arnhem u. Leipzig 1901–1927. (Für die fränkische Zeit sind aber die Textausgaben in den MGH. Concilia zu benutzen!)

Neben dieser umfassenden Sammlung gibt es auch jeweils Sammlungen auf nationaler Grundlage sowie Editionen, die ein bestimmtes Konzil betreffen; als Beispiele seien genannt: J.F. Schannat u. J. Hartzheim, Concilia Germaniae, 11 Bde. 2°, 1759–1790 (6. bis 18. Jh.); dazu A.J. Binterim u. J. Floss, Supplementum conciliorum Germaniae, Köln 1851; H. Finke, Acta concilii Constanciensis, 4 Bde. Münster 1896–1928 (Konstanzer Konzil 1414–1418).

Die grundlegende Sammlung von Texten christlicher lateinischer Autoren bis zum Beginn des 13. Jh.s (von Tertullian bis zu Innozenz III.) ist: J.P. Migne, Patrologiae cursus completus sive bibliotheca universalis .... omnium ss. patrum. Series Latina (= Patrologia Latina) 222 Bde., Paris 1844ff. Die Sammlung enthält weit mehr als nur Schriften der Kirchenväter; u.a. auch Königs– und Papsturkunden und -briefe. Sie beruht allerdings lediglich auf dem Nachdruck alter Ausgaben und ist daher oft fehlerhaft. Daher wichtig als Berichtigung vieler Angaben und Zuschreibungen: P. Glorieux, Pour revaloriser Migne. Tables rectificatives, Lille 1952, und A. Hamann, Patrologiae cursus completus a J.P. Migne editus. Series Latina, Supplementum, 5 Bde. Paris 1958ff. Für die griechischen Texte (mit lat. Übers.) bis 1493 liegt vor: J.P. Migne, Patrologiae cursus completus: Series graeco-latina, 168 Bde., Paris 1857ff.

Neben der Patrologia Latina sind zwei weitere wichtige Sammlungen zu nennen, die den Migne z.T. bereits ersetzen: Corpus scriptorum ecclesiasticorum latinorum (CSEL), Wien 1866ff.; Corpus Christianorum . Series Latina (CC), Turnhout 1954ff. (Sammlung von Texten von Tertullian, † 240, bis Beda Venerabilis, † 735; auf 250 Bde. geplant); dazu CC Continuatio mediaevalis, 1966ff. (hier werden Texte des 8. bis 15. Jh.s ediert).

Neben diesen allgemeinen kirchengeschichtlichen Sammlungen sollen nun die wichtigsten Quellensammlungen aufgeführt werden. Im Laufe des 18. Jh.s tritt die landesgeschichtliche Forschung in den Vordergrund. Ausgangspunkt ist Italien, und hier ist auch die erste umfassende systematische Sammlung der Geschichtsquellen eines Landes angelegt worden: L.A. Muratori, Rerum Italicarum scriptores, Mailand 1723ff. (25 Teile in 28 Bden.), Neuaufl. von G. Carducci u. V. Fiorini, Bologna 1900ff.

Das 1883 errichtete Istituto storico italiano gibt heraus: Fonti per la storia d'Italia, Roma 1887ff. (Gliederung ähnlich wie in den MGH) und als Sonderreihe unter dem irreführenden Titel: Regesta chartarum Italiae, Roma 1907ff. (Privaturkunden, Urkundenbücher von Klöstern oder Städten usw.).

In Frankreich haben die Mauriner auch die landesgeschichtliche Forschung gepflegt; die wichtigste Sammlung ist: Recueil des historiens des Gaules et de la France, angefangen unter Dom Bouquet 1738ff., weitergeführt von der Académie des Inscriptions et Belles-Lettres 1806–1904 (Einteilungsprinzip nicht nach Quellengattungen, sondern nach Regierungszeiten; das führt dazu, daß die erzählenden Quellen nicht als Ganzheit ediert, sondern in Bruchstücke aufgeteilt und dann jeweils chronologisch eingereiht werden – es liegt auf der Hand, daß sich eine solche Einteilung nicht bewährt hat).

Die Académie hat weitere Editionen durchgeführt: Recueil des historiens de la France, seit 1899 (Einteilung in drei Reihen: Documents financiers; Obituaires; Pouillés), und von besonderer Bedeutung die kritischen Ausgaben von Königsurkunden in der Reihe: Chartes et diplômes relatifs à l'histoire de France, Paris 1908ff. (beginnend mit Pippin I. und Pippin II. von Aquitanien, 814–848).

In diesem Zusammenhang ist auch eine weitere Unternehmung der Mauriner des 18. Jh.s zu nennen: die Gallia christiana in provincias ecclesiasticas distributa, unter der Leitung v. Dom D. de Sainte-Marthe, Bd. 1–13, 2⁰, Paris 1715ff. (Neuaufl. Paris 1870ff.), Bd. 14–16, 1856ff. veröff. auf Initiative der Académie des Inscriptions et Belles-Lettres. (Es handelt sich hier um ein historisches Nachschlagewerk über die Kirche im geographischen Rahmen des alten Gallien mit dem Rhein als Grenze, d.h. mit Einbeziehung auch deutscher Bistümer. Einteilung nach Kirchenprovinzen; innerhalb jeder Kirchenprovinz Überblick über die Geschichte der Bistümer, Abteien usw. mit Bischofs-, Abtslisten usw. Jeder Bd. enthält darüber hinaus zahlreiche Urkunden = instrumenta).

Weitere wichtige französische Quellensammlungen: Collection de documents inédits sur l'histoire de France, Paris 1835ff., hrsg. v. Min. de l'Instruction publ. (in Abteilungen eingeteilt); Collection de textes pour servir à l'étude et à l'enseignement de l'histoire, 51 Bde. 1886–1929 (Collection Picard); Les classiques de l'histoire de France au moyen âge, Paris 1923ff. (erzählende Quellen, Briefe usw. mit französischer Übersetzung).

In Deutschland entsteht nach Ansätzen und mannigfachen Anregungen im 17. und 18. Jh. (z.B. G.W. Leibniz) erst zu Beginn des 19. Jh.s das große Unternehmen, das die zentrale und weithin vorbildliche Quellensammlung der deutschen Mediävistik geworden ist: die Monumenta Germaniae Historica (zitiert: MGH oder MG).

Die Gründung der „Gesellschaft für ältere deutsche Geschichtskunde" im Jahre 1819 auf die Initiative des Reichsfreiherrn K. v. Stein hin ist auf dem Hintergrund der Romantik und ihres neuen Mittelalterbildes zu sehen und zugleich beeinflußt durch das Erlebnis der Befreiungskriege gegen Napoleon; im Wahlspruch „sanctus amor patriae dat animum" finden Wollen und Ziele der Gesellschaft ihren gültigen Ausdruck. Das Unternehmen, das sich 1820 im „Archiv der Gesellschaft für ältere deutsche Geschichtskunde" ein eigenes Fachorgan geschaffen hatte (Nachfolgezeitschriften: seit 1876 das „Neue Archiv..." = NA und seit 1937 das „Deutsche Archiv für Geschichte – bzw. seit 1951: Erforschung – des Mittelalters" = DA), stieß zunächst bei den deutschen Bundesfürsten auf Mißtrauen und fand erst weitergehende und regelmäßige finanzielle Förderung durch die Bundesstaaten, nachdem Metternich seit 1834 seine ablehnende Haltung aufgegeben hatte. Im Jahre 1826 erschien der erste Band der Scriptores (der erzählenden Quellen) in Folio mit karolingischen Annalen. 1875 wurde der bisher private Verein in eine öffentlich-rechtliche Körperschaft umgewandelt und

seitdem vom Reich mit österreichischer Hilfe finanziert. Die Leitung der MGH lag bei einer Zentraldirektion mit Sitz in Berlin, in der auch die deutschen wissenschaftlichen Akademien vertreten waren. 1935 verfügte die damalige Reichsregierung die Umwandlung in das „Reichsinstitut für ältere deutsche Geschichtskunde"; die Neugründung nach dem Kriege geschah in Anlehnung an das Statut von 1875 mit Sitz in München. Der Aufbau der „Monumenta Germaniae historica inde ab anno Chr. 500 usque ad annum 1500" gliedert sich in fünf Abteilungen (jeweils mit mehreren Untergruppen):
I. Scriptores (SS. = erzählende Quellen), II. Leges (LL. = Rechtsquellen), III. Epistolae (Epp. = Briefe), IV. Diplomata (DD.= Königsurkunden; inzwischen gibt es auch die Untergruppe: Laienfürsten- und Dynastenurkunden der Kaiserzeit), V. Antiquitates (Ant.; hierin: Poetae Latini, Necrologia Germaniae, Libri confraternitatum als Untergruppen).

Hinzu kommen, über den ursprünglichen Editionsplan hinausgehend, noch die Abteilungen: Deutsches Mittelalter. Kritische Studientexte, 4 Bde. 1937ff., und Quellen zur Geistesgeschichte des Mittelalters, 1955ff.

Die Oktavserie der Scriptores rerum Germanicarum in usum scholarum bringt (seit 1839) eine Reihe von Neubearbeitungen; ursprünglich für den Schulbetrieb gedacht (daher der Untertitel), enthält sie kritische Ausgaben, die gegenüber der Folioserie der Scriptores so weit verbessert sind, daß ein Text, der in beiden Ausgaben vorliegt, immer nach den SS. rer. Germ. zitiert werden muß.

(Gesamtverzeichnis der MGH: zuletzt 1996. Zur Geschichte der MGH vgl. NA 42, 1921 und Studi Mediaevali, 3. Reihe IV, 1963, 813ff., sowie H. Grundmann, Monumenta Germaniae Historica 1819–1969, München 1969, ND. 1979. Übersetzungen der erzählenden Quellen der MGH: Die Geschichtsschreiber der deutschen Vorzeit; zu benutzen in der 2. Auflage: 96 Bde., 1884ff.; 3. Auflage in Arbeit 1943ff.)

Weitere wichtige deutsche Quellensammlungen:

Deutsche Reichstagsakten, hrsg. von der Hist. Komm. bei der Bayer. Akad. d. Wiss. München (jetzt Göttingen): Ältere Reihe (beginnend mit der Wahl Wenzels zum römischen König, 1376, und inzwischen gediehen bis 1470, Friedrich III.), 1867ff. Mittlere Reihe (1486–1518, Maximilian I.), 1972ff. Die Jüngere Reihe betrifft die Reichstage unter Karl V. (vgl. unten S. 321). Ediert werden nicht nur die Akten der Reichstage selbst, sondern eine Fülle von Nebenmaterial, das für den Gesamtablauf von Bedeutung ist, u.a. Korrespondenzen, Protokolle, Quittungen, Ausweise, Formulare, Rechnungen und auch Urkunden.

Urkundenregesten zur Tätigkeit des deutschen Königs- und Hofgerichts bis 1451, hrsg. v. B. Diestelkamp, Köln/Wien 1986ff. – J. Grimm (Hrsg.), Weisthümer, Bd. 1–7, Göttingen 1840ff. – Chroniken der deutschen Städte vom 14. bis ins 16. Jahrhundert, 37 Bde., hrsg. von der Hist. Komm. bei der Bayer. Akad. d. Wiss., 1862–1931; ND. Göttingen 1961ff.

Von großer Bedeutung sind auch die regionalen Urkundenbücher, von denen hier nur einige Beispiele genannt werden können: Monumenta Boica (Ur-

kunden und Urbare zur bayerischen Geschichte; Editionen allerdings nicht frei
von Fehlern), 1763ff., neue Folge 1902ff.; Th.J. Lacomblet, Urkundenbuch für
die Geschichte des Niederrheins, 4 Bde. 1840–58 (ND. 1960ff.; Registerbd.
1981), enthält Urkunden, Urbare usw.; Hansisches Urkundenbuch (reicht
bis 1500), 11 Bde. 1876–1939.

Schließlich sei noch hingewiesen auf die Freiherr-vom-Stein-Gedächt-
nisausgabe. Ausgewählte Quellen zur deutschen Geschichte des Mittelalters,
Darmstadt 1955ff. (vorwiegend erzählende Quellen; lat. Text – zumeist aus den
MGH – mit deutscher Übersetzung).

In England überschneiden sich in der Publikation von Quellensammlungen
private (gelehrte Gesellschaften wie die Royal Historical Society) und staatliche
Unternehmungen, so daß die Editionsverhältnisse hier unklarer sind. Als wichtigste Sammlungen sind herauszustellen: Rerum Britannicarum et Hiber-
nicarum medii aevi scriptores (Rolls series), 99 Werke in 253 Bden., 1858
ff. (vor allem erzählende Quellen, aber auch Briefe, Verträge, Urkunden; Qualität
der Ausgaben je nach Herausgeber unterschiedlich; die Sammlung ist abgeschlossen); Th. Rymer, Foedera, conventiones, litterae et cuiuscumque generis acta
publica inter reges Angliae et alios quosvis imperatores, reges ... tractata; mehrere Auflagen: 1. Aufl. 1704–1735; 4. Aufl. 1816–1869 (vollständige 3. Auflage: Den
Haag 1739–1745).

Die Edition der Königsurkunden liegt ziemlich im argen. Für die Zeit nach
1066 sind keine Sammlungen vorhanden (Aushilfe: 1066–1154 Regesta regum
Anglo-Normannorum, von mehreren Bearbeitern, 1913ff., hier auch Urkunden ediert); die älteren Sammlungen der Urkunden der angelsächsischen Könige sind zum Teil sehr mangelhaft.

Es würde den Rahmen dieser Einführung sprengen, wenn wir die Quellensammlungen auch der anderen europäischen Länder hier noch aufführen wollten; vgl. dazu R.C. van Caenegem/F.L. Ganshof, Kurze Quellenkunde des westeuropäischen Mittelalters, Göttingen 1964, S. 213ff., u. Schuler, Grundbibliographie (wie S. 328), S. 61ff.

2. Regestenwerke

Wir haben bereits darauf hingewiesen (vgl. S. 145f.), daß J.F. Böhmer als Vorarbeit zur Edition der Königsurkunden in den MGH seine epochemachenden
Regestenwerke veröffentlicht hat; 1831: Regesta chronologico-diplomatica regum
atque imperatorum 911–1313; 1833: Regesta chronologico-diplomatica Karolorum (weitere Bände folgten seit 1839). Sie haben heute fast ausnahmlos nur
noch historische Bedeutung, denn die Reichsregesten sind in den Neubearbeitungen – soweit solche vorliegen – zu benutzen, die zudem erweitert sind durch Einschaltung von Angaben aus anderen Quellen (historiographische Regesten), wodurch auch die chronologische Einordnung der Urkunden in einen umfassende-

ren Rahmen (wichtige politische Ereignissse, Reichsversammlungen usw.) erreicht und das Itinerar (= Reiseweg) des Herrschers vervollständigt wird. Nach Böhmers Beispiel hat man auch in anderen Ländern Regestenwerke erstellt; darüber hinaus gibt es regionale Regestenwerke (für Territorien, Dynastien, Bischöfe, Städte). Das Böhmersche Editionsschema ist dabei sehr häufig übernommen worden (Aufteilung der Seite in drei Längsspalten: die erste gibt das Ausstellungsdatum der Urkunde, die zweite den Ausstellungsort, die dritte das eigentliche Regest, also die wissenschaftliche Inhaltsangabe der Urkunde mit Angaben zu den Überlieferungsverhältnissen, Druckort usw. Die Regesten werden durchlaufend numeriert und nach dem Verfasser der Sammlung und dieser Nummer [also: Böhmer-Mühlbacher Nr. 325 – bzw. abgekürzt: BM Nr. 325] zitiert. Die historiographischen Regesten werden durch Hinzufügung eines Buchstabens zu der Nummer des vorhergehenden Urkundenregests gekennzeichnet).

Stand der Neubearbeitungen, ohne Hinweis auf einfache Neudrucke: (Die Regesten des Kaiserreiches unter ...):

  I. Karolinger: 751–918, v. E. Mühlbacher, ²1899–1908; erg. ND. 1966.

      3. Abt.: Regnum Italiae und burgundische Regna 840–924, 1. Tl.: Karolinger im Regnum Italiae 840–887 (888), v. H. Zielinski, 1991.

 II. Sächsisches Haus: 919–1024

      1. Abt.: 919–73, Heinrich I. u. Otto I., v. E. v. Ottenthal, 1893.

      2. Abt.: 955, 973–983, Otto II., v. H.L. Mikoletzky, 1950.

      3. Abt.: 983–1002, Otto III., v. M. Uhlirz, 1956/57.

      4. Abt.: 1002–1024, Heinrich II., v. Th. Graff, 1971.

      5. Abt.: Päpste 911–1024, v. H. Zimmermann, 1969.

      6. Abt.: Register, v. H. Zimmermann, 1982.

III. Salisches Haus: 1024–1125

      1. Abt.: 1024–1039, Konrad II., v. N. v. Bischoff u. H. Appelt, 1951.

      3. Abt.: Heinrich IV. 1050 (1056)–1106. 1. Lfg. 1050 (1056)–1060, v. T. Struve, 1984.

IV. Ältere Staufer: 1125–1197.

      1. Abt.: Lothar III. u. Konrad III. 1. Tl. Lothar III. 1125 (1075)–1137, v. W. Petke, 1993.

      2. Abt.: Friedrich I. 1152 (1122)–1190, v. F. Opll unter Mitw. v. H. Mayr. 1. Lfg. 1152 (1122)–1158, 1980; 2. Lfg. 1158–1168, 1991.

      3. Abt.: 1165 (1190)–1197, Heinrich VI., v. G. Baaken, 1972.

      4. Abt.: Heinrich VI. Namensregister, Ergänzungen und Berichtigungen, v. K. u. G. Baaken, 1979.

  V. Jüngere Staufer: 1198–1272

      6. Abt.: Philipp, Otto IV., Friedrich II., Heinrich VII., Conrad IV., Heinrich Raspe, Wilhelm und Richard 1198–1272, v. J. Ficker u. E. Winkelmann, 3 Bde., 1881–1901; Bd. 4: Nachträge und Ergänzungen, v. P. Zinsmaier, 1983.

VI. Rudolf I. – Heinrich VII., 1273–1313
   1. Abt.: 1273–1291, Rudolf I., v. O. Redlich 1898.
   2. Abt.: 1291–1298, Adolf v. Nassau, v. V. Samanek, 1933–1948.
   3. Abt.: 1298–1308, Albrecht I., steht noch aus.
   4. Abt.: 1309–1313, Heinrich VII., steht noch aus.
   (Für 1298–1313 auf Böhmer zurückgreifen!)
VII. Ludwig der Bayer u. Friedrich d. Schöne, 1314–1347
   1. Abt.: Ludwig der Bayer, 1314–1347, steht noch aus.
   Vgl. aber: Regesten Kaiser Ludwigs des Bayern (1314–1347) nach Archiven u. Bibliotheken geordnet, hrsg. v. P. Acht. H. 1: bearb. v. J. Wetzel, 1991 (Württemberg); H. 2: bearb. v. J. Wetzel, 1995 (Baden); H. 3: bearb. v. M. Menzel, 1995 (Klöster u. Stiftsarchive Bayer. Hauptstaatsarchiv u. Bayer. Staatsbibl. München).
   2. Abt.: Friedrich d. Schöne, 1314–1330, zu benutzen sind die Regesta Habsburgica T. 3. v. L. Gross, 1924.
VIII. Karl IV., 1346–1378
   Regesten v. A. Huber, 1877; dazu Additamentum primum 1889, vgl. Nachträge v. A. Pischeck: NA 35, 1910.
IX. Wenzel, 1378–1400, steht noch aus.
X. Ruprecht von der Pfalz, 1400–1410. Zu benutzen: Regesten der Pfalzgrafen bei Rhein, Bd. II, 1912–1939.
XI. Sigismund, 1410–1437. Regesten v. W. Altmann, 2 Bde. 1896–1900.
XII. Albrecht II., 1438/39. Regesten v. G. Hödl, 1975.
XIII. Friedrich III. 1440–1493. Wegen der Fülle des Materials werden die Regesten zunächst nach Archiven und Bibliotheken publiziert v. H. Koller; 7 Hefte erschienen, 1982ff. Sie ersetzen: J. Chmel, Regesta chronologico-diplomatica Friderici III Romanorum Imperatoris (Regis IV), 1838/40.
XIV. Ausgewählte Regesten des Kaiserreiches unter Maximilian I. 1493–1519, v. H. Wiesflecker u. Mitw. v. M. Holleger, K. Riedl u. I. Wiesflecker-Friedhuber. Bd. I: Tl. 1, Maximilian I. 1493–1495, 1990; Tl. 2, Österreich, Reich und Europa 1493–1495, 1990.

Wichtig ist, daß für die Zeitspanne 1039–1197 als Ersatz herangezogen werden kann: K.F. Stumpf, Die Reichskanzler vornehmlich des X., XI. und XII. Jahrhunderts, 2. Bd. 1865 (zitiert: St.+ Nr.).

Von besonderer Bedeutung sind, da es keine Gesamtedition der älteren Papsturkunden gibt, die Papstregesten. Zwei große Unternehmungen sind dabei zu unterscheiden:

I. Papstregesten angeordnet nach dem Ausstellerprinzip (also in chronologischer Folge der Pontifikate von Petrus an): Regesta pontificum Romanorum ab condita ecclesia ad annum post Christum natum MCXCVIII, von Ph. Jaffé, neu bearbeitet von S. Loewenfeld, F. Kaltenbrunner und P. Ewald,

2 Bde., 1885–1888. (Kaltenbrunner bis 590, Ewald bis 882, Löwenfeld bis 1198 – zitiert wird JK+Nr., JE+Nr., JL+Nr.); Regesta pontificum Romanorum inde ab a. p. Chr. n. MCXCVIII ad a. MCCCIV, ed. v. A. Potthast, 2 Bde. Berlin 1874/75.

II. Papstregesten angeordnet nach dem Empfängerprinzip (also Bearbeitung der Papsturkunden, -briefe usw. von den Empfängergruppen her; daher Ordnung zunächst nach Ländern: Italia, Germania usw., und innerhalb derselben nach Kirchenprovinzen, Diözesen, einzelnen kirchlichen Anstalten usw.; für jeden Empfänger wird darüber hinaus ein knapper Abriß seiner Geschichte sowie die dazugehörende Spezialbibliographie gegeben). Das Unternehmen, dessen Initiator P.F. Kehr gewesen ist, wird seit 1931 getragen von der „Pius-Stiftung für Papsturkunden und mittelalterliche Geschichtsforschung" (Sitz in Zürich).

Erschienen sind bisher: Italia Pontificia, 1906ff.; Germania Pontificia, 1910ff. (noch nicht abgeschlossen). – Für die anderen Länder und die noch fehlenden deutschen Kirchenprovinzen gibt es bisher nur eine Reihe Vorarbeiten (u.a. auch bereits Editionen). Vgl. Th. Schieffer, Der Stand des Göttinger Papsturkunden-Werkes, in: Jb. der Akademie der Wissenschaften in Göttingen 1971.

Zur Orientierung ist sehr nützlich: L. Santifaller, Neuere Editionen mittelalterlicher Königs- und Papsturkunden. Eine Übersicht. Wien 1958 (in Kommission bei Böhlau, Graz–Köln) – natürlich inzwischen ergänzungsbedürftig.

III. Da mit dem Jahre 1198 die kontinuierlich erhaltene Reihe der päpstlichen Register einsetzt, konzentriert sich die Forschungsarbeit auf das Vatikanische Archiv. Eine moderne Ausgabe der Register Innozenz' III. ist vom Österreichischen Kulturinstitut in Rom (Abt. Hist. Studien) begonnen worden: Die Register Innocenz' III., 1. Bd. 1. Pontifikatsjahr. Bearb. v. O. Hageneder u. A. Haidacher, 1964 (Indices 1968, bearb. v.a. A. Strnad); mit 1216 (Honorius III.) setzen die Registereditionen der Ecole Française de Rome ein (vgl. dazu R. Fawtier in den Mélanges d'archéologie et d'histoire 72, 1960).

NEUERE GESCHICHTE

I. Die Neuere Geschichte als Epoche

Die Epoche, die wir Neuere Geschichte nennen, reicht mit ihren jüngsten Abschnitten unmittelbar bis an unsere Gegenwart heran. „Sobald die Geschichte sich unserem Jahrhundert und unserer werten Person nähert", heißt es in Jacob Burckhardts Weltgeschichtlichen Betrachtungen, „finden wir alles viel ‚interessanter', während eigentlich nur wir ‚interessierter' sind". Für das Studium der Neueren Geschichte bedeutet dieser Sachverhalt im Hinblick auf das Problemverständnis einen Vorzug und zugleich einen Nachteil. Der Vorzug liegt zum Teil darin begründet, daß im allgemeinen beim Geschichtsstudenten eine größere Vielfalt von Kenntnissen der Neueren Geschichte vorausgesetzt werden kann. Dieser Vorzug bedeutet aber zugleich eine Gefahr. Oft wird zu selbstverständlich von „Wissens"voraussetzungen ausgegangen, die sich als Vorurteil herausstellen können. So sprechen wir beispielsweise im Zusammenhang mit dem revolutionären Volksheer Frankreichs (der Levée en masse) von der allgemeinen Wehrpflicht, meist ohne zu erwähnen, daß dieser Gedanke in Frankreich selbst während der Revolution nur sehr beschränkt verwirklicht war. Ähnlich ungesicherte Aussagen wie beispielsweise den Thesenanschlag Luthers am 31. Oktober 1517 gibt es viele. Die kritische Prüfung solcher „Vorkenntnisse" gehört mit zu den ersten und wichtigsten Aufgaben des Historikers, insbesondere in der Neueren Geschichte.

Zuvor ist hier aber der Begriff der Neueren Geschichte als Ganzes zu umgrenzen. Wenn wir einmal von den speziellen Hilfswissenschaften der Chronologie und der historischen Geographie absehen (vgl. S. 274ff.), so hat die Neuere Geschichte zunächst in einem landläufigen Sinne mit Zeit und Raum zu „rechnen".

Man hat u.a. den Beginn der Neueren Geschichte sowohl mit der Eroberung Konstantinopels durch die Türken 1453 als auch mit der Entdeckung Amerikas 1492 oder auch mit dem Beginn der lutherischen Reformation 1517 angesetzt. Man könnte außer auf 1492 auch auf das Jahr 1494 als dem seit der französischen Intervention Karls VIII. in Italien erkennbaren Beginn des modernen europäischen Staatensystems hinweisen. Demgegenüber bezeichnet der vielschichtige Begriff der Renaissance, der ebenfalls oft an den Beginn der Neuzeit gestellt wird, weniger eine Zäsur als eine an vielen Punkten aus dem Mittelalter herüberleitende Kontinuität. Die Umschreibung des Begriffs der Renaissance als „Entdeckung der Welt und des Menschen" durch Jacob Burckhardt kennzeichnet zwei für die Neuere Geschichte wichtige Wesensmerkmale, die durch eine genauere Datierung auf den Höhepunkt der Entdeckungsfahrten 1492 und auf das epochemachende Jahr 1517 eine entsprechende und brauchbare zeitliche Zuordnung finden können. Der Ausweitung des historischen Raumes auf eine gesamte Welt stand eine Vertiefung des individuellen Bewußtseins in gewissen Schichten der Bevölkerung Süd- und Westeuropas gegenüber. Die humanistischen Strömungen des 14. und 15. Jahrhunderts werden dabei meist als Vorbereitungsepoche dieses entstehenden Individualitätsbewußtseins und der damit in Verbindung stehenden beginnenden Säkularisierung angesehen.

Vielleicht etwas einfacher als bei dem von Humanisten des 15. Jahrhunderts geprägten Begriff der Neuen Geschichte und ihres Beginns verhält es sich bei einer weiteren Untergliederung dieser Epoche. Die Jahre 1789 und 1917 bedeuten infolge der wichtigen politischen Einschnitte der Französischen bzw. der Russischen Revolution und durch den Eintritt der Vereinigten Staaten in den Ersten Weltkrieg deutliche und sachlich überzeugende weitere Abgrenzungen.

Schwieriger ist eine genaue Fixierung bei den sogenannten Schwellenzeiten, die den Übergang zur Neueren Geschichte oder die unmittelbare Übergangszeit zu unserer Gegenwart selbst bilden. Man hat hier die Begriffe „Frühneuzeit" (etwa das Zeitalter des frühen Humanismus am Ende des 14. Jahrhunderts), „Zeitgeschichte" (1917–1945), „Gegenwartsvorgeschichte" oder Neueste Geschichte (seit 1945) versuchsweise eingeführt. Auch hier handelt es sich um Hilfsbegriffe. Auf den Begriff der Zeitgeschichte ist noch zurückzukommen. Hans Rothfels hat sie als „die Epoche der Mitlebenden und ihre wissenschaftliche Behandlung" umschrieben, worin sowohl die fließende Zeitgrenze als auch die grundsätzliche Problematik des Gegenstandes einprägsam zusammengefaßt sind. Der vergleichbare Begriff „contemporary history" bzw. „histoire contemporaine" hat allerdings im Englischen bzw. Französischen eine weitere Bedeutung.

Die bisher genannten Periodisierungsversuche gehen in erster Linie von der Geschichte Europas aus, sind also europazentrisch gedacht. Die Neuzeit erscheint hier in gewissem Sinne als eine „Weltgeschichte Europas" (Hans Freyer). Auch die von Oskar Halecki vorgenommene Periodisierung nach den Hauptschauplätzen der Geschichte in eine mediterrane, eine europäische und eine atlantische Epoche, der man noch eine jüngste „globale" oder „planetarische" Periode hinzufügen könnte, ist so zu verstehen. Der historische Raum kann daher auch für die Neuere Geschichte wichtige Chrakterisierungsmöglichkeiten im Sinne einer Periodisierung bieten. Diese Einteilungen bezeichnen jedoch insgesamt nicht nur politische Zäsuren und Umbrüche, sondern oft auch – wie besonders die beiden Zeitmarken 1492 und 1517 deutlich machen – zugleich wichtige geistes- und kulturgeschichtliche Wendepunkte. Daraus ergibt sich die Möglichkeit einer Periodisierung n i c h t   n u r nach politischen Ereignissen, sondern auch nach anderen Gesichtspunkten. Je nachdem, ob man z.B. von der Wirtschafts- oder von der Wissenschafts- und Technikgeschichte ausgeht, erweisen sich auch wichtige kameralwissenschaftliche oder technologische Entwicklungsschritte wie die Verbreitung der doppelten Buchführung durch Luca Pacioli am Ende des 15. Jahrhunderts, die Erfindung des Buchdrucks durch Gutenberg um 1450 oder der neuzeitlichen Kompaßanwendung, des Schießpulvers, der Dampfmaschine, die Entdeckung der Kernspaltung u.a. als zusätzliche Periodisierungsmöglichkeiten. Hierbei handelt es sich aber nur um Teilaspekte, die eine besondere politische, soziale und kulturgeschichtliche Einordnung verlangen. Die Frage der Periodisierung erweist sich so zugleich als die Frage nach übergreifenden Sinneinheiten (s.o. S. 13 ff).

Als Grundzüge der Neueren Geschichte lassen sich allgemeine politische und kulturgeschichtliche Wesensmerkmale, so vor allem die in der modernen Zeit zunehmende Herausbildung eines europäischen Staatensystems, die Entstehung moderner Staatsnationen und Nationalstaaten und ihr Ausgreifen auf außereuropäische, überseeische Gebiete (Kolonien), die Emanzipation der bürgerlichen Schichten sowie als kulturgeschichtliche Grundströmung eine „Verwissenschaftlichung" und Rationalisierung fast aller Lebensbereiche hervorheben. Die Begründung der neuzeitlichen Statistik im Italien des 15. Jahrhs. ist hierfür ein anschauliches Beispiel. Den Wissenschaften, die in alle menschlichen Tätigkeitsbereiche eingedrungen sind, entspricht dabei eine zunehmende „Verschriftlichung" fast aller menschlichen Lebensgebiete. Für den Historiker bedeutet dies u.a. das Aufkommen zusätzlicher und umfangreicherer Gruppen von Quellenmaterial (vgl. S. 228f.).

Es gibt, was nun den Gegenstand anlangt, nicht nur eine historisch-wissenschaftliche Spezialisierung nach politisch-geographischen Gesichtspunkten (Amerikanische, Russische, Chinesische Geschichte, die europäische Geschichte mit ihren einzelnen „Nationalgeschichten" usw.), sondern auch eine Fächerung in chronologischer oder periodisierender Hinsicht (z.B. Italienische Geschichte des sog. Cinquecento, Deutsche Geschichte im Zeitalter der Glaubensspaltung), aber ebenso auch eine Art „Fachgeschichte" einzelner Sach- und Wissenschaftsgebiete (z.B. Geschichte der Elektrotechnik, des Ackerbaues in der Neuzeit, Rechtsgeschichte u.a. m). Bei diesen untereinander durchaus unterschiedlichen Arten – die territorial-geographische oder die epochale bzw. chronologische Spezialisierung sind dabei noch vom Charakter der eigentlichen Fachgeschichten methodologisch zu trennen – sprechen wir von Teildisziplinen oder -gebieten der Geschichtswissenschaft. Sie haben vor allem in der Neueren Geschichte aufgrund der breiten schriftlichen Überlieferung fast aller Tätigkeits- und Wissenschaftsgebiete eine besondere Bedeutung gewonnen. Dies gilt aber auch für die sogenannten Nachbardisziplinen der Geschichtswissenschaft wie Soziologie, Politikwissenschaft, Psychologie und andere Sozialwissenschaften, die besonders für eine Auswertung der breiten Quellenüberlieferung der Neueren Geschichte wichtig geworden, aber ihrem Gegenstand und ihren Methoden nach selbständig sind. In manchen Fällen ist das Objekt dieser Nachbarwissenschaften mit dem Gegenstand der Neueren Geschichte gleich. Obwohl man hier kaum deutlich trennen kann, ergeben sich aber doch in Grenzbereichen manche Unterscheidungen. Über die angemessene Gewichtung der einzelnen Faktoren und ihren Anteil an einer allgemeinen Geschichtsbetrachtung kam es 1888 zu einem wissenschaftlichen Streit, der sich schon einige Jahre zuvor angebahnt hatte und bei dem Dietrich Schäfer, Georg von Below und Hermann Oncken als das eigentliche Arbeitsgebiet des Historikers die Geschichte der Staaten und ihrer Politik ansahen,

während Eberhard Gothein, Karl Lamprecht, Walter Goetz, Alfons Dopsch und
später der Niederländer Johan Huizinga eine stärkere Berücksichtigung der So-
zial- bzw. der Kulturgeschichte forderten und sie auch in der Landes- und Regio-
nalgeschichte berücksichtigen wollten. Der daran von Karl Lamprecht entzünde-
te Methodenstreit wirkt zum Teil noch heute nach.

So nützlich ein Definitionsversuch des Begriffs Geschichte auch ist, so sollte
doch der Gegenstand der Neueren Geschichte mehr von der Abgrenzung einzelner Problemkreise her beschrieben werden, wodurch die Vielfalt der möglichen
Hinsichten (Methodenpluralismus) und ein gewisser Perspektivismus deutlich
werden, unter denen der neuere Historiker seinen jeweiligen Forschungsgegen-
stand sehen sollte. Es ist dies in der Hauptsache das Verhältnis verschiedener
historischer Wirkungskräfte zueinander, deren jeweilige Komponenten eigene
Untersuchungsmethoden rechtfertigen können. Wenn man in einer geringfügigen
Abwandlung der historischen Potenzenlehre Jacob Burckhardts als die wichtigsten unter den historischen Kräften Staat, Gesellschaft und Kultur (einschließlich „Zivilisation") und deren jeweilige Verflechtungen hervorhebt, so
schälen sich als wichtigste Verhältnisse für den neueren Historiker folgende heraus: das Verhältnis der Staaten zueinander (Internationale Beziehungen), das
Verhältnis von Staat und Gesellschaft (Innenpolitik), Kultur und Gesellschaft,
Wirtschaft und Gesellschaft sowie das Verhältnis von Individuum und Gesellschaft d.h. von historischen Persönlichkeiten und „überpersönlichen" Strukturen
oder letztlich: das Problem der menschlichen Freiheit in der Geschichte. Unter
der Kultur als historischer Wirkungskraft ließe sich dabei auch die Religion mit
begreifen, wie dies auch bei Burckhardt an einzelnen Stellen vorsichtig angedeutet wird. Andere Einzelprobleme sind meist diesen übergreifenden Problemkreisen zuzuordnen.

Die Neuere Geschichte ist zugleich gekennzeichnet durch eine beträchtliche
Ausweitung des historischen Raums. Seit den spätmittelalterlichen Entdeckungsfahrten der Portugiesen und Spanier, dann auch der Briten und Niederländer,
entstanden Kolonialreiche in Übersee, deren Erschließung teils durch Handelsin-
teressen, teils von christlichen Missionsmotiven, teils von nationalem Sendungs-
bewußtsein getragen war. Dies führte während der zweiten Hälfte des 19. Jahrhunderts zum rivalisierenden Imperialismus der europäischen Mächte. Wer waren die gesellschaftlichen Träger dieser kolonialen und imperialen Expansion?
Blieben die Überseegebiete bloße „Peripherie" (I. Wallerstein) und Europa das
„Zentrum"? Welche Zusammenhänge und Übergänge ergaben sich bei der „De-
kolonisierung" dieser Territorien nach dem Zweiten Weltkrieg und in der Ent-
wicklungspolitik der europäischen Industriestaaten, nicht nur der alten „Mutter-
länder", gegenüber den jungen Nationalstaaten Afrikas, Asiens und der Karibik?
Inwieweit war das Streben dieser Territorien nach Unabhängigkeit auch durch
die bipolare Welt des Kalten Kriegs in den 1950er und 60er Jahren geprägt? Diese und andere Fragen sind für den Historiker der Neueren Geschichte spezifische
Forschungsprobleme. Ihre Lösung ist oft nur durch die Zusammenarbeit mit der
Wirtschafts- und Sozialgeschichte, mit Religionshistorikern, Politikwissenschaft-

lern, Soziologen, Ethnologen, Kulturanthropologen und anderen wissenschaftlichen Disziplinen möglich. Daraus kann sich durchaus in der praktischen Forschungsarbeit ein Methodenpluralismus ergeben.

Schon in der Vielfalt dieser Auffächerung, auf die auch in anderem Zusammenhang, nämlich bei der Frage des Verhältnisses der Geschichtswissenschaft zu den Nachbardisziplinen, nochmals im einzelnen zurückzukommen sein wird (vgl. S. 294), deutet sich in der zentralen Rolle der „Potenz" Gesellschaft die Breite der neuzeitlich-historischen Fragestellung an, die eine weitgehende Berücksichtigung auch der soziologischen Aspekte für die Neuere Geschichte nahelegt. Die historisch-soziologische Fragestellung, die grundsätzlich auch in der Alten und Mittelalterlichen Geschichte ihre Bedeutung hat, nimmt in der Neueren Geschichte schon alleine deshalb so viel Raum ein, weil hier über weite Strecken die Überlieferung (z.B. demographisches Quellen- und Zahlenmaterial) auch Antworten auf historisch-soziologische Fragenkreise zu bieten vermag. Dieser mit der erwähnten zunehmenden „Verwissenschaftlichung" und „Verschriftlichung", mit der Vielfalt und Vielzahl der Quellen (Aktenserien) zur Neueren Geschichte wachsende Reichtum der schriftlichen Überlieferung, den man auch als „embarras de richesse" bezeichnet hat, fordert geradezu eine Ausbildung mehrerer Methoden der historischen Forschung. Die zunehmende Methodenbreite ist also in gewisser Weise auch eine Resultante der vielfältigen Quellengruppen, mit denen sich der Historiker unter jeweils den Quellen angemessenen Gesichtspunkten und Kriterien zu beschäftigen hat. Die bewährte philologisch-kritische Methode der Geschichtswissenschaft bedarf dabei vielfach einer Ergänzung durch demographisch-statistische und – sofern es sich um die modernen Bild-, Ton- oder Filmdokumente handelt – auch durch „medienkritische" Methoden.

Literatur:

Einführung in die Neuere Geschichte – H. NABHOLZ, Einführung in das Studium der mittelalterlichen und neueren Geschichte. Zürich 1948. – E. OPGENOORTH, Einführung in das Studium der neueren Geschichte. Braunschweig ³1989. – P. RENOUVIN und J.B. DUROSSELLE, Introduction à l'histoire des relations internationales. Paris ⁴1991. – G. BARRACLOUGH, An Introduction to Contemporary History. London 1964 (dt.: Tendenzen der Geschichte im 20. Jh. München 1967). – B. SCHEURIG, Einführung in die Zeitgeschichte, Berlin ²1970 (Slg. Göschen, 1204). – Gerhard SCHULZ, Einführung in die Zeitgeschichte, Darmstadt 1992. – Boris SCHNEIDER, Einführung in die Neuere Geschichte, Frankfurt a.M. 1974. – Winfried SCHULZE, Einführung in die neuere Geschichte, Stuttgart ²1991. – Zur Wirtschafts- und Sozialgeschichte: L., BEUTIN , Einführung in die Wirtschaftsgeschichte. Köln–Graz 1958. – W. ZORN, Einführung in die Wirtschafts- und Sozialgeschichte des Mittelalters und der Neuzeit. München ²1974, (weiteres s. S. 180f. und 320f.). – Epoche und Begriff der Neueren Geschichte: Leopold von RANKE, Über die Epochen der neueren Geschichte (1854). Aus Werk und Nachlaß, hg. von W.P. FUCHS und Th. SCHIEDER, Bd. II (hg. von Th. SCHIEDER und H. BERDING) München–Wien 1971. – W. NÄF, Die Epochen der neueren Geschichte. Staat und Staatengemeinschaft vom Ausgang des Mittelalters bis zur Neuzeit. Aarau ²1959/60 (Ausgabe als Taschenbuch, 2 Bde., München 1970 bei List).H. ROTHFELS, Zeitgeschichtliche Betrachtungen.

Göttingen 1959. – G.G. IGGERS, The German Conception of History. Middletown, Conn. 1968 (dt.: Deutsche Geschichtswissenschaft. Eine Kritik der traditionellen Geschichtsauffassung von Herder bis zur Gegenwart. München 1971, dtv-Ausgabe). – Periodisierung der Neueren Geschichte: H. HEIMPEL (vgl. S. 115) behandelt auch die Grenze zwischen Mittelalter und Neuzeit. – W. KAMLAH, „Zeitalter" überhaupt, „Neuzeit" und „Frühneuzeit", in Saeculum 8 (1957), 313–332. – D. GERHARD, Zum Problem der Periodisierung der europäischen Geschichte, in: Europa und Übersee. Fschr. f. Egmont Zechlin. 1961. – Über Renaissancebegriff und -epoche: A. Buck(Hg.), Zu Begriff und Problem der Renaissance. Darmstadt 1969 (Wege der Forschung, Bd. 204). – Als Versuche einer wirtschaftsgeschichtlichen Periodisierung: J. SCHUMPETER, Business Cycles, 2 Bde., New York – London 1939 (deutsch: Konjunkturzyklen, Göttingen 1961) und H.J. HABAK-KUK, Population Growth and Economic Development since 1750. Leicester 1971. – Theorie und Methode der Neueren Geschichte: L. v. RANKE, De historiae et politices cognatione atque discrimine. Oratio. Über die Verwandtschaft und den Unterschied der Historie und der Politik. Antrittsrede von 1836. In: Sämtliche Werke, Bd. 24, Berlin 1876. – W. v. Humboldt, Über die Aufgabe des Geschichtsschreibers (1821), in : Werke, hg. v. A. Flitner u. K. Giel, Bd. 1. Stuttgart 1960, S. 585–606. – Neben den älteren Arbeiten von Johann Gustav Droysen, Jacob Burckhardt, Wilhelm Dilthey, Heinrich Rickert und Wilhelm Windelband sind für die Neuere Geschichte von Bedeutung: F. MEINECKE, O. HINTZE, Über individualistische und kollektivistische Geschichtsauffassung, in: Gesammelte Abhandlungen, hg. von Gerhard Oestreich, Bd. 2, Göttingen ²1964. – G. RITTER, Wissenschaftliche Historie, Zeitgeschichte und „politische Wissenschaft". 1959. D. GERHARD, Vergleichende Geschichtsbetrachtung und Zeitgeschichte, in: Alte und neue Welt in vergleichender Geschichtsbetrachtung. Göttingen 1962. – Th. SCHIEDER, Möglichkeiten und Grenzen vergleichender Methoden in der Geschichtswissenschaft, in: HZ 200, 1965, S. 529–551. – Unterschiede zwischen historischer und sozialwissenschaftlicher Methode: vgl. DERS. (s. S. 22). – DERS., Grundfragen der neueren deutschen Geschichte. Zum Problem der historischen Urteilsbildung, in: HZ 192, 1961, S. 1–16. – Zur Sozial- und Wirtschaftsgeschichte: A. WINKLER , Methodik der Sozial- und Wirtschaftsgeschichte. Wien. 1956. – J. HICKS, A Theory of Economic History, Oxford 1969. – J. LE GOFF/R. CHARTIER/J. REVEL (Hg.), La Nouvelle Histoire, Paris 1978. – E. SCHMITT (Hg.), Dokumente zur Geschichte der europäischen Expansion, 7 Bde., München 1984ff. – Für den materialistischen geschichtswissenschaftlichen Ansatz: K. KAUTSKY, Die materialistische Geschichtsauffassung. 2 Bde., Berlin 1927 und J. KUCZYNSKI, Parteilichkeit und Objektivität in Geschichte und Geschichtsschreibung, in: ZfG. 4, 1956, S. 837–888.

II. Quellenkunde der Neueren Geschichte

Alle Geschichtswissenschaft arbeitet von den Quellen her. Aus diesem Axiom ergibt sich zunächst eine besondere methodologische Stellung der Allgemeinen Quellenkunde, aber auch der sogenannten Hilfs- oder besser Grundwissenschaften, die als Mittel und als Propädeutik für eine kritische Interpretation von Quellen ausgebildet worden sind und deren funktionaler Charakter innerhalb der gesamten quellenkritischen Arbeit des Historikers hier für die Neuere Geschichte kurz zu beschreiben ist.

Eine der ersten Aufgaben des Historikers, die jeder wertorientierten Beurteilung historischer Ergebnisse und Handlungen zur Seite geht oder ihr voraufliegt, ist die „Rekonstruktion" des Vergangenen oder, wie Ranke formuliert hat, die Ermittlung, „wie es eigentlich gewesen" ist. Dies ist oft nicht im Sinne eines Indizienbeweises möglich. Die Quellen, aus denen der Historiker die annähernde Rekonstruktion der Vergangenheit versuchen muß, lassen sich in verschiedene Gruppen gliedern, die bereits im Abschnitt über die mittelalterliche Geschichte erwähnt worden sind (vgl. S. 115f.). Die Unterscheidung in dokumentarische und erzählende Quellen oder, wie man es in Anlehnung an Droysen und Bernheim bezeichnet hat, in „Überreste" und Quellen der „Tradition" richtet sich in der Neueren Geschichte zwar in erster Linie auf schriftliche Zeugnisse; vor allem die absichtlich überliefernde „Tradition" (Annalen, Chroniken, Reisebeschreibungen, Biographien und Autobiographien oder Memoiren u.ä.) besteht fast ausschließlich in schriftlicher Form. Auch von den Überresten sind im allgemeinen besonders die schriftlichen von Bedeutung. Aber nichtschriftliche Überreste können auch für den neueren Historiker wichtige Quellen sein. Das gilt sowohl für die mündliche Überlieferung, wie z.b. die alten Volkslieder, als auch für abstrakte Überreste, wie z.b. für den institutionellen Überrest einer Gerichts- oder Heeresverfassung, als auch für gegenständliche Überreste, zu denen auch die sterblichen Überreste eines Menschen gehören können, als auch für erhaltene Gebrauchs- oder Kunstgegenstände sowie für Bild- und Tondokumente als nichtschriftliche Überreste. Besonders die mündliche Überlieferung, die nicht nur in Volksliedern und -märchen, sondern auch in Ereignisberichten zu Tage tritt, wie sie z.B. schon Ranke für seine Darstellung der serbischen Revolution (erschienen 1829) herangezogen hat, ist als Quelle der Neueren Geschichte von Bedeutung. Den überwiegenden Anteil bilden jedoch schriftliche Quellen, von denen hier zunächst die Traditionsquellen zu behandeln sind.

1. Die Quellen der Tradition und die Formen neuzeitlicher Geschichtsschreibung

Die oben genannten Quellenarten der Tradition, die hier zunächst zu betrachten sind, haben im Übergang vom Mittelalter zur Neuzeit und später immer stärker individuelle Züge angenommen und in mehreren Stadien zu den Formen der neuzeitlichen Geschichtsschreibung geführt. Diese Formen können von der herkömmlichen Darstellungsweise der „erzählenden" Historiographie im engeren Sinne bis zu den im 19. Jahrhundert aufkommenden Zeitschriftenaufsätzen und -miszellen als kritischen wissenschaftlichen Einzeluntersuchungen reichen, die wir als („Sekundär-) Literatur" bezeichnen. Es ist gerechtfertigt, den Begriff der Tradition in diesem weiteren Sinne unter Einschluß auch der modernen Form des Zeitschriftenaufsatzes zu verstehen. Als Tradition im engeren und eigentlichen Sinne werden aber die „primären" d.h. möglichst zeitgenössischen Darstellungen von vergangenen Begebenheiten verstanden. Von hier bis zu den „sekundären" Analysen der neuesten Zeitschriften- und Fachliteratur spannt sich also ein weiter Bogen. Die berichtenden Geschichtskalender des 19. und 20. Jahr-

hunderts könnte man dabei als die ausführlicheren Nachfahren der mittelalterlichen Annalistik bezeichnen. Eine gewisse Systematik wird sich daher bei den
vielfältigen Arten der Traditionsquellen empfehlen.

Der Begriff „Annalen" beispielsweise, der besonders für die Alte und Mittlere
Geschichte als Terminus technicus gelten kann, hat in der Neueren Geschichte
seit der zweiten Hälfte des 18. Jahrhunderts eine charakteristische Abwandlung
erfahren. Denn seit dem „Annual Register", das 1758 von Edmund Burke
begründet wurde, hat sich unter der späteren Bezeichnung „Geschichtskalender"
ein Typ chronologisch geordneter Zusammenstellungen wichtiger politischer
Ereignisse eines Jahres herausgebildet, für den in Frankreich J. Lesurs „Annuaire
historique universel" (1818–61) und in Deutschland der von H. Schultheß 1860
erstmals veröffentlichte „Europäische Geschichtskalender" (bis 1940) richtungsweisend waren. Es handelte sich jetzt um reichhaltigere Jahresübersichten, die
von oft umfangreichen Datenredaktionen gesammelt wurden: „L'Année politique" (1874 bis heute), „Survey of International Affairs" (1919 bis heute), „Keesings Archiv der Gegenwart" (1931 bis heute) u.a.m.

Ein erster Darstellungswandel der Traditionsformen macht sich bereits im
15. Jahrhundert bemerkbar. Gegenüber den Traditionsquellen des Hoch- und
Spätmittelalters, die noch stärker religiös gebunden sind, wie beispielsweise die
Chroniken und Heiligenviten, tritt uns in der Neueren Geschichte unter den Darstellungen als Ausdruck der „Entdeckung der Welt und des Menschen" die große
Gruppe der gewissermaßen profaneren Biographien, Autobiographien, politischen Darstellungen und Reisebeschreibungen entgegen. Einerseits sind sie
schon durch die kritischen Bemühungen der Humanisten (Lorenzo Valla, Marsilio Ficino, Giovanni Pico, Budaeus, Erasmus von Rotterdam, Konrad Muth,
Thomas Morus, Jakob Wimpheling, Konrad Celtis, Willibald Pirckheimer, Konrad Peutinger, Johannes Reuchlin u.a.) vorbereitet worden, andererseits erhielten
sie wichtige Anregungen durch die Arbeiten des Kopernikus und Galileis und
durch die Beschreibungen der Entdeckungsfahrten der Portugiesen, Spanier,
später auch der Engländer und Holländer, zum Teil auch der Franzosen. Die
neue Welt- und Menschenkenntnis hat in die historiographischen Darstellungen
Momente subjektiver Auswahl, aber auch persönlicher geistiger Zusammenfassung gebracht. Was bedeutet das für die Quellenkritik und die Formen der Darstellung?

Droysen gelangte von den Ansätzen seiner historischen Hermeneutik her zu
dem Ergebnis, daß für den Historiker nicht die Überreste von höchstem quellenkritischen Wert seien, sondern die sogenannten „ersten Quellen", nämlich die ersten darstellenden Zusammenfassungen, die noch der historischen Gegenwart
der Dinge angehören, von denen sie berichten: „Die ersten Quellen sind nicht die
ersten Gerüchte und Meinungen, die beliebigen und endlosen ersten Auffassungen des Geschehens, wie sie mit dem Geschehen zugleich sich bilden, sondern die
ersten Zusammenfassungen von einem bestimmten Gesichtspunkt aus, zu einem
Zusammenhang, der ihr Wesen und ihren Gedanken ausspricht" (§ 34 der Enzyklopädie und Methodologie der Geschichte). Im Anschluß daran kommt er, so

fern eine solche „erste Quelle" nicht besteht, zu einer Stufenfolge weiterer „erster Zusammenfassungen" aus späterer Zeit.

Diese Typologie soll hier nicht weiter verfolgt werden. Wichtig ist aber, daß allen diesen „ersten Zusammenfassungen", die wir im Unterschied zu den Überresten als Traditionsquellen bezeichnen, gleichgültig ob es sich – je nach dem zeitlichen Abstand – um primäre oder um sekundäre Quellen handelt, ein subjektiver „bestimmter Gesichtspunkt" eignet, den es mit den Mitteln der Quellenkritik herauszufinden gilt. Wo es um den Bericht eigener Erlebnisse und Handlungen geht (Quellengruppen der Memoiren und Autobiographien, der Reisebeschreibungen u.a.), ist die Frage nach der subjektiven Darstellungsart und zwar, falls prüfbar, nach den Kriterien für die Auswahl der geschilderten Vorgänge – was wurde vom Autor weggelassen? – wesentlich. Der ehemalige Bundeskanzler Helmut Schmidt, selbst ein bekannter Memoirenschreiber, hat einmal ironisch festgestellt, mit dem Schreiben von Memoiren verhalte es sich wie mit dem Rasieren: „Du stehst vor dem Spiegel, bist immer in Gefahr, dich zu schneiden – und möchtest doch nur gut aussehen."

Noch komplizierter wird die Frage, wenn möglicherweise, wie dies in der neueren Geschichte oft vorkommt, ein Herausgeber den Erlebnisbericht redigiert oder überarbeitet hat. So haben beispielsweise die Memoiren des Reichskanzlers Brüning bei ihrem Erscheinen nach dem Tode des Verfassers 1970 dadurch Aufsehen erregt, daß Brüning sich hier, zur Überraschung selbst seiner Freunde, als Anhänger einer Wiederherstellung der parlamentarischen, vielleicht sogar konstitutionellen Monarchie noch um das Jahr 1932 herum bekannt. Dieser „bestimmte Gesichtspunkt" ist erhellend für sein persönliches und polititisches Verhältnis zum Reichspräsidenten, zu General Groener und zu Hitler geworden. Es ist aber andererseits auch anzumerken, daß – wie Karl Otmar von Aretin und Rudolf Morsey mit ernstzunehmenden Gründen vermutet haben – vor der Herausgabe der Memoiren Brünings einige Textstellen möglicherweise von anderer Hand verändert worden sind. Andere neuzeitliche historiographische Darstellungen, in denen es nicht um eigenes Erleben, sondern um die Verarbeitung von mehr oder weniger zahlreichen Vorlagen oder Materialien geht, sind wieder durch je andere quellenkritische Fragen zu prüfen. Noch für den Beginn der Epoche Neuzeit ist bei historiographischen Werken beispielsweise die Frage nach der literarischen Gattung der Darstellung aufschlußreich. Der „freie Schriftsteller" als typische Erscheinung der Neuzeit ist hier nicht immer der Fortsetzer des – im Unterschied zu den Autoren der früh- und hochmittelalterlichen Annalistik (s. S. 119ff.) – schon namentlich bekannten spätmittelalterlichen Chronisten, sondern zuweilen auch schon der ohne Rücksicht auf „Autoritäten" (Vorlagen) frei mit dem Stoff schaltende „Belletrist." So hat beispielsweise Machiavelli seine hymnische Darstellung über das Leben des Condottiere Castruccio Castracani (1520) als Biographie gegeben, in der eine Reihe von Fakten und Daten von den tatsächlichen Ereignissen abweichen, wie sie von Machiavelli selbst dann aber in der „Geschichte von Florenz" (1525) durchaus zutreffend berichtet wurden. In der Biographie Castruccios sind dagegen – vielleicht nach antikem Vorbild – erfundene Reden eingeschoben. Der Held stirbt, in Abweichung von den tatsächlichen Vorgängen und auch abweichend von der von Machiavelli wahrscheinlich benutzten Vita von Tegrimi (1496), gleich nach der siegreichen Schlacht von Altopascio auf dem Höhepunkt seiner Laufbahn, während er in Machiavellis „Geschichte von Florenz" erst drei Jahre später sein Dasein endet, was auch ganz dem historischen Befund entspricht. Aber Machiavelli wollte offensichtlich für seine 1513 entworfene Idee des „Principe", des absoluten Fürsten, für dessen erforderliche Tugenden und für die Bedingungen seines Handelns (virtù, fortuna und necessità) ein Beispiel liefern, das er der Geschichte entnahm, ohne sich aber dabei allzu streng an die Fakten zu binden. Diese subjektive Absicht bestimmt in diesem Falle die Darstellung und muß also erkannt werden. Sie ist nicht mehr durch die als allgemein verbindlich empfundene heilsgeschichtliche Teleologie der mittelalterlichen Chroniken, sondern durch eine andere Zielsetzung bestimmt. So hat beispielsweise Philippe de Commynes, der berühmte französische Zeitgenosse Machiavellis, in seinen „Mémoires", die 1524 im Druck erschienen, den Zug Karls VIII. 1494 nach Italien, den er selbst miterlebt hatte, rein vom politischen Standpunkt aus beschrieben. Seine scharfsinnigen Reflexionen und Beobachtungen sind z.T. in der Form leichter Causerie gehalten und haben in der französischen Geschichtsschreibung Nachfolge gefunden, so daß dieser Stil besonders durch die meisterhaften Memoiren des älteren Saint-Simon – „Miniaturen vom Hofe Ludwigs XIV." (vollständig erst 1830 erschienen) – auf die gesamte Memoirenliteratur des 18. und 19. Jahrhunderts gewirkt hat. Bei Commynes steht aber – darin ähnlich Machiavelli – die politische Analyse ganz im Vordergrund. Hier wird ein Zug historiographischer Darstellung sichtbar, der in der Neuzeit zunehmend an Gewicht gewonnen hat: nämlich der Einfluß eines Systems, einer Theorie oder Ideologie auf die Geschichtsschreibung, wie er seither bei den Historikern der Reformationszeit, den Aufklärern des 18. Jahrhunderts oder in unserer Zeit beispielsweise in der marxistischen Geschichtsschreibung aufgetreten ist. Wie sich an dem obigen Beispiel Machiavelli zeigt, sind solche Gesichtspunkte besonders bei Biographien mit in Rechnung zu stellen. Ein Vergleich zwischen den Lutherbiographien von Julius Köstlin und von Gerhard Ritter oder Richard Friedenthal, oder zwischen der großen Richelieu-Biographie von Carl J. Burckhardt und den Biographien von Willy Andreas oder von Gabriel Hanotaux oder auch den Biographien über Friedrich den Großen von Reinhold Koser, von Gerhard Ritter oder dem Engländer G.P. Gooch kann die unterschiedliche Bewußtseinslage des jeweiligen Autors gegenüber seinem biographischen Gegenstand deutlich machen.

Ein anderer Zug, der in die Zukunft weist, ist aber neben einer solchen „Ideologie" ebenfalls bei Machiavelli und bei seinem Landsmann und Zeitgenossen Guicciardini schon zu beobachten. Er besteht darin, daß in stärkerem Maße Geschäftsschriftgut, wie es ja in jener Zeit besonders in den Staatskanzleien von Florenz und Venedig zuerst in größeren Mengen anfiel, für die historische Darstellung mit herangezogen wurde. Diesen Schritt in die damals entstehenden Staatsarchive vollzogen in Deutschland dann im 17. Jahrhundert die meist von der Rechtswissenschaft herkommenden Historiker Bogislaw Philipp Chemnitz

(1605–1678), Samuel Pufendorf (1632–1694) und Veit Ludwig von Seckendorf (1626–1692). Auch Leibniz (1646–1716), der aufgrund der Quellen eine Geschichte des braunschweigischen Welfenhauses begann, ist dabei zu nennen. Im Bereich der Biographie hat sich die durch Dokumente bereicherte Darstellung entwickelt, die besonders in England als Typ der „Life and Letters" eine feste Tradition gewinnen konnte. Bei Chemnitz und Pufendorf wirken teilweise noch die in den Auseinandersetzungen der Reformation und der Gegenreformation von den Theologen erarbeiteten Archivtechniken nach, wie sie unter den reformatorischen Geschichtsschreibern bei Melanchthon (1497–1560), Sleidanus (1506–1556) und Flacius (1520-1575), auf katholischer Seite bei Cäsar Baronius (1538–1607) und später bei Sforza Pallavicini (1607–1667) angewandt wurden. Die Quellenkritik und -breite ist verbessert, was beispielsweise ein Vergleich Sleidans mit dem 1688 veröffentlichten „Commentarius historicus et apologeticus de Lutheranismo" Seckendorfs zeigen kann. Bei Sleidanus sind erstmals die weimarischen Akten gründlich herangezogen. In den stärker vom staatsrechtlichen Denken herkommenden Darstellungen bei Chemnitz und Pufendorf, die beide als Reichshistoriographen des schwedischen Hofs – Pufendorf dann auch als Hofhistoriograph des Großen Kurfürsten – tätig waren, macht sich schon mehr das säkularisierte historisch-politische Interesse der Staatstheoretiker bemerkbar. Dabei gilt ihnen als wahr, was nicht gefälscht ist, d.h. was mit dem positiven Text von (echten) Urkunden und Akten, die sie oft wörtlich ausschreiben, übereinstimmt. Eine Textkritik im Sinne der kritischen Interpretation und Hermeneutik fehlt noch. „Quellenkritik" sollte z.B. bestimmte Erbansprüche eines Herrscherhauses begründen, wie noch das Beispiel Leibniz zeigen kann. Historiographie dient noch fast ausschließlich dem Nachweis des „älteren Rechts".

Hier ist außer von der Quellenkritik auch von den historiographischen Darstellungsformen zu sprechen. Die Arbeiten sind weitgehend Gutachten, Streit- oder Parteischriften. Chemnitz in seiner „Dissertatio de ratione status in imperio nostro Romano-Germanico" (1640) und Pufendorf in seiner Schrift „De statu imperii Germanici" (1667) gingen dabei von einer Kritik aus, die sich gegen den Zustand des Reiches und gegen das Haus Habsburg richtete, weshalb beide Schriften unter Pseudonymen erschienen. Von der Disziplin des Staats- und des Völkerrechts gelangten also beide zur Geschichtsdarstellung. Dies ist in Deutschland zugleich auch der Entstehungsweg der neuzeitlichen Geschichtswissenschaft gewesen.

Durch die geistesgeschichtliche Entwicklung wurden dann weitere Gesichtspunkte maßgeblich, die auch die Darstellung bestimmten. Während in Italien Giambattista Vico 1725 in der ersten Fassung seiner „Principi di Scienza Nuova", ebenfalls von den Ideen des römischen Rechts kommend, schon vor Montesquieu und Voltaire, neben dem Kosmos der Natur die geschichtliche Welt des mundus civilis als Gegenstand einer eigenen Wissenschaft erkannte und mit der festen Einfügung des neuzeitlichen Nationsbegriffs in seine Lehre vom „ricorso" eine moderne Geschichtstheorie begründete, galt die Geschichte aber sonst vorerst noch lange als Hilfswissenschaft der Staatsrechtslehre. Auch den Akade-

mien der Wissenschaften des späteren 18. Jahrhs. kommt für die Entwicklung
einer autonomen Geschichtswissenschaft Bedeutung zu. Der Hauptanstoß kam
aber auch dabei vom Staatsrecht. Unter den berühmten deutschen Reichsrecht-
lern des 18. Jahrhunderts (Johann Stephan Pütter und August Ludwig von Schlözer) hat Johann Christoph Gatterer (1727–1799) in Göttingen, von rechtlichen
und Echtheitsfragen der Urkundenkritik ausgehend, die Diplomatik, Genealogie
und Heraldik als Universitätsdisziplinen heimisch gemacht und den Versuch zu
einer Weltgeschichte auf geographischer und kulturhistorischer Grundlage unternommen. Er gründete 1764 in Göttingen auch das erste Historische Institut und
gab darüber hinaus mit seinem Historischen Journal (1772–81) die erste wissenschaftliche Geschichtszeitschrift heraus. Es mag dabei für uns, die wir noch stark
von den Auswirkungen des Historismus beeinflußt sind, heute verblüffend und
schwer verständlich erscheinen, wie in diesen Anfängen der Geist der Aufklärung
und die Begründung einer neuzeitlichen Geschichtswissenschaft so nahe bei-
einander anzutreffen sind. Bei näherer Betrachtung der historiographischen Darstellung zeigt sich allerdings, daß in diesen aufklärerischen Anfängen der Geschichtswissenschaft noch eine eklatante Überschätzung des Wertes der eigenen
Zeit vorwaltet. Nahm diese Haltung bei den „Göttingern" die erträgliche Form
einer streng kritischen auf den Erweis von Echtheit oder Unechtheit der Urkunden gerichteten Analyse an, so manifestierte sie sich bei Voltaire als dem bestim-
menden Geist der Aufklärungsepoche deutlich in einer Verkündung des „siècle le
plus éclairé qui fût jamais", dem nichts als wahr gelten könne und dürfe, was
nicht in Übereinstimmung stehe mit der Naturwissenschaft, der Vernunft und der
„normalen Ordnung der menschlichen Dinge". Die Gegenwart wird hier zur
absoluten Norm der Beurteilung auch für die historiographische Darstellung.

Erst wenn man diesen geistesgeschichtlichen Hintergrund eines ungebrochenen
„Gegenwarts"- und Fortschrittsglaubens berücksichtigt, der für die Aufklärung
typisch ist und sich nicht nur in den zeitgenössischen historischen Darstellungen
Voltaires und der Göttinger Historiker, sondern auch in den Darstellungen David Humes (1711–1776) über die englische Geschichte und in Edward Gibbons
(1737–1794) Römischer Geschichte findet, kann man den geistigen Wandel annähernd ermessen, den Herder mit seiner Schrift „Auch eine Philosophie der Geschichte zur Bildung der Menschheit" von 1775 herbeigeführt hat. Der Titel
selbst scheint schon eine polemische Antwort auf Voltaires „Philosophie de
l'histoire" (1704) zu sein, die der Franzose 1756 als Einleitung seinem „Essai sur
les moeurs et l'esprit des nations" vorangestellt hatte. Zwar ist auch für Herder
die Idee der Humanität, freilich etwas anders als bei Voltaire, entscheidend, aber
die aufklärerische Hochschätzung der eigenen Gegenwart lehnt Herder ab, indem er jeder historischen Epoche ihren eigenen Mittelpunkt beläßt. Von hier
führt eine direkte Linie zu Leopold von Ranke, der in seinen Vorträgen „Über
die Epochen der neueren Geschichte" 1854 sagte: „Jede Epoche ist unmittelbar
zu Gott, und ihr Wert beruht gar nicht auf dem, was aus ihr hervorgeht, sondern
in ihrer Existenz selbst, in ihrem eigenen Sein". „Was aber", fährt Ranke fort,
„nicht ausschließt, daß aus ihr etwas anderes hervorging".

Der Ansatz Herders hat in der Geschichte der neueren Geschichtsschreibung Epoche gemacht. Durch Niebuhrs und Rankes Begründung der historisch-kritischen Methode ist dieser Ansatz noch verfeinert worden. Ob es sich seither um die Darstellung einer historischen Persönlichkeit als Biographie, um die Geschichte einer Sache oder eines Kulturgebiets, um Volks- oder Staatengeschichte, um ein Zeitalter oder um die Weltgeschichte als Ganzes handelt – immer wird es für die Darstellung unter anderem darum gehen müssen, den jeweiligen Gegenstand aus dem historischen „Kontext" d.h. aus den Voraussetzungen seiner eigenen Zeit heraus zu verstehen. Ranke hat diesen Problemzusammenhang bereits in seinem Erstlingswerk von 1824, den „Geschichten der romanischen und germanischen Völker von 1494 bis 1514" behandelt. In einem eigens angefügten Buch „Zur Kritik neuerer Geschichtsschreiber", würdigt er – von Guicciardini ausgehend – die italienischen, spanischen, französischen und deutschen Historiographen des späten 15. und 16. Jahrhunderts quellenkritisch. In der Vorrede zu den „Geschichten der romanischen und germanischen Völker" resümiert Ranke die Absicht seines Untersuchungsvorhabens folgendermaßen: „Man hat der Historie das Amt, die Vergangenheit zu richten, die Mitwelt zum Nutzen zukünftiger Jahre zu belehren, beigemessen: so hoher Ämter unterwindet sich gegenwärtiger Versuch nicht: er will bloß zeigen, wie es eigentlich gewesen". Er nennt die Quellen seiner Arbeit („Ursprung ihres Stoffes"): Memoiren, Tagebücher, Briefe, Gesandtschaftsberichte und ursprüngliche Erzählungen der Augenzeugen – und er knüpft daran die Bemerkung, daß aus Absicht und Stoff „die Form" der Darstellung entstehe. Die darstellerische Verfahrensweise selbst ist ihm durch die „Anschauung des Objektiven" vorgegeben, wie Ranke im Vorwort zu seiner „Französischen Geschichte" sagt. Und am Beginn des fünften Buches seiner „Englischen Geschichte" stehen die vielzitierten Sätze: „Ich wünschte mein Selbst gleichsam auszulöschen und nur die Dinge reden, die mächtigen Kräfte erscheinen zu lassen." Ranke hat aber bekannt, daß es sich hier nur um ein Streben nach „objektiver Anschauung", also immer bloß um eine mehr oder weniger große Annäherung an das Ideal der Darstellung handeln kann, das selber unerreichbar bleibt. Trotzdem kann man sagen, daß hier ein Unterschied gegenüber den bewußt „parteiischen" historiographischen Leistungen der Geschichtsschreibung des Liberalismus, des demokratischen Republikanismus oder des Sozialismus besteht, wie sie uns in den untereinander so verschiedenartigen Werken eines Johannes von Müller (1752–1809), Friedr. Chr. Schlosser (1776–1861), Wilhelm v. Giesebrecht (1814–89), Friedr. Chr. Dahlmann (1785–1860), Heinrich v. Treitschke (1834–96), Heinrich v. Sybel (1817–95) oder eines Franz Mehring (1846–1919) entgegentreten. Ranke sucht sich von einem Gegenwartsstandpunkt weitgehend freizuhalten.

Hiermit hängt die Frage nach dem eigentlichen Gegenstand der Geschichtswissenschaft und damit nach den eigentlich heranzuziehenden Quellen der Neuzeit zusammen. Die Frage der Quellenkrititk (s. S. 218ff.) ist seit Niebuhr, Ranke und Droysen für den theoretischen und technischen Teil weitgehend beantwortet. Aber die Auswahl der Quellen selbst richtet sich ganz wesentlich nach der Vorstellung davon, welches die Kräfte der geschichtlichen Welt eigentlich sind. So ging Ranke und mit ihm eine ganze Schule von „Ideen" und „Tendenzen" als gleichsam metaphysischen Kräften des geschichtlichen Lebens aus. Von der Idee der Nation und ihrer historischen Erscheinung als einer „individuellen Totalität" gelangte er zur besonderen Bedeutung der Außenpolitik als dem Ausdruck von Kräften zwischen den Nationen, wobei wirtschaftliche und wirtschaftspolitische Aspekte z.T. ausgeklammert blieben. Dies ist verständlich, wenn man berücksichtigt, daß das 19. Jahrundert eine Epoche der Nationalstaaten war und daß für das Territorium des Deutschen Bundes bzw. des Deutschen Reiches aufgrund seiner geographischen europäischen Mittellage außenpolitische Kräfteverhältnisse entscheidend sein mußten.

Wie sehr aber im Gefolge der industriellen Revolution, der Herausbildung einer Weltwirtschaft und eines Weltverkehrs Fragen der Ökonomie und der Sozialgeschichte, der vergleichenden Kultursoziologie, -morphologie und -anthropologie an Bedeutung gewonnen haben, mag zum Schluß eine Darstellungsform der neueren Geschichtswissenschaft zeigen: die Untersuchung nämlich, die im allgemeinen selbständig als Monographie oder als Aufsatz in einer wissenschaftlichen Zeitschrift erscheint. Wir wählen als Exempel die Gründungen und den Formwandel verschiedener historischer Zeitschriften, um diese unterschiedlichen Veränderungen im Selbstverständnis der neuzeitlichen Geschichtsschreibung zu verdeutlichen. Dabei werden hier aus Gründen der Kürze auch die Zeitschriften im weiteren Sinne als Formen der Tradition erfaßt, obwohl sie als ein Forum moderner wissenschaftlicher Einzeluntersuchungen eine besondere Art der neuzeitlichen historiographischen „Literatur" darstellen.

Die Geschichte der geschichtswissenschaftlichen Zeitschriften als Veröffentlichungsort kann gut selbst als Beispiel dafür dienen, wie sich die Ansichten über den Gegenstand der Geschichtsschreibung in den letzten zweihundert Jahren gewandelt haben. In Johann Christoph Gatterers „Allgemeiner historischer Bibliothek" (16 Bde., 1767–1771) und in dem von ihm herausgegebenen „Historischen Journal" (16 Bde., 1772–1781) hat sich die Geschichtswissenschaft bereits vom Staatsrecht zu einer eigenen Disziplin entwickelt. Ihr Gegenstand ist eine Universalgeschichte, wobei geographische und kulturgeschichtliche Voraussetzungen vom aufklärerischen Standpunkt aus besonders berücksichtigt werden. Die Herkunft vom Staatsrecht gilt auch noch für den Historiker Friedrich von Raumer (1781–1873), den Herausgeber des 1830 begründeten „Historischen Taschenbuchs", einer bis 1892 geführten Zeitschrift, die aber nach von Raumer durch den Kulturhistoriker Wilhelm Heinrich Riehl fortgeführt wurde. Die kulturgeschichtliche Richtung hat auch noch die seit 1844 von Wilhelm Adolf Schmidt herausgegebene „(Allgemeine) Zeitschrift für Geschichtswissenschaft" stark beeinflußt. Demgegenüber tritt in der 1832 bis 1836 von Ranke im Auftrag der preußischen Regierung herausgegebenen und zum größten Teil auch geschriebenen „Historisch Politischen Zeitschrift" eine gewisse Verengung auf die staatlich-politische Sphäre ein, wobei aber zu erwähnen ist, daß Ranke darin u.a. auch wirtschaftlichen Fragen (z.B. Bodenertragsproblemen und der preußischen Zollgesetzgebung) nachgegangen ist und in einem Aufsatz sein Interesse der wirtschaftspolitischen Vorgeschichte des Deutschen Zollvereins gewidmet hat. Die Konzentration auf den staatlich-politischen Bereich wurde aber besonders durch die hermeneutische, methodologische und quellenkritische Sicherheit Rankes noch unterstrichen. Dieselbe Begrenzung auf den staatlich-politischen Aspekt blieb auch in der 1844 gegründeten „Zeitschrift für die gesamte Staatswissenschaft" und in den 1858 erschienenen „Preußischen Jahrbüchern" bestimmend und hat sich zunächst auch maßgeblich auf die von Heinrich von Sybel 1859 gegründete „Historische Zeitschrift", ja zum Teil sogar noch auf die 1866 gegründete „English Historical Review" und auf die erstmals 1876 erschienene „Revue Historique" ausgewirkt.

Daneben blieb aber in einer gewissen Unterströmung der ursprüngliche kulturgeschichtliche Ansatz erhalten, der 1856 schon zur Gründung einer „Zeitschrift für deutsche Kulturgeschichte" geführt hatte. Diese kulturgeschichtliche Tradition wurde auch in den ersten landesgeschichtlichen Zeitschriften fortgeführt, von denen hier z.B. nur die „Jahresberichte der Schlesischen Gesellschaft für vaterländische Kultur" (1823), die „Zeitschrift für die Geschichte des Oberrheins" (1850), die „Zeitschrift des historischen Vereins für Niedersachsen" (1858), die seit 1871 erschienenen „Hansischen Geschichtsblätter" und die 1888 begründeten „Forschungen zur brandenburgischen und preußischen Geschichte" erwähnt seien. Gleichzeitig trat aber in ihnen erstmals stärker die Wirtschaftsgeschichte hinzu. In anderen Fachzeitschriften war sie vor allem in den 1862 begründeten „Jahrbüchern für Nationalökonomie und Statistik" und in dem seit 1877 veröffentlichten „Jahrbuch für Gesetzgebung, Verwaltung und Volkswirtschaft" („Schmollers Jahrbuch") behandelt worden. Sie erhielt dann 1893 ein eigenes Organ in der „Zeitschrift für Sozial- und Wirtschaftsgeschichte". Der bereits oben erwähnte Methodenstreit, bei dem in den achtziger und neunziger Jahren auf der einen Seite Dietrich Schäfer, Hermann Oncken und Georg von Below den Vorrang der politischen Geschichtsschreibung vertraten, während auf der Gegenseite Eberhard Gothein, Karl Lamprecht, Walter Goetz und Alfons Dopsch für eine Kultur- und Sozialgeschichte Partei ergriffen, hat diese Gründung u.a. mit hervorgerufen, die seit 1903 dann den Titel „Vierteljahrsschrift für Sozial- und Wirtschaftsgeschichte" trug. Der Methodenstreit führte auch mit dazu, daß seit 1903 die „Zeitschrift für deutsche Kulturgeschichte" auf einer neuen Ebene unter dem Titel „Archiv für Kulturgeschichte" fortgeführt wurde. Diese neuen Ansätze zu einer Kultur-, Sozial- und Wirtschaftsgeschichte haben auch im Ausland zu ähnlichen Zeitschriften geführt, von denen die „Revue d'Histoire Economique et Sociale" (1913), das niederländische „Economisch-Historisch Jaarboek" (1915), die amerikanische „Business History Review" (1926), die Londoner „Economic History Review" (1927) und die „Annales d'histoire économique et sociale" (1929) zu den ältesten und angesehensten gehören. Die „Annales" führen seit 1946 den Untertitel „Economies, Sociétés, Civilisations" und setzen damit auch die Tradition der älteren französischen Kulturgeschichtsschreibung auf einer neuen Ebene fort.

So zeigt sich zum Teil auch in den historischen Fachzeitschriften ein Stück Geschichte der Geschichtsschreibung in der Neuzeit. Indem der Gegenstand der Historiographie dabei von wechselnden Gesichtspunkten aus untersucht wurde,

ergab sich ein Wandel von einer stärker kulturgeschichtlichen über eine macht-
staatlich-politische zu einer stärker sozial- und wirtschaftsgeschichtlichen und
teilweise wiederum kulturgeschichtlichen Betrachtungsweise. Keine kann wohl
ausschließlich für sich allein ein Recht geltend machen. Denn durch die Quellenlage bestimmt sich nicht zuletzt wesentlich die Wahl des Betrachtungspunkts und
die Form der Darstellung. Eine Biographie z.b. ohne briefliche Quellen ist kaum
möglich, und eine wirtschaftsgeschichtliche Darstellung ist ganz erheblich auf ge-
schäftliche Überreste angewiesen. Die Besinnung des ausgehenden 19. Jahrhunderts auf die Möglichkeiten einer Sozial- und Wirtschaftsgeschichte hängt nicht
nur mit der damals entstandenen Arbeiterfrage, sondern auch eng mit der Sorge
zusammen, daß bei einem weiteren Überwiegen der rein machtstaatlich-außen-
politischen Betrachtungsweise große Quellengruppen des historischen Materials,
soweit sie demographisch-statistischer, staats- oder privat-wirtschaftlicher Art
waren, über kurz oder lang ganz verlorengehen könnten. Daher ist nun von der
Quellengruppe der Überreste selbst zu sprechen, die neben den „ersten Quellen"
im Sinne Droysens noch heranzuziehen sind. Nächst diesen bestimmen auch sie
die darstellenden Formen der neueren Geschichtsschreibung, von denen bisher
im Sinne von Traditionsquellen die Rede war. Als dokumentarische Quellen sind
sie nach Bedeutung und Umfang besonders für die Neuere Geschichte nun zu
berücksichtigen.

Literatur:

Allgemeine Quellenkunde der Neueren Geschichte: Ausgewählte Quellen zur deutschen Geschichte der Neuzeit. Freiherr vom Stein-Gedächtnisausgabe. In Verbindung mit vielen
Fachgenossen begr. von Rudolf BUCHNER und fortgef. von W. BAUMGART (z.Z. ca. 40
Bde.). Darmstadt 1960ff. – Allgemein sind von den älteren Quellenreihen auch heranzuzie-
hen: „Publicationen aus den Preußischen Staatsarchiven". – F. SCHNABEL, Deutschlands
geschichtliche Quellen und Darstellungen in der Neuzeit. Erster Teil. Das Zeitalter der
Reformation. 1500–1550. Leipzig/Berlin 1931 (mehr nicht erschienen).. – G. WOLF, Quellenkunde der deutschen Reformationsgeschichte. 3 Bde., Gotha 1915–1923 (Nachdruck
Nieuwkoop/Hildesheim 1965). Hieran schließen die von W. Baumgart herausgegebenen
Bände der „Quellenkunde zur deutschen Geschichte der Neuzeit von 1500 bis zur Gegenwart" an. (7 Bde., Darmstadt 1987ff.) – Les sources de l'histoire de France depuis les origines jusqu'en 1815. Ed. par. A. MOLINIER, H. HAUSER, E. BOURGEOIS, L. ANDRÉ.
3 Teile, Paris 1901–1935 (für die Neuere Geschichte bes. wichtig die Teile 2 und 3 mit insgesamt 12 Bänden). – A.L. FUNK , Source Problems in Twentieth Century History. New
York 1953. – G. FRANZ, Quellen zur Geschichte des Bauernkriegs, München 1963. –
B.-A. RUSINEK, V. ACKERMANN, J. ENGELBRECHT (Hg.), Einführung in die Interpretation historischer Quellen, Schwerpunkt: Neuzeit. Paderborn/München 1992. – Geschichte der neueren Historiographie: L. v. RANKE, Zur Kritik neuerer Geschichtsschreiber (1824), in: Sämtliche Werke, Bd. 33/34, Leipzig ²1874. – H. GMELIN, Personendarstel-
lung bei den florentinischen Geschichtsschreibern der Renaissance. Leipzig 1927. –
E. MENKE-GLÜCKERT, Die Geschichtsschreibung der Reformation und Gegenreformation. Bodin und die Begründung der Geschichtsmethodologie durch B. Keckermann. Leipzig 1912. – E. SCHAUMKELL, Geschichte der deutschen Kulturgeschichtsschreibung von
der Mitte des 18. Jahrhunderts bis zur Romantik im Zusammenhang mit der geistigen Ent-

wicklung. Leipzig 1905. – M. RITTER, Die Entwicklung der Geschichtswissenschaft an den führenden Werken betrachtet. München 1919. – Die Geschichtswissenschaft in Selbstdarstellungen, hg. von S.H. Steinberg, 2 Bde. Leipzig 1925/26. – J. WACH, Das Verstehen. 3 Bde. Tübingen 1926–33. – E. FUETER, Geschichte der neueren Historiographie. München ³1936 (bearb. v. D. Gerhard u. P. Sattler). – G. MISCH, Geschichte der Autobiographie, 3 Bde., Bern 1949–1967. – J. ROMEIN, Die Biographie. Einführung in ihre Geschichte und ihre Problematik. Bern 1948 (Sammlung Dalp, Bd. 59). – H. v. SRBIK, Geist und Geschichte vom deutschen Humanismus bis zur Gegenwart. 2 Bde. München/Salzburg 1950/51. – G.P. GOOCH, History and Historians in the Nineteenth Century. London/New York 1913, ²1952 (deutsch: Geschichte und Geschichtsschreiber im 19. Jahrhundert. Frankfurt a.M. 1964). – Th. SCHIEDER, Die deutsche Geschichtswissenschaft im Spiegel der Historischen Zeitschrift, in: HZ 189, 1959, S. 1–104. – H. GOLLWITZER, Neuere deutsche Geschichtsschreibung, in: Deutsche Philologie im Aufriß, hg. von Wolfgang Stammler Bd. 3, Berlin ²1967. – F. WAGNER, Moderne Geschichtsschreibung. Ausblick auf eine Philosophie der Geschichtswissenschaft. Berlin 1960. – H. RABE, Neuzeitliche Geschichtsschreibung, in: Geschichte. Hg. von Waldemar Besson (Fischer-Lexikon 24.1961). – H.U. WEHLER (Hg.)., Deutsche Historiker. 5 Bde., Göttingen 1971ff. – Zur Memoirenliteratur: A. v. HARNACK, Gedanken über Memoiren und Tagebücher, in: Welt als Geschichte 10, 1950, S. 28–38. – J. MICHAUD/J.J. POUJOULAT, Nouvelle collection de Mémoires sur l'histoire de France depuis le XIIIᵉ siècle jusqu'à la fin du XVIIIᵉ siècle. 32 Bde. Paris 1836–39. – J. BIRNBAUM, Die „Mémoirs" um 1700. Halle 1934. – M. WESTPHAL, Die besten deutschen Memoiren, Lebenserinnerungen und Selbstbiographien aus sieben Jahrhunderten. Leipzig 1923. – W. HUBATSCH, Deutsche Memoiren 1945–55. Lauphiem/Württ. 1956. – H.E. RIESSER, Außenpolitische Memoiren ... von Bismarck bis Adenauer. Bonn 1966 (Bibliographie). – Einige ausgewählte Beispiele wichtiger Memoiren als Quellen der Neueren Geschichte: Philippe DE COMMINES, Mémoirs (1464–1498). Galliot du Pré 1524. (deutsche Ausgabe, hg. v. Fritz Ernst, Stuttgart 1952) – Hans von SCHWEINICHEN, Lebensbeschreibung (1602). Hg. von Hermann Oesterley. Breslau 1878. – Jean François Kardinal DE RETZ, Mémoires. 3 Bde. Nancy 1717 (deutsche Ausgabe, hg. von Benno Rüttenauer. München 1913). – Horace WALPOLE, Mémoirs. Ed. by Eliot Warburton. London 1851. – Louis de SAINT-SIMON, Mémoires (1694–1723). Hg. v.a. Sautelet 21 Bde. Paris 1829/30 (deutsche Ausgabe von Hanns Floerke. 3 Bde. München 1913–17). Giacomo CASANOVA, Histoire de ma vie (bis 1774). 12 Bde. (zuerst auf Deutsch erschienen.) Leipzig 1822–28. Vollständige Ausgabe („Edition intégrale") in 12 Bänden erst Wiesbaden/Paris 1960–62 (deutsch Wiesbaden 1964.ff.). – FRIEDRICH DER GROSSE, „Histoire de mon temps" und seine „Histoire de la guerre des sept ans", in: Œuvres de Frédéric le Grand. Hg. v. J.D.E. Preuß. Bde 2–5. Berlin 1846–47. – Klemens Fürst METTERNICH, Mémoires, documents et écrits. Publiés par son fils Richard ... 8 Bde. Paris 1881–83. – Otto Fürst BISMARCK, Erinnerung und Gedanke. Kritische Neuausgabe auf Grund des gesamten schriftlichen Nachlasses, hg. v. Gerhard Ritter und Rudolf Stadelmann. Berlin 1932 (= Bd. 15 der Friedrichsruher Ausgabe). – Bernhard Fürst BÜLOW, Denkwürdigkeiten. Hg. v. Franz von Stockhammern. 4 Bde. Berlin 1930/31. – Raymond POINCARÉ, Au service de la France. 10 Bde. Paris 1926–33 (deutsch: 3 Bde. Dresden 1928/29). – Winston L. CHURCHILL, The Second World War. 6 Bde. London 1948–54 (deutsch: Hamburg 1956–58). – Charles de GAULLE, Mémoires de guerre. 3 Bde. Paris 1954–59 (deutsch: Berlin/Frankfurt a.M. 1955ff.). – DERS., Mémoires d'Espoir. 2 Bde. Paris 1970 (deutsch: Wien/München 1971ff.). Hjalmar SCHACHT, 76 Jahre meines Lebens. Bad Wörishofen 1953. – Theodor HEUSS, Erinnerungen 1905–1933. Tübingen 1963 (als Taschenbuch Frankfurt a.M. 1965). – Konrad ADENAUER, Erinnerungen. 4 Bde. Stuttgart 1965–68. – Albert SPEER, Erinnerungen. Berlin 1969. – Heinrich BRÜNING, Memoiren 1918–1934. Stuttgart 1970. – André MALRAUX, Antimémoires. Paris 1967 (deutsch: Frankfurt a.M. 1968 als Taschenbuch 1971). – Wilhelm G. GREWE, Rück-

blenden – Aufzeichnungen eines Augenzeugen deutscher Außenpolitik von Adenauer bis
Schmidt, Berlin 1979. – Wichtige ältere Memoiren liegen z.b. auch vor von Jacques Necker,
Marie Jos. de Lafayette, Germaine de Staël, Honoré Gabriel de Mirabeau, Georges Clémen-
ceau, Alfred v. Tirpitz und Th. v. Bethmann Hollweg. – Vgl. auch: W.H. SCHRÖDER.
Lebenslauf und Gesellschaft. Zum Einsatz von kollektiven Biographien in der historischen
Forschung. Stuttgart 1985.

2. Schriftliche Überreste oder dokumentarische schriftliche Quellen

Neben den abstrakten und den Sachüberresten hat der neuere Historiker überwiegend mit einer Gruppe schriftlicher Überreste zu tun, die wir, weil sie unmittelbar von den politischen oder auch wirtschaftlichen und anderen „geschäftlichen" Handlungen übriggeblieben sind, als Geschäftsschriftgut bezeichnen.
Hierzu gehören vor allem Urkunden und Akten. Daneben können auch Briefe,
Tagebücher, Gesprächs- und Zeugenaufzeichnungen sowie im weiteren Sinne literarische Überreste zu den dokumentarischen schriftlichen Quellen gerechnet werden. Der Grundsatz, daß „quod non est in chartis" (Urkunden) oder „quod non
est in actis" auch „non in mundo" sei, ist mit Grund schon in der älteren Ge-
schichtswissenshaft nicht unwidersprochen geblieben. Erst recht im Zeitalter des
Telefons und der Kurzwellentechnik finden wichtige politische und ökonomische
Entscheidungen oft keinen schriftlichen Niederschlag. Dieser grundlegende quellenkritische Gesichtspunkt ist besonders im Umgang mit Urkunden und Akten
der Neuzeit stets zu berücksichtigen.

a) Urkunden

Als Begriff der Urkunde hat Ahasver von Brandt im Anschluß an H. Bresslau
die an den mittelalterlichen Rechtszuständen gewonnene Definition gegeben, daß
es sich hier um „ein unter Beachtung bestimmter Formen ausgefertigtes und be-
glaubigtes Schriftstück über Vorgänge rechtlicher Natur" handelt. Im Unterschied zur mittelalterlichen Geschichte sind uns unter den Überresten der Neueren Geschichte aber auch die zahlreichen Vorformen und Arbeitsunterlagen, die
schließlich zur Ausfertigung der einzelnen Urkunden geführt haben, aus den
Registraturen und Kanzleien in reicherem Maße erhalten geblieben. Die stärker
ausgebildete Schriftlichkeit der neuzeitlichen Behördenverwaltung hat so zu einer
Vielzahl neuer schriftlicher Überreste geführt, die der Recht setzenden Urkunde
zeitlich voraufliegen und oft selbst teilweise Rechtscharakter besitzen. Es sind
Aktenstücke oder Akte (ursprünglich nur in Plural gebraucht). So konnte H.O.
Meisner das Verhältnis von Urkunde und Akten treffend umschreiben mit dem
Satz: „Der Weg zur Urkunde ist mit Aktenstücken gepflastert". Auch hier gilt,
daß der Weg, die Akte, zuweilen wichtiger als das „Ziel", die Urkunde, sein kann.
    In der Neueren Geschichte, die man vom Standpunkt einer ordnenden Quel-

lenübersicht wegen der Fülle dieses Materials als „Aktenzeitalter" bezeichnen darf, tritt uns aber auch die Urkunde noch in vielen Formen entgegen. Während aber die Urkunde im Mittelalter schon sowohl als deklaratorische oder Beweisurkunde (notitia) erscheint als auch in der Form der dispositiven oder Verfügungsurkunde (charta) mit konstitutivem Charakter (s. S. 127), hat die Urkunde in der Neuzeit fast nur noch diesen dispositiven Wesenszug. Sie wurde aus einem Zeugnis über eine zuvor, womöglich nur mündlich, getroffene und tatsächlich vollzogene Rechtshandlung mehr und mehr zu einem neuen, selbst Recht setzenden Instrument. Die aus dem Mittelalter bis ins 17. Jahrhundert führende Linie von Kleiderordnungen der Landesherren und Städte gehört ebenso hierher wie die bis ins 19. Jahrhundert gültigen Zunftordnungen. Auch sie sind dispositive Urkunden. Dieser in der Neuzeit vorherrschende Typ der Urkunde (z.B. Gesetz, Verordnung, Erlaß – in der absolutistischen Zeit auch Edikt, Dekret, Ordonnanz u.a.) stellt daher an den Historiker die Forderung, den tatsächlichen Vollzug des verfügten Rechtsakts zu prüfen und die faktische Durchführung zu belegen bzw. sie andernfalls in Frage zu stellen. Gesetze, die eigentlich als dispositive Urkunden zu betrachten sind, bedeuten also für den Historiker fast immer zugleich die Frage nach ihrem Handlungsvollzug. Die eingangs erwähnte Ankündigung der allgemeinen Wehrpflicht in der Französischen Revolution oder die russischen Gesetze von 1861 über die Aufhebung der Leibeigenschaft der Bauern oder auch beispielsweise das 1868 ergangene und damals viele Hoffnungen weckende ungarische Nationalitätengesetz bedeuteten selbst noch nicht die tatsächliche Verwirklichung der verkündeten Ziele. Dasselbe gilt für internationale Verträge wie z.B. das Münchener Abkommen von 1938. Das für die kritische Prüfung des Vollzugs solcher staatspolitischen Urkunden Gesagte gilt mutatis mutandis auch für den Bereich der Privaturkunden, die besonders auf dem Gebiete des Wirtschaftslebens große Bedeutung haben und vom Wirtschaftshistoriker einer ähnlichen Kritik unterzogen werden müssen. Mit der bloßen Benutzung der zahlreichen Gesetzes- und Verordnungsblätter der einzelnen Staaten und der Amts- und Ministerialblätter ihrer Behörden ist es also allein noch nicht getan.

Auch die formale Seite des Urkundenwesen, die von der Grundwissenschaft der Diplomatik besonders geordnet worden ist (vgl. S. 145ff.), spielt vor allem für die kritische Prüfung der Echtheit der Urkunden eine Rolle. Hier sei nur festgehalten, daß der im Mittelalter entwickelte Typ der Urkunde in der Neueren Geschichte vor allem auf die Form der vom Staat verkündeten Gesetze, z.T. bis in ihren Aufbau (Narratio, Kontext, Unterschrift bzw. Gegenzeichnung u.a.) hinein, übergegangen ist. Die vom Herrscher „vollzogenen" Gesetze sind dabei im Unterschied zum bloßen Vollziehungsstrich der mittelalterlichen Könige (vgl. S. 128) in deren vorgezeichnetem Monogramm von den neuzeitlichen Herrschern mit ihrem vollen Namenszug „manu propria" vollzogen. Die Rekognitionszeile der mittelalterlichen Kanzler ist erst viel später zur Kontrasignatur der Minister geworden. Dahinter steht der Wandel von der absoluten zur konstitutionellen und schließlich zur parlamentarischen Regierungsform und eine entsprechende Änderung der gesamten Staatsverwaltung. In diesem Zusammenhang kommt

besonders den Akten eine große Bedeutung zu. Wie fließend hier aber gegenüber
Urkunden die Grenze sein kann, zeigt z.B. die formal streng festgelegte diplomatische Note, die man als Geschäftsschriftgut im allgemeinen zu den Akten zählt.
Sie kann aber auch, sofern beispielsweise internationale vertragliche Abmachungen durch einen Notenaustausch zustandekommen können, teilweise auch als
urkundliches Geschäftsschriftgut betrachtet werden (Beispiel: 1893/94 die In-
kraftsetzung bzw. Ausweitung der russisch-französischen Militärkonvention
durch Notenwechsel der Außenminister). Hier ist die ursprüngliche Bedeutung
des Wortes Diplomatie, das mit (geurkundeten) vertraglichen Abmachungen zu
tun hat, noch gut zu erkennen.

b) Akten und neuzeitliche Kanzleiorganisation

Die Akten bilden den größten Teil des Geschäftsschriftgutes der Neueren Geschichte. Ihre historisch-kritische Auswertung setzt eine gewisse Kenntnis der
Kanzlei- und Verwaltungsorganisation voraus. Begriffe wie Note (note signée),
Memorandum (Aide mémoire) oder Verfügung sind aus einer Korrespondenz-
und Verwaltungstradition heraus entwickelt worden, deren Kenntnis für den Historiker der Neuzeit ebenso wichtig ist, wie für den Historiker des Mittelalters
beispielsweise die Kenntnis der päpstlichen oder der kaiserlichen Kanzlei. Feste
Formen wie Kanzleischreiben, Handschreiben, Kabinettsorder u.a.m. sind daher
auf dem Hintergrund der Verwaltungstraditionen einer bestimmten Kanzlei,
eines Kabinetts, eines Ministeriums oder anderer Institutionen zu sehen.

In Deutschland bietet die Geschichte des Auswärtigen Amts hierfür ein aufschlußreiches Beispiel, das für die neuzeitliche staatliche Behördenorganisation
typisch ist.

Das Auswärtige Amt („AA") läßt sich in direkter Linie bis auf das preußische
„Département der auswärtigen Affairen" zurückverfolgen, das bereits in einem
Erlaß König Friedrich Wilhelms I. von 1714 erwähnt, aber mit ziemlicher Sicherheit noch mindestens ein Jahrzehnt älter ist. Daneben hat sich die Bezeichnung
„Kabinettsministerium" bis 1848 gehalten. Es war die absolutistische Zeit, als
sich die außenpolitische Korrespondenz noch in starkem Maße in der persönlichen Briefform direkter fürstlicher (allerdings nicht eigenhändiger) Handschreiben vollzog und der Fürst im innenpolitischen Bereich hauptsächlich durch zere-
monielle Kanzleischreiben im Pluralis majestatis und durch Kabinettsordres
regierte, die als Befehle bei Aufnahme in die offizielle Gesetzsammlung sogar Ge-
setzeskraft erhielten (sog. normative Kabinettsordres). Friedrich Wilhelm I. hatte
dieses Département nach dem Kollegialsystem einrichten lassen, d.h. das
„Département der auswärtigen Affairen" besaß mehrere gleichberechtigte, meist
drei, „Kabinettsminister". Erst 1808 wurde das Kollegialsystem abgeschafft. Das
neue „Ministerium der auswärtigen Angelegenheiten" wurde 1810 in zwei Sek-
tionen geteilt, von denen die erste die Kommunikation mit ausländischen Ge-
schäftsträgern, die zweite „die nicht zu den höheren politischen Angelegenheiten

gehörigen" Vorgänge (Handels- und Konsularfragen) zum Gegenstand hatte. Die konstitutionelle Regierungsform nach 1848 machte für die Kabinettsordres eine ministerielle Kontrasignatur erforderlich. Sie hießen nun „Allerhöchste Erlasse", während in der außenpolitischen Korrespondenz an die Stelle fürstlicher Handschreiben jetzt in stärkerem Maße der zwischenstaatliche Notenverkehr des Ministerpräsidenten bzw. Außenministers trat.

Der Geschäftsverteilungsplan dieser modernen Ministerien und Behörden – und das ist für den Umgang des Historikers mit Behördenakten als Vorkenntnis wichtig – sieht für jede Angelegenheit die Stelle eines zuständigen und verantwortlichen Beamten vor, der wiederum einem ihm übergeordneten Chef und dieser wiederum einem anderen Vorgesetzten bis hin zum zuständigen Ressortminister untergeordnet ist (Bürosystem). Aus dieser Tatsache ergeben sich aus dem Geschäftslauf als Grundtypen Schriftstücke der Über- oder der Unter- oder der Gleichordnung. Im modernen Geschäftsverkehr solcher Ämter wird daher die einlaufende Post meist zunächst mit bestimmten (Verteilungs-) Zeichen versehen, die genau angeben, welcher Stelle der betreffende Eingang vorzulegen oder ob vom Minister oder von einem anderen Beamten der betreffende Auslauf zu zeichnen ist. Beispielsweise bedeutet in den älteren Akten meist ein #, daß der betreffende Vorgang dem Minister persönlich vorzulegen oder von ihm zu unterschreiben ist, ein einfaches + am Beginn eines Aktenstückes gibt an, daß der betreffende Vorgang an den nächst untergebenen Beamten – heute bei Ministerien praktisch meist den Staatssekretär – gelangen soll. Vereinzelt findet sich auch als Zeichen das in einem Kreis gesetzte Kreuz $\oplus$ oder $\otimes$, das oft für die dritthöchste Stelle, also im allgemeinen für den Ministerialdirektor, stehen kann. Ähnlich findet sich im 20. Jahrhundert die Gewohnheit, daß der Minister selbst bei Anmerkungen auf Aktenstücken grün, der Staatssekretär rot, die Ministerialdirektoren braun zeichnen. Auch andere Gepflogenheiten können vorkommen.

Grundsätzlich gilt für jeden Ministerial- und Behördenaufbau die Unterscheidung von „Stabsabteilung" und „Linie", eine aus der militärischen Fachsprache auf das „sitzende Heer" der Beamten übertragene Bezeichnung. Die Stabsabteilungen beschäftigen sich mit der Ausarbeitung grundsätzlicher Anweisungen zum Geschäftsverkehr, die dann in den Sachabteilungen („Linie") bei der Abwicklung der anfallenden Geschäfte, den sogenannten „fortdauernden Verwaltungsvorgängen", jeweils zu berücksichtigen sind. „Stabsabteilungen" selbst beschränken sich also auf die grundlegende anordnende und beratende Tätigkeit. Sie arbeiten auch die Büroorganisationspläne aus, denen die Post- und Aktenverteilungspläne meist entsprechen. Die Kenntnis solcher Aktenverteilungspläne ist für die praktische Forschungsarbeit des Historikers nützlich, weil die Zusammenhänge der Referate und Sachabteilungsvorgänge oft nur aus solchen Verwaltungshilfsmitteln erkennbar werden. Für die Bewertung der politischen Willensbildung durch den Historiker sind diese Voraussetzungen daher nicht unerheblich.

Auf den ganzen Staat angewandt, ergibt sich so eine Schichtung der Verwaltung in obere, mittlere und untere Instanzen. Die klassische Ausprägung dieses Schemas war die in Preußen entwickelte Einteilung in Gemeinden, Kreise, Regierungsbezirke und Verwaltungsprovinzen, die zum Teil noch heute fortbesteht und somit als „institutioneller Überrest" bezeichnet werden könnte (s. S. 261). Die Bürgermeister, Kreisdirektoren bzw. Landräte, Regierungspräsidenten und jeweils ein Provinzial-Oberpräsident bildeten den Aufbau der unteren und mittleren Ebene dieses Systems, das bis hin zum Fachministerium hierarchisch gegliedert war. Das Gesamtkabinett hieß in Preußen Staatsministerium.

Dieses System war allerdings erst mit der Einführung der modernen Fachministerien 1807/08 in Preußen verwirklicht worden. Die ältere preußische Staatsverwaltung des 17. und 18. Jahrhunderts bestand demgegenüber aus dem absolutistischen königlichen Kabinett, in dem der „Geheime Rat" den König beriet, und dem „General-Oberfinanz-Kriegs- und Domänendirektorium" (abgekürzt: „Generaldirektorium"), dem wiederum die in den einzelnen Provinzen bestehenden Kriegs- und Domänenkammern untergeordnet waren. Dem entsprachen auch bestimmte schriftliche Formen der Verwaltungsakte (s.u. S. 233f.).

Die heutige Staatsverwaltung ist nach dem Ressort- und „Bürosystem" ausgebaut, denn das „Bürosystem" hat gegenüber jenem älteren System der kollegialischen Kabinettsräte und der ihnen jeweils kollegialisch untergeordneten Instanzen einen gewissen Vorteil dadurch, daß es monokratisch aufgebaut ist. Auf jeder Stufe entscheidet nur ein Sachbearbeiter bzw. Beamter, was im allgemeinen eine schnellere Abwicklung der Geschäfte gewährleistet. Solange es sich dabei um die üblichen „fortdauernden Verwaltungsvorgänge", d.h. großenteils um Routineangelegenheiten handelt, mag das von Vorteil sein. Der Gang eines Aktenstückes durchläuft dann meist wenige Stufen (Konzept, Revision, Reinkonzept) bis zu seiner „Ausfertigung", d.h. zur Unterzeichnung durch den dafür zuständigen Beamten. Wo es sich aber um grundlegende politische Vorentscheidungen handelt, ist der Prozeß der Meinungs- und Willensbildung im Bürosystem bereits im Stadium von Denkschriften (Memoranden) und ersten Gesetzentwürfen oft schon soweit festgelegt, daß die abschließende ministerielle Stellungnahme und der parlamentarisch-legislative Vollzug lediglich noch Einzelkorrekturen betreffen. Die Quellenkritik hat dies zu berücksichtigen. Für den Historiker ist daher die Phase der Beratung und vorbereitenden Willensbildung, wie sie sich aus diesem Geschäftsschriftgut zum Teil ablesen läßt, von besonderem Erkenntniswert. Das monokratische System hat aber, wo es sich mit den notwendigen Elementen einer kollegialischen Beratung verbindet, gegenüber einem „Ämterpolykratismus", wie er beispielsweise für das nationalsozialistische System kennzeichnend war, im Endeffekt Vorzüge – nebenbei auch den, daß sich der Historiker relativ leicht an Hand der Büroorganisations- und Aktenverteilungspläne darin zurechtfinden kann.

Vielfach geht der umfassenden kritischen Auswertung des historischen Materials eine Edition voraus, für die ebenfalls eine Reihe kritischer Maßstäbe gültig sind. – Besondere Gesichtspunkte müssen für die Edition neuzeitlicher Quellen gelten, wobei vor allem den Prinzipien der Aktenedition Bedeutung zukommt, die auch der Benutzer kennen muß. Bei Aktenstücken kann es sich um einen Entwurf (Konzept) oder um eine Ausfertigung handeln, wobei es für die Wiedergabe einer Ausfertigung wichtig ist, Eigenhändigkeit oder Wechsel der „Hände", auch eine etwa unterbliebene Aushändigung („cessat"), gesondert zu vermerken. Auch zwischen Auslauf- und Eingangsverzeichnissen ist zu unterscheiden. Die Bezeichnung Register („Registereintrag") sollte dabei nur für die von der Ausstellerseite angelegten Verzeichnisse des Auslaufs verwendet werden. Der Begriff Kopialbuch („Kopialbucheintrag") wird dagegen im allgemeinen nur für die Abschriften des Einlaufs auf der Empfängerseite benutzt; andere Abschriften sind jeweils auf ihre Entstehungszeit, auf Vermerke der Ausstellung oder der Beglaubigung zu prüfen. Auch mechanische Vervielfältigungen kommen schon am Ende des 18. Jahrhunderts vor und bedürften bei einer Edition einer besonderen Erwähnung.

Jeder Ausgabe eines Quellenstücks hat noch der Vergleich seiner Überlieferungsformen voranzugehen, um die für den Abdruck geeignetste zu bestimmen. Die bei der Herausgabe der Deutschen Reichstagsakten, also einer Quellengruppe der frühen Neuzeit, zugrunde gelegten Editionsprinzipien haben sich dabei als vorbildlich erwiesen: Interpunktion, Versehen, Auslassungen, Zusätze, Kürzungen, vorkommende Kanzleivermerke, Datierungen u.a.m. erfordern jeweils eine besondere Berücksichtigung durch den Herausgeber. Lücken der Vorlage werden durch Punkte ... ohne Klammer bezeichnet, dabei die geschätzte Buchstabenzahl einer verderbten Stelle durch die Zahl der Punkte wiedergegeben. Vom Herausgeber vorgenommene Ergänzungen werden durch Einschluß in [ ], durch Kursivdruck oder durch eine Anmerkung gekennzeichnet. Textkritische Erklärungen (z.B. Varianten der Überlieferung) und sachliche Anmerkungen (z.B. Texterklärungen, biographische Erläuterungen, strittige Lesearten o.ä.) sind, auch in der Anordnung, vom Herausgeber nach Möglichkeit vom Text zu trennen. Etwaige Besonderheiten, wie z.B. Eigentümlichkeiten einer bestimmten Kanzleischreibung oder andere Eigenheiten einer Vorlage, sollten jeweils in einer Vorbemerkung des Herausgebers erwähnt werden.

Wie läßt sich nun die Fülle des neuzeitlichen Geschäftschriftguts systematisch ordnen? In gewisser Weise kann man eine Typologie der Aktenarten aus dem Gesichtspunkt des Ranges der zueinander in Beziehung tretenden Stellen entwickeln. Danach ergäben sich innerhalb des monokratischen Bürosystems Schriftstücke von der untergeordneten an vorgesetzte Stellen bzw. umgekehrt oder schließlich auch Schriftstücke zwischen gleichrangigen Beteiligten, insgesamt also Schriftstücke der Unterordnung, der Überordnung oder der Gleichordnung.

Besonders die Formen der von der übergeordneten Instanz erlassenen Akte sind in der Zeit des fürstlichen Absolutismus in großer Vielfalt ausgebildet worden. Aber nicht nur diese „von höchster Stelle" ausgehenden schriftlichen Willensäußerungen, sondern auch alle anderen schriftlichen Anordnungen übergeordneter Stellen werden allgemein mit dem Begriff Verfügung, zuweilen auch als Erlaß bezeichnet. Den ältesten neuzeitlichen Formen der Verfügung, wie etwa dem Edikt oder der Ordonnanz, haftet dabei noch vielfach der Nebenton eines die (ständische) Opposition überspielenden „Absolutismus" an. Aber grundsätzlich ist der Begriff Verfügung selbst nicht auf eine bestimmte Epoche begrenzt und läßt sich ebenso auf die einfache „Aktenverfügung" beziehen, mit der ein Amtsleiter ein einlaufendes Schriftstück seinem untergebenen Abteilungsleiter oder Referenten oder Sachbearbeiter „zuschreibt", wie er sich auch auf einen ministeriellen Erlaß beziehen kann. Jedoch ist der Begriff Verfügung, als Oberbegriff, der Bezeichnung Erlaß vorzuziehen, da der Begriff Erlaß zu ungenau ist. Dieser bezeichnet nämlich sowohl einen Recht setzenden Akt, wie es etwa in absoluten und zum Teil auch in konstitutionellen Monarchien ein „Allerhöchster Erlaß" sein kann, als auch eine bloß administrative Verfügung. In der ersten Form würde der Erlaß zu den Urkunden (Gesetz) gehören, in der zweiten Art ist er als administrative Anweisung zu den Akten gehörig, wie z.B. Anordnungen eines Ministeriums (Ministerialerlaß) oder der Erlaß einer Verwaltungsbehörde. Im ersten Fall würde man für solche rechtsetzenden Akte besser vielleicht nur den Begriff der Verordnung verwenden, der damit ebenfalls noch zur Gruppe der Urkunden zu rechnen ist. Im zweiten Fall bedeutet die Bezeichnung Erlaß eine lediglich administrative Anweisung zur einheitlichen Abwicklung wiederkehrender Verwaltungsvorgänge wie z.B. ein ministerieller Runderlaß. Diese Doppeldeutigkeit des Begriffs Erlaß, für dessen Bedeutung als rechsetzenden Akt man auch noch die „Führererlasse" Hitlers als Beispiel heranziehen könnte, macht diese Bezeichnung als Oberbegriff für Verwaltungsakte mit Verfügungscharakter eigentlich unbrauchbar, so daß für diese schriftlichen Formen der Überordnung tatsächlich besser der Begriff Verfügung zu verwenden ist.

Die Formen der Verfügung sind vielfältig. Unter dem Gesichtspunkt der stilistischen Ausdrucksform kann man zwischen Verfügungen je nachdem, ob sie in der ersten Person Plural, der ersten Person Singular oder in der dritten Person Plural verfaßt sind, unterscheiden. Die im Pluralis majestatis gehaltenen Verfügungen des absolutistischen Monarchen enthalten noch viele Elemente der spätmittelalterlichen Mandatsurkunde (s. S. 147f.). Gegenüber dieser in der ersten Person Plural sprechenden Verfügung, die man als Reskript, im Falle von „Gnadenakten" (Patente, Privilegien, Bestallungen u.ä.) auch als Kanzleischreiben bezeichnet, steht das sogenannte Handschreiben, das in der ersten Person Singular verfaßt ist. Das Reskript, für das auch verschiedene Synonyme (Befehlsschreiben, Geheiß- oder Gebotsbrief, Mandat) stehen, ist also in stilo curiae der „Wir"-Form („Kanzlei-Stil"), das Handschreiben stilo litterae, wie ein privater Brief, geschrieben. Zur äußeren Form dieses herrscherlichen Handschreibens gehörte das kleinere Format (Quart), während z.B. die aus dem Handschreiben später entstandene Kabinettsordre, ebenfalls in der ersten Person Singular verfaßt, auf dem größeren üblichen Aktenbogen (Folio) steht, aber hier meist in betonter Kürze nur den oberen Teil des Blattes füllt und mit der unmittelbar darunter stehenden datierten Unterschrift des Fürsten schließt, wohingegen der Rest des Blattes frei bleibt, allenfalls noch die Anschrift aufnimmt.

Schließlich sei als stilo relativo, d.h. als in der dritten Person verfaßte Form der Verfügung, noch das Dekret, eine vereinfachte Form des Reskripts, genannt. Es trägt zuweilen auch die Bezeichnung Resolution, Signatur oder Bescheid. Da hier die „Kurialien" nämlich die förmliche Anrede und die Schlußform (Courtoisie) außer der Unterschrift wegfallen, so würde natürlich eine Herausgabe solcher Aktenstücke unmittelbar mit dem Kontext, dem eigentlichen Inhalt, beginnen und schließen. Dagegen ist es bei der Edition von Reskripten, Handschreiben und Kabinettsordres gebräuchlich, anstatt einer Wiedergabe der dort üblichen Kurialien lediglich in Klammern kurz den Hinweis auf die Art der Verfügung zu geben (z.B. „Berlin, den 30. Juni 1757, Handschreiben"), um dann ebenfalls unmittelbar mit dem Kontext zu beginnen und ohne Schlußformel zu enden.

Dieses Editionsprinzip, das dem Historiker für seine Arbeit viel Platzersparnis bringt, läßt sich auch auf die Schriftgutformen der Unterordnung anwenden. Sie sind noch stärker durch äußerliche Kennzeichen der Höflichkeit bestimmt, die bei der wissenschaftlichen Herausgabe solcher Aktenstücke im Druck fortgelassen werden können. Auch die in den Akten selbst befindlichen Konzepte solcher Schreiben an höher- oder auch gleichgestellte Adressaten vermerken hier oft nur „p.p." (d.i. praemissis praemittendis – Vorauszuschickendes = Titel usw. vorausgeschickt, also hier: weggelassen). Der damalige Bericht (Relation) an eine vorgesetzte Stelle – den Fürsten selbst (Immediatbericht) oder seine Minister oder höheren Beamten, besonders wenn sie den Titel Exzellenz führen durften – ist z.B. nicht nur durch die ehrerbietige Anrede und die geziemende Courtoisie gekennzeichnet, sondern weist oft zwischen der Courtoisie und dem weiter oben endenden Kontext, dem eigentlichen Inhalt des Berichts, den sogenannten Devotionsstrich auf (der Zwischenraum heißt „Respects-Spatium"), der die abschließende Höflichkeitsformel noch besonders hervorheben soll. Ein neben dem Kontext schräg angebrachter Anlagenstrich – entstanden aus einer schräg dazu geschriebenen Benennung der Anlage – weist auf weiteres Material hin, das dem Bericht beigefügt ist. Diese Merkmale des Berichts haben sich erst allmählich entwickelt. Seine früheste neuzeitliche Form, die Berichte (Relazioni) der venezianischen Gesandten des 15. Jahrhunderts, ist anfänglich erst nur durch den mündlichen Bericht der Gesandten in Venedig selbst vor der Staatsbehörde zu schriftlicher Fixierung gelangt. Später, als es ein festes Gesandtschaftswesen gab, wurden solche Berichte in fertiger schriftlicher Form auch direkt durch Kurier vom Gesandtschaftsplatz in die eigene Hauptstadt übermittelt. Dieser Kurierdienst hat sich in der Diplomatie bis heute erhalten. Zu den frühesten Berichten dieser Art gehören auch die umfangreichen Nuntiaturberichte der römischen Kurie aus dem 16. Jahrhundert, besonders die vom kaiserlichen Hof, deren Bearbeitung und Edition z.T. durch das Deutsche Historische Institut in Rom erfolgt.

Neben dem Bericht, der eine Form des Schriftguts der Unterordnung innerhalb der staatlichen Stellen selbst darstellt, ist auch noch die Eingabe von privater Seite zu nennen, deren ursprüngliche Form die Bittschrift (Supplik) an den Fürsten war. Vielfach tauchen auch Bezeichnungen wie Supplikat, Memorabile, Suchen, Bitten, Anbringen, Anhalten u.ä. für diese Form auf. Die Höflichkeitsformeln standen hier auch dann, wenn eigentlich nur eine fürstliche Behörde, nicht der Herrscher persönlich, angeschrieben wurde. Die Anrede war, je nach Rang, „Eure fürstliche Gnaden", „Eure Durchlaucht" (z.B. für den königlichen Prinzregenten) oder „Eure Majestät". In Preußen empfahl sich bei Bittschriften an den König statt „Majestät" die Anrede „Allerdurchlauchtigster, Großmächtigster König, Allergnädigster König und Herr!" Die Courtoisie des Bittstellers

lautete am Schluß „Eurer Königlichen Majestät treu gehorsamster, allerunter-
tänigster N.N." – Die Briefformelbücher jener Zeit geben hierüber im einzelnen
weitere, kulturgeschichtlich nicht uninteressante Auskunft – wenn sie auch unserem heutigen Geschmack zweifellos kaum mehr entsprechen.

Die Schriftstücke der Gleichordnung schließlich sind nicht nur für den staatlichen Bereich zu erwähnen, wo sie sowohl für den schriftlichen Verkehr rang-
gleicher Fürsten (Anrede „Mon Frère") als auch für die Korrespondenz gleich-
rangiger Staatsbeamter miteinander üblich sind, sondern grundsätzlich gilt das
Prinzip der Ranggleichheit auch für den schriftlichen Verkehr privater Ge-
schäftsleute. Das Geschäftsschriftgut der Wirtschaftsgeschichte besteht zum
großen Teil aus solchem Material. Vor allem aber ist das Merkmal der Gleichordnung typisch für den Schriftverkehr der Staaten untereinander. Das Völker-
recht verwendet hier den Begriff der diplomatischen Note, einer schriftlichen
Mitteilung zwischen Regierungen oder zwischen einer diplomatischen Vertretung und dem Außenministerium eines Staates. Zur ersten Art gehören die
sogenannten notes signées, zur letzteren die nicht unterzeichneten und in stilo
relativo verfaßten Verbalnoten, die nur gesiegelt und paraphiert sind und
meist Vorgänge enthalten, die von einer diplomatischen Vertretung der Regierung des anderen Staates lediglich zur Kenntnis gebracht werden sollen. Dem
steht auch das Memorandum (Mémoire) nahe, in dem ein einzelner Vorgang
aufgezeichnet ist, während das Aide-mémoire eine mündliche Erklärung
festhält, die in der Regel bei der diplomatischen Vertretung eines Staates abge-
geben worden ist und der Regierung des Staates, der die Vertretung unterhält,
vorgebracht werden soll. Es enthält im Unterschied zur Verbalnote noch eine
Schlußformel. Ein Sonderfall der diplomatischen Note, die sog. Mantelnote,
ist noch zu erwähnen. Sie enthält das Fazit mehrerer Einzelschriftstücke und
dient zugleich als Begleitschreiben zu diesen Einzelanlagen. Ein Beispiel hierfür
wäre die deutsche Mantelnote vom 29. Mai 1919 als Antwort auf die alliierten
Friedensforderungen. Merkmale der Überordnung enthält die Form der Zirkularnote, womit eine Regierung ihre diplomatischen Vertreter zu bestimmten Angelegenheiten allgemein instruiert. Eine Zirkularnote als gleichlautende Mitteilung einer Regierung an die bei ihr akkreditierten diplomatischen Vertretungen
wäre dagegen ein Schriftstück der Gleichordnung. Das gilt auch für identische
Noten und Kollektivnoten.

Schließlich sei auch noch die Form der Depesche erwähnt, bei der die oben
beschriebenen Arten durch Kurier oder per Telegraph weitergeleitet werden. Dabei können Kürzungen den Sinn einer Nachricht wesentlich verändern, wie als
berühmtestes Beispiel Bismarcks Emser Depesche vom 13. Juli 1870 zeigt. Diese
neuzeitliche Form der politischen Nachrichtenübermittlung geht zurück auf die
dispacci der venezianischen Gesandten des 15., Jahrhunderts an die Regierung
in Venedig. Oft gaben die Kuriere erst in Venedig selbst ihre Depeschen zu
Papier. Später entwickelten sich die in Geheimschrift (s. S. 285f.) abgefaßten
(chiffrierten) Depeschen, deren moderne Nachfolger die verschlüsselten telegraphischen Depeschen sind und deren Codes in der Geschichte der Nachrichten-

dienste eine z.T. abenteuerliche Rolle spielen. Freilich hat sich auch hier im heutigen Zeitalter der „Electronic Mail" vieles verändert.

Neben den Schriftstücken der Überordnung, der Unterordnung und der Gleichordnung gibt es aber auch noch eine wichtige Aktengruppe, die man vielleicht am besten als „neutrales" Geschäftsschriftgut bezeichnen könnte, weil es im allgemeinen keinen angesprochenen Adressaten und auch keine schärfer bestimmten Stileigentümlichkeiten besitzt. Während die obigen Schriftstücke den unmittelbaren postalischen Auslauf und Eingang staatlicher, öffentlicher oder privater Einrichtungen betreffen, handelt es sich hier meist um Schriftsätze, die für den „Binnenlauf" d.h. für den internen Gebrauch der anfertigenden Stelle bestimmt sind. Ihr Quellenwert besteht oft darin, daß hier im Unterschied zum Reskript (Mandat), zum Handschreiben, zu Kabinettsorder oder Dekret, aber auch über den Inhalt der offiziellen Berichte und Eingaben hinaus, noch Sachverhalte erwähnt werden, die vertraulich oder geheim sind oder die in einem viel ausführlicheren Zusammenhang, als es in den erwähnten Schriftstücken selbst oft nur kurz geschieht, die Gründe und Vorerwägungen nennen, die der Konzipierung eines bestimmten auslaufenden oder eintreffenden Schreibens, einem eigenen oder fremden Gesetzgebungs- oder politischen Akt, zugrunde gelegen haben oder gelegen haben können. Diese Möglichkeit gilt ebenso für eine kurze A k t e n n o t i z über ein Gespräch (auch Ferngespräch) oder über einen Vorgang wie für eine umfängliche Denkschrift oder für ein P r o t o k o l l (Niederschrift) über eine Besprechung im kleineren oder größeren Kreise. Ausführlicher als ein Beschluß- oder Ergebnisprotokoll wie z.B. das völkerrechtlich wichtige Londoner Protokoll von 1852 über die dänische Erbfolge oder die Römischen Protokolle zwischen Italien, Österreich und Ungarn vom 17. März 1934 ist ein Verlaufsprotokoll, wie etwa das Protokoll des Obersten Hoßbach über die geheime Rede Hitlers vor den Führern der Wehrmacht am 5. November 1937. In letzterem Falle handelt es sich um ein – wenn auch ziemlich zuverlässiges – Gedächtnisprotokoll, das also von einer während des Vorgangs selbst gemachten Niederschrift grundsätzlich zu unterscheiden wäre. Zum neutralen Schriftgut gehören auch die verschiedenen Formen der A u f z e i c h n u n g. Die Aufzeichnung ist eine Darlegung eines bestimmten politischen, oft staats- oder auch völkerrechtlichen Zusammenhangs bzw. Standpunkts. Bei größerem Umfang spricht man hier von einer D e n k s c h r i f t. Sie kann in amtlichem Auftrag verfaßt sein, wie ein Gutachten, ist aber meist nicht zur Veröffentlichung bestimmt und bleibt daher zunächst als vertraulich oder geheim in den Akten. In einer besonderen Form, die schon wieder dem Bericht etwas nähersteht, kann eine Denkschrift auch Verweise auf andere Aktenvorgänge enthalten. Eine solche Form, die besonders oft in französischen und englischen Akten vorkommt und dort „Précis" heißt, ist überdies wegen ihrer unmittelbaren Nennung des größeren Aktenzusammenhangs, meist unter Angabe der Sachgruppen und Bandzahlen, von großem Wert. (In englischen Akten findet sich dazu oft noch die Form der „minutes", d.h. einer kurzen Stellungnahme. Dieser Begriff kann aber auch selbst „Aufzeichnung" oder „Protokoll" bedeuten). Der Historiker erfährt also aus einer Denkschrift oft mehr als

aus anderen Quellen. So ist beispielsweise die „Nassauer Denkschrift" des Freiherrn vom Stein vom Frühjahr 1807 wesentlich für eine Würdigung der Stein-
Hardenbergschen Reformen. Für das Verständnis der englischen Außenpolitik
der Jahre 1907 bis 1914 ist die geheime Denkschrift Sir Eyre Crowes vom Januar
1907, die im britischen Kabinett umlief, von erheblicher Bedeutung. Auch die
vom Freiherrn vom Stein bei seiner Entlassung verfaßte Denkschrift vom
24. November 1808, die für seine letzten Reformpläne aufschlußreich ist, war ein
Kabinettrundschreiben (Ministerzirkular). Politische Motive, die aus bloßen Ereignissen selbst nicht immer kenntlich sind, werden oft erst in solchen Aufzeichnungen sichtbar. Für die Beurteilung der politischen Willensbildung sind sie
daher von größtem Wert. Hitlers Denkschrift zum Vierjahresplan von 1936 ent-
hüllt die rüstungswirtschaftlichen Ziele und nennt deutlich Termine für die zu er-
reichende Kriegsbereitschaft.

Ähnlichen Wert wie Denkschriften können auch die in den Geheimakten aufbewahrten politischen Testamente wie z.B. das politische Testament Friedrichs II.
von 1768 haben, da sie spätere Nachfolger in ihren Handlungen bestimmt haben
können. Doch handelt es sich hierbei um eine besondere Form, die einerseits for-
mell der Urkunde nahesteht, andererseits einem politischen Traktat gleicht.

Eine andere Gruppe der inoffiziellen Aufzeichnungen sind Gesandtschafts-
bücher, die oft viel detailliertere Angaben enthalten als die offiziellen Gesandtschaftsberichte und ursprünglich zu deren Erstellung dienen sollten. Vielfach
sind sie nach dem Schlußbericht über die jeweilige Mission vernichtet worden. So
wissen wir beispielsweise nicht, ob Machiavelli für seine Relazioni vom französischen Hof oder aus dem Lager Cesare Borgias solche Diarien geführt hat. Erhalten sind uns aber z.B. die Tagebuchnotizen Wilhelms von Löben, der 1657 im
Auftrage des Großen Kurfürsten als Gesandter nach Wien ging. Auch Kriegsta-
gebücher sind in diesem Zusammenhang als Quellengruppe noch zu erwähnen.

Besondere Bedeutung hat in der neueren Geschichte die Edition ausgewählter
offizieller Aktenstücke zu politischen Zwecken gewonnen. Das berühmte „Port-
folio", das durch polnische Emigranten nach dem Warschauer Aufstand 1831 gesammelt wurde und 1836 in London erschien, enthielt ausgewählte, z.T. geheime
Aktenstücke der russischen Politik und sollte die Ziele und Mittel der damaligen
europäischen Politik Rußlands bekämpfen helfen. Die Herausgeber begnügten
sich zu diesem Zweck damit, authentische Depeschen und Denkschriften kom-
mentarlos abzudrucken. Dieses Verfahren, das in England schon im 17. Jahrhundert üblich wurde, hat seither auch die amtlichen Veröffentlichungen von Aktenstücken anderer Staaten über ihre auswärtige Politik und Diplomatie bestimmt.
In England selbst hatten sich hierfür wegen der Umschlagfarbe solcher offiziellen
Dokumentensammlungen die Bezeichnung Blue Books und White Books gebildet. Wir sprechen daher heute bei solchen Veröffentlichungen zu besonderen
politischen Zwecken allgemein von Farbbüchern oder Buntbüchern (in den einzelnen Staaten sind auch heute noch bestimmte Farben hierfür üblich), die weniger hinsichtlich ihrer Authentizität als vielmehr hinsichtlich ihrer Vollständigkeit
jeweils kritisch zu prüfen sind.

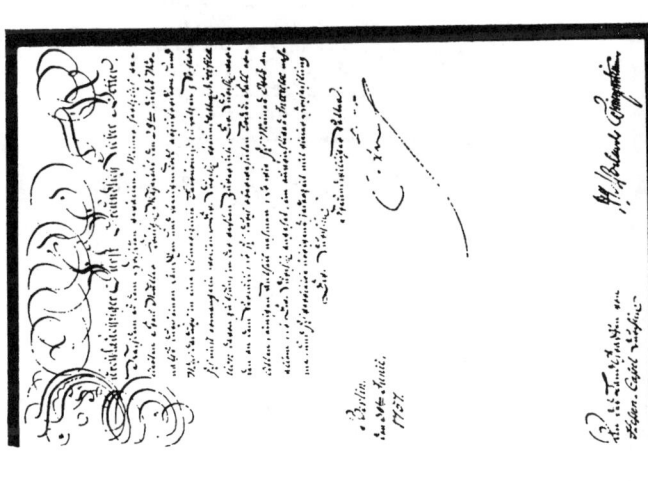

Kabinettsordre

König Friedrich Wilhelms I. von Preußen an den Obristen v. Beaufort, Potsdam 1. November 1734. Behändigte Ausfertigung.

Handschreiben

(mit Trauerrand) Friedrichs d. Gr. an den Landgrafen Wilhelm VIII. von Hessen-Kassel, Berlin 30. Juni 1757. Behändigte Ausfertigung.

Kanzleischreiben
des Großen Kurfürsten Friedrich Wilhelm von Brandenburg
an den Landgrafen Wilhelm VI. von Hessen- Kassel, Kleve,
28. März 1648 (alter Stil). Behändigte Ausfertigung.

Reskript
des Landgrafen Moritz von Hessen-Kassel an seine Räte zu
Kassel, Eschwege, 4. Juli 1594 (alter Stil). Behändigte Ausfertigung.

Dekretschreiben
des Landgrafen Wilhelm IV. von Hessen-Kassel an die Land-
gräfliche Kanzlei zu Kassel, Kassel, 23. Juli 1576. Behändigte
Ausfertigung.

Immediatbericht
der Kriegs- und Domänenkammer zu Kassel an Landgraf
Friedrich II. von Hessen-Kassel, Kassel, 2. Juli 1768. Behändigte Ausfertigung.

Bericht
des Magistrats der Stadt Melsungen an die Kurfürstliche Regierung zu Kassel (mit aufgesetztem Beschluß der Regierung Kassel), Melsungen, 16. September 1826. Behändigte Ausfertigung.

Gegenüber den unterschiedlichen Formen des Aktenschriftguts stellen die Prozeßakten eine andersartige Gruppe dar. Sie fassen die verschiedenartigsten Materialen, auch mündliche Aussagen und Indizien verschiedener Art, nach den Gesichtspunkten des Prozeßverfahrens und der gerichtlichen Wahrheitsfindung schriftlich zusammen. Neben den Prozeßakten aus den Prozessen um Jeanne d'Arc (1431–1456) oder den Protokollen des Köpenicker Kriegsgerichts über Kronprinz Friedrich und den Leutnant Katte (1730) oder neben den Materialien des militärgerichtlichen Verfahrens gegen den französischen Hauptmann Alfred Dreyfus (1894–1906) und vielen anderen Prozeßakten der Neueren Geschichte sind hier besonders die für die Zeitgeschichte wichtigen Akten der Kriegsverbrecherprozesse von Nürnberg (1945–1948) zu nennen, die nach Art und Umfang gegenüber allen früheren historischen Gerichtsverfahren einzigartig sind. Innerhalb der Nürnberger Prozeßakten gibt es drei große Materialgruppen: die Dokumentenreihen (gesamte Beweisstücke der Anklage), die Verhandlungsakten mit den Protokollen und Dokumentenbüchern (d.h. den in der Verhandlung von Anklage und Verteidigung tatsächlich vorgelegten Schriftstücken) bis hin zu den Urteilen sowie den sogenannten Vorvernehmungen (Interrogations). Diese Einteilung gilt sowohl für die Akten des sogenannten Hauptkriegsverbrecherprozesses (International Military Tribunal – IMT) als auch für die 1947 daran angeschlossenen 12 amerikanischen Militärgerichtsverfahren gegen andere NS-Personengruppen. Die Dokumentenreihen bestehen aus etwa 40 000 Stücken deutscher Originalakten, die von der Anklagevertretung (Staff Evidence) ausgewählt wurden, sowie von ihr eingeholten eidesstaatlichen Erklärungen und Zeugenaussagen. Aufbereitet ist dieses sehr verschiedenartige Material in Form von Regesten (s.o. S. 201f.), die als Staff Evidence Analysis („SEA's") bezeichnet werden.

Die Dokumentenreihen des IMT bestehen aus etwa fünftausend Dokumenten, unter denen die wichtigste Gruppe die sog. Serie PS mit über viertausend Schriftstücken ist. Sie enthalten die von der amerikanischen Anklagebehörde gesammelten Schriftsätze, während andere Serien von der britischen Admiralität (C) oder der britischen Anklagebehörde (D und M), von der französischen (RF) oder von der russischen Anklagebehörde (USSR) gesammelt wurden.

Die 12 US-Militärgerichtsprozesse enthalten vier Dokumentenreihen, die gegen hohe Regierungsbeamte (Reihe NG) oder Industrievertreter (NI) oder im Zusammenhang mit Fragen der NS-Parteiorganisation (NO) bzw. der Wehrmacht (NOKW) angelegt wurden. Das Münchener Institut für Zeitgeschichte hat bereits am Beginn seiner Arbeit bald nach 1950 darauf hingewiesen, daß der besondere Wert der Nürnberger Dokumentengruppen darin liege, daß zu ihnen viele historisch wichtige Schriftsätze gehören, die nicht – wie die sogenannten „Exhibit"-Reihen – in die Prozesse eingeführt und daher weder in die Dokumentenbücher der Anklage aufgenommen wurden noch in den Verhandlungen selbst erwähnt sind und erst recht nicht in den offiziellen Publikationen erscheinen. (Der Prozeß gegen die Hauptkriegsverbrecher vor dem Internationalen Militärgerichtshof, 42 Bde., Nürnberg 1947ff. bzw. Trials of war criminals before the Nuernberg Military Tribunals, 15 Bde., Washington 1950ff.). Eine Dokumentenkartei dieses Instituts mit über 200 000 Karten erschließt daher auch diese Bestände.

Neben den bereits genannten Verhandlungsakten (stenographische Protokolle, eidesstattliche Erklärungen, Anklage- und Verteidigungsdokumentenbücher) und verschiedenen Hilfsmitteln zu ihrer Erschließung (Findbücher des Nürnberger Staatsarchivs, Sach-, Personen- und Dokumentenindices u.a.m.) besitzt das Institut für Zeitgeschichte auch einen großen Teil der Vorvernehmungen (Interrogations) zu den Nürnberger Prozessen, also Zeugenschriftgut. Aus all dem wird schon ersichtlich, wie vielerlei Formen des Materials sich hinter der Bezeichnung Prozeßakten verbergen. Im Grunde muß ja auch der Historiker versuchen, über die Grundlage des eigentlichen Aktenschriftguts im engeren Sinne noch hinauszukommen, da hier prinzipiell immer eine Lückenhaftigkeit vermutet werden muß, die es durch andere Quellen (Zeugenaussagen oder Vergleich von Traditionsquellen) auszugleichen oder zu korrigieren gilt. Hierin besteht das Bemühen um eine historische Objektivität. Es sollte in diesem Zusammenhang daher auch nicht verschwiegen werden, daß – ohne damit die historische Bedeutung der Nürnberger Prozesse zu verkennen – hier doch bei der Publikation der Prozeßakten, besonders bei der Auswahl der Schlagworte im Indexband XXIII/XXIV der „Blauen Serie" und auch bei der Auswahl der als Beweismittel zugelassenen Anklage- und Verteidigungsdokumente in den Bänden XXV–XLII, ein Mangel an Objektivität zutage getreten ist, den der Historiker kritisch in Rechnung stellen muß. Aber an dem in formaler Hinsicht beobachteten Verfahren, über das Geschäftsschriftgut der Aktenbestände hinausgehend auch andere Quellengruppen (Zeugenaussagen) möglichst vollständig heranzuziehen, ist gerade vom Historiker festzuhalten. Trotzdem kommt aus quellenkritischen Gründen gerade den Akten immer wieder besondere Bedeutung zu.

Alle Formen des Geschäftsschriftguts sind als Aktenbestände im Zeitpunkt ihres Entstehens, und oft auch noch später, den meisten „Zeitgenossen" noch mehr oder weniger unbekannt geblieben. Erst der Historiker hat hier die Möglichkeit, sie in ihrem Inhalt mit dem zu vergleichen, was der Öffentlichkeit damals bekannt war. Was dieser Öffentlichkeit aber als bekannt gelten kann, läßt sich zu einem Teil aus einer von den Akten grundsätzlich unterschiedenen anderen Art schriftlicher Überreste ablesen, nämlich der Publizistik. Dabei ist auch noch kurz auf eine „öffentliche" Quellengruppe, die gedruckten Verwaltungshilfsmittel, einzugehen, die im Zusammenhang mit Akten vom Historiker vielfach als weitere Quelle heranzuziehen sind. Auch das neuzeitliche Archivwesen bedarf hier zuvor noch einer kurzen Beschreibung, denn die Einteilung des Aktenschriftgutes ist auch nach archivalischen Gesichtspunkten möglich.

c) Das Archivwesen

Der Ort, wo der Historiker im allgemeinen mit Aktenbeständen in Berührung kommt, ist das Archiv. Es gibt staatliche, kirchliche, andere öffentlich-rechtliche und private Archive. Die wichtigste Voraussetzung des Archivwesens der Neuzeit war die Ausbildung einer zuverlässigen Registerordnung gegen Ende des 14. Jahrhunderts in der kaiserlichen Kanzlei.

Das neuzeitliche Archivwesen zeichnet sich durch eine strenge Systematik aus, die es ermöglicht, eine bestimmte Methode des Suchens und Findens (Heuristik) auszubilden. Das heute meist übliche Prinzip, nach dem die von staatlichen Behörden, aber auch von privaten Stellen, übernommenen Bestände (z.b. Nachlässe) in den staatlichen Archiven geordnet werden, ist das Provenienzprinzip, d.h. die Bestände werden im wesentlichen in der geschäftlichen Ordnung, wie sie in der zuletzt zuständigen Registratur geführt wurden, übernommen. Dadurch bleibt der Aktenzusammenhang bestehen; die in den Akten selbst oft vorkommenden Verweise auf bestimmte andere Aktengruppen können so vom Historiker leichter aufgenommen werden. Eine andere Archivordnung, die von staatlichen Archiven im 19. Jahrhundert zeitweise nach dem Pertinenzprinzip geführt wurde, wobei die aus verschiedenen Registraturen stammenden Bestände, sofern sie denselben „Betreff" hatten, zu neuen Aktengruppen zusammengefaßt wurden, hat sich dagegen nicht bewährt, weil die alten Aktenzusammenhänge dadurch zu oft zerschnitten wurden. Innerhalb der Registraturen ist meist schon entschieden, ob das Schriftgut lediglich nach der chronologischen Folge, allenfalls getrennt nach Eingang und Ausgang (hierbei eventuell nach einzelnen Empfängern) abgelegt wird, oder ob grundsätzlich nur die Schriftstücke desselben Betreffs, auch wenn sie verschiedener Herkunft sind, zusammengefaßt werden. Im ersteren Falle bloßer Reihenfolge spricht man von einer Serie, während die Ordnung nach Betreffen als Sachakte oder Dossier bezeichnet wird. Welches Prinzip der Registratur zugrunde lag, ergeben die Akten- oder Registraturpläne der Herkunftregistratur (Provenienz), deren Ordnung die Archive heute meist beibehalten. Heute ist daher meist das Provenienzprinzip die zugrundegelegte Archivordnung. Das heißt aber nicht, daß alle aus den behördlichen Registraturen, meist nach zwanzig Jahren, in die staatlichen Archive eingehenden Aktenbestände in vollem Umfang übernommen würden. Vielmehr ist hier eine sorgfältige Auswahl erforderlich, bei der Unwichtiges kassiert und ausgeschieden werden muß, da sonst die Raumkapazität der Archive bald erschöpft wäre. Die wichtige Aufgabe der Archivare besteht daher darin, das Erhaltenswürdige auszuwählen und zu sichern. Daß diese Tätigkeit ebenso schwer wie verantwortungsvoll ist, zeigt der große Verlust an fiskalischen, statistischen und anderen wirtschaftsgeschichtlich wichtigen Quellengruppen des 18. und 19. Jahrhunderts, der dadurch zustandekam, daß die Geschichtswissenschaft und daher auch die Archivare solche Materialien zum Teil noch nicht ganz in ihrer Bedeutung abzuschätzen wußten. So sind uns z.B. viele Prozeßakten über Konkurs- und Vergleichsverfahren aus der Zeit des „Gründerkrachs" von 1873/74 verloren gegangen, weil die Bedeutung der Wirtschaftsgeschichte noch nicht allgemein erkannt war.

Der Wert eines Archivs beruht aber außer auf seinen Beständen selbst auch noch auf seinen Bestandsverzeichnissen (Inventare). Mit Hilfe von Findbüchern (Repertorien) und Konkordanzen, die von den Archiven selbst zusammengestellt werden, ist es dem Historiker überhaupt erst möglich, gezielte Nachforschungen anzustellen. Der Gebrauch dieser Hilfsmittel verlangt jedoch eine gewisse Übung. Vor allem aber muß der Historiker wissen, in welchen Archiven er die gewünschten Materialien überhaupt suchen soll. Die staatlichen Archive sind entweder Zentral- oder Regionalarchive. Das älteste Zentralarchiv Europas ist das 1567 von König Philipp II. von Spanien eingerichtete. Weitere Beispiele für Zentralarchive, die das Schriftgut der zentralen Staatsinstanzen aufzunehmen haben, sind das Vatikanische Archiv in Rom, das Österreichische Staatsarchiv in Wien (ehem. Haus-, Hof- und Staatsarchiv), bis zur deutschen Einigung von 1990 auch das Zentrale Staatsarchiv der DDR in Potsdam und Merseburg (mit Beständen des 1920 gegründeten Reichsarchivs und des ehem. Preußischen Geheimen Staatsarchivs) und v.a. das Bundesarchiv in Koblenz – nun auch in Potsdam –, das die Verwaltung der früher in der ehemaligen DDR lagernden Archivbestände in Potsdam, Dornburg, Coswig und in Ost-Berlin übernommen hat. Davon unabhängig ist das Politische Archiv des Auswärtigen Amtes in Bonn, das seit 200 Jahren ein Dienstarchiv dieses Ministeriums ist, aber auch der Forschung offen steht. In der Bundesrepublik Deutschland sind die staatlichen Archive der Länder praktisch Regionalarchive. Sie sind in Archivsprengel gegliedert, deren Grenzen man kennen muß, um das zuständige Archiv für bestimmte Archivalien festzustellen. Dabei ist die heutige Zahl der Staatsarchive größer als die Zahl der Länder, da eine Reihe älterer „Territorialarchive" weiterbestehen. Insgesamt gibt es in der Bundesrepublik für Schleswig-Holstein das Landesarchiv in Schleswig, in den Hansestädten die Staatsarchive in Bremen und Hamburg, in Berlin das Haupt-Archiv (ehem. Preußisches Geheimes Staats-Archiv, jetzt Geheimes Staatsarchiv preußischer Kulturbesitz) und das Landesarchiv, in Niedersachsen die Staatsarchive in Hannover, Aurich, Bückeburg, Oldenburg, Osnabrück, Stade, Wolfenbüttel und das staatliche Archivlager Göttingen, das u.a. eng mit dem Staatsarchiv in Nürnberg zusammenarbeitet; in Nordrhein-Westfalen das Hauptstaatsarchiv in Düsseldorf, die Staatsarchive Münster und Detmold; in Hessen das Hauptstaatsarchiv Wiesbaden und die Staatsarchive in Darmstadt und Marburg; in Rheinland-Pfalz die Staatsarchive in Koblenz (Landeshauptarchiv) und Speyer sowie im Saarland das Landesarchiv in Saarbrücken; in Baden-Württemberg das Hauptstaatsarchiv in Stuttgart, das Generallandesarchiv in Karlsruhe und die Staatsarchive Freiburg, Ludwigsburg und Sigmaringen. Zu erwähnen ist hier auch noch das Hohenlohe-Zentralarchiv in Neuenstein (Außenstelle des Staatsarchivs Ludwigsburg). In Bayern bestehen das Hauptstaatarchiv und das Staatsarchiv in München sowie die Staatsarchive Amberg, Augsburg, Bamberg, Coburg, Landshut, Neuburg, Nürnberg und Würzburg. Alle diese Staatsarchive werden in besonderem Maße von der Landesgeschichtsforschung (s. S. 214) benutzt, für die u.a. Archiv-Beratungsstellen in Köln (für das Rheinland) und in Münster (für Westfalen) bestehen. Das staatliche Archivwesen in der ehemaligen DDR befindet sich nach der deutschen Einigung und der Wiederherstellung der fünf Länder z.Z. in einer Umstrukturierung.

Die Bedeutung der Archive für die historische Forschung ist im 19. Jahrhundert erheblich gewachsen, seitdem 1868 Alfred von Arneth das Wiener Haus-, Hof- und Staatsarchiv und Heinrich von Sybel 1875 das Preußische Geheime Staatsarchiv in Berlin für die Geschichtswissenschaft zugänglich gemacht haben. Die Aufschließung des Vatikanischen Archivs für die historische Forschung durch Papst Leo XIII. 1881 war dann der Beginn einer Reihe von Archivöffnungen der meisten europäischen Zentralarchive. Dabei gilt bis heute allerdings noch oft eine Sperrfrist von 50 Jahren, nach der die Regierungsakten generell erst für die Forschung zugänglich gemacht werden. Eine gewisse Ausnahme bilden die heute im Bundesarchiv lagernden Akten, die bei Kriegsende von den Alliierten erbeutet worden waren und der Bundesrepublik mit der Auflage zurückgegeben wurden, sie für die internationale historische Forschung zugänglich zu halten.

Neben den staatlichen Archiven sind aber noch die Gemeindearchive (z.B. Stadtarchive) und die kirchlichen Archive bis hin zu den einzelnen Pfarrarchiven zu nennen. Auch die Archive öffentlich-rechtlicher Körperschaften, wie die Archive der Industrie- und Handelskammern oder die Universitäts- und Hochschularchive, gehören zu den allgemein wichtigen Archivarten. Beispielsweise enthalten das Rheinisch-Westfälische Wirtschaftsarchiv in Köln, das älteste deutsche Wirtschaftsarchiv (gegr. 1906), und das Westfälische Wirtschaftsarchiv in Dortmund, die beide den dortigen Industrie- und Handelskammern angegliedert sind, wichtige Archivalien zur Sozial- und Wirtschaftsgeschichte des Rhein-Ruhr-Bereichs. Auch die privaten Firmenarchive, die ebenfalls für die Wirtschaftsgeschichte wichtig sind, und die Familienarchive wären hier wenigstens zu nennen.

Alle diese Archivarten sind nicht bloß Hilfsmittel, sondern eine unerläßliche Voraussetzung historischer Forschung überhaupt.

d) Verwaltungshilfsmittel

Genauso wie die meist unveröffentlichten Aktenbestände selbst ist noch eine weitere Gruppe schriftlicher Überreste zu erwähnen, die für den Umgang mit Akten bedeutsam ist: die gedruckten Verwaltungshilfsmittel der neuzeitlichen Staatsinstitutionen. Daher sind hier noch die neben den bereits erwähnten Büroverteilungsplänen wichtigen übrigen Verwaltungshilfsmittel wie Staatshandbücher, ferner neben den im Zusammenhang mit der Gruppe Urkunden genannten Gesetzesblättern noch die Ministerial- und Amtsblätter der höheren Behörden und nicht zuletzt die stenographischen Parlamentsprotokolle anzuführen. Diese Hilfsmittel haben gewissermaßen deklaratorischen Charakter und sind, wenn es – wie etwa bei der Authentizität von Parlamentsreden – um verbindliche Arbeitsgrundlagen geht, oft von erheblichem Quellenwert.

Literatur und Quellen:

Zur Urkunden- und Aktenlehre und zum Archivwesen: Wichtige neuere Informationen über das Archivwesen enthalten die Zeitschriften Der Archivar, Archivalische

Zeitschrift und Archivalische Mitteilungen – R. HEUBERGER, Allgemeine Urkundenlehre für Deutschland und Italien, Leipzig/Berlin 1921; L. BITTNER, Die Lehre von den völkerrechtlichen Vertragsurkunden, Stuttgart/Berlin 1924; A. BRENNEKE, Archivkunde. Ein Beitrag zur Theorie und Geschichte des europäischen Archivwesens, Leipzig 1953; A. OPITZ, Die wirtschaftliche Entwicklung Deutschlands und die inhaltlichen Wandlungen des staatlichen Archivguts im 19. und 20. Jahrhundert, Archival. Zs. 52, 1956, S. 219–233; H.O. MEISNER, Urkunden und Aktenlehre der Neuzeit, 2. Aufl. Leipzig 1952; DERS., Archivalienkunde vom 16. Jahrhundert bis 1918, Göttingen 1969; E. NEUSS, Aktenkunde der Wirtschaft. Teil 1: Kapitalistische Wirtschaft. Teil 2: Volkseigene Wirtschaft, Berlin(-Ost) 1956; K. DÜLFER, Urkunden, Akten und Schreiben in Mittelalter und Neuzeit, in: Archival. Zs. 53, 1957, S. 11–53; G. ENDERS, Archivverwaltungslehre, Berlin(-Ost) ³1968; Rudolf SCHATZ, Behördenschriftgut, Aktenbildung, Aktenverwaltung, Archivierung. Boppard 1961; F.P. KAHLENBERG, Deutsche Archive in West und Ost. Zur Entwicklung des staatlichen Archivwesens seit 1945, Düsseldorf 1972; E.G. FRANZ, Einführung in die Archivkunde, Darmstadt ⁴1993 (hier Angaben zur neueren Archivsituation in Deutschland nach der Einigung und zur Archivgesetzgebung der letzten Jahre); 50 Jahre Rheinisch-Westfälisches Wirtschaftsarchiv. Köln 1957; M. KLINKENBORG, Geschichte des Geheimen Staatsarchivs zu Berlin. Abt. 2: Das Geheime Staatsarchiv im 17. und 18. Jahrhundert. Berlin 1934; Übersicht über die Bestände des Geheimen Staatsarchivs zu Berlin-Dahlem. Bearbeitet von E. MÜLLER, E. POSNER, H.O. MEISNER, G. WINTER, R. LÜDICKE. 3 Bde. Leipzig 1934, 1936, 1939; C.W. COSMAR, Geschichte des Königl.-Preußischen Geheimen Staats- und Kabinettsarchivs bis 1806, hg. v. M. Kohnke, Köln/Weimar 1993; H. EICHENDORFER, Die Archive des Hamburgischen Welt-Wirtschafts-Archivs, Der Archivar 13, 1960, Sp. 291–300; Übersicht über das Bundesarchiv und seine Bestände. Bearb. v. H. FACIUS, H. BOOMS und H. BOBERACH, Boppard 1961; W. BENZ, Quellen zur Zeitgeschichte. Stuttgart 1973; Quellen zur Zeitgeschichte in den staatlichen Archiven des Landes Nordrhein-Westfalen, Münster 1978; F.P. KAHLENBERG (Hg.), Aus der Arbeit der Archive. Festschrift für H. Booms, Boppard 1989.

Archivgesetzgebung des Bundes und der Länder: BUND: BArchG vom 15.1.1988; veröffentlicht im BGBl I 1988, S. 62 sowie in: Der Archivar, Jg. 41, 1988, Heft 4, Sp. 447–498, 1. Änderung vom 13.3.1992; veröffentlicht im BGBl I 1992, 506. – BADEN-WÜRTTEMBERG: LArchG vom 27.7.1987; veröffentlicht im GBl Ba-Wü 1987, S. 230–233 sowie in: Der Archivar, Jg. 41, 1988, Heft 3, Sp. 393–398, 1. Änderung vom 12.3.1990; veröffentlicht im GBl Ba-Wü 1990; Archivbenutzungsordnung (ArchBO) vom 29.8.1988; veröffentlicht im GBl Ba-Wü 1988, S. 250. – BAYERN: Bayerisches Archivgesetz (BayArchG) vom 22.12.1989; veröffentlicht im GVBl Bayern, S. 710 sowie in: Der Archivar, Jg. 44, 1991, Sp. 535ff. – BREMEN: BremArchG vom 5.5.1991; veröffentlicht im GBl Bremen, S. 159ff. – HAMBURG: HmbArchG vom 21.1.1991; veröffentlicht im GVBl Hamburgm, S. 444–450. – HESSEN: HArchG vom 18.10.1989; veröffentlicht im GVBl Hessen, I. – NORDRHEIN-WESTFALEN: ArchG NW vom 16.5.1989; veröffentlicht im GVBl NW 1989, S. 302–305. – RHEINLAND-PFALZ: RPArchG vom 21.1.1991; veröffentlicht im GVBl I, S. 7ff. – SAARLAND: Saarländisches Archivgesetz vom 23.9.1992; veröffentlicht im Amtsblatt des Saarlandes 1992, S. 1094–1097. – SCHLESWIG-HOLSTEIN: SHArchG vom 8.11.1992; veröffentlicht im GVBl Schleswig-Holstein, S. 444–450. – THÜRINGEN: ThürArchG vom 23.4.1992; veröffentlicht im GVBl Thüringen 1992, S. 139–143 sowie in: Der Archivar, Jg. 45, 1992, Heft 4, Sp. 555-562; ThürArchBO vom 26.2.1993; veröffentlicht im GVBl 1993, S225. (Die Zusammenstellung verdanke ich Frau Susanne Kremmer, Hürth)

Zum Kanzleiwesen: H. GRANIER, Ein Reformversuch des preußischen Kanzleistils im Jahre 1800, FBPG 15, 1902, S. 168–180; M. HASS, Über das Aktenwesen und den Kanzleistil im alten Preußen, FBPG 22, 1909, S. 521–575; H. MEYER, Das politische Schriftwesen im deutschen auswärtigen Dienst, Tübingen 1920; L. GROSS, Die Geschichte der Reichshofkanzlei von 1559–1806, Wien 1933; H.E. KORN, Kabinettsordres. Ein Kapitel Aktenkunde, in: Der Archivar 26 (1973), Sp. 225–232; A. SCHULZ, Die Gegenzeichnung, Berlin 1978.

Beispiele spezieller Aktengruppen: W. ANDREAS, Die venezianischen Relationen und ihr Verhältnis zur Kultur der Renaissance, Leipzig 1908; O. MEINARDUS (Hg.), Protokolle und Relationen des Brandenburgischen Geheimen Rats aus der Zeit des Kurfürsten Friedrich Wilhelm für 1640 bis 1666. Bd. 1–7, 1, Leipzig 1889–1919; G. KÜNTZEL u. M. HASS (Hgg.), Die politischen Testamente der Hohenzollern, in: Quellensammlung zur deutschen Geschichte, hg. von E. Brandenburg u. G. Seeliger, 2 Bde., Leipzig/Berlin ²1919/20; H. BUCK (Hg.), Zur Geschichte der Produktivkräfte und Produktionsverhältnisse in Preußen 1810–1933. Spezialinventar des Bestandes Preußisches Ministerium für Handel und Gewerbe, 4 Bde, Weimar 1960–74 (Bd. 4 in Vorb.); Prozeßakten: Der Prozeß gegen die Hauptkriegsverbrecher vor dem Internationalen Militärgerichtshof Nürnberg 14. November 1945 – 1. Oktober 1946, 42 Bde., Nürnberg 1947–49 („Blaue Reihe" oder „IMG"); Nazi Conspiracy and Aggression. Ed.: Office of the United States Chief of Counsel for Prosecution of Axis Criminality. 9 Bde. und 2 Suppl. bde. Washington 1946–48 („Rote Reihe" oder „NCA"); Trials of War Criminals before the Nuernberg Military Tribunals under Control Council Law No. 10. 15 Bde., Washington 1950–53 („Grüne Reihe" oder „NMT"); O PUCHNER, Der Bestand „Nürnberger Prozesse" im Staatsarchiv Nürnberg, Wehrwissenschaftliche Rundschau 6, 1956, S. 93–97. Dokumentauswahl in: P.A. STEINIGER (Hg.), Der Nürnberger Prozeß, 2 Bde., Berlin(-Ost) 1957. Einzeldarstellungen: G.-M. GILBERT, Le journal de Nuremberg, Paris 1947. A. v. KNIERIM, Nürnberg, Stuttgart 1953. Bradley F. SMITH, Der Jahrhundertprozeß, Frankfurt a.M. 1977 (auch als Taschenbuch) (amerik. Ausgabe New York 1976). – W.A. MOMMSEN, Die Nachlässe in den deutschen Archiven, Boppard 1971.

Zum Editionsproblem: J. SASS, Die deutschen Weißbücher zur auswärtigen Politik 1870 bis 1914. Berlin/Leipzig 1928; J. SCHULTZE, Richtlinien für die äußere Textgestaltung bei Herausgabe von Quellen zur neueren deutschen Geschichte, Bll.f.dt. Landesgesch. 98, 1962, S. 1–11.

Verwaltungs- und Behördengeschichte: R. KOSER, Die Gründung des Auswärtigen Amts durch König Friedrich Wilhelm I., in: DERS., Zur preußischen und deutschen Geschichte, Stuttgart/Berlin 1921; A. BRECHT, Die Geschäftsordnung der Reichsministerien. Ihre staatsrechtliche und geschäftstechnische Bedeutung, Berlin 1927; Gemeinsame Geschäftsordnung für die höheren Reichsbehörden (GOH), Berlin 1928; H. SCHNEIDER, Der preußische Staatsrat 1817–1918, München/Berlin 1952; H. HAUSSHERR, Verwaltungseinheit und Ressorttrennung vom Ende des 17. Jahrhunderts bis zum Beginn des 19. Jahrhunderts, Berlin 1953; R. SALLET, Der diplomatische Dienst. Seine Geschichte und Organisation in Frankreich, Großbritannien und den Vereinigten Staaten, Stuttgart 1953; R. MORSEY, Die oberste Reichsverwaltung unter Bismarck 1867–1890, Münster 1957; C. HINRICHS, Die preußische Zentralverwaltung in den Anfängen Friedrich Wilhelms I., in : Fschr. f. Fritz Hartung, Berlin 1958; W. FRAUENDIENST, Das preußische Staatsministerium in konstitutioneller Zeit, in: Zs. f. d. ges. Staatswiss. 116, 1960, S. 104–177; K. BLASCHKE, Die Verwaltungsgeschichte als Spiegel der gesellschaftlichen Entwicklung, Annali della Fondazione italiana per la storia amministrativa 2, 1965, S. 9ff.; H.O. MEISNER, Zur neueren Geschichte des preußischen Kabinetts, FBPG 36. 1924, S. 38–66, 180–209; M. KOHNKE, Das preußische Kabinettsministerium. Ein Beitrag zur Geschichte des Staatsapparates im Spätfeudalismus. Diss. phil. (Ms.) Berlin (-Ost) 1967. – Zur Reform des Auswärtigen Amts 1919: Paul G. LAUREN, Diplomats and Bureaucrats. The first institutional responses to 20th-century diplomacy in France and Germany, Stanford/Cal. 1976; K. DÜWELL, Deutschlands auswärtige Kulturpolitik 1918–1932, Köln 1976, S. 70–102; K. DOSS, Das deutsche Auswärtige Amt im Übergang vom Kaiserreich zur Weimarer Republik, Düsseldorf 1977.

Vertragssammlungen: H. RÖNNEFARTH und H. EULER (Hgg.) Konferenzen und Verträge („Vertrags-Ploetz") Teil II, 3. u. 4. Bd. (1492–1959), Würzburg ²1958/59. Dazu Bd. 4 B (Zeitraum 1959–63), Würzburg 1963. – Größere Sammlungen: Jean DUMONT (Hg.), Corps universel diplomatique du droit des gens ... depuis le règne de l'empereur Charlemagne jusque à présent (800–1731). 8 Bde., Amsterdam/Den Haag 1726–31. Dazu: J. ROUSSET (Hg.), Supplément au Corps universel ... 5 Bde., Amsterdam/Den Haag 1739; Recht und Verträge des alten Reichs: Johann Christian LÜNIG, Das Teutsche Reichs-Archiv, 24 Bde., Leipzig 1913–22; F. w. GHILLANY, Diplomatisches Handbuch. 1648–1867, 3 Bde., Nördlingen 1855–68. – Besonders wichtig die verschiedenen Auflagen und Serien des „MARTENS" (begründet von Georg Friedrich von Martens, geb. 1756, gest. 1821):1) Zeitraum 1761–1808: Recueil de traités (ab Bd. 5: Recueil des principaux traités) d'alliance, de paix, de trêve ... 8 Bde., Göttingen ²1817–1835 (1. Aufl. 7 Bde., Göttingen 1791–1801). – 2) Zeitraum 1494–1807: Supplément au Recueil des principaux traités ... 4 Bde., Göttingen 1802–08 (ergänzt z.T. DuMont). – 3) Zeitraum 1808–39: Nouveaux suppléments au Recueil de traités, 3 Bde., Göttingen 1839–42. – Danach beginnt der in 3 Serien erschienene Nouveau Recueil général de traités: Serie 1 (Zeitraum 1720–1784): 20 Bde., Göttingen 1843–76; Serie 2 (Zeitraum 1776–1907): 35 Bde., Göttingen (ab Bd. 22 Leipzig) 1876–1908; Serie 3 (Zeitraum 1894–1943): 41 Bde., Leipzig (ab 1941 Greifswald) 1909–44 mit einer Restlieferung zu Bd. 41, Aalen 1970. – Register: a) zu 1) bis 3) und Serie 1 Table générale, 2 Bde., Göttingen 1875/76. – b) zu Serie 2: Table générale, Leipzig 1910. – c) zu Serie 3: Table générale, 3 Bde. (bis Bd. 30) Leipzig 1922, 1930, 1935 (der 4. Bd. für Bde. 31–41 Aalen 1975). – Preußen und Österreich: Th. v. MOERNER, Kurbrandenburgs Staatsverträge von 1601–1700, Berlin 1867 (mit Inhaltsangaben); V. LOEWE (Hg.), Preußens Staatsverträge aus der Regierungszeit König Friedrichs I., Leipzig 1923; DERS., Preußens Staatsverträge aus der Regierungszeit König Friedrich Wilhelms I., Leipzig 1913; L. BITTNER, Chronologisches Verzeichnis der österreichischen Staatsverträge. 1526–1917, 4 Bde., Wien 1903–17; A. Fr. PRIBRAM, Die politischen Geheimverträge Österreich-Ungarns 1879–1918, Bd. 1 (mehr nicht erschienen; enthält nur Dokumente zu den Dreibundverträgen seit 1882), Wien 1920. – Für Frankreich, England und die USA: H. VAST, Les grands traités du règne de Louis XIV., 3 Bde., Paris 1893–97; Ch. JENKINSON, Collection of all the treaties of peace, alliance and commerce between Great Britain and other powers (Zeitraum 1648–1783), 3 Bde., London 1785; W.M. MALLOY, Treaties, Conventions, International Acts ... between the United States of America and other Powers. 1776–1937, 4 Bde., Washington 1910–38 (Neudr. Buffalo, N.Y., 1965). – LEAGUE OF NATIONS. Treaty Series. 205 Bde. (Zeitraum 1918–1943), London 1920–46 (frz. Titel: Société des Nations. Recueil des Traités, Lausanne 1920–46); UNITED NATIONS. Treaty Series (bis 1983, z.T. mit Lücken:) 1333 Bde., New York 1946ff. Dazu: List of Treaty Collections, New York 1956. – Verträge der Bundesrepublik Deutschland. Serie A: Multilaterale Verträge. Hg. vom Auswärtigen Amt. 69 Bde. (Stand 1991), Bonn/Köln/Berlin 1955ff. nebst Verz. von 1960. (Serie B: Bilaterale Verträge, in Vorb.). Vgl. auch die seit 1989 im Erscheinen begriffene Reihe der „Akten zur auswärtigen Politik der Bundesrepublik Deutschland", hg. von H.-P. Schwarz.

Parlamentsberichte: F. WIGARD (Hg.), Stenographische Berichte über die Verhandlungen der deutschen constituierenden Nationalversammlung zu Frankfurt a.M., 9 Bde., Leipzig 1848–49. – Stenographische Berichte über die Verhandlungen des Deutschen Reichstages, 460 Bde., Berlin 1867–1942: 1) Bde. 1–15: Stenogr. Berichte über die Verhandlungen des Reichstages des Norddeutschen Bundes. 1867–70. – 2) Bde. 16–18: Stenographische Berichte über die Verhandlungen des Deutschen Zollparlaments. 1868–70. – 3) Bde. 19–325: Stenogr. Berichte über die Verhandlungen des Deutschen Reichstags 1871–1918. – 4) Bde. 326–343: Verhandlungen der verfassunggebenden Nationalversammlung. Stenogr. Berichte. 1919/20. – 5) Bde. 344–460: Verhandlungen des Deutschen Reichstags. 1920–42. – Dazu: Sammlung sämtlicher Drucksachen des Deutschen Reichstages (1867–70 ... des Reichstags des Norddeutschen Bundes, seit 1907 Drucksachen des Reichstags) Berlin 1871–1914. – Protokolle über die Verhandlungen des Bundesrates des Deutschen Reiches

(1867–70): des Bundesrathes des Norddeutschen Bundes). 165 Bde. (ohne Numerierung) Berlin 1867–1919. Dazu: Drucksachen zu den Verhandlungen des Bundesrates des Deutschen Reiches. Berlin 1867–1918. – Für Frankreich: Neben den Berichten über die Revolutionsparlamente im „Moniteur" und den „Archives Parlementaires dès 1787 à 1860", die unvollständig sind, seit 1861 jährlich: Annales de la Chambre des Députés (bzw. ... du Sénat). – England: Parliamentary Debates, seit 1803. – USA: Congressional Record, seit 1873 (zuvor: Congressional Globe).

Gesetzsammlungen: Christian Otto MYLIUS, Corpus Constitutionum Marchicarum <1298–1736>. 6 Bde., Berlin u. Halle 1737–55; Novum Corpus Constitutionum Prussico-Brandenburgensium praecipe Marchicarum (Zeitraum: 1751–1810). 12 Bde., Berlin u. Halle 1756–1822. – Gesetz-Sammlung für die königlichen preußischen Staaten (Zeitraum: 1806ff.), Berlin 1810ff. – Gesetz-Blatt des Norddeutschen Bundes. 1867–70; Reichsgesetzblatt (RGBl.) seit 1871; Bundesgesetzblatt (BGBl.) der Bundesrepublik Deutschland seit 1949. – Für Österreich: Politische Gesetze und Anordnungen für sämtliche Provinzen des Kaiserstaates mit Ausnahme von Ungarn und Siebenbürgen, Wien 1790–1848.

Beispiele für Verwaltungsblätter und -hilfsmittel: zahlreiche preußische Ministerialblätter: Ministerial-Blatt für die gesamte innere Verwaltung, Berlin 1840ff. (ab 1936: Ministerialblatt des Reichs- und Preußischen Ministeriums des Innern),; Zentralblatt für die gesamte Unterrichtsverwaltung in Preußen, Berlin 1859ff. (ab 1935: Deutsche Wissenschaft, Erziehung und Volksbildung); Zentralblatt der Abgaben-, Gewerbe- und Handels-Gesetzgebung und Verwaltung, Berlin 1839ff. (ab 1882: Central-Blatt der Abgaben-Gesetzgebung, ab 1913: Zentralblatt der preußischen Verwaltung der Zölle und indirekten Steuern). – Ministerial-Blatt der Handels- und Gewerbeverwaltung, Berlin 1910ff. (ab 1939: Ministerialblatt des Reichswirtschaftsministeriums). – Hilfsmittel: Handbuch über den königlich preußischen Hof und Staat. Berlin 1794–1917, seit 1918 (bis 1939): Handbuch über den preußischen Staat; Königlich preußischer Staatskalender, Berlin 1704ff.; Rangliste der königlich preußischen Armee, Berlin 1794–1806, seit 1817 jährliche Listen. Späteres Beispiel auf Reichsseite: Rangliste des Deutschen Reichsheeres. Nach dem Stande vom 1. Mai 1925, Berlin 1925; Handbuch für das Deutsche Reich. Berlin 1876–1939; M. HASS, Die preußischen Adreßkalender und Staatshandbücher als historisch-statistische Quellen, FBPG 20, 1907, S. 133–193, 305–346; R. v. BITTER, Handwörterbuch der preußischen Verwaltung, 2 Bde., Berlin ³1928; M. BÄR, Die Behördenverfassung der Rheinprovinz seit 1815, Bonn 1919; H. ROMEYK, Verwaltungs- und Behördengeschichte der Rheinprovinz 1914–1945, Düsseldorf 1985; R. Graf HUE DE GRAIS, Handbuch der Verfassung und Verwaltung in Preußen und dem Deutschen Reiche, Berlin 25. Aufl. 1930 (sehr wichtiges Hilfsmittel, auch in den früheren Auflagen!).

e) Publizistische Quellen als schriftliche Überreste

Publizistik hat es im weitesten Sinne mit der Übermittlung von Nachrichten und Meinungen und ihrer Darstellung zu tun. Sie ist im allgemeinen auf Aktualität gerichtet, daher für den Historiker meist als Überrest zu verstehen. Die Flugschriften der Reformationszeit, die Einblattdrucke und die ihnen bis ins 19. Jahrhundert folgenden Bilderbögen bis zu den ersten Illustrierten sind für die jeweilige Gegenwart, ja oft nur für den Tag gemacht. Die „moralischen Wochenschriften" Englands im frühen 18. Jahrhundert (Tatler, Spectator, Guardian) weisen dabei z.T. schon in die Gruppe literarischer Überreste, die noch erwähnt werden muß (s. S. 258ff.).

Eine besondere Bedeutung innerhalb der publizistischen Überreste haben in der Neueren Geschichte und in der Zeitgeschichte neben den traditionellen Erzeugnissen der unterhaltenden und meist allgemein informierenden Blätter die modernen Bild-, Film- und Tondokumente gewonnen. Sie werden daher noch in einem besonderen Abschnitt als nichtschriftliche Überreste behandelt werden (vgl. S. 263ff.).

Im Unterschied zu den Traditionsquellen, zu denen man allgemein die Presse dann rechnen muß, wenn sie direkt der „Nachwelt" bestimmte Zusammenhänge überliefern will, ist die große Gruppe der publizistischen Überreste vor allem dadurch gekennzeichnet, daß sie viele für den „Zeitgenossen" allgemein interessante, oft auch sehr spezielle Einzelheiten von gewissem Interesse enthält. Eine Absicht, die vielen Mosaiksteinchen einzelner Nachrichten und Tatsachen zu einer historiographischen Gesamtdarstellung zu vereinigen, besteht dabei für das jeweilige Blatt meist nicht. Ein solcher, grundsätzlich über die Nachrichtentreue von allgemein wichtigen Einzelheiten hinausgreifender Zug würde im Gegenteil die ohnehin schon vielfältigen Pflichten der Publizistik noch erheblich erschweren. Nicht mehr, aber auch nicht weniger als „bloße" zuverlässige Berichterstattung macht an sich schon, bezogen auf die Gegenwart, den Wert solcher Publizistik aus. Dieser Vorzug läßt besonders auch dem Historiker diese Quellengruppe publizistischer Überreste interessant erscheinen. Erfordert hier schon manche Nachricht eine Überprüfung (falls der Historiker sich auf eine bestimmte Meldung der „Presse" berufen will), so gilt dies in besonderem Maße für solche publizistischen Erscheinungen, in denen bereits Interpretationen vermischt mit Tatsachen zusammen auftreten, am deutlichsten etwa in der bekannten Form des Leitartikels. Hier erfahren Tatsachen nicht selten Stilisierungen, zuweilen gar Entstellungen. Die erwähnte für die Presse bestimmte Form der Emser Depesche Bismarcks vom Juli 1870 ist als mildere Form einer solchen Veränderung ein lehrreiches Beispiel, wie eine Gegenüberstellung mit der ursprünglichen Version des Geheimrats Abeken zeigen kann. (Vgl. O. v. Bismarck, Die gesammelten Werke, Bd. 6 c, S. 369ff.)

Zwar ist eine absolut reine Form von Nachrichtenübermittlung ohne Beimengung subjektiver Elemente durch den Berichterstatter ebensowenig denkbar, weil es sich ja immer zugleich um eine Sammlung und Formulierung von Nachrichten handelt; aber eine gewisse relative Zuverlässigkeit der Korrespondenz oder der Agenturmeldung ist doch sehr wohl möglich. Andererseits sind Fehler in der Aufnahme oder Übermittlung von Nachrichten nicht immer auszuschließen. Ein eindringliches Beispiel bietet hierfür die sogenannte „Hunnenrede" Wilhelms II. am 27. Juli 1900 in Bremerhaven. Darin findet sich u.a. der noch heute oft zitierte Satz: „Pardon wird nicht gegeben. Gefangene werden nicht gemacht!" Diese Fassung war in einem großen Teil der Presse vom 28. und 29. Juli 1900 aufgrund einer „Sprachregelung" des Staatssekretärs von Bülow „entschärft" und bald darauf in der Ausgabe der Kaiserreden von Penzler sogar ersetzt worden durch die Worte „Pardon wird euch(!) nicht gegeben" usw. Der Sinn wurde dadurch verfälscht, was auch für andere Teile der Rede galt, die so in der Öffentlichkeit, besonders des

Auslands, eine günstigere Wirkung hinterlassen sollte. Diese Redaktionen von Bülows und anderer haben noch bis in die jüngste Zeit Verwirrung gestiftet und sind erst 1976 von Bernd Sösemann (HZ 222, S. 342–358) mit dem Ergebnis geklärt worden, daß lediglich die Bremer „Weser-Zeitung" und das „Wilhelmshavener Tageblatt" damals den authentischen Text der Kaiserrede gebracht haben.

In einer Zeit wie jener, als die modernen, technischen Aufnahmemöglichkeiten von öffentlichen Reden noch nicht oder nur erst wenig bekannt waren, war die Stenographie des Berichterstatters die wichtigste Hilfe zur Sicherung der Echtheit solcher Reden. Die älteren Reihen der Stenographischen Berichte über die Verhandlungen des Deutschen Reichstags und andere Parlamentsprotokolle erhalten hierdurch eine hohe Authentizität. Ein anderes Beispiel, die Vorträge Leopold von Rankes vom Herbst 1854 vor König Max II. von Bayern „Über die Epochen der Neueren Geschichte", die stenographisch überliefert sind, hat jüngst noch in einer neuen kritischen Edition eine Reihe von wichtigen Textvarianten ergeben (s. S. 210 Ausgabe v. Schieder u. Berding). Doch kann auch diese Form der schriftlichen Textüberlieferung von Reden nicht alle Wünsche des Historikers erfüllen, so sehr die publizistische Berichterstattung auf die Stenographie angewiesen ist.

Hier hat der technische Fortschritt, der uns die Erhaltung einer Fülle wichtiger politischer Reden als Tondokumente gebracht hat, die Voraussetzungen historisch-kritischer Arbeit verbessert. Mehr als der gedruckte Wortlaut einer Rede vermag die akustische Aufnahme das atmosphärische Fluidum des Verhältnisses von Redendem und Hörerschaft, die Artikulation und den Charakter des Sprechers deutlich machen. Hier liegt die Bedeutung der sogenannten Ton- und Filmarchive (vgl. S. 266f.), deren Bestände aber hier, bei den schriftlichen Überresten, noch zunächst zurückzustellen sind.

Literatur:

Grundlegend E. DOVIFAT, Zeitungslehre, 2 Bde., (Slg. Göschen) ⁵1967; DERS., Handbuch der Publizistik, 3 Bde., Berlin 1968/69; DERS., Handbuch der Auslandspresse, Bonn/Köln 1960; K. KOSZYK u. K.H. PRUYS, Wörterbuch zur Publizistik, München/Berlin 1970. (Als dtv-Taschenbuch München 1969); K. KOSZYK, Deutsche Presse im 19. Jahrhundert. Berlin 1966; DERS., Deutsche Presse, 1914–1945, Berlin 1972; K. BÖMER, Internationale Bibliographie des Zeitungswesens. Leipzig 1932. – Flugschriften aus der Reformationszeit, 20 Bde., Halle 1877–1953; Dazu: O. CLEMEN (Hg.), Flugschriften aus der Reformationszeit in Faksimiledrucken, 1921; K. SCHOTTENLOHER, Flugblatt und Zeitung, 1922; K. D'ESTER, Flugblatt und Flugschrift, 1940; Einblattdrucke des 15. Jahrhunderts. Begr. v. P. HEITZ, Straßburg u.a.O. 1899–1942 (100 Hefte); Einblattdrucke des 15. Jahrhunderts. Ein bibliographisches Verzeichnis, hg. v. d. Kommission für den Gesamtkatalog der Wiegendrucke, Halle 1914. – THEATRUM EUROPAEUM, 1617–1718. 21 Bde. Frankfurt a.M. 1662–1738. – I. FUHRMANN, Die Entstehung und Entwicklung der Moralischen Wochenschriften in England. Diss. phil. Wien 1958; J. ROSENTHAL, Zeitungen und Relationen des 15. bis 18. Jahrhunderts. München 1928; W. SCHABER u. W. FABIAN (Hgg.), Leitartikel bewegen die Welt. Stuttgart 1964. – Zur Emser Depesche vgl. auch M. WINCKLER, Die Rolle der Presse bei der Vorbereitung des deutsch-französischen Kriegs 1870/71, in: Presse und Geschichte, Beiträge zur historischen Kommunikationsforschung, 1976, S. 171–194; B. SÖSEMANN, Die sog. Hunnenrede Wilhelms II., in: HZ 222, 1976, S. 342–358.

f) Briefe, Tagebücher, Gesprächsaufzeichnungen

Briefe und Tagebücher sind wegen ihrer seit dem 15. Jahrhundert zunehmenden Anzahl typische Quellengruppen der Neueren Geschichte. Der seit dem 15. Jahrhundert zunehmende Grad des Individualitätsbewußtseins und die etwa gleichzeitig stattfindende Zunahme schriftlicher Quellen haben besonders zu einem Anwachsen dieses historischen Materials geführt. Briefe und Tagebücher lassen sich als schriftliche Überreste betrachten. Jedoch ist der „offene Brief" als literarische Kunstform und als für die Öffentlichkeit oder die Nachwelt bestimmt eine Quellengattung, die den Traditionsquellen schon recht nahesteht. Zu den eigentlichen Überresten kann man daher eher den Brief als ursprünglich private Mitteilung rechnen. Aber die Grenzen sind hier fließend. Die politische Privatkorrespondenz des Staatssekretärs Herbert von Bismarck beispielsweise steht durch die Person des Amtsträgers, der zugleich Sohn des Reichskanzlers war, trotz ihres oft höchst privaten Charakters fast schon in der Nähe halb amtlicher Korrespondenz, jedoch fehlt in solchen Fällen oft noch die erklärte Absicht zu einer späteren Veröffentlichung. Andere Briefe sind zuweilen schon zum Zeitpunkt ihrer Abfassung für eine spätere Veröffentlichung gedacht. Der Briefwechsel Carl Jacob Burckhardts mit Hugo von Hofmannsthal beispielsweise war wohl schon früh zur Veröffentlichung bestimmt.

Der eigentlich quellenkritische Gesichtspunkt ergibt sich in solchen Fällen oft aus der nachträglichen Überarbeitung durch einen der herausgebenden Briefpartner, wobei im Bestreben nach literarischer Glättung und historisch-politischer Profilierung manchmal Änderungen oder gewisse Stilisierungen vorkommen können. Anders verhält es sich bei späterer Herausgabe durch einen Dritten, wobei das Problem der Auswahl stärkeres Gewicht hat. Schließlich ist auch ein textlicher Vergleich der versandten Briefausfertigung mit oftmals noch erhaltenen Entwürfen des Absenders aufschlußreich.

Ähnliche Gesichtspunkte müssen auch bei der Lektüre von Tagebüchern gelten. Auch hier handelt es sich im allgemeinen um private, zunächst meist um nicht zur Veröffentlichung bestimmte Aufzeichnungen. Ein frühes Beispiel hierfür ist das von Luca Landucci verfaßte „Diario fiorentino", das eine wichtige private Quelle für die Geschichte und Kultur von Florenz zwischen 1450 und 1516 darstellt, als die Stadt vorübergehend in den Mittelpunkt der italienischen und europäischen Geschichte rückte. Solche für die persönliche Erinnerung angelegten Eintragungen mögen oft eine punktuelle Beliebigkeit spiegeln. Aber aus der Ergänzung durch andere Aufzeichnungen Einzelner mag sich ein gewisser Perspektivismus aus der Sicht verschiedener Quellen ergeben. Gerade darin kann der hohe Quellenwert liegen, wie es z.B. das private Tagebuch der Baronin Spitzemberg mit vielen Notizen trefflicher Beobachtungen aus der Berliner Hofgesellschaft zeigt. Demgegenüber spürt man beispielsweise den Tagebüchern Goebbels' („Vom Kaiserhof zur Reichskanzlei"), die 1934 veröffentlicht wurden, die Absicht des Schreibers zu einer Veröffentlichung seiner „privaten" Tagebuchblätter vielfach deutlich an. Sie sind gewissermaßen „zum Fenster hinaus" gesprochen und wohl von Anfang an für den Druck bestimmt gewesen. Deshalb stellt sich hier und in ähnlichen Fällen sofort die Frage nach der Tendenz, die im letzteren Fall in der Absicht des Schreibers liegen dürfte, den „Enthusiasmus" über die vollzogene „nationale Revolution" von 1933 in weitere Kreise zu tragen. Diese Absicht mag auch den späteren Tagebüchern Goebbels', bis hin zu den Kriegstagebüchern, zugrunde gelegen haben.

Stärker privaten Charakter tragen demgegenüber im allgemeinen Gespräche, auch dann wenn sie mit „Persönlichkeiten des öffentlichen Zeitgeschehens" geführt werden. Die Sammlung solcher Gespräche ist unter Umständen eine mühsame Kärrnerarbeit, kann aber von großem Quellenwert sein. Was für die Literaturgeschichte Goethes Gespräche mit dem Freiherrn von Biedermann, mit dem Kanzler Müller und mit Eckermann bedeuten, das besitzen an Quellenwert für die Geschichtswissenschaft die Gespräche Bismarcks, die Willy Andreas gesammelt und in den Bänden VII–IX der Friedrichsruher Ausgabe veröffentlicht hat. Das „Mémorial de Sainte Hélène", umfangreiche Niederschriften über Gespräche mit Napoleon (8 Bde., Paris 1822f.), die Emmanuel Graf Las Cases auf St. Helena seit 1815 geführt hat, ist für die Denkart und den Charakter des großen Korsen eine der wichtigsten Quellen. Je breiter die Zeugenüberlieferung in solchen Fällen ist, um so aufschlußreicher ist sie für den Charakter und den Geist einer Persönlichkeit. Der Biograph ist stets auf solche dokumentarischen Quellen angewiesen, und Gespräche können bereits so etwas wie eine „gesprochene Biographie" sein. Im weitesten Sinne haben wir es bei Briefen, Tagebüchern und Gesprächsaufzeichnungen bereits mit einer Quellengruppe zu tun, die der Gruppe literarischer Überreste nahesteht. Doch hängt dies auch zum Teil von den Persönlichkeiten ab. Hitlers Tischgespräche, deren Niederschriften von Bormann redigiert wurden, wird man mit Recht weniger als „literarischen" Überrest zählen. Der Quellenwert solcher Gesprächsaufzeichnungen selbst kann jedoch, wie dies Theodor Schieder für Hermann Rauschnings Gespräche mit Hitler dargetan hat, relevant sein. Doch ist dieses Beispiel nicht unumstritten, da die Authentizität der Gespräche Rauschnings mit Hitler z.T. angezweifelt wird. Ein gänzlich anderer Fall sind die seit 1950 dokumentierten „Teegespräche" Adenauers mit der Presse, die vom Bundespresseamt redigiert, aber zunächst nicht veröffentlicht wurden.

Literatur

Briefe: G.STEINHAUSEN, Geschichte des deutschen Briefs, 2 Bde., Berlin 1889/91; W. BÜNGEL , Der Brief. Ein kulturgeschichtliches Dokument, 1938. – Eine Darstellung für die neuere Zeit liegt nicht vor. Bibliographie: F. SCHLAWE, Die Briefsammlungen des

19. Jhs., 2 Bde., Stuttgart 1969. – Wichtig bes. für die Barockzeit sind die sog. Briefsteller, da sie als Ausdruck einer formelhaften Zeitsprache den heutigen Leser von Briefen der damaligen Epoche vor dem Mißverständnis bewahren, daß jene Formelsprache individueller Briefstil sei. Beispiele: Georg Philipp HARSDÖRFFER, Teutscher Secretarius, Nürnberg 1656; Kaspar STIELER, Der allzeit fertige Secretarius, Nürnberg 1679. – Die Briefsteller haben den formelhaften Ausdruck der Briefe im Barockzeitalter nachhaltig bestimmt. Eine der wenigen Ausnahmen von diesem unpersönlichen Briefstil sind die Briefe der Herzogin Elisabeth Charlotte v. Orléans (gen. Liselotte v.d. Pfalz), hg. von Wilhelm Ludwig Holland. 6 Bde. Tübingen 1867–81. Tagebücher und Gesprächsaufzeichnungen: Th. KLAIBER, Tagebücher als Urkunden geschichtlichen und persönlichen Lebens. In: Th. Klaiber, Die deutsche Selbstbiographie, 1921, S. 302–327; W. MATTHEWS, British Diaries. Berkeley 1950. – Beispiele: Luthers Tischreden, in: Weimarer Ausgabe, 2. Abt. 6 Bde. Weimar 1912–21. – Bismarcks Gespräche, hg. u. bearb. v. W. Andreas, in: Die gesammelten Werke, Bde. VII bis IX, Berlin 1924/26 (Friedrichsruher Ausgabe). – Emmanuel Graf LAS CASES, Mémorial de Sainte Hélène (1822–26). – Luca LANDUCCI, Diario fiorentino dal 1450 al 1516 (dt.: Ein florentinisches Tagebuch, hg. von Marie Herzfeld, Jena 1912 u.ö.). – Das Tagebuch der Baronin SPITZEMBERG geb. Freiin von Varnbüler. Ausgew. u. hg. v. R. Vierhaus, Göttingen ²1961. – Franz HALDER, Kriegstagebuch 1939–42. Bearb. v. H.A. Jacobsen, 3 Bde. Stuttgart 1962–64. – Hitlers Tischgespräche im Führerhauptquartier 1941–42. Neu hg. v. P.E. Schramm, in Zusammenarbeit mit A. Hillgruber und M. Vogt, Stuttgart 1963 (auch als dtv-Dokumentenband, München 1968). – Adolf Hitler. Monologe im Führerhauptquartier 1941–1944. Die Aufzeichnungen Heinrich Heims, hrsg. von W. Jochmann. Hamburg 1980. – Die Tagebücher von Joseph Goebbels … hrsg. von Elke Fröhlich. Teil I: Aufzeichnungen 1924–1941. 5 Bde., München/New York 1987. – Th. SCHIEDER, Hermann Rauschnings „Gespräche mit Hitler" als Geschichtsquelle, Opladen 1972. – Adenauer, Teegespräche (1950ff.). Bearbeitet von H.J. Küsters. Berlin 1984ff.

g) Literarische Überreste

Unter literarischen Überresten im Sinne der historischen Quellenkunde verstehen wir im allgemeinen die Werke der schöngeistigen Literatur (einschließlich der nicht veröffentlichten Nachlässe, wie sie beispielsweise in den Handschriftenbeständen des Deutschen Literaraturarchivs in Marbach und vieler Bibliotheken erhalten sind).

Im weiteren Sinne verstehen wir darunter auch Fachliteratur, aus der Kenntnis über die Vergangenheit gewonnen werden kann. Zur „Fachschriftstellerei" rechnet man dabei alles, was der Beförderung der Kenntnisse über bestimmte Künste, Wissenschaften und Techniken dienen soll. Durch diese Literaturgattung kommt zugleich ein Zug der Neuzeit zu ordnender, planender und kontrollierender Vernunft zum Vorschein, der gerade die Fachliteratur zu einer wichtigen Gruppe von Überresten für die Sozial-, für die Wirtschafts- und für die Wissenschaftsgeschichte werden läßt. Die moderne „Entzauberung der Welt" (Max Weber) kommt schon in den privaten Handbüchern einzelner spätmittelalterlicher Firmen, in den Pelz- und Edelsteinbüchern jener Zeit zum Ausdruck. Über Fachkompendien und über die „Hausväterliteratur" des 16. Jahrhunderts mündet dieser fachliterarische Strom im 18. Jahrhundert im „Dictionnaire universel de commerce" des Philémon-Louis Savary und in der im letzten Viertel des 18. Jahrhunderts erschienenen fast 250 Bände füllenden „Oekonomisch-technologischen Enzyklopädie" von Johann Georg Krünitz. Dieses umfassende Werk führt den Zusatz „technologisch" in seinem Titel erst in den Bänden nach 1785, während er noch in den ersten Bänden seit 1773 fehlte. Auch in diesem Wechsel kommt ein neuer Zug der Fach- oder Gebrauchsliteratur zum Ausdruck.

Die seit dem Merkantilismus zunehmende Spezialisierung der nützlichen „Künste" und Wissenschaften und die seit der industriellen Revolution sich vollziehende technologische und mathematisch-naturwissenschaftliche Grundlegung vieler Produktionsbereiche haben dann zu einer fast unübersehbaren Fülle der Fachliteratur geführt, die für den Historiker längst nicht mehr zu bewältigen ist und großenteils nur noch von Spezialisten verstanden wird. Hier kommt es darauf an, aus der ungeheueren Menge dieser Literaturart das herauszufinden, was für die allgemeine Geschichtsforschung oder für ihre größeren Teilgebiete von Bedeutung ist. Als eine solche Gruppe der Fachliteratur kann man z.B. auch Schulbücher betrachten. Gerade in den letzten Jahren hat die Erforschung der Schulbuchliteratur – nicht zuletzt auch der Geschichtslehrbücher – gezeigt, um welch wichtige Quellen für die Erforschung des Zeitgeistes es sich hier handelt. Andere Bereiche der Fachliteratur, auch wenn es sich um sehr spezielle Lehrbuchgebiete wie etwa um die Verwendung von Molybdän bei der Stahlerzeugung oder um eine Lehrschrift wie „De re aedificatoria" des Renaissance-Architekten Leon Battista Alberti (1404–1472) handelt, können für den Technikhistoriker oder für den Kunstgeschichtler, aber auch für die Sozial- und Kulturgeschichte, unter Umständen von größtem Quellenwert sein.

Im allgemeinen versteht man jedoch unter der Gruppe der literarischen Überreste Werke der Unterhaltungsschriftsteller und Dichter, eine vielleicht heikle Unterscheidung, die aber vom Historiker, dem es in beiden Fällen primär um ihren Rang als Quelle zu tun ist, hier ausgeklammert werden kann. Besonders in den künstlerischen Darstellungsformen der Biographie und der Autobiographie finden sich mitunter wichtige Belege einer unabsichtlichen Zeitaussage. So hat beispielsweise Goethe im zehnten Buch des zweiten Teils von „Dichtung und Wahrheit" die zu Beginn des 19. Jahrhunderts im Saargebiet bei Dudweiler betriebene Alaunfabrikation derart anschaulich beschrieben, daß daraus der Wirtschafts- und Technikhistoriker Aufschlüsse über die damals gehandhabten Verfahren gewinnen kann.

Eine wichtige Gruppe der literarischen Überreste stellen für den Historiker auch die sogenannten Schlüsselromane dar. Doch liegt hier insofern ein Sonderfall vor, als der Leser die scheinbar fiktiv dargestellten Personen als eigentlich andere wiedererkennen soll. Die Absicht zu einer historischen Überlieferung im Sinne der Traditionsquellen kann also in diesen Fällen fast vorausgesetzt werden. So läßt sich bei der Quellengruppe der Schlüsselromane, die auch in der deutschen Literaturgeschichte seit Maximilians „Teuerdank" (1517) einen festen Platz haben, von verschlüsselter Historiographie sprechen. Ihr Quellenwert ist aber je-

weils besonders kritisch zu prüfen, weil sich eine subjektive Darstellungstendenz
hier erheblich auswirken kann. Doch gibt es auch Fälle wie beispielsweise den
Schlüsselroman „Bella" (1926) von Jean Giraudoux, wo der Historiker sehr viel
über die Persönlichkeitsstruktur des französischen Ministerpräsidenten Poincaré
erfährt, ohne daß dessen Name erscheint. Solche Quellen kritisch zu würdigen,
ist allerdings keine einfache Aufgabe.

Der eigentliche Charakter literarischer Überreste als Überreste liegt jedoch für
den Historiker nicht in diesen Zügen einer intentionalen Darstellung oder Berichterstattung, sondern in bestimmten eher mitgängigen als beabsichtigten Einzelheiten der Mitteilung. Daß der Verfasser einer Autobiographie nicht nur über
seine eigenen Erlebnisse, sondern zwangsläufig auch über bestimmte Lebensbedingungen und allgemeine Zeitumstände berichten wird, darf vorausgesetzt werden und weist eine solche erzählende Quelle als zur weiter oben besprochenen
„Tradition" gehörig aus. Insofern aber einzelne, meist nur kürzere Mitteilungen
auch über scheinbar unwichtige Nebensächlichkeiten gemacht werden, denen der
Autor vielleicht selbst keine größere Bedeutung beimißt, die jedoch trotzdem in
bestimmtem Zusammenhang für den Historiker von Wert sind, haben wir es hier
mit Überresten zu tun. Ein Beispiel: der bekannte Maler Karl Gustav Carus
(1789–1869), ein Freund Alexander von Humboldts und Briefpartner Goethes,
berichtet in seinen umfangreichen Lebenserinnerungen u.a. über den Verlauf der
Märzrevolution 1848 in Dresden. Diese Schilderungen sind zum Teil ein Augen-
zeugenbericht, da Carus – selbst Leibarzt des sächsischen Königs – damals die Ereignisse teils miterlebte, teils von Freunden andere Einzelheiten erfuhr. Insoweit
handelt es sich um absichtliche Darstellung, also Tradition. An einer Stelle nun
findet sich die kurze Erwähnung, daß der Erzähler an einem der ersten Revoluti-
onstage gesehen habe, wie eine Gruppe von „Fabrikanten" als Revolutionäre zur
Stadt gezogen sei. Diese Anmerkung wird im Laufe der Erzählung eher nebenbei
gemacht. Der Historiker wird aber hier aufhorchen, denn der Begriff „Fabrikant"
hat in der Zeit des „Vormärz" oft noch eine doppelte Bedeutung. Er bezeichnet
nämlich nicht nur Fabrikbesitzer, sondern oft auch Fabrikarbeiter. Nun ist aber
bekanntlich die Teilnahme von Arbeitern an der 48er Revolution nur selten feststellbar. Sollte es sich hier also um einen der wenigen Belege für eine Beteiligung
von Arbeitern an der Revolution handeln? Die Frage kann hier nicht endgültig
beantwortet werden. Das Beispiel zeigt aber, welchen Wert in diesem Falle eine
Autobiographie als literarischer Überrest für den Historiker haben kann. Freilich
wird auch deutlich, daß die Unterscheidung von Tradition und Überrest bei erzählenden Quellen oft nur schwer möglich ist: denn die Tatsache, daß ein Autor
einen Vorgang nur kurz erwähnt, heißt ja allein noch nicht, daß der Verfasser die
Bedeutung einer bestimmten Beobachtung, die er schildert, nicht doch kannte.
Literarische Überreste können also zum Teil Züge der Tradition enthalten.

Literatur:

H. LÜLFING, Autographensammlungen und Nachlässe als Quellen historischer Forschung, Archivalische Mitteilungen 12, 1962, S. 80ff. – Verzeichnis der schriftlichen Nachlässe in deutschen Archiven und Bibliotheken: Bd. 1,1: W.A. MOMMSEN, Die Nachlässe in den deutschen Archiven, Poppard 1971; Bd. 2: L. DENECKE, Die Nachlässe in den Bibliotheken der Bundesrepublik Deutschland, Boppard 1969. – Kurze Information: P. RAABE, Quellenkunde zur neueren deutschen Literaturgeschichte. Stuttgart 1962 (darin: Verz. der wichtigsten Nachlässe). – Im Text erwähntes Beispiel von Memoiren als „historischer Überrest": Karl Gustav CARUS, Lebenserinnerungen und Denkwürdigkeiten. T. 1–4, Leipzig 1865–66. – Zu den Schlüsselromanen: G. SCHNEIDER, Die Schlüsselliteratur. 3 Bde., Stuttgart 1951–53. – Fachschriftstellerei als historische Quelle: Gerhard EIS, Ma. Prosa der Artes. In: W. STAMMLER (Hg.), Deutsche Philologie im Aufriß. Bd. II. Berlin/Bielefeld ²1966, Sp. 1103–1216. (Behandelt auch die Fachliteratur des frühen 16. Jahrhunderts.) – Beispiele: L. FUCHS, De historia stirpium commentarii insignes, Basel 1542 (Botanik); Philémon-Louis SAVARY, Dictionnaire universel de commerce. 4 Bde., Genf 1750; Johann Georg KRÜNITZ, Ökonomische (ab 1785: Ökonomisch-technologische ...) Encyclopädie. 242 Bde., Berlin 1963ff.; Gottfried Christian BOHN, Warenlager. Produkten- und Warenlexikon für Kaufleute. Hamburg 1788; Berühmtestes Beispiel: Denis DIDEROT (Hg.), ENCYCLOPÉDIE ou dictionnaire raisonné des sciences, des arts et des métiers, par une société de gens de lettres. Mis en ordre et publiée par M. Diderot ... et quant à la partie mathématique, par M. d'Alembert. T. 1–17, Paris 1751–1765 (T. 8–17 unter dem falschen Impressum „Neufchastel"). – Als Versuche, Lehr- und Schulbücher als historischen Überrest zu analysieren: G. ECKERT (Hg.), Deutschland und Frankreich im Spiegel ihrer Schulbücher. Braunschweig 1954; B. GÖDDE-BAUMANNS, Deutsche Geschichte in französischer Sicht, Wiesbaden 1971.

3. Nichtschriftliche Überreste

Die übliche Unterscheidung in Quellen der Tradition und in Überreste, bei der die Schriftlichkeit der Quellen meist vorausgesetzt ist, bedarf für die Neuere Geschichte einer gewissen Ergänzung durch nichtschriftliche Überreste. Zwar sind auch hier, wie für Altertum und Mittelalter als nichtschriftliche Überreste in erster Linie abstrakte, gegenständliche und bildliche Überreste zu nennen. Aber schon bei den bildlichen Überresten tritt im 19. Jahrhundert durch die photographische Technik von Niepce und Daguerre seit 1826 eine neue Quellenart hinzu. Der von Thomas A. Edison 1877 entwickelte Phonograph hat darüber hinaus neue Möglichkeiten zur Aufnahme des gesprochenen Wortes gebracht, die seither variiert und weiter verbessert wurden. Diese letztere Gruppe von „Aufzeichnungen" mündlicher Verlautbarungen steht in systematischer Hinsicht den schriftlichen Überresten als sprachliches Dokument zum Teil sehr nahe, sollte aber wegen einiger spezifischer Gründe, die noch zu nennen sind, selbständig betrachtet werden. Abstrakte, gegenständliche und bildliche Überreste sind hier somit als nichtschriftliche Überreste durch die sprachlichen Tondokumente zu ergänzen.

a) Abstrakte Überreste

Als abstrakte Überreste hat man diejenigen Überreste bezeichnet, die als institutionelle, sprachliche oder soziale Tatsachen der Gegenwart ihre Vorgeschichte haben und somit einen überrestlichen Befund darstellen. Eine Industrie- und Handelskammer als institutionelle Körperschaft des öffentlichen Rechts, eine Universität, die Institutionen des Staates oder der Kirchen sind in diesem Sinne abstrakte Überreste. Sie stehen für eine institutionelle Kontinuität, die unsere Gegenwart mitprägt. Rechtliche Implikationen sind damit verbunden. So kann die Tatsache, daß beim Zusammenbruch der Nazi-Herrschaft 1945 die staatlichen Institutionen der unteren Ebene, Landratsämter und Kreisbehörden, wenn auch unter Auswechslung des Personals, ihre Arbeit unmittelbar fortsetzten, große Bedeutung für die Beantwortung der staatsrechtlichen Frage haben, ob auch 1945 ein deutscher Staat fortbestanden hat oder nicht.

Die Frage der „Überreste" ganzer Sprachen, wie z.B. des verschwundenen Provenzalischen oder des um seine Behauptung ringenden Katalanischen, des Baskischen oder des Okzitanischen, kann hier nur kurz erwähnt werden.

Im Bereich der sprachlichen Überreste als Gruppe der abstrakten Überreste ist neben der Frage der Kontinuität auch das Problem des ersten Wortgebrauchs einer Bezeichnung wichtig. Die Wort- und Begriffsgeschichte untersucht diese Fragen. Dabei hat es die Neuere Geschichte – im Unterschied zur mittelalterlichen Geschichte – natürlich weniger mit der lautgesetzlichen Herleitung von Lehnwörtern aus dem Lateinischen vor oder nach den verschiedenen sprachgeschichtlichen Lautverschiebungen zu tun als vielmehr mit dem ersten Aufweis bestimmter Worte und Begriffe und ihrer neuzeitlichen Bedeutungsentwicklung bis zur Gegenwart. Ein Begriff beispielsweise wie der einer „auswärtigen Kulturpolitik", der heute oft verwandt wird, ist gar nicht so neu, sondern läßt sich mindestens bis auf einen Aufsatz des Historikers Karl Lamprecht aus dem Jahre 1912 „Über auswärtige Kulturpolitik" zurückverfolgen, wenn er nicht gar noch älter ist. Aber auch Lehnworte aus anderen Sprachen, vor allem aus dem Englischen und Französischen, sind als sprachliche Überreste Bestandteile unserer Alltagssprache. Erst die Frage nach ihrer sprachlichen und zeitlichen Herkunft und Bedeutungsentwicklung läßt uns zu den älteren schriftlichen Quellen greifen, um auch die Vorgeschichte ihres Auftretens zu untersuchen.

Wenn schließlich oben von „sozialen" Überresten gesprochen worden ist, so sind darunter in erster Linie soziale Verhaltensweisen, Sitten und Gebräuche zu verstehen. Die moderne Verhaltensforschung hat hier viele Fragestellungen der Volkskunde, die sich aufgrund der Quellenlage eigentlich überwiegend mit der Neuzeit befaßt, weiterentwickelt. Diese Verhaltensweisen sind im weitesten Sinne das Forschungsobjekt der Sozial- und der Kulturgeschichte. Aber hier ist festzustellen, daß eine Untersuchung von Sitte und Religion, von Formen der Geselligkeit und der gesellschaftlichen Anerkennung in verschiedenen Zeiten auch auf die Untersuchung sprachlicher Verhaltensweisen als Medium des gesellschaftlichen Verkehrs angewiesen bleibt. Schon Droysen hat in seiner „Historik" den „natürlichen Gemeinsamkeiten" die „idealen Gemeinsamkeiten" des Sprechens und der Sprachen gegenübergestellt. Daneben sind gerade für diese sozialgeschichtlichen Fragen auch gegenständliche oder symbolhafte Überreste bedeutsam.

b) Gegenstände

Unter gegenständlichen Überresten werden hier – im Gegensatz etwa zu bildlichen Überresten oder Tondokumenten, die im weiteren Sinne auch Gegenstände wären – diejenigen „sprachlosen" Quellen verstanden, die unmittelbar von den Begebenheiten übriggeblieben sind: Gebrauchs- und Kunstgegenstände des Alltags, die erst zum „Sprechen" gebracht werden müssen. Textilstoffe, Kleidungen, Haus- und Befestigungsbauten, Rüstungen, Waffen und Geräte, kultische Gegenstände – kurz alles, was der Mensch in der Vergangenheit zur Bewältigung seines Lebens und zur Zierde seines Daseins anfertigte. Die Grenze zu den Kunstgegenständen ist dabei fließend. Sie sind daher hier grundsätzlich einzuschließen. Lediglich bei den Bildnissen (Plastik, Mosaik und Tafelmalerei) ist hier aus inneren Gründen eine besondere Gruppe gebildet worden, weil die Absicht der bildnishaften Darstellung meist vom funktionalen Zweck des Gebrauchsgegenstandes getrennt werden kann. Eine Mittelstellung nehmen kunstgewerbliche Gegenstände ein. Ähnliche kategoriale Unterscheidungen haben dazu geführt, daß wir zwischen Historischen Museen, Kunstgewerbe- und Kunstmuseen trennen, obwohl die Grenzen, wie gesagt, fließend sind.

Daß auch in der Neueren Geschichte unter den gegenständlichen Überresten die sterblichen Überreste des menschlichen Körpers für die Klärung einzelner Fragen von Bedeutung sind, haben in der neueren Zeitgeschichte die Leichenberge in Konzentrationslagern, die Massengräber von Katyn und die Fragen im Zusammenhang mit Hilters Tod gezeigt. Als Indizien haben in diesen beiden, wie auch in vielen anderen Fällen, Fragen der Waffentechnik eine Rolle gespielt, weshalb es hier bei dem Hinweis bleiben kann, daß zu den gegenständlichen Überresten auch Geschoß- und Kalibergrößen zu rechnen sind; ganz allgemein muß hier auch der Hinweis genügen, daß in solchen Fällen die militärgeschichtliche und waffentechnische Forschung unter Umständen vom Historiker als Hilfsmittel heranzuziehen ist. Auch Uniformen, Flaggen, Orden und ähnliche Zeichen bzw. Symbole sind als gegenständliche Überreste der neueren Geschichte zu nennen (s. S. 217). Doch weist diese Gruppe z.T. bereits in das Gebiet der bildlichen Quellen hinüber, das noch besonders zu betrachten ist.

Eine kulturgeschichtlich wichtige Gruppe der gegenständlichen Überreste stellen auch die architektonischen Überreste dar. Während hierbei für das Mittelalter stärker der Sakralbau im Mittelpunkt steht, sind für die Neuzeit neben dem Sakralbau auch die Zeugnisse des Profanbaues von besonderer Bedeutung. Sie spiegeln zugleich die Phasen der sozialen Entwicklung, wie man sie z.B. am wechselnden Typ des Bürgerhauses ablesen kann, dessen Erscheinungsbild bei-

spielsweise vom bescheideneren „Brusttuch" in Goslar (1521), einem Stein- und
Fachwerkbau, über die stolzeren Bürgerhäuser eines reinen Renaissancestils in
Görlitz und Augsburg bis hin zum Rokokotyp an der Danziger Schäferei reicht,
der dem zeitgenössischen Schloßbau nachempfunden ist und besonders der
Selbstrepräsentation dient. Als Quelle ist hier auch noch das Architekturbild zu
erwähnen, eine für die Neuzeit typische Darstellungsart, die aber schon zu den
bildlichen Überresten gehört.

c) Bildliche Überreste

Im Unterschied zu den im eigentlichen Sinne gegenständlichen Überresten enthalten die bildlichen Überreste eine gewisse Affinität zur Quellengruppe der Tradition. Ihr gleichsam beseelendes Moment ist der menschliche Darstellungswille,
der sich in einer Plastik, in Reliefs, Mosaiken, in Buch- und Tafelmalereien, ja
auch in Karikaturen Ausdruck verschaffen will. Besonders das 19. Jahrhundert ist
durch die Karikaturen der Zeitungen und der satirischen Zeitschriften reich „be-
bildert". Das sog. Bismarck-Album des „Kladderadatsch" beispielsweise, in dem
u.a. Bismarcks Verhalten gegenüber der preußischen Abgeordnetenkammer und
seine Position im Verfassungskonflikt karikiert sind, hatte schon bis zur Jahrhundertwende über fünfundzwanzig neue Auflagen erlebt. Daran zeigt sich, daß der
bildnerische Darstellungswille durchaus nicht immer auf eine spätere Nachwelt
als Gegenüber bezogen sein muß. Er kann vielmehr ganz auf das Interesse der Gegenwart und ihres Publikums gerichtet bleiben, wie z.B. auch die große Quellengruppe der Plakate zeigt. Das gilt zum Teil ebenso für die Vielzahl der Fotografien
und Filme, mit denen der neuere Historiker als mit Quellen zu tun hat. In all diesen Fällen ist aber eine Absicht, mit der vorgestellten bildlichen Produktion auch
der Nachwelt ein bestimmtes Abbild geben oder sie beeindrucken zu wollen, nicht
auszuschließen. Daher ist bei bildlichen Überresten der Vergangenheit ein „Tradi-
tionselement", d h. eine subjektive oder ideologische Tendenz der Darstellung, die
bis zur Propaganda reichen kann, stets in Rechnung zu stellen.
    Die Tafelmalerei als typische Quellengruppe der Neuzeit ist als Bildgattung, an-
ders als etwa noch die spätmittelalterlichen Altartafeln, selbst ein Dokument jener
„Entdeckung der Welt und des Menschen" im 15. Jahrhundert gewesen. Denn ihre
Begründung aus der mathematischen Optik (Zentralperspektive, Augenpunkt
u.a.m.) war zugleich ein Stück menschlicher Entdeckungsgeschichte wie auch die
neue Wissenschaft dieser Zeit, die Anatomie. Porträt, Interieur, Landschaft und
Historienbild bleiben in der Folge wesentlich vom Begriff des „disegno", der per-
spektivisch einwandfreien Zeichnung der Renaissancemaler bestimmt.
    Mit dem in der Renaissance sich ausweitenden Historienbild kommt dieser
Zug zur „erzählenden" bildnerischen Darstellung vor allem in den Buchminiatu-
ren zum Ausdruck. So enthält der von Johannes Scheyrer um 1555 ausgemalte
„Ehrenspiegel des Hauses Österreich" (Cod. Pal. Vind.), ein umfangreicher Mi-

niaturenband des Joh. Jak. Fugger, heute in der Österr. Nationalbibliothek in Wien, u.a. die berühmte Darstellung des Reichstags in Augsburg von 1282, aus der die Sitzanordnung der Kurfürsten, der „Umstand" des Volks, die Form der Wappen, Anzeichen einer Kleiderordnung und die technischen Aufbauten, wie sie um 1555 üblich gewesen sein mögen, abgelesen werden können. Ähnlich unmittelbare Anschauung, insbesondere vom Stand der Handwerke und Gewerbe, wollten Georg Agricola in seinem gedruckten Werk „De re metallica" (1556) mit fast 300 Holzschnitten und das berühmte Hausbuch der Mendelschen Zwölfbrüder-Stiftung in Nürnberg, eine Handschrift mit ausführlichen Miniaturen zur Geschichte des Handwerks vor allem des späten Mittelalters und der frühen Neuzeit, geben. Auch die 1493 in Nürnberg bei Koberger erschienene Schedelsche Weltchronik ist ein eindrucksvolles Beispiel für erzählende bildliche Darstellung. Die oben erwähnten bildlichen Sachbuchdarstellungen finden auch in der Tafelmalerei Entsprechungen, wie z.B. im 19. Jahrhundert Adolph von Menzels (1815–1905) „Eisenwalzwerk" oder – weniger bekannt – das von Wilhelm Wallander (1821–1888) geschaffene Gemälde „Herrschaftsbesuch im Stahlwerk", eindrucksvolle Dokumente der Malerei aus der Zeit der einsetzenden bzw. der Hochindustrialisierung in Deutschland.

Die Bedeutung der Malerei als Quelle für den Historiker kommt besonders in der Porträtmalerei zum Ausdruck. Die Renaissance-Kunst hat das Porträtbildnis zu einem bleibenden Höhepunkt geführt, der seither alle neuzeitliche Porträtmalerei bestimmt hat. Der Biograph einer historischen Persönlichkeit des 16. und 17. Jahrhunderts ist auf solche Bildnisquellen, auch wenn es sich um Holzschnitte oder Kupferstiche handelt, geradezu angewiesen. Die künstlerisch subjektive Auffassung solcher Darstellungen muß aber durchaus kein Manko sein, kann sie doch jeweils verschiedene mögliche Ansichten vom Charakter der porträtierten Persönlichkeit ausdrücken. So zeigen beispielsweise die historisch authentischen Porträts Wallensteins verschiedene markante Züge seines Wesens.

Auch die Historienmalerei des 19. Jahrhunderts ist zu einem erheblichen Teil eine in bildliche Handlung umgesetzte Porträtkunst. Das gilt besonders für die monumentalen Darstellungen Anton von Werners zur Geschichte des neuen Reiches unter Bismarck. Aber auch die weiter zurückgreifenden Historienbilder Adolph von Menzels, vornehmlich zur Geschichte Friedrichs des Großen, sind durch starke bildnishafte Züge geprägt – nur daß es sich hier zugleich um „erzählende" Phantasiegebilde handelt, denn natürlich hat Menzel den Preußenkönig im „Flötenkonzert" oder in der „Tafelrunde" nicht selbst erlebt. – Ein Historiengemälde wie beispielsweise das Bild der Remscheider Arbeiter vor dem Magistrat der Stadt im Revolutionsjahr 1848, wie es Johann Peter Hasenclever als Zeitgenosse (1810–1853) gemalt hat, darf daher wegen seiner damals außergewöhnlichen Wahl des Gegenstandes und wegen des nicht gerade großen Reichtums an historischen Belegen für eine aktive Teilnahme von Arbeitern an der Märzrevolution nach gründlicher „quellenkritischer" Prüfung als ein echtes Dokument gelten. Über die bloß abbildhafte Authentizität des Dargestellten hinaus ist der bildliche Inhalt auch eine wichtige Quelle für die allgemeine Kultur- und Geistesgeschichte:

die Atmosphäre eines Gesellschaftsbildes, die Stimmung einer Landschaft, die Wohnkultur eines Interieurs, Kleider und Moden spiegeln die Phasen der geistigen und Geschmacksentwicklung und sind auch in diesem allgemeineren Sinne als Quellen zu betrachten. Wilhelm von Kaulbachs Decken- und Wandgemälde, aber auch seine Buchillustrationen, oder Wilhelm Leibls Porträts sind z.B. wichtige Zeugnisse für Empfindungs- und Lebensweisen im 19. Jahrhundert.

Die Frage nach der Authentizität des Dargestellten in der Malerei mag dahin führen, der Fotografie eine für den Historiker größere Bedeutung beizumessen, nur daß sie erst seit den Erfindungen von Niepce und Daguerre zwischen 1826 und 1837 existiert. Doch hat schon Droysen in seiner Historik darauf hingewiesen, daß selbst die Fotografie, „die etwa einen Baum mit allen seinen Blättern und Adern in diesen Blättern wiederholt", dies doch nur von der einen Seite her tun könne, „auf die der denkende Mensch diesen seinen Apparat gestellt" habe. Eine Objektivität des fotografischen Bildes ist daher nur bedingt denkbar, wenn sie auch im rein optischen Sinne eher gegeben scheint als beim gemalten Bildnis. Trotzdem ist die Beurteilung einer solchen rein „optischen Objektivität" nicht ganz ohne technische Kenntnisse möglich.

Neben technischen Fragen spielt für den Historiker im Umgang mit fotografischen Überresten noch ein praktisches Problem eine wichtige Rolle: die Identifizierung der dargestellten Personen, eine Frage, die öfter auch bei gemalten Bildnissen auftaucht, die aber besonders bei Fotografien wegen ihrer großen Anzahl immer wieder viel Mühe verursacht. Hier bedeuten die historischen Bildarchive eine wichtige Hilfe. Ein Vergleich mit ihren gesicherten Fotobeständen ermöglicht oft erst die Identifizierung einzelner historischer Persönlichkeiten. In vielen Staaten gibt es auch „National Portrait Galleries", wie z.B. in London und Washington. Aber auch gegenständliche Fotografien sind zu erwähnen. Dazu können die zu fotogrammetrischen Zwecken hergestellten Bilder der Luftbildfotografie ebenso gehören wie die Fotos von Bauwerken. Viele Baudenkmäler, die im Zweiten Weltkrieg zerstört wurden, sind noch in zum Teil ausgezeichneten fotografischen Aufnahmen erhalten. Mit geradezu divinatorischem politischen Gespür hat der Kunsthistoriker Johannes Sievers in Berlin zusammen mit seinem Sohn 1935 damit begonnen, systematisch die Bauten Schinkels in der Hauptstadt fotografisch aufzunehmen. Er ahnte, daß viele dieser wertvollen Gebäude im nächsten Krieg zerstört werden würden. Der Wiederaufbau des Dresdener Zwingers war nur aufgrund solchen Fotomaterials möglich. Die Stadt- und Landesbildstellen haben nach dem Kriege systematisch solche Fotos gesammelt und damit wichtige Dokumentationen geschaffen, auf die der Historiker zurückgreifen kann.

Die Fotografie ist neben dem Film, der ebenfalls noch zu erwähnen wäre, besonders für die Zeitgeschichte als Quelle unerläßlich. Die seit Ende des 19. Jahrhunderts schnell angewachsene Zahl fotografischer Überreste läßt immer wieder Fotos auftauchen, die bisher unbekannt und ursprünglich nur für private Zwecke gemacht waren, wie z.B. die von Albert Speer in seinen „Erinnerungen" veröffentlichten Aufnahmen. Besonders für die Zeit der nationalsozialistischen Herrschaft in Deutschland ist die Fotografie eine wichtige Quelle. Dabei ist zwischen

den zu Propagandazwecken angelegten Fotomaterialien und den geheimen Foto-
sammlungen zu unterscheiden, die nur für Träger der höchsten Staatsfunktionen
zusammengestellt wurden.

Die Edition von fotografischem Material verlangt, ähnlich wie eine Textediti-
on, eine Prüfung der Echtheit und sachgemäße Anmerkungen. In dieser Hinsicht
kann der von Gerhard Schoenberner nach jahrelangen Vorarbeiten erstmals 1960
herausgegebene Bildband „Der gelbe Stern", eine Dokumentation über die Ju-
denverfolgung in Europa 1933–1945, als vorbildlich gelten.

Gegenüber den gewissermaßen „statischen" Momentaufnahmen der Fotografie enthält der Film seinen Ausdruck durch bildliche Bewegungsabläufe. Mimik
und Gestik eines Redners beispielsweise werden dadurch genau analysierbar.
Aber auch neue Formen der Berichterstattung wurden dadurch möglich. Schon
die Gebrüder Auguste und Louis Lumière haben bald nach ihrer Erfindung des
ersten technisch brauchbaren Kinematographen 1894 damit begonnen, wichtige
Ereignisse des politischen und öffentlichen Lebens durch den Film zu dokumentieren. Aus solchen Vorformen ging 1910 die erste „Wochenschau" hervor, nachdem seit 1895 durch die Gebrüder Skladanowsky in Berlin erfolgreiche Vorarbeiten geleistet waren. Von der Eröffnung des Friedenspalastes im Haag 1913 wie
von der Kriegsausgabe der „Eiko"-Woche von 1915 sind die Filme erhalten. Im
ersten Weltkrieg wurde 1917 dann auf deutscher Seite die Universum-Film AG.
(Ufa) gegründet, um den Propagandafilmen der Ententemächte entgegenzutreten
und von den Kriegsschauplätzen zu berichten. Sie wurde darin von der Obersten
Heeresleitung Hindenburg/Ludendorff unterstützt. Die hierbei dominierende
Propagandafunktion wurde noch wirksamer durch die neuen Möglichkeiten des
1927 aufkommenden Tonfilms, dessen technische Eignung zu suggestiver Bild-
und Wortwirkung in Deutschland von den Politikern der Weimarer Republik
noch kaum, dafür aber um so mehr vom Nationalsozialismus erkannt und rück-
sichtslos zur Indoktrination „eingesetzt" wurde. Mehrere Hindenburgfilme, Aufnahmen von der Versammlung des Völkerbundes in Genf über Deutschlands
Eintritt im September 1926 sowie verschiedene Filme über Reden Brünings vom
September 1930 zu den Reichstagswahlen und zur Abrüstungsfrage 1932 sind aus
der Weimarer Republik erhalten. Dazu noch eine Wahlrede Hitlers in Eberswalde vom 27. Juli 1932, die – wie auch die zuvor genannten Filmaufnahmen – Fritz
Terveen wissenschaftlich kommentiert hat. Die „Machtergreifung", der Tag von
Potsdam am 21. März 1933, die Nürnberger Parteitage, die Olympischen Spiele,
Kriegsausbruch und -verlauf wurden in den nationalsozialistischen Wochen-
schauen mit allen Mitteln der Propaganda, und für den Durchschnittsbürger oft
unerkennbar, überhöht und tendenziös dargestellt. Am Beispiel des Dokumen-
tarfilms „Der 20. Juli vor dem Volksgerichtshof" hat Friedrich Zipfel in einem
Begleitheft die einzelnen Stadien der Entstehung dieses im Auftrag des Propa-
gandaministeriums hergestellten Streifens kritisch nachgezeichnet und analysiert.
Es ergab sich, daß der Film nicht die Reihenfolge des tatsächlichen Prozeßab-
laufs wiedergibt, was zum Teil erhebliche Entstellungen zur Folge hatte, die von
der Propaganda gewollt waren.

Um im einzelnen bei der Analyse eines propagandistischen Films zu konkreten
Nachweisen zu gelangen, bedarf es auch der Berücksichtigung technischer Einzelheiten. Aufnahmewinkel, Kameraführung, Einstellung, Überblendung und
besondere Möglichkeiten wie Großaufnahmen und flinke Überspielungen durch
Zeitraffer oder z.t. unauffällige Längung von Abläufen durch Zeitlupeneffekt –
all dies kann die propagandistische Absicht bei genauer Beobachtung verdeutlichen. Hinzu kommt – was man an den gefilmten Parteitagsreden von Goebbels
oder an dem von Erwin Leiser zusammengestellten Film „Mein Kampf" besonders studieren kann – die dem Tonfilm eigene Möglichkeit, durch Tonsteuerung
und Lautstärkeregelung zu beeindrucken. Wir stehen damit zugleich vor der
Gruppe der Tondokumente, die hier noch in einem letzten Abschnitt unter den
Überresten zu nennen sind.

d) Tondokumente

Neben dem Film ist die Tonaufnahme die jüngste technische Möglichkeit zur
Dokumentation. Seit der Erfindung des mit Walzen betriebenen Phonographen
durch Thomas Alva Edison 1877 sind weitere neue und verbesserte Ton- und
Schallträger entwickelt worden: zunächst die in Edison-Tiefenschrift hergestellten Preßplatten, dann die noch heute gebräuchlichen Schallplatten, Tonfolien
und die erstmals 1935 technisch ausgereiften Magnettonbänder.
    Für den Historiker ist in erster Linie die Anwendung dieser verschiedenen Auf-
nahmemöglichkeiten zur Konservierung des gesprochenen Worts, aber auch
musikhistorischer Ereignisse von Bedeutung. Gegenüber den früheren stenographischen Rede-Mitschriften, deren wortgetreue Zuverlässigkeit aber nicht gering-
zuschätzen ist, haben die neuen elektroakustischen Verfahren den Vorteil, daß sie
die charakteristische Vortragsweise eines Redners bis in den Tonfall und bis in
dialektgebundene Einzelzüge hinein sehr genau wiedergeben. Seit der Erfindung
empfindlicherer Mikrophone ist es technisch auch möglich, die Reaktion des
Publikums, Zu- und Zwischenrufe, also das „Echo" der Zuhörerschaft, festzuhalten. Ein wegen des Einverständnisses des jugendlichen „Publikums" erschüt-
terndes Tondokument ist eine Rede Hitlers vor HJ-Führern am 2. Dezember
1938 in Reichenberg, bei der die Jugendlichen fanatisiert ihrer eigenen geistigen
Entmündigung zujubelten.
    Diese Unmittelbarkeit macht die Tondokumente, ähnlich den Filmen, zu einer
für den Historiker wichtigen Gruppe der neuzeitlichen Überreste. Doch gibt es
leider nur wenige historisch relevante Tonaufnahmen aus der Zeit vor dem Ersten Weltkrieg, obgleich die technischen Möglichkeiten dazu schon seit den achtziger Jahren bestanden. Als eines der frühesten Tondokumente einer geschichtlichen Persönlichkeit besitzen wir die Rede, die Kaiser Wilhelm II. am 1. August
1914 vom Balkon des Berliner Schlosses gehalten hat. Seither ist die elektro-aku-
stische Aufnahmetechnik ständig verbessert worden.

Mit dieser technischen Verbesserung haben sich allerdings auch Manipulationsmöglichkeiten ergeben, die später besonders von der nationalsozialistischen Propaganda gewissenlos ausgenutzt worden sind. Schon der Typ oder die Aufstellung des Mikrophons erlaubt die propagandistische Nutzung verschiedener Effekte. Zwar sind Stahlbänder kaum zu löschen und direkt auf Schallplatten gesprochene Reden im Original kaum zu „frisieren", aber durch Überspielen ausgewählter Passagen auf ein zweites Band oder auf eine neue Platte ist Manipulation immer möglich. Läßt man ein geschnittenes („gecuttetes") Band auf ein neues Band überspielen, so sind Fälschungen kaum noch auszumachen. Der Hall eines Saales, künstlicher Applaus und andere akustische Effekte können zusätzlich eingeschnitten werden. Aber auch wo dies nicht geschehen sein sollte, sind noch irreführende Sachverhalte möglich. Die Geräuschkulisse des Reichstags bei Hitlers Rede zum Ermächtigungsgesetz am 24. März 1933 oder das an Hysterie grenzende Geschrei im Berliner Sportpalast bei Goebbels' Rede vom „totalen Krieg" am 5. Juni 1943 sind nur vorstellbar, wenn man weiß, daß in einem Falle die SA den Reichstagssaal kontrollierte und im anderen die Zuhörerschaft Goebbels' sich ausschließlich aus fanatisierten nationalsozialistischen Amtsträgern zusammensetzte.

Die Edition solcher Tondokumente stellt an den Historiker nicht geringe Anforderungen. Neben den Aufgaben der Echtheitskritik ist es wichtig, in einem Begleitheft den Zusammenhang anzugeben, in dem das Dokument steht. Vielfach läßt sich die Vollständigkeit der Reden anhand gedruckter Redetexte prüfen. Alle diese Gesichtspunkte können allerdings nicht immer voll berücksichtigt werden. Es gibt aber Beispiele vorbildlicher Editionen. Hier sei nur die von F.A. Krummacher, Waldemar Besson und Karl Otmar Freiherr von Aretin ausgewählte und kommentierte und von Horst Siebecke herausgegebene Kassette „Deutschlands Weg in die Diktatur" genannt, die Originalaufnahmen aus den Jahren 1914 bis 1939 enthält. Anläßlich einer darin aufgenommenen Rede Hitlers hat Bodo Scheurig die rhetorische Frage gestellt: „Können sich noch Zweifel über Hitlers Vulgärmachiavellismus regen, wenn wir seine Ansprache vor der Presse am 10. November 1938 hören?" – In der Tat gibt es keine direkten Belege dafür, daß Hitler Machiavelli selbst je gelesen hätte. Wer aber diese Rede hört, in der Hitler die Demoralisierung der Tschechoslowakei konstatiert, muß dennoch annehmen, daß Hitler einige kolportierte und entstellte Lehren des großen Florentiners „verstanden" zu haben glaubte. So liefert oft das Tondokument eine historische Anschauung, die der gedruckte Redetext allein, wenn auch nicht verbirgt, so doch erst bei mehrmaligem Lesen vermitteln würde.

Literatur:

Wort- und Begriffsgeschichte: Eine wichtige begriffsgeschichtliche Quelle sind die alten Enzyklopädien, z.B. Großes vollständiges Universal-Lexikon aller Wissenschaften und Künste [„Zedler"], insges. 68 Bde., Halle/Leipzig 1732–54 (Nachdruck Graz 1962–64) und Allgemeine Encyclopädie der Wissenschaften und Künste, hrsg. von Johann Samuel

ERSCH und Joh. Gottfried GRUBER, 167 Bde., Leipzig 1818–89. Neben Grimms Deutschem Wörterbuch oder J. RITTER (Hg.), Historisches Wörterbuch der Philosophie, Darmstadt 1971ff. (bisher 4 Bde.), wird für diesen Problembereich in Zukunft besonders das von O. Brunner, W. Conze und R. Koselleck herausgegebene Werk (vgl. S. 326f.) heranzuziehen sein.

Gegenständliche Überreste: Zur Bedeutung dieser Quellengruppe s. L. BEUTIN/H. KELLENBENZ, Grundlagen des Studiums der Wirtschaftsgeschichte (Böhlau-Studien-Bücher), Köln–Wien 1973, S. 19ff.

Bildliche Quellen: E. KEYSER, Das Bild als Geschichtsquelle, Hamburg 1935 (Historische Bildkunde, hg. von Walter Goetz, Heft 2); B. TOLKEMITT und R. WOHLFEIL (Hg.), Historische Bildkunde, Berlin 1993; dtv.-Lexikon politischer Symbole, von A. RABBOW, München 1970; B. SCHEURIG, Einführung in die Zeitgeschichte, Abschnitt II c): Das Bild; W. KOHTE, Über Bild- und Filmarchive, in: Der Archivar 16, 1963, Sp. 189–198; H. W. SINGER, Allgemeiner Bildniskatalog, 14 Bde., 1930–36; DERS., Neuer Bildniskatalog, 5 Bde., 1937/38; S.H. STEINBERG, Bibliographie zur Geschichte des deutschen Porträts, Hamburg 1934; Library of Congress: Portrait Index, Washington 1906; Bildquellen-Handbuch, hg. von G. PLOETZ, 1961. – F. MEDEBACH, Das publizistische Plakat, in: E. Dovifat (Hg.), Handbuch der Publizistik, Bd. 3, Berlin 1969.

Film als Quelle: Bei B. SCHEURIG, a.a.O., Abschnitt II d: Der Film. – H. BARKHAUSEN, Zur Geschichte des ehemaligen Reichsfilmarchivs, in: Der Archivar 13, 1960, Sp. 1–14; Verzeichnis der wissenschaftlichen Filme, vom Institut für den Wissenschaftlichen Film, Göttingen 1969ff. – Beispiele: Die Entwicklung der Wochenschau in Deutschland: „Eiko“-Woche – Kriegsausgabe Nr. 36/1915 (Bearbeitung: F. Terveen); Die Entwicklung der Wochenschau in Deutschland: Besuch Kaiser Karls I. von Österreich im deutschen Großen Hauptquartier 1917 (Bearbeitung: F. Terveen); Hindenburg: 1917/18, 1925, 1925–31, 1932, 1933/34 – jeweils in der Bearb. von F. Terveen und unter der Beratung von W. Hubatsch; Die VII. Völkerbundsversammlung in Genf, September 1926 (Eintritt Deutschlands in den Völkerbund); Brüning: Aus einer Rede zu den Reichstagswahlen vom 14. September 1930; Aus einer Wahlrede Hitlers in Eberswalde, 27 Juli 1932; Hitlers Rede zum „Tag der nationalen Arbeit“, Tempelhofer Feld, Berlin, 1. Mai 1933 (Bearbeitung: K. F. Reimers, die übrigen in der Bearbeitung von F. Terveen). – P. SMITH, The Historian and Film, London 1977.

Tondokumente: Bei B. SCHEURIG, a.a.O., Abschnitt IIe: Das Tondokument, M. KUNATH, Die Wort-Abteilung im Lautarchiv des Deutschen Rundfunks, in: Der Archivar 9, 1956, Sp 210ff.; K. BESKOW TAINSH, Lautarchive, in: Der Archivar 15, 1962, Sp. 219–243 (gibt eine Übersicht über die Verhältnisse in Österreich, Frankreich, Dänemark, Italien, Großbritannien und der Bundesrepublik); H. BAUSCH (Hg.), Rundfunk in Deutschland, 5 Bde., München 1980, darin u.a.: A. DILLER, Rundfunkpolitik im Dritten Reich, München 1980 (Taschenbuch). Hinweise auf die Bestände des Deutschen Rundfunkarchivs (DRA) in Frankfurt a.M. und die Lautarchive der einzelnen Rundfunkanstalten sind in den letzten Jahren in lockerer Folge in den Veröffentlichungen des „Studienkreises Rundfunk und Geschichte“ und u.a. in der Reihe „Beiträge–Dokumente–Protokolle zu Hörfunk und Fernsehen“ sowie in der Schriftenreihe „Rundfunkgeschichte“ (beide Reihen beim Südwestfunk) erschienen. Vgl. auch A. DILLER (Hg.), Rundfunk und Fernsehen in Deutschland. Texte zur Rundfunkpolitik von der Weimarer Republik bis zur Gegenwart. Stuttgart 1985.

III. Grundwissenschaften der Neueren Geschichte

1. Allgemeine und spezielle Quellenkunde als Hilfsmittel

Die bisher kurz skizzierten Quellenarten lassen sich im Sinne einer Typologie des historischen Materials als Inhalt einer allgemeinen Quellenkunde verstehen. Demgegenüber ist unter dem Begriff einer speziellen Quellenkunde die kritische Würdigung einzelner Quellengruppen für ein besonderes Problem, für ein spezielles Land oder Gebiet oder für einen bestimmten Zeitabschnitt zu verstehen. Eine solche Quellenkunde wird sich vor allem mit Traditionsquellen und schriftlichen Überresten zu befassen haben. In der Neueren Geschichte gibt es hierfür – was mit der bereits im 16. Jahrhundert ungeheuer angewachsenen Menge des schriftlichen Materials zusammenhängt – nicht sehr viele Beispiele, weil die kritische Sichtung und Beschreibung der verschiedenen Quellen die Kräfte eines Einzelnen meist übersteigt. Am Beginn steht die bereits erwähnte Arbeit Rankes „Zur Kritik neuerer Geschichtsschreiber" von 1824. Für die Reformationszeit besitzen wir, wie schon kurz erwähnt, zwei ausgezeichnete Arbeiten – von Gustav Wolf, Quellenkunde der deutschen Reformationsgeschichte, 3 Bde., Gotha 1917–1923 und von Franz Schnabel, Deutschlands geschichtliche Quellen und Darstellungen der Neuzeit, Bd. 1 (1500–1550), Leipzig und Berlin 1931 (mehr nicht erschienen). Zugleich sind dies aber die letzten großen Quellenkunden für die neuere deutsche Geschichte. Später (seit 1987) wurden sie durch ein Gemeinschaftsunternehmen fortgesetzt, die „Quellenkunde zur deutschen Geschichte der Neuzeit von 1500 bis zur Gegenwart", ediert von Winfried Baumgart (s. oben S. 226).

Das Anwachsen der schriftlichen Quellen infolge des höheren Grades der Schriftlichkeit und durch die Erfindung des Buchdrucks im 15. Jahrhundert hat dagegen seit dem 19. Jahrhundert Bücherverzeichnisse (Bibliographien) in großer Zahl hervorgerufen, die die z.T. noch fehlenden Quellenkunden zwar nicht ersetzen können, die aber – was die Zahl der Titelaufnahmen angeht – doch eher das Prinzip der Vollständigkeit verwirklichen als es einer Quellenkunde möglich sein würde. So enthält beispielsweise die von Karl Schottenloher begründete Bibliographie zur deutschen Geschichte im Zeitalter der Glaubensspaltung 1517–1585, 6 Bände, 2. Aufl. Stuttgart 1956–1958, zu dem noch ein 7. Band mit dem Schrifttum der Jahre 1938 bis 1960 gehört (hrsg. von Ulrich Thürauf, Stuttgart 1962–66), mehr zeitgenössische Buchtitel des 16. Jahrhunderts als den Quellenkunden von Gustav Wolf, Franz Schnabel und Winfried Baumgart selbst zu berücksichtigen möglich gewesen wäre.

Wir lernen hier den Vorteil einer Spezialbibliographie kennen. Gegenüber den allgemeinen historischen Bibliographien – Beispiele: Dahlmann/Waitz, Jahresberichte für deutsche Geschichte (ältere und neue Folge) oder Holtzmann/Ritter (s. Anhang, S. 326f.) – zeichnen sie sich dadurch aus, daß sie meist auch die ältere Literatur möglichst vollständig erfassen. Die von Erich Born 1965 herausgegebene Bismarck–Bibliographie, die Lutherbibliographie von Josef Benzing oder die große 1904/05 von Wilhelm Erman und Ewald Horn herausgegebene dreibändige historische „Bibliographie der deutschen Universitäten" sind weitere Beispiele für solche Spezialbibliographien.

Auch eine sogenannte *bibliographie raisonnée*, eine mit kurzen informierenden und kritischen Anmerkungen zu den einzelnen Titelaufnahmen versehene Bücherliste, ist kein Ersatz für eine kritische Quellenkunde, die jeweils einzelne Geschichtswerke oder Quellengruppen einer Epoche oder eines Sachgebiets einzuordnen versucht. Für die französische Geschichte liegt in der von Henri Hauser, Emile Bourgeois und Louis André herausgegebenen großen Reihe „Les sources de l'histoire de France depuis les origines jusqu'en 1815" eine bereits von 1494 bis zum Beginn des 18. Jahrhunderts gediehene Quellenkunde der Neuzeit (12 Bde.) vor, die nach Quellengattungen gegliedert ist. Die Arbeit an solchen großen quellenkundlichen Unternehmungen hat aber auch in Deutschland inzwischen Fortschritte gemacht.

Im folgenden sind nun weitere Grundwissenschaften überblicksweise zusammengefaßt.

2. Chronologie

Die Chronologie als Lehre von der historischen Zeitrechnung wurde mit der Kalenderreform des Papstes Gregor XIII. (1503–1585) im Jahre 1582 auf eine astronomisch-mathematisch annähernd gesicherte Grundlage gestellt. Seit der Kalenderreform Cäsars vom Jahr 46 v. Chr. (s.o.S. 70) war mit einem Kalenderjahr gerechnet worden, das etwas mehr als elf Minuten länger als das astronomische Sonnenjahr war. Auf die Weise lief der Kalender innerhalb von 128 Jahren einen Tag „nach". Bei der gregorianischen Reform von 1582, die von Nicolaus von Cues und dem Astronomen Kopernikus vorgeschlagen wurde, ging man davon aus, daß am 4. Oktober ein Rückstand von genau 10 Tagen erreicht war. Dieser Unterschied wurde durch einen Kalendersprung vom 4. auf den 15. Okt. 1582 ausgeglichen. Damit aber die alte Fehlerquelle eines um 11 Minuten zu langen Durchschnittkalenderjahres behoben wurde, sollten innerhalb von 400 Jahren drei Schaltjahre des alten julianischen Kalenders ausgelassen werden. So zählen seither nur noch die durch die Zahl 400 teilbaren Jahrhundertjahre – 1600 und 2000 –, nicht aber die Jahre 1700, 1800, 1900 als Schaltjahre.

Die gregorianische Kalenderreform wurde von den protestantischen Staaten überwiegend erst im Jahre 1700 eingeführt. Dabei blieb allerdings die Berechnung des Osterfestes mit Hilfe der Festzahl (s. S. 165f.) zunächst noch nach der Festzahl des julianischen Kalenders berechnet, während die neuen Festzahlen des gregorianischen Stils erst später übernommen wurden. Die Einführung des gregorianischen Kalenders, die z.B. in England erst 1752 und in Schweden 1753 stattfand, war daher in den protestantischen Ländern zunächst noch mit einer abweichenden Osterberechnung verbunden. Auch in Deutschland wurde die gregorianische Osterberechnung erst 1775 üblich.

In Übergangsphasen findet sich noch oft die doppelte Datierung, d.h. sowohl die Zählung „alten Stils" (stili veteris = st. v.) als auch die gregorianische „neuen Stils" (st.n.) – was in Verträgen oder Gesetzesdatierungen meist durch einen Zahlenbruch (der Nenner gibt den neuen Stil an) wiedergegeben wird, also $\frac{10.}{20.}$ Okt. 1582. In Rußland, wo Zar Peter der Große (1672–1725) erst für das Jahr 1700 den dort auch weiterhin üblichen julianischen Kalender mit dem Jahresbeginn zum 1. Januar ausgestattet hat, wurde der gregorianische Kalender erst im Februar 1918 eingeführt. Inzwischen war allerdings der Unterschied des julianischen zum gregorianischen Kalender auf 13 Tage angewachsen, so daß im Reformjahr 1918 aus dem 1. Febr. alten Stils der 14. Febr. neuen Stils wurde. Seit 1923 wird generell die russische „Oktoberrevolution", die am 25. Okt. alten Stils stattgefunden hatte, am 7. Nov. neuen Stils gefeiert. Der Aufstand der „Dezembermänner" (Dekabristen) vom 14. Dez. alten Stils 1825 verschob sich dagegen nach dem gregorianischen Kalender – für damals nur um 12 Tage – nachträglich auf den 26. Dez. neuen Stils, wovon die ursprüngliche Bezeichnung der Männer also nicht „betroffen" wurde.

Die unterschiedliche Einführung des gregorianischen Kalenders in den verschiedenen Ländern ist das hervorstechendste Merkmal der neuzeitlichen Chronologie. Daneben ist aber noch zu erwähnen, daß eine konsequente Jahreszählung mit einem Jahresbeginn am 1. Januar sich überhaupt erst relativ spät durchgesetzt hat. In Rußland galt vor 1700 der byzantinische Stil, beginnend am 1. Sept. vor dem heute gebräuchlichen Jahresanfang. Die päpstliche Kanzlei begann noch lange nach Einführung des gregorianischen Kalenders das Jahr am 1. März (altrömischer Jahresbeginn, der in Venedig noch bis 1797 amtlich beibehalten wurde). P. Kirn gibt hierfür das schöne Beispiel einer Bestätigungsurkunde des Papstes Sixtus V., ausgestellt vom 1. Januar 1585, für die Universitätsgründung in Graz. Nach der heute üblichen Zählung des Jahresbeginns stammt diese Urkunde also vom 1. Jan. 1586. In Frankreich war noch bis ins 16. Jahrhundert hinein der Jahresbeginn mit dem Osterfest verbunden (mos Gallicus), konnte also auf 35 verschiedene Tage zwischen dem 22. März und dem 25. April fallen (s. S. 165). Auch das in der deutschen Verwaltung noch bis 1961 übliche Haushaltsjahr, beginnend am 1. April, wäre hier zu nennen.

Der französische Revolutionskalender begann das Jahr am Tage der Tag- und Nachtgleiche des 22. Sept. 1792. Dieser Kalender ist hier kurz zu erwähnen, weil er – abgesehen vom abweichenden Jahresbeginn – auch in anderer Hinsicht gänzlich abweichend von aller Tradition konzipiert worden ist, indem S. Maréchal in seinem Entwurf von 1787 die siebentägige Woche durch eine Dekade ersetzte. Der Tag sollte ebenfalls in 10 Stunden und diese wiederum in Zehnteleinheiten geteilt werden. Der Monat bestand aus drei Dekaden, das Jahr aus 12 Monaten. Die am Jahresschluß, also nach 360 Tagen, erforderlichen 5 oder – in einem Schaltjahre – 6 fehlenden Tage („jours complémentaires") hießen „Sansculottiden". Für die allgemeine Jahreseinteilung und die Umrechnung der Monatstage

des französischen Revolutionskalenders, der vom 22. Sept. (1. Vendémiaire) 1792
(Jahr I) bis zum 31. Dez. (10. Nivôse) 1805 (Jahr XIV) gültig war, sei hier nur auf
die Tafeln und Beispiele in H. Grotefends altbewährtem „Taschenbuch der Zeitrechnung" hingewiesen. Der Staatsstreich Bonapartes vom 18. Brumaire des Jahres VIII beispielsweise fiel danach auf den 9. Nov. 1799.

Verglichen mit dem französischen Revolutionskalender, der immerhin eine
grundlegende chronologische Reform bedeutet hätte, war die hier kaum zu er-
wähnende Jahreszählung des italienischen Faschismus – als Beginn der faschisti-
schen Ära wurde Mussolinis legendärer Marsch auf Rom vom 28. Oktober 1922
gerechnet – lediglich eine zusätzliche, mehr symbolische Datierungsweise. Auch
der Versuch, im Staat Hitlers eine „NS-Ära" (W. Gehl) populär zu machen, blieb
folgenlos.

Literatur:

Neben der bereits oben (S. 167) genannten Literatur sind für die Neuzeit noch zu nennen.
M. HONECKER, Die Entstehung der Kalenderreformschrift des Nikolaus von Cues, HJb
60, 1940; W.E. VAN WYK, De Gregoriaansche Kalender, Maastricht 1932; P. ARCHER,
The Christian calendar and the Gregorian Reform, New York 1941; C. PIEL, Die Einführung des Gregorianischen Kalenders in der Reichsstadt Köln am 3. <= 13.> November
1583, Jb. d. Köln. Geschichtsvereins 32/32, 1956/57.

3. Historische Geographie

Beschäftigt sich die Chronologie mit dem Nacheinander oder Nebeneinander in
der historischen Zeit, so ist die Erforschung des historischen Raums als Ort geschichtlicher Verläufe Gegenstand der historischen Geographie. Die wirtschafts-
und sozialgeschichtlichen Bemühungen der französischen Historikergruppe der
Zeitschrift „Annales" (Marc Bloch, Lucien Fèbvre, Fernand Braudel u.a.) haben
in den letzten Jahrzehnten gerade die langen erdgeschichtlichen Entwicklungsstadien („longue durée") und andere zum Teil geographische Bedingungen als
„forces profondes" stärker mit in die historischen Forschungen einbezogen. Ein
hervorragendes Beispiel für diese Methode ist das erstmals 1949 erschienene
epochale Werk von Fernand Braudel „La Méditerranée et le monde mediter-
ranéen à l'époque de Philippe II" (2 Bde., 2. Aufl. Paris 1966). Hier werden die
verschiedenen Schichten einer bestimmten Weltepoche des Mittelmeerraumes je
als geographische, soziale und „individuell" geschichtlich erlebte Zeit herausgearbeitet. Braudel hat die historische Topographie, die sich nach einem Wort des
englischen Althistorikers T.R. Glover mit den „drei R" befaßt (Ranges, Rivers,
Roads), in ihren Ergebnissen eindrucksvoll als historische Grund- und Hilfswissenschaft mit in seine Darstellung einbezogen.

Neben der Topographie oder Landschaftskunde gehören zur historischen Geographie noch die Siedlungskunde und die historische Kartographie, die sich

besonders mit den politischen Grenzen beschäftigt. Als historische Landeskunde bilden sie alle drei zusammen die „geographischen Grundlagen der Geschichte" (Hugo Hassinger). Die Topographie spielt dabei besonders für die historische Geographie großer Räume eine Rolle. Eine historische Landeskunde Rußlands beispielsweise oder eine historische Geographie Afrikas im Zeitalter des Imperialismus des 19. Jahrhunderts wird besonders die topographischen Verhältnisse und – im Falle Afrikas – auch die vorhandenen geographischen Kenntnisse der Europäer zu berücksichtigen haben.

Damit ist die Frage nach den Hilfsmitteln der historischen Geographie berührt. Hier wäre vor allem für die Neuere Geschichte die kartographische Darstellung zu nennen. Sie ist zugleich Dokument ihrer Zeit und damit Quelle der historischen Geographie. Wer beispielsweise die 1853 von Theodor Frhr. von Liechtenstern und Henry Lange angefertigte Afrikakarte betrachtet, wird feststellen, daß vom Oberlauf des Weißen Nil, von den großen Seen Ostafrikas und vom Kongofluß noch nichts Näheres bekannt war. Nachdem Livingstone 1854 bis 1860 den Kontinent zwischen Angola und Mozambique durchquert hatte, war bis zur Urwaldgrenze des Kongo erst das nördliche Afrika einigermaßen erforscht. In Langes folgender Afrika-Karte von 1863 ist dagegen die von Livingstone behauptete Identität der Ströme Sambesi und Liambey noch nicht voll akzeptiert. – Dies sind nur einige Beispiele für die topographischen Kenntnisse über Afrika zu Beginn des Imperialismus im 19. Jahrhundert. Sie sind jedoch als historisch-geographische Voraussetzungen auch für das Verständnis der Bedingungen des Imperialismus wichtig. Wenn man mit den beiden genannten Karten die Afrika-Karte Langes von 1885 vergleicht, so sind hier bereits alle „weißen Flecke" getilgt, der Kontinent durch eine Reihe von Grenzen aufgeteilt, besonders durch das große Gebilde des auf der Berliner Konferenz von 1885 geschaffenen neuen Kongo-Staats. Diese Tendenz setzte sich in den Karten der neunziger Jahre fort, wobei in den Legenden, die zur Erklärung der Darstellung dienten, für die noch nicht von den imperialistischen Mächten besetzten Räume dann auch erstmals die Bezeichnung „Gebiet der freien Afrikaner" auftauchte.

Die Bezeichnung „Atlas" steht seit Mercator (1595) für Sammlungen von Kartographien. Dabei ist deutlich zwischen den älteren Kartenwerken, die wir als Quelle benutzen, und den Darstellungen der modernen historischen Kartographie zu unterscheiden. So wie die erwähnten Afrika-Karten können auch andere kartographische Werke als Quelle dienen. Die Schweden nahmen während des Dreißigjährigen Kriegs, als sie Vorpommern erobert hatten, eine Karte dieser Provinz auf, die den Stand der Besiedlung, wie sie vor 1618 bestand, noch berücksichtigte. Nach ihrem Vorbild ließ später der Große Kurfürst den Besitz des brandenburgischen Staats kartographisch verzeichnen. Neben solchen Grundlagen können für eine moderne historisch-kartographische Darstellung auch noch andere Quellen in Frage kommen: für die Kartographie historischer Städte bieten Matthäus Merians „Theatrum Europaeum" und seine Beiträge zu Zeillers „Topographia" wichtige Illustrationen des 17. Jahrhunderts. Überhaupt sind hier alte Städtebilder zu nennen. Die Rekonstruktion von Städtetopographien wird außerdem oft, besonders bei schwierigen Vermessungsverfahren, durch die alten Katasterblätter (vereinzelt schon seit dem 16. Jh.) erleichtert. Die hierbei zugrunde gelegten Gemarkungsgrenzen sind auch der Ausgangspunkt für die seit 1891 in Deutschland begonnenen Grundkarten im Maßstab 1:100 000, die der detaillierten historischen Kartographierung als Grundblätter dienen.

Besonders die historische Landeskunde der Landesgeschichtsforschung hat diese Technik sehr vervollkommnet. Sie bedient sich auch der Orts- und Flurnamenforschung, die ein wichtiges Gebiet der Siedlungs- und Bevölkerungsgeschichte ist. Mit Hilfe dieser Untersuchungsmethoden der Bevölkerungs- und Siedlungsgeschichte konnte beispielsweise festgestellt werden, daß im Dreißigjährigen Krieg etwa ein Drittel der deutschen Gesamtbevölkerung, davon allein fünf bis sieben Millionen Bauern oder 40 % der Landbevölkerung, ihr Leben lassen mußte. Etwa eine Million Hufen Land fielen dadurch auf Jahrzehnte oder noch länger in den Zustand der Brache zurück. Die Wüstungsforschung, die sich auch der modernen Luftbildfotographie bedient, hat in diese Zusammenhänge Erhellung gebracht.

Nicht alle diese Elemente einer historischen Geographie können freilich mit den Mitteln der Kartographie dargestellt werden. Wenn man beispielsweise F. Metz' „Geographische Grundlagen der deutschen Geschichte" kartographisch umsetzen wollte, so käme dabei vermutlich ein unhandliches Vielfaches an Umfang heraus. Dies haben schon die französischen „ingénieurs géographes", die Vermessungsingenieure des französischen Heeres des 18. Jahrhunderts, erkannt, die in ihren sogenannten Mémoires, d.h. textlichen Notizen zum Gelände, ein Mehrfaches dessen festhielten, was sich in Karten umsetzen ließ. Die kartographische Darstellung ist nur dann von Vorteil, wenn es sich nicht um ein allzu kompliziertes zeitliches Nacheinander handelt. Auch verschiedene sich überdeckende oder überschneidende Herrschafts- und Besitzformen oder der Einfluß geographischer Faktoren auf die wirtschaftlichen und sozialen Verhältnisse sind selbst mit den besseren Möglichkeiten des Kartenfilms kaum kartographisch darstellbar. Diese Themen werden durch die „Anthropogeographie" (Friedrich Ratzel) mit zum Teil soziologischen Methoden erforscht und mit eignen Techniken dargestellt. Doch hat die Anthropogeographie in den zwanziger Jahren und unter dem Nationalsozialismus als „Geopolitik" eine ideologische Verengung erfahren, die erst nach dem Zweiten Weltkrieg korrigiert werden konnte. Seither hat sich besonders für die Neuere Geschichte die Beschäftigung der historischen Geographie mit Fragen der Bevölkerungsgeschichte ergeben. Die hier bestehenden Beziehungen kommen auch in dem großen Sammelwerk „Bevölkerung und Raum in Neuerer und Neuester Geschichte" (sog. Bevölkerungs-Ploetz, Bd. 4) zum Ausdruck, worin Wolfgang Köllmann die Bevölkerungsgeschichte der Neuzeit dargestellt hat.

Literatur:

G. FRANZ, Historische Kartographie, Forschung und Bibliographie, Hannover ²1962; H. HASSINGER, Geographische Grundlagen der Geschichte, Freiburg i. Br. ²1953. – F. HELLWEG, W. REINIGER, K. STOPP (Hg.), Landkarten der Pfalz am Rhein 1513–1803. Katalog. Bad Kreuznach 1984. – Die in der neueren Geschichte sich verhängnisvoll auswirkenden ideologischen Begriffe des „Lebensraums" und der „Geopolitik" sind z.T. durch Friedrich Ratzel propagiert worden, von dessen Büchern hier nur seine „Politische Geographie" (München 1897) erwähnt sei. P. KIRN, Politische Geschichte der deutschen Grenzen, ⁴1958, kann als Standardwerk gelten. Vgl. auch J. Matznetter (Hg.), Politische Geographie, Darmstadt 1977. Weniger kartographisch als vielmehr wegen seiner reichhaltigen textlichen Angaben wichtig: F. METZ, Geographische Grundlagen der deutschen Geschichte in: Handbuch der deutschen Geschichte, hg. von O. Brandt und A.O. Meyer. Bd. 1, 1936. – Als Quellen und Darstellungen immer noch wertvoll: A.F. BÜSCHING, Erdbeschreibung, 11 Bde., ⁷1790–92 und R. STADELMANN, Preußens Könige in ihrer Tätigkeit für die Landeskultur. 4 Bde., Leipzig 1878–87. – Archivberatungsstelle Rheinland (Hg.), Landkarten als Geschichtsquellen, Köln 1985. – Beispiel einer Einzeldarstellung: K. SCHUMACHER, Siedlungs- und Kulturgeschichte der Rheinlande, 3 Bde., Mainz 1921–25. – Als unübertroffene territoriale Aufnahme und historische Quelle gilt: Beschreibung des Königreichs Württemberg nach Oberamtsbezirken, hg. vom Statistischen Landesamt, 64 Bde., 1826–86. – Zu den topographischen und kartographischen Untersuchungsmethoden s. weitere Literatur bei Ahasver von Brandt, Werkzeug. – Zur Bevölkerungsgeschichte: W. KÖLLMANN und P. MARSCHALCK (Hg.), Bevölkerungsgeschichte, Köln 1972. – A.E. IMHOF, Einführung in die Historische Demographie, München 1977. – P. MARSCHALCK, Bevölkerungsgeschichte Deutschlands im 19. und 20. Jahrhundert, Frankfurt a.M. 1984, vgl. auch W. KÖLLMANN, Bevölkerungsgeschichte 1800–1970, in: Hermann Aubin und Wolfgang Zorn (Hg.), Handbuch der deutschen Wirtschafts- und Sozialgeschichte, Bd. 2, Stuttgart 1976, S. 9–50.

4. Genealogie

Ließen sich die Disziplinen der Bevölkerungsgeschichte, der Volksgeschichte und der Personengeschichte als historische Teilgebiete bezeichnen, so handelt es sich bei der historischen Genealogie eher um eine historische Hilfswissenschaft. Nimmt man die Definition Otto Forst de Battaglias, nach der die Genealogie die Wissenschaft von den „auf Abstammung beruhenden Zusammenhängen zwischen Menschen ist", so wird zugleich deutlich, daß Genealogie auch etwas anderes ist als Familiengeschichte. Diese ist eine historische Teildisziplin, als deren Hilfswissenschaft die Genealogie betrachtet werden kann. Der Begriff der Hilfswissenschaft ist aber mehr ein funktionaler, kein systematischer Begriff, denn jede Wissenschaft kann, wie mehrfach erwähnt wurde, „Hilfscharakter" zur Lösung von Fragen einer anderen Wissenschaft annehmen. Auch können die historischen Hilfswissenschaften der Heraldik, der Sphragistik und Epigraphik zugleich Hilfswissenschaft der Hilfswissenschaft Genealogie sein. Doch sollen diese Wissenschaften, die vor allem für die mittelalterliche Genealogie wie auch für die allgemeine Quellenkunde des Mittelalters von besonderer Bedeutung

sind, hier aus Gründen der Raumersparnis für die Neuere Geschichte nicht
näher behandelt werden.

Die Grundbegriffe der Genealogie: Vorfahrenschaft (Aszendenz) und Nachfahrenschaft (Deszendenz), die ihnen entsprechenden Darstellungsformen der
Ahnen- und der Nachfahrentafel (Stammtafel), die Begriffe der Verwandtschaft
im Mannesstamme (agnatische Blutsverwandtschaft) und der Verwandtschaft in
weiblicher Linie (kognatische Blutsverwandtschaft) sowie die spezielleren Begriffe wie Ahnenschwund und Mehrfach-Ahnen können hier nur kurz erwähnt werden. Teilweise sind sie bereits an anderer Stelle erklärt worden (s. S. 136). Die
Entwicklung dieses Begriffsapparates, wie er etwa in der Renaissance aufkam
und einen ersten systematischen Abschluß in Johann Christoph Gatterers 1788
erschienenem „Abriß der Genealogie" fand, vollzog sich zum erheblichen Teil
nach den Bedürfnissen des im Mannesstamme tradierten Erbrechts. Dabei versteht man unter dem rechtlich-genealogischen Begriff der „Erbintensität", daß
das Erbrecht um so größer ist, je zeitlich kürzer und je häufiger (Mehrfachab-
stammung) sich eine Abstammung im Mannesstamme bis hin zum Erblasser herstellen läßt. Nach dem seit dem 14. Jahrhundert voll ausgebildeten salischen
Erbrecht war nur Erbfolge im Mannesstamm möglich. Aber auch weibliche Erbfolge oder Erbansprüche auf dem Wege über weibliche Verwandtschaft sind
später nicht ausgeschlossen. Als beispielsweise der letzte Herzog von Kleve-Jü-
lich-Berg Johann Wilhelm 1609 kinderlos starb, lebte seine älteste Schwester Marie Leonore bereits nicht mehr. Aber ihre älteste Tochter Anna aus der Ehe mit
Herzog Albrecht Friedrich von Preußen (1553–1618) war mit dem Kurfürsten Johann Sigismund von Brandenburg (1572–1619) vermählt, der wenig später
(1618) Preußen erbte und für sie 1609 seinen Anspruch auf das Herzogtum Kle-
ve-Jülich-Berg anmeldete. Ihm stand die Erbforderung seines Schwippschwagers,
des Pfalzgrafen Philipp Ludwig von Neuburg, für dessen Sohn Wolfgang Wilhelm, den Sohn einer jüngeren Schwester Marie Leonorens, gegenüber. Der Ausgang des Streits, der Vertrag von Xanten 1614, in dem der Pfalzgraf Jülich-Berg
und der Kurfürst Kleve und die Grafschaften Mark und Ravensberg erhielt, bedeutete zum Teil eine Anerkennung der doppelten Erbfolge zugunsten des Bran-
denburgers. Das bekannteste Beispiel weiblicher Erbfolge war die „Pragmatische
Sanktion" Kaiser Karls VI. von 1713, durch die die Unteilbarkeit des habsburgischen Länderbesitzes verfügt und die Erbfolge auch auf weibliche Nachkommen
ausgedehnt wurde.

Eng mit der erwähnten erbrechtlichen Bedeutung der Genealogie verbunden
ist ihre Hilfsfunktion bei der Untersuchung soziologischer Aspekte. Ein Mu-
sterbeispiel im negativen Sinne sind die sogenannten „hübschen" (= höfischen)
Familien, die in den kleineren Reichsterritorien bis ins 19. Jahrhundert hinein
Zugang zu den Hofämtern hatten. Die dabei meist entscheidende Frage adeliger
Herkunft darf allerdings – so berechtigt dieser Gesichtspunkt sonst ist – nicht
nur einseitig unter den Gesichtspunkt der „herrschenden Klasse" gesehen werden. Die lange Zeit bevorrechtigte Stellung des Adels im diplomatischen Dienst
beispielsweise hing auch damit zusammen, daß die internationale Verflechtung

des europäischen Adels als ein Moment außenpolitischer Verbindungen zusätzliche diplomatische Möglichkeiten eröffnete, die von den Herrschern genutzt wurden.

Den Personalstand der wichtigsten Familiengruppen bieten dem Historiker das Gothaische Genealogische Taschenbuch und das Deutsche Geschlechterbuch. Ersteres enthält in fünf Abteilungen die Genealogie der regierenden und fürstlichen Häuser (Hofkalender, seit 1763), der gräflichen (seit 1825), der freiherrlichen (seit 1848), der uradeligen (seit 1900) und der briefadeligen Häuser (seit 1907). Das Deutsche Geschlechterbuch (seit 1889), das inzwischen mit mehr als 140 Bänden den „Gotha" fast übertroffen hat, enthält die Genealogien bürgerlicher Familien.

In der neuesten Geschichte ist die Genealogie zu Unrecht durch den Mißbrauch, den die nationalsozialistische Rassegesetzgebung mit ihr getrieben hat, in Verruf gekommen. Sie muß aber nach wie vor als wichtige Hilfswissenschaft auch für die Neuere Geschichte betrachtet werden. Eine strenge „Ideologiekritik" kann ihr den seriösen Charakter in Zukunft bewahren helfen.

Literatur:

O. FORST DE BATTAGLIA vgl. S. 169; R. von KUTZSCHENBACH, Entstehung und Werdegang der Gothaischen Genealogischen Taschenbücher, Deutsches Adelsblatt 48, 1930; Genealogisches Handbuch bürgerlicher Familien, 119 Bde., 1889–1964 nebst Gesamt-Namenverz. zu den Bden. 1–50; W. RIBBE/E. HENNING, Taschenbuch für Familiengeschichtsforschung, Neustadt a.d. Aisch ⁹1980. – Die verschiedenen Stammtafeln zur Geschichte, vor allem von W.K. Prinz von Isenburg und F. Baron Freytag von Loringhoven u.a.m., verzeichnet DW 21/196–206. Auf den dortigen Abschnitt 21 sei insgesamt für die weitere Lit. verwiesen.

5. Schriftgeschichte der Neuzeit

Der die Neuere Geschichte kennzeichnende zunehmende Grad der Schriftlichkeit fast aller Geschäfts- und Tätigkeitsbereiche des Menschen hat innerhalb weniger Jahrhunderte zu einer ganzen Reihe technischer und stilistischer Wandlungen in der Schriftgeschichte geführt. Das gilt im Technischen sowohl für die Schreib- als auch für die Beschreibstoffe. Bei den Schreibstoffen hatte als Schreibgerät schon im Mittelalter die Gänse- oder Rabenfeder das Schreibrohr ersetzt, bis um 1780 in England die Erfindung der stählernen Schreibfeder eine neue Entwicklung (verstärktes Prinzip der Brechung) einleitete, die dann um 1830 durch die Erfindung der Stahlfeder mit Spitzenspaltung weiter beschleunigt wurde. Gegenüber diesen Wandlungen hat sich der Gebrauch von Eisengallustinte, einer aus Galläpfeln gewonnenen Schreibflüssigkeit, jahrhundertelang erhalten und ist auch heute durch neue chemische Produkte noch kaum übertroffen. Daneben sind als

Schreibstoff der seit dem 15. Jahrhundert bekannte Rötelstift und der seit der Mitte des 16. Jahrhunderts gebräuchliche Graphitstift zu nennen, der auch heute noch unter der Bezeichnung „Bleistift" an seine ursprüngliche mittelalterliche Vorform erinnert.

Alle diese Schreibstoffe sind in der Neuzeit mehr oder weniger auf den Beschreibstoff Papier bezogen. Es hat bis ins 16. Jahrhundert gedauert, bis Urkunden, die „nur" auf Papier geschrieben waren, allgemein anerkannt wurden. Das englische Unterhaus hat sogar erst 1956 beschlossen, daß gewisse Gesetzesveröffentlichungen, die bis dahin noch immer auf Pergament zu geschehen hatten, nun auch auf Papier erlaubt seien.

Die verschiedenen Materialien der Schreibtechnik haben aber auch auf das Schriftbild einen gewissen Einfluß. Rundungen sind mit einem Gänsekiel leichter und schneller zu schreiben als spitz gebrochene Buchstabenformen. Demgegenüber hat die Erfindung der gespaltenen stählernen Spitzfeder eine Tendenz zu gebrochenen Buchstaben begünstigt. – Neben solchen äußeren Einflüssen wirken aber besonders die stilistischen Bestrebungen der einzelnen Epochen auf das jeweilige Schriftbild.

Das grundlegende Einteilungsschema der Paläographie in Buchschriften, die stärker (dekorativen) Zeichnungscharakter haben, Geschäftsschriften (Kursive), die als alltägliches Notizinstrument bereits Ausdruck einer allgemein verbreiteten Schriftlichkeit sind, sowie Kurzschriften und Geheimschriften läßt sich auch auf die Schriftgeschichte der Neuzeit anwenden. Dabei war die Buchschrift, die als „gotische Minuskel" entwickelt wurde (s. S. 159), im Spätmittelalter zu nationalen und landschaftlichen Sonderformen gelangt (z.B. Gitterschrift-Textura, Rotunda), von denen in Deutschland die „Fraktur" der kaiserlichen Kanzlei und die „Schwabacher" zur Zeit der Erfindung des Buchdrucks ihren Höhepunkt erreicht hatten. Sie gehören zur Gruppe der sogenannten „Bastarden", die ihren Namen von der Kreuzung der gotischen Gitterschrift (Buchschrift) mit der inzwischen entstandenen gotischen Kursive (Geschäftsschrift) oder Notula herleiten. „Fraktur" und „Schwabacher" haben seither in der Geschichte des Buchdrucks eine große Rolle gespielt. Im folgenden ist aber vor allem von der für den Historiker wichtigen Geschäftsschrift zu sprechen.

Die aus der „gotischen Minuskel" seit der Mitte des 13. Jahrunderts entwickelte neue Kursive war zugleich ein Zeichen der im alltäglichen Geschäfts- und Verwaltungsleben neu erworbenen Schriftlichkeit. Städtische und herrschaftliche Geschäfts- und Kanzleibedürfnisse hatten diese neue gotische Kursive hervorgebracht, die auch als „Kanzlei" und als „Kurrent" die weitere Entwicklung der Geschäftsschrift bis in unser Jahrhundert bestimmt hat. Eine quellenkritische Beschäftigung mit den großen Mengen des Geschäftsschriftgutes der Neuzeit setzt die Kenntnis dieser Kursiven voraus. Es seien daher hier in einer ganz knappen Übersicht nur einige kurze Schriftproben zur Veranschaulichung der deutschen Geschäftsschrift vom 15. bis zum 19. Jahrhundert zusammengestellt, die den Tafeln bei Santifaller (Bozner Schreibschriften) und bei Dülfer/Korn entnommen sind:

Summa huius facit
XI m[a]rkh, VI lb., IIII gr.

Aus einer Kirchenrechnung der Pfarrkirche Bozen, 1500

das wir dann zu sonnderm geuallen vnd dannckh annemen

Aus einem Reskript (Ausfertigung) Kaiser Maximilians I., 1515

Jme ditzmal gleich mir selbst gleubenn
geben. Vnd sich hirln gegen mir gnediglich
erzeigen. Als Ich der vnderthenigemm
tröstlichen hoffunge, E[uer] F[urstlichen] G[naden] werden mich
mit Rath vnd gnedigem beistandt nit lassen

Aus einem Handschreiben (Ausfertigung) von Bartholomäus Friedrich, Graf und Herr zu Beichlingen, 1558

Nun were Zwar Höchlich Zuwunschen, daß man d[as] Kay[serliche]
Cammergericht gleichwie solcheß die Höchste nottdurft erfordert, auch in Pragerischen friedensschluß verstehen ist, ehest

Aus einer Denkschrift des Kürfürstenkollegs für Kaiser Ferdinand II., 1636

Unsern gnädigen Gruß und geneigten Willen

Aus einem Kanzleischreiben (Ausfertigung) König Friedrichs II. von Preußen, 1754

Das Administrations-Collegium empfängt hierbey

Aus einem Ministerialerlaß (Ausfertigung) des Großherzogtums Berg, 1809

die Viehpreise sind
unverändert, fette Schweine
sind sogar im Preis gefallen.

Aus einem hessischen Landratsbericht (Ausfertigung), 1900

Der Ausgangspunkt dieser neuzeitlichen Schriftentwicklung, die gotische Minuskelschrift, bereitet dem Anfänger die meisten Leseschwierigkeiten. Ist dieser Lernschritt aber erst einmal vollzogen, so wird der Historiker mit Santifaller finden, daß die Buchstabenformen des 16. Jahrhunderts bereits im wesentlichen die Linienführung aufweisen, die sie noch im 19. Jahrhundert zeigen. Der entscheidende Wandlungsvorgang war die Entstehung der gotischen Urkundenkursive des 12. Jahrhunderts, in der sich bis zum 14. Jahrhundert das Prinzip der Brechung gegenüber der Rundung durchgesetzt hatte.

Die Schreibmeisterbücher des 16. Jahrhunderts unterscheiden grundsätzlich zwischen drei Schriftformen (Alphabeten): der Fraktur als Buchschrift mit Brechung, der Kanzleischrift als Schreibschrift von halbkurrenter Form, d.h. mit gerundeter Brechung, und der geläufigen Kurrentschrift als zweiter Schreibschrift mit Kursivität. Alle drei Formen treten aber oft gleichzeitig nebeneinander auf und machen besonders das Studium der Kursive etwas schwierig. Was wir kurz „deutsche Schrift" nennen, läßt sich vor allem auf die gotische Minuskel zurückführen. Hervorstechendes Kennzeichen dieser Schrift war die Betonung der „steilgestellten Senkrechten" (H. Sturm), die man wohl nicht zu Unrecht zur Baukunst der Gotik in Beziehung gesetzt hat. Noch am Beginn der Neuzeit ist dieser senkrechte Duktus, wie die obigen Textproben zeigen, deutlich vorhanden, wenn sich auch besonders bei s und f eine erste Schrägstellung zeigt, die in der zweiten Hälfte des 16. Jahrhunderts noch zunimmt. Vor allem aber tritt im 16. Jahrhundert eine stärkere Betonung der Waagerechten auf, die Buchstaben werden breiter. Beides, die Schrägrechtsstellung und die Tendenz zur Breite, kann man mit Sturm als Kennzeichen der Renaissanceschrift ansehen. Die Parallele zur zeitgenössischen Kunst wird verständlicher, wenn man berücksichtigt, daß die Kursive im 16. und noch in der ersten Hälfte des 17. Jahrhunderts von zeichnerischen Einflüssen bestimmt wird. „Schreibmeister" wie Neudörffer, Franngk, Urban Wyss und Wolfgang Fugger haben sich als Künstler verstanden und die ästhetischen Prinzipien der Renaissancezeit auf die Kanzleischrift („Kanzleikursive", H. Sturm) übertragen. Dies hat zu einer Vereinheitlichung der Kursive geführt, wobei landschaftliche Besonderheiten der Schriftentwicklung im 16. Jahrhundert mehr zurücktraten. Die zweite Hälfte des 16. Jahrhunderts weist dann in stärkerem Maße eine Tendenz zur Schlingenbildung auf, die auch für die Barockzeit typisch ist. Diese „Rüsselschriften" der Barockzeit, mit ihren Zierfähnchen und Verschränkungen von Ober- und Unterlängen zwischen den Zeilen, bieten ein verwirrendes Bild und bestimmen die Schriftzüge der Kanzleien zum Teil noch bis in die erste Hälfte des 18. Jahrhunderts.

Daneben macht sich aber bereits in der zweiten Hälfte des 17. Jahrhunderts eine beginnende Tendenz zur Vereinfachung des Schriftbildes geltend, die dann – abgesehen von aufwendigeren Zierstrichen bei Großbuchstaben (s. Probe 1754) – in klarerer und deutlicherer Gestaltung der Buchstaben ihren Ausdruck findet. Doede und Dülfer haben darauf hingewiesen, daß diese Entwicklung wesentlich durch Michael Baurenfeinds Schreibmeisterbuch „Vollkomene Wiederherstellung der bisher sehr in Verfall gekommenen gründ- und zierlichen Schreibkunst" (1716–1736) bestimmt worden ist. Es war zugleich ein Rückgriff auf die gotische Kursive; denn neben den einfacheren Großbuchstaben und einem deutlichen Zeilenabstand griff Baurenfeind bei einigen Kleinbuchstaben auf Formen zurück, die der spätgotischen Kursive entstammen. Die hier gewonnene Vereinfachung der Schrift entsprach dem nüchternen Aufklärungsgeist und besaß überdies eine gewisse Schulmäßigkeit. Baurenfeinds „Zierlichkeit" ist gleichbedeutend mit Sauberkeit und Ordentlichkeit. Und tatsächlich geht mit der Verbreitung der Schreibkenntnis in der zweiten Hälfte des 18. Jahrhunderts die traditionelle künstlerische Formgebung der Schrift zu Ende. Nicht nur in den Stadtschulen, sondern auch auf dem Lande wird die Schreibkenntnis jetzt gelehrt. Die generelle Schulpflicht (Preußen 1717) führt so zu einer allgemeinen Schreibfertigkeit, die bereits zu Beginn des 19. Jahrhunderts erreicht wird. Dabei ist in der ersten Hälfte des 19. Jahrhunderts zu beobachen, wie die Schrift einer neuen Brechung unterworfen wird, die an den Grundzug der gotischen Schrift des 12. Jahrhunderts erinnert. In den 1860er Jahren machen sich aber auch neue „barocke" Einflüsse geltend, die besonders in steilen, langen Anschwüngen Ausdruck finden. Dieser Tendenz trat 1893 Otto Wagner, auch für andere ästhetische Bereiche, entgegen. Seiner Forderung nach einem rationalen „Nutzstil" wurde 1917 von L. Sütterlin in seinem „Neuen Leitfaden für den Schreibunterricht" entsprochen. Zusammenhänge mit dem späteren Bauhaus, Bestrebungen von Zweckmäßigkeit und Klarheit, werden hier sichtbar. Die neue Sütterlin-Schrift hat sich in den Schulen auch schnell durchgesetzt.

Der Historiker, der sich zum erstenmal mit der „deutschen Schrift" bekannt machen will, lernt die „Sütterlin" meist als erste Form kennen. Es ist eine Ironie der Geschichte zu nennen, daß ausgerechnet der Nationalsozialismus diese letzte „deutsche" Kursive 1941 durch einen internen Parteierlaß abgeschafft und durch die „lateinische Schrift" ersetzt hat. Der Grund für diese tatsächlich im schriftgeschichtlichen Sinne epochemachende Entscheidung lag wohl in Hitlers Vorliebe für die Antiqua-Buchschrift, die er aber in den Ausgaben seines Buches „Mein Kampf" vor 1942 nicht setzen ließ. Der Antiqua, die nach Kriegsende nur noch benutzt werden sollte, entsprach im Bereich der Kurrentschrift die lateinische Kursive.

Neben der Kurrentschrift, die bisher behandelt wurde, wären in einem weiteren Sinne auch Kurz- und Geheimschriften als Geschäftsschriften anzusehen. Als Übergang zur Kurzschrift lassen sich in gewisser Weise einige Abkürzungsmodi verstehen (vgl. oben S. 160). Wir unterscheiden dabei die Form der suspensiven Kürzung, bei der nur ein oder zwei Anfangsbuchstaben ausgeschrieben werden, von der in der Neuzeit selteneren kontraktiven Kürzung, bei der wesentliche Konsonanten von Anfang, Mitte und Ende angegeben werden, und der syllabaren Suspension, bei der nur die Anfangsbuchstaben der Silben geschrieben werden (z.B. in Akten Vfg. = Verfügung, Tgb. = Tagebuch u.ä.). Einzelheiten sind den von Kurt Dülfer herausgegebenen „Gebräuchlichen Abkürzungen des 16.–20. Jahrhunderts" zu entnehmen.

Das Prinzip der syllabaren Kürzung ist zugleich einer der wichtigsten Grundsätze der neuzeitlichen Stenographie. Die Kurzschriftsysteme der Neueren Geschichte sind ja im wesentlichen Silbenschriften. Obwohl die Ansätze dazu bereits im 17. Jahrhundert feststellbar sind, hat diese neue Stenographie doch erst vor der Mitte des 19. Jahrhunderts ihre volle Ausbildung durch Gabelsberger erfahren und dann in den Verhandlungen der Frankfurter Nationalversammlung von 1848/49 ihre erste große Bewährungsprobe bestanden.

Bereitet schon das Lesen von stenographischen Texten oft dem Schreiber selbst nach einiger Zeit Schwierigkeiten, so ist der Historiker bei Geheimschrifttexten meist ganz auf entschlüsselte Versionen angewiesen, die aber zum Glück meist in den Akten mit vorhanden sind. Im Einzelfall würde es schwer sein, den verschlüsselten (chiffrierten) Geheimtext selbständig zu dechiffrieren, sogar wenn der Schlüssel (Code) gegeben ist. Das gilt besonders für die telegraphischen Schlüssel des 20. Jahrhunderts, die aus komplizierten Buchstabengruppen bestehen, während man sich im 16. bis 18. Jahrhundert als Geheimschrift meist eines abgewandelten griechischen Alphabets oder relativ leicht durchschaubarer Zahlen bediente, die den gemeinten Buchstaben bezeichneten.

Mit allen in diesem Abschnitt genannten Schriftarten ist außer dem Entzifferungsproblem, das gewissermaßen die Basis des Textverständnisses angeht, unter Umständen noch die Frage der Zuordnung einer Schrift zu einem Schreiber verbunden, die für die eigentliche Textkritik erhebliche Bedeutung haben kann.

Literatur:

K. PIVEC, Paläographie des Mittelalters – Handschriftenkunde der Neuzeit? in: Festschrift zur Feier des 200jährigen Bestandes des Haus-, Hof- und Staatsarchivs, Bd. 1, Wien 1949; Ch. SAMARAN, Note pour servir au déchiffrement de la cursive gothique de la fin du 15e à la fin du 17e siècle, in: Le moyen âge 33, 1922; W. DOEDE, Bibliographie deutscher Schreibmeisterbücher von Neudörffer bis 1800, Hamburg 1958; H. HIRSCH, Gotik und Renaissance in der Entwicklung unserer Schriften, 1932; L. SÜTTERLIN, Neuer Leitfaden für den Schreibunterricht, Berlin 1917; H. STURM, Einführung in die Schriftkunde, München 1955; DERS., Unsere Schrift, Neustadt a.d. Aisch 1961; K. BRANDI, Unsere Schrift, Göttingen 1911; L. SANTIFALLER, Bozner Schreibschriften der Neuzeit. 1500–1851, Jena 1930; K. DÜLFER u. H.-E. KORN, Schrifttafeln zur deutschen Paläographie des 16.–20. Jahrhunderts. 2 Teile, Marburg ⁶1987 (Teil 1: Tafeln, mit einem Aufsatz Dülfers „Bemerkungen zum Verhältnis von Schrift und Kunst in der Neuzeit", Teil 2: Transkriptionen). – DERS., Gebräuchliche Abkürzungen des 16.–20. Jahrhunderts, Marburg ²1971. – Über Geheimschriften: H. KOEPPEN, Die Anfänge der Verwendung von Chiffren im diplomatischen Schriftwechsel des Deutschen Ordens, in: Ostdt. Beitrr. aus dem Göttinger Arbeitskreis 9, 1958. – F. BURMEISTER, Die deutsche Kammerstenographie im Dienste der Wissenschaft, in: Deutsche Kurzschrift, Jg. 1939 und 1940. – Für den Bereich der Graphologie, der oben nicht näher berücksichtigt werden konnte, sei auf ein umfassendes Quellenverzeichnis von Schriftanalysen verwiesen: A.E. MÜLLER, Weltgeschichte graphologisch gesehen, Meisenheim a. Gl. ³1974.

6. Münzkunde und Geldgeschichte der Neuzeit

Die Münzkunde (Numismatik), die sich v.a. mit der systematischen Einordnung der Münz- und Geldwerte nach der Münzhoheit, den Herstellungsstätten und den Nennwerten befaßt, ist in der Neueren Geschichte, in der die gesamte schriftliche Quellenüberlieferung stark zugenommen hat, weniger eine Disziplin der allgemeinen als vor allem speziell der wirtschafts- und technikgeschichtlichen Quellenkunde. Die in der Neueren Geschichte besonders notwendige Berücksichtigung der Sozial- und Wirtschaftsgeschichte fordert daher auch eine Erwähnung der numismatischen Hilfswissenschaft. Der endgültige Übergang von der Natural- zur Geld- und Verkehrswissenschaft in der Neuzeit führte auch zur Ausweitung der Numismatik, die ihre Anfänge im Zeitalter des Humanismus hatte, zur eigentlichen Geldgeschichte, die Fragen der Kaufkraft und die Geschichte der Preise und Löhne mit einbezieht.

Am Ende des Spätmittelalters ergab sich infolge der verschiedensten Nenn- und Materialwerte ein fast chaotischer Zustand der deutschen Münzverhältnisse. Nachdem neben einer Reihe anderer Münzbündnisse vor allem der rheinische Münzverein von 1385, den die vier rheinischen Kurfürsten abgeschlossen hatten, durch den rheinischen Gulden eine vorübergehend stabilisierende Wirkung ausgeübt hatte, wurden die Versuche, das zerrüttete spätmittelalterliche Münzwesen neu zu ordnen, im 15. und 16. Jahrhundert durch Reichsmünzgesetze und Münzkonventionen fortgesetzt. Besonders die sächsische Silberprägung seit 1500 hat mit ihren Großsilberstücken (berühmt die sogenannten Klappmützentaler), nach deren Münzfuß auch die „Joachimsthaler" aus Nordböhmen von 1520 geprägt wurden, für die weiteren Reformbemühungen große Bedeutung gewonnen. Die Esslinger Reichsmünzordnung Karls V. von 1524 ersetzte den Goldgulden durch den „Reichstaler", einen silbernen Reichsgulden („Guldiner"), und eröffnete damit eigentlich die neuzeitliche deutsche Münzgeschichte. Eine Kölnische Mark (s. S. 171) wurde reichseinheitlich auf 233,80 gr. Feinsilber festgesetzt. Wenn diese Münzordnung trotzdem fehlschlug, so lag es daran, daß der neue Reichsmünzfuß etwas höher als der sächsische Taler-Münzfuß lag, der damit weitere Anhänger fand. Daher wurde in der Reichsmünzordnung von 1566 der Münzfuß des Reichstalers auf 25,98 gr. Feinsilber gesenkt. Der sächsische Kurfürst schloß sich diesem Schritt – unter Aufgabe des bis dahin gültigen sächsischen Taler-Münzfußes von 27,20 gr. – sofort an. Dadurch war bis in die Mitte des 18. Jahrhunderts die Vorherrschaft des Talers als Kurantmünze in Deutschland entschieden. Als Kurantgeld hatte der Taler schon 1543 in den Niederlanden, 1551 in Dänemark und England (Prägungen Eduards VI.) Eingang gefunden und fand auch 1575 in Frankreich unter der Bezeichnung Francs d'argent Nachfolge. Die Einführung des Dollars 1792 in den Vereinigten Staaten war noch ein später Nachklang dieser Entwicklung.

Die Zeit des 30jährigen Kriegs ist in der Münzgeschichte berüchtigt als „Kipper- und Wipper-Zeit". Durch Abkippen der Münzränder und nachlässiges Wiegen der vollwertigen Kurantmünzen entstand besonders in den ersten Kriegsjahren eine Inflation. Der Grund dazu war schon im 16. Jahrhundert angelegt, und zwar lag er in dem Problem der Klein- oder Scheidemünzen. Diese waren, wie Arthur Suhle betont hat, überhaupt einer der Gründe des Mißerfolgs der Reichsmünzreform: „Man hatte noch nicht die Erkenntnis gewonnen, daß ein Land bei guten, die Währung tragenden Kurantmünzen leicht eine bestimmte Menge unterwertiger Münzen als Scheidemünzen vertragen kann, ohne daß dadurch die Währung erschüttert wird". Auch die kleinsten Münzen sollten aber nach der Reichsmünzordnung von 1559 fast mit ihrem tatsächlichen Metallwert als Nennwert ausgeprägt werden. Da aber die Prägekosten einer kleinen Münze annähernd dieselben wie die einer großen Münze waren, hatte dies zu einem Mangel an kleinen Münzen geführt. Nun waren große Mengen unterwertiger Scheidemünzen in illegalen Münzstätten (sogenannte Heckenmünzen) geprägt worden, mit denen wegen des Kleingeldmangels größeres Kurantgeld aufgekauft wurde (sog. Pagamentieren). Nach dem Krieg beteiligte sich um 1660 selbst der Kaiser an einer solchen „gewinnbringenden" Münzpraxis. In dieser Situation kam es 1667 zwischen dem brandenburgischen und dem sächsischen Kurfürsten im Orte Zinna zur Festsetzung eines neuen gemeinsamen Münzfußes (9-Taler-Fuß auf die kölnische Mark), der wegen des gestiegenen Silberpreises niedriger als der Münzfuß des Talers liegen mußte. Trotzdem konnte eine weitere Münzverschlechterung dadurch nicht verhindert werden (sog. „kleine Kipperzeit", etwa 1676–1700). Das Reich erwies sich zur Wiederherstellung geordneter Münzverhältnisse als nicht fähig. Das schlechte Geld verdrängte das gute (sog. Greshamsches Gesetz).

In dieser Lage entschloß sich 1736 in Preußen Friedrich Wilhelm I., nach französischem und spanischem Vorbild, Goldmünzen schlagen zu lassen. Während im übrigen Deutschland seit etwa 1720 die Prägung von Kurantgeld fast ganz aufgehört hatte, war dieser neue „Wilhelmsdor" von 1737 ein Versuch, den gestiegenen Silberpreis zu umgehen und doch zum Kurantgeld zurückzukommen. Aber der eigentliche Schritt zu festeren Verhältnissen war erst die Münzreform Friedrichs des Großen von 1750. Der neue preußische Taler, der als Aufschrift „Reichsthaler" trug und von dem 14 Stück auf eine kölnische Mark Feinsilber gingen, ist 1873 als Reichsmünzfuß übernommen worden und hat so mehr als hundertfünfzig Jahre in Deutschland Bestand gehabt. Der unter Preußens Leitung geschaffene Zollverein führte auch schon 1838 zu der Dresdener Münzkonvention, durch die das Verhältnis von (norddeutschem) Taler zu (süddeutschem) Gulden, wie 4:7, als Vereinsmünze festgesetzt wurde. Gerade in diesen Verhandlungen, die wesentlich das spätere reichseinheitliche Münzsystem vorwegnahmen, zeigte sich eine enge Verflechtung von allgemein politischer, wirtschafts- und geldpolitischer Zielsetzung. Der preußische Münzfuß wurde beibehalten.

Die als Münzeinheit 1873 aus den Hansestädten übernommene Mark entsprach einem Drittel des preußischen Talers und wurde in 100 Pfennige geteilt. Die einschneidendste Neuerung des Münzgesetzes von 1873 war dagegen nach englischem Vorbild die Einführung der reinen Goldwährung, die über den Ersten Weltkrieg und über die Inflation von 1923 hinweg bis 1935 offiziell in Geltung geblieben ist. Schon vorher hatte aber das Papiergeld mit Golddeckung das

Münzgold ersetzt. Ein Zwischenspiel dieser Papiergeld-Entwicklung waren bereits die Assignaten der Französischen Revolution, die von 1790 bis 1798 als gesetzliches Zahlungsmittel galten.

Als Besonderheit der Münzgeschichte stehen die sogenannten Ausbeutemünzen und -medaillen, die vor allem von wirtschafts- und technikgeschichtlichem Quellenwert sind. Im Dreißigjährigen Krieg waren der Grubenbetrieb und die Edelmetallgewinnung stillgelegt worden. Erst im 18. Jahrhundert begann dann ein neuer Aufschwung, der durch größere Kapitalaufwendungen der Landesherren begünstigt wurde. Aus dieser Zeit stammen die Ausbeutemünzen, die geschlagen wurden, wenn eine Grube erstmals „silberte", d.h. eine Ausbeute für die Berggewerken brachte, die dann in Gestalt besonderer Talerprägungen ausgeschüttet wurde. Diese Münzen und Medaillen zeigen technikgeschichtlich interessante und schöne Darstellungen über den Bergbaubetrieb in der Landschaft, Schürfen, Gewinnung und Förderung, das Markscheidewesen, den Grubenausbau, Wasserhaltung und Geleucht sowie über andere bergbauliche Themen wie Schachtförderung und Fahrung, Aufbereitung, Verhüttung u.ä. Sie sind besonders für die Technikgeschichte von Quellenwert und ein schönes Beispiel für die zahlreichen Arten von Sonderprägungen in der Münzgeschichte.

Die mit zur Geldgeschichte gehörende wesentliche Frage nach Geldwert und Kaufkraft ist das Forschungsgebiet der Preisgeschichte, wobei Preis auch den Preis der Arbeitskraft, d.h. des Lohnes und damit zum Teil des Einkommens umfaßt. Als grundlegende Voraussetzung einer Preisgeschichte muß die Ermittlung der durchschnittlichen Kosten des Lebensunterhalts angesehen werden, wobei der Getreidepreis in den verschiedenen Epochen natürlich eine zentrale Bedeutung hat. Man nennt die gesamten Kostenelemente, die für die durchschnittliche Lebenshaltung in Betracht kommen, den „Warenkorb". Die Ermittlung dieses Warenkorbs ist, da er repräsentativ sein muß, für die einzelnen Perioden von unterschiedlicher Schwierigkeit. Einige Untersuchungen zu bestimmten Abschnitten, wie z.B. für die Zeit der Industrialisierung, liegen bereits vor. Auch der lange anhaltende Preisverfall für agrarische Produkte im Spätmittelalter nach dem „Schwarzen Tod" von 1348–1350 und die „Preisrevolution" im 16. Jahrhundert sowie die lange Depression nach der ersten „Kipper- und Wipper-Zeit" sind eingehender untersucht worden. Da aber größtenteils Preislisten, die über längere Zeiträume führen, fehlen und ihre Rekonstruktion aus den jeweiligen Rangordnungen der Bedürfnisse, Produktionsschwankungen, Verkehrsschwierigkeiten und anderen Faktoren erschlossen werden muß, bedarf hier die Münz- und Geldgeschichte einer Ergänzung durch die allgemeine Wirtschafts- und Sozialgeschichte, die im Zusammenhang mit den historischen Teildisziplinen (s. S. 311 ff.) noch zu behandeln ist.

Literatur:

A. LUSCHIN VON EBENGREUTH vgl. S. 173; M. BLOCH, Esquisse d'une histoire monétaire de l'Europe, Paris 1954; A. ENGEL u. R. SERRURE, Traité de numismatique moderne et contemporaine, 2 Bde., Paris 1897–1899; Ph. GRIERSON, Coins and medals, a selected Bibliography, London 1954, Brüssel ²1979 u.d.T.: Bibliographie numismatique. – Zeitschrift: Mitt. der Bayer. Numism. Ges., 55 Bde., 1882–1937, fortgeführt als: Dt. Jb. f. Numism., 4 Bde., München 1938–41 bzw. ab 1949: Jb. f. Numism. u. Geldgesch., hg. von der Bayer. Numism. Ges. – H. SCHLUMBERGER, Goldmünzen Europas von 1800 bis heute, München 1967. – Fr. Frhr. V. SCHRÖTTER, vgl. S. 173, DERS., Das preußische Münzwesen im 18. Jh., Münzgeschichtlicher Teil, 4 Bde., Berlin 1904–13; DERS., Das preußische Münzwesen 1806–1873, 2 Bde., Berlin 1926; DERS., Die Münzen Friedrich Wilhelms des Großen Kurfürsten und Friedrichs III. von Brandenburg, Berlin 1922; Arthur SUHLE, Deutsche Münz- und Geldgeschichte von den Anfängen bis zum 15. Jh., Berlin ⁸1975; Herbert RITTMANN, Deutsche Geldgeschichte 1484–1914, München 1975; J.S. DAVENPORT, German Secular Talers, Frankfurt a.M. 1976; A. BLANCHET u.a. DIEUDONNÉ, Manuel de Numismatique Française, 4 Bde., Paris 1912–36; G.C. BROOKE, English Coins, London ³1950. – Zur Geld- und Preistheorie: J.M. ELSAS, Umriß einer Geschichte der Preise und Löhne in Deutschland vom ausgehenden MA. bis zum Beginn des 19. Jahrhunderts, 2 Bde., Leiden 1936–49; W. EHRLICHER, Geldtheorie, in: Hwb. der Sozialwissenschaften, Bd. 4, S. 231–258 (mit reichhaltiger Bibl.). Für Fragen der Preisgeschichte vgl. auch: H.J. TEUTEBERG und G. WIEGELMANN, Der Wandel der Nahrungsgewohnheiten unter dem Einfluß der Industrialisierung, Göttingen 1972; D. EBELING und F. IRSIGLER (Bearb.), Getreideumsatz, Getreide- und Brotpreise in Köln (1368–1797), 2 Bde., Köln 1976/77.

7. Symbole

Eine historische Hilfswissenschaft, die sich zum Teil mit Zeichen der Numismatik, aber auch mit Elementen der Siegelkunde (Sphragistik) und vor allem mit der Wappenkunde (Heraldik) berührt, ist die Symbolgeschichte im weitesten Sinne, die sich besonders für das Mittelalter und für die Neuzeit mit der Prüfung und Einordnung von Herrschafts- und Hoheitszeichen, Körperschaftszeichen, Parteizeichen, Rang- und Ehrenzeichen befaßt. Eine solche Symbolkunde ist eine wichtige Hilfsdisziplin für die Identifikation von historischen Überresten sowie für die Ermittlung von Rechts- und Besitzverhältnissen, hat aber – wie die Numismatik – darüber hinaus auch eigene ästhetische Kriterien, die sie zu einer Disziplin der Kunst – und Kulturgeschichte machen.

Eine ähnliche grundlegende Untersuchung, wie sie für die mittelalterliche Geschichte von Percy Ernst Schramm in dem Werk „Herrschaftszeichen und Staatssymbolik" für die Zeit vom 3. bis zum 16. Jahrhundert gegeben worden ist, fehlt für die Neuere Geschichte noch. Auch in der Neuzeit sind Fahnen und Wappen, und zwar besonders in ihrer teils neuen Funktion als Staats-, Herrschafts-, Freiheits-, Revolutions-, Partei- und Ideologiesymbole, von Bedeutung. Daneben können aber auch Ländernamen und Nationalhymnen, ja sogar Verfassungen, einen solchen Symbolcharakter gewinnen (vgl. den von Dolf Sternberger geprägten Begriff „Verfassungspatriotismus").

Unter den bildlichen Symbolen, von denen allein hier nur gesprochen werden kann, nehmen Wappen, die der Gegenstand der Heraldik sind, einen großen

Raum ein. Von den verschiedenen Arten der Wappen – Familienwappen, Amts-
wappen, Staats- oder Landeswappen – sind für die neuere Geschichte besonders
die Staatswappen von Bedeutung. Sie haben zugleich eine Herrschafts-, Hoheits-
und Rechtsfunktion, wie sie in den sogenannten Anspruchswappen besonders
deutlich wird. Diese drücken einen Erbanspruch aus, indem heraldische Elemente eines anderen Landeswappens mit aufgenommen werden, wie z.B. im Falle des
von den englischen Königen von 1340 bis 1801 geführten Lilien- und Löwenwap-
pens, das den Anspruch auf Frankreich ausdrückte. Auch andere Anspruchswappen, wie die im jülisch-klevisch-bergischen Erbfolgestreit von Kursachsen, Kur-
brandenburg und Pfalz-Neuburg geführten oder das bis 1918 gezeigte des Für-
stentums Waldeck, in dem fünf seit 1673 zäh beanspruchte Territorien heraldisch
immer wieder erschienen, waren ein Ausdruck von Erbstreitigkeiten, die oft kriegerischen Charakter angenommen hatten. Diese Beispiele sind nur Einzelfälle,
die im historischen Wappenrecht eine Rolle gespielt haben. Auch die sogenannten großen Staatswappen wären in diesem Zusammenhang zu erwähnen, weil sie
die erworbenen Territorien zu einer heraldischen Gesamtheit reihen. So besaß
das große habsburgische Staatswappen der K.u.K.-Monarchie zuletzt sogar 62
Wappenfelder, das große preußische Staatswappen 52 Felder, worunter das 1866
dazugetretene Wappen der ehemaligen Freien Reichsstadt Frankfurt a.M. die
letzte Erwerbung war. Im übrigen durften in Preußen bis 1920 nur die Städte,
nicht die Landgemeinden, Wappen führen. Seither wurde das Wappenrecht in
Deutschland weiter liberalisiert. Seit 1922 bestehen Wappenrollen auf privat-
rechtlicher Ebene des Vereinsrechts, von denen besonders die von der Deutschen
Heraldischen Gesellschaft in Berlin und Mainz geführte „Allgemeine Deutsche
Wappenrolle" zu erwähnen ist.

In der Neuzeit sind besonders Fahnen und Flaggen zu Symbolen des National-
staats geworden. Eine Vorstufe hierzu war im Spätmittelalter die Oriflamme, die
damals schon mehrere Jahrhunderte alte Kriegsfahne der französischen Könige,
die neben dem Lilienbanner bereits ein nationales Symbol war. Die frühe natio-
nalstaatliche Entwicklung Frankreichs führte dann 1789 zu der blau-weiß-roten
Trikolore, einer Vereinigung der Pariser Stadtfarben mit dem Weiß des Königs,
die sich im Kampf gegen das Weiß der Monarchisten aber erst 1830 durchsetzte
und sich 1848 gegen die rote Fahne der Pariser Arbeiterschaft behauptete. Nach
diesem Vorbild wurde im 19. Jahrhundert in vielen Staaten dem Typus der Trikolore eine republikanische Bedeutung zugesprochen, die auch noch auf die zahlreichen Trikoloren der im 20. Jahrhundert unabhängig gewordenen Entwick-
lungsländer, besonders in Afrika, eingewirkt zu haben scheint. Demgegenüber
führte auch das monarchische Deutsche Reich von 1871 eine Trikolore, deren
Farben waagerecht angeordnet waren und die aus der Vereinigung der weiß-
schwarzen preußischen Farben mit dem Rot-Weiß der Hansestädte hervorgegangen und schon 1867 als Handelsflagge des Norddeutschen Bundes eingeführt
worden war. Die republikanische Flagge Deutschlands wurde dann das Schwarz-
Rot-Gold der Frankfurter Nationalversammlung, das schon bei der Gründung
der Jenaer Urburschenshaft 1818 eine Rolle gespielt hatte – allerdings in der irr-

tümlichen Vorstellung, daß es sich hier um die alten Reichsfarben handele. Diese
Trikolore war zugleich die Flagge der großdeutschen Bestrebungen, die auch am
Beginn der Weimarer Republik nochmals zum Zuge kamen und lediglich durch
die Bestimmung des Art. 80 des Versailler Vertrags, der den Anschluß Österreichs
verbot, erfolglos blieben. Der Flaggenstreit in der Weimarer Republik zwischen
den offiziellen Farben Schwarz-Rot-Gold und dem alten Schwarz-Weiß-Rot, der
1922 anläßlich der Kompromißlösung einer Handelsflagge Schwarz-Weiß-Rot
mit den Farben Schwarz-Rot-Gold im Obereck („Gösch") entstand, durchzog
noch mehr als ein Jahrzehnt die innere Geschichte der Weimarer Republik und
fand einen endgültigen Abschluß erst durch das Reichsflaggengesetz Hitlers vom
15. September 1935, durch das bestimmt wurde: „Reichs- und Nationalflagge ist
die Hakenkreuzflagge. Sie ist zugleich Handelsflagge". Nach dem Zweiten Weltkrieg wurde dann sowohl in der Bundesrepublik als auch in der DDR 1949 wieder auf die republikanischen Farben Schwarz-Rot-Gold zurückgegriffen.

Fast alle Staats- und Nationalflaggen sind mit Entstehungslegenden verbunden, die oftmals nicht prüfbar sind. Der Ursprung der ältesten Flaggen scheint
aber mit den Bedürfnissen des Land- und des Seekriegs zusammenzuhängen. Die
Fahnen traditionsreicher Truppen- oder Flottenteile wurden bereits im 17. Jahrhundert als gegenständliches Symbol d.h. als Individuum angesehen. Von daher
rührt der Unterschied zur Flagge, die grundsätzlich als Vertreter eines Typus aus-
wechselbar ist. Die ersten Flaggen dieser Art waren im 17. Jahrhundert die ältere
Form des englischen „Union Jack" und die waagerecht gestreifte niederländische
Trikolore Rot-Weiß-Blau, die beide ihre Bedeutung zuerst als Handelsflagge zur
See gewonnen haben. Praktisch sind dann noch bis ins 19. Jahrhundert hinein die
Nationalflaggen fast ausschließlich nur zur See von Bedeutung gewesen. Die na-
tionalstaatlichen Bewegungen und der Imperialismus des späten 19. Jahrhunderts haben aber zu einer Ausdehung des Flaggengebrauchs auch zu Lande geführt, der zum Teil noch im 20. Jahrhundert Formen eines Flaggenkults angenommen hat.

Mit dem militärischen Bereich, der bei der Entstehung sowohl der Wappen als
auch der Fahnen und Flaggen von Einfluß gewesen ist, hängen in besonderem
Maße auch die Symbole der Signal- und Kommmandozeichen, der Uniformen
und Dienstgradzeichen zusammen, die hier nicht näher beschrieben werden, die
aber zum Teil für die Identifizierung von Personen auf historischen Gemälden,
Fotografien und Filmen oder bei der Prüfung der Verantwortlichkeit für Kom-
mando-Erteilungen und -übermittlungen von quellenkritischem Wert sein können.

Eine besondere Gruppe, die Orden und Ehrenzeichen, seien hier nur kurz er-
wähnt. Sie haben sich als Auszeichnungen – wenn man von der Schweiz und der
Türkei absieht – bis vor kurzem in allen Staaten des ehemaligen Ostblocks wie im
Westen erhalten. Orden und Auszeichnungen können für die verschiedensten
Verdienste verliehen werden. Neben Orden für Zivil- und Militärdienste gibt es
Hausorden, Damen-Orden und besondere Orden für Kunst und Wissenschaft.
Abweichend von den mittelalterlichen Orden (Mönchs- und Ritterorden) ist das

neuzeitliche Ordenswesen stärker durch „Klassenunterschiede" gekennzeichnet. Die für die Neuere Geschichte typischen Verdienstorden waren zunächst noch einklassig, wie der älteste, der 1469 gestiftete Michael-Orden. Schon der 1578 gestiftete französische Orden vom Heiligen Geist wurde aber nur an Träger des Michael-Ordens verliehen. Der 1693 von König Ludwig XIV. gestiftete St. Ludwigs-Orden gilt als der erste Verdienstorden mit deutlicher „Klassen-Einteilung" (Großkreuz, Komturkreuz und Ritterkreuz). Schwarzer-Adler-Orden (gestiftet 1701) und Roter-Adler-Orden (1705) in Preußen waren – im ersteren Falle – einklassig bzw. zu vier Klassen gestuft. Demgegenüber wies der 1740 von Friedrich dem Großen gestiftete Verdienstorden, der auch den Namen Pour le mérite erhielt, keine Klassen auf. Erst 1842 stiftete Friedrich Wilhelm IV. daneben einen neuen „,Pour le mérite' für Wissenschaft und Künste", der auch in der Weimarer Republik wieder die staatliche Anerkennung fand, bis den Ordensmitgliedern 1935 versagt wurde, neue Mitglieder zu wählen. Erst 1958 hat der Orden durch ein Bundesgesetz eine Erneuerung erfahren. Im übrigen sind in der Zeit von 1919 bis 1934 im Deutschen Reich keine neuen Orden gestiftet worden. Art. 109 der Weimarer Verfassung schrieb vor: „Orden und Ehrenzeichen dürfen vom Staat nicht verliehen werden". Ein Teil dieser Abstinenz hat sich später noch in den Hansestädten erhalten. Lediglich die im Krieg selbst nicht mehr zur Verteilung gelangten Kriegsorden wurden den Empfängern 1919 noch von staatlicher Seite ausgehändigt. Von dem ehemaligen Reichskanzler Luther stammte damals der Satz: „Unsere Ordenslosigkeit ist unerhört!" In der Bundesrepublik wurde 1951 wieder eine Verdienstauszeichnung, der Verdienstorden der Bundesrepublik Deutschland, geschaffen.

Gerade die Geschichte von Verdienstorden läßt wichtige Aufschlüsse zu über die Kriterien gesellschaftlicher Anerkennung in der Vergangenheit. Darüber hinaus wird der Sinn einer Symbolik deutlich, die in der Neuzeit, wo ein höherer Grad der Schriftlichkeit der Kultur erreicht war, grundsätzlich anders – nämlich stärker psychologisch – zu bewerten ist als beispielsweise die Wappensymbole in der Zeit der entstehenden Heerschildordung des Mittelalters. Symbolforschung in der Neueren Geschichte befaßt sich vor allem mit politischen Symbolen, deren Integrationsfunktion z.T. mit sozialpsychologischen Methoden zu untersuchen ist. Die Symbolgeschichte weitet sich hier von einer historischen Hilfswissenschaft zu einer eigenen historischen Disziplin aus, die – beispielsweise durch den Gebrauch vergleichender soziologischer Methoden – viele Berührungspunkte mit entsprechenden Nachbardisziplinen der Geschichtswissenschaft hat.

Literatur

Sphragistik und Heraldik: S. TREHEARNE COPE, Heraldry, flags and seals. A select bibliography with annotations, covering the period 1920 to 1945, in: The journal of documentation (London) 4, 1948/49; R. GANDILHON, Bibliographie de la sigillographie française. Châlons-sur-Marne 1956; – T. ILGEN, Sphragistik, Leipzig 1912 (Meisters Grundriß). – Beispiel für Abbildungswerke: W. EWALD, Rheinische Siegel. 6 Bde. Bonn

1906–42. Dazu: Textband von Edith Meyer-Wurmbach, Bonn 1963; B. KOERNER, Handbuch der Heroldskunst. 4 Bde. 1920–33; D.L. GALBREATH, vgl. S. 175. – G. OSWALD, Lexikon der Heraldik, Mannheim 1985. – Zeitschriften: Der deutsche Herold. – Monatsschrift für Heraldik, Sphragistik und Genealogie. Berlin 1870–1938. Seit 1959: Deutscher Herold. – Fahnen, Orden u.a. Symbole: A. RABBOW, dtv-Lexikon politischer Symbole. München 1970; R. SIEGEL, Die Flagge. 1912; O. NEUBECKER, Fahnen und Flaggen, 1939; Paul Wentzcke, Die deutschen Farben. Heidelberg ²1955; E. FEHRENBACH, Über die Bedeutung der politischen Symbole im Nationalstaat, in HZ 213, 1971, S. 296–357; D. STERNBERGER, Verfassungspatriotismus, Hannover 1982; E.A. Prinz ZUR LIPPE, Orden und Auszeichnungen in Geschichte und Gegenwart, Heidelberg/München 1958. – Zeitschrift: Archiv für Ordenskunde, 1–7. 1951–57; Th. SCHIEDER, Der Orden Pour le Mérite für Wissenschaften und Künste, in: Die Mitglieder des Ordens, Bd. 1, Berlin 1975, S. VII–XLVII.

IV. Die Problemkreise und Teildisziplinen in der Neueren Geschichte

Die wichtigen bisher behandelten quellenkundlichen, quellenkritischen und -analytischen Fragestellungen der Neueren Geschichte, wie sie im Zusammenhang mit Quellentypologien und mit dem Instrumentarium der Hilfswissenschaften oben erörtert wurden, erschließen sich erst voll in einem größeren Fragezusammenhang der Neueren Geschichte. Was aber eine fruchtbare historische Fragestellung selbst sei, läßt sich abstrakt-generell nicht festsetzen. Solche Fragen sind immer aus einem konkreten Problemzusammenhang jeweils neu zu stellen. Warum z.B. die aufgrund des preußischen Regulierungsedikts von 1810 vorgesehene Überführung der von abhängigen Bauern genutzten Bodenfläche in persönliches Eigentum aufs Ganze gesehen nicht gelang, oder wie es zur Annahme des Ermächtigungsgesetzes am 24. März 1933 kam – dies sind fruchtbare Frageansätze, die sich aus einer gewissen Vorkenntnis einzelner Verläufe der Agrargeschichte bzw. der Geschichte des Parlamentarismus und der politischen Parteien in Deutschland ergeben. Solche Fragen führen in den Bereich einzelner historischer Teilgebiete wie der Rechts- und Verfassungsgeschichte, der Wirtschafts- oder Agrargeschichte, auch in den Bereich der Parteiengeschichte oder, je nach möglichen weiteren Fragestellungen, in andere historische Teildisziplinen. Die Fülle der Teildisziplinen ließe sich nach bestimmten Problemkreisen ordnen. Geht man dabei von dem leicht abgewandelten Burckhardtschen Potenzenschema (s. oben S. 214) mit den Wirkungskräften Staat, Gesellschaft und Kultur aus, so erweist sich die Potenz Gesellschaft dabei als eine zentrale Kraft, die sowohl für die Wirkungskraft Staat als auch für die Potenz Kultur von prägendem Gewicht ist. Als erster Problemkreis, der besonders für die neuere Gechichte mit ihrem ausgebildeten nationalen Staatensystem von Bedeutung ist – Otto Brunner hat die Anwendungsmöglichkeit des Begriffs Staat für das Mittelalter ausdrücklich in Zweifel gezogen –, ergibt sich das Verhältnis der verschiedenen Staaten, Gesellschaften und Kulturen zueinander. Hiervon sind vor allem die zwischenstaatlichen Beziehungen von der Diplomatiegeschichte seit dem 16. Jahrhundert mit immer feineren kritischen Methoden untersucht worden. Aber auch eine vergleichende Geschichte der verschiedenen Gesellschaften und Kulturen, ja überhaupt eine Geschichte der Beziehungen verschiedener Gesellschaften und Kulturen zueinander, wäre mit zu diesem Problemkreis zu zählen.

Demgegenüber stellt sich das Problem der zwischen den historischen Wirkungskräften Staat, Gesellschaft und Kultur untereinander herrschenden Kräfte und Beziehungen. Nach dem Vorgang Burckhardts wäre hier nach den wechselseitigen Bedingtheiten zu fragen. Diese Interdependenz der historischen Potenzen ist hier nur als theoretischer Ansatz erwähnt, um die Bedeutung der historischen Teildisziplinen deutlicher zu machen.

Aus den drei großen Teilgebieten Staat, Gesellschaft und Kultur, von denen die Potenz Gesellschaft eine Art Mittlerstellung einnimmt, ergeben sich dann als Problemkreise der Neueren Geschichte neben dem bereits genannten des Verhältnisses verschiedener Staaten, Gesellschaften und Kulturen zueinander noch folgende Problemkreise, denen jeweils bestimmte Teildisziplinen zugeordnet werden können: (1) der Problemkreis Staat und Gesellschaft (z.B. Rechts- und Verfassungsgeschichte, Sozialgeschichte, Parteiengeschichte, Verwaltungsgeschichte), (2) der Problemkreis Kultur und Gesellschaft (z.B. Kulturgeschichte, insbesondere Religions- und Kirchengeschichte, Sozialgeschichte, Philosophie-, Literatur-, Kunst- und Wissenschaftsgeschichte), wozu man darüber hinaus auch die Disziplinen der historischen Landeskunde und der Siedlungsgeschichte rechnen könnte. Auch das große Gebiet der wirtschaftlichen Tätigkeit des Menschen wäre in systematischer Hinsicht zum Bereich der Kulturgeschichte zu zählen. Doch empfiehlt sich hier vielleicht für die Neuere Geschichte mit ihrer expansiven wirtschaftlichen und technischen Entwicklung die Einführung eines besonderen (3) Problemkreises Wirtschaft und Gesellschaft (z.B. Wirtschafts- und Sozialgeschichte, Bevölkerungsgeschichte, Agrargeschichte, Technikgeschichte). Auch die Geschichte der Entdeckungen wäre teils unter (2), teils unter (3) zu subsumieren.

Die Bedeutung der gesellschaftlichen Kräfte, wie sie allein schon in der Zugehörigkeit der Sozialgeschichte zu allen drei Problemkreisen zum Ausdruck kommt, zeigt sich in der Neueren Geschichte auch darin, daß heute beispielsweise die Forschungen auf den Gebieten der Rechts- und der Parteiengeschichte, aber auch der Kulturgeschichte einschließlich der Literatur-, Kunst- und Wissenschaftsgeschichte sowie beispielsweise die Forschungen zur Wirtschafts-, Agrar- und Technikgeschichte ohne eine weitgehende Berücksichtigung der Nachbarwissenschaft Soziologie (Rechts-, Parteien-, Kultur-, Literatur-, Kunst-, Wissens-, Wirtschafts-, Agrar- und Erfinder- bzw. Unternehmersoziologie) kaum mehr möglich sind. Die „Unterschiede zwischen historischer und sozialwissenschaftlicher Methode" hat Theodor Schieder dahingehend gekennzeichnet, daß für die Sozialwissenschaften die Generalisierung der an Einzeltatsachen gemachten Beobachtungen eine absolut dominierende Aufgabe gegenüber der Beschreibung von Einzelphänomenen sei, während für den Historiker immer „die Dignität jedes Einzelphänomens und jedes individuellen Gegenstandes" bestehen bleibe (in: Fschr. f. H. HEIMPEL, Bd. 1, Göttingen 1972, S. 21). Aber hinsichtlich ihres Gegenstandes seien sich Geschichtswissenschaft und Sozialwissenschaften in vielen Punkten ähnlich. Zwar werde für den Historiker, wie Schieder feststellte, das Staatlich-Politische immer noch ein „stärkeres und durchaus legitimes Interesse" finden, aber er werde immer von der Verschränkung politischer und gesellschaftlicher Vorgänge ausgehen, stets die einen auf die anderen beziehen und die konventionelle Trennung beider Bereiche aufgeben müssen. Sozialgeschichte sei dann nicht mehr ein besonderes Fach, sondern eine der Grundformen historischer Forschung (a.a.O., S. 12)

Staaten-, Sozial- und Kulturgeschichte können auch hier als Grundformen historischer Forschung verstanden werden, denen für die Problemkreise Staat, Gesellschaft und Kultur bestimmte historische Teildisziplinen zugeordnet werden. Nachbarwissenschaften wie Politikwissenschaft, Soziologie, Psychologie u.a.m. dürfen, auch wenn sie hier nicht näher erfaßt werden können, dabei dennoch nicht aus dem Blick verlorengehen.

1. Der Problemkreis Staat und Gesellschaft

Betrachtet man die Teildisziplinen der Geschichte als Formen historischer Forschung, so kommt besonders in der Neuzeit der historischen Potenz Staat eine zentrale Funktion zu, die auch in der Bedeutung der Staatsrechts- und Verfassungsgeschichte ihren Ausdruck findet. Dabei spielt, wie die Geschichte der neuzeitlichen Revolutionen zeigt, besonders das Verhältnis Staat und Gesellschaft eine wichtige Rolle. Schon Hegel hat unter dem Eindruck der Französischen Revolution in seiner Jugendschrift von 1798 über die Verfassung Deutschlands darauf hingewiesen, daß „Einrichtungen, Verfassungen, Gesetze, die mit den Sitten, den Bedürfnissen, der Meinung der Menschen" nicht mehr zusammenstimmen, durch keine künstlichen Mittel in ihrem Bestand erhalten werden können.

Die Geschichte der alten deutschen Reichsverfassung mit ihren noch vor dem Reichsdeputationshauptschluß von 1803 bestehenden mehr als dreihundert Reichsständen ist hierfür ein aufschlußreiches Beispiel. Fritz Hartung hat darauf hingewiesen, daß ein für die alte reichsrechtliche Verfassungsgeschichte typisches Neben- und Gegeneinander von Gesamtstaat und von „den auf seinem Boden und zum guten Teil auf seine Kosten entstandenen Einzelstaaten" dazu geführt habe, daß sich auch für die geistige und politische Haltung des deutschen Volkes eine Gewöhnung an das Leben in engen und kleinen Verhältnissen ergab, die zum Teil verhängnisvolle Nachwirkungen gezeitigt habe. Man darf ergänzen, daß diese im Laufe der Jahrhunderte bis ins 18. Jahrhundert eingetretene Beschränkung auf enge und kleine Verhältnisse auch für die wirtschaftlichen und sozialen Verhältnisse zum großen Teil gilt, daß die politische und territoriale Verfassung des alten Reichs im Unterschied zu den westeuropäischen Nationalstaaten noch kaum einen nationalwirtschaftlichen Großraum oder eine Emanzipation des Bürgertums zugelassen hat. Die hier deutlich werdende Interdependenz von staatsrechtlicher, sozialer und wirtschaftlicher Verfassung im alten Reich ist von der Verfassungsgeschichtsforschung des 19. Jahrhunderts, die sich angesichts der neuen Reichsgründung und ihrer Vorgeschichte weniger für das absterbende alte Reichsgebilde des 18. Jahrhunderts interessierte, kaum hervorgehoben worden. Überhaupt sind wir für die Verfassungsgeschichte des alten Reiches noch heute weitgehend auf die Schriften und zeitgenössischen Editionen der Göttinger „Reichsrechtslehrer" (vor allem J.S. Pütter) und der „Reichspublizisten" des 18. Jahrhunderts (Thomas Abbt, J.J. Moser, Justus Möser, A.L. von Schlözer) angewiesen.

Erst in neueren verfassungsgeschichtlichen Darstellungen ist auch der soziologische Aspekt der alten Reichsverfassung, besonders die Struktur der Reichsstände und bestimmte Verhältnisse des Adels, stärker berücksichtigt worden. Doch unterscheidet sich dabei das Verfahren des Historikers von dem des Soziologen. Der Soziologe versucht, indem er meist von einer Theorie sozialer Verhaltensweisen ausgeht, das Modell einer sozialen Morphologie aufzustellen, wobei er Kleingruppen und organisierte Großformen auf kollektive Verhaltensweisen und soziale Objektivationen hin im Sinne einer Ideologiebildung untersucht. Ihn interessieren die Sozialstruktur und die Formen des sozialen Wandels vor allem als Schichtungs- und Mobilitätsprobleme, wobei das Problem Macht und Herrschaft nach verschiedenen Formen sozialer Macht unterschieden wird. Die konkrete zeitliche Einordnung ist dabei oft absichtlich zugunsten einer allgemeinen Reduktion (Modell) aufgegeben oder auf eine bloße Gegenwartsbezogenheit gebracht. Der Historiker wird manche dieser Begriffe dankbar verwenden, aber allein schon durch das Gegeneinander von Verfassungsnorm und Verfassungswirklichkeit ständig genötigt sein, eine genaue Beschreibung des zeitlich konkreten Verfassungszustands zu leisten. Eine Verfassungsgeschichte des alten Reichs beispielsweise hat daher einerseits mit der konkreten Entwicklung der kaiserlichen Gewalt seit dem 15. Jahrhundert und mit den Reichsorganen, andererseits mit den Territorialstaaten, ihren Landständen und mit der Begründung der fürstlichen Gewalt zu tun. Bei den Organen des Reiches wären neben Kaiser und Reichstag auch die kaiserliche Reichshofkanzlei, der Reichshofrat und das Reichskammergericht zu nennen, wovon letzteres besonders zu der Rezeption des römischen Rechts beigetragen hat, die am Beginn der neuzeitlichen deutschen Rechtsgeschichte steht. Auf der Seite der Territorialstaaten ist die Ausbildung der landständischen Verfassung im 17. Jahrhundert ein Vorgang, der auch unter soziologischem Aspekt Interesse verdient.

Ähnliches gilt auch auf der Seite des Reiches für die Ausbildung der Reichskreise im 16. Jahrhundert, einer Kreisverfassung, die als Vereinigung einzelner Gruppen von landschaftlich zusammengehörigen Reichsständen zur Verwirklichung von Aufgaben zustande gekommen war, die das Reich selbst infolge des Fehlens einer eigenen Verwaltungsorganisation und der einzelne Reichsstand aus Mangel an Macht nicht erfüllen konnte.

Die alten Reichskreise sind nur eines von vielen Beispielen, die auch den Zusammenhang zwischen Verfassungsgeschichte und Verwaltungsgeschichte zeigen können. In der Geschichte des Kaiserrreichs von 1871 ließe sich der gleiche Zusammenhang auch am Beispiel der neuen Reichsverwaltung oder an der preußischen Verwaltungsreform nach 1871 aufweisen. Doch während die alten Reichskreise als Schritt hin auf eine zentrale Reichsverwaltung ein Fehlschlag waren und sie die Entwicklung hin zum souveränen Einzelstaat nicht aufhalten konnten, die überdies noch durch die konfessionelle Zersplitterung verstärkt wurde, war endgültig erst mit der Reichsgründung von 1871 der Beginn einer gegenläufigen Tendenz zu stärkerer Vereinheitlichung gegeben. Zwar war die neue Reichsverwaltung zunächst noch recht klein, sie wuchs jedoch, wie Rudolf Morsey 1957 gezeigt hat, mit der allmählichen Ausweitung der Reichsgesetzgebung, wenn auch im allgemeinen die Ausführung der Gesetze selbst den Einzelstaaten überlassen war. Aber neben den Reichsämtern (Reichskanzleramt, Reichsamt des Inneren, Auswärtiges Amt, Reichsjustizamt, letzteres seit 1876) besaß das Reich auf den Gebieten der Marine (Reichsmarineamt 1889), der Post (Reichspostamt 1875), der Eisenbahn (1873) und seit 1884 auch für die Kolonien Sonderverwaltungen. Zentrale oberste Behörden waren u.a. auch das Reichsgericht (1879), das Reichspatentamt (1877), das Reichsversicherungsamt (1884)und das Bundesamt für Heimatwesen.

Die hier noch latente Tendenz zur Ausweitung der Reichsverwaltung hat nach der Revolution von 1918 in der Weimarer Verfassung eine noch stärker unitarische Befestigung erfahren. Wenn darüber hinaus dann der Nationalsozialismus die Staaten zu „Ländern" herabstufte, „gleichschaltete" und außerdem versuchte, die Länder in Provinzen und Gaue zu verwandeln, so konnte doch von der schon während der Weimarer Republik angestrebten Neugliederung des Reichs und von einer Überwindung der einzelstaatlichen Bürokratismen auch unter dem Nationalsozialismus nicht die Rede sein. Fast kann im Gegenteil angesichts der zahlreichen Personal- und Ämterrivalitäten des nationalsozialistischen Staats eher von einer Polykratie (M. Broszat) gesprochen werden.

Verfassungs- und Verwaltungsgeschichte der Neuzeit sind also durch das Spannungsverhältnis von nationalem Zentralisierungs- und regionalem Autonomiestreben gekennzeichnet. Daher kommt besonders der Verfassungs- und Verwaltungsgeschichte der Territorialstaaten eine große Bedeutung zu. Von Otto Hintze liegen ausgezeichnete Einzeluntersuchungen über den österreichischen und preußischen Beamtenstaat im 17. und 18. Jahrhundert, über Staatenbildung und Kommunalverwaltung und über die Entstehung der modernen Staatsministerien vor, aus denen der Historiker der allgemeinen Geschichte selbst bei einem scheinbar so speziellen Thema wie „Die Wurzeln der Kreisverfassung in den Ländern des nordöstlichen Deutschland" sehr viel für eine allgemeine Strukturgeschichte lernen kann. Daneben ist die Verfassungsgeschichte aber auch von sozialen Emanzipationsbestrebungen geprägt. Hier liegt das Feld der sozialen Ideen und der politischen Parteien, die innerhalb des hier behandelten Problemkreises gewissermaßen zwischen Staat und Gesellschaft stehen. Neben der Verfassungs- und Verwaltungsgeschichte ist daher besonders die Parteiengeschichte für den neueren Historiker wesentlich. Ihr Zusammenhang mit der soziologischen Fragestellung wird besonders beim Wahlrecht deutlich, weil hier unmittelbar die Übersetzung gesellschaftlicher und wirtschaftlicher Verhältnisse in politische Macht berührt ist. Der für die Wahlen geltende „Übersetzungsquotient" kann, je nachdem ob es sich um ein Zensuswahlrecht wie z.B. das französische von 1791 oder das preußische Dreiklassenwahlrecht von 1849 oder um ein allgemeines und gleiches Wahlrecht wie das zum Reichstag des Norddeutschen Bundes von 1867 handelt, sehr unterschiedlich sein. Die Französische Revolution hat das 1793 mehr zu Propagandazwecken verkündete allgemeine Wahlrecht nicht verwirklicht. Dabei ist die Frage, ob es sich bei der aus derart unterschiedlichen Wahlmodi resultierenden Mandatsverteilung im Parlament um ein getreues Spiegelbild der gesellschaftlichen Verhältnisse handelt, stets eine Frage der subjektiven politischen „Optik", die ein preußischer Konservativer des 19. Jahrhunderts gewiß anders beantwortet hätte als ein Sozialdemokrat. Parteien in einem festen organisatorischen Sinn sind überdies in Deutschland eine relativ späte Erscheinung. Trotzdem lassen sich für die Parteiengeschichte Fragen formulieren, die wissenschaftlich zum großen Teil befriedigend gelöst werden können. „Wie kam es zu der Identifizierung des deutschen liberalen Bürgertums mit der monarchisch-(patriarchalisch-)autoritären Ordnung von Staat und Gesellschaft und zur Aufgabe seines eigenen politischen und sozialen Führungsanspruchs?" Diese Frage hat Helga Crebing einer Darstellung der deutschen Parteiengeschichte vorangestellt und sie mit drei weiteren zentralen Fragen verbunden: „Wie gelang es dem preußischen Adel, seine Führungsrolle in Staat und Gesellschaft entgegen den politischen und sozialen Strukturwandlungen des 19. und 20. Jahrhunderts zu behaupten? – Wie vermochte eine religiös verbundene Gruppe wie das Zentrum die heterogensten sozialen Schichten zu gemeinsamer politischer Aktion zu integrieren? – Wie löste die deutsche Arbeiterbewegung das Problem ihrer doppelten Loyalität gegenüber dem internationalen Sozialismus und gegenüber dem nationalen Staat?" – Weitere wichtige Fragen wären die nach der soziologischen Struktur und nach der Organisation politischer Parteien, wie sie beispielsweise in den Arbeiten von Robert Michels und Thomas Nipperdey vorliegen. Dabei stößt eine Definition des Parteienbegriffs immer wieder auf große Schwierigkeiten. Ein soziologischer Definitionsversuch Max Webers lautete: „Parteien sollen heißen auf (formal) freier Werbung beruhende Vergesellschaftungen mit dem Zweck, ihren Leitern innerhalb eines Verbandes Macht und ihren aktiven Teilnehmern dadurch (ideelle und materielle) Chancen (der Durchsetzung von sachlichen Zielen oder der Erlangung von persönlichen Vorteilen oder beides) zuzuwenden" (Wirtschaft und Gesellschaft. Studienausgabe, Köln 1964, S.211). Dieser Definitionsversuch mag für die Geschichtswissenschaft brauchbar scheinen, zumal er viele historische Phänomene des Parteiwesens deckt, wenn dabei auch zu erwähnen ist, daß das deutsche Verfassungsleben den Begriff Partei lange kaum kannte und noch in der Weimarer Verfassung 1919 der Begriff Partei gar nicht vorkam (wohl allerdings in der Geschäftsordnung des Reichstags).

Die historischen Formen des Parteiwesens lassen sich aber auf gewisse Typen reduzieren, die als Grundmuster auch geschichtswissenschaftlichen Erkenntniswert besitzen: neben der besonders im englischen und amerikanischen Parteiwesen des 18. und 19. Jahrhunderts vorkommenden Patronagepartei, die ihre Anhänger durch die Vergabe einträglicher Ämter zu belohnen versucht (z.B. R. Walpole in England, in Amerika T. Jefferson, A. Lincoln), wobei in den USA die engeren Parteiführungszirkel sich oft in einem privaten Treffen („caucus") vorweg berieten, ist als weiterer Grundtypus die Weltanschauungspartei zu nennen, die bezeichnet werden kann als eine Vereinigung zur Erringung der politischen Macht, um so religiöse, staatsphilosophische oder soziale Grundsätze und Ziele zu verwirklichen. Hierzu können konservative, konfessionelle, nationale, liberale, demokratische und sozialistische Parteien gerechnet werden. Als dritter Grundtypus wäre noch die Interessenpartei zu nennen, die die Ziele und Belange einer bestimmten Berufs- oder einer sozialen oder wirtschaftlichen Gruppe vertritt, wobei die Grenze zwischen den Typen Weltanschauungs- und Interessenpartei in der historischen Wirklichkeit oft fließend ist. Weitere Gliederungsgesichtspunkte ergeben sich von der Organisationsstruktur der Parteien her. Die ältere Parteiform war im 19. Jahrhundert die sogenannte Honoratiorenpartei, eine oft nur lockere Verbindung angesehener Männer aus dem öffentlichen Leben, deren Organisation sich meist auf die Vorbereitung von Wahlen beschränkte. Demgegenüber zeichnet sich der Typ der Massenpartei nicht nur durch eine große Zahl von Wählern, sondern auch dadurch aus, daß ein großer Teil der Wähler selbst Parteimitglied ist und die relativ feste Organisation mit trägt. Als Massenparteien in diesem Sinne kommen die sozialistischen Parteien, aber auch die katholischen Parteien in einigen europäischen Ländern und die Faschistische Partei Italiens sowie in Deutschland die NSDAP in Betracht. Bei den kommunistischen Parteien im Sinne Lenins haben wir es dagegen mit dem besonderen Typ der Kaderpartei zu tun, bei der das Streben nach einer großen Mitgliederzahl zugunsten der Schaffung eines ideologisch festgefügten Kerns zurückgestellt ist.

Allen Parteitypen und -formen eignet im Zusammenhang mit ihrer Organisation ein zentrales Problem: die Frage des Machtverhältnisses von Führung und übriger Mitgliederschaft. Bereits 1925 hat Robert Michels, angeregt durch Max Weber, in seinem Buch „Zur Soziologie des Parteiwesens in der modernen Demokratie" auf gewisse Gefahrenseiten dieses Sachverhalts hingewiesen: „Wer Organisation sagt, sagt Tendenz zur Oligarchie. Im Wesen der Organisation liegt ein tief aristokratischer Zug. Die Maschinerie der Organisation ruft, indem sie eine solide Struktur schafft, in der organisierten Masse schwerwiegende Veränderungen hervor. Sie kehrt das Verhältnis des Führers zur Masse in sein Gegenteil um. Die Organisation vollendet entscheidend die Zweiteilung jeder Partei bzw. Gewerkschaft in eine anführende Minorität und eine geführte Majorität ... Im Parteileben läßt sich die Beobachtung machen, daß mit fortschreitender Entwicklung die Demokratie wieder eine rückläufige Bewegung macht. Mit zunehmender Organisation ist die Demokratie im Schwinden begriffen. Als Regel kann man aufstellen: Die Macht der Führer wächst im gleichen Maßstab wie die Organisation ..." (S. 25f.) – Diese soziologischen Einsichten sind besonders durch die jüngste deutsche Geschichte in verhängnisvoller Weise durch das Phänomen Hitler bestätigt worden.

Damit dürfte deutlich geworden sein, wie sehr in der Neueren Geschichte neben der Rechts-, Verfassungs- und Verwaltungsgeschichte auch die Parteiengeschichte als Teildisziplin an Bedeutung gewonnen hat. Im Unterschied zur Rechts-, Verfassungs- und Verwaltungsgeschichte, die sich zum großen Teil auf Gesetz-, Regierungs- und Amtsblätter als Quellen stützen können, kommen für die Parteigeschichte neben den Parteiprogrammen vor allem die Parteikorrespondenzen, Fraktions- und Parteitagsprotokolle sowie die Nachlässe einzelner Parteiführer und -mitglieder als Quellen in Frage. Zur Methode wäre noch zu sagen, daß vielfach – wenn es z.B. um die Tätigkeit kleinerer Partei- oder auch Gewerkschaftssekretäre geht – in gewisser Weise die prosopographische Methode, die besonders in der antiken und der mittelalterlichen Geschichte (s. oben S. 167f.) bewährt ist, auch auf diesem Gebiet der neueren und neuesten Geschichte eine Anwendung finden kann.

Eine verfassungsrechtliche „Anerkennung" haben die politischen Parteien in der deutschen Geschichte ausdrücklich erst im Grundgesetz vom 23. Mai 1949 gefunden (Artikel 21). Erst hier sind sie als staatliche Kreationsorgane in einen deutschen Verfassungstext aufgenommen worden. Hinter diesem epochemachenden Vorgang nach 1945 stand in den westlichen Besatzungszonen des geteilten Deutschland die Übernahme der parlamentarischen Parteiendemokratie der Staaten des Westens. Aber anders als in der Weimarer Reichsverfassung, wo die politischen Parteien praktisch gar nicht erwähnt wurden, sah Art. 21 des Grundgesetzes zugleich vor: „Parteien, die nach ihren Zielen oder nach dem Verhalten ihrer Anhänger darauf ausgehen, die freiheitliche demokratische Grundordnung zu beeinträchtigen oder zu beseitigen oder den Bestand der Bundesrepublik Deutschland zu gefährden, sind verfassungswidrig. Über die Frage der Verfassungswidrigkeit entscheidet das Bundesverfassungsgericht". – Der hier verankerte Grundsatz der „streitbaren" oder richtiger gesagt wehrhaften freiheitlichen Demokratie – der Begriff wurde nach den Erfahrungen mit der Naziherrschaft erstmals 1937 von Karl Loewenstein gebraucht („militant democracy") – hat bisher in zwei Fällen zum Verbot politischer Parteien durch das Bundesverfassungsgericht geführt. Als Parteien, die gegen die verfassungsmäßigen Grundlagen der Bundesrepublik gerichtet waren, wurden die rechts- bzw. linksradikalen Parteien Sozialistische Reichspartei (1952) und KPD (1956) verboten. Die Urteilsbegründungen des Bundesverfassungsgerichts haben dabei als Kriterien freiheitlichdemokratischer Parteien u.a. die Achtung vor den Menschenrechten, die Anerkennung der Gewaltenteilung und des Mehrparteienprinzips (einschließlich einer Oppositionspartei), die Möglichkeit des freien Eintritts in eine Partei, das Bekenntnis zu geistiger Freiheit und Toleranz (d.h. den Verzicht auf Diffamierung oder Unterdrückung gegnerischer Auffassungen) und die Respektierung demokratischer Regeln auch bei der innerparteilichen Willensbildung (z.B. Ablehnung des „Führerprinzips") verbindlich festgelegt.

Das Verhältnis Staat – Gesellschaft erweist sich unter dem Aspekt des Parteienwesens in historischer Sicht aber auch im Bereich der wirtschaftlichen Interessen und des Verbandswesens als von erheblicher Bedeutung. Es sei hier abschließend, ohne daß dieser Punkt näher ausgeführt werden kann, nur auf die interessante Untersuchung von Hannelore Horn „Der Kampf um den Bau des Mittellandkanals" (Köln 1964) und für die neueste Zeit auf Renate Mayntz' Buch über „Parteigruppen in der Großstadt" (Köln 1959) hingewiesen.

Literatur:

Neuere Geschichte und Soziologie: O. HINTZE, Soziologie und Geschichte. Gesammelte Abhandlungen, Bd. II, hg. von G. Oestreich, Göttingen ²1964; G. LEIBHOLZ, Staat und Gesellschaft in England, in Fschr. f. Richard Thoma, Tübingen 1950, S. 110–128; G. LEFF, History and social theory, London 1969; Th. SCHIEDER, Staat und Gesellschaft im Wandel unserer Zeit, München ²1970; DERS., Wandlungen des Staats in der Neuzeit, HZ 216 (1973); W.J. CAHNMAN/A. BOSKOFF (Ed.), Sociology and History, New York/London 1964; H.-U. WEHLER (Hg.), Geschichte und Soziologie, Köln 1972. Eine wichtige demographisch-soziographische Untersuchung ist immer noch: Th. GEIGER, Die soziale Schichtung des deutschen Volkes, Stuttgart 1932.

Staatslehre und Staatsrecht: C. SCHMITT, Der Begriff des Politischen, 1932 (Neudruck, Berlin 1963); K. SONTHEIMER, Politische Wissenschaft und Staatsrechtslehre, Freiburg i. Br. 1963); P. RATHJEN, Die Publizisten des 18. Jahrhunderts und ihre Auffassung vom Begriff des Staatsrechts, Bonn 1968; H. RYFFEL, Grundprobleme der Rechts- und Staatsphilosophie, Neuwied 1969; G. BUCHHEIT, Staatskunst. Geschichte und Lehre, Darmstadt 1971; R. HERZOG, Allgemeine Staatslehre, Frankfurt a.M. 1971. – Lehrbücher: R. ZIPPELIUS, Allgemeine Staatslehre, München ³1971; G. KÜCHENHOFF, Allgemeine Staatslehre, Stuttgart/Berlin ⁷1971. – Nachschlagewerk: Handwörterbuch der Staatswissenschaften, hg. von Ludwig Elster, 9 Bde., Jena ⁴1923–29; R. MORSEY (Hg.), Verwaltungsgeschichte, Berlin 1977.

Rechts- und Verfassungsgeschichte: R. SCHRÖDER und E. Frhr. VON KÜNSSBERG, s. S. 188; A. ZYCHA, Deutsche Rechtsgeschichte der Neuzeit, Marburg/L. ²1949; O. HINTZE, Staat und Verfassung. Gesammelte Abhandlungen Bd. 1, hg. von G. Oestreich, Göttingen ²1962; K.O. VON ARETIN, Heiliges Römisches Reich 1776–1806, Wiesbaden 1967; H. DIPPEL (Hg.), Die Anfänge des Konstitutionalismus in Deutschland. Texte, Frankfurt a.M. 1991; W. HENNIS, Verfassung und Verfassungswirklichkeit, Tübingen 1968; F. HARTUNG, Deutsche Verfassungsgeschichte, Stuttgart ⁸1964; E.R. HUBER, Deutsche Verfassungsgeschichte seit 1789. Bisher 8 Bde. Stuttgart/Berlin 1957–1969; DERS. (Hg.), Dokumente zur deutschen Verfassungsgeschichte, 3 Bde., Stuttgart/Berlin 1961–66. – Ein „Klassiker" für die englische Verfassungsgeschichte: W. BAGEHOT, The English Constitution, 1. Aufl. 1867, dt.: Die englische Verfassung. Hg. und eingeleitet von K. Streifthau, Neuwied 1971. – C. BORNHAK, Preußisches Staatsrecht, 2 Bde., Breslau ²1911/12; L. BERGSTRAESSER, Geschichte der Reichsverfassung, Tübingen 1914; H. CONRAD, Deutsche Rechtsgeschichte, 2 Bde., Karlsruhe 1954/66 (bes. Bd. 2); DERS., Die geistigen Grundlagen des Allgemeinen Landrechts für die preußischen Staaten von 1794, Köln/Opladen 1957; H. HUBER, Staat und Verbände, Tübingen 1958; Th. SCHIEDER, Das deutsche Kaiserreich von 1871 als Nationalstaat, Köln/Opladen ²1971; E.-W. BÖCKENFÖRDE u.a. (Hg.), Wendemarken in der deutschen Verfassungsgeschichte, Berlin 1993; K. STERN, Das Staatsrecht der Bundesrepublik Deutschland, (bisher) 3 Bde., München 1977ff.; DERS., Verfassungsgerichtsbarkeit zwischen Recht und Politik, Opladen 1980.

Parteiengeschichte und -soziologie: F. VALJAVEC, Die Entstehung der politischen Strömungen in Deutschland, München 1951 (als Taschenbuch Kronberg/Düsseldorf 1978; R. MICHELS, Zur Soziologie des Parteiwesens in der modernen Demokratie, Stuttgart ²1957 (hg. von W. Conze); L. BERGSTRAESSER, Geschichte der politischen Parteien in Deutschland, München/Wien ¹¹1965 (bearb. und hg. von W. Mommsen); W. TREUE (Hg.), Deutsche Parteiprogramme, Göttingen ⁴1968; Th. SCHIEDER, Die Theorie der Partei im älteren deutschen Liberalismus, in: Staat und Gesellschaft im Wandel unserer Zeit, München ²1970; E. FORSTHOFF / K. LOEWENSTEIN / E. MATZ, Die politischen Parteien im Verfassungsstaat, Tübingen 1950; P.W. MASSING, Vorgeschichte des politischen Antisemitismus, Frankfurt 1959; E. MATTHIAS und R. MORSEY, Der interfraktionelle Ausschluß 1917/18, 2 Bde., Düsseldorf 1959; Th. NIPPERDEY, Interessenverbände und Parteien in Deutschland vor dem Ersten Weltkrieg, in: Polit. Vierteljahresschr. I/II 1960/61, S. 262ff.; DERS., Die Organisation der deutschen Parteien vor 1918, Düsseldorf 1961; M. DUVERGER, Die politischen Parteien, Tübingen 1959 (dt. Übers. aus dem Französ.); S. NEUMANN (Hg.), Modern Political Parties, Chicago 1956; DERS., Die Parteien der Weimarer Republik, Stuttgart ²1970; R.T. MCKENZIE, British Political Parties, London 1955; G.A. RITTER, Deutscher und britischer Parlamentarismus, Tübingen 1962; H. GREBING, Geschichte der deutschen Parteien, Wiesbaden 1962. – Quellen zur Parteiengeschichte der Bundesrepublik: W. HIRSCH-WEBER und K. SCHÜTZ, Wähler und Gewählte, Berlin 1957; O.K. FLECHTHEIM (Hg.) Dokumente zur parteipolitischen Entwicklung in Deutschland seit 1945, 9 Bde., Berlin 1962ff.; J.J. Sheehan, Der deutsche Liberalismus ... (1770–1914), München 1983; F. WENDE (Hg.), Lexikon zur Geschichte der Parteien in Europa, Stuttgart 1981.

2. Der Problemkreis Kultur und Gesellschaft

Unter den drei historischen Potenzen Staat, Kultur und Gesellschaft ist der Begriff der Kultur vielleicht der schwierigste. Die Frage, wieweit der Kulturbegriff sich gegenüber dem Staatsbegriff erstreckt, kann hier nur erwähnt werden. Auch bedingen sich beide Sphären z.T. gegenseitig. Jacob Burckhardt hat in seiner „Kultur der Renaissance in Italien" für die Neuzeit den interessanten Versuch unternommen, auch den Staat als „Kunstwerk" stärker von der Kultur her zu beschreiben. Ist dieser Versuch auch nicht unumstritten geblieben, so besteht doch über den Umkreis der übrigen kulturgeschichtlichen Gegenstände eine gewisse Einigkeit. Burckhardt selbst hatte in seiner Kulturgeschichte nicht nur die „Entdeckung der Welt und des Menschen" in den Reisebeschreibungen und Werken der Schriftsteller und Wissenschaftler, sondern auch die geistige Entwicklung des Individuums und die höheren Formen der Geselligkeit und der Feste behandelt und dabei auch die Gegenstände „Sitte und Religion" unter den Begriff seiner Kulturgeschichte gestellt. Hier befindet sich heute die Kulturgeschichte z.B. in einer fließenden Abgrenzung zur modernen Volkskunde und zur historischen Anthropologie.

Von den historischen Teildisziplinen, die in diesem Sinne innerhalb des Problemkreises Kultur und Gesellschaft liegen, sind vor allem Religions- und Kirchengeschichte, Philosophie- und Geistesgeschichte, Literaturgeschichte und Kunstgeschichte zu nennen, die zugleich deutlich machen, wie sehr der Historiker hier auf die Nachbardisziplinen der Theologie und des Kirchenrechts, der Philosophie, der Literatur- und der Kunstwissenschaft, um nur die wichtigsten zu

nennen, angewiesen ist. Eine besondere Disziplin Wissenschaftsgeschichte ist
darüber hinaus für die Neuzeit charakteristisch.

Gegenüber den historischen Potenzen Staat und Gesellschaft hat innerhalb der
Wirkungskraft Kultur zeitweilig die Religion eine besonders große Bedeutung
besessen. Das gilt nicht nur für das christliche Mittelalter, sondern auch noch für
die Neuzeit. Die Religions- und Kirchengeschichte als historische Teildisziplin ist daher ein Schlüssel auch zum Verständnis der allgemeinen Geschichte dieser Jahrhunderte. Die Ursachen der Reformation, die Bedeutung des Augs-
burger Religionsfriedens zwischen Lutheranern und Katholiken, von dem die Reformierten noch ausgeschlossen waren, oder die Beseitigung des Moskauer
Patriarchats durch Peter den Großen 1689 sind ohne Kenntnisse der religions-
und kirchengeschichtlichen Entwicklung des 16. und 17. Jahrhunderts nicht zu
verstehen. Die Geschichtswissenschaft insgesamt verdankt ihre eigene Entstehung als kritische Disziplin zum Teil den neuen kirchengeschichtlichen
Bemühungen des 16. Jahrhunderts. Einer der ersten Ansätze philologisch-kri-
tisch verstandener Kirchengeschichtsschreibung waren die zwischen 1559 und
1574 erschienenen sog. Magdeburger Zenturien, eine von den protestantischen
Theologen Matthias Flacius Illyricus, Johann Wigand, Matthäus Judex u.a. herausgegebene Kirchengeschichte nach Jahrhunderten („centuriae"), die in ihrer
Darstellung das Ziel verfolgte, die Reformation als den Höhepunkt einer auch
schon in früheren Jahrhunderten ansatzweise vorhandenen Tendenz zur „Wahrheit" zu interpretieren. Von katholischer Seite wurden dem in den Jahren 1588
bis 1607 die „Annales Ecclesiastici" des Cäsar Baronius entgegengestellt. Die in
diesen beiden großen Darstellungen und textkritischen Sammlungen begonnenen
Bemühungen haben dann im 17. Jahrhundert zu den auf protestantischer Seite
unternommen textkritischen Arbeiten der Hortleder, Chemnitz, Pufendorf und
Seckendorf und auf katholischer Seite zu den großen textkritischen Editionen
Jean Mabillons (1632–1707) und der „Mauriner" geführt, aus denen eine wissenschaftliche Urkundenlehre, eine erste urkundlich dargestellte Geschichte des Be-
nediktinerordens und eine erste kritische Ausgabe der Werke Augustins hervorgegangen sind. Die historisch-kritischen Leistungen der Bollandisten und der
Historiker der Göttinger Schule (v. Schlözer, Gatterer, Heeren) fußten z.T. auf
diesen Grundlagen, die sich ursprünglich von der Kirchengeschichtsforschung
her entwickelt hatten. Noch Ranke und Burckhardt sind in ihren ersten wissens-
haftlichen Anfängen von der Theologie und von der Kirchengeschichte ausgegangen, ähnlich Droysen.

Die Bedeutung der Religions- und Kirchengeschichte als historischer Teildisziplin wird aber auch für das Verständnis der allgemeinen politischen Geschichte
oft genug deutlich. So ist z.B. die Beendigung des Kölner Kirchenstreits durch
Friedrich Wilhelm IV. von Preußen gleich nach seiner Thronbesteigung 1840 teils
aus den politischen, teils aus den religiösen Vorstellungen des Königs zu verstehen, die auf eine Stärkung christlicher und ständischer Traditionen abzielten. Die
Geschichte des alten Reiches vor 1803 und die darin enthaltene konfessionelle
Gleichgewichtsproblematik, Vorgänge wie der Übergang der pfälzischen Kur

1623 an Bayern oder der Reichsdeputationshauptschluß von 1803 sind selbst in ihrer politischen Bedeutung ohne die Kenntnis solcher Hintergründe nicht verständlich. Wir begeben uns hier zugleich auf das schwierige Gebiet der Religionssoziologie, die eine benachbarte Disziplin der Religions- und Kirchengeschichte ist. Welche Zusammenhänge sich hier ergeben, kann an dieser Stelle am Beispiel der Aufsätze von Max Weber über die Wirtschaftsethik der Weltreligionen, über mögliche Zusammenhänge von „asketischem Protestantismus und kapitalistischem Geist" nur angedeutet werden. Auch Werner Sombarts umstrittene These von den Juden als den Begründern und Repräsentanten des Kapitalismus kann hier nur erwähnt werden. Doch dürfte die Emanzipation der Juden in der Neueren Geschichte einer der interessantesten religionsgeschichtlichen und -soziologischen Vorgänge überhaupt sein. Darüber hinaus kann hier auf das Gebiet der vergleichenden Religionsgeschichte, wie sie z.B. durch H. von Glasenapp und M. Eliade beschrieben wurde, nur kurz verwiesen werden.

Die Religions- und Kirchengeschichte der Neuzeit kann auch das Verständnis einiger geistiger und sozialer Bewegungen vertiefen. Die nach Beendigung der Glaubenskämpfe des Dreißigjährigen Kriegs allmählich gewachsene religiöse Toleranz hat auf protestantischer Seite im wesentlichen zwei Richtungen entstehen lassen, von denen die eine in die von der Kirche losgelöste, z.T. gegen sie eingestellte Aufklärung, die andere zu einem praktischen Christentum und zum Pietismus führte, dessen kirchengeschichtliche Auffassung in der von Gottfried Arnold (1666–1714) verfaßten „Unparteiischen Kirchen- und Ketzerhistorie" (2 Bde., 1699 und 1700) ihren Ausdruck gefunden haben. Sie hat auf den jungen Goethe großen Einfluß gehabt. Noch die Jugendgeschichte Hegels und Hölderlins wurde durch den Geist und die Theologie des schwäbischen Pietismus wesentlich bestimmt. Neben der Rolle, die der Pietismus darüber hinaus in der Geschichte der Erziehung gespielt hat, ist vor allem auch seine Bedeutung für die diakonischen Bestrebungen des 18. und 19. Jahrhunderts hervorzuheben (A.H. Francke, J.H. Wichern, F. von Bodelschwingh, Innere Mission). Diese Ansätze, die im Zusammenhang mit der Geschichte der Industrialisierung und mit der sozialen Frage der verelendeten Arbeitermassen im 19. Jahrhundert dann eine diakonische Entsprechung auch auf katholischer Seite gefunden haben (W.E. Ketteler, A. Kolping), können zugleich auch die Verbindungen zwischen der Religions- und Kirchengeschichte und der Sozialgeschichte deutlich machen. Auch zur Geschichte der sozialen Ideen, die als Teildisziplin noch im Zusammenhang mit dem Problemkreis Wirtschaft und Gesellschaft zu nennen sein wird, bestehen hier Verbindungen.

Da die geistige Geschichte der Neuzeit außer durch die aus dem Mittelalter fortwirkenden Kräfte der Religions- und Kirchengeschichte vor allem durch eine starke Säkularisierungstendenz geprägt worden ist, kommt neben der Religionsphilosophie besonders auch der allgemeinen Philosophiegeschichte, der Literaturgeschichte, der Kunstgeschichte und der Geschichte verschiedener „profaner" Wissenschaften als historischen Teildisziplinen eine wichtige Erkenntnisfunktion für den hier behandelten Problemkreis zu. Da hierbei die Philosophie mit ihren eigenen geschichtlichen Wandlungen auf das Ganze der geistigen Möglichkeiten des Menschen bezogen ist und in gewisser Weise den Inbegriff der für eine Epoche kennzeichnenden Welt- und Wertbilder darstellt, darf innerhalb dieser historischen Teildisziplinen die Philosophiegeschichte eine zentrale Stellung beanspruchen, weil von der Philosophie der Neuzeit starke Einflüsse auf die Literatur, die Künste und Wissenschaften, von der Staatsphilosophie z.t. sogar auf das Staatsbewußtsein eines Zeitalters ausgegangen sind. Die Philosophie Hegels ist hierfür das eindrucksvollste Beispiel.

Es ist folgenreich gewesen, daß Hegel diesen Prozeß der Gesellschaftsentwicklung dialektisch d.h. im Gegeneinander und Zusammenwirken der jeweiligen Zwecke und Bedürfnisse der „Arbeit" gesehen hat. Denn an die von ihm zuerst systematisch verwandten Begriffe „Entfremdung", „Anhäufung der Reichtümer", „Abstraktheit der gegenseitigen Beziehungen der Individuen" („Klasse"), „Erzeugung des Pöbels" u.a. konnte Karl Marx später bei der Begründung seines historischen Materialismus („Akkumulation des Kapitals", „Proletarisierung") anknüpfen. Er hat dabei allerdings viele Aspekte verabsolutiert.

Der hier nur als Beispiel herausgehobene staatsphilosophische Teilbereich der Philosophie und damit auch der Philosophiegeschichte ließe sich noch um viele Gegenstände der Kulturphilosophie erweitern, die besonders für den Kulturhistoriker wichtig wären. Für die neuzeitliche Philosophie wäre hier vor allem die philosophische Ästhetik zu nennen, die sich nach dem Vorgang Christian Wolffs (1679–1754) bei seinem Schüler A.G. Baumgarten (1714–1762) neben der Logik und Ethik zu einer eigenen Disziplin entwickelt und die über die Ästhetik Kants und besonders Hegels und Schellings sehr stark auf die moderne Literatur- und Kunstwissenschaft eingewirkt hat. Die Literaturgeschichte ist dabei für den Historiker, wie die Philosophiegeschichte, vor allem unter kulturellen, sozialen und politischen Aspekten wesentlich. Sie kann dabei einmal den Reflex bestimmter Ereignisse auf das Bewußtsein der Zeitgenossen festhalten, wie etwa Hölderlins „Hyperion" die philhellenische Begeisterung für den griechischen Freiheitskampf spiegelt, sie kann aber auch ein Zeugnis für den Bedeutungswandel bestimmter Worte und Begriffe sein. So ist z.B. in der frühen deutschen Literaturgeschichtsschreibung des 19. Jahrhunderts der Begriff „Nationalliteratur" in den Darstellungen Kobersteins, Gervinus' und Vilmars noch sehr stark politisch im Sinne des nationalen Einheitsgedankens nach den Befreiungskriegen zu verstehen. Er verschwindet aber dann nach der gescheiterten Revolution von 1848, weil alles „Nationale" als politisch verdächtig galt. Außerdem wirkten sich dabei die neuen, auf Goethe und Friedrich Schlegel zurückgehenden Bemühungen der Literaturgeschichtsschreibung aus, die Darstellung der Nationalliteratur im Zusammenhang einer „Weltliteratur" zu geben. In den deutschen Literaturgeschichten der zweiten Jahrhunderthälfte von Wackernagel, Hettner, von Eichendorff und in Karl Goedeckes Grundriß zur Geschichte der deutschen Literatur wird dann sowohl der politische als auch der im engeren Sinne literarwissenschaftliche Begriff der Nationalliteratur kaum mehr verwandt. Lediglich die späteren Ausgaben von Koberstein und Vilmar haben ihn beibehalten, während die nachfol-

genden Ausgaben von Gervinus' „Geschichte der poetischen National-Literatur
der Deutschen" nach 1848 seit ihrer vierten Auflage von 1853 unter dem Titel
„Geschichte der deutschen Dichtung" erschienen sind. – René Wellek und Austin
Warren haben in ihrer „Theorie der Literatur" darauf hingewiesen, wie schwierig
es ist, der Geschichte einer „Nationalliteratur" als Kunst nachzugehen, wenn der
ganze Betrachtungsrahmen im Grunde zu unliterarischen Bezügen führt, „zu
Spekulationen über Nationalcharakter und nationale Ethik, die nur wenig mit
der Literatur als Kunst zu tun haben" (Taschenbuchausgabe, S. 244). Ähnliche
Vorbehalte sind für den Historiker auch gegenüber dem romantischen Begriff des
„Volksgeistes", und zwar vor allem unter quellenkritischen Gesichtspunkten,
angebracht: Besonders wichtig ist für den Historiker dabei die Frage, inwieweit
die Literatur als eine Widerspiegelung des sozialen Prozesses verstanden werden
kann. Wie verhalten sich in der Geschichte Literatur und Gesellschaft zueinander?

Zweifellos gibt es eine historische Soziologie des Dichters, einen gesellschaftlichen Inhalt seines Werks. So war beispielsweise der Anteil der Aristokraten unter
den englischen Schriftstellern noch bis ins 19. Jahrhundert hinein außerordentlich hoch. Dasselbe gilt für Rußland. Das Problem des gesellschaftlichen Zwecks
literarischer Werke ist aber schon erheblich schwieriger. So haben Wellek und
Warren die gängige These widerlegt, daß Puschkin die Interessen des verarmten
russischen Landadels und Gogol die der kleinen ukrainischen Grundbesitzer vertreten hätte. Auf den Historiker kommen in solchen und ähnlichen Zusammenhängen vor allem quellenkritische Fragen zu. Nur wer, wie es Ernst Kohn-Bram-
stedt in seinem 1937 erschienenen Buch „Aristocracy and the Middle Classes in
Germany" ausgedrückt hat, „über die Struktur einer Gesellschaft aus anderen
als rein literarischen Quellen unterrichtet ist, kann ausfindig machen, ob und wie
weit bestimmte Typen der Gesellschaft und ihr Verhalten im Roman wiedergegeben sind" (S. 4). Auch ist beispielsweise der für die Neuzeit so wesentliche
Technisierungsprozeß der Industriellen Revolution erst spät zum Gegenstand
von Romanen geworden, zuerst in England etwa nach 1840 (Kingsley, Charlotte
Brontë), aber doch auch erst, nachdem das Phänomen bereits von Volkswirt-
schaftlern und Gesellschaftswissenschaftlern untersucht worden war.

Die neuere Forschung zur Literaturgeschichte hat sich besonders mit der auch
für den Historiker wichtigen Soziologie des Literaturpublikums in den einzelnen
Zeitaltern zu beschäftigen begonnen. Vor allem das starke Anwachsen der Leser-
schaft gegen Ende des 18. und zu Beginn des 19. Jahrhunderts hat zur Gründung
der großen kritischen Zeitschriften wie der „Quarterly Review" (1809), der „Blätter für literarische Unterhaltung" (1818) oder beispielsweise der „Revue des deux
Mondes" (1829) und dann auch zum Aufkommen der in der Nachfolge der englischen moralischen Wochenschriften des 18. Jahrhundert stehenden Familienzeit-
schriften geführt (in Deutschland: „Unterhaltungen am häuslichen Herd", 1852
und „Gartenlaube", 1953), während zuvor beispielsweise in England der Bauer
des 17. Jahrhunderts, der lesen lernte, nur die gleichen Bücher lesen konnte wie
der Adel und die Gebildeten. Hier liegt einer der Ursprünge für den allgemeinen

Wandel des literarischen Interesses, der Levin Schücking zu seiner „Soziologie der literarischen Geschmacksbildung" (1923) geführt hat. Ein Beispiel für diese Bestrebungen sind die zahlreichen Versuche, die einzelnen Phasen in Shakespeares Stil mit dem Wechsel seines Publikums zu begründen (Übergang von der populären Globe-Freilichtbühne zum „feineren" Saal des Blackfriars Theatre etc.). Über einen solchen Wandel des Publikums oder des Publikumsgeschmacks als Ursache für bestimmte Stilwandlungen können Auflageziffern von Werken und einzelnen Ausgaben, Zahlen von verkauften Exemplaren, Ausleihestatistiken von Leihbibliotheken u.a.m. wichtige Aufschlüsse geben. Hier wird aber auch bereits neben dem Problem des Publikumseinflusses auf die literarische Gestaltung die Frage der Wirkung von literarischen Werken auf das Publikum berührt: „Hat Addison wirklich die Sitten seiner Gesellschaft geändert oder Dickens zu Reformen der Schuldgefängnisse, Knabenschulen und Armenhäuser Antrieb gegeben? War Harriet Beecher Stowe (,Onkel Toms Hütte') wirklich, die kleine Frau, die den großen Krieg entfachte'? ... Wie groß war der Einfluß der Literatur auf das Anwachsen des modernen Nationalismus?" Diese Fragen Welleks und Warrens seien hier nur als Beispiele zitiert, die den Wert auch des soziologischen Ansatzes einer Literaturgeschichte als historischer Teildisziplin deutlich machen können.

Ähnliche soziologische Fragen ließen sich auch für die Kunstgeschichte stellen, die als historische Teildisziplin vor allem den Stilwandel in der Architektur und in den bildenden Künsten auf seine Bedingungen und Wirkungen hin untersucht. Besonders der Repräsentationsgedanke hat dabei seit der Renaissance die Baukonzeptionen und den Darstellungswillen der Architekten, Maler und Bildhauer stark beeinflußt. Die Absicht der Darstellung eigener Macht und eigenen Reichtums, die die Auftraggeber dabei oft verfolgten, teilte sich auch dem Selbstbewußtsein der Künstler bald mit, die – wie die Schriftsteller – erst in der Renaissance als freie, namentlich bekannte Persönlichkeiten von hohem gesellschaftlichen Ansehen in größerer Zahl erscheinen. Doch spielt bei dieser Beobachtung wohl auch unsere aufgrund der besseren schriftlichen Überlieferung der Quellen viel genauere Kenntnis der Namen und Gegenstände eine Rolle. Es ist jedoch zu fragen, ob diese bessere Quellenlage, die wir am Beginn der Neuzeit über die Renaissance besitzen, nicht selbst die Folge eines gewandelten Selbst-, Welt- und Kunstverständnisses ist. So ist beispielsweise deutlich eine stärkere Hinwendung der Renaissancekunst von sakralen zu profanen Gegenständen zu beobachten. Die den Beginn dieser neuen Kunstphase bestimmende mathematische, perspektivische und funktionale Wissenschaftlichkeit, wie sie zuerst in der Architektur und in den theoretischen Schriften bei Brunelleschi (1376–1446), L. B. Alberti (1404–1472), in der Malerei bei Masaccio (1401–1428) und dann vor allem bei Lionardo da Vinci (1452–1519) erscheint, bestimmt noch bis heute die akademische Kunstausbildung.

Es wird hier ein Zug der neuzeitlichen Kulturgeschichte, nämlich die Systematisierung und Rationalisierung der Grundlagen des Wissens und Könnens, auch in der Kunstgeschichte deutlich. Besonders klar erscheint diese Tendenz aber auf einem weiteren historischen Teilgebiet, dem der Wissenschaftsgeschichte.

Neben der Geschichte einzelner Wissenschaften wie z.B. der Medizin oder der Naturwissenschaften sind es vor allem die neuzeitlichen Organisationsformen der Wissenschaft selbst und die damit zusammenhängenden Fragen einer historischen Wissenssoziologie, die sich dabei als Teilgebiete ergeben. Doch sollte auf dem Gebiet der Geschichte des Wissenschafts- und Bildungswesens, wo es bisher noch an grundlegenden Voruntersuchungen fehlt, nicht zuviel von einer Wissenssoziologie erwartet werden. Das aufbereitete empirisch-historische Material für eine Untersuchung der sozialen Bedingungen von Kommunikationsmöglichkeiten im Bereich der Wissenschaft selbst fehlt noch weitgehend. Die „Soziologie des Wissens", wie sie in den Werken Max Schelers, Max Webers und Karl Mannheims begründet wurde, hat zwar mit Erfolg das Problem der sozialen Standortgebundenheit des Wissens untersucht. Dabei ist vor allem nochmals auf die bereits (s. S. 10) erwähnten Forschungen Max Webers zur Soziologie der Religion hinzuweisen, weil hier mit bemerkenswerten Ergebnissen versucht wurde, den Einfluß ideologischer Faktoren auf wirtschaftliche Verhaltensweisen und Einrichtungen aufzuzeigen, während zuvor im Anschluß an Marx fast ausschließlich nur vom Einfluß der Wirtschaft auf die Ideologie die Rede gewesen war. Aber um vergleichbare Untersuchungen auf dem Gebiete des Wissenschaftswesens selbst anzustellen, bedarf es noch der Ermittlung vieler Daten aus dem Schul-, Universitäts- und Hochschulwesen und einer historischen Darstellung und Strukturanalyse der Wissenschaftsorganisation. Vor allem die staatliche Wissenschaftsförderung und Kulturpolitik ist eine beherrschende Größe der neuzeitlichen Kulturgeschichte. War beispielsweise die älteste wissenschaftliche Akademie, die 1582 in Florenz gegründete Accademia della Crusca zur Pflege und Reinigung der italienischen Sprache, noch ein mehr oder weniger freiwilliger Zusammenschluß mit anfangs nur lockerer staatlicher Beteiligung, so war der staatliche kulturpolitische Einfluß bereits in Frankreich 1635 so weit entwickelt, daß die Initiative zur Gründung der Académie Française von Kardinal Richelieu, dem leitenden Minister Ludwigs XIII., ausging. Seit der Gründung der Preußischen Akademie der Wissenschaften (1700), die von Leibniz angeregt und von Friedrich I. befohlen wurde, sind fast alle Akademien als Veranstaltungen des Staates gegründet worden. Als ein ähnliches Beispiel kann die Entstehung der neuen technologischen Bildungsanstalten des 19. Jahrhunderts dienen, die unabhängig von den klassischen Universitäten und ihren Fakultäten gegründet wurden. Sie waren besonders in Deutschland vielfach erst auf Forderung des liberalen Bürgertums hin eingerichtet worden. Ihre Schüler entstammten daher zunächst, wie die Matrikellisten zeigen, den bürgerlichen Ständen des mittleren Beamtentums, des Handels und der Gewerbe, während die Söhne des Adels, des Bildungs- und Großbürgertums meist die juristischen, philologischen, mathematischen, naturwissenschaftlichen und medizinischen Studien auf den Universitäten vorzogen. Die allmähliche Emanzipation dieser „Polytechniken" zu Technischen Hochschulen (1879) von schließlich universitätsgleichem Rang (mit Fakultätsgliederung und Promotionsrecht) war ein langsamer Prozeß, der sich in Deutschland noch bis in die Weimarer Republik hingezogen hat. Neben wissenschaftsimmanenten Tendenzen (z.B. zunehmende mathematische Durchdringung und naturwissenschaftliche Grundlegung der modernen Technik) war auch für diese Entwicklung vor allem die staatliche und ministerielle Ablehnung bzw. schließliche Gewährung der Wünsche der Technischen Hochschulen entscheidend. Die staatlichen sog. hochschulfreien Wissenschaftsorganisationen, wie z.B. die 1911 gegründete Kaiser-Wilhelm-Gesellschaft (heute: Max-Planck-Gesellschaft), oder die 1920 ins Leben gerufene Deutsche Forschungsgemeinschaft sind weitere Beispiele für die Stellung des Staats in der Wissenschaftsförderung. Wir haben es hier mit einer wachsenden kulturpolitischen Aktivität des modernen Staats zu tun, die im 20. Jahrhundert auch auf die Führung einer auswärtigen Kulturpolitik übergegriffen hat und die ein einzigartiges Phänomen in der neuzeitlichen Kulturgeschichte darstellt. Daneben ist aber, wie besonders das Beispiel der Vereinigten Staaten von Amerika zeigen kann, darauf hinzuweisen, daß auch für die Kulturgeschichte der Neuzeit immer noch die unmittelbare Aktivität des Individuums und der Gesellschaft für Wissenschaft, Kunst und Bildung zu beachten bleibt.

Literatur

Allgemeine Kulturgeschichte der Neuzeit: D.W.H. SCHWARZ, Sachgüter und Lebensformen. Einführung in die materielle Kulturgeschichte des Mittelalters und der Neuzeit, Berlin 1970; H. PLATZ, Großstadt und Menschentum, München 1924; F. DELEKAT, Über den Begriff der Säkularisation, Heidelberg 1958; H. LÜBBE, Säkularisierung, Freiburg 1965; S.B. CLOUGH/Th.F. MARBURG, The Economic Basis of American Civilization, New York 1968; W.M.S. RUSSEL, Man, Nature and History, London 1967; W. BRÜCKNER, Kontinuitätsproblem und Kulturbegriff in der Volkskunde, in: Fschr. f. H. Moser, Berlin 1969, S. 31–46; A. SIEGFRIED, Aspekte des 20. Jahrhunderts, München 1956.
    Kirchengeschichte, Religionsgeschichte und -soziologie: H. BORN-KAMM, Grundriß zum Studium der Kirchengeschichte, 1949; Ch. POULET, Initiation à l'histoire ecclésiastique, 2 Bde. Paris 1944–46; M. SCHMIDT, Evangelische Kirchengeschichte Deutschlands von der Reformation bis zur Gegenwart, 1956; P. DELATTRE, Destruction et résurrection du catholicisme dans l'Allemagne centrale 1521–1930 in: Revue d'histoire des missions 8, 1931, (Paris); Sir G.E. SCHUSTER, Christianity and human relations in industry, London 1951; M. WEBER, Gesammelte Aufsätze zur Religionssoziologie, 3 Bde. Tübingen ³1963/66. – Zur vergleichenden Religionsgeschichte siehe: H. v. GLASEN-APP, die fünf großen Religionen, 2 Bde., Stuttgart ³1958; M. ELIADE, Geschichte der religiösen Ideen, 3 Bde., Freiburg i. Br. 1978. – Weitere Literatur s. oben S. 200f.
    Einzelne Länder und Epochen in der Kulturgeschichte: Deutschland – Handbuch der Kulturgeschichte, Abt. 1: E.W. ZEEDEN, Deutsche Kultur in der frühen Neuzeit, Frankfurt a.M. 1968; E. ERMATINGER, Deutsche Kultur im Zeitalter der Aufklärung. (Bearb. von E. Thurnher und P. Stapf mit einer Einleitung von A. Wandruszka), Frankfurt a.M. 1969; W.H. BRUFORD, Deutsche Kultur der Goethezeit, Konstanz 1965; K. BUCHHEIM, Deutsche Kultur zwischen 1830 und 1870, Frankfurt a.M. 1966; H. KRAMER, Deutsche Kultur zwischen 1871 und 1918, Frankfurt a.M. 1971. – Die noch vorhandene Lücke schließt außerhalb dieser Reihe: P. GAY, Die Republik der Außenseiter. Geist und Kultur in der Weimarer Zeit 1918–1933, Frankfurt a.M. 1970; J. HERMAND/ F. TROMMLER, Die Kultur der Weimarer Republik, München 1978; J. WILLETT, Explo-

sion der Mitte. Kunst und Politik, 1917–1933, München 1981. – England: G.M. TREVE-
LYAN, Kultur- und Sozialgeschichte Englands, Hamburg 1948. – Frankreich:
W. MOENCH, Frankreichs Kultur. Tradition und Revolte. Von der Klassik bis zum Sur-
realismus, Berlin 1972; F.W.J. HEMMINGS, Culture and society in France. 1848–1898,
London 1971. – Italien: A. MOLHO, Social an economic Foundation of the Italian Renais-
sance, New York 1969.
   Kunst- und Literaturgeschichte und -soziologie: A. HAUSER, Sozialge-
schichte der Kunst und Literatur, 2 Bde., München 1953; H. DE BOOR und R. NEWALD,
Geschichte der deutschen Literatur, 7 Bde., München 1949ff.; H.N. FUEGEN, Die Haupt-
richtungen der Literatursoziologie und ihre Methoden, Bonn ⁴1970; L. LOEWENTHAL,
Das Bild des Menschen in der Literatur, Neuwied 1966; D. SPEARMAN, The Novel and
Society, London 1966. – Zur Bildungsgeschichte: Ch. BERG, A. BUCK, Ch. FÜHR u.a.
(Hg.), Handbuch der deutschen Bildungsgeschichte, 6 Bde., München 1987ff., und
L. BOEHM Ch. SCHÖNBECK (Hg.), Technik und Bildung, Düsseldorf 1989.
   Als Einzelbeispiel für Wissenschafts- bzw. Universitätsgeschichte:
J. ENGEL, Die deutschen Universitäten und die Geschichtswissenschaft, in: Hundert Jahre
Historische Zeitschrift 1859–1959 (Sonderband), München 1959, S. 223–378. – A. KRAUS,
Vernunft und Geschichte. Die Bedeutung der deutschen Akademien der Wissenschaften für
die Entwicklung der Geschichtswissenschaft im späten 18. Jahrhundert. Freiburg 1963;
L. BURCHARDT, Wissenschaftspolitik im Wilhelminischen Deutschland, Göttingen 1975;
R. VIERHAUS und B. VOM BROCKE (Hg.), Forschung im Spannungsfeld von Politik
und Gesellschaft. Geschichte und Struktur der Kaiser-Wilhelm-/Max-Planck-Gesellschaft,
Stuttgart 1990; – L. BOEHM und R.A. MÜLLER (Hg.), Universitäten und Hochschulen
in Deutschland, Österreich und der Schweiz, Düsseldorf 1983. – Allgemein zur Universitätsgeschichte (Bibliographie) dort s. S. 385–391.

3. Der Problemkreis Wirtschaft und Gesellschaft

Auch das große Gebiet der wirtschaftlichen Tätigkeit des Menschen kann in systematischer Hinsicht zum Teil mit zur Kulturgeschichte gerechnet werden. Die
in Deutschland eine Zeitlang übliche Unterscheidung zwischen Kultur und „Zivilisation", wobei unter Zivilisation der technische Standard als ein bloß äußer-
liches, gewissermaßen ungeistiges Phänomen verstanden wurde, hat sich gerade
angesichts der beschleunigten technologischen Entwicklung in der jüngsten Neuzeit, von der alle Bereiche des Lebens mitbetroffen worden sind, als wenig sinnvoll und brauchbar erwiesen. Im angelsächsischen Sprachbereich beispielsweise
ist diese Unterscheidung kaum je gemacht worden. Wenn dennoch in diesem Abschnitt der Problemkreis Wirtschaft und Gesellschaft mit seinen Teildisziplinen
kurz für sich behandelt wird, so geschieht dies nur, weil rein quantitativ gesehen
die gesamte Sphäre der Wirtschaft in der Neuzeit so stark angewachsen ist, daß
die Behandlung der zugehörigen Teildisziplinen am besten im Zusammenhang
erfolgt. Die Skizzierung des Problemkreises Wirtschaft und Gesellschaft am
Schluß dieser Darstellung der Neueren Geschichte ist daher nicht als Rangmin-
derung, sondern als eine gewisse Hervorhebung zu verstehen.
   Die Sozial- und Wirtschaftsgeschichte hat auch in der Neueren Geschichte lange ein Eigendasein geführt. Eine von der allgemeinen geschichtlichen

Periodisierung zum Teil abweichende Epochengliederung der Sozial- und Wirtschaftsgeschichte zeigt sich zunächst hinsichtlich des Begriffs der Neuzeit. Hier
hat sich neben der allgemein üblichen Ansetzung auf die Zeit um 1500, die nach
neuerer Auffassung (Josef Engel) noch weiter vorverlegt werden müßte, für die
Wirtschafts- und Sozialgeschichte die als Beginn einer eigentlichen Neuzeit empfundene Epochengrenze der „industriellen Revolution" seit etwa 1765 durchgesetzt (W. Conze und R. Koselleck).

Eine besondere Bedeutung besitzen in der Sozial- und Wirtschaftsgeschichte
auch die gegenständlichen Quellen (Überreste), die uns besonders über den
Stand der Technik informieren. Den Vorrang haben aber trotzdem auch hier die
schriftlichen Überreste, und zwar im Sinne Ludwig Beutins die „primären schriftlichen Quellen", d.h. Quellen, die unmittelbar aus der wirtschaftlichen Tätigkeit
selbst hervorgegangen sind. Dazu gehören beispielsweise die ersten Dokumente
der doppelten Buchführung aus dem 15. Jahrhundert in Italien oder die großen
Zollregister, von denen die Listen der seit 1497 überlieferten dänischen Sundzölle
wohl am berühmtesten sind, oder auch die Akten der staatlichen Wirtschafts-
behörden, die besonders für die Steuerstatistik und damit indirekt z.B. für die
Mengenermittlung von Verbrauchsgütern Bedeutung haben. Eine wichtige
Gruppe bilden auch die Akten und Jahresberichte der im 19. Jahrhundert gegründeten Handelskammern.

Die Zahl der Archive, die speziell Wirtschaftsquellen sammeln, ist allerdings
nicht sehr groß. Es gibt zwar eine Reihe von – teils traditionsreichen und angesehenen – Privatarchiven (unter den Firmenarchiven z.B. die von Daimler-Benz,
Krupp, Siemens und Thyssen), aber schon die Zahl der regionalen Wirtschaftsar-
chive, die in Deutschland meist einzelnen größeren Handelskammern zugeordnet
sind, ist sehr gering: neben dem ältesten, dem 1906 in Köln gegründeten Rhei-
nisch-Westfälischen Wirtschaftsarchiv, sind eigentlich für Deutschland nur noch
das Saarwirtschaftsarchiv (gegr. 1935) und das Westfälische Wirtschaftsarchiv in
Dortmund (gegr. 1941) zu nennen, während auf der Seite des staatlichen Zen-
tralarchivwesens eine Abteilung für Werksarchive, wie sie z.B. 1949 bei den
Archives Nationales in Paris eingerichtet wurde, für Deutschland noch nicht besteht. Noch heute ist, wie Wolfgang Zorn festgestellt hat, z.B. eine Erforschung
des Zusammenbruchs industrieller Unternehmen in Deutschland nach 1871
stark dadurch behindert, daß die Akten der Konkursverfahren, die nach einer
Aufbewahrungszeit von im allgemeinen dreißig Jahren von den Amtsgerichten
den Staatsarchiven zur Lagerng angeboten wurden, von diesen um die Jahrhundertwende meist abgelehnt und dann vernichtet worden sind.

Wirtschaftsgeschichte hat es aber nicht nur mit den schriftlichen Quellen von
Handel und Gewerben bzw. der Industrie und der Staatswirtschaft zu tun. Es
ergibt sich vielmehr eine Reihe von Teildisziplinen, in denen auch die gegenständlichen Quellen wichtig sind. Diese Teildisziplinen sind hier zunächst kurz zu nennen.

Die Entwicklung der neuzeitlichen Wirtschafts- und Industriegesellschaft
vollzog sich über einer agrarischen sowie einer siedlungs- und bevölkerungsmäßi-

gen Grundstruktur, mit deren Erforschung sich beispielsweise die Disziplinen der Siedlungs-, der Bevölkerungs- und der Agrargeschichte der Neuzeit beschäftigen. Eine wichtige Grundlage auch für die sozialen Voraussetzungen bieten hierbei die Ergebnisse der historischen Siedlungskunde, der Siedlungsgeschichte, die neben den „langfristigen" Konstanten der Siedlungsfaktoren (z.B. Küsten, Flüsse, Berge, Straßen) auch bestimmte an einzelne Zeitalter gebundene Veränderungen (z.B. Deich- und Kanalbauten, Berg- und Befestigungsbau, Kriegsverwüstungen u.a.) erforscht. Sie hat beispielsweise im Falle Deutschlands als ein Grunddatum der Neuzeit festgestellt, daß seit dem späten Mittelalter sich die Grenzen zwischen Wald- und Ackerzonen kaum mehr verändert haben, so daß hier von relativ festen Siedlungs- und Wohngrenzen ausgegangen werden kann. Die innerhalb dieses verhältnismäßig festen Rahmens erfolgten Siedlungsbewegungen können für die Neuzeit „aus der Verbindung von Ausgrabungstechnik, Stadtplanforschung und Deutung schriftlicher Überlieferung" (L. Beutin) näher bestimmt werden. Besonders die historische Landeskunde hat sich siedlungsgeschichtlicher Fragen angenommen und mit den Mitteln der Ausgrabungstechnik beispielsweise wichtige Lokalisierungen verlassener Siedlungen (Wüstungen) aus der Zeit des Dreißigjährigen Kriegs treffen können. Auch die historische Stadtplanforschung, wie sie z.B. in der Reihe des von Edith Ennen herausgegebenen „Rheinischen Städteatlas" begonnen worden ist, bedeutet für die Siedlungsgeschichte der Neuzeit eine wichtige Hilfe.

Zugleich sind diese Techniken der Siedlungsgeschichte auch für eine Bevölkerungsgeschichte brauchbare Hilfsmittel, zumal dann, wenn primäres statistisches Material über Bevölkerungsgrößen von einzelnen Städten oder Ortschaften nicht vorliegt und daher erst mühsam erschlossen werden muß. Die statistische Wahrscheinlichkeitsrechnung kann hier eine zusätzliche Hilfe bedeuten. Auf sicherem Boden bewegt sich die Bevölkerungsgeschichte aber nur dort, wo ihr primäres Zahlenmaterial zur Verfügung steht. Seitdem in den Florentiner Stadtkirchen des 15. Jahrhunderts eine einfache Geburtenstatistik begann, sind die Personenstandsbücher der Einzelpfarreien für die Erforschung der neueren europäischen Bevölkerungsgeschichte als eine Hauptquelle zu nennen. Sie besitzen gegenüber den seit dem Merkantilismus aufkommenden Volkszählungen, die meist nur globales, wenig gegliedertes Material aufweisen, den Vorteil einer feineren Differenzierung (Heiratsziffern, Fruchtbarkeit, Geburten- und Sterblichkeitsziffern, Altersaufbau, Wanderungszahlen). Doch kann überhaupt von einer zusammenhängenden Statistik erst bei den Staaten des 17. Jahrhunderts gesprochen werden. Seither haben sich die mathematischen Methoden ständig verfeinert. Die Bevölkerungsgeschichte bemüht sich in neuerer Zeit, in Zusammenarbeit mit der wirtschaftlichen Konjunkturgeschichtsforschung, das Problem einer möglichen Beeinflussung der Industrialisierung oder der Wirtschaftszyklen durch das Bevölkerungswachstum genauer zu klären.

Die siedlungs- und bevölkerungsgeschichtliche Entwicklung der Neuzeit spiegelt sich z.T. aber auch in der Agrargeschichte. Für sie ist vor allem die Frage der Agrarverfassung d.h. der Struktur der Eigentumsordnung, der Besitz- und

Betriebsgrößenverhältnisse, der Rechts- und Organisationsformen bei der Bodennutzung und die Struktur der ländlichen Arbeitsverfassung von besonderer Bedeutung. Je nachdem, ob der Landwirt (a) Eigentümer des von ihm und seiner Familie selber bewirtschafteten Bodens ist oder (b) das Eigentum in der Hand eines übergeordneten Grundherrn liegt oder (c) Formen eines gemeinsamen Eigentums und gemeinsamer Bewirtschaftung vorliegen, unterscheidet man zwischen der Verfasssung (a) des (freien) Bauerntums, (b) der Grundherrschaft und (c) der Genossenschaft. Dabei ist für Deutschland wichtig gewesen, daß in Ostdeutschland die Grundherrschaft, die im Westen mit einer gewissen Freizügigkeit der Bauern und relativ geringen Realabgaben verbunden war, sich zu der auch sonst in Osteuropa ausgebildeten Sonderform der Gutsherrschaft entwickelt hat, bei der der Grundherr nicht nur eine private personenrechtliche Hoheit, sondern bis ins 19. Jahrhundert hinein auch eine Ortsherrschaft und öffentliche Gerichtsbarkeit ausübte, mit deren Hilfe er Leibeigenschaft, Frondienste, Gesindezwang und Erbuntertänigkeit der Bauern durchsetzen und behaupten konnte. Erst die Bauernbefreiung nach den liberalen Reformen Steins und Hardenbergs hat diesen Zustand, der zuvor schon auf den königlichen Domänen in Preußen (1777 Aufhebung der Erbuntertänigkeit) abgeschafft worden war, allmählich beseitigt. Die Formen der staatlich-genossenschaftlichen Organisation dagegen haben im 20. Jahrhundert in der Kolchosenwirtschaft Sowjetrußlands und in den verschiedenen Arten der landwirtschaftlichen Produktionsgenossenschaften anderer sozialistischer Staaten eine veränderte Wiederaufnahme gefunden, während sich der genossenschaftliche Gedanke in den Staaten des Westens als private Rechtsform bis heute erhalten hat.

In diesem Zusammenhang wird deutlich, daß zur Agrargeschichte und -verfassung ebenso auch Fragen der Agrarsoziologie gehören, wie beispielsweise das Verhältnis von ländlicher und städtischer Bevölkerung oder die Integration der Landbevölkerung in die Gesamtgesellschaft. Hier sind schon seit Wiliam Petty („Observations upon the Cities of London and Rome", 1687) und seit der deutschen an Wilhelm Heinrich Riehl („Die Naturgeschichte des Volkes als Grundlage einer deutschen Socialpolitik", 4 Bde., 1854–1869) anknüpfenden Agrarsoziologie wichtige Forschungsgebiete der Agrargeschichte entstanden, die dann 1866 seit der „History of Agriculture and Prices in England" (8 Bde.) von James E. Th. Rogers zu einer selbständigen Disziplin geworden ist.

Ein wichtiges Forschungsfeld der Agrargeschichte bilden auch die besonderen Wirtschaftsformen des Ackerbaues und der schon früh mit ihm verbundenen Vieh- und Forstwirtschaft. Besonders die Anbau- und übrigen ländlichen Wirtschaftsformen sind für die Neuzeit durch die sog. „agrarische Revolution" des 18. Jahrhunderts in England geprägt worden, durch die eine andere Fruchtfolge und neue Anbautechniken (Reihensaat, Saatzucht) eingeführt wurden. Die Arbeiten Albrecht Thaers und die Untersuchungen Justus Liebigs haben dann bis zur Mitte des 19. Jahrhunderts wesentlich zur weiteren Verbesserung der technischen und agrarchemischen Voraussetzungen der gesamten Landwirtschaft beigetragen. Andererseits sind aber noch im 19. Jahrhundert durch das Überhandnehmen der

Reblaus, die in Deutschland und Frankreich zu einer Verringerung des Weinbaues führte, und durch den Baumwollkapselkäfer in Mexiko und in den Südstaaten der USA große Schäden entstanden, die erst langsam durch neue chemische Mittel behoben werden konnten. Es hat freilich lange gebraucht, bis auch die negativen ökologischen Folgen dieser zunehmenden Verwendung von Chemikalien in der Landwirtschaft erkannt wurden. Dennoch konnte der Biologe Ludwig Trepl in seiner „Geschichte der Ökologie" 1987 die frühen Ansätze dieser Wissenschaft bis in die „Naturgeschichte" des 17. Jahrhunderts zurückverfolgen.

Ein weiteres Teilgebiet stellt die bereits erwähnte neuzeitliche Industriegeschichte dar, denn die Wirtschaftsgeschichte der Neuzeit ist außer von der „agrarischen Revolution" vor allem durch die folgende „industrielle Revolution" in der zweiten Hälfte des 18. Jahrhunderts bestimmt worden. Dieser epochale Begriff, der erstmals 1827 im Englischen und dann 1845 auch bei Friedrich Engels auftaucht, ist seit dem Buch Arnold Toynbees d.Ä. „The Industrial Revolution" von 1884 für die Bezeichnung des Übergangs von der gewerblichen Produktionsform der Manufaktur zur maschinengetriebenen Fabrikproduktion allgemein üblich geworden. Der Begriff bezeichnet einen Bruch in der gewerblichen und unternehmerischen Entwicklung, mit der sich die Disziplinen der Industrie und Technikgeschichte beschäftigen.

Am Anfang dieses industriellen Durchbruchs stand 1765 bekanntlich die Erfindung der direktwirkenden Niederdruckdampfmaschine mit getrenntem Kondensator von James Watt, worauf 1769 das englische Patent erteilt wurde. Der Technikhistoriker Conrad Matschoss hat 1901 in seinem grundlegenden Buch „Geschichte der Dampfmaschine" Voraussetzung und Wirkung dieser Erfindung in technischer und sozialhistorischer Sicht beschrieben. Der kaum vorstellbare Siegeszug dieser Erfindung mit allen Konsequenzen wird vielleicht etwas verständlicher, wenn man sich – etwa am Beispiel des ersten selbsttätigen Musterwebstuhls von Jacques de Vaucanson von 1745 – einmal den hohen, damals bereits erreichten Stand der Mechanisierung vergegenwärtigt, durch den diese neue Dampfmaschine nicht nur als Energiequelle für Pumpen bei der Wasserhaltung in Bergwerken, sondern auch für neue kompliziertere mechanische Vorgänge erst voll ausgenutzt werden konnte. Die Aussicht auf die billige Energie hat bald zu einer Reihe weiterer verwickelter Apparaturen, besonders in der Textilindustrie, geführt. Hargreaves' Jenny-Spinnmaschine von 1767, Arkwrights Flügel- und Cromptons Mule-Spinnmaschine (1769 und 1774) und 1785 der Mechanische Webstuhl Cartwrights machen klar, daß der Stand der feinmechanisch-maschinellen Technik die Anwendung der neuen Energiequelle auf immer neuen Gebieten möglich machte und auch den Bau von Dampfmaschinen sehr bald in anderen Ländern begünstigte. Die Geschichte der Verbreitung der modernen Technik ist daher von besonderem Interesse. Der Historiker wird dabei auch die Bedingungen der technologischen Entwicklung und des technischen Fortschritts untersuchen und feststellen, daß bestimmte Erfindungen durch naturwissenschaftliche Entdeckungen gefördert oder verbessert worden sein können, wie beispielsweise der Bau von Dampfmaschinen durch die theoretisch-thermodynamischen Arbei-

ten von Sadi Carnot (Carnotscher Kreisprozeß, 1824) und Clapeyron (Wärme-
diagramm, 1834). Aber die großen Erfindungen sind doch nicht allein aus natur-
wissenschaftlich-mathematischen Voraussetzungen ableitbar, obwohl beispielsweise die Konstruktion des sog. Bunsenbrenners oder der von Helmholtz erfundene Augenspiegel auch eine solche Erklärung in einzelnen Fällen zuließen. Im
allgemeinen ist vielmehr die Geschichte der Erfindungen meist durch Merkmale
geprägt, die den Erfinder mit Recht in den Mittelpunkt rücken und ihn als einen
Typus erscheinen lassen, der eher mit dem wirtschaftlichen Unternehmer, oft als
eine Art Gegentypus, verglichen werden kann. Ein Blick für die Möglichkeiten,
für die Anwendbarkeit und Verwendbarkeit neuer Prinzipien und Techniken
scheint beiden Vertretern gemeinsam, und der Typ des Erfinder-Unternehmers
(z.B. James Watt, Werner von Siemens, Nikolaus August Otto und Eugen Langen, Rudolf Diesel, George H. Corliss und Thomas A. Edison) ist gar nicht so
selten, wenn auch die Zahl überragender Erscheinungen aufs Ganze gesehen relativ klein ist.

Gegenüber den großen Erfindern und Unternehmern sollte aber die strukturelle Bedeutung des technologischen Unterrichts- und Bildungswesens nicht übersehen werden. Sind die Anfänge der industriellen Revolution in England noch
überwiegend aus der technischen Praxis und z.T. aus philanthropischen Absichten einzelner Erfinder mit dem Ziel der unmittelbaren Arbeitserleichterung für
die Menschen hervorgegangen, also weitgehend ohne das Vorhandensein techno-
logischer Unterrichtsanstalten, so wurde der technische Fortschritt auf dem
europäischen Kontinent durch eine neue Art des Schul- und Hochschulwesens
wesentlich gefördert. Hier liegt ein enger Zusammenhang zwischen der modernen Technisierung und der neuzeitlichen Kultur- und Bildungsgeschichte vor. In
Frankreich waren es die Ecole Polytechnique (gegr. 1794) in Paris und die an sie
anschließenden höheren Verwaltungs- und Wissenschaftsanstalten, in Deutschland die Polytechnischen Schulen nach Art der Berliner Gewerbeakademie (gegr.
1821) und des Polytechnikums in Karlsruhe (gegr. 1825) sowie der älteren österreichischen polytechnischen Institute in Prag (gegr. 1806) und Wien (gegr. 1815)
und des mehrfach technologisch reformierten traditionsreichen Collegium Caro-
linum in Braunschweig (gegr. 1745), die bald bei der Gründung ähnlicher Einrichtungen in Hannover, Dresden, Darmstadt, Stuttgart, München, Aachen,
Breslau und Danzig Pate gestanden haben. Zugleich waren diese technologischen
Ausbildungsstätten im 19. Jahrhundert Zentren der bürgerlich-liberalen Bewegung, so daß hier wichtige politische Zusammenhänge auftauchen, die von der
Forschung in den letzten Jahren deutlicher herausgearbeitet worden sind. Die
deutsche technologische Schul- und Hochschulentwicklung ist dann auch auf das
Bildungswesen der Schweiz und der Vereinigten Staaten von Einfluß gewesen.

Neben diesen Fragen, die mit den technologischen Bedingungen und mit den
geistigen und praktischen Initiatoren der Industrialisierung selbst zu tun haben
und sich zum Teil mit Fragen der Bildungsgeschichte und der Erfinder- und Unternehmersoziologie berühren, steht das große Forschungsgebiet der sozialen
und politischen Auswirkungen der industriellen Revolution. Die Arbeiterfrage

des 19. Jahrhunderts hat sich bekanntlich zuerst in England gestellt, wo der In-
dustrialisierungsprozeß am weitesten fortgeschritten war und Frauen- und Kin-
derarbeit schon früh als ein besonderes soziales Problem erkannt wurden. Von
einer Verelendung vieler Arbeiter, die Karl Marx dann zu einem Kernpunkt seiner Theorie gemacht hat, konnte damals – wie Friedrich Engels' Buch „Die Lage
der arbeitenden Klassen in England" (1845) einem größeren Publikum in
Deutschland zeigte – tatsächlich gesprochen werden. Es stellte sich dann bald
heraus, daß mit den alten, nach dem freien Kassenprinzip organisierten englischen Hilfskassen der „Friendly Societies" und der „Trade unions" die Schwierigkeiten der sozialen Frage nicht gelöst werden konnten. In Deutschland, wo in
Elberfeld nach abgewandeltem englischen Vorbild ein neues System eingeführt
worden war, wurden schon früh Stimmen laut (J.K. Rodbertus, L. v. Stein, Bischof W.E. v. Ketteler), die einen staatlichen Eingriff in die Wirtschaft forderten.
Die staatliche Gewerbeförderung Preußens in der ersten Jahrhunderthälfte wie
auch die Begründung und Vorgeschichte des preußisch-deutschen Zollvereins
oder Bismarcks Schutzzollpolitik waren erste vorsichtige Schritte zur Verwirklichung einer solchen Auffassung, die auch in der Sozialpolitik immer mehr Anhänger fand. Aber erst mit Bismarcks Arbeiterversicherung der achtziger Jahre,
die dann auch in England selbst als Vorbild angesehen und in ähnlicher Weise
1911 eingeführt wurde, war der Schritt zur staatlichen Intervention auf diesem
Gebiet getan. Dieses Beispiel zeigt, wie eng die Verbindung von Wirtschafts-, So-
zial- und allgemeiner politischer Geschichte ist. Schon allein wegen der ständig
gewachsenen Bedeutung und Macht, die der Staat in der Neuzeit als Gesetzgeber
und als Unternehmer in der Wirtschaft gewonnen hat, sollte man nicht von
einem Primat der Sozial- und Wirtschaftsgeschichte sprechen, denn der Begriff
des Politischen schließt diese Sphären vom Staatlichen her teilweise mit ein, so
daß „politische Ökonomie" (Friedrich List) und der Begriff einer politischen Geschichtsschreibung die Berücksichtigung der Sozial- und Wirtschaftsgeschichte
eigentlich als selbstverständlich erscheinen lassen, auch wenn dies z.T. noch nicht
in der wünschbaren Weise verwirklicht worden ist.

Es ist aber kein Geheimnis, daß für den Historiker hier neben der Kenntnis der
zahlreichen Teilgebiete seiner engeren Wissenschaft vor allem in der Neueren Geschichte mehr als bloße Grundkenntnisse der benachbarten Sozial- und Wirtschaftswissenschaften erforderlich sind. Als ein erster Zugang zu diesen wichtigen Nachbardisziplinen kann am ehesten vielleicht die Geschichte der volkswirtschaftlichen Theorien gelten, woran sich eine Einarbeitung in das grundlegende
mathematische Instrumentarium anschließen sollte. Dabei ist auffällig, daß in
der Geschichte der Nationalökonomie schon früh neben die realistische Beschreibung der jeweils gegenwärtigen ökonomischen Tatsachen, wie sie etwa bei den
Engländern Thoman Mun (1571–1641) und Wiliam Petty (1623–1687) zu beobachten ist, eine historische Betrachtung der Dinge hinzugetreten ist. Diese Linie
zieht sich nahezu durch die gesamte Geschichte der Volkswirtschaftslehre. Adam
Smith (1723–1790) hat in seinem epochemachenden Werk „An Inquiry into the
Nature and Causes of the Wealth of Nations" (1776) zur Erklärung einzelner

wirtschaftspolitischer Vorgänge auch auf die Geschichte zurückgegriffen und seinem Werk z.B. einen Anhang über die Veränderungen des Silberwerts während
der vorherigen vierhundert Jahre hinzugefügt. Bedeutende volkswirtschaftliche
Theoretiker wie David Ricardo (1772–1823), Johann Georg Büsch (1728–1800),
Friedrich List (1789–1846) und Karl Marx (1818–1883) bis zu den Vertretern der
sog. „älteren" (W. Roscher, B. Hildebrand, K. Knies) und der sog. „jüngeren" historischen Schule der deutschen Nationalökonomie (G. Schmoller, L. Brentano,
K. Bücher) haben ihren Theorien eine historische Untermauerung zu geben und
umgekehrt durch die Untersuchung von längeren Wirtschaftsverläufen neue
theoretische Elemente zu gewinnen versucht. Den Historiker können in diesem
Zusammenhang besonders die großen Periodisierungsentwürfe interessieren.
Büchers Schema einer Folge Hauswirtschaft – Stadtwirtschaft – Volkswirtschaft
erweist sich dabei, wie Ludwig Beutin bemerkt hat, noch sehr am Weg der Güter
vom Produzenten zum Konsumenten orientiert, weniger brauchbar als historische Reihe. Trotzdem hat sein Periodisierungsschema bei Bernhard Harms
(1876–1939) durch die Anfügung einer vierten Entwicklungsstufe – Weltwirtschaft – neue Aktualität gewonnen. Lists Schema der stufenweisen Entwicklung
der Produktionskräfte von einem „Wildzustand" über Hirten- und Agrikulturstaat zu den komplexeren Gebilden des Agrikultur-/Manufakturstaats und des
Agrikultur-/Manufaktur-/Handelsstaats hat sich wegen seiner ergänzungsbedürftigen Endstufe als etwas zu statisch erwiesen. Bruno Hildebrand (1812–1886)
hatte die gesamte Wirtschaftsentwicklung in abstrakterer Weise durch die Stufen
Natural-, Geld-, Kreditwirtschaft zu erklären versucht. Dieses Schema scheint
auch heute noch brauchbar, ist aber zugleich sehr allgemein. Die Schwierigkeiten
solcher Stufenentwürfe haben sich auch im Marxschen Gesellschafts- und Produktionsschema Urkommunismus – Sklavenhaltergesellschaft – Feudalismus –
Kapitalismus – Sozialismus nicht ganz vermeiden lassen, da hier zu den theoretischen Problemen, die die Übergangsphasen bilden, noch die Schwierigkeit eines
prognostizierten, gleichsam gesetzmäßig eintretenden Endzustands hinzukam.

Von diesen traditionellen Periodisierungsentwürfen der Wirtschaftsgeschichte
aus kann sich der Historiker mit den modernen Theorien des volkswirtschaftlichen Wachstums befassen und von hier schrittweise das z.T. schwierige mathematische („Ökonometrie") und modelltheoretische Rüstzeug der modernen Nationalökonomie seit Keynes und der dann gegen ihn entwickelten neoklassischen
Schule (M. Friedman, F.A. v. Hayek) zu erwerben suchen. Die neben der Konjunktur- und Krisentheorie neuerdings entwickelte Wachstumstheorie, die mit
säkularen Trendgrößen – nicht mit kürzerzeitigen Konjunkturschwankungen –
arbeitet, bezieht für ihre Berechnungen als Faktor des Wachstums und der
Wachstumsrate eine Größe „technischer Fortschritt" (Θ) mit ein. Das Fortschreiten dieses Fortschritts ergibt nach Walt W. Rostow („Stages of Economic
Growth", deutsch [2]1967) ein wirtschaftliches Wachstum in einer ersten mit Beginn
der industriellen Revolution einsetzenden „Anlaufphase", der ein wirtschaftlicher
Aufstieg und ein gewisses Reifestadium als nächste Phasen folgen. Als für die einzelnen Länder wesentlichen Durchbruch (Take-Off) zum Aufstieg sieht Rostow

dabei eine zehnprozentige Netto-Investitionsrate des Volkseinkommens an. Doch scheint dieser Wert nach neueren Untersuchungen etwas zu hoch gegriffen. Der Historiker, der sich mit solchen Modellen auseinandersetzt, bedarf gründlicherer Kenntnisse der angewandten Mathematik und ihrer Techniken. Er sollte sich – vielleicht ausgehend von Wolfgang Zorns oder Hermann Kellenbenz' Einführung in die Sozial- und Wirtschaftsgeschichte – mit den in Frage kommenden Arten der Statistik und der Wahrscheinlichkeitsrechnung sowie graphischen Darstellungsweisen (arithmetische und logarithmische Index-Darstelllungen, sog. Lorenzkurven zur Wiedergabe der Vermögensverteilung, Vektorendarstellung usw.) unbedingt vertraut machen.

Es ist freilich in diesem Zusammenhang davor zu warnen, politische Entscheidungsprozesse, mit denen der Historiker immer wieder zu tun hat, allzu sehr von rein ökonomischen oder sozio-ökonomischen Voraussetzungen her zu interpretieren. So angemessen die sozio-ökonomische Methode sein kann, so unsicher ist in vielen Fällen ihre einseitige Handhabung. Vorgänge wie beispielsweise die Loslösung Belgiens aus den Vereinigten Niederlanden 1831 oder der Ausbruch des Ersten Weltkriegs sind nur als Folge einer angeblichen Handelsrivalität, zumindest was ihren komplizierten ökonomischen Aspekt anlangt, sehr ungenau erklärt; denn unter wirtschaftlichen Gesichtspunkten wäre eine Sezession Belgiens gerade nicht zu vertreten gewesen, und der britisch-deutsche Handel blühte selten so wie im Jahre 1913. Es muß für den Historiker viel mehr darauf ankommen, die Verflochtenheit der allgemein politischen mit sozialen und wirtschaftlichen Motiven genau zu ermitteln und mögliche Einflüsse wirtschaftlicher und sozialer Art auf politische Entscheidungsmotive auch zu belegen.

Die historischen Teildisziplinen – vielleicht kann das der bisherige abschließende Überblick über die einzelnen Problemkreise der Neueren Geschichte zeigen – sind eng aufeinander bezogen. Die zahlreichen Verflechtungen machen für die Neuere Geschichte in den nächsten Jahren eine noch stärkere Zusammenarbeit mit einzelnen Teil- und Nachbargebieten, vor allem mit der Sozial- und Wirtschaftsgeschichte und mit einzelnen sozialwissenschaftlichen Nachbardisziplinen, erforderlich. Da aber hierüber die bewährten akten- und übrigen quellenkundlichen und -kritischen Grundlagen der Neueren Geschichte sowie eine daraus resultierende gewisse Notwendigkeit der rechts-, verfassungs- und diplomatiegeschichtlichen Arbeitsweisen nicht aufgegeben werden dürfen, kann dies nur bedeuten, daß die Erfordernisse der Sozial- und Wirtschaftsgeschichte und eine stärkere Zusammenarbeit mit den Sozialwissenschaften als eine zusätzliche Aufgabe der Neueren Geschichte angesehen werden müssen, über der die traditionellen und ebenfalls grundlegenden Aufgaben einer macht- und diplomatiegeschichtlich orientierten Geschichtsforschung nicht vernachlässigt werden dürfen.

Literatur

Neben den bereits erwähnten Einführungen von Beutin/Kellenbenz und W. Zorn sind für bibliographische Zwecke zunächst noch zu nennen: H. AUBIN und W. ZORN (Hg.), Handbuch der deutschen Wirtschafts- und Sozialgeschichte, Bd. 2, Stuttgart 1976; Research in economic and social history. (Reviews of current research. 9) London 1971 und W.I. DA-VISSON und J.E. HARPER, European economic history. New York 1972ff. (Bd. 1 liegt vor); W.A. BOELCKE, Wirtschafts- und Sozialgeschichte. Einführung, Darmstadt 1987; W. FISCHER u.a. (Hg.), Handbuch der europäischen Wirtschafts- und Sozialgeschichte, bes. Bd. 3–6, Stuttgart 1985ff.; DERS. (Hg.), Geschichte der Weltwirtschaft im 20. Jahrhundert, 6 Bde., München 1973ff. Geschichte der Wirtschaftstheorie: G. SCHMÖLDERS, Geschichte der Volkswirtschaftslehre, Wiesbaden 1961; H.C. RECK-TENWALD (Hg.), Geschichte der politischen Ökonomie. Eine Einführung in Lebensbildern, Stuttgart 1971; O. ISSING (Hg.), Geschichte der Nationalökonomie, München ²1988.

Grundfragen der Sozial- und Wirtschaftsgeschichte: H. FREYER, Die Bewertung der Wirtschaft im philosophischen Denken des 19. Jahrhunderts, Leipzig 1921, ²1939; Th. SURANYI-UNGER, Scope and problems of economic philosophy, in Zs. f. d. ges. Staatswiss. 116, 1960: H. KELLENBENZ, Probleme einer deutschen Sozialgeschichte der neueren Zeit, in: Veröffentlichungen der Hochschule für Wirtschafts- und Sozialwissenschaft zu Nürnberg, 16; W. CONZE, Die Strukturgeschichte des technisch-industriellen Zeitalters als Aufgabe für Forschung und Unterricht. Opladen 1957; H. BÖHME, Prolegomena zu einer Sozial- und Wirtschaftsgeschichte Deutschlands im 19. und 20. Jahrhundert, Frankfurt a.M. 1968 (Edition Suhrkamp); J. LHOMME, Economie et histoire, Genf 1967; H.-U. WEHLER (Hg.), Geschichte und Ökonomie. Köln 1973; DERS. (Hg.), Moderne deutsche Sozialgeschichte, Köln/Berlin ⁶1981.

Darstellungen: F. BRAUDEL, Die Geschichte der Zivilisation vom 15. bis 18. Jahrhundert, München 1971; F. LÜTGE, s. S. 195; Hans HAUSSHERR, Wirtschaftsgeschichte der Neuzeit vom Ende des 14. bis zur Höhe des 19. Jahrhunderts 4., durchges. Aufl. Köln/Wien 1970; Wilhelm TREUE, Wirtschaftsgeschichte der Neuzeit im Zeitalter der industriellen Revolution. 1700–1960, Stuttgart ³1973; F.-W. HENNING, Wirtschafts- und Sozialgeschichte Deutschlands, 3 Bde., Paderborn 1973ff.; aus der CAMBRIDGE ECONOMIC HISTORY, hg. von Sir J. CLAPHAM and E. POWER, bes. Bd. 6: H.J. HABAK-KUK (Hg.), The industrial revolutions and after: incomes, population and technological change. 2 Teile, 1965. Ferner auch Bd. 7 und 8.

Zur Technikgeschichte: A. TIMM, Einführung in die Technikgeschichte. Berlin 1972 (Slg. Göschen); C. MATSCHOSS, Geschichte der Dampfmaschine, Köln 1901; K. HANSEN und R. RÜRUP (Hg.), Moderne Technikgeschichte, Köln 1975; K.-H. LUDWIG (Hg.), Technik, Ingenieure und Gesellschaft. Geschichte des Vereins Deutscher Ingenieure, 1856–1981, Düsseldorf 1981; PROPYLÄEN TECHNIKGESCHICHTE, hg. von W. KÖNIG, bes. Bde. 2–6, Berlin 1990ff. (mit ausführlichen Literaturangaben).

Zu Einzelfragen: W.G. HOFFMANN, Das Wachstum der deutschen Wirtschaft seit der Mitte des 19. Jahrhunderts, Berlin 1965; W. FISCHER (Hg.), Wirtschafts- und sozialgeschichtliche Probleme der frühen Industrialisierung. Berlin 1968; M. YASS, The great depression, London 1970; W. ABEL und F. LÜTGE, vgl. S. 195. – Zur sozialen Frage: E. SCHRAEPLER (Hg.), Quellen zur Geschichte der sozialen Frage, 2 Bde. (1800 bis zur Gegenwart) Göttingen 1955/57; W. TREUE/H. PÖNICKE/K.H. MANEGOLD (Hgg.), Quellen zur Geschichte der industriellen Revolution, Göttingen 1966 (beide letztgenannten Titel in der Reihe: Quellensammlung zur Kulturgeschichte, hg. von W. TREUE, Bde. 6, 9, 17); C. JANTKE, Der Vierte Stand. Freiburg i. Br. 1955. – Probleme des wirtschaftlichen Wachstums: A. GERSCHENKRON, Economic Backwardness in Historical Perspective, Cambridge/Mass. 1962; J. SCHUMANN, Das Modell effizienten

Wachstums, in: O. Becker und R. Richter (Hg.), Dynamische Wirtschaftsanalyse, Tübingen 1975, S. 191–201.
Quantitative Methoden in der Geschichtswissenschaft: J. MARCZEWSKI, Introduction à l'histoire quantitative, Genf 1965; D.K. ROWNEY und J.Q. GRAHAM jr. (Hgg.), Quantitative History, Selected readings in the quantitative analysis of historical data, Homewood/Ill. 1969; R.L. ANDREANO (Hg.), The new economic History, New York 1970; K. JARAUSCH, Quantifizierung in der Geschichtswissenschaft, 1973. – Beispiele für neuere bevölkerungsgeschichtl. Untersuchungen: D.V. GLASS u. D.E.C. EVERSLEY, Population in History. Essays in Historical Demography, London 1965; E.A. WRIGLEY, An Introduction to English Demography. From the 16th to the 19th Century, London 1966; B.R. MITCHELL, Europen historical statistics, Aylesbury 1975.

V. Ausgewählte Quellen zur Neueren Geschichte[1]

Quellenkunde

Quellenkunde zur deutschen Geschichte der Neuzeit von 1500 bis zur Gegenwart, hrsg. von Winfried Baumgart, 7 Bde., Darmstadt 1982ff.: Bd. 1 – Das Zeitalter der Glaubensspaltung (1500–1618), bearb. von Winfried Dotzauer, 1987. Bd. 2 – Dreißigjähriger Krieg und Zeitalter Ludwigs des XIV (1618–1715), bearb. von Winfried Becker, 1995. Bd. 3 – Absolutismus und Zeitalter der französischen Revolution (1715–1815), bearb. von Klaus Müller. Bd. 4 – Restauration, Liberalismus und Nationale Bewegung (1815–1870), bearb. von Wolfram Siemann, 1982. – Bd. 5, I – Das Zeitalter des Imperialismus und des Ersten Weltkrieges (1871–1918), 1. Teil: Akten und Urkunden, bearb. von Winfried Baumgart, ²1991. Bd. 5, II – Das Zeitalter des Imperialismus und des Ersten Weltkrieges (1871–1918), 2. Teil: persönliche Quellen, bearb. von Winfried Baumgart, ²1991. Bd. 6 – Zwischenkriegszeit und Zweiter Weltkrieg (1919–1945), 1 Teil: Akten und Urkunden, bearb. von Hans Günter Hockerts, 1996. (Bd. 6, II und Bd. 7 in Vorbereitung)

Allgemeine Sammlungen

Publicationen aus den preußischen Staatsarchiven. 94 Bde., Leipzig 1878–1938 (Teilnachdruck Osnabrück 1965–69): enthalten u.a. die diplomatischen Korrespondenzen Preußens und Frankreichs von 1795 bis 1807, die Unterhaltungen Friedrichs des Großen mit Heinrich de Catt, die Verhandlungen

---

[1] Zur weiteren Information s. Winfried BAUMGART, Bibliographie zum Studium der Neueren Geschichte, Bonn 1969 und DERS., Bücherverzeichnis zur deutschen Geschichte, München ¹⁰1992 sowie oben S. 226 Quellenkunde.

Schwedens und seiner Verbündeten mit Wallenstein und dem Kaiser von 1631 bis 1634, den Briefwechsel Friedrichs des Großen mit Voltaire, Dokumente zur Reorganisation des preußischen Staates unter Stein und Hardenberg und viele andere Quellen.

Fontes Rerum Austriacarum. Österreichische Geschichtsquellen. Hg. von der Historischen Kommission der Österreichischen Akademie der Wissenschaften. 3 Abteilungen, Wien 1849ff. mit insgesamt 100 Bdn. (Stand 1991).

Geschichte in Quellen. Unter Beratung von H. Beumann, F. Taeger u. F. Wagner hg. von W. Lautemann u. M. Schlenke, 7 Bde. München 1961ff., davon für die Neuzeit bes. Bde. 3–7.

Historische Texte. Neuzeit. Hg. von R. Koselleck u. R. Vierhaus, Heft 1 ff. Göttingen 1966ff. (Bis Anfang 1973 12 Texthefte erschienen).

Zu den einzelnen Zeitabschnitten

Deutsche Reichstagsakten. Jüngere Reihe. Hg. durch die Historische Kommission bei der Bayerischen Akademie der Wissenschaften. Bde. 1–8. München 1893–1971 (Neudruck Göttingen 1962/63). Beginnen mit Reichstagsakten unter Karl V. ab 1519. Außerhalb der Bandzählung ist 1988 ein Band über den Reichstag von Speyer (1570) erschienen.

Nuntiaturberichte aus Deutschland. Nebst ergänzenden Aktenstücken. Abteilung 1–4, Tübingen u.a.O. 1892ff. (Teilnachdruck Frankfurt a.M. 1968). Abt. I: 1533–59, hg. vom Deutschen Historischen Institut in Rom (bis 1992 19 Bde. erschienen). – Abt. 2: 1560–1572, hg. von der Historischen Kommission der Österreichischen Akademie der Wissenschaften in Wien. 8 Bde. Wien 1897–1967. – Abt. 3: 1572–1585, hg. vom Deutschen Historischen Institut in Rom, bis 1990 7 Bde., sowie außerhalb der 3. Abt. 14 weitere (1585–1630) Bde., hg. von der Görres-Gesellschaft, Paderborn 1895ff. – Abt. 4: Siebzehntes Jahrhundert, hg. vom Deutschen Historischen Institut in Rom (bis 1990 3 Bde. erschienen). Dazu Nuntiatureditionen der Görres-Gesellschaft, die außerhalb in der Reihe „Nuntiatureditionen aus Deutschland" erschienen sind (s. Baumgart).

Neue und vollständigere Sammlung der Reichs-Abschiede, Welche von den Zeiten Kayser Conrads des II. bis jetzo, auf den Teutschen Reichs-Tägen abgefasset worden … Hg. von Johann Jakob Schmauss und Heinrich Christian von Senckenberg, 4 Bde., Frankfurt a.M. 1747 (Neudruck 1967).

Friedrich HORTLEDER, Der Römischen Keyser und Königlichen Maiestete …Handlungen und Außschreiben … Von den Ursachen des Teutschen Kriegs Kaiser Carls des Fünfften, wider die Schmalkaldische Bundts-Oberste … 2 Teile, Frankfurt a.M. 1617 (mit späteren Auflagen bis 1646).

Michael Kaspar LONDORP, Der Römischen Kayserlichen Majestät und des Heiligen Römischen Reichs Geist- und Weltlicher Reichsstände … acta publica und Schrifftliche Handlungen … Frankfurt a.M. 1621ff. mit vier weiteren Auflagen bis 1739–41. bzw. 1744.

Johann Gottfried VON MEIERN, Acta pacis Westphalicae publica oder West-
phälische Friedens-Handlungen und Geschichte ... 6 Bde. Hannover 1734–36
(Nachdruck Osnabrück 1969).

DERS., Acta Pacis Executionis Publica oder Nürnbergische Friedens-Exeku-
tions-Handlungen und Geschichte ... 2 Bde. Hannover u.a.O. 1736/37 (Nachdruck Osnabrück 1969).

Négociations secrètes touchant la paix de Munster et d'Osnabrug... 4 Bde.
Den Haag 1724–26.

Universal-Register über die Sechs Theile der Westphälischen Friedens-Hand-
lungen und Geschichte, inngleichen über die Zween Theile der Nürnbergischen
Friedens-Executions-Handlungen und Geschichte. Hg. von Johann Ludolf
Walther, Göttingen 1740 (Neudruck Osnabrück 1969).

Anton FABER, Europäische Staats-Cantzley. 115 Bde. und 9 Registerbände,
Frankfurt/Leipzig 1697–1760.

DERS., Neue europäische Staatscanzley. 55 Bde. Ulm/Frankfurt a.M./Leipzig
1761–82. Briefe und Akten zur Geschichte des Dreißigjährigen
Krieges in den Zeiten des vorwaltenden Einflusses der Wittelsbacher. Hg.
durch die Historische Kommission bei der Königl. Akademie der Wissenschaften, 12 Bde. München 1870–1978.

Acta Pacis Westphalicae. Im Auftrage der Vereinigung zur Erforschung
der Neueren Geschichte hg. von M. Braubach und K. Repgen, Münster 1962ff.
(3 Serien geplant: I. Instruktionen, II. Korrespondenzen, III. Protokolle, Verhandlungsakten, Diarien.). Bis 1987/88 19 Bde. erschienen.

Urkunden und Actenstücke zur Geschichte des Kurfürsten
Friedrich Wilhelm von Brandenburg. Hg. von der Historischen Kommission bei der Preußischen Akademie der Wissenschaften. 23 Bde. Berlin/Leip-
zig 1864–1930.

Johann Jakob MOSER, Teutsches Staatsrecht. 50 Bde., 1 Reg.- und
2 Erg.-Bde. Nürnberg 1737–54 (Nachdruck Osnabrück 1968).

DERS., Neues Teutsches Staatsrecht. 20 Bde., 1 Reg.-Bd. und 3 Erg.-Bde.
Frankfurt a.M./Leipzig 1766–82 (Nachdruck Osnabrück 1967–68)

Acta Borussica. Denkmäler der Preußischen Staatsverwaltung im 18. Jahr-
hundert. Hg. von der Preußischen Akademie der Wissenschaften. 2 Abteilungen:
A – Die Behördenorganisation und die allgemeine Staatsverwaltung. 17 Bde.,
Berlin 1892–1982. – B – Die einzelnen Gebiete der Verwaltung (Münzwesen,
Wollindustrie, Seidenindustrie, Getreidehandelspolitik, Handels-, Zoll- und Ak-
zisepolitik) 15 Bde., Berlin 1892–1931.

Briefe und amtliche Schriften des Freiherrn vom Stein. Bearb. von E. BOT-
ZENHART. Neu hg. von W. Hubatsch. 10 Bde. Stuttgart u.a.O. 1957–70. Daneben eine ältere Reihe vom gleichen Hg., 7 Bde., Berlin 1931–37.

Acten des Wiener Congresses in den Jahren 1814 und 1815. Hg. von
Johann Ludwig Klüber. 8 Bde. und Suppl.bd. Erlangen 1815–18, 1835 (Nachdruck Osnabrück 1966).

Johann Ludwig KLÜBER, Übersicht der diplomatischen Verhandlungen des

Wiener Congresses überhaupt, und insonderheit über wichtige Angelegenheiten des teutschen Bundes. Frankfurt a.M. 1816 (Neudruck 1966).
Deutsche Geschichtsquellen des 19. und 20. Jahrhunderts. Hg. von der Historischen Kommission bei der Bayerischen Akademie der Wissenschaften. 1919ff. (bis 1991:) 57 Bde. (darin u.a.: Rheinische Briefe und Akten zur Geschichte der politischen Bewegung 1830–50, Aktenstücke und Aufzeichnungen zur Geschichte der Frankfurter Nationalversammlung aus dem Nachlaß von J.G. Droysen, Briefsammlungen zum deutschen Liberalismus im Zeitalter Bismarcks, Politischer Briefwechsel des Herzogs und Großherzogs Carl August von Weimar, Politische Privatkorrespondenz des Staatssekretärs Graf Herbert von Bismarck u.a.m.)
Die Auswärtige Politik Preußens 1858–71. 12 Bde. Hg. von der Historischen Reichskommission unter Leitung von E. Brandenburg, O. Hoetzsch und H. Oncken. 1932–45 (die beiden letzten Bände noch nicht erschienen).
Quellen zur deutschen Politik Österreichs 1859–66. Unter Mitwirkung von O. Schmid hg. von H. von Srbik. 6 Bde. Oldenburg/Berlin 1934–38.
– Otto Fürst von BISMARCK: Die gesammelten Werke. 15 Bde. Berlin 1924–35 („Friedrichsruher Ausgabe"). – Dazu: Bismarck-Bibliographie, hg. von K.E. Born. Bearb. v. W. Hertel unter Mitarbeit von H. Henning. Köln/Berlin 1966.
Die Große Politik der europäischen Kabinette 1871–1914. Sammlung der Diplomatischen Akten des Auswärtigen Amtes hg. von J. Lepsius, A. Mendelssohn-Bartholdy, F. Thimme. 40 Bde. Berlin 1922–27, ²1924–27. – B. SCHWERTFEGER, Die Diplomatischen Akten des Auswärtigen Amtes 1871–1914 (= Kommentar zum vorigen). 8 Bde. Berlin 1923–27. Dazu auch eine gekürzte Ausgabe, Berlin 1928/29.
Les Origines Diplomatiques de la Guerre de 1870/71. Recueil des documents officiels, publiés par le ministère des affairs étrangères. 29 Bde., Paris 1910–32. – I Documenti diplomatici italiani <1861–1943>. 9 Serien. Rom 1952ff. – Documents Diplomatiques Français <1871–1914>, publiés par la Commission de Publication des Documents Relatifs aux Origines de la Guerre de 1914, Paris 1929ff. – British Documents on the Origins of War 1898 – 1914, Ed. by G.P. Gooch and H. Temperley, 11 Bde., London 1926–1936.
Österreich-Ungarns Außenpolitik von der Bosnischen Krise 1908 bis zum Kriegsausbruch 1914. Diplomatische Aktenstücke des österreichisch-ungarischen Ministerium des Äußeren. Ausgewählt von L. Bittner, A. Fr. Pribram, H. v. Srbik und H. Uebersberger. Bearb. von L. Bittner und H. Uebersberger. 9 Bde. Wien/Leipzig 1930.
Dokumente der Deutschen Politik und Geschichte von 1848 bis zur Gegenwart. Hg. von J. Hohlfeld. 8 Bde. und 1 Erg.-Bd. Berlin/München 1951–56, dazu: Kommentar, Erläuterungen und Erklärungen zu Bd. I bis VI, hg. von J. Hohlfeld, bearb. von H. Michaelis. 1956.
20. Jahrhundert:
Ursachen und Folgen. Vom deutschen Zusammenbruch 1918 und 1945 bis zur staatlichen Neuordnung Deutschlands in der Gegenwart. Hg. und bearb.

v. H. Michaelis und E. Schraepler unter Mitwirkung von G. Scheel. Berlin 1958 ff. 26 Bde. und Registerband.

Dokumente der Deutschen Politik. Hg. von P. Meier-Benneckenstein. 8 Bde. Berlin 1935–43 /Bde. 7 u. 8 hg. von F. Six)

Das Werk des Untersuchungsausschusses der Verfassungggebenden Deutschen Nationalversammlung und des Deutschen Reichstags 1919–1930. Verhandlungen, Gutachten, Urkunden. Im Auftrage des Reichstages unter Mitwirkung von E. Fischer, B. Widmann, W. Bloch hg. von W. Schücking, J. Bell, G. Gradnauer, R. Breitscheid, A. Philipp. (3 von 4 geplanten Reihen mit 22 Bänden erschienen). Berlin 1919–1974.

Akten der Reichskanzlei. Weimarer Republik. 22 Bde. Boppard 1968 bis 1990.

Akten zur Deutschen Auswärtigen Politik. 1918–1945 (ADAP). Serien A–E: A – 14 Bde., Göttingen 1982–1995. – B – Deutschlands Beziehungen zu Frankreich, Großbritannien, Belgien, zur Sowjetunion, zu Polen, Danzig und den baltischen Staaten, zu Süd- und Südosteuropa, Skandinavien, den Niederlanden und zu den außereuropäischen Staaten 1925–33 (bis Bd. 21 – Stand 1983 – erschienen); C – (1981 bis Bd. 6,2 auf Deutsch erschienen, daneben:) Documents on German Foreign Policy (DGFP). The Third Reich. London/Washington 1957ff. Bisher 6 Bde. (Zeitraum: bis 1937); D – beginnt mit den Beziehungen ab September 1937ff. Bisher 13 Bde. 1950–1970 erschienen (reicht bis Ende 1941). Dazu Registerband. Auch in englischer Übersetzung erschienen. E. – bisher 8 Bde. (Zeitraum: 1941 XII 12 bis 1945 V 8) Göttingen 1979. (Ergänzungsband zu den Serien A–E: Gesamtpersonenverzeichnis, Portraitfotos und Daten zur Dienstverwendung, Anhänge. Göttingen 1995) – Documents on British Foreign Policy 1919–1939. Ed. By E.L. Woodward and R. Butler. 3 Series. London 1947ff. – Papers Relating to the Foreign Affairs. Washington 1864–1870, fortgesetzt als: Papers Relating to the Foreign Relations of the United States. Washington 1871–1945. – Anschließend: Foreign Relations of the United States (FRUS). Washington, D.C. 1967ff. – Documents Diplomatiques Français 1932–1939, hg. vom Ministère des Affaires étrangères, 2 Serien, Paris 1963ff.

Kriegstagebuch des Oberkommandos der Wehrmacht (Wehrmachtführungsstab) 1940–45. Geführt von Helmuth Greiner und Percy Ernst Schramm. 4 Bde. und Nachtrag. Frankfurt a.M. 1961–79.

Hitlers Weisungen für die Kriegsführung 1939–45. Dokumente des Oberkommandos der Wehrmacht. Hg. von W. Hubatsch. Koblenz ²1983 (als Taschenbuch, dtv-Dokumente. München 1965); Hitlers Tischgespräche s. S. 257; Hitlers Lagebesprechungen. Die Protokollfragmente seiner militärischen Konferenzen 1942–45. Hg. von Helmut Heiber. Stuttgart 1962 (als Taschenbuch, dtv-Dokumente. München 1963).

Akten der Nürnberger Prozesses. S. 245f., 250.

Stenographische Berichte über die Verhandlungen des Deutschen Reichstages s. S. [248].

Quellen zur Geschichte des Parlamentarismus und der politischen Parteien. 4 Reihen, Düsseldorf 1959ff.: Erste Reihe – Von der konstitutionellen Monarchie zur parlamentarischen Republik. – Zweite Reihe: Militär und Politik. – Dritte Reihe: Die Weimarer Republik. – Vierte Reihe: Deutschland seit 1945. – Alle hg. i.A. der Kommission für die Geschichte des Parlamentarismus und der politischen Parteien von K.D. Bracher, W. Conze, G.A. Ritter, E. Matthias, H. Meier-Welcker, R. Morsey, H.-P. Schwarz, G. Winter. Bisher (1993) inges. 28 Bde.

Archivalische Forschungen zur Geschichte der deutschen Arbeiterbewegung. Hg. von Institut für Geschichte der Deutschen Akademie der Wissenschaften zu Berlin. Leitung: L. Stern. 7 Bde. Berlin(-Ost) 1955–71. – Dokumente und Materialien zur Geschichte der deutschen Arbeiterbewegung. Hg. vom Institut für Marxismus-Leninismus beim Zentralkomitee der Sozialistischen Arbeiterpartei Deutschlands. 8 Bde. in 3 Reihen, Berlin (-Ost) 1957–1975 (mehr nicht erschienen).

ALLGEMEINER BIBLIOGRAPHISCHER ANHANG

1. Ausgewählte bibliographische Hilfsmittel

Th. BESTERMANN, A world Bibliography of Bibliographies and of Bibliographical Catalogues, Calendars, Abstracts, Digests, Indexes and the like. 5 Bde., Lausanne ⁴1965/66 (Nachdruck 1971).
W. TOTOK/R. WEITZEL, Handbuch der bibliographischen Nachschlagewerke (TWW), 2 Bde., Frankfurt ⁶1984/85.
CARON , P. und M. JARYC (Eds.): World List of Historical Periodicals and Bibliographies. Oxford 1939.
International Bibliography of historical sciences/Internationale Bibliographie der Geschichtswissenschaften. Ed. by the International Committee of Historical Sciences, Jg. 1: Washington, 1926ff. später: Zürich, jetzt Paris 1930ff. (Lücke 1940–46).

B. GULLATH, F. HEIDTMANN, Wie finde ich altertumswissenschaftliche Literatur: Klassische Philologie, Mittel- und Neulatein; Byzantinistik, Alte Geschichte und Klassische Archäologie, Berlin 1992; J. MALITZ, GNOMON Bibliographische Datenbank, Internationales Informationssystem für Klassische Altertumswissenschaft, München 1994.
The Classical Review, London 1887ff.; L'année philologique, hrsg. von J. Ernst und T.R.S. Broughton, Paris 1924ff.; Gnomon, Kritische Zeitschrift für die gesamte klassische Altertumswissenschaft, Berlin 1925–43, München 1949ff. (eine bibliographische Beilage informiert zusätzlich über neue Bücher und Aufsätze); Bibliotheca Orientalis, Leiden 1943ff.
Verzeichnisse der einschlägigen Neuerscheinungen in den Fachzeitschriften (HZ, Klio, JHS, JRS u.a.), kurze Anzeigen daneben in den Bulletins der französischen Zeitschrift Revue Historique 262, 1979, 407ff.; 269, 1983, 409ff. (Griechische Geschichte); 277, 1987, 121ff.; 279, 1988, 129ff. (römische Republik); 259, 1983, 107ff.; 280, 1988, 91ff. (römische Kaiserzeit) und in den Literaturberichten der GWU 33, 1982, 178ff. und 253ff.; 37, 1986, 166ff.; 247 ff.; 315ff.; 38, 1987, 449ff.; 41, 1990, 439 ff.

DAHLMANN/WAITZ: Quellenkunde der deutschen Geschichte. Nebst Registerband, hrsg. v. H. Haering. 9. Aufl. Leipzig 1931/32 (Behandelter Geschichtszeitraum: Von den Anfängen bis 1918; Berichtszeitraum bis 1929).
DAHLMANN/WAITZ: Quellenkunde der deutschen Geschichte. Bibliographie der Quellen und der Literatur zur deutschen Geschichte. Hrsg. von H. Heimpel und H. Geuss. 10. Aufl. Stuttgart 1965ff. Es liegen vor Bde. 1 bis 7

und Teile von Bd. 8. Stuttgart 1969 (behandelter Geschichtszeitraum: Von den Anfängen bis 1945; Berichtszeitraum: bis 1960, in Auswahl auch nach 1960 erschienene Werke).

Jahresberichte für deutsche Geschichte. Hrsg. v. A. Brackmann und F. Hartung. Bd. 1–15/16 (Berrichtszeitraum: 1925–1940) Leipzig 1927–1942.

Jahresberichte für deutsche Geschichte. Neue Folge. Hrsg. v. F. Hartung (seit 5./6. Jg. 1953/54, Berlin 1959: Institut für Geschichte an der Deutschen Akademie der Wissenschaften Berlin) 41 Bde., Berlin 1952–1991 (Berichtszeitraum: 1949ff.) (Behandelter Geschichtszeitraum: Von den Anfängen bis 1945).

W. HOLTZMANN/G. RITTER: Die deutsche Geschichtswissenschaft im zweiten Weltkrieg. Bibliographie des historischen Schrifttums deutscher Autoren. 1939–1945. Halbbd. 1, 2, Marburg 1951 (Behandelter Geschichtszeitraum: Von den Anfängen bis 1945; verzeichnet nur deutsche Autoren)

Historische Bibliographie 1945–1949, bearb. v. K.Fr. Müller, in: GWU 1, 1950, S. 54ff., 124ff., 186ff.

P.-J. SCHULER, Grundbibliographie mittelalterliche Geschichte. Stuttgart 1990.

W. BAUMGART, Bücherverzeichnis zur deutschen Geschichte. München [10]1992 (Taschenbuch).

W. BAUMGART, Bibliographie zum Studium der Neueren Geschichte, Bonn 1969.

P. CARON/H. STEIN, Répertoire bibliographique de l'histoire de France. Paris 1923–38. – Fortgesetzt als: Bibliographie annuelle de l'histoire de France du cinquième siècle à 1958. Paris 1954ff.

A. T. MILNE, Writings on British History, 1934–1974. 20 Bde. London 1960–1986 (die ersten 6 Bde. noch nicht erschienen).

Bibliografia storica nazionale. Bd. 1 (1939)ff., Rom/Bari 1942ff.

Weitere ausländische Bibliographien bei von Caenegem, S. 250f.

Beispiele für Spezialbibliographien: K. SCHOTTENLOHER, Bibliographie zur deutschen Geschichte im Zeitalter der Glaubensspaltung, 1517–1585. Bd. 1–6 (nebst) Bd. 7: Das Schrifttum von 1938–1960. Bearb. v. U. Thürauf. 2. Aufl. Stuttgart 1956–66.

International Bibliography of Religion. Leiden 1954ff.

Bibliographie de la Réforme 1450–1648. Ouvrages parus de 1940 à 1955, (par la) Commission Internationale d'Histoire Ecclésiastique Comparée au sein du Comité International des Sciences Historiques, Fasc. 1ff. Leiden 1958ff. Jeder Bd. behandelt die Lit. eines oder mehrerer Länder.

H. PLANITZ und Th. BUYKEN, Bibliographie zur deutschen Rechtsgeschichte. 2 Bde., Frankfurt a.M. 1952.

K. KUJATH, Bibliographie zur europäischen Integration, Bonn 1977.

2. Handbücher und Gesamtdarstellungen

Propyläen Weltgeschichte. Eine Universalgeschichte. 3. Aufl. hrsg. v. G. Mann u. A. Heuss. 10 Bde. Berlin 1991.

Historia Mundi. Ein Handbuch der Weltgeschichte in 10 Bänden. Begr. v. F. Kern, hrsg. v. F. Valjavec. Bern u. München 1952/61.

Histoire Générale, hrsg. von G. Glotz u.a., Paris 1925ff.

Fischer Weltgeschichte. Frankfurt a.M. 1966–1983.

Nouvelle Clio, L'Histoire et ses Problèmes, hrsg. von J. Delumeau und Cl. Lepelley, Paris 1971ff.; Grundriß der Geschichte, hrsg. von J. Bleicken, L. Gall und H. Jakobs, München (Oldenbourg) 1982ff.

Handbuch der Orientalistik (HdO), hrsg. v. B. Spuler, Leiden 1952ff.

Handbuch der Altertumswissenschaft (HdAW), (als Handbuch der class. Altertumswissenschaft 1886 durch I. von Müller begründet), hrsg. von H. Bengtson, München 1920ff.

Cambridge Ancient History, (CAH), hrsg. von J.B. Bury, S.A. Cook, F.E. Adcock, M.P. Charlesworth, N.H. Baynes, 12 Bde., Cambridge 1924–39 New (2. + 3.) Edition Cambridge 1970ff.

Cambridge History of Africa, Cambridge 1975ff.

Cambridge History of Iran, Cambridge 1968ff.

Cambridge History of Judaism, Cambridge 1984ff.

Dtv Geschichte der Antike, hrsg. von O. Murray, München 1984ff.

Aspects of Greek an Roman Life, hrsg. von H.H. Scullard, London 1964ff.

Handbuch der Europäischen Geschichte. Hrsg. von Th. Schieder. 7 Bde. Stuttgart 1968ff.

Cambridge Medieval History, 8 Bde. 1911–36.

Ch. BEMONT/G. MONOD/R. DOUCET, Histoire de l'Europe au Moyen Age (1270–1493). 2 Bde. Paris 1924/31.

Fed. SCHNEIDER, Mittelalter bis zur Mitte des 13. Jhs. (Handbuch für den Geschichtslehrer 3), Leipzig/Wien 1929.

The Oxford History of Modern Europe. Eds.: A. Bullock und F.W.D. Deakin. 7 vols. (mehr noch nicht erschienen) Oxford 1954–89.

The New Cambridge Modern History. Advisory Commitee: G.N. Clark, J.R.M. Butler, J.P.T. Bury Bd. 1–14, Cambridge 1957–1979.

W. NÄF: Die Epochen der neueren Geschichte. Staat und Staatengemeinschaft vom Ausgang des Mittelalters bis zur Gegenwart. 2. Aufl., hrsg. v. E. Walder. 2 Bde. Aarau 1959–60 (als Taschenbuch 1970).

Geschichte der Neuzeit. Hrsg. v. G. Ritter:

Bd. 1: E. HASSINGER: Das Werden des neuzeitlichen Europa 1300–1600. Braunschweig 1959, ²1964;

Bd. 2: W. HUBATSCH: Das Zeitalter des Absolutismus 1600–1789. 4. Aufl. 1975;

Bd. 3,1: H. HERZFELD: Die moderne Welt 1789–1945. 1. Teil: Die Epoche der bürgerlichen Nationalstaaten 1789–1890. 6. erg. Ausg. 1969;
Bd. 3,2: H. HERZFELD: Die moderne Welt 1789–1945. 2. Teil: Weltmächte und Weltkriege. Die Geschichte unserer Epoche 1890–1945. ⁵1976.

L' europe du XIXᵉ et XXᵉ siècle. Problèmes et interprétations historiques. Comité de direction: M. Beloff, P. Renouvin, Fr. Schnabel, Fr. Valsecchi. 3 vols. Milan 1959–64.

dtv-Weltgeschichte des 20. Jahrhunderts. Hrsg. von M. Broszat und H. Heiber, 14 Bde., München 1966ff.

B. GEBHARDT: Handbuch der deutschen Geschichte. Hrsg. von Herbert Grundmann. Stuttgart ⁹1970ff. Bd. 1: Frühzeit und Mittelalter. – Bd. 2: Von der Reformation bis zum Ende des Absolutismus, 16.– 18. Jahrhundert. – Bd. 3: Von der französischen Revolution bis zum ersten Weltkrieg. – Bd. 4: Die Zeit der Weltkriege. dtv-Ausgabe Bd. 1–22: Neuauflagen der 9. Aufl. 10. Aufl. in Vorber.

Handbuch der deutschen Geschichte. Begr. v. O. Brandt, fortgef. v. A. O. Meyer, neu hrsg. v. L. Just. Konstanz 6 Bde., ²1956ff.

Deutsche Geschichte im Überblick. Ein Handbuch. Hrsg. v. P. Rassow. 3. Aufl., besorgt von Th. Schieffer, Stuttgart 1973. Eine zusätzliche Ausgabe, besorgt von M. Vogt, Stuttgart 1991.

Lehrbuch der deutschen Geschichte (Beiträge), Hrsg. von A. Meusel u. R.F. Schmidt. 12 Bde. Berlin(-Ost) 1961 (jeweils mehrere Neuauflagen).

H. AUBIN und W. ZORN (Hg.), Handbuch der deutschen Wirtschafts- und Sozialgeschichte, 2 Bde., Stuttgart 1971/1976.

(Handbücher zur Kirchen- und Rechtsgeschichte s. S. 200f., 187f.)

F. Lütge, s. oben S. 195.

Deutsche Geschichte, Hrsg. von Joachim Leuschner, 10 Bde. Göttingen 1974ff. (z.T. mehrere Auflagen).

Neue Deutsche Geschichte in 10 Bänden. Hrsg. von Peter Moraw, Volker Press u. Wolfgang Schieder. München, Bde. 1 (1985), 2 (1984), 4 (1989), 5 (1991).

3. Nachschlagewerke

G. A. ZISCHKA, Index lexicorum. Bibliographie der lexikalischen Nachschlagewerke, Wien 1959.

O. BRUNNER, W. CONZE, R. KOSELLECK (Hgg.), Geschichtliche Grundbegriffe, 8 Bde. Stuttgart 1972ff., Neuauflagen einzelner Bde.

E. BAYER, Wörterbuch zur Geschichte. Begriffe und Fachausdrücke, (Kröner) Stuttgart ⁴1980.

Das Fischer Lexikon. Geschichte, hg. von W. Besson, später von R. van Dülmen, Frankfurt 1990.

dtv-Wörterbuch zur Geschichte. Hrsg. v. K. Fuchs u. H. Raab, 2 Bde., München 1972; ⁷1990.

Zur alten Geschichte:

Paulys Realencyclopädie der classischen Altertumswissenschaft, neue Bearb. von
G. Wissowa, W. Kroll, K. Mittelhaus und K. Ziegler, Stuttgart–München
1893–1980 (RE oder PW).
Der Kleine Pauly, hg. von K. Ziegler u. W. Sontheimer, I–V, Stuttgart–
München 1964–75 (ND Dtv 1979).
Das Lexikon der alten Welt (LAW). Zürich–Stuttgart 1965 (ND Dtv
1969-71).
Lexikon der Antike, hg. v. J. Irmscher, Leipzig ⁹1987.
The Oxford Classical Dictionary (OCD), hrsg. v. N.G.L. Hammond
u. H.H. Scullard, Oxford ²1970.
Reallexikon der Vorgeschichte, hrsg. von M. Ebert, 15 Bde., Berlin
1924–32.
Reallexikon der Assyriologie, seit 1957 Reallexikon der Assyriologie
und der vorderasiatischen Archäologie, hrsg. von E. Ebeling, B. Meiss-
ner u. E. Weidner, Berlin 1928ff.
Reallexikon der germanischen Altertumskunde, Berlin ²1968ff.
Reallexikon für Antike und Christentum, hrsg. v. Th. Klauser,
Stuttgart 1950ff.
Reallexikon der Byzantinistik, hrsg. v. P. Wirth, Amsterdam 1968ff.
Lexikon der Ägyptologie, hrsg. von W. Helck, I–VII, Wiesbaden
1975-89.

Zur Mittelalterlichen und Neueren Geschichte:

E. HABERKERN u. J.F. WALLACH, Hilfswörterbuch für Historiker. Mittelal-
ter und Neuzeit. München ⁷1987.
R. KLAUSER u. O. MEYER, Clavis medievalis. Kleines Wörterbuch zur Mit-
telalterforschung, Wiesbaden 1962 (Nachdruck 1966 u.ö.).
H. RÖSSLER u. G. FRANZ, Sachwörterbuch zur deutschen Geschichte,
München 1958 (Nachdruck 1970).
Lexikon des Mittelalters. Artemis Verlag, 1977ff.

Spezielle Lexika zur Mittelalterlichen und Neueren Geschichte:

Religions- und Kirchengeschichte: Realencyclopädie für protestantische Theologie und Kirche. 24 Bde. Leipzig 3. Aufl. 1896–1913
(Nachdr. 1969–71). – Die Religion in Geschichte und Gegenwart (RGG), 6 Bde.
u. Registerbd., Tübingen ³1956ff. – Lexikon für Theologie und Kirche.
10 Bde. und 2 Suppl. Freiburg ²1957–67, 3 Erg.bde. 1966–68. – Dictionnaire
d'archéologie chrétienne et de liturgie. 15 Bde. 1902–53. – Diction-

naire d'histoire et de géographie ecclésiastique. Paris 1912ff. Bd. 16, 1967: Fille-Dieu. – Theologische Realenzyklopädie (TRE), Berlin 1977ff. Staat, Recht, Gesellschaft, Wirtschaft: Staats-Lexikon, hrsg. v. C. v. Rotteck u. C. Welcker, Bde. 1–12 und 4 Suppl., Altona 1834ff., ²1845ff. (Nachdr. 1990). – Deutsches Staatswörterbuch, hrsg. v. J.C. Bluntschli u. K. Brater. Bde. 1–11. Stuttgart u. Leipzig 1857ff. – Staatslexikon: Recht -Wirtschaft-Gesellschaft. Hrsg. v. d. Görres-Gesellschaft, 8 Bde. Freiburg ⁶1957–63. – Handwörterbuch der Staatswissenschaften. Hrsg. v. L. Elster, A. Weber u. Fr. Wieser, 8 Bde. u. 1 Erg.-Bd. Jena ⁴1923–29. – Handwörterbuch der Sozialwissenschaften. Zugleich Neuaufl. des Handwörterbuchs der Staatswissenschaften. Hrsg. v. E. v. Beckerath, H. Bente, C. Brinkmann u.a. 12 Bde. und Registerband Stuttgart, Tübingen, Göttingen 1956–68. – Politisches Handwörterbuch. Hrsg. v. P. Herre. 2 Bde. Leipzig 1923. – Deutsches Rechtswörterbuch der älteren deutschen Rechtssprache. Hrsg. von der Preuß. Akademie der Wissenschaften, bisher 8 Bde., Berlin 1914ff. – Handwörterbuch zur deutschen Rechtsgeschichte (HRG). Hrsg. v. A. Erler u. E. Kaufmann. Lieferg. 1ff. Berlin 1964ff. – Wörterbuch des Völkerrechts. Hrsg. v. K. Strupp, neubearb. v. Hans-Jürgen Schlochauer, Bde. 1–3, Berlin ²1960/62. – Sowjetsystem und Demokratische Gesellschaft, eine vergleichende Enzyklopädie, hrsg. von C.D. Kernig, 6 Bde. und Sonderband Freiburg, Basel, Wien 1966ff. (Teile auch als Taschenbuch). – Wörterbuch der Soziologie. 2. Aufl. neubearb. u. erw., hrsg. v. W. Bernsdorf, Stuttgart 1969.

Biographische Hilfsmittel:

J. KIRCHNER, Prosopographia Attica, 2 Bde., Berlin 1901–03; P.M. FRAZER, E. MATTHEWS, Hrsg., Lexicon of Greek Personal Names, Oxford 1987ff.; R. DEVELIN, Athenian Officials, 648–321 B.C., Cambridge 1989; H. BERVE, Das Alexanderreich auf prosopographischer Grundlage, 2 Bde., München 1926; W. PEREMANS, E. VAN'T DACK, Prosopographia Ptolemaica, I–IX, Löwen 1950–81; T.R.S. BROUGHTON, The Magistrates of the Roman Republic, 2 Bde., New York 1951f., Suppl. 1960 und 1986; E. GROAG, A. STEIN, L. PETERSEN, Prosopographia Imperii Romani, Saec. I, II, III, Berlin ²1933ff. (PIR); G. BARBIERI, L'albo senatorio da Settimio Severo a Carino (193–285), Rom 1952; H.G. PFLAUM, Les carrières procuratoriennes équestres sous le Haut-Empire Romain, 4 Bde., Paris 1960f.; The Prosopography of the Later Roman Empire, hrsg. von A.H.M. Jones, I.R. Martindale, I. Morris, Cambridge 1971ff.; Prosopographie chrétienne du Bas Empire, Paris 1982ff.

U. CHEVALIER, Répertoire des sources historiques du moyen âge. Bio-Bibliographie. 2 Bde., Paris ²1905/7 (ND 1975). – P.B. GAMS, Series episcoporum ecclesiae catholicae. 2 Bde. Regensburg 1873–85 (ND Leipzig 1931, 1957). –

C. EUBEL, Hierarchia catholica medii aevi, Münster 1913ff. (Bd. 1–3, 1913–20, für die Zeit von 1198–1503). – Für Deutschland sind die Bischofslisten in den Anhängen zu A. Haucks Kirchengeschichte (s. S. 203) wichtig; Neubearbeitung des „Gams" v. O. Engels u. St. Weinfurter erscheint in einzelnen Bänden. A. M. HYAMSON, Dictionary of universal biography of all ages and of all people. London ²1951 (erfaßt ca. 30 nationale u. internationale biographische Sammelwerke). – Biography Index: A cumulative index to biographical material in books and magazines. Vol. 1ff. New York 1947ff. – M. ARNIM, Internationale Personalbibliographie, 2. Aufl. Bd. 1, Leipzig (Bd. 2–5 Stuttgart) 1944–63 (weitere Neuauflagen). – J. MICHAUD, Nouvelle Biographie universelle ancienne et moderne. T. 1–45, Paris 1843–65 (Nachdr. 1966–70). – J.C.F. HOEFER, Nouvelle Biographie Générale. T. 1–46, Paris 1852–66 (Nachdr. 1963–69). – Webster's Biographical Dictionary: A Dictionary of names of noteworty persons with pronounciations and concise biographies, Springfield, Mass. 1967. – H. RÖSSLER, G. FRANZ, Biographisches Wörterbuch zur deutschen Geschichte, 3 Bde, München ²1973–75; Neubearbeitung von K. BOSL, G. FRANZ u. H.H. HOFMANN. – Meyers großes Personenlexikon, hrsg. Bibliogr. Institut Mannheim/Zürich 1968. Allgemeine Deutsche Biographie (ADB). Hrsg. durch die historische Commission bei der Königlichen Akademie der Wissenschaften (München), Bd. 1–56, Leipzig 1875–1912 (Einleitung und Hauptreihe Bd. 1–45, Nachträge Bd. 46–55; Neudrucke). – Biographisches Jahrbuch und Deutscher Nekrolog. Hrsg. v. A. Bettelheim, Bd. 1–18 (1896–1913), Berlin 1897–1917, NF. 1914ff. – Deutsches Biographisches Jahrbuch. Hrsg. v. Verbande der Deutschen Akademien, Bd. 1–5. 10. 11. Stuttgart/Berlin/Leipzig 1925–32. – Neue Deutsche Biographie (NDB). Hrsg. v. d. Historischen Kommission bei der Bayerischen Akademie der Wissenschaften, Berlin 1953ff. (bisher 16 Bde.) – Reichshandbuch der deutschen Gesellschaft. Das Handbuch der Persönlichkeiten in Wort und Bild. Bearb. von R. Volz, 2 Bde., Berlin 1930/31. - C. v. WURZBACH, Biographisches Lexikon des Kaisertums Österreich. 60 Bde., Wien 1856–1923 (Neudruck 1966) – Österreichisches biographisches Lexikon 1815–1950 (ÖBL). Hrsg. v. d. Österr. Akademie der Wissenschaften unter Leitung von L. Santifaller, bearb. v. E. Obermayer-Marnach, 10 Bde., Wien, Köln, Graz 1957–1988.

Für biographische Wörterbücher einzelner Länder vgl. VAN CAENEGEM, S. 282ff. und TWW, S. 247ff.

4. Zeitschriften

Internationale Bibliographie der Zeitschriftenliteratur, hrsg. von F. und R. Dietrich, Leipzig 1896ff.: – Abt. A: Bibliographie der deutschen Zeitschriftenliteratur, Bd. 1–128, 1896–1964; Supplement Bde. 1–20, 1861–95 – Abt. B: Bibliographie der fremdsprachigen Zeitschriftenliteratur, Bd. 1–22 und NF (neue Folge) 1–25, 1911–42/43. – Abt. C: Bibliographie der Rezensionen und Referate, Bd. 1–77, 1900–1943. – H. KRAMM, Bibliographie historischer Zeitschriften, 1939–1951, 3 Bde., Marburg 1952–54.

Allgemeine Zeitschriften: Historische Zeitschrift (HZ), begr. v. H. v. Sybel, 1859ff. – Historisches Jahrbuch der Görresgesellschaft (HJb), 1880ff. – Archiv für Kulturgeschichte (AKG), 1903ff. – Die Welt als Geschichte (WaG), 1935–1963. – Geschichte in Wissenschaft und Unterricht (GWU), 1950ff. – Saeculum, Jahrbuch für Universalgeschichte, 1950ff. – Historische Vierteljahresschrift (HVjschr.), 1898–1937. – Quellen und Forschungen aus italienischen Archiven und Bibliotheken (QFiAB), 1898ff. (Zs. des Preuß. bzw. Dt. histor. Instituts in Rom). – Zeitschrift für Geschichtswissenschaft (ZfG), Bd. 1–40, Berlin 1953ff. – English Historical Review (EHR), 1886ff. – Revue Historique (RH), 1876ff. – Rivista storica italiana (RSI), 1884ff.

Zeitschriften zur Alten Geschichte und ihren Nachbargebieten (Auswahl): J.E. Southan, A Survey of Classical Periodicals, London 1962. – Welt des Orients (WdO), Göttingen 1947ff. – Journal of Eastern Studies (JNES), Chicago 1942ff. – Klio, Beiträge zur Alten Geschichte, Leipzig 1902–44, Berlin 1958 ff. – Historia, Zeitschrift für Alte Geschichte, Wiesbaden 1950ff. – Chiron, Mitteilungen der Kommission für Alte Geschichte und Epigraphik, München 1971ff. – Hermes, Zeitschrift für klassische Philologie, Leipzig 1866–1943, Wiesbaden 1950ff. – Museum Helveticum (MH), Basel 1944ff. – Journal of Hellenic Studies (JHS), London 1880ff. – Journal of Roman Studies (JRS), London 1911 ff. – Revue des Études Grecques (REG); Paris 1888ff. – Revue des Études Latines (REL), Paris 1923ff. – Athenaeum, Studi Periodici di Letteratura e Storia dell'Antichità, Pavia 1913ff. – Ancient Society, Löwen 1970ff. – Rivista Storica dell'Antichità, Bologna 1971ff. – Zeitschrift für Papyrologie und Epigraphik, Bonn 1967ff. – Jahrbuch für Antike und Christentum (JbAC), Münster 1958ff. – Byzantion (Byz.), Brüssel 1924ff. – Byzantinische Zs. (BZ), Leipzig 1892ff.

Zeitschriften zur mittelalterlichen und neueren Geschichte: Archiv der Gesellschaft für ältere deutsche Geschichtskunde, 1819–74. – Neues Archiv der Gesellschaft für ältere deutsche Geschichtskunde (NA), 1876–1935. – Deutsches Archiv für Geschichte des Mittelalters (DA), 1937ff. (seit 1951 Dt. Archiv für Erforschung des Mittelalters). – Mitteilungen des Instituts für österreichische Geschichtsforschung (MIÖG, für Bd. 39–54 MÖIG), 1873ff., mit Ergänzungsbänden 1885ff. – Le Moyen Age. Revue d'histoire et de philologie, 1888ff. – Studi medievali, 1. Reihe Turin 1904ff., 2. Reihe 1928ff., 3. Reihe Spoleto 1960ff. – Bibliothèque de l'Ecole des chartes (BECh), 1839/40ff. – Revue Bénédictine, 1891ff. – Speculum. A Journal of Medieval Studies, 1926ff. – Cahiers de civilisation médiévale, X^e–XIIe siècles, 1958ff. – Frühmittelalterliche Studien, 1967ff. – Zeitschrift für Historische Forschung (ZHF), Berlin 1974ff. – Mediaevistik, 1988ff.

Vgl. S. 224ff.; ferner: American Historical Review (AHR), seit 1895; The Journal of Modern History (JMH), Jg. 1ff. Chicago, Illinois 1929ff. – Bibliothèque d'Humanisme et Renaissance (BHR), Bd. 1ff. Paris 1934–40 in

7 Bd. als „Humanisme et Renaissance", Bd. 9ff. Genève 1941ff. – Archiv für Reformationsgeschichte (ARG), Jg. 1ff. Berlin, Jg. 3ff. Leipzig (jetzt Gütersloh), 1903 ff. – Le XVIIᵉ siècle, Nr. 1ff. Paris 1949ff. – Vierteljahreshefte für Zeitgeschichte (VfZG), Jg. 1ff. Stuttgart 1953ff. – Journal of contemporary History, 1966ff. – Journal of Central European Affairs publ. by the Institute for Advanced Studies in Contemporary History, London Jg. 1ff. Colorado 1941–1964 (fortgeführt unter dem Titel Central European History, Atlanta 1968 ff.).

Zeitschriften zu bestimmten Sachgebieten: Zeitschrift für Kirchengeschichte (ZKG), 1877ff. – Revue d'histoire ecclésiastique (RHE), 1900ff. – Zeitschrift der Savigny-Stiftung für Rechtsgeschichte: Germanistische Abt. 1880ff.; Romanistische Abt. 1880ff.; Kanonistische Abt. 1911ff. (ZRG GA/RA/KKA). – Vierteljahresschrift für Sozial- und Wirtschaftsgeschichte (VSWG), 1903ff. – Annales d'histoire économique et sociale. (ab 1946: Annales. Economies, sociétés, civilisations), Jg. 1ff. Paris 1929ff. – Journal of the History of Ideas (JHI), Jg. 1ff. Lancaster, New York 1940ff. – History and Theory, Studies in the philosophy of history, Vol. 1.ff. 's-Gravenhage 1961ff.

Landesgeschichtliche Zeitschriften: Blätter für deutsche Landesgeschichte (N.F. des Korrespondenzblattes) (Bll. dt. LG), 1853ff. (enthält Angaben über Neuerscheinungen in anderen landesgeschichtlichen Zeitschriften). – Zeitschrift für bayerische Landesgeschichte (ZBLG), 1928ff. – Zeitschrift für Geschichte des Oberrheins (ZfGO), 1850ff. – Rheinische Vierteljahrsblätter (Rhein. Vjbll.), 1931–42, 1948ff. – Westfälische Zeitschrift. Zeitschrift für vaterländische Geschichte und Altertumskunde (WZ), 1838–1929, 1930–42, 1947ff. – Annalen des historischen Vereins für den Niederrhein, insbes. das alte Erzbistum Köln (Ann. H.V.Nrh.), 1855–1943, 1946ff. – Hansische Geschichtsblätter (HGBl.), 1871ff. – Forschungen zur brandenburgischen und preußischen Geschichte (FBPG), 55 Bde. Leipzig 1888–1943. – Weitere landesgeschichtliche Zeitschriften bei QUIRIN, S. 311f.

Zu den Hilfswissenschaften: Archivum latinitatis medii aevi. Bulletin Du Change (ALMA), 1924ff. – Mittellateinisches Jahrbuch, 1964ff. Archiv für Urkundenforschung (AUF), 1908–1944, fortgesetzt durch: Archiv für Diplomatik, Schriftgeschichte, Siegel- und Wappenkunde (AfD), 1955ff. – Archivalische Zeitschrift (AZ), 1876–1980. – Archivum, Paris 1951ff. – Scriptorium, Revue internationale des études relatives aux manuscrits. 1947ff.

5. Atlanten

F.W. PUTZGER, Historischer Schulatlas, Berlin ¹⁰¹1991. – Westermanns großer Atlas zur Weltgeschichte. Vorzeit, Mittelalter, Neuzeit, München ¹⁰1978. – Großer Historischer Weltatlas, hrsg. v. Bayerischen Schulbuchverlag, I: Vorgeschichte und Altertum ⁶1978; II: Mittelalter, ²1979; III: Neuzeit, München ⁴1981 (besonders empfehlenswert). – Dtv Atlas zur Weltgeschichte I–II, 1991/92. – Atlas of the Greek and Roman World in

Antiquity, hrsg. v. N.G.L. Hammond, Park Ridge 1981. – Atlas of Classical History, hrsg. v. R.A. Talbert, New York 1985. – K.V. SPRUNER, Handatlas für die Geschichte des Mittelalters und der Neueren Zeit, Gotha ³1880, bearb. v. Th. Menke. – G. DROYSEN, Allgemeiner historischer Handatlas, Bielefeld/Leipzig 1886 (u. Leitung v. R. Andree). – A. LONGNON, Atlas historique de la France I: de 58 av. J.C. à 1380 après J.C., Atlasteil: Paris 1884–89, Textteil 1884–1907. – G. MENENDEZ PIDAL, Atlas histórico español, Barcelona 1941. – H. AMMANN/K. SCHIB, Historischer Atlas der Schweiz, Aarau ²1958ff. – H.C. DARBY u.a., The Domesday Book Geography of England, Cambridge 1952ff. – Map of Monastic Britain, South Sheet, North Sheet, Chessington ²1954/55. – Map of Roman Britain ³1956 by the Ordonance Survey. – J. JEDIN/K.S. LATOURETTE/J. MARTIN, Atlas zur Kirchengeschichte, Freiburg/Br. ³1988. – R. ROOLVINK u.a., Historical Atlas of the Muslim Peoples, Amsterdam 1957.

Landesgeschichtliche Atlanten: Geschichtlicher Handatlas der deutschen Länder am Rhein. Mittel- und Niederrhein, bearb. v. J. NIESSEN, Köln 1950 (Neubearb. v. H. AUBIN/J. NIESSEN, Geschichtlicher Handatlas der Rheinprovinzen, Köln/Bonn 1926). – F. IRSIGLER, G. WOLFRAM/W. GLEY, Elsaß-Lothringischer Atlas, Frankfurt 1931. – SAAR-ATLAS, bearb. u. hrsg. v. H. OVERBECK u. G.W. SANTE, Gotha ²1934. – Pfälzischer Geschichtsatlas, hrsg. v. W. WINKLER, Neustadt 1935. – Atlas Niedersachsen, bearb. v. K. BRÜNING, Bremen 1950.

6. Sprachlexika, -wörterbücher, Namenkunde

Griechisch-deutsches Handwörterbuch, hrsg. v. W. PAPE u. G.E. BENSELER, 2 Bde., Braunschweig ³1914. – Greek – English Lexicon, hrsg. v. H.G. LIDELL, R. SCOTT, H.S. JONES, Oxford ³1940 (Suppl. 1968). – Griechisch-deutsches Wörterbuch zu den Schriften des Neuen Testaments und der frühchristlichen Literatur, hrsg. von W. BAUER, neu bearb. von K. und B. ALAND, Berlin ⁶1988. – Thesaurus Linguae Latinae (ThLL), Leipzig–München 1900ff. – Oxford Latin Dictionary, Oxford 1968–1982. – Ausführliches lateinisch-deutsches Handwörterbuch, hrsg. v. K.E. GEORGES u. H. GEORGES, 2 Bde., Hannover ⁸1913. – A Glossary of Later Latin, to 600 A.D., hrsg. von A. SOUTER, Oxford 1949.

DU CANGE = Ch. du Fresne, Seigneur du Cange, Glossarium ad scriptores mediae et infimae latinitatis, ⁴1840–50, von G.A.L. Henschel, 7 Bde.; 5 Aufl. 1883–87 von L. Favre, 10 Bde. – Mittellateinisches Wörterbuch bis zum ausgehenden 13. Jh., München 1959ff. (bisher: a – Byzantius). – F. ARNALDI, Latinitatis italicae medii aevi inde ab a. 476 usque ad a. 1022 lexicon imperfecxtum. In: ALMA 10ff. (1936 ff). – J.H. BAXTER/Ch. JOHNSON, Medieval Latin Wordlist from British and Irish Sources, London 1934 und Neudrucke; Revised Med. Lat. Wordlist von R.E. Latham, London 1966. – J.F. NIERMEYER, Mediae latinitatis lexicon minus, 2 Bde. Leiden 1976.

Weitere spezielle Wörterbücher für einzelne Länder und Autoren (Konkordanzen), Sammlungen von Glossen und mittelalterlichen Glossaren vgl. VAN CAENEGEM/GANSHOF, S. 262ff. u. bes. K. LANGOSCH, Lateinisches Mittelalter, S. 46ff. – Archivum latinitatis medii aevi, Bulletin Du Cange (ALMA), 1924ff. – E. HABEL, Mittellat. Glossar, Paderborn ²1959. J. G. Th. GRAESSE, F. BENEDICT, H. PLECHL, Orbis Latinus, Lexikon lat. geograph. Namen, 4. Aufl. bearb. v. H. Plechl unter Mitarbeit v. G. Spitzbart, Braunschweig 1971. – E. FÖRSTEMANN, Altdeutsches Namenbuch I: Personennamen, ²1900; II: Orts- u. sonstige geographische Namen, 2 Bde., Bonn ³1913–16 (v. J. Jellinghaus), Ergänzungsbd. v. H. Kaufmann, Hildesheim/München 1967. – H. OESTERLEY, Historisch-geographisches Wörterbuch des Deutschen Mittelalters, Gotha 1883 (ND 1962). – A. BACH, Deutsche Namenkunde I: Die deutschen Personennamen, 2 Bde.; II: Die deutschen Ortsnamen, 2 Bde.; III: Registerband v. D. Berger, Heidelberg 1952–56 (Neuauflagen; Registerbd. ²1974). – L.H. COTTINEAU, Répertoire topo-bibliographique des abbayes et prieurés, 2 Bde., Mâcon 1939; 3. Bd. par G. Paras, 1970. – A. LONGNON, Les noms de lieu de la France. Leur origine, leur signification, leurs transformations, hg. von P. Marichal/L. Mirot, 5 Hefte, Paris 1920–29. – E. EKWALL, The Concise Oxford Dictionary of English Place-names, Oxford ⁴1960, ND 1974. – A.H. Smith, English place-name elements, 2 Bde., Cambridge 1956. – Weiteres bei van CAENEGEM/GANSHOF, S. 285ff.

BÖHLAU STUDIENBÜCHER

Wolfgang Kunkel

Römische Rechtsgeschichte

1990. 209 Seiten. Broschur.
ISBN 3-412-20189-8

Christa Dürscheid/
Hartmut Kircher
Bernhard Sowinski

Germanistik

Eine Einführung

1994. 362 Seiten. Broschur.
ISBN 3-412-09093-X

Ralph-Johannes Lilie

Byzanz

Kaiser und Reich

1994. VII, 278 Seiten. Broschur.
ISBN 3-412-00394-8

Rolf Walter

Wirtschaftsgeschichte

Vom Merkantilismus bis zur
Gegenwart

1995. XVIII, 332 Seiten. 30 Schaubilder. Broschur. ISBN 3-412-09395-5

Jakobus Wössner

Soziologie

Einführung und Grundlegung

1986. 300 Seiten. Broschur.
ISBN 3-412-02586-0

Jochen Huhn

Geschichtsdidaktik

Eine Einführung

1994. 120 Seiten. Broschur.
ISBN 3-412-03294-8

Detlef K. Müller (Hg.)

Pädagogik-Erziehungswissenschaft-Bildung

Eine Einführung in das Studium

1994. XVI, 472 Seiten. Broschur.
ISBN 3-412-09490-0

Michael Kunczik

Public Relations

Konzepte und Theorien

2. Auflage 1994. 303 Seiten. Broschur.
ISBN 3-412-04893-3

BÖHLAU VERLAG KÖLN WEIMAR WIEN

Theodor-Heuss-Str. 76, D - 51149 Köln

bóhlauWien**neu**

Anton Amann
Soziologie. Theorien – Geschichte – Denkweisen.
Grundlagen des Studiums
4., verb. Aufl., 1996. 415 S. Br. öS 420,–/DM 60,–/sfr 54,50.
ISBN 3-205-98649-0

Peter Apathy/Georg Klingenberg/Herwig Stiegler
Einführung in das Römische Recht
1994. 264 S. Br. öS 348,–/DM 49,80/sfr 46,–.
ISBN 3-205-98280-0

Herbert Hausmaninger/Walter Selb
Römisches Privatrecht
7., verb. Aufl. 1994. 504 S. Br. öS 498,–/DM 69,80/sfr 62,–.
ISBN 3-205-98284-3

Roland Burkart
Kommunikationswissenschaft. Grundlagen und Problem-
felder. Umrisse einer interdisziplinären Sozialwissenschaft
2. neubearb. u. erw. Aufl. 1995. 556 S. Br.
öS 476,–/DM 68,–/sfr 62,–. ISBN 3-205-98185-5

Roland Girtler
Methoden der qualitativen Sozialforschung.
Anleitung zur Feldarbeit
1992. 178 S. Br. öS 248,–/DM 36,–/sfr 33,–.
ISBN 3-205-98032-8

Hans G. Heinrich
Einführung in die Politikwissenschaft
1989. 309 S. Br. öS 336,–/DM 48,–/sfr 44,50.
ISBN 3-205-05280-3

Manfred Prisching
Soziologie. Themen – Theorien – Perspektiven
2., überarb. Aufl. 1992. 488 S. Br. öS 372,–/68,–/sfr 62,–.
ISBN 3-205-98030-1

bóhlauWien

bóhlauWienneu

Rudolf Hoke/Ilse Reiter (Hg.)
**Quellensammlung zur österreichischen und deutschen
Rechtsgeschichte. Vornehmlich für den Studiengebrauch**
1993. 656 S. Geb. öS 622,–/DM 89,–/sfr 81,–.
ISBN 3-205-98036-0

Ingomar Weiler (Hg.)
Grundzüge der politischen Geschichte des Altertums
2., verb. Aufl. 1995. XXI, 229 S. m. 1 Faltkarte. Br.
öS 380,–/DM 56,–/sfr 51,–. ISBN 3-205-98357-2

Gernot Kocher
**Privatrechtsentwicklung und Rechtswissenschaft
in Österreich**
Unter Mitarbeit von Markus Steppan. 2. Aufl. 1996. 183 S. m.
13 SW-Abb. Br. öS 336,–/DM 48,–/sfr 44,50. ISBN 3-205-98491-9

Gert Dressel
Historische Anthropologie. Eine Einführung
1996. 324 S. Br. öS 356,–/DM 51,–/sfr 46,–. ISBN 3-205-98556-9

Peter Koller
Theorie des Rechts. Eine Einführung
1996. 2., verb. u. erw. Aufl. 328 S. Br.
öS 336,–/DM 48,–/sfr 44,50. ISBN 3-205-98707-1

Rudolf Hoke
Österreichische und Deutsche Rechtsgeschichte
2., verb. Aufl. 1996. 516 S. Br. öS 498,–/DM 69,80/sfr 63,50.
ISBN 3-205-98179-0

bóhlauWien